刑事司法研究系列 · 第三卷

刑事司法思辨录（上）

XINGSHISIFA
SIBIANLU (SHANG)

本书获浙江工业大学研究生教材建设项目资助（项目编号 20210113）

张兆松 著

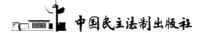

中国民主法制出版社

图书在版编目（CIP）数据

刑事司法思辨录/张兆松著. —北京：中国民主
法制出版社，2023.9
（刑事司法研究系列）
ISBN 978-7-5162-3391-7

Ⅰ.①刑…　Ⅱ.①张…　Ⅲ.①刑事诉讼－司法制度－
中国－文集　Ⅳ.①D925.204-53

中国国家版本馆 CIP 数据核字（2023）第 179075 号

图书出品人：刘海涛
责 任 编 辑：逯卫光　孔祥时

书名/刑事司法思辨录
作者/张兆松　著

出版·发行/中国民主法制出版社
地址/北京市丰台区右安门外玉林里 7 号（100069）
电话/（010）63055259（总编室）　　63058068　63057714（营销中心）
传真/（010）63055259
http：// www. npcpub. com
E-mail：mzfz@ npcpub. com
经销/新华书店
开本/16 开　787 毫米×960 毫米
印张/42.5　字数/571 千字
版本/2024 年 1 月第 1 版　2024 年 1 月第 1 次印刷
印刷/三河市宏图印务有限公司

书号/ISBN ISBN 978-7-5162-3391-7
定价/186.00 元（上下册）

（如有缺页或倒装，本社负责退换）

作者简介

张兆松，男，浙江金华人，1985 年毕业于华东政法学院。曾在检察机关工作十六年，先后任助理检察员、检察员、检察委员会委员、审查批捕处处长、监所检察处处长。现为浙江工业大学法学院教授，浙江靖霖律师事务所律师。兼任中国检察学会理事、中国廉政法制研究会理事、教育部人文社会科学项目评审专家，等等。曾获得浙江省衢州市首届"十佳检察官""衢州市劳动模范""浙江省优秀中青年法学专家"等称号。

主要研究兴趣是刑法学、刑事诉讼法学、犯罪学、司法制度。曾在《法律科学》《法商研究》《中国刑事法杂志》《法治研究》《人民检察》等刊物上发表论文 160 余篇。

代表作有：

《刑事检察理论研究新视野》，中国检察出版社 2005 年版；

《渎职犯罪的理论与实践》，中国检察出版社 2007 年版；

《刑事司法公正的制度选择》，法律出版社 2008 年版；

《检察学教程》（主编），浙江大学出版社 2009 年版；

《职务犯罪侦查权研究》，浙江大学出版社 2011 年版；

《中国检察权监督制约机制研究》，清华大学出版社 2014 年版；

《逮捕权研究》，浙江大学出版社 2017 年版。

《刑事诉讼法专题研究》（主编），浙江大学出版社 2019 年版。

自 序

1981年9月，我从浙江省汤溪中学考入华东政法学院，成为汤溪区（当时县、公社之间有区的建制）和汤溪中学第一个攻读法律专业的大学生。大二选择具体专业分配，我又选了刑法方向。1985年7月，大学毕业后，分配到浙江省衢州市人民检察院，从事刑事检察工作十六年（在反贪污贿赂和批捕部门各八年）。2001年9月调入宁波大学法学院，从事刑事法学的教学和科研工作，2012年6月又调入浙江工业大学法学院至今。在大学任教期间，除教学科研外，又兼职从事刑事辩护业务。光阴荏苒，转眼已四十年过去，我的人生已到耳顺之年。

四十年来在专业方面仅与刑事法打交道，既有欣慰，也有遗憾。说欣慰，是因为四十年来一直耕耘在这个领域，总算有所感悟和收获；说遗憾，是因为法学博大精深，而自己研究的对象涉及面狭窄，不仅影响自身的视野，也失却了感受多彩人生的可能性。

四十年来，在从事刑事司法和刑事辩护之余，我专注于刑事司法研究，提出了一些自己的看法。回顾四十年来的研究历程，我有以下若干体会。

一、坚持理论联系实际

法学是实践学科，刑事法学实践性更强。实践理性是刑事法学的重要品格。刑事法学的生命就在于面对实践，解决实务问题。有的学者认为，法律人分为法学家和法律家两种类型。法学家是指法学理论研究者，法律家是指法律实务工作者，包括法官、检察官和律师等。学者是用批判的眼光，用一种学术的理想来支撑着法律不断进步，是法律的挑战者，而法律家是把法学家设计出来的制度变成现实。但我认为，迈向法治国家亟须打通法学家和法律家之间的鸿沟，两者之间也没有不可逾越的障碍。目前，法学专家担任法官、检察官已是常态，反之亦然。两者的桥梁就是法律实践。德沃金指出，"法律是一种不断完善的实践"。富勒认为，法律制度是一项"实践的艺术"。霍姆斯大法官说，"法律的生命不在于逻辑，而在于经验"。这些名家都强调法学的实践性。黄宗羲指出"道无定体，学贵实用"。法治的土壤在于社会，只有服务于社会和民众，我们的研究才具有实际意义。

纯粹的理论研究固然重要，但在法学领域，如果为做学问而做学问，终日闭门造车，满足于空谈和玄虚理论体系的构建是没有意义的。法律规范的生命力存在于法律适用之中，只有将"纸面上的法"变成"行动中的法"，法治才能真正实现。公正是司法的灵魂和生命，公正一定是看得见、摸得着的公平正义，它必须体现在具体法条和案件中才有意义。长期从事司法实务使我养成一种关注实际问题的自觉，注重研究的实用性，站在刑事司法的前沿，着力解决实际难题。

在检察机关任职期间，我研究的问题都与检察实务有关。如1990年代初，司法实务中对盗窃共同犯罪中定罪量刑数额的认定，以及国家工作人员利用职务之便与普通人员（包括非国家工作人员及虽有国家工作人员身份，但未利用职务之便的）共同故意实施犯罪如何正确定性，存在着较大争议，针对这一问题我分别撰写了《析一般盗窃共犯刑事责任的承担》（《政法学报》1992年第3期）和《职务犯罪中的共犯问题之我见——兼与周红梅同志商榷》（《法律科学（西北政法学院学报）》1992年第2期），提出一般盗窃共犯应按参与盗窃数额承担刑事责任，国家工作人员利用职务之便与普通人员共同实行犯罪，应以国家工作人员所定之罪定罪（即"职务犯罪说"）。现这两种观点已成为通说。

调离检察机关后，我始终与司法机关保持密切联系，经常与他们合作交流，同时又通过办理刑事辩护案件了解刑事司法的现状。多年来，我几乎每天阅览《法制日报》（现为《法治日报》）、《检察日报》和《人民法院报》，及时了解司法动态，掌握刑事司法的前沿及热点、难点问题，从中寻找研究的主题。如中共十六大作出了推进司法体制改革的重大战略决策，其中加强对司法权的监督制约成为改革的重要内容，尤其是作为法律监督机关的检察机关，"监督者如何受监督"成为检察改革的重点。我适时将检察权监督制约机制纳入研究视野，在此期间不仅完成了国家社科项目《中国检察权制约机制研究》，而且发表了20多篇涉及职务犯罪侦查权、公诉权、逮捕权监督制约机制的论文。如针对审查批捕程序的行政化问题，我提出了批捕程序诉讼化改造方案（《审查批捕方式的反思与重构》，《河南省政法管理干部学院学报》2010 年第 1 期）。目前，审查批捕听证制度已得到最高人民检察院的肯定。

二、提高问题意识

认识论认为，问题是认识主体在与自然界以及在与他人的相互作用过程中，也包括自我认识过程中产生的一种矛盾认识状态、一种矛盾冲突现象。问题意识是学术发展的内在驱动力，是任何理论研究者都应当具备的素养。只有敏锐的问题意识才能引领研究者走在学科的最前沿。爱因斯坦指出："提出一个问题往往比解决一个问题更重要。因为解决问题也许仅仅是一个教学上或实验上的技能而已。而提出新的问题新的可能性，从新的角度去看旧的问题，都需要有创造性的想像力，标志着科学的真正进步。"

研究一些小问题是笔者研究的特点之一。全局和顶层设计问题固然更加重要，但笔者力所不及。不擅长宏大叙事文章的写作，这固然是缘于自身理论素养，特别是政治学、社会学等关联学科知识储备不足。但也与自身认识有关，因为我认为"法治中国"，当前最缺的不是宏大叙事，而是法治的细节和"具体法治"的精雕细琢。

理论是灰色的，实践之树常青！实践中的问题更是层出不穷。问题意识是法学研究与法治实践之间的主要媒介。如 1996 年和 1997 年我国刑事诉讼法和刑法修改后，最高人民法院和最高人民检察院出台了不少司法解释，但也出现规定不一致的问题。如"主要证据的复印件""国家工作人员范围""挪用公款归个人使用"等。我及时对司法解释的冲突问题进行了研究，发表了《司法解释的冲突及解决途径》（《人民检察》1996 年第 8 期）、《检察解释与审判解释冲突的解决》（《法学》1997 年第 5 期，中国人民大学复印资料《诉讼法学·司法制度》1997 年第 9 期全文转载），为司法解释的统一和适用提出应对之策。

典型疑难案例是司法"问题"之源，是理论研究的重要载体。最高人民法院于 1999 年 3 月开始编辑出版《刑事审判参考》，至今已发布 1447 个典型案例。2010 年 12 月和 2011 年 12 月，最高检和最高法先后出台第一批指导性案例，至今已逾十年。截至 2020 年 12 月 31 日，最高法共发布指导性案例 26 批 147 例，最高检共发布指导性案例 24 批 93 例。"一个案例胜过一打文件"。指导性案例各级司法机关"应当参照"执行，具有"准司法解释"的地位，刑事案例对于法治建设的价值和意义日益显现。司法案例犹如取之不尽、用之不竭的法治富矿，期待专家学者们开发利用。我们要从典型案例中发现问题、总结经验、提升理论、寻找规律，据此提出解决问题的创新观点和建议。如我曾接受委托担任被告人王某的辩护人。王某原系某村农民，因其有一定的建筑专业技术，受某街道办事处的委托，成为一名"村官"，从事工程质量管理工作，期间他利用职务之便，非法收受工程承包人的贿赂款 13 万余元，某市人民检察院指控王某犯有受贿罪，而我则根据罪刑法定原则，以受委托从事公务人员不能构成受贿罪为由作无罪辩护。最后某市人民法院以非国家工作人员受贿罪判处王某有期徒刑并适用缓刑。该案的处理结果给了我诸多的启发。"村官"受贿犯罪的认定，控、辩、审之所以存在严重分歧，主要缘于现行刑法立法、司法解释及立法与司法解释之间的矛盾冲突。我据此撰写了《"村官"受贿犯罪认定的困境及立法对策》（《国家检察官学院学报》2011 年第 4 期，《高等学校文科学术文摘》2011 年第 5 期"学术卡片"摘编），建议取消刑法第 163 条、第 271 条、第 272 条规定，将非国家机关工作人员的职务腐败行为统一纳入贪污贿赂罪专章中。之后，我又分别写了《贪污贿赂犯罪的罪名：从分立走向统一》《非公有制财产刑事法律保护的缺陷及其完善——以职务犯罪为视角》《完善非公企业产权刑事保护的思考——以职务侵占罪为视角的分析》《〈刑法修正案（九）（草案）〉对贪贿犯罪的修改述评》《我国贪污贿赂犯罪立法：历程、反思与前瞻》等文，呼吁贪污贿赂罪名由目前的二元制走向一元制。虽然立法机关至今没有采纳这一建议，但 2020 年 12 月 26 日通过的《中华人民共和国刑法修正案（十一）》对非国家工作人员受贿罪、职务侵占罪、挪用资金罪的定罪量刑标准作出了重大修改，提高了刑罚惩罚力度，在一定程度上克服了原来立法存在的尖锐矛盾。近年发表的一些论文，我基本上都是从收集到的典型案例入手。通过对重大、典型案例的深入剖析，旨在实现法学理论、司法实践以及立法完善三者之间的良性互动。

三、坚持怀疑和批判精神

治学要有怀疑精神。罗曼·罗兰在《约翰·克利斯朵夫》中说：怀疑能把昨天的信仰摧毁，替明日的信仰开路。学术研究是在前人研究、别人研究的基础上再向前推进一步。对前人研究的结论既要尊重，也不能盲从，要善于从中提出新的问题。问题总是在质疑中产生的，批判精神是学术研究的应有之义；没有怀疑和批判精神，就没有学术研究和学术进步。人类文明的每一次进步都是从怀疑开始的。怀疑是人类理性思维的表现，是发现缺陷、谬误，寻找真相的必经之路，也是人类共同认可的探索、修正、纠正错误的一条必经之路。一切批判性思维、创造性思维，首先都出于怀疑。法律和司法进步也是如此。

重视司法实践，并不意味着研究者必须囿于既成的法律规定或司法裁判，作为一名学者更应该具有独立思考的精神。特别是作为法律人，如果按先前的理解，得出的是大家都认为不公正的结论，这时候就应该反思，是否这种先前的理解存在问题？是否有必要对相应法条重新解释？如果难以通过合理解释法条而得出公正的结论，就说明可能是立法出了问题，应当考虑去推动立法的修改。如2010年，我在《检察日报》上看到一则案例：原北京一所高校的食堂经理郭某，通过伪造财务报表等手段，私吞食堂收入5.8万余元，被北京市海淀区人民法院以贪污罪判处有期徒刑7年，一审判决后被告人没有上诉，检察机关没有抗诉。但我看了这个报道后，第一反应是该案量刑畸重。随后，从这一案例出发，我探寻量刑畸重的原因，在于贪污受贿罪规定了交叉刑，而对交叉刑，学界普遍持肯定态度。我通过研究明确提出废除交叉刑的建议。又如近四十年来，我国贪污贿赂犯罪的数额标准不断提高，对此我一直持反对态度，因为它背离了平等的宪法原则和刑法基本原则，也背离中央严惩腐败的基本立场和刑事政策，导致贪贿犯罪的"非犯罪化"和"轻刑化"现象。多年来我不断撰文呼吁，希望得到立法机关或司法机关的肯定。

当然，批评或批判不是简单地否定，作为批评者要秉持中立性、独立性，以一种反省的、审视的眼光去观察法律世界，对司法问题作出符合常识的专业和法理上的探究，同时又保持一种开放的心态和立场，坦然接受别人的批评。

四、坚持"刑事一体化"思想

1980年代末，北京大学法学院储槐植教授提出了著名的"刑事一体化"学说。刑事一体化的内涵，是指刑法和刑法运行内外协调。具体而言，"刑事"是指治理犯罪的相关事项，外延涵盖犯罪、刑法（包含实体和程序）、刑罚制度与执行等。刑事一体化的要义，是融通学科联系，或者"淡化学科界限，关注现实问题"，即运用哲学、政治学、社会学、经济学、犯罪学等学科的知识理念，解决犯罪问题。刑事一体化是把整个刑事法学学科群，包括刑法学、刑事诉讼法学、犯罪学、刑事政策学、刑事执行法学，等等，有机联系起来进行研究的理念和方法。我深受该学说的影响，多年来研究的领域涉及刑法学、刑事诉讼法学、犯罪学、刑事执行法学等。

在刑事案件的办理过程当中，都是实体和程序交织在一起的，刑事法学研究必须打破实体法与程序法的藩篱。从我国刑事学科的发展而言，实体法（刑法）明显成熟于程序法（刑事诉讼法），但在刑事司法中，如果仅关注实体法，而不注意与程序法的衔接，往往难以解决疑难问题。如2003年1月17日《最高人民法院关于行为人不明知是不满十四周岁的幼女，双方自愿发生性关系是否构成强奸罪问题的批复》中规定："行为人明知是不满十四周岁的幼女而与其发生性关系，不论幼女是否自愿，均应依照刑法第二百三十六条第二款的规定，以强奸罪定罪处罚；行为人确实不知对方是不满十四周岁的幼女，双方自愿发生性关系，未造成严重后果，情节显著轻微的，不认为是犯罪。"该司法解释颁布后，引起理论界和司法实务部门的争议。从刑法理论看，这一解释并无不当。但它显然没有注意到奸淫幼女案件"明知"的举证难问题，导致大量奸淫幼女案件无法起诉。看了这个司法解释及相关争议后，我即撰写了《奸淫幼女罪认定明知应适用推定》一文。果然，最高法于2003年8月又以内部文件《关于暂缓执行〈关于行为人不明知是不满十四周岁的幼女，双方自愿发生性关系是否构成强奸罪问题的批复〉的通知》，要求各级人民法院暂停该司法解释的适用。2013年2月26日，最高法又以该《批复》"与刑法的规定相冲突"而予以废除。2013年10月23日，最高法、最高检、公安部、司法部联合印发的《关于依法惩治性侵害未成年人犯罪的意见》第19条规定："知道或者应当知道对方是不满十四周岁的幼女，而实施奸淫等性侵害行为的，应当认定行为人'明知'对方是幼女。对于不满十二周岁的被害人实施奸淫等性侵害行为的，应当认定行为人'明知'对方是幼女。对于已满十二周岁不满十四周岁的被害人，从其身体发育状况、言谈举止、衣着特征、生活作息规律等观察可能是幼女，而实施奸淫等性侵害行为的，应当认定行为人'明知'对方是幼女。"该《意见》当时承认了推定的适用。可见，兼顾刑法与刑事诉讼法的适用是何等重要。2010年后，我研究的重点转向腐败犯罪，涉及内容既有刑法学、犯罪学，又有刑事诉讼法学和刑事执行学。唯有打通学科界限，腐败犯罪的治理理论才有现实意义。

作为一名普通的知识分子，北宋著名哲学家张载所说的"为天地立心，为生民立命，为往圣继绝学，为万世开太平"的境界，显然是我辈难以企及的。傅雷先生曾经说过：一个人对人民的服务不一定要站在大会上讲演或是做什么惊天动地的大事业，随时随地、点点滴滴地把自己知道的、想到的告诉人家，无形中就是替国家播种、垦植。窃以为，大事做不了，但可以做一些小事，写好一篇文章，办好一个案件，都是在为国家法治的进步作贡献。

四十年前，我离开贫瘠落后的家乡，带着家人和乡亲们的期盼，也怀着对未来生活的憧憬，第一次来到金华县城，转道赴沪求学。四十年后，我回到已变得山清水秀的故乡。站在村口的古树下，伫立良久，目视远方，思绪万千！孩提时的情景历历在目。令我倍感欣慰的是：四十年前那个稚气未脱、不谙世事的我，如今虽已双鬓白发，但仍不忘初心、牢记使命。我还是四十年前的我。

许子东先生说："人还是应该说真话。在这个世界上，说真话常常要付出代价。但一个惩罚说真话的社会，则需要付更大的代价。"陈徒手先生认为，"知识分子有个天职，就是说话，不论用嘴还是用笔。若一声不吭，是失职；若作假，是渎职。"笔者深以为是。四十年来，我坚守人生原则，保持善良，守护良知和底线，追求正义，坚持说真话、说实话，努力行走在谦卑、修行、觉醒和思考的路上。清清白白做人，坦坦荡荡做事。四十年来，虽然走过一些弯路，也留下不少遗憾，但总体上走得顺当，没有愧对自己和他人。

古人云："业精于勤荒于嬉，行成于思毁于随"。随着年岁的增长，日益感到自己的无知。闻道不分朝夕，求知不分幼长。学无止境，虽然退休了，但反思不能停，笔耕不能停。

为了如实反映自己的研究历程，"刑事司法研究系列"中收录的文章，基本保留了发表或写作时的原貌，为了减少不必要的重复，编辑对少数文章作了删节。原文中引用的法律条文，是以写作时的法律为依据的，由此带来的不便，敬请读者谅解。

由于作者学识有限，研究水平不高，文章中肯定有不少谬误和不当之处，恳请读者批评指正。

张兆松

2023 年 2 月 5 日于杭州良渚蓝郡华庭

总目录

下

本书目录

认定自首必须坚持主客观一致原则*

1979 年刑法第 63 条规定："犯罪以后自首的，可以从轻处罚。其中犯罪较轻的，可以减轻或者免除处罚；犯罪较重的，如果有立功表现，也可以减轻或者免除处罚。"自首是我国法定的可以得到从轻、减轻或者免除处罚的情节。正确认定自首对于鼓励犯罪分子自动投案、改过自新具有重大意义，而且也有益于司法机关及时侦破案件，分化瓦解犯罪分子。

在我国刑法条文中没有具体规定自首的定义，因此，对于自首应当具备什么条件，在法学界意见颇不一致。对于自首的定义，一般的看法是：所谓自首就是犯罪分子在犯罪以后，自动投案，主动向一定的机关交代自己的罪行，并接受国家审判的行为。这个自首的定义，仅仅概括了自首在客观方面的表现，而没有涉及主观方面的内容。这样在司法实践中就产生了一个问题，就是犯罪分子如果仅仅具备自动投案，主动交代犯罪事实，并接受审判这三个条件，那一定就是自首吗？比如有的刑事犯罪分子或反革命分子在犯罪之前就作了自首的准备，犯罪之后自动投案，也交代犯罪事实，在事实上了也接受了法律制裁，但是一直没有悔改之意。像这种情况算不算自首？也就是说自首要不要以悔罪为前提或者说自首的本质是不是悔罪？对此法学界存在截然不同的两种观点。

一种意见认为："自首的本质在于悔罪，其主观特征是悔罪服法"，"有些犯罪分子既是主动投案，又能如实供述犯罪事实，但并非真的悔罪……这当然不是什么自首。"[①]

另一种意见认为，"悔罪不是自首的成立条件"，"有个别（罪犯）虽然反复教育，一直没有悔罪之心，然而，这并不影响自动投案的成立。"[②]

---

* 未刊稿，本文写于 1984 年 8 月，是作者读本科期间所写的一篇论文。

① 铭山：《谈谈自首成立的要件》，《法学杂志》1982 年第 6 期；铭山：《试论对自首罪犯的从宽处理》，《法学》1983 年第 1 期。

② 王者香：《悔罪是自首成立的要件吗？》，《法学》1983 年第 5 期。

由于理论上存在分歧，所以实践中也有两种不同的做法：一种是只要犯罪分子投案了就是自首，就可以得到从轻减轻或免除处罚的处理；另一种是要构成自首不仅在客观上要自动投案交代罪行，而且在主观上还要愿意悔罪。同一法律规定却有完全不同的做法，失去了法律应有的权威性、严肃性和统一性。笔者带着探讨的态度对这一在理论上哪里有分歧但还没有进行深入讨论的问题试作一些论述，以求教于大家。

笔者同意第一种意见，即认定犯罪者自首不仅要有客观方面的表现，而且要有主观方面的表现，也就是说要有悔罪的表现。

悔罪是构成自首的主观要件，那么何谓悔罪呢？

我们知道犯罪分子在实施犯罪之后会产生各种各样的心理状态，主要有以下几种：第一，是满足得意感。有的犯罪者在作案后得到了物质上和精神上的满足，从而扬扬得意，欣喜若狂。第二，是惊慌恐惧感。罪犯在作案后，唯恐犯罪事实被发现后会受到刑罚处罚，因而终日疑神疑鬼，担惊受怕，精神高度紧张。第三，是后悔感。有的犯罪分子在作案后，对自己的犯罪行为深感后悔。后悔心理有以下几种：其一，当犯罪分子看到自己的犯罪行为造成严重恶果时而受到良心上的谴责，因而深深痛恨自己的犯罪行为，比如杀人后看到被害人死亡的惨状而觉得对不起死者，对不起死者的家属；其二，有的犯罪分子在实施犯罪后感到自己的犯罪事实总有一天会被发现，自己逃脱不了法律的惩罚，因而深深感到实施犯罪得不偿失，从而悔恨自己不该一时冲动，犯下罪行；其三，也有的罪犯由于犯罪手段不高明或其他原因没有达到犯罪目的而感到懊丧，比如预谋杀人没有把人杀死，实施抢劫没有把财物抢到手等感到后悔。后悔是悔罪的一个方面的表现，但后悔并不等于悔罪。像后悔心理中的第三种情况，能说被告人有悔罪表现吗？而犯罪后具有惊慌恐惧心理的罪犯如果能自动投案，经过教育也会产生悔罪。

笔者认为，真诚的悔罪应当包括两个方面：第一，罪犯对自己罪行的社会危害性有一定程度的认识，感到后悔，并由此而真诚地进行自我谴责。第二，罪犯完全愿意接受法律制裁。也就是说接受刑罚处罚是主观愿意的，而不是消极被动甚至是持对抗情绪的。只有这两个方面同时具备，才能认为罪犯具有真诚悔罪的表现。因此，可以把悔罪概括为：所谓悔罪是犯罪分子对其所犯罪行感到后悔，真诚地进行自我谴责，并愿意接受法律制裁的一种心理状态。

悔罪为什么应当成为构成自首的主观要件呢？理由有以下几个方面：

第一，从我国刑事立法的历史看，我国有许多刑事法律就曾明文规定悔罪是构成自首的要件之一。例如：1951 年 2 月 20 日公布施行的《中华人民共和国惩治反革命条例》第 14 条第 1 项规定："自动向人民政府真诚自首悔过者"得酌情从轻、减轻或免予处刑。又如：1951 年 4 月 19 日中央人民政府公布施行的《妨害国家货币治罪暂行条例》第 8 条规定："凡犯本条所规定各罪自首悔过者，得减轻或免除处罚；自首悔过后并协助破案者，免除处罚。"其他法律、法令或条例中（特别是民主革命时期的）也有类似的规定。

第二，从我国刑法对自首的规定的前提看，根据我国刑法规定，凡犯罪以后自首的，一般都可以得到从轻处罚。我国刑法之所以作这样的规定，其前提不仅在于自首可以使公安机关早日侦破案件，有利于分化瓦解犯罪分子，而且更重要的也最根本的还在于自首表明了犯罪分子主观恶性和人身危险性的减小，表明了他们能够易于接受改造，重新做人。而犯罪者主观恶性的减小和易于接受改造的表现就在于他们的悔罪程度。如果犯罪者没有悔罪的表现，而是坚持犯罪立场、顽固不化，那就根本谈不上易于接受改造。因此，即使他自动投案，也因为失去了自首的前提而不能认为是自首。

第三，从自首与坦白的关系看，坦白是犯罪分子被司法机关查获之后，如实供述已被发觉的犯罪事实的行为。真诚悔罪的坦白也是犯罪者主观恶性减小和易于接受改造的表现（特别是那些在犯罪后确有悔改但由于各种原因而没有投案的犯罪分子）。对于能够真诚悔罪坦白交代的犯罪分子只能根据我国"坦白从宽、抗拒从严"的刑事政策以及 1979 年刑法第 57 条之规定作为酌定情节从宽处理。而自首则是法定的可以得到从轻处罚的情节，两者有着很大的区别。如果对于不是真诚悔罪的自首也一律可以得到从轻处罚，而对于真诚悔罪的坦白交代则只能从宽处理，这样岂不显失公平？岂不有利于那些并非真诚悔罪的"自首分子"钻法律空子吗？

第四，从主观方面和客观方面的相互关系看，我们知道人的意识和意志对于人的行为具有积极的能动作用。意识的能动性首先表现为意识活动本身就是有计划有目的的活动。在意识中不仅预先规定了活动目标，而且还规定了实现这一目标的活动方式和步骤。人究竟应当实施怎样的行为需要通过人的意识的能动性来实现。犯罪分子在实施犯罪之后，他可以自首，也可以不自首；他可以是真诚悔罪的自首，也可以是为了逃避罪责、减轻处罚或为了更好地继续进行犯罪而进行虚假的"自首"。犯罪者的主观意识决定了他的行为的性质。因此，要认定犯罪者投案的本质仅仅凭自动投案、主动交代犯罪事实和接受法律制裁这三个条件是不够的。它必须像认定犯罪分子的犯罪行为一样，坚持主客观一致的原则，即坚持主客观的统一。

司法人员在办案中有一项重要的任务就是如实揭示被告人的心理状态。犯罪分子的主观心理状态对于司法人员来说是客观存在的事实，是可以认识的。根据司法实践经验，要想正确判断被告人的心理状态，不能单凭被告人的口供，也不能单凭被告人的行为和结果，而应该全面地考察被告人的行动，认真分析案件的具体情况。在自首问题上也一样，不能认为犯罪分子在作案后跑到司法机关交代犯罪事实就是自首，就可以从轻处罚或不处罚，而应当对犯罪者的投案行为、交代罪行的行为以及犯罪前后的表现进行全面分析，透过现象看本质，以查明犯罪者的真实动机和目的。如果犯罪者是钻法律空子，是为了藐视国家法律或向司法机关示威而投案的，在投案后主观上又毫无悔改之意的，不能认为是自首，更不能从轻、减轻或者免除处罚。

例如：被告人陈某某因向被害人求爱不成，便残忍地用匕首挖去她的膝盖，并用硫酸毁她容貌，造成被害人终身瘫痪。作案后，他自动投案交代罪行并表示接受审判，但一直声称"我自首是要让她（被害人）看看，我虽然犯了罪但还可以得到从轻处罚，而她却一辈子完了，这样又气她个半死"，情节十分恶劣。法院在二审时撤销了一审承认自首的判决，并判处被告人极刑。笔者认为二审法院不承认自首的判决是正确的。

既然真诚悔罪是构成自首的主观要件，那么如何认定犯罪者自动投案是真诚悔罪还是虚假或没有悔罪呢？列宁说过："我们应该按哪些标志来判断真实的个人的真实思想和感情？显然这样的标志只能有一个，就是这些人的活动。"也就是说犯罪分子要通过他的客观活动来体现他的主观上的心理态度。根据1984年4月16日《最高人民法院、最高人民检察院、公安部关于当前处理自首和有关问题具体应用法律的解答》规定，自首在客观方面应当表现为：

第一，犯罪之后犯罪分子自动向司法机关或有关组织和个人（包括公、检、法机关，犯罪分子所在单位，城乡基层组织或其他负责人）

投案。

第二，犯罪分子投案后，要如实交代自己的罪行。犯罪分子投案后要全部交代自己的罪行，至少是如实交代自己的主要犯罪事实，共同犯罪案件中的犯罪分子还应当交代出所知的同案犯，主犯则必须揭发同案犯的罪行。

第三，犯罪分子主动投案如实交代自己的罪行后还必须接受司法机关的侦查、起诉和审判，不能逃避。

犯罪分子真诚悔罪的自首要通过以上三个客观方面的行为表现出来，但仅有以上三个方面的表现并不一定就是自首。在认定自首除以上三个方面（这是主要的方面）外，还要结合犯罪分子全部的犯罪事实，纵观罪犯在犯罪前后的表现等方面以正确判断罪犯自首的动机和目的。罪犯自首的动机和目的反映了罪犯自首是否真诚悔罪以及悔罪的程度如何。

从自首的动机看：自首的动机是犯罪分子犯罪以后推动其自首的内心起因。有的慑于法律的威严而自首，有的受到良心的谴责而自首，有的为了自己的前途而自首，有的经过亲属规劝而自首，也有的认识到自己上当受骗而自首，等等。所有这些只要犯罪分子自动投案都会有不同程度的悔罪。但也有的犯罪者是为了蔑视法律或嘲弄侦查机关而投案的。例如：上述案例中的陈某某在投案后就公然宣称："我犯了伤害罪，刑法规定最多判 7 年，我还有自首可以从轻处罚，判我 5 年最多了，这法院也没办法。"像这种动机十分恶劣经过教育仍毫无悔改之意的"自动投案"不能认为是自首。

从自首的目的看，犯罪分子自动投案的目的也是多种多样的。有的是为了悔过自新，但大多数是为了得到从轻、减轻或者免除处罚。但以下列为目的的"自动投案"不是自首：其一，为了从轻、减轻处罚以便早日继续犯罪而自动投案。其二，为了袒护犯罪集团（或犯罪团伙）和共同犯罪中的其他成员而自动投案。其三，为了隐瞒主要犯罪事实而自动投案。

笔者认为，自动投案者不一定都有悔罪的表现，有悔罪表现的不一定都自动投案，如有的犯罪者尽管他痛改前非，表示悔罪，但由于各种原因而没有自动投案，这也不能算自首。但是要构成自首就不仅要有自动投案，而且要有悔罪。当然，悔罪有早有晚，有的在投案时并无悔罪，但经过教育才有悔罪的表现，这也应当是自首。

综上所述，笔者认为，认定自首必须坚持主客观一致原则。罪犯要构成自首，不仅要自动投案，如实交代罪行和接受法律制裁，而且对其所犯罪行要感到后悔并真诚地进行自我谴责和愿意接受法律制裁。根据这一点，完整的自首概念应当是：所谓自首就是犯罪分子在犯罪之后，真诚悔罪，自动向司法机关或有关组织和个人投案，如实交代犯罪事实并接受司法机关的侦查、起诉和审判的行为。

试论不能犯 *

不能犯是刑法理论中需要加以探讨的问题。在我国刑法条文中，没有专门规定不能犯问题。在理论界对不能犯是否构成犯罪以及应该如何定罪量刑的问题存在着不同的观点，但近年来没有作过深入的研究，从而给司法实践带来很大的困难。本文试就这一问题作一些探讨。

一、 何谓不能犯

在我国刑法条文中没有专门规定不能犯概念，对不能犯的内容也未有涉及。但研究不能犯问题对当前的司法实践有着直接作用，主要表现在它对于总结未遂犯的种类，分析犯罪未遂的原因，探讨不能犯与普通未遂犯的社会危害性的大小等都有重要作用，最主要的是不能犯问题解决的好坏直接影响着定罪量刑。

关于不能犯的概念，刑法理论中认识颇不一致，概括起来，主要有以下三种观点：

第一种观点，所谓不能犯就是行为人不具有完成某种犯罪的危险性的行为，不能犯的本质是欠缺构成要件的结果所能引起危险性的行为，对于不能犯是没有处罚必要的。

第二种观点，所谓不能犯是行为人已经预备或着手实行犯罪，但其行为之性质是不能达到犯罪目的的行为。

第三种观点，所谓不能犯是指行为人已着手实行犯罪，但是由于手段不合适或对象不合适不可能达到预期结果的行为。

第一种观点认为不能犯不具有社会危害性，因而不需要刑罚惩罚。这种观点主要是持客观主义的刑法学者所坚持的，现在已很少为人们所接

---

* 未刊稿，本文写于 1985 年 6 月，是作者本科的毕业论文，被评定为优秀。

受。第二种观点主要是从犯罪阶段上来给不能犯下定义，持这种观点的同志认为不能犯包括不能犯预备、不能犯中止和不能犯未遂。这种观点对不能犯作了无限制地扩大，混淆了不能犯与预备犯、中止犯的区别，同时这种观点在如何解决不能犯的刑事责任问题时又陷入矛盾。第三种观点作为对不能犯的一种解释是能够成立的，但作为反映事物本质特征的定义却不妥当，因为它避开了不能犯是否属于犯罪这一问题。

根据以上分析，笔者认为，不能犯的定义应当是：所谓不能犯是指行为人具有犯罪故意，并已着手犯罪，但由于犯罪对象或犯罪手段的错误，不能发生行为人所希望发生的结果的行为。

由此可见，不能犯具有以下特点：

1. 行为人具有犯罪的故意并已着手实行犯罪。即行为人已经开始故意地实行我国刑法所禁止的危害社会的行为。在我国仅有犯意表示不构成犯罪，仅有预备行为，但还没有着手实行犯罪不可能构成不能犯。

2. 行为人没有达到他所希望发生的结果。即行为人尽管已着手实行犯罪，但并没有达到他所直接追求的犯罪结果，如杀人没把人杀死，盗窃没把财物偷走。

3. 犯罪结果没有发生的原因是由于犯罪对象或犯罪手段的错误。如犯罪人误以兽为人加以杀害，误拿没有实弹的枪向人射击。犯罪对象或犯罪手段的错误完全是基于行为人认识上的错误。这就跟一般的普通未遂是有区别的。

4. 不能犯的行为是一种犯罪行为。不能犯虽然没有发生行为人所直接追求的结果，但其行为仍具有社会危害性，应当承担刑事责任。

二、 不能犯的犯罪构成

不能犯为什么属于犯罪行为？为什么应当承担刑事责任呢？其基础就在于不能犯的行为符合犯罪构成，具有社会危害性。

1. 从主观方面看，行为人具有犯罪的故意。即行为人具有犯罪的意识和意志。他明知会发生危害社会的结果，希望或放任这种结果的发生。犯罪人的主观故意直接指导犯罪人实施犯罪行为。如被告人王某经过仔细观察，发现某医务室在晚上都是女同志值班，遂于某夜潜入该医务室伺机强奸。当王某施行暴力才发觉对方是男的，原来这一夜值班的女同志有事外出由其男朋友代班。结果强奸没有得逞。在本案中，王某具有强奸的故意，这种犯罪的故意反映了行为人的主观恶性。在不能犯中，只存在故意犯罪，没有过失不能犯。众所周知，过失犯罪都是结果犯，即都要产生一定的实际损失后果，而不能犯则是不能产生犯罪人所希望的损害结果。

2. 从客观方面看，行为人已着手实行犯罪行为，这是不能犯应当承当刑事责任的客观基础。已着手实行犯罪是不能犯与预备犯的区别所在。有的同志认为："不能犯存在预备行为即不能犯预备"。笔者认为，这种观点值得商榷。诚然在许多故意犯罪中存在着预备阶段——即为犯罪准备工具、制造条件的阶段，但我们所称的不能犯是以犯罪人作案后完全不能产生他所希望的结果为标准的。如果犯罪行为正处在预备阶段，是难以判断犯罪人所希望的结果是否会发生。因为从预备行为到着手犯罪有一个过程（不管这个过程时间的长短），而这一过程的情况是瞬息万变的，能不能发生损害结果，在这时难以有一个确定的标准来衡量。即使有情况表明行为人的预备行为是不能使损害结果发生的，这也只能是一般的犯罪预备行为，而不是不能犯预备。

不能犯由于对象错误或手段错误，不能达到犯罪之目的，但犯罪行为依然存在。在这里，应该分清行为和动作是两个互有联系但又有区别的概念。行为表现了犯罪人的意识和意志，动作则不一定表现犯罪人的意识和意志，有时动作可能是下意识的。行为要依靠一列动作表现出来，但某一个具体动作并不决定行为的性质。如被告人胡某为了毒死妻子，从厂里带回氰化钾（白色块状固体），但在准备投毒时错拿碱石（无色晶体用于洗涤剂）当氰化钾，结果犯罪未得逞。胡某的犯罪行为由一系列动作构成，错拿碱石当氰化钾只是这一系列动作中的一个，且由于认识上的错误，没有表现其主观意志，因而这一动作不能决定其行为的性质，胡某的行为表现了其特殊的意识和意志——非法剥夺其妻生命的目的。

在司法实践中，还有一类迷信犯，有的同志也把它称为不能犯。我认为，在科学技术极端落后的古代把迷信犯作为不能犯的一种并加以惩罚有其合理的根据，但在现在它已不属于刑法理论中的不能犯了。因为，迷信犯尽管主观上具有犯罪的目的，但由于行为人的愚昧无知，其行为已不属于犯罪行为。如甲与乙有仇，甲认为诅咒可以使乙死亡，便终日对着乙的牌位诅咒。这种诅咒只是一种愚昧落后的行为，没有侵害性的存在。如果把这种行为归之为不能犯的犯罪行为，未免陷入主观归罪。

3. 从犯罪客体来看，不能犯行为直接破坏了我国刑法所保护的社会主义社会关系。有的同志认为："既然犯罪手段或犯罪对象根本不可能导致危害结果的发生，那怎么可以说它侵犯了我国社会主义的社会关系呢？"持这种观点的同志之所以会有这种看法，根本原因就在于他们混淆了犯罪客体与犯罪对象的区别。

尽管在刑法学界，有少数同志认为犯罪客体就是犯罪对象，而且在许多地方（如《民法学》《刑侦学》等）客体与对象确实是等同的。但是在刑法理论中，犯罪客体与犯罪对象是既有联系但又有根本区别的概念。犯罪客体是指为犯罪对象所侵犯并为我国刑法所保护的社会关系；犯罪对象是指犯罪分子对之施加影响的具体的人或物。后者是前者的物质表现。任何犯罪都必然侵害我国刑法所保护的社会关系，它决定犯罪的性质，是犯罪构成的必要要件。但犯罪对象则由于各种条件的限制不一定都会遭到损害。例如：某被告人乘人多拥挤之机在公共汽车扒窃，当他伸入某乘客的口袋进行偷窃时却发现口袋是空的。在本案中，犯罪对象（钱款）没有受到丝毫损害，但它却直接破坏了我国刑法所保护的社会关系——公民的财产所有权。被告人的行为无论是对社会主义法律秩序还是公民的财产都造成了威胁。

犯罪客体可以分为一般客体、同类客体和直接客体。有的犯罪虽然没有给直接客体造成损害，但却破坏了同类客体或一般客体。如前例中的王某强奸案，由于医务室值班的正好是男同志，强奸罪的直接客体——妇女性的不可侵犯性，不能得到体现，但同类客体即该医务室值夜班的妇女的人身权利却是存在的，它从王某预备强奸开始就有遭受侵害的可能。

犯罪行为的本质特征在于它具有社会危害性。有的同志认为："不能犯既然没有可能发生损害的结果，那它就没有社会危害性了，也就不构成犯罪了。"这种把有无损害结果与有无社会危害性等同起来的观点是很值得商榷的。它把问题过于简单化了。诚然，损害结果的有无在一定程度上反映了社会危害性的大小。但犯罪的社会危害性不仅仅只靠损害结果表现出来，它要通过一系列现象才能得到完全的体现，如犯罪的动机、目的，犯罪的方法、手段，作案的场所及周围环境，侵害对象的不同特点等。如同时盗窃，一个是为了追求腐化生活而盗窃，一个是由于生活所迫而盗窃，二者的社会危害性就不一样。损害后果的有无、大小只是体现犯罪的社会危害性大小的要素之一。在不能犯中，尽管没有发生实际损害结果，但其行为的社会危害性依然存在。

综上所述，笔者认为，不能犯符合犯罪构成要件，具有社会危害性，应当以犯罪论处。这是我们在认定不能犯中应当遵循的原则。

在谈了不能犯的犯罪构成之后，下面简单地阐述一下认定不能犯应承担刑事责任的标准问题。

在国外的刑法理论中，对不能犯应否处罚有三种观点：一是客观说，认为不能犯既然在事实上不能造成损害，故其行为不应处罚；二是主观说，认为行为人既然具有犯罪故意，不管其行为是否造成损害均应处罚；三是折中说，它以主观说为原则，客观说为例外，即把不能犯分为绝对不能犯与相对不能犯，认为相对不能犯应处罚，绝对不能犯则不应处罚。

主观说与客观说，容易陷入"主观归罪"与"客观归罪"，为我国刑法理论所不取，折中说把不能犯分为绝对不能犯与相对不能犯，以此来决定刑事责任，由于绝对与相对在一定条件下可以转化，绝对不能与相对不能难以有一个统一的正确标准来衡量，所以这种观点并不科学。笔者认为，对不能犯的处罚应当坚持主客观相统一的原则。任何犯罪都是犯罪主体所实施的危害社会的行为，因此任何犯罪构成都必然包含主体和行为特征必不可少的主观要件和客观要件。只要已达到刑事责任年龄的人具有犯罪故意并实施了犯罪行为就应承担刑事责任。对不能犯的处罚认定自然也不能离开这一原则。

三、 不能犯是未遂犯的特殊形式

关于不能犯是不是未遂犯的一种形式？不能犯与普通未遂犯的区别在哪里？在国外的刑法理论中众说纷纭，在我国刑法学界也有不同看法。

有的同志认为，不能犯中既存在不能犯未遂，也存在不能犯预备、不能犯中止。笔者认为，这种观点难以成立。上面已谈了不能犯中不存在不能犯预备。下面再来看不能犯中是否存在不能犯中止。中止犯罪有二种情况，一是自动中止犯罪，二是有效地防止犯罪结果的发生。在不能犯中，由于犯罪结果不能发生，也就谈不上防止的问题，而自动中止犯罪在损害结果不能发生的犯罪中是有可能存在的。如某行为人去银行行窃，在打开保险箱前又感到害怕，从而退出银行，事后才知保险箱根本没钱。在本案中，行为人之所以犯罪没有得逞，首先在于他自动中止了犯罪，而不在于保险箱没钱，如果他在发现保险箱内没钱才后悔的话，就不是犯罪中止了。在不能犯中之所以不存在犯罪中止原因也就在这里。承认不能犯中有不能犯预备和中止的同志在解决不能犯的刑事责任时，又认为它应该比照未遂犯处理，一个犯罪行为，既是未遂，又是中止或预备，这在理论上是自相矛盾的。

在论述不能犯概念时，我们谈了不能犯的基本特征。根据第三个特征可以看出，不能犯之所以存在有二种情况，一是手段错误，二是对象错误。所谓手段错误是指犯罪分子使用了按客观性质不能产生犯罪人所希望的结果的手段，以至犯罪没有得逞；对象错误是指犯罪行为所指向的对象不存在或有某种属性，以至不能产生犯罪人所希望的结果。

在犯罪分子实施犯罪之后，之所以会产生手段错误或对象错误，使犯罪分子不能获得成功，这完全是由于犯罪分子的认识错误所造成的，非犯罪分子所自愿。也就是说，手段错误和对象错误的出现，纯粹是由于犯罪分子意志以外的原因所造成，因之而使犯罪没有得逞完全违背犯罪人的意愿。根据这一点以及结合不能犯的基本特征，我们就可以知道，不能犯与我国刑法所作的"已着手实行犯罪，由于犯罪分子意志以外的原因而未得逞的，是犯罪未遂"的规定，是完全吻合的。由此可见，不能犯属于未遂犯的范畴。这一观点，从各国立法中也得到了体现。

不能犯是未遂犯的一种，但不能犯与普通的未遂犯是否一样呢？笔者认为是有区别的。不同之点主要表现在使得犯罪行为未能发生损害结果的原因。不能犯是由于犯罪手段或犯罪对象的错误而根本不能导致危害结果发生，即犯罪行为本身不能得逞而未得逞；普通未遂一般是由于第三者的干扰或被害人的反抗等外部原因造成的，它是能够得逞而未得逞。根据这一点，我认为不能犯除了具备未遂犯的一般要件外，还须有其特别要件：其一，对犯罪人准备侵害的对象根本不可能造成任何损害后果；其二，行为的性质决定了其行为不可能发生犯罪之结果。不能犯由于不能发生犯罪之损害结果，所以，在各种条件相同的情况下，不能犯比普通的未遂犯相对来说，情节要轻，社会危害性要小。从各国立法来看，有的国家明文规定对不能犯的处罚比普通未遂犯的处罚要轻。我国刑法没有对不能犯作出明文规定，由于它属于未遂犯的一种，应当根据未遂犯的量刑原则处罚；但它与普通未遂又有所不同，在量刑时可以作为酌定情节从轻考虑。

总之，笔者认为，不能犯是未遂犯的特殊形式，不能犯行为符合犯罪构成理论，具有社会危害性，应受刑罚处罚。否则，无疑将放纵罪犯，无益于维护我国社会主义的法律秩序。

试论 "盗窃数额" 的几个问题 *

盗窃罪是指以非法占有为目的，秘密地窃取数额较大的公私财物的行为。盗窃数额是决定盗窃罪社会危害性及其程度的基本要素。在认定盗窃犯罪时，除了犯罪构成的各要件之外，数额就成为区别盗窃行为罪与非罪的一个重要标准。本文试就与 "盗窃数额" 有关的几个问题略作探讨。

一、 如何确定 "数额较大" "数额巨大" 的标准

"数额较大" 是对盗窃行为定罪量刑的主要依据。规定 "数额较大" 的最低起点，对于司法实践具有重要意义。起点过低会出现打击面过宽的现象，而起点过高则会使一些对社会危害严重，应受刑事处罚的盗窃犯罪分子得不到应有的惩罚。

1984 年 11 月 2 日，最高人民法院、最高人民检察院在《关于当前办理盗窃案件中具体应用法律的若干问题的解答》（以下简称《解答》）规定：个人盗窃公私财物，一般可以 200 元至 300 元为 "数额较大" 的起点；少数经济发展较快的地区，可以提到 400 元为起点。"数额巨大" 一般可以 2000 元至 3000 元为起点，少数经济发展较快的地区，可以提到 4000 元为起点。各地一般都参照此规定作为适用本地方的数额标准。如浙江省，"数额较大" 的标准起点农村为 300 元，城市市区为 400 元；"数额巨大" 的起点，农村为 3000 元，城市市区为 4000 元。

笔者认为，在确定 "数额较大" "数额巨大" 的起点标准时，应充分考虑以下因素：（1）社会经济发展水平。社会经济发展迅速，人们生活水平不断提高，盗窃罪的数额起点要相应地有所提高。（2）价格及物价上升的幅度。在物价上涨，各种价格都有大幅度提高的情况下，盗窃犯罪的数

---

* 未刊稿，本文写于 1988 年。

额起点应当有一定幅度的提高。（3）各地区的经济发展状况及城乡差别。经济发展较快的地区和城市，盗窃犯罪的数额起点应高一些。只有在对以上因素加以综合考虑的基础上规定盗窃犯罪的起点标准，才能使盗窃行为的社会危害性与盗窃行为的应受刑事惩罚性有机地结合起来。

近几年，随着"改革、开放、搞活"的进一步深入，我国的社会经济持续增长，城乡经济不断发展，人民生活水平有了很大的提高。同时还应该看到，这几年物价上涨快，各种价格都有不同幅度的上升，因而城乡经济和城乡人民生活仍呈现不平衡状态。但现在各地司法机关适用的盗窃数额基本上还是 1984 年《解答》的规定。近年来，盗窃犯罪在全部刑事犯罪中所占的比例越来越高（有的地区已占 80% 以上）。这除了盗窃犯罪确实比较严重外，也与盗窃"数额较大"的起点过低有密切关系。

笔者认为，根据我国目前的经济形势、经济发展状况及盗窃犯罪的现实，个人盗窃公私财物，一般可以 500 元至 600 元为"数额较大"的起点，少数经济发展较快的地区可以提高到 700 元为起点。个人盗窃公私财物，一般可以 5000 元至 6000 元为"数额巨大"的起点，少数经济发展较快的地区，可以提高到 7000 元为起点。个别经济发展特别慢或特别快的地区，可以参照以上数额再适当提高或降低。

二、 盗窃数额与盗窃情节的关系

在认定盗窃犯罪中，盗窃数额是重要标准，它是决定盗窃罪社会危害性的重要因素，但是对盗窃行为的定罪量刑仅仅考虑数额是不够的，必须把盗窃数额与其他情节结合起来，正确处理好数额与情节的辩证关系。

首先，数额是整个盗窃犯罪中各种情节中的一个最重要情节，但不是唯一情节。在侵犯财产罪中，数额的大小是衡量犯罪行为的社会危害性程度大小的重要尺度，所以数额的大小对于盗窃行为的定罪量刑具有特别重要的意义。刑法第 151 条特地把"数额较大"作为构成盗窃罪的必要条件。虽然数额在盗窃行为的所有犯罪情节中是起着决定性的意义的情节，但始终不是唯一的情节。数额只有和盗窃的其他情节（如盗窃的动机、地点、目标、环境、手段、后果、悔罪态度、追赃情况、家庭状况等）结合在一起，才能完整地规定和反映出某一盗窃行为的社会危害性及其程度。一般来讲，盗窃数额与其行为的社会危害性成正比，即盗窃数额越大，社会危害性也就越大，但是亦不能一概而论，它必然要受到其他情节的影响。

其次，"数额较大"是构成盗窃罪的必要条件，但是盗窃行为的其他情节也是定罪的依据之一。《解答》第4条第2项明确指出，在处理盗窃案件时，要注意具体分析，区别对待：如确因本人生活困难，偶尔偷窃财物，数额较大；偷窃自己家里和近亲属的财物，数额较大；或虽偷窃财物，数额较大，但因其他情节显著轻微，危害不大的，可以不按盗窃罪定罪处罚，不追究刑事责任。但有的盗窃犯，虽然盗窃数额较小，但情节恶劣，也可认定为犯罪。所以，"两高"在1986年9月17日《关于当前办理盗窃案件中适用法律问题的补充通知》中对《解答》第5条第2款作了修改，规定：曾因盗窃，几次受过行政或刑事处罚，又偷窃、扒窃，数额不到较大的，可予以劳动教养……个别情节恶劣，构成犯罪的，亦可依法追究刑事责任。

最后，在对盗窃罪犯决定刑罚时，不仅要根据数额，而且还要根据其他具体情节，进行全面分析，正确量刑。《解答》第4条第1项指出：处理盗窃案件时，不仅应当根据盗窃财物数额大小，还应当根据犯罪的其他具体情节，如作案的原因、地点、目标、手段、次数、后果，同时考虑犯罪分子的过去情况、认罪态度、退赃表现等，进行全面分析，正确量刑。在盗窃同等数额财物的情况下，其他情节恶劣的，应从重处罚。

三、 在盗窃未遂情况下， 应如何确定盗窃数额

行为人已经着手实施盗窃行为，由于其意志以外的原因而未得逞的，是盗窃未遂。

对盗窃未遂应如何确定数额较大或巨大？盗窃未遂是否应追究刑事责任？这都是在司法实践中存在分歧，争议很大，比较难以认定的问题。

一种观点认为，盗窃犯罪属于结果犯，只有行为人主观上有盗窃数额较大（或巨大）财物的故意，客观上已完成了盗窃行为，达到了盗窃的犯罪目的，才能追究刑事责任。

笔者认为，上述观点难以成立。理由是：

其一，盗窃犯罪是一种直接故意犯罪，行为人主观上有明确的犯罪动机、目的。因此，在客观上就存在着能否实现犯罪目的的问题。有的犯罪分子事先预谋，为盗窃制造了工具，准备了条件，并已着手实施盗窃行

为，但由于某种意志以外的原因而使盗窃没有得逞。这种盗窃未遂符合我国刑法总则关于犯罪未遂的规定。

其二，盗窃未遂行为具有社会危害性。社会危害性是犯罪的本质特征。一般来讲，盗窃未遂比盗窃既遂社会危害性要小，但它仍然具有社会危害性，而且在有的盗窃未遂情况下，其行为也具有严重的社会危害性，如盗窃银行金库巨款、盗窃珍贵文物等，这类盗窃，即便未遂也比一般的盗窃既遂危害严重。

其三，有关的法律、司法解释明确规定，少数盗窃未遂的案件也要追究行为人的刑事责任。根据 1979 年刑法第 20 条规定，对犯罪未遂仍然要追究刑事责任，但是对于未遂犯，可以比照既遂犯从轻或者减轻处罚。盗窃未遂当然不能例外。《解答》明确指出：对于潜入银行金库、博物馆等处作案，以盗窃巨额现款、金银或珍宝、文物为目标，即使未遂，也应定罪并适当处罚。

如：被告人黄某（男，17 岁，农民），在 1987 年 4 月，仅在 10 天时间内就先后流窜 3 个县，采用爬窗、撬门、撬锁等方法进入储蓄所、信用社等金融单位盗窃作案 8 次，仅窃得现金 8 角 3 分。人民法院认定被告人以盗窃银行巨额现金为目标，社会危害严重，已构成盗窃罪未遂，黄某被判处有期徒刑 3 年。

由于盗窃未遂，财物没有被行为人所控制，那么，怎么计算被盗数额呢？笔者认为，对盗窃未遂案件的数额计算，应当坚持主客观一致原则。

1. 行为人盗窃前经过预谋准备，盗窃对象明确，数额较大或巨大清楚，应按明确清楚的数额定罪量刑。

2. 行为人行窃前盗窃对象明确，但数额较大或巨大不清楚的，则应根据盗窃对象和实施盗窃的客观行为（如作案手段、过程、相应的后果等）综合分析，按可能造成的损失数额确定被盗数额。

3. 行为人行窃前盗窃对象不明确，数额不清楚，即盗窃故意不确定的，应按实施盗窃时的客观行为，可能造成的损失数额确定被盗数额；数额确实难以认定的，一般应推定为"数额不大"。

当然，对于主观上有盗窃数额较大财物的故意，而客观上未能达到犯罪目的的行为人，可以按盗窃罪未遂定罪和处罚，但是并不意味着对这一类案件都要定罪判刑。如果根据整个案件的情况分析，情节显著轻微，危害不大，不认为是犯罪；情节轻微的，可以免予处罚。

四、 如何计算被盗物的数额

当犯罪分子盗窃的是现金或有票面数额的有价证券时，盗窃直接表现为一定量的款项，在计算时一般不会有异议。但是，如果被盗的是物品，则因为物品本身价格的多样性，物品的新旧程度以及犯罪者销赃数额与物品实际价值不一致等原因，使得被盗物品的数额计算十分复杂。

（一） 销赃数额低于或高于物品的实际价值时， 应如何计算被盗数额

根据司法实践，大多数犯罪分子在盗窃得逞后，为了急于脱手，往往低价销售赃物。对低价销售赃物的数额当然不能认定为盗窃数额，而只能以失主损失的被盗物价值来认定。对此，在司法实践中，大家观点基本一致。

但也有犯罪分子盗窃后销赃价高出原物价格，这在犯罪分子盗窃的是紧俏商品时比较常见。对这种情况如何计算盗窃数额存在着分歧。一种意见认为，应按销赃数额定罪。理由是：销赃数额是通过盗窃行为取得的，行为人对这个数额是明知的，客观上将这个数额的现金非法占有了，并使犯罪的社会危害性增大了，因而应对这个数额承担罪责。

笔者认为，即使犯罪分子销赃数额高于被盗物品的实际价值，也应当按被盗物品的实际价值认定盗窃数额。理由是：

第一，失主损失大小直接表现为被盗物价值的大小。销赃数额往往不是被盗物品的实际价值，不能反映失主的损失大小。只有按被盗原物的实际价值定罪，才能反映失主的损失情况和盗窃行为的直接危害后果，犯罪分子只能对被盗的实际价值负责。

第二，销售数额高于物品的实际价值，一般是由于被盗物品是紧俏商品，市场上难以买到或市场价格已上涨等因素引起的，也有的是由于犯罪分子在销赃时的欺骗行为引起的。因此，销赃数额高于物品的实际价值的差额对失主来说只能是间接损失。"两高"《解答》明确规定，对被盗物"只计算被盗物的直接损失数额，不包括间接损失的数额。"

第三，按销赃定罪的观点缺乏法律依据，在司法实践中也难以被大多数人所接受。"两高"《解答》在"如何计算被盗物的数额"中规定：被

盗物的数额一般应按实际被盗物的市价计算；计算被盗物的实际价格，应按照作案时间和地点的国家主管部门核定的国营商业的零售价格计算。它没有规定可按销赃数额定罪。如盗窃犯李某于 1985 年 6 月从某商店窃得彩电一台，价值 1400 余元，1988 年 2 月转卖给他人得赃款 2500 元。此案李某的行为如按 2500 元定罪量刑，显然难以为人们所接受。

虽然犯罪分子的销赃数额不能作为定罪的根据，但是在量刑时可以作为一个情节加以考虑，而且对销赃数额应当作为犯罪分子的非法所得全部予以追缴或没收。

（二） 在 "双轨制" 价格下， 应如何计算被盗物的数额

近年，在经济体制改革过程中，在价格制度上，改变了以往固定不变的 "单一制"，而采取了 "双轨制"。"双轨制" 价格的实行，可以使同一商品有多种价格形式，如平价、议价、浮动价等，从而给我们认定被盗物的数额带来了许多困难。

笔者认为，在 "双轨制" 价格下，盗窃数额原则上应按失主被盗时能买到的或出售的被盗物价格计算。具体地说：（1）失主的被盗物品是平价购得的，则按平价计算。议价、浮动价购得的，则按议价、浮动价计算。（2）被盗物品属国营、集体或个体商店所有，而这些物品商店一般都以议价或浮动价出售（如平价出售也要附加其他条件，如搭配滞销商品等），那么被盗数额应按议价或浮动价计算。（3）商品价格完全放开的，按被盗时的市场浮动价格计算，如现在的名烟、酒价格。（4）商品价格上下波动厉害，不同时间价格相差悬殊，也应按被盗时的市场价格计算。如某花木商店，1984 年购进一批五针松，每棵价格都在 400 元以上，但到 1987 年、1988 年，价格大幅度下跌，有的每棵价格仅五六十元。如这时被盗，数额只能按现在的价格计算。

（三） 价格不明或价格难以确定的被盗物品应如何计算数额

价格不明或价格难以确定的被盗物品应如何计算被盗物数额，根据 "两高" 《解答》 的规定，应委托有关主管部门，按照被盗的实际情况估价。因此，在司法实践中，对价格不明或难以确定价格的被盗物品，原则上要由有关部门估价，并按估价得出的数额定罪量刑。但也有少数案件由于各种原因（如被盗物品已被销毁或已被使用掉等）已无法估价或难以估

价，则应按失主所受的损失、销赃的数额等因素加以综合分析，以确定行为人盗窃的数额是否达到较大或巨大。

在计算被盗物品的数额时，除了要注意以上所述的三种情况外，还应当特别注意被盗物品的折价问题。有些物品虽然原价数额较大（如电视机、录像机、自行车、轮胎等），但因使用多年或已被损坏，价值已大大降低。如某县检察院批捕、起诉的陈某盗窃案。陈某在 1988 年 1 月，两次从城关某电器修理部窃得黑白电视机、收录机各一台，原认定价值 800 余元，起诉后，法院经查证，发现电视机、收录机失主均已使用多年，且损坏严重，价值仅 200 余元，检察院只好撤回起诉。所以，在认定盗窃数额时，对旧的物品应当进行合理折价，并按折旧后的数额计算。有些商品国家有关部门规定了折旧率的，则按折旧率折旧，没有规定折旧率的或已损坏的，则应委托有关部门进行估价，并以此作为定罪量刑的依据。

以上笔者对与"盗窃数额"有关的几个问题作了论述，不当之处，请法学界及从事司法实践的同人们匡正。

盗伐、滥伐林木罪刑法条款亟待修改[*]

自 1980 年以来，盗伐、滥伐林木歪风每年都要在全国各地蔓延。司法机关受理的森林案件逐年上升。据林业部有关资料统计，我国的森林赤字已由 1980 年的二千万立方米上升到 1985 年一亿立方米，而近几年又有大幅度上升。大规模的乱砍滥伐，不仅严重破坏了我国本来已十分贫乏的森林资源，而且更严重的是破坏了生态环境，使人们的生产条件和生活条件不断恶化。

近几年，为制止乱砍滥伐，国务院或林业部、公安部几乎每年都要发出通知，要求各地坚决刹住盗伐、滥伐歪风，全国各地多次开展打击破坏森林资源活动专项斗争，但收效不大。1988 年上半年，广西、江西、海南、湖南、湖北、四川等省又都发生大规模的乱砍滥伐，许多著名林区和自然保护区盗伐、滥伐十分严重。8 月，林业部和公安部，根据国务院有关领导指示，发出紧急电话通知，要求各地严厉打击盗伐、滥伐犯罪活动。

为什么盗伐、滥伐歪风屡禁不止，越演越烈呢？笔者认为，除了林业管理制度存在漏洞和弊端外，还有一个重要的原因，就是盗伐、滥伐林木的犯罪分子刑事处罚太轻，不足以惩罚罪犯。

首先，1979 年刑法条文规定的量刑幅度太轻，不能发挥刑罚的威慑作用。

1979 年刑法第 128 条规定："违反保护森林法规，盗伐、滥伐森林或者其他林木，情节严重的，处三年以下有期徒刑或者拘役，可以并处或者单处罚金。"1984 年森林法第 34 条第 3 款规定："盗伐林木据为己有，数额巨大的，依照《刑法》第一百五十二条规定追究刑事责任。"根据这两条的规定，盗伐林木罪一般是在 3 年以下有期徒刑，只有盗伐林木，据为

＊ 原载《浙江法学》1989 年第 3 期。

己有数额巨大的，才可以处 5 年以上有期徒刑。滥伐林木罪则不管数额多大，情节如何严重，只能判处 3 年以下有期徒刑。这样的量刑幅度显然太轻，不能做到罪刑相适应更不能发挥刑罚的威慑作用。如浙江省开化县（林区），在 1987 年开展打击破坏森林资源活动专项斗争中，检察机关共批准逮捕盗伐、滥伐林木犯罪分子 21 人，起诉 18 人，但最后只有 4 人被法院判处 1 年以上 3 年以下有期徒刑，其他都被判处 1 年以下有期徒刑、拘役、缓刑或宣告无罪，没有一人适用 1979 年刑法第 152 条。

其次，1979 年刑法和 1984 年森林法规定的条文内容不衔接，缺乏一致性，不利于执行。

为了有效地打击盗伐林木犯罪，1984 年 9 月 26 日第六届全国人大常务委员会第七次会议通过和颁布的 1984 年森林法，特地提高了盗伐林木罪的量刑幅度，规定：盗伐林木，据为己有，数额巨大的，依照 1979 年刑法第 152 条处罚。这样虽然加重了刑罚，但在执行上却产生了两个问题：

其一，它和 1979 年刑法第 128 条不相衔接。按 1979 年刑法第 128 条，盗伐林木罪最高刑是有期徒刑 3 年，而按 1979 年刑法第 152 条处罚，最低刑是有期徒刑 5 年。这样，在刑期上就出现了空档，没有有期徒刑 4 年的规定。同时，这样的比照处罚，违背了依据犯罪客体进行犯罪分类的刑法理论。这在刑事法律上是没有先例的，不符合立法惯例，缺乏法律条文的科学性和严密性。

其二，按 1984 年森林法第 34 条第 3 款规定，盗伐林木，必须"据为己有"和"数额巨大"的，才依照 1979 年刑法第 152 条处罚，但 1979 年刑法第 128 条则没有规定盗伐林木要"据为己有"，才定盗伐林木罪。因而，在执行时对"据为己有"的理解出现了严重分歧。一种意见认为，凡盗伐都是为了"据为己有"，只要行为人盗伐"数额巨大"即可适用 1979 年刑法第 152 条处刑；另一种意见认为，并非所有盗伐都是为了"据为己有"，如果行为人盗伐"数额巨大"，但并没有"占为己有"，那也不能适用 1979 年刑法第 152 条，否则，1984 年森林法规定的"据为己有"，岂非多余？

正因为如此，在司法实践中，真正适用 1979 年刑法第 152 条处罚的罪犯就很少或没有，有的即使适用了这一条，但量刑仍然很轻。如浙江衢县（非林区）办理的林某某盗伐林木案，林某某在 1986 年、1987 年先后盗伐林木 37 余立方米，数额巨大，一审法院以盗伐林木罪，按 1979 年刑法第

152 条，判处林犯有期徒刑 5 年。后二审法院对量刑部分又作了改判，判处有期徒刑 3 年缓刑 4 年（适用 1979 年刑法第 152 条条款没有变）。所以，1984 年森林法对 1979 年刑法第 128 条的补充规定实际上没有起到应有的作用。

再次，在"两高"的司法解释中，对集体滥伐的定罪数额标准规定得太高，放纵了罪犯。

司法解释是指导司法机关办案的重要依据，解释的内容是否准确、科学和完整，直接关系到对行为人的定罪量刑。司法实践证明，现在破坏森林资源造成严重后果的绝大多数是国营企事业单位、集体组织的盗伐和滥伐。根据最高人民法院、最高人民检察院在 1987 年 9 月发布的《关于当前办理盗伐、滥伐林木案件应用法律的几个问题的解释》（以下简称《解释》）第 8 条第 1 款规定：国营企事业单位、集体组织盗伐林木"数额巨大"，滥伐林木情节特别严重的，应按刑法第一百二十八条追究主管人员和直接责任人员的刑事责任。《解释》第 3 条又指出"数额特别巨大"是"情节特别严重"的一项重要内容。在林区盗伐 100 立方米以上，非林区盗伐 50 立方米以上为"数额特别巨大"。《解释》对滥伐"数额特别巨大"的标准则没有作出具体规定，但根据《解释》的精神理解，只有在林区滥伐 200 立方米以上，非林区滥伐 100 立方米以上，才认为是滥伐"数额特别巨大"。也就是说，集体滥伐只有在林区滥伐 200 立方米以上，非林区滥伐 100 立方米以上，才能追究主管人员和直接责任人员滥伐的刑事责任，而这刑事责任也只有在 3 年以下有期徒刑或拘役。这样高的滥伐定罪数额标准和这样轻的刑罚，怎么能保证森林或其他林木不被滥伐呢？在《解释》公布后不久，在浙江省衢州市先后就有 4 件滥伐林木案的 5 个被告人被法院宣判无罪，在社会上引起不良影响。

为了保护森林资源，更切实有效地制止盗伐、滥伐林木的犯罪活动，笔者建议：全国人大常委会应通过立法程序，尽快修改盗伐、滥伐林木罪的刑法条款。在修改时，应充分考虑以下因素：

其一，提高量刑幅度，加重刑罚。

其二，盗伐林木罪的刑罚和滥伐林木罪的刑罚应区别开来。

其三，从刑法条文上明确规定，国营企事业单位、集体组织的盗伐和滥伐，情节严重的，应追究主管人员和直接责任人员的刑事责任。

笔者认为，可以将盗伐、滥伐林木罪刑法条款修改为：

"违反保护森林法规，盗伐森林或其他林木，数额较大的，处五年以下有期徒刑；数额巨大的，处五年以上十年以下有期徒刑；情节特别严重的，处十年以上有期徒刑或者无期徒刑。

滥伐森林或者其他林木，情节严重的，处三年以下有期徒刑或者拘役；情节特别严重的，处三年以上十年以下有期徒刑。

犯前二款罪的，可以并处或者单处罚金。

国营企事业单位、集体组织的盗伐、滥伐林木罪，依法追究主管人员和直接责任人员的刑事责任。"

检察机关必须加强对批捕决定执行的监督[*]

逮捕是我国刑事诉讼法规定的一种最严厉的强制措施。审查批准逮捕是检察机关的重要职责，是刑事检察的主要内容之一。

检察机关批捕的直接目的是执行逮捕，以防止人犯逃跑、串供和自杀等社会危险性的发生，从而顺利地把被告人交付预审、起诉和审判。公安机关在检察机关作出批捕决定后，是否执行逮捕，是否及时执行逮捕以及逮捕后是否不轻易变更逮捕措施直接关系到是否维护检察机关批捕决定的权威性和严肃性。目前，在司法实践中，在执行逮捕问题上，检察机关的监督存在着"疲软"现象，亟待纠正和完善。

一、 关于对执行逮捕时间的监督问题

1979 年刑事诉讼法第 40 条第 1 款规定：对主要犯罪事实已经查清，可能判处徒刑以上刑罚的人犯……有逮捕必要的，应即依法逮捕。逮捕拘留条例第 3 条第 1 款规定，有逮捕必要的经人民法院决定或者人民检察院批准，应即逮捕。公安部制定实施的 1987 年《公安机关办理刑事案件程序规定》第 39 条第 1 款规定："接到人民检察院《批准逮捕决定书》后，由县以上公安机关负责人签发《逮捕证》，并及时执行。"以上法律、规章都规定，检察机关作出批捕决定后，公安机关必须"应即""及时"执行逮捕。但由于对"应即"或"及时"没有规定确定的时间界限，公安机关对执行逮捕的时间就千差万别，有的是在批捕后的当天执行，有的在第二天执行，也有的在数天后甚至数月后才执行。据某县院对去年批捕的人犯进行统计发现：人犯已被收审、拘留的，宣布逮捕是在批捕后的 24 小时内进行的，只占 40%；人犯没有被收审、拘留的，则有 70% 是在批捕后的

＊ 未刊稿，本文写于 1989 年。

24 小时之后才执行，其中又有 45% 是在批捕后的 3 天之后才执行。

笔者认为，在检察机关作出批捕决定后数天才宣布执行逮捕的做法，不符合法律规定的原意。对已被收审的人犯则直接影响其羁押期限计算；对未收审、拘留的人犯则易于使其出现逃跑、串供、自杀等社会危险性较大的行为，对社会造成很大危害。

二、 关于对人犯不能执行逮捕的监督问题

在司法实践中，有些案件在检察机关作出批捕决定后，由于人犯逃跑、死亡或其他原因不能执行逮捕或逮捕未获，对这种情况，根据公安部《公安机关办理刑事案件程序规定》第 39 条第 4 款规定，公安机关应在 24 小时内书面通知原批准逮捕的人民检察院，但实际上公安机关往往没有严格执行这一规定，检察机关也因《人民检察院刑事检察工作试行细则》对此未具体规定监督程序而没有进行必要的监督。如某市检察院曾对 1986 至 1988 年批捕的人犯进行检查，据粗略统计：在这 3 年内，全市公安机关已对 50 余名批捕的人犯没有执行逮捕，仅某区公安分局去年就有 10 余名人犯没有逮捕归案，而这一情况，我们也是在近期主动检查过问的情况下才了解到的。由于对不能执行逮捕的问题缺乏有效的监督，以至对应逮捕的人犯，因事过境迁被办案人员所淡忘，可以逮捕的没有逮捕，可以采取积极措施将其逮捕的，尚没有采取积极措施，从而影响对案件的查处放纵犯罪，并产生不良的社会效果。

三、 关于逮捕后又将人犯释放的监督问题

有些案件，在人犯逮捕后，经讯问或进一步侦查，发现人犯不应当逮捕或不应追究刑事责任的，就应立即将人犯释放。根据 1979 年刑事诉讼法第 51 条、94 条及司法实践，公安机关在人犯逮捕后又将其释放的，主要有以下三种做法：（1）捕后在 24 小时内经讯问发现不应当逮捕的，公安人员应立即将其释放，释放后不需要通知原批捕的人民检察院。（2）捕后经过侦查发现人犯不应当追究刑事责任的，公安人员在将人犯释放后通知原批准逮捕的人民检察院。（3）捕后经讯问或侦查，发现人犯不应当追究刑事责任的，在将人犯释放之前，将释放的原因、理由告诉原批捕的检察

院，在征得检察院同意后将人犯释放。

笔者认为，人犯在捕后被释放，不通知原批捕的检察院固然不妥，但仅仅在事后将释放决定通知原批捕的检察院仍然有许多弊端。首先，这不符合公安、检察机关互相配合、互相制约的诉讼原则；其次，批准逮捕权在检察院，而释放权在公安机关，就失去了检察机关审查批捕的监督作用；再次，不利于切实有效地防止不适当地释放被捕人犯及公安人员徇私枉法放纵罪犯的现象发生；最后，由于检察机关不了解或不能及时了解捕后释放情况，不利于检察机关总结批捕的经验教训，提高批捕质量。

四、 关于人犯逮捕后又变更强制措施的监督问题

有的人犯在逮捕后关押期间发现其患有严重疾病或正在怀孕等情况，就应该对其变更强制措施，采用取保候审或者监视居住。对此，公安机关都自行作出决定予以变更，在作出决定后也不通知原批捕的检察院。由于检察机关不了解，无法对变更情况实行有效的监督。在司法实践中就出现公安机关随意变更逮捕措施的现象。

综上所述，目前，在对人犯执行逮捕和人犯逮捕后关押期间所出现和存在的种种问题，笔者认为，既与公安人员没有深刻认识检察机关批捕决定的法律意义有关，也与现行法律对批捕决定的执行和监督的规定缺乏明确性和完整性有关，同时也与检察机关本身监督不力密切关系。

为了维护检察机关批捕决定的严肃性和权威性，提高检察机关审查批捕的监督效能，更好地运用逮捕强制措施打击、惩罚犯罪分子，笔者认为：

1. 权力机关应通过立法形式，对公安机关执行逮捕的时间，不能执行逮捕或逮捕后发现人犯不应当逮捕应予释放抑或需要变更强制措施的监督作出明确规定。我们建议规定：公安机关应在检察机关作出批捕决定后的24小时内执行逮捕，最迟不得超过3天。在规定的期限内确不能执行逮捕的，应在24小时内将不能执行逮捕的意见和理由通知原批准逮捕的人民检察院。逮捕后发现人犯不应当逮捕或应变更强制措施的，应在作出释放或变更强制措施决定之前，将意见和理由报告原批捕的人民检察院，在征得人民检察院同意后予以释放或变更。

2. 在立法机关对执行逮捕的有关监督条款没有进行修改和作出补充规定之前，最高人民检察院可以在《人民检察院刑事检察工作试行细则》中对公安机关执行逮捕如何实行监督作出具体规定，以弥补现行法律规定之不足，从而使检察人员明确监督的范围、内容和程序，并使检察机关对执行逮捕的监督行为初步建立在有据可依、有章可循的基础上。

试论重新计算羁押期限的几个问题 *

1984 年 7 月 7 日，第六届全国人民代表大会常务委员会第六次会议通过的《关于刑事案件办案期限的补充规定》（以下简称《补充规定》）第 3 条规定："在侦查期间，发现被告人另有重要罪行，可以经人民检察院批准或者决定补充侦查，重新计算侦查羁押期限。"这是对 1979 年刑事诉讼法第 92 条侦查羁押期限的补充规定。《补充规定》公布后，各级检察机关陆续对一些案件的被告人批准或决定重新计算羁押期限，但由于对这一规定的法律含义没有从理论上进行必要的研讨，在实践中存在不同的认识，出现不少亟待进一步明确、解决和纠正的问题。

一、 如何理解在侦查期间发现被告人 "另有重要罪行"

对这一问题，实践中有两种不同的认识和观点。一种观点认为，"另有重要罪行"是指在对被告人侦查羁押过程中，又新发现了他还有犯有与原立案、逮捕时不同性质的罪行。如某被告人原以故意杀人罪立案和逮捕的，在侦查羁押期间又发现他还犯有强奸罪，在原规定的羁押期限内不能侦查终结的，可以经人民检察院批准重新计算羁押期限。另一种观点认为，"另有重要罪行"，既指发现了被告人与原立案、逮捕时不同性质的罪行，也指发现了被告人与原立案、逮捕时同性质的其他重要罪行。这里的关键是看是否发现了其他新的重要罪行。如被告人盗窃了 2000 元财物被逮捕，在侦查羁押中又发现他另外还盗窃 3000 元财物的犯罪事实尚待查清，在原规定的羁押期限内不能侦查终结的，可以经人民检察院批准重新计算羁押期限。

---

* 未刊稿，本文写于 1989 年。

笔者同意第一种观点，理由是：

首先，从重新计算羁押期限的必要性看：在被告人侦查羁押期间，又发现其犯有另外不同性质的重要罪行，根据司法实践，由于这一新的罪行，侦查机关没有进行必要的侦查和收集应有的证据，为了不放纵犯罪，保证刑事诉讼的顺利进行，侦查人员就必须开展大量的侦查取证工作，以查清被告人不同性质的余罪。要达到这一目的，在原规定的羁押期限内难以完成全部侦查任务，即使延长羁押期限后也难以侦查终结，因此有必要重新计算羁押期限。但如果是同性质的余罪，即使在原规定的羁押期限内不能查清，也完全可以用延长羁押期限的方法完成侦查任务。

其次，从维护被告人的合法权益和维护法律的严肃性看：根据《补充规定》第3条和1979年刑事诉讼法第92条规定，重新计算羁押期限意味着被告人的侦查羁押期限又有两个月，如果对此不加严格控制，随便批准或决定重新计算羁押期限，必然延长被告人在侦查中的羁押期限，侵犯被告人的合法权益。从司法实践看，有相当一部分案件在侦查羁押过程中都会发现有新的同性质的犯罪事实，而新发现不同性质的犯罪事实只有少数案件。如果把发现同性质的其他重要罪行也作为重新计算羁押期限的条件，势必扩大重新计算羁押期限的适用范围，在一定程度上就使重新计算羁押期限代替了延长羁押期限的规定。这不利于维护法律权威性和严肃性。

再次，根据《人民检察院直接受理侦查的刑事案件办案程序（试行）》第40条规定，在侦查期间，发现被告人另有与原来立案的性质不同的罪行，可以经检察长批准补充侦查，重新计算羁押期限。这一规定虽然是针对自侦案件而言的，但对非自侦案件也可以参照适用。

二、 如何理解在 "侦查期间" 发现被告人另有重要罪行

在这个问题上，存在的主要问题和争议的焦点是："侦查期间"是否包括补充侦查期间，即是否包括检察机关退回公安机关补充侦查期间、人民检察院自行补充侦查期间和人民法院退回检察院补充侦查期间。根据1984年10月16日最高人民检察院《关于检察机关执行全国人大常委会〈关于刑事案件办案期限的补充规定〉的一些问题的答复》（以下简称《答复》）第1条第1款的解释，"侦查期间"包括补充侦查期间，即包括

人民检察机关在审查起诉中退回公安机关补充侦查期间或自行补充侦查期间，也包括人民法院退回检察院补充侦查期间。

笔者认为，《答复》把《补充规定》第3条的"侦查期间"笼统地理解为包括所有补充侦查期间有失偏颇。

在第一个问题中，我们已经明确，重新计算羁押期限必须限于在侦查期间发现了被告人新的不同性质的重要罪行。检察机关在补充侦查中（包括审查起诉时自行补充侦查和起诉后人民法院退回补充侦查的），对非自侦的普通刑事案件如发现人犯有与原逮捕起诉时不同性质的犯罪事实，必须退回公安机关补充侦查，不能再自行决定补充侦查重新计算羁押期限。理由是：

首先，根据公检法三机关办理刑事案件必须分工负责、互相配合、互相制约的原则及《最高人民法院、最高人民检察院、公安部关于执行刑事诉讼法规定的案件管辖范围的通知》的有关规定，对非自侦案件，侦查权只能由公安机关行使，检察机关无权进行侦查。

其次，根据《补充规定》第3条的立法精神，在侦查期间发现被告人另有重要罪行可以"经人民检察院批准或者决定补充侦查，重新计算羁押期限"。这里的"决定"只限于自侦案件，而不包括非自侦的普通刑事案件。对羁押的普通刑事案件的被告人重新计算羁押期限，检察机关只有批准权而无决定权。

再次，从司法实践看，根据现有的侦查条件、侦查技能和破案的实际需要，对检察机关补充侦查中新发现的不同性质的非自侦罪行也应由公安机关补充侦查更为合适。

由此可见，补充侦查期间重新计算羁押期限只限于以下两种情况：一是公安机关在补充侦查中，发现了被告人犯有新的其他性质的罪行，在规定的补充侦查期间内确不能侦查终结的，可以提请同级检察院批准，再补充侦查，重新计算羁押期限；二是对自侦案件，人民检察院在补充侦查中如发现被告人有与原立案性质不同的罪行，在规定的补充侦查期间内不能侦查终结的，经检察长批准，可以再补充侦查，重新计算羁押期限。

所以，我们认为，《补充规定》第3条规定的"侦查期间"中所指的补充侦查期间，对非自侦案件来说，只限于退回公安机关补充侦查期间，而不包括人民检察院自行补充侦查期间和人民法院退回人民检察院补充侦查期间。

三、 如何理解重新计算羁押期限和延长羁押期限的关系

在如何认识重新计算羁押期限与延长羁押期限的关系问题上，急需澄清和明确的是：适用了重新计算羁押期限是否还可以适用延长羁押期限，抑或适用了延长羁押期限是否还可以重新计算羁押期限？

（一） 适用了重新计算羁押期限后是否还可以适用延长羁押期限

有一种观点认为，对同一案件的被告人在整个侦查过程中，适用了重新计算羁押期限，就不能再适用延长羁押期限，或者适用了延长羁押期限，就不能再适用重新计算羁押期限。

笔者认为，这种观点值得商榷。重新计算羁押期限和延长羁押期限是两种有严格区别的羁押措施：（1）前者是适用于在侦查中发现了被告人另有重要罪行，而后者则适用于因案情复杂，在羁押期限届满时仍不能侦查终结的案件。（2）前者只要经同级检察院批准或决定即可，而后者必须经上级检察机关批准或决定。（3）对前者被告人的羁押期限又可以延长2个月，而后者第一次只能延长被告人羁押期限1个月。由此可见，两者适用条件、程序和后果是完全不同的，不能混为一谈。适用了重新计算羁押期限后并不排除仍可适用延长羁押期限，延长羁押期限后并不排除仍可适用重新计算羁押期限，关键在于是否具备各自的条件。在司法实践中，有一部分案件因案情复杂，在重新计算羁押期限内仍不能侦查终结的，可以经上级人民检察院批准或者决定，再延长羁押期限，以完成侦查取证工作。

（二） 在侦查羁押期间， 发现了被告人另有重要罪行， 是否必须重新计算羁押期限

有一种观点认为，在侦查羁押期间，发现被告人另有重要罪行，在原规定的羁押期限内不能侦查终结的，必须重新计算羁押期限而不能适用延长羁押期限的方法解决。

笔者认为，这种情况不能一律适用重新计算羁押期限，理由在于：（1）《补充规定》第3条只是规定，在侦查羁押期间发现被告人另有重要罪

行的，可以重新计算羁押期限，没有规定必须重新计算羁押期限。（2）从侦查工作的实际需要看，有的案件虽然发现了被告人新的重要罪行，但在延长羁押期限内（1个月）即可侦查终结的，又何必一定适用重新计算羁押期限（2个月）。（3）从缩短办案期限，提高办案效率，维护被告人的合法权益来看，对重新计算羁押期限的适用应当严格控制。因此，我们认为，在侦查期间，发现被告人另有重要罪行，在原规定的羁押期限内不能侦查终结，但又不需要重新计算羁押期限即可侦查终结的，可以适用延长羁押期限的方法解决，以加快侦查工作，提高办案效率。

四、 重新计算羁押期限何时起算

最高人民检察院在《答复》中指出：重新计算羁押期限从人民检察院批准或者决定之日起计算。这一规定无疑是正确的，但问题的焦点并不在于人民检察院批准或者决定重新计算羁押期限的时间，而在于应如何认识公安机关或自侦部门提请批准或决定重新计算羁押期限的时间。

根据司法实践，现在一般做法是：在侦查期间发现被告人另有其他重要罪行后，公安机关或自侦部门并不立即提请重新计算羁押期限，而是先对新罪着手侦查，被告人原规定的羁押期限（2个月）届满后，才向检察机关提请批准（或决定）重新计算羁押期限，检察机关也在被告人羁押期限届满时予以批准（或决定）。如被告人李某因盗窃罪被逮捕羁押，在羁押的第40天，公安机关发现他还犯有抢劫罪，此时，公安机关并不立即提请要求重新计算羁押期限，而是着手侦查其抢劫罪行，直到李某原规定的羁押期限（2个月）届满后，才向检察机关提请批准重新计算羁押期限。检察机关在李某羁押期限满60天时予以批准。也就是说，对李某抢劫罪的侦查羁押期限实际上是120天，李某整个侦查羁押期限可以有四个月。

笔者认为，上述做法有悖法律的规定。首先，这种做法实质上把重新计算羁押期限当作延长羁押期限的一种形式，这是不妥当的。其次，《补充规定》第3条并没有规定重新计算羁押期限只能在原羁押期限届满后才开始计算，而是明确指出，在侦查羁押期间一旦发现被告人另有重要罪行，就可以重新计算羁押期限。再次，这种做法变相地延长了对被告人的羁押期限，不利于维护被告人的合法权益。

　　根据以上理由，笔者认为，在侦查羁押期间，发现被告人另有重要罪行，需要重新计算羁押期限的，其重新计算羁押期限的日期，应从发现被告人另有重要罪行，确实需要补充侦查之日起计算。如前文所指的李某，在其羁押的第 40 天发现他还另犯有抢劫罪，需要补充侦查，那么，对李某重新计算羁押期限应从第 41 天开始计算。这样对李某盗窃、抢劫案整个侦查羁押期限只有 100 天，而不是 120 天。

当前共同犯罪的特点、原因和对策[*]

自 1983 年 8 月开展严厉打击严重刑事犯罪活动斗争以来，全国各地对共同犯罪特别是团伙犯罪和集团犯罪进行了坚决打击，刑事犯罪（包括共同犯罪）有所下降，社会治安趋于好转。但从 1986 年下半年开始，刑事犯罪又趋上升，特别是共同犯罪日益猖獗，其危害之严重、增长之迅猛，已成为威胁社会治安不稳定的主要因素。因此，非常有必要对当前共同犯罪的现状、特点、原因等进行分析，寻求科学答案以对症下药，提出相应可行的预防对策，最大限度地减少共同犯罪。为了掌握共同犯罪的新情况，笔者最近对衢州市检察机关 1989 年批准逮捕的共同犯罪人（不包括检察院自行决定逮捕的贪污、贿赂等共同犯罪）进行了调查，同时也兼顾到起诉审判情况，并与 1986 年、1987 年、1988 年的共同犯罪情况进行了比较。下面就根据调查分析的情况，略发拙见，供大家在研讨中参考。

一、 当前共同犯罪的现状和新特点

衢州市位于浙西，地处闽浙皖赣四省之咽喉，有"四省通衢"之称，交通便利，人口 230 余万，下辖四县一市一区，其犯罪态势具有一定的代表性。1989 年衢州市检察机关批准逮捕刑事犯罪人犯 1061 人，其中共同犯罪人 675 人。在批捕的共同犯罪人中，从犯罪性质看，盗窃 408 人，抢劫 65 人，破坏电力设备 28 人，赌博 12 人，诈骗 10 人，盗伐、滥伐林木 10 人，投机倒把 7 人，流氓 22 人，故意杀人、伤害 8 人，同时实施两种以上犯罪的 50 人，其他共同犯罪 55 人。从年龄结构看，18—25 岁的 392 人，18 岁以下的 37 人，25 岁以上的 256 人。从职业看，农民 447 人，工作 114 人，无业人员 84 人，城镇个体劳动者 26 人，学生 3 人，国家工作人员 1 人。

---

* 未刊稿，本文写于 1990 年。

当前共同犯罪活动呈现以下特点：

其一，共同犯罪持续大幅度上升，已成为刑事犯罪的主要形式。1986 至 1989 年批捕人犯分别是 559 人、639 人、820 人和 1061 人，批捕人数 1987 年至 1989 年分别比上一年度上升 14%、28%、30%。在批捕人犯中，共同犯罪人数 1986 至 1989 年分别是 208 人、285 人、487 人和 675 人，共同犯罪人数 1987 年至 1989 年分别比上一年度上升 37%、70%、38%。共同犯罪人数占全部批捕人数的比例已由 1986 年、1987 年的 37%、41%，上升到 1988 年、1989 年的 59%、64%。从以上数据和比例可以看到，近几年刑事犯罪批捕数持上升趋势，但共同犯罪批捕数上升的幅度更大。1988 年首次超过单独犯罪，1989 年已占全部批捕人数的 64%。二人以上共同犯罪已成为当前刑事犯罪的主要犯罪形式。

其二，共同犯罪社会危害特别严重，已成为威胁、扰乱和破坏社会治安的主要因素。这一特点主要表现在以下四个方面：（1）四人以上团伙犯罪显著增多。四人以上团伙犯罪 1986 年至 1989 年分别是 10 件 50 人、14 件 54 人、28 件 158 人和 49 件 259 人，团伙犯罪在全部共同犯罪中的比例已由 1986 年、1987 年的 23%、17% 上升到 1988 年、1989 年的 33%、38%。团伙犯罪往往是复杂共同犯罪，犯罪能量大、破坏力强、社会危害广。（2）一案多罪现象较为突出。在 1989 年批捕的共同犯罪人中，共同实施两种以上犯罪的人犯有 50 人。常见的有抢劫盗窃、强奸抢劫、流氓强奸、盗窃强奸、抢劫敲诈勒索、盗窃破坏电力设备等。（3）重大案犯大部分产生于共同犯罪之中。在 1989 年批捕的人犯中，属盗窃、诈骗数额巨大、故意杀人、伤害致人重伤死亡，抢劫既遂等重大案犯 217 人，其中属于共同犯罪的重大案犯 192 人，占比 89%。（4）流窜犯罪有增无减。在共同犯罪中，流窜作案的约占 30%，并有上升趋势。

其三，贪利型共同犯罪占绝大多数。近年，贪污贿赂等经济犯罪十分猖獗，去年下半年在全国范围掀起的反贪风暴，世人瞩目。在经济犯罪不断蔓延的同时，贪利型普通犯罪也十分严重。在 1989 年批捕的共同犯罪中，贪利型共同犯罪占 90% 以上。主要表现在：（1）共同盗窃日益严重。1989 年批捕盗窃人犯 610 人，占全部批捕人犯的 57%。其中批捕共同盗窃人犯 408 人，占共同犯罪人数的 60%，占全部盗窃人犯的 67%。（2）共同抢劫大幅度上升。1989 年批捕抢劫人犯 85 人，其中批捕共同抢劫人犯 65 人，占全部抢劫人犯的 76%。（3）破坏电力设备犯罪仍在上升。近几年，由于钢材、金属市场价格猛涨，即使废铜旧铁也成为犯罪者疯狂攫取的对象。虽然前二年对这类犯罪进行了专项打击，但并没有得到有效遏制。1989 年批捕破坏电力设备犯罪 34 人，比 1988 年上升 30%，其中共同破坏电力设备犯罪 28 人。（4）其他贪利型共同犯罪，如共同诈骗、赌博、投机倒把等都在上升，而盗伐、滥伐林木经过 1987 年、1988 年的重点打击，在 1989 年有所下降。

其四，暴力、滋扰型流氓共同犯罪下降，淫乱型流氓共同犯罪上升。1983 年 8 月以来，司法机关严惩了一大批聚众斗殴、寻衅滋事、侮辱妇女的流氓犯罪团伙。因此，暴力滋扰型流氓共同犯罪有所收敛。1989 年批捕各类流氓犯罪分子 26 人，其中共同进行流氓犯罪的 22 人，比 1988 年下降两倍多。这一年没有出现持械斗殴、聚众闹事及人数众多的流氓犯罪团伙。寻衅滋事的流氓案犯仍占一定比例（共有 8 人）。淫乱型共同犯罪占主要地位，其中以玩弄女性为目的的采取诈骗手段奸淫妇女的 5 人，聚众奸宿进行淫乱活动的 6 人，不以营利为目的制作、播放淫秽录像的 3 人。这表明：暴力、滋扰型流氓共同犯罪下降，而严重污染社会环境、败坏社会风气、腐蚀人们心灵的淫乱型流氓共同犯罪上升。

其五，青少年共同犯罪严重，农民、无业人员共同犯罪上升。在 1989 年批捕的人犯中，25 岁以下的青少年 623 人，占全部批捕人犯的 58%。在批捕的共同犯罪人中，青少年有 429 人，占 64%。在实施共同抢劫、流氓及同时实施两种以上犯罪的共同犯罪人中 90% 以上是青少年。农民和无业人员犯罪率明确提高。1989 年批捕农民共同犯罪人 447 人，占全部批捕共同犯罪人的 66%，批捕无业共同犯罪人 84 人，占全部批捕共同犯罪人的 12%。

二、 共同犯罪的原因

近几年，共同犯罪之所以日趋严重并呈现一些新特点，其原因是错综复杂的。根据调查情况，笔者认为，主要有以下几个方面的原因：

（一） 犯罪易于得逞和共同犯罪者的特有心理状态是促使犯罪者进行共同犯罪的主要原因

调查表明：共同犯罪比个人单独犯罪成功率高得多。在个人单独犯罪中，犯罪未遂的占 10% ~ 15%，而在共同犯罪中，犯罪得逞率几乎达到

100%。今日公民的安全防范意识有了很大提高，作案者感到仅凭个人的力量难以完成整个犯罪，需要有预谋、有准备、有分工、一定人员的共同犯罪。在共同犯罪者的供述中，他们几乎一致认为，共同作案比单人作案保险，成功率高。

共同犯罪者特有的心理状态是促使行为人进行共同犯罪的内心起因。共同犯罪者常见的心理状态有：（1）"责任分散"心理。认为共同犯罪是多人一起作案，责任可以分散承担。80%以上的共同犯罪人认为，大家一起干，自己可少负责任，即使被抓了，判刑一定会轻得多。（2）"安全"心理。共同作案人多势众，可以彼此壮胆，遇有意外能够互相接应，作案人具有安全感。（3）"仿效"意识。在一部分从犯中，他们本无犯罪故意，参加犯罪团伙后，由于受到主犯的感染、引诱而仿效主犯实行犯罪。（4）封建"哥儿"义气。它是共同犯罪者的思想纽带和精神支柱。他们信奉"有难同当""有福同享"的封建信条，有的团伙成员即使落网后仍百般包庇为其同伙作伪证。

（二） 不良的社会环境和某些尖锐的社会问题是加快共同犯罪严重化的外部诱因

在改革开放的大潮中，商品经济迅猛发展，与此同时，商品经济发展中的某些消极因素渐显端倪，收入悬殊和分配不公给人们带来心理上的倾斜，消费意识与现实经济条件的矛盾刺激了一部分人的犯罪动机，商品意识的渗透扭曲了一部分人的灵魂，意识形态领域宣扬的"个人价值""个人欲望""一切向钱看就是为了向前看"的不良思潮，使一部分人失去了犯罪诱因的抵御能力。前几年失控的录像书刊市场使黄色瘟疫蔓延，摧毁了一部分人的精神世界而成为暴力、色情的俘虏。

改革为广大农村注入新的生机和活力，城乡之间巨大的经济差距使一部分农民产生以非法手段寻找致富之路的欲念。在农民共同犯罪中，有25%—30%是进城的农民工所为。人口的暴增，就业人员的急剧上升，给社会带来巨大的安排就业压力，无业人员的大幅度上升导致无业人员犯罪现象形成。

（三） 青少年的自身特点和劳改、劳教释放人员及累犯、惯犯的教唆、引诱是导致青少年共同犯罪增多的主要原因之一。

青少年随着年龄的增长，生理上的发育，精力的不断旺盛，心理上的探求能力和好奇心迅速发展。他们好问好奇好动，乐于结群，喜欢交际。但由于心理发展不成熟，社会化程度较低，思想不稳定，意志薄弱，认识能力和辨别是非能力受到限制，容易受到别人影响。在家庭、学校教育失当，不良社会环境的污染下，容易走上犯罪道路。

近年，"两劳"人员重新犯罪率不断提高，累犯明显增多。1989 年批捕的共同犯罪人员中，属"两劳"人员和累犯的约占 10%，35% 的共同犯罪案件中均有"两劳"人员和累犯。他们的社会危害性不仅表现在重新犯罪上，而且主要表现在组织犯罪团伙，教唆青少年参与犯罪上。惯犯在共同犯罪中，虽然所占比例不到 2%，但对青少年犯罪具有极大的腐蚀性。

（四） 执法上的打击不力是共同犯罪猖獗的重要原因之一

调查表明：当前对共同犯罪普遍存在着打击不力的现象，主要表现在：（1）司法解释不明确和刑法理论上的分歧导致执法上的偏差。如"两高"解释规定：对共同盗窃"应按照个人参与盗窃和分赃数额及其在犯罪中的地位与作用，依法分别处罚"。对这一规定，理论阐释有六七种之多。司法解释的不明确与理论上的分歧导致司法中执行标准的不统一。审判机关普遍的做法是：按参与盗窃数额定罪，按实际得赃量刑。这一做法明显存在矛盾，放纵了犯罪，值得商榷。（2）量刑偏轻、畸轻现象严重。许多判决表明：对共同犯罪的量刑明显低于单独犯罪。同样是一个盗窃 1 万元财物的案件，如果是单独个人作案一般要处 7 年以上有期徒刑；如果是共同作案，主犯一般只能处 7 年以下有期徒刑，从犯就更轻了。（3）另案处理现象普遍。对共同犯罪案件，刑事诉讼的一般原则是并案审理，但在司法实践中约有 65% 的案件有另案处理现象，其中有相当一部分是不正常的另案处理，有的把"另案处理"作为提请逮捕搪塞其他制约机关的措词，实际上没有作任何处理。"另案处理"一则影响全案的定罪量刑，二则不利于共同犯罪者认罪服法，三则为徇私枉法者大开方便之门，弊病很多，亟待纠正。

三、 共同犯罪的对策

为了有效地遏制日益猖獗的共同犯罪，笔者根据当前共同犯罪的特点和原因，特提出以下惩治、预防和减少共同犯罪的对策：

（一） 依法从重从快严厉打击共同犯罪

共同犯罪比单独犯罪具有更大社会危害性，必须坚决打击。司法人员应加强对共同犯罪的严重性和危害性的认识，迅速扭转对共犯量刑偏轻畸轻放纵犯罪的现象。同时对共同犯罪案件应认真贯彻并案审理的原则，除非确有必要一般不宜另案处理。对共同犯罪的中的主犯、累犯、惯犯及"两劳"人员依法从重从严惩处，决不手软，以真正体现刑罚的威慑力，实现一般预防和特殊预防的刑罚目的。

（二） 加强社会主义精神文明建设， 充分抑制商品经济所带来的消极作用

商品经济在给社会带来巨大的经济效益的同时，也给社会带来不良的消极作用，其中主要是以"金钱观念"为核心的拜金主义价值观，宣扬"金钱万能""金钱至上"，把对金钱的追求当作人生的唯一目的。因此，在建立商品经济新秩序的过程中，必须大力加强社会主义精神文明建设，大力讴歌艰苦奋斗、勤俭节约及集体主义、助人为乐等共产主义道德观念，用社会主义的政治优势遏制商品经济带来的消极作用，控制犯罪诱因的蔓延。

（三） 不断净化社会环境， 努力缓解尖锐的社会矛盾

为了保证人们生活在文明、健康的社会环境中，当前应继续抓紧抓好"扫黄""除六害"工作，注意防止各种黄色书刊、录像和社会丑恶现象死灰复燃。认真清理、批判意识形态领域里的各种形形色色的资产阶级自由化思潮，清除精神垃圾。对尖锐的"农民工""盲流"及城镇待业人员大幅度上升等问题，认真调查研究，依靠社会力量，寻求各种有效的管理和正确解决的途径，为预防、减少共同犯罪创造良好的社会条件和社会氛围。

（四） 加强对青少年共同犯罪的综合治理， 充分发挥家庭、学校、 社会一体化的教育功能

在商品经济的大潮中，社会的急剧变化给青少年犯罪带来一系列新的变化。针对当前青少年共同犯罪明显增多的趋势，有必要寻找新的预防对

策，进一步完善和健全综合治理措施，强化学校、家庭、社会一体化的教育网络，根据青少年的生理心理特点有针对性地开展荣辱观、善恶观、交友观等人生观教育，使青少年的道德水平和法制意识得到较大提高，增强自身免疫力。

（五）"打防结合"，建立有效的防范措施和治安管理体制

根据新的犯罪特点，一些原来行之有效的防范措施和治安管理方法已日渐落后，亟须"废、改、立"。如机关、企事业单位的内保制度，社会公共设施的保护制度，承包制下农村治安管理制度等，需要不断更新和完善，做到"防患于未然"。特别是对共同犯罪应尽快改变预防措施薄弱的局面，加强研究采取强有力的防范对策，把打击犯罪和预防犯罪有机结合起来。同时改革现行治安管理体制，建立起一套符合时代要求的高效率的新的治安管理体制，从而减少、预防犯罪的发生。

检察权等于法律监督权——与张起军、李兴友同志商榷 *

8 月 20 日《法制日报》刊登张起军、李兴友同志的《检察机关自侦建设的两个理论问题》一文（以下简称"张李文"）。"张李文"认为："检察权与法律监督权是不等同的，后者包括前者，而前者不包括后者"，"说检察机关'自行侦查是行使检察权，进行法律监督的一种形式'是很不确切的"，"只能说'自行侦查是进行法律监督的一种形式'，而不能说'自行侦查是行使检察权'，因为检察权与法律监督权不是同一概念"。对这种观点笔者不敢苟同，特提出商榷。

检察权是统一的国家权力的重要组成部分之一，它是国家法律规定的，由人民检察院行使的，国家对于侦查机关、审判机关、行政执法机关的职能活动是否合法，国家机关、人民团体、企业事业单位，国家工作人员和公民是否遵守法律，实行法律监督的权力。国家通过设立检察机关依法行使检察权。1982 年宪法第 131 条规定："人民检察院依照法律规定独立行使检察权，不受行政机关、社会团体和个人的干涉。"

法律监督，从广义上讲，是指对法律的执行和遵守情况进行的监督，它是通过多渠道多层次来实现的，包括党的监督、人民群众的监督、权力机关的监督和行政主管部门的监督等。但它们都不能代替检察机关作为国家专门机关的法律监督。1982 年宪法第 129 条和 1986 年人民检察院组织法第 1 条明确规定："中华人民共和国人民检察院是国家的法律监督机关。"我国检察机关的法律监督（也称检察监督）是我国人民检察院通过行使法律赋予的监督权，对国家机关、国家机关工作人员和一切公民是否遵守法律进行监督，以保证国家法律的统一实施的一种权力。检察机关的法律监督权是通过行使它特有的检察权来实现的，它具有国家性、专门

---

    * 未刊稿，本文写于 1990 年。

性、规范性、强制性和普遍性等特征。严格意义上的法律监督权就是人民检察院维护法制统一实施的权力，也就是我们通常所说的检察权。所以，检察权的行使实质上就是实施法律监督，检察权与法律监督权是同等意义、性质相等的概念。

检察机关的检察权是由各项具体职能构成的。1986 年人民检察院组织法第 5 条规定了各级人民检察院行使职权的范围，它包括刑事案件侦查权、逮捕权、起诉权、侦查监督权、刑事审判监督权、执行监督权等，也就是我们通常说的法纪监督、侦查监督、审判监督和监所监督等。其中人民检察院组织法第 5 条第 1 款规定，检察机关"对于叛国案、分裂国家案以及严重破坏国家的政策、法律、法令、政令统一实施的重大犯罪案件，行使检察权。"这是一种特殊的法纪监督，是法律监督的重要内容，是检察权的内容之一。但它不能与国家检察权相等同。后者包含了前者，但前者不能包括后者。"张李文"的失误也在于此。它把国家检察权等同于人民检察院组织法第 5 条第 1 款的内容，而且进一步提出"'两法'实施以来，只有 1980 年 11 月特别检察厅对林彪、江青反革命集团案的公诉，才是行使检察权的例子"，也就是说，检察机关的其他一切活动包括近十年的工作都不是在行使检察权。这显然是荒谬的。人民检察院组织法第 4 条明确规定检察机关的任务是"通过行使检察权"来完成的。如果"张李文"的观点能够成立，试问：检察机关的任务靠什么来完成？

检察机关自行侦查权是检察机关对于贪污罪、侵犯公民民主权利罪、渎职罪以及人民检察院认为需要自己直接受理的其他刑事案件进行立案侦查的权力。侦查终结后认为需要追究刑事责任的，向人民法院提起公诉或依法决定予以起诉，认为不需要追究刑事责任，则将原案撤销或依法不起诉。它是检察机关依照刑事诉讼法的规定对国家机关工作人员利用职务进行犯罪的行为行使检察权，进行检察（包括侦查）的法律监督活动。

由此可见，检察权与法律监督权是性质相同的两个概念，我们常说的"检察机关'自行侦查是行使检察权，进行法律监督的一种形式'并无不当"。

人民法院对经济罪犯应当加强
财产刑的适用 *

在严厉打击经济犯罪活动中，司法机关依法查处了一大批贪污、贿赂、挪用公款、投机倒把等经济犯罪案件，为国家挽回了巨大的经济损失，并使一大批经济罪犯受到了惩处。但应该看到：目前，审判机关对经济犯罪分子适用刑罚时，存在着重主刑、轻附加刑，重自由刑、轻财产刑的倾向。

由于在审判实践中，疏于适用财产刑，在实践中已产生了不良影响。有的犯罪分子宁可坐牢，也不交代赃款赃物的去向。"受苦一阵子，享福一辈子"的现象屡有发生。

财产刑是剥夺犯罪人财产的刑罚，包括罚金和没收财产两种。罚金是责令犯罪人向国家缴纳一定数额的金钱的刑罚；没收财产是没收罪犯的财产之一部或全部归国家所有的刑罚。两者是对付经济犯罪的有效手段和措施。经济犯罪一般是出于贪利动机的犯罪，对于此类犯罪，仅处自由刑，既不能完全剥夺犯罪所得，也不能剥夺其犯罪的资本，因此不足以遏制犯罪人再犯罪，也不利于惩戒其他经济犯罪，难以实现刑罚的目的。而对经济罪犯适用财产刑，这不但能剥夺犯罪所得，使其一无所得，而且还可以剥夺犯罪人实施经济犯罪的资本，使犯罪人感到经济犯罪得不偿失、无利可图，从而减少犯罪的诱惑力，也可以客观上削弱犯罪人再犯罪的能力，达到自由刑不能实现的刑罚目的。

从我们了解的情况看，当前审判机关之所以对罪犯不适用财产刑的理由有：（1）犯罪所得的赃款赃物已基本追回或全部退赔。（2）赃款赃物没有追回的犯罪者，往往已无金钱和财产可以判决。（3）犯罪分子个人所有的财产和犯罪分子家属所有的财产难以区分，径行判处财产刑可能会株连

---

* 未刊稿，本文写于 1990 年。

无辜。（4）人民法院如果对罪犯适用财产刑，必须在侦查起诉的基础上，进一步调查取证，这必然要增加工作量，而且还会带来执行难的问题，这在案多人少的情况下，往往难以做到。

　　我们认为上述四点理由作为对经济犯罪分子不适用财产刑的理由，除第二点外，其他都难以成立。首先，1979 年刑法第 60 条规定："犯罪分子违法所得的一切财物，应当予以追缴或者责令退赔；违禁品和供犯罪所用的本人财产，应当予以没收。"因此，赃款赃物应强制无偿地予以追缴或责令退赔，追缴、退赔，没收赃款赃物本身不是刑种，它与作为刑罚的罚金和没收财产是不同的。即使赃款赃物已全部追回，仍然可以对经济犯罪分子适用罚金或没收财产。其次，罚金或没收财产只能让犯罪分子缴纳其个人所有的金钱或没收属于其个人所有的财产。从司法实践来看，经济犯罪分子往往是家庭的主要成员，承担着家庭中的主要经济来源。因此，在认定财产归属中，除所有权明确属于其他家庭成员的那部分金钱或财产外，其他家庭共有财产也可以成为适用财产刑的对象。在这个问题上，应当纠正"凡家庭存续期间所得的财产都是共同财产，凡共同财产都不能没收"的观点。当然，在没收家庭共同财产时不应没收其他家庭成员应有的财产份额，并注意适用财产刑后不影响罪犯家属的正常生活。这样就不会株连无辜。另外，以"增加工作量""增加执行难度"作为难以适用财产刑的理由更是不能成立，与审判机关应承担的职责也是不相符合的。

　　我们呼吁：审判机关对经济罪犯应加强适用财产刑。

当前办理盗窃案件中存在的偏差及其矫正 *

据笔者对某市几个县（区）法院几年来办理的盗窃案件进行调查发现，当前司法机关在办理盗窃案件中存在着以下偏差：

1. 把盗窃数额视为区分盗窃罪与非罪、罪重与罪轻的唯一依据。盗窃数额是盗窃罪中诸多犯罪情节中的一个重要情节，但不是唯一情节，盗窃活动的其他具体情节也是定罪根据之一。由于刑法条文规定的局限性，有人就过分强调"数额"而忽视其他情节。如某人犯从外地流窜到该市作案，先后在公共场所扒窃 6 次，窃得他人现金 390 元，因该人犯盗窃数额不到该市规定的较大（400 元）标准，公安机关就对他治安处罚了事。

2. 把盗窃犯视为既遂犯。认为盗窃犯只有已秘密窃取到数额较大的公私财物的，才能构成犯罪，盗窃未遂的，一般不追究刑事责任。如被告人李某刑满释放后又连续撬门锁入室盗窃 5 次，毁坏被害人家具及其他财物几百元，但均因被害人及时发现或其他意志以外的原因而盗窃未遂。法院认为，被告人的行为属盗窃未遂，根据"两高"1984 年 11 月 2 日《关于当前办理盗窃案件中具体应用法律的若干问题的解答》（以下简称"两高"《解答》）第 1 条第 3 项规定之精神，对被告人不能定罪处罚，被告人随即被释放。

3. 把盗窃数额巨大视为构成惯窃罪的必要条件。根据 1979 年刑法第 152 条规定，惯窃或盗窃数额巨大的，处 5 年以上有期徒刑，也就是说惯窃和盗窃数额巨大，只要具备两者之一的就可适用刑法第 152 条。但相当一部分司法人员却把惯窃与盗窃数额巨大联系在一起，认为构成惯窃罪除盗窃恶习深、连续作案时间长、犯罪次数多等条件外，还必须累计盗窃数额巨大，否则不能算惯窃。如某盗窃犯叶某在近一年时间里先后盗窃作案 50 余次，窃得各种财物 3000 余元，但由于该人犯累计盗窃数额不到"巨

---

　　* 未刊稿，本文写于 1991 年。

大"（4000元），构不成惯窃罪，对其只能适用1979年刑法第151条。

4. 被盗财物数额计算不合理。主要表现在：（1）被盗财物数额认定"就低不就高"。在商品流通中，由于价格标准的多样性和案件本身的复杂性，办案人员为了"保险"起见，往往"就低不就高"，如有平价议价的，按平价认定；有出厂价、批发价、零售价的，不一律按零售价认定等。（2）盗窃不能随即兑现的有价证券（如定期债券、有奖储蓄等）或将能随即兑现的有价证券销毁的，不按票面数额认定，只作量刑情节考虑。（3）盗窃粮票、油票、煤票等计划供应票证的（无价证券），不作为盗窃定罪数额认定，只用作量刑情节予以考虑。以上计算方法都欠合理，易于放纵犯罪。

5. 共同盗窃犯罪的数额认定不统一。目前对盗窃集团共犯的数额认定比较统一，但对一般盗窃共犯定罪数额认定却很不一致。有的按参与数额，有的按分赃数额，有的按分摊数额，有的按盗窃总额等，各地做法不统一，影响执法的平衡性和对共同盗窃犯罪的从严打击。

为了纠正以上存在的偏差，笔者建议：

1. 广大司法工作人员要充分认识盗窃犯罪的严重性和社会危害性，正确理解刑事立法原意，全面衡量盗窃犯罪的各种情节，充分发挥刑法惩治作用，严格执法，以严厉打击严重的盗窃犯罪活动。

2. 建议立法机关修改1979年刑法第151条关于盗窃罪的犯罪构成，把构成盗窃罪必要条件之一的"数额较大"改为"情节较重"，同时将惯窃罪另立条款，增加犯罪构成要件，以适应司法实践的需要。

3. 尽快修改"两高"《解答》中的有关内容。1984年"两高"《解答》中规定的有关内容，如"数额较大"的最低起点标准，盗窃未遂的处罚，盗窃有价证券、无价证券的数额认定，盗窃共犯的处罚原则等的规定，已不适应司法实践的需要，亟待修改补充。

4. 进一步加强盗窃犯罪的理论研究。盗窃犯罪已占所有刑事犯罪的70%—80%，及时研究解决盗窃犯罪中所遇到的一系列难题，对司法实践具有重要意义。目前在盗窃问题上，诸如盗窃数额与盗窃其他情节的辩证关系，盗窃既遂未遂的标准，新形势下盗窃惯犯的认定，盗窃共犯如何承担刑事责任，被盗财物数额计算等，亟须进一步加强研究和探讨，以便统一认识，正确适用法律。

如何正确理解刑法第 192 条的含义——兼谈该条文的存废 *

　　1979 年刑法第 192 条规定："国家工作人员犯本章之罪，情节轻微的，可以由主管部门酌情予以行政处分。"这是刑法分则第八章渎职罪的最后一个条文，也是我国刑法典的最后一个条文。近年在惩治渎职犯罪的司法实践中，有人对该条文的含义提出这样一种观点：即国家工作人员犯渎职罪，根据被告人责任的轻重，犯罪的动机、目的、悔罪态度等主客观情况，情节轻微的，可以不作有罪处理，由主管部门酌情予以行政处分，不追究刑事责任。[①] 有的进一步提出："要正确适用刑法第一百九十二条规定的处罚原则。……国家工作人员职务犯罪，具有较大的社会危害性，从总的立法精神来看，应当从严惩处，不能姑息迁就。但是，我们毕竟不是惩办主义者，办理案件，都应当体现惩办与宽大相结合的政策，贯彻缩小打击面，扩大教育面的方针。对一些偶尔的渎职犯罪，情节轻微的，即社会危害性不大，可以不追究刑事责任或可以免予刑事处分的，可交由主管部门酌情予以行政处分。"[②] 这种观点被相当一部分司法人员所接受并在检察实践中得以运用。

　　笔者认为，上述对 1979 年刑法第 192 条理解和运用有违法律之规定，理由是：

　　第一，它违背该条文的逻辑内涵，也不利于司法实践。从法条看，该法条规定的内容是基于"国家工作人员犯本章之罪"而提出的，即国家工作人员触犯了刑法分则第八章渎职罪的有关条文，构成犯罪，应当追究刑事责任。既然行为人已构成犯罪，怎么可以作无罪处理或不追究刑事责

---

　　* 未刊稿，本文写于 1991 年。1997 年修订刑法时已废除该条文。

　　① 梁国庆主编：《检察业务概论》，辽宁人民出版社 1989 年版，第 187 页。

　　② 孙谦主编：《国家工作人员职务犯罪研究》，中国检察出版社 1988 年版，第 27—28 页。

任呢？

第二，它混淆了免除刑事责任与免除刑罚的界限。刑事责任与刑罚是两个相近但不相同的概念。刑事责任是指犯罪主体实施刑事法律禁止的行为所必须承担的法律后果，它是刑罚的前提；而刑罚是刑事责任的后果，是法院以国家名义对犯罪人所适用的制裁方法。负有刑事责任的人如具有法定可以免除刑罚的情节（如防卫过当、犯罪中止、自首等），可以免除刑罚处罚；而免除处罚的犯罪人，并不意味着不负刑事责任。免除刑事责任是法定的不负刑事责任，即不追究刑事责任。对免予追究刑事责任的人，不能立案、提起公诉、免予起诉或进行审判。而免除刑罚是追究刑事责任的一种方式，它是司法机关经过法定程序查明确定被告人罪责的基础上，对被告人决定免予起诉或判处免予刑事处分，使之不受刑事处罚。免除刑罚不等于免予追究刑事责任。在惩治渎职犯罪中，对犯罪后投案自首、积极退赃或有立功表现以及其他情节轻微依法可以免除刑罚的，应立案查清事实后，依法定程序予以免予起诉或由人民法院作免予刑事处分的判决，而不能以不立案、不起诉等不认为犯罪或不追究刑事责任的方式处理。

第三，它有违刑法总则第 32 条的规定。1979 年刑法第 32 条规定："对于犯罪情节轻微不需要判处刑罚的，可以免予刑事处分，但可以根据案件的不同情况，予以训诫或者责令具结悔过、赔礼道歉、赔偿损失，或者由主管部门予以行政处分。"这是对不需要判处刑罚的犯罪人采用非刑罚处理方法的法律依据。法学界一致认为，适用该规定的条件之一是行为人的行为已构成犯罪。对情节轻微的犯罪人采用非刑罚处理方法并不改变其行为的犯罪性质。刑法第 192 条是刑法第 32 条的具体化，理所当然地不能得出国家工作人员犯渎职罪，情节轻微的，可以作无罪处理的结论。否则，就与刑法总则的规定相违背。

第四，上述观点不利于惩治渎职犯罪。在司法实践中，由于一部分同志持上述观点，导致部分犯罪分子没有得到刑事处理。如刘某（系某副县长）于 1989 年 8 月收受他人彩电一台（价格 2300 元），案发后刘某如实坦白交代了受贿事实，退出赃物。某市监察局将案件移送某市检察院，该市检察院对刘某作出不立案决定，遂对刘某予以行政处分，撤职、内部通报批评的处分。收受贿赂达 2 千元，刘某却得不到刑事处理，这在群众中造成不良影响。

笔者认为，对适用 1979 年刑法第 192 条的不能作无罪处理或不追究刑事责任处理。在惩治渎职犯罪中，对犯罪情节轻微可免予刑罚处罚的犯罪分子，可免予起诉或免予刑事处分，然后交由主管部门予以行政处分。

刑法第 192 条的规定从司法实践看，弊多利少，应予废除，理由是：（1）这一条文在执行中极易在客观上造成一个错误的等式，即"情节轻微的渎职罪 = 一般性的违法乱纪行为 = 行政处分"，这不利于正确认定渎职犯罪，容易混淆罪与非罪的界限。（2）刑法总则第 32 条既然已对"犯罪情节轻微不需要判处刑罚的"行为规定了其他处理方式，而刑法分则其他罪章未再重申这一规定，那么在渎职罪中作这样的规定，即有轻纵职务犯罪之嫌。（3）从刑事司法实践看，该条文已成为某些犯罪分子逃避刑罚制裁的借口，并为某些司法人员给渎职犯罪开脱罪责、干扰检察机关办案制造口实。由此建议对刑法第 192 条应作修改调整。

收容审查必须纳入检察监督范围[*]

收容审查是公安机关对流窜犯罪分子适用的一项强制审查措施。近年来，收审制度在惩治流窜犯罪，严厉打击严重刑事犯罪活动斗争中发挥了积极作用。但由于对收审制度缺乏必要的法律监督，公安机关在执行中常常出现滥用收审权的违法现象，严重侵犯公民的人身权利，并已引起人们的广泛议论和法学界的关注。笔者认为，为保证公安机关依法行使收审权，检察机关应当把收审制度纳入法律监督范围。

那么，为什么检察机关应当对公安机关的收容审查实行监督？理由是：

首先，这是由收容审查的性质的。

法学界普遍认为，收审是公安机关针对流窜犯罪和流窜作案嫌疑分子所采用的强制性行政审查措施，它属于行政措施范畴。大部分同志认为，正因为收审是一种行政措施，检察机关不能对它的执行实行监督，就像检察机关不能对公安机关的治安处罚实行监督一样。笔者认为，把收审单纯地归之为一种行政措施有失偏颇，与收审的实际情况不相符合。理由是：（1）从收审的目的看，1980年2月29日国务院在《关于将强制劳动和收容审查两项措施统一于劳动教养的通知》（即作为收审法律依据的国发〔1980〕56号文件）规定，对于有轻微违法犯罪行为又有流窜作案、多次作案、结伙作案嫌疑需收容查清罪行的人可以收容。从该规定内容看，收审的目的是为了查清犯罪行为，而不是为了查清违法行为。收审的目的完全等同于刑事拘留，而区别于行政拘留。（2）从收审的强制性看，按国发〔1980〕56号《通知》文件规定，收审人员是放在劳教所的，应当与治安拘留，已被刑事拘留、逮捕的未决犯分开独立关押，区别对待。但实际情况并非如此。全国绝大多数地方是将收审人员关押在看守所，少数地方关

---

* 未刊稿，本文写于 1991 年。

押在收审所，完全剥夺其人身自由，其强制程度与刑事拘留、逮捕措施完全一样。（3）从法律后果看：第一，根据最高人民法院 1978 年 7 月 11 日《关于罪犯在公安机关收容审查期间可否折抵刑期的批复》以及 1983 年 12 月 30 日《关于人民法院审判严重刑事犯罪案件中具体应用法律的若干问题的答复（二）》第 25 条的规定，收审期间可以折抵刑期，收审 1 日折抵刑期 1 日。第二，根据最高人民检察院 1983 年 12 月 21 日《关于收容审查人员的逃跑行为是否追诉问题的批复》规定，犯罪分子在收审期间逃跑的，应依照 1979 年刑法第 161 条规定的脱逃罪处罚，并按数罪并罚规定处刑。由此可见收审的法律后果与刑事拘留、逮捕没有本质上的区别。（4）从收审的实际情况看，据有关部门统计，近年来，被公安机关收审的人员中有 70% 以上被追究刑事责任。据笔者对浙西六县一区公安机关 1989—1990 年收审情况进行调查发现，被收审的 685 名人员中有 80% 以上被依法追究刑事责任，12% 作劳教处理，8% 无法查清罪行被释放。绝大多数收审人员在收审期间被查清罪行受到刑事追究。笔者认为，收审实质上是公安机关为了查清流窜作案嫌疑人的犯罪事实而对其采取的一种完全剥夺其人身自由的强制审查措施，是介于治安处罚与刑事强制措施之间，具有准刑事强制措施的性质。它发挥着侦查手段和侦查措施的作用。基于这样的认识，检察机关对收审实行监督就顺理成章了。

其次，这是由收容审查中存在的问题决定的。

由于收容审查没有建立必要的监督机制，而完全由公安机关一家决定和执行，在实践中就难以保证收容审查的合法性。目前公安机关在执行收审措施中存在的主要问题有：（1）任意扩大收审的范围。在收审工作中各地普遍存在着不适当地扩大收审对象范围的现象，主要表现在：对符合刑事拘留或逮捕条件的人犯不实行拘留或逮捕，而采用收审；把在本地区作案，身份清楚，可以采取取保候审、监视居住的被告人实行收审；把应作劳教处理或治安处罚的人实行收审；把只有作案嫌疑的非流窜犯罪实行收审，把逮捕后不能查清罪行的人改用收审。（2）任意延长收审期限。按规定收审期限累计不得超过 3 个月，但由于部分公安机关工作效率差及办案人员责任性不强、案情复杂等原因，相当一部分收审人犯有的收审长达几个月、半年、1 年，甚至长达几年。据某市检察院统计：该市从 1989 年至 1990 年的收审人员超期关押的达 30% 以上，有一杀人案犯收审长达 5 年之久。（3）管理工作混乱，违法审查时常发生。大部分地区将收审人员与治安拘留人员或刑事拘留人员、逮捕人犯混合关押在一起。有的公安干警对不交代问题的被收审人员任意进行打骂、捆绑、刑讯逼供、侮辱等，造成不良影响。以上问题的存在不同程度地侵犯了公民的人身权利。为了切实解决收审中存在的问题，公安部自1985年以来先后多次发出通知，要求各级公安机关严格控制收审手段，整顿收审工作，但由于缺乏有效的监督机制，收审中存在的问题依然存在，违法现象并未明显改变。

再次，这是由检察机关的性质决定的，同时也符合有关规定。

我国宪法和人民检察院组织法明确规定，人民检察院是国家的法律监督机关。从法律监督的本质和总体上说，它应包括对所有法律、法令的监督，即检察机关应当对国家颁布的一切法律、法令的正确执行和遵守实行监督，以确保国家法制的统一。但是由于国家在不同历史时期的政治、经济形势不同，它所要求的法律监督范围也不断变化。1979年颁布人民检察院组织法时，立法机关根据当时的国情和检察机关刚刚重建的现状，规定检察监督的范围仅限于对刑事法律的监督。随着国家法治建设的发展和改革的不断深入，客观上要求检察机关不断扩大法律监督的范围。有鉴于此，第五届全国人大常委会第十二次会议上批准的《国务院关于劳动教养的补充规定》和第二十二次会议上通过的《中华人民共和国民事诉讼法（试行）》明文规定，人民检察院有权对劳动教养机关的活动和人民法院的民事审判活动实行监督。七届全国人大第二次会议上通过的《中华人民共和国行政诉讼法》又增加规定检察机关有权对行政诉讼实行法律监督。1991年4月9日由七届全国人大第四次会议修改通过的《中华人民共和国民事诉讼法》对检察机关的民事审判活动监督作了更为详细的规定。这样检察机关的法律监督范围已由原来的只对刑事法律实行监督发展为以刑事法律监督主，以民事法律、行政法律为两翼的监督格局。当前增加检察机关对收审活动实行监督，既是保障收审制度得以严格执行，公民人身权利不受侵犯的迫切需要，也是拓宽人民检察院法律监督范围的必然要求。公安部在1985年7月31日《关于严格控制使用收容审查手段的通知》第8条也明确规定："收容审查工作要接受人民检察院的监督"。可见对收审实行监督并非毫无依据。

最后，这是由对收审实行监督的意义和作用决定的。

检察机关有效地对公安机关执行收审制度实行监督，具有以下意义和作用：（1）有利于保证收审制度得到正确执行。检察机关对公安机关的收审活动是否合法实行监督，不仅可以使公安机关在收审中存在的违法行为及时得到纠正，而且可以增强公安人员的被监督意识，自觉做到依法收审，从而保障收审制度得以严格、公正执行。（2）切实保障公民的人身权利和合法权益。事实证明，滥用收审权，必将严重损害公民的人身权利和其他合法权益。检察机关对收审加强监督，就可以及时发现、制止和纠正违法行为，从而切实维护和保障公民的人身权利和合法权益不受侵犯。（3）有利于减少诉讼，提高执法效率。收审是一种剥夺人身权利的强制审查措施，对收审不服的，按照行政诉讼法第11条规定精神，公民对收审不服的，可以提起行政诉讼。检察机关对收审加以监督，避免收审中出现违法行为，从而减少诉讼纠纷，提高执法效能。（4）有利于充分发挥收审制度在打击犯罪，维护社会治安秩序方面的作用。检察机关对公安机关的收审活动实行监督，纠正收审中的违法行为，可以促使公安机关总结经验教训，提高执法水平，并在今后的收审工作中减少和杜绝违法行为的发生，从而充分发挥收审制度在打击流窜犯罪，维护社会治安秩序的积极作用。

综上所述，笔者认为，各级人民检察院应迅速改变目前不把收审制度列入法律监督范围的做法，亟待加强对公安机关收审活动的监督，以充分发挥检察监督的职能作用。

检察机关提前介入制度初探*

提前介入是检察机关刑事检察部门在受理公安机关提请批捕、移送起诉案件之前，派员参与公安机关的侦查预审活动的一项检察工作制度。这一制度的产生、建立和发展涉及一系列重大的检察理论和刑事诉讼理论问题，如提前介入的合法性，提前介入的范围、方法，检察人员在提前介入中的地位与身份，提前介入与互相配合、互相制约的关系等。但对这一制度至今缺乏必要的探讨，直接影响提前介入工作的开展、推广和健康发展。本文试就这一问题作一些初步的阐述，供同志们批评指正。

一、 提前介入制度产生的背景和条件

提前介入制度的产生不是偶然的，它是随着检察机关严厉打击严重刑事犯罪斗争的需要而逐步产生和发展起来的。早在检察机关重建之初，少数检察院就初步涉及了这项工作。在三年"严打"中，部分检察院的刑检部门就开始介入公安机关的侦查活动，但介入的重点主要是根据1979年刑事诉讼法第45条的规定，参与公安机关对于重大案件的讨论。三年"严打"结束后，由于经济犯罪处于"高峰期"，检察机关把工作的重点转向打击经济犯罪。因此，在刑检部门就出现人少案多、办案时间紧张的矛盾。特别是1987年以后，社会治安日趋严峻，大要案大幅度上升，全国各地陆续开展集中打击和专项斗争。在斗争中检察机关刑检部门人少案多的矛盾更加突出。在这种形势下，基层部分检察院陆续摸索开展提前介入工作。1988年初，时任中央政法委副书记刘复之同志指示：执行"从重从快"方针，刑事检察的措施是提前介入和参加现场勘查。1988年5月，高

---

* 本文除第一部分外，以"检察机关提前介入有关问题探讨"之题目，发表于《浙江检察》1991年第2期，并获首届《浙江检察》优秀论文奖。

检领导在全国治安工作电话会议上明确指出："对一些影响大，危害严重的重大案件，检察机关要提前介入。"11 月召开的全国检察长工作会议和《一九八九年检察工作计划要点》进一步强调要"认真抓好提前介入工作""推行、发展、完善提前介入制度"。1989 年底，最高检召开了全国刑事检察提前介入座谈会，并初拟了《人民检察院刑事检察提前介入工作试行规定》。目前，提前介入已逐渐成为刑事检察的一项重要制度。

提前介入制度是在各种条件的影响下逐步产生和发展的。

首先，这是严厉打击严重刑事犯罪的客观需要。经过三年"严打"，社会治安有所好转，刑事犯罪稳中有降。但在改革开放的大潮中，由于各种消极因素的影响，社会不安定因素增多。特别是 1987 年以后，犯罪率明显上升，重特案件成倍增长，检察机关批准逮捕人犯 1987 年超过 30 万人，1988 年达到 404386 人，1989 年上升到 548960 人，1990 年预计将超过 70 万人。与此同时，检察机关的刑检人员严重不足。从 1985 年检察机关把打击经济犯罪作为第一位任务以来，刑检人员一直保持在 3 万人以内。从 1988 年开始，刑检人员除承担公安机关提请报捕，移送起诉的案件之外，还承担了检察机关自侦案件的审查决定逮捕、起诉任务。在新形势下如何贯彻"从重从快"方针，切实解决人员少、案件多的矛盾，成为刑检部门的当务之急。在这种背景下，提前介入的做法就应运而生。广东、北京、江苏、黑龙江等省的部分检察院率先进行了提前介入的尝试，尔后在全国各级检察院得到推广。

其次，这是刑事检察制度改革的客观要求。全国改革的浪潮，促进了刑事检察制度的改革。1987 年 12 月召开的全国刑事检察工作座谈会重点探讨了刑检改革问题。1988 年 2 月在全国检察工作会议上，高检提出："检察体制的改革最根本的在于增强法律监督职能""要继续完善对刑事法律实施的监督措施，规定侦查监督、审判监督的具体程序和手段"。最高检时任检察长刘复之明确指出：刑事检察的改革要把提前介入作为突破口。随后，高检刑检厅转发了广州市检察院在打"流窜"专项斗争中提前介入的经验材料，推广提前介入的工作方法。提前介入制度的产生，使刑事检察的侦查监督有了新的突破。目前侦查监督已从原来的事后监督发展到事前监督与事后监督相结合，从静态监督发展到动态监督和静态监督相结合的新阶段。

再次，这是借鉴外国检察制度经验的成果。为了保证侦查机关（警察机关）侦查活动的准确性和合法性，各国法律一般都授权检察机关对侦查机关的活动实行法律监督（即侦查监督）。检察机关在案件正式移送起诉之前介入侦查程序，几乎是各国的通例。苏联检察长不仅有权参与调查和侦查，而且有权选择、变更或撤销侦查机关采取的强制措施，有权调换侦查机关和侦查人员，有权停止侦查人员的侦查活动等。罗马尼亚、朝鲜、蒙古国的检察机关实施侦查监督的任务和职权与苏联基本相同。大部分资本主义国家的检察机关也拥有侦查监督权。日本、法国的检察官不仅有权参与警方侦查，而且可以指挥警察侦查或调查。美国检察官也有权参与侦查案件。英国检察机关主要是公诉机关，但也有权就刑事犯罪问题向侦查机关提出建议。我国检察机关提前介入制度的产生是与借鉴和参考外国检察机关介入侦查的法律规定和经验分不开的。

最后，这是刑事检察工作经验的总结。开展提前介入后，从 1988 年 1 月至 1989 年 6 月间，全国各级刑检部门共派员提前介入公安机关的侦查、预审活动 110224 人（次），提前介入重、特大刑事案件现场勘查 29216 次，参与预审 33043 件（次），参加案件讨论 27906 次，提前阅卷 48560 件。在 1990 年，仅 5 月至 9 月的"严打"期间，据不完全统计，各级检察院提前介入 4.2 万余件（次）。通过提前介入，提高了工作效率，缩短了办案时间，保证了办案质量。据某市检察院统计，开展提前介入后，重特大案件审查批捕时间从原来的平均 5 至 10 天，缩短到 5 天以内，70% 的案件在 3 天内办结；团伙案件从原来的 10 至 20 天，缩短到 10 天；退查率从原来的 10%—15% 下降到 5% 以内，从而为从重从快打击刑事犯罪开辟了一条新的途径。

二、 提前介入的合法性问题

关于提前介入的合法性问题即检察机关是否有权参与公安机关的侦查活动，是目前争议最大的一个问题。对此，有二种截然相反的观点。一种观点认为，提前介入是合法的。因为根据 1979 年刑事诉讼法第 3 条、第 13 条、第 99 条规定，检察机关具有侦查权，不仅有权对自侦案件和认为需要直接受理的案件进行侦查，而且有权对公安机关侦查的案件进行补充侦查。同时，刑事诉讼法第 45 条、第 77 条还规定，检察机关可以派人参加公安机关对于重大案件的讨论及复验、复查工作。可见，检察机关提前介入是有充分法律根据的。另一种观点认为，刑事诉讼法没有任何条款规定，检察机关可以提前介入公安机关的侦查活动。检察机关提前介入是侵犯公安机关的侦查权，混淆了刑事诉讼法律程序，违背公、检、法三机关办理刑事案件实行分工负责、互相配合、互相制约原则，是早已否定的"联合办案"的翻版。因此，必须立即停止提前介入的开展。

笔者认为，上述两种意见都有一定的理由，但又失之偏颇。笔者认为，检察机关提前介入制度不失合法性、合理性和正当性，但目前仍缺乏明确而具体的法律依据。

为什么检察机关提前介入不失其合法性呢？

第一，从检察机关的性质看，宪法和人民检察院组织法明确规定，人民检察院是国家的法律监督机关。根据人民检察院组织法第5条第3项规定，人民检察院"对于公安机关的侦查活动是否合法，实行监督。"如何在法律规定的范围内实现法律监督职权，需要通过司法实践来探索和总结。检察机关提前介入公安机关的侦查活动，是实现检察监督的必要措施，有权介入侦查是检察监督理应包含的内容之一。

第二，从现代诉讼构造和诉讼职能看，现代刑事诉讼，由不同的诉讼主体行使三种基本的诉讼职能，即控诉、辩护和审判。这三项职能形成了整个刑事诉讼构造。检察院和侦查机关同属控方，他们所承担的公诉侦查就基本诉讼职能而言，属同一性质。侦查机关的侦查是控诉的准备，检察院的起诉和支持公诉是控诉职能的具体表现。因此，检察机关参与侦查或对某些案件自行侦查后直接起诉，对现代刑事诉讼的基本诉讼结构并无损害，提前介入并不侵犯公安机关的侦查权。

第三，司法实践证明，提前介入是一项行之有效的检察工作制度。经过近几年的实践探索表明，检察机关开展提前介入具有多方面的意义和作用：（1）有利于加快办案速度，切实贯彻"从重从快"方针。（2）有利于提高办案质量，保证"稳、准、狠"地打击犯罪分子。（3）有利于全面充分地发挥侦查监督职能，提高检察监督效能。（4）有利于"诉讼经济"，节省人力、物力，提高司法活动效率，避免对被害人（主要是隐私案件）造成诉讼伤害。（5）有利于密切侦查机关和检察机关的关系，提高检察人员的业务素质。任何一项新的司法制度的确立都是以司法实践的需要为基础的，既然实践证明提前介入作为一种新的侦查监督形式对司法实践是有益的，那么它就有存在的必要性和合理性。

第四，提前介入制度实际上已得到了全国人大的认可和承认。公安部和高检院制定的有关规章制度中已初步确认了这一工作制度。最高检时任检察长刘复之在七届全国人大二次、三次会议上所作的《最高人民检察院工作报告》中专门报告了检察机关在严厉打击严重刑事犯罪斗争中提前介入的情况，报告得到了通过。可见，提前介入制度已得到全国人大的认可和承认。公安部1987年制定印发的《公安机关办理刑事案件程序规定》第68条、第73条、第70条分别规定了公安机关在进行尸检、侦查实验、勘查重大案件的现场时，可以商请人民检察院派人参加。1988年最高人民检察院、公安部联合发出《关于加强检察、公安机关相互联系的通知》，更是把提前介入工作制度化了。

由此可见，检察机关开展提前介入并不违法，在业已制定的法律、法规中已存在着提前介入制度的雏形。但笔者也不完全同意认为提前介入有充分法律依据的观点。根据我国刑事诉讼法的有关规定，检察机关对自己管辖的案件具有侦查权；对公安机关移送审查起诉的案件有补充侦查权；在审查批捕之前，必要时可参与公安机关对重大案件的讨论；在审查案件时可派人参与公安机关的复验、复查等。这些规定虽然与提前介入的内容有一定的联系，但仍然与提前介入有重大区别。因为检察机关自行侦查与补充侦查是独立进行的；审查批捕之前介入侦查只限于参加对重大案件的讨论；而参与复验、复查必须是检察人员在审查案件时，对公安机关的勘验、检查有异议，要求公安机关重新勘验、检查时才能派人参加。它们都不能把目前实践中提前介入的有关内容包括进去。刑事诉讼法的现有条款并未明确规定检察机关可以在审查案件之前参与公安机关的侦查活动。承认这一点并不意味着提前介入的工作制度是违法的。上述第二种意见的失误也在于此。笔者认为，"法无明文规定"的做法并不一定就是违法的。从法律创制的一般规律看，立法主要是对既存事实（现实）的公认，即把实践证明是行之有效的政策、方针、措施用法律形式固定下来，把客观上已成熟的要求规定在立法中。如果法无明文规定即违法，那么等于否认法的实践基础，否定改革的必要性。墨守成规、事事都从既成的法条找根据，法律无规定就不敢做，不能做，否则就是违法的观点，在理论上是站不住脚的，在实践中是有害的。因此，对于提前介入制度，各级检察机关应大胆探索、积累经验，等条件成熟时，由立法机关通过立法程序，将这一制度在刑事诉讼法中予以明确规定，以便实现有法可依。

三、 检察人员在提前介入中的地位和身份

关于检察人员在参与公安机关的侦查活动中的地位和法律身份，目前有三种观点。第一种观点认为，检察人员具有侦查员身份。因为检察人员提前介入的法律依据在于检察机关具有侦查权。从诉讼阶段看，提前介入案件尚处在侦查阶段，所以检察人员只能以侦查人员的身份参与公安机关的侦查活动。第二种观点认为，检察人员只具有法律监督者的身份，因为检察人员提前介入只履行法律监督职责，不能承担具体的侦查任务。第三种观点认为，检察人员具有双重身份，即侦查人员身份和法律监督者身份。因为检察人员提前介入的任务一方面是协助参加公安机关的侦查工作，另一方面是对公安机关的侦查活动是否合法实行监督。

笔者同意上述第二种观点。根据我国刑事诉讼法规定，公、检、法机关办理刑事案件实行分工负责、互相配合、互相制约原则。根据这一原则，公安机关和检察机关对刑事案件的管辖范围有明确分工。法律虽然赋予检察机关以侦查权，但检察机关的侦查权和公安机关的侦查权有严格区别。检察机关只在以下两种情况下行使侦查权：一是对法律规定由检察机关直接受理的刑事案件行使侦查权；二是对公安机关移送起诉的案件需要补充侦查的可以自行侦查。而且我国检察机关也不具有其他国家检察机关所拥有的侦查活动指挥权。由此可见，如果检察人员以侦查人员的身份参与公安机关管辖的刑事案件的侦查，必然侵犯公安机关的侦查权，也有违分工负责、互相配合、互相制约原则。但我国检察机关的性质决定了检察人员应对公安机关的侦查活动实行监督。检察人员在提前介入中参与现场勘查，参与对被告人的讯问等，是以法律监督者的名义进行，是依法行使侦查监督权的具体表现，而参与对重大疑难问题的讨论，提前查阅案件材料则是实现法律监督的重要步骤。因此，检察人员在提前介入中处于法律监督者的地位，以法律监督者身份履行职责。

四、 提前介入与互相配合、 互相制约的关系

提前介入必须建立在坚持公、检、法机关分工负责、互相配合、互相制约的原则基础上。首先，检察人员提前介入不能代替公安机关行使侦查权。

如上所述，检察人员在提前介入中只能以法律监督者的身份进行活动。检察人员不能干涉侦查机关的正常活动，对公安机关尚未刑事拘留的人犯不应单方传讯或直接讯问被告人，对公安机关尚未提取的证据不应单方提取，而应建议公安人员迅速提取。其次，要注意分清职责。提前介入不是"联合办案"，参加提前介入的检察人员，不应以侦查人员身份参与侦查预审活动，对公安机关侦查过程中的笔录，检察人员不应签名，也不应让被告人、被害人或其他人员在检察人员所作的笔录上签名。检察人员只能在自己的职责范围内开展工作，履行法律监督职能，严格依照法定程序和要求，保证侦查活动依法进行。再次，不能以提前介入代替审查批捕、起诉工作。提前介入只是为审查批捕、起诉打了基础，但并不等于就是审查批捕、起诉的法定程序。在刑事诉讼中，随着侦查工作的法定深入，案情往往会发生变化。因此，不能因为已提前介入而免去对案件的审查工作，更不能在公安机关正式提请批捕、起诉之前，就预先作出是否逮捕、起诉的决定。人犯是否应逮捕、案件是否应起诉，仍应根据公安机关提请报捕、起诉的证据材料而定。

五、 提前介入的范围和方法

提前介入的范围，应当根据案件的不同情况而定。一般来说，案情重大复杂，性质恶劣，情节严重，社会影响大，需要从重从快惩处的案件，应当提前介入。但根据检察机关现有的人力、物力等情况，提前介入的案件不能太多，以便突出重点，提高效率。根据刑事检察实践，提前介入的案件一般可包括以下几类：（1）特别重大案件。（2）重大犯罪集团案件。（3）影响大、危害严重的重大案件。（4）影响大的反革命案件。（5）涉外案件。（6）县处级以上干部犯罪案件。（7）突发事件和"严打"中或专项打击中的严重犯罪案件。（8）侦查机关要求和检察机关认为有必要提前介入的其他案件。

提前介入的方法，目前尚待探讨和总结。从实践来看，主要有以下几种：（1）参与现场勘查、侦查实验以及尸检、复验、复查等活动。（2）参与旁听公安对被告人的讯问和重要证人的询问。（3）参加现场勘查中的临场讨论和预审中对案件的性质、证据以及其他重大疑难问题的专门讨论。（4）提前查阅公安机关将提请逮捕、移送起诉的案件材料。根据案件不同情况，在一个案件当中可以采用上述一种或几种方法。笔者认为，探讨提前介入方法，应始终围绕如何更好地开展侦查监督这个中心进行。

完善审查批捕制度的立法意见 *

逮捕是剥夺人犯人身自由并予以羁押的一种强制措施，它是我国刑事诉讼法规定的五种强制措施中最严厉的一种。审查批捕逮捕是检察机关的重要职责，是刑事检察的主要内容之一。刑事诉讼法颁布之后的 10 年里，各级检察机关认真执行审查批捕的各项规定，积累了丰富的经验，同时，亦发现了批捕立法上的不足与缺陷。

1. 缺乏对执行逮捕的监督规定。检察机关批捕的直接目的是为了公安机关有效执行逮捕，以防止人犯逃跑、串供和自杀等社会危险性的发生，从而顺利地把被告人交付预审、起诉和审判。公安机关在检察机关作出批捕决定后，是否执行逮捕以及是否及时执行逮捕，直接关系到检察机关批捕决定的权威性和严肃性。司法实践中，检察机关对执行逮捕的监督存在着严重的"疲软"现象，表现在：（1）刑事诉讼法对公安机关没有执行逮捕的问题缺乏具体的监督条款。有的案件检察机关作出批捕决定后，由于人犯逃跑、死亡和其他原因没有执行逮捕或不能执行逮捕或逮捕未获，对此公安机关一般不通知原批捕的检察机关。因此，检察机关无从知晓批捕后的执行情况，更无从监督。（2）法律对执行逮捕的时间没有作出明确规定。刑事诉讼法对执行逮捕的时间规定为：人犯经检察院批捕后，公安机关应即执行逮捕。但对"应即"没有规定确切的时间界限，以至公安机关对执行逮捕的时间具有很大的随意性，有的是在批捕后的当天执行，有的是在数天甚至数月后才执行。据某市检察机关对 1989 年批捕的人犯统计表明：人犯已被收审拘留的，宣布逮捕是在批捕后的 24 小时之内进行的只占 50％，人犯尚在社会上的，则有 70％ 是在批捕后的 24 小时之后才执行，其中有 40％ 是在 3 日之后才执行。由于公安机关没有及时执行逮捕，往往造成人犯逃跑、串供、自杀等社会危险性的发生。

　　* 原载《法学》1991 年第 3 期。

2. 缺乏逮捕后变更强制措施的监督条款。司法实践中，人犯逮捕后经审问或进一步侦查发现人犯不应当逮捕或因人犯患有严重疾病或正在怀孕等原因而需要变更强制措施的，公安机关都自行决定予以释放和变更强制措施。有的将人犯释放和变更强制措施之后通知原批捕的检察院，有的则根本不通知检察院。因此，检察机关不了解人犯逮捕之后变更强制措施的情况，有的即使了解了变更情况，明知变更不当，但由于公安机关已将人犯释放，使检察机关的监督徒具虚名。有的因变更不当，人犯释放后逃之夭夭，造成新的社会危害。批捕逮捕决定权在检察机关，而变更强制措施的决定权的公安机关，在相当程度上使检察机关的批捕逮捕决定权受到削弱和损害，有悖公安、检察机关互相制约的法制原则，也为少数公安人员徇私枉法、任意变更逮捕措施打开了方便之门。

3. 缺乏追捕制度的法律规定。在审查批捕中，检察机关发现有的罪犯应当逮捕，但公安机关没有提请批捕，对此应适用什么程序进行追捕，刑事诉讼法没有规定。实践中一般有两种做法：一种是由检察机关口头或书面向公安机关发出提请批准逮捕建议，建议公安机关批捕；另一种是由检察机关直接作出逮捕决定。我们认为，公安机关管辖的刑事案件，由检察机关直接决定逮捕，弊病较多，不仅有违公安、检察互相制约的原则，而且也不利于公安机关积极主动地开展侦查工作，因此一般不宜采用。但如果检察机关仅仅具有提请批捕的建议权，就不可能使追捕建议完全得到落实。有的公安机关对检察机关的提请批捕建议不予接受，而使检察建议失去效力，或者不及时接受建议，适时将人犯报捕，从而失去逮捕的有利时机和有利条件。特别是口头建议，从实践来看，既不严肃，也无实效，一般也不应采用。

4. 缺乏对作出不捕决定的执行监督条款。在审查批捕中，检察机关对公安机关提请批捕的人犯，认为不符合逮捕条件的应作出不捕决定。但法律对不捕决定的执行缺乏必要的监督条款，故存在以下两个问题：（1）已拘留（包括收审）的人犯没有在法定时间内释放。根据1979年刑事诉讼法第48条规定，已拘留的人犯检察院不批准逮捕的，公安机关应当在接到通知后立即释放。但由于刑事诉讼法对"立即"没有规定具体的时间界限，在执行中就出现诸多"合法"对策。有的在接到通知后的24小时之内将人犯释放，有的在48小时之内将人犯释放，也有的在数天后才将人犯释放，而且都可以寻找各种理由谓之"立即"。（2）没有批准逮捕，但应移送起（免）诉，公安机关没有移送起（免）诉。有的人犯，其行为已构成犯罪，但没有逮捕必要，审查批捕部门在作出不捕决定的同时，一般建议公安机关将其移送起（免）诉。有的公安机关认为既然不捕，就自行处理了事，使该以犯罪论处的罪犯没有以犯罪论处，该追究刑事追究的罪犯没有得到追究，从而影响法律的正确实施。

5. 缺乏完善的审查批捕案件的补充侦查制度。1979 年刑事诉讼法第47 条规定："人民检察院对于公安机关提请批准逮捕的案件进行审查后，应当根据情况分别作出批准逮捕、不批准逮捕或者补充侦查的决定。"除此之外，对审查批捕案件的补充侦查没有作出任何规定。根据审查批捕实践，对审查批捕案件的补充侦查制度亟待明确以下两个问题：（1）审查批捕阶段检察机关是否自行补充侦查。刑事诉讼法明确规定，审查起诉阶段检察机关可以自行补充侦查，但审查批捕阶段检察机关是否可以自行补充侦查，立法上无明确规定。（2）关于补充侦查的期限问题。刑事诉讼法对审查起诉阶段的补充侦查期限和审判阶段的补充侦查期限均规定为 1 个月，但审查批捕阶段的补充侦查期限没有作出规定，实践中各行其是。

6. 缺乏完善的审查批捕办案期限的规定。1979 年刑事诉讼法第 48 条对已刑事拘留的人犯，人民检察院审查批捕的期限作出了明确规定，即人民检察院应当在接到公安机关提请批捕书后的 3 日以内，作出批准逮捕或者不批准逮捕的决定。但对没有刑事拘留的人犯应在什么期限内作出审查决定没有作出任何具体规定。从实践来看，审查批捕案件有 60% 至 80% 是非刑事拘留案件，其中相当一部分是人犯已收审的刑事案件。虽然最高人民检察院制定的《人民检察院刑事检察工作细则（试行)》规定，非刑事拘留的审查批捕案件要在 20 天之内作出决定，最迟不得超过 1 个月。但由于这仅仅是检察机关的规定，其效力只限于检察机关内部，因而缺乏必要的制约力量，在检察机关内部有章不循，超期现象比较严重。

针对上述情况，笔者认为，对我国现行的审查批捕立法规定作一定的补充修改是十分必要的。为此不揣冒昧，试拟有关审查批捕的修改条文如下：

1. 增补执行逮捕的监督条款。建议规定："公安机关应在检察机关作出批捕决定后的二十四小时内执行逮捕，最迟不得超过三日。在规定的期限内确不能执行逮捕的，应将不能执行逮捕的情况和理由通知原批捕的人民检察院。"

2. 增补人犯逮捕后变更强制措施的监督条款。建议规定："逮捕经讯问或侦查，发现人犯不应当逮捕或者应当变更强制措施的，公安机关在人犯释放和变更强制措施之前，将决定和理由报告原批捕的检察院，在征得人民检察院同意后将人犯释放或变更强制措施。"

3. 增补追捕程序的规定。建议规定："对应当逮捕的而公安机关没有提请批捕的人犯，检察机关应向公安机关发出提请批准逮捕人犯意见书，公安机关应在接到意见书的三日内提请批准逮捕，超过法定日期不提请批准逮捕的，检察机关应当直接作出逮捕决定。"

4. 增补对不捕决定的执行条款。建议规定："对已刑事拘留的人犯，在人民检察院作出不捕决定后，公安机关应当在接到通知后二十四小时内予以释放，发放释放证明。如果人犯的行为已经构成犯罪，但没有逮捕必要而作出不捕决定的，公安机关应在侦查终结后移送起（免）诉。"

5. 增补审查批捕案件的补充侦查制度。建议规定："人民检察院审查批捕案件，对需要补充侦查的，应当退回公安机关补充侦查。公安机关应当在一个月以内补充侦查完毕。"

6. 增补审查批捕案件的办案期限。建议补充规定："检察机关对公安机关提请批捕逮捕的非刑事拘留人犯应当在十五日作出审查决定。"

建议刑法增设买卖人口罪的法律思考 *

一、 我国严厉打击拐卖人口犯罪的必要性

为了严厉打击拐卖人口犯罪，弥补刑法条文对该罪量刑过轻的现状，1983年9月2日，第六届全国人大常务委员会第二次会议通过的《关于严惩严重危害社会治安的犯罪分子的决定》（以下简称《决定》）将拐卖人口罪补充规定为，拐卖人口集团的首要分子或者拐卖人口情节特别严重的，可以在刑法规定的最高刑以上处刑，直至判处死刑。为了进一步明确法律、政策界限，1984年3月，"两院一部"又制定了《关于当前办理拐卖人口案件中具体应用法律的若干问题解答》（以下简称《解答》）。根据《决定》规定，全国各地惩处了一批罪恶昭彰的拐卖人口犯罪分子，拐卖人口犯罪一度有所收敛。

自1986年开始，在国内外各种复杂因素影响下，拐卖人口犯罪又抬头蔓延，范围之广，社会危害之严重，出乎人们的意料之外。1986年全国公安机关立案拐卖人口案件1258件，比1985年上升1.6倍。1986年11月27日，最高人民法院、最高人民检察院、公安部、司法部、民政部、全国妇联等六个单位联合发出《关于坚决打击拐卖妇女儿童犯罪活动的通知》。1987年1月至7月，公安部门立案侦查拐卖人口案987件，比1986年同期上升81%，全国十五省、市、自治区拐卖人口犯罪活动猖獗。同年10月26日，中共中央、国务院转发了最高人民法院、最高人民检察院等六个单位《关于坚决依法打击拐卖妇女儿童犯罪活动的报告》，要求全国各地集中开展打击拐卖人口犯罪，坚持制止其蔓延。但拐卖人口犯罪难以制止。

---

* 本文经修改后以"拐卖人口罪的刑法条款亟待修改"之题目，发表于《法学天地》1991年第3期。

1988 年 1 月至 11 月，公安机关立案查处该类案件 5579 件，比 1987 年上升 2.5 倍，比 1986 年上升 4.4 倍。1989 年 1 月至 6 月，又立案查处 2829 件，比 1988 年同期上升 159%。1989 年下半年全国开展的"扫六害"斗争，拐卖妇女、儿童作为"六害"之一被列入重点打击对象。1989 年全国检察机关共批准逮捕拐卖人口罪犯 11086 人。进入 20 世纪 90 年代，公安机关继续深入开展"除六害"斗争，5 月份以后，又开展继 1983 年以后规模最大的"严打"战役。1—8 月，全国共查处"六害"案件 284981 件，违法犯罪人员达 1100921 人，其中拐卖妇女、儿童案件占 20%—25%，拐卖妇女、儿童违法犯罪分子占 15%—20%。

二、 拐卖人口罪的立法存在的不足

按照 1979 年刑法和 1983 年《决定》之规定，犯拐卖人口罪的，可处有期徒刑、无期徒刑或者死刑。随着打击拐卖人口犯罪斗争的深入和严峻的拐卖人口犯罪现状，刑事司法实践已充分证明：现行的刑法条文已越来越不适应打击犯罪的客观需要，其本身存在着严重的疏漏和不足。

刑法第 141 条用简单罪状叙述了拐卖人口罪的犯罪构成，《解答》规定："拐卖人口罪，是指以营利为目的，用欺骗、利诱、胁迫等手段主要拐卖妇女、儿童的犯罪行为。""本罪在客观方面表现为拐骗贩卖行为，即把他人骗到手，转手出卖"，[①] "拐和卖是本罪的两个密切相连的形式"，[②] "拐骗是贩卖的前提，贩卖是拐骗的结果"。[③] 因此，认定拐卖人口罪必须把"拐骗与贩卖行为紧密结合为一体""只拐不卖，不能构成拐卖人口罪"，[④] 正因为"拐是手段行为，卖是目的行为"，所以"只拐不卖和只卖不拐的不构成本罪。"[⑤]

根据刑法和司法解释的规定及刑法学理论，笔者认为，目前拐卖人口罪的立法存在以下几个方面的不足：

---

① 《中国大百科全书·法学卷》，中国大百科全书出版社 1984 年版，第 470 页。
② 《中国刑法学词典》，学林出版社 1989 年版，第 610 页。
③ 高铭暄主编：《中国刑法学》，中国人民大学出版社 1989 年版，第 472 页。
④ 吴振兴等主编：《刑事法学大辞典》，延边大学出版社 1989 年版，第 639 页。
⑤ 王绳祖等编著：《实用刑法释疑》，中国检察出版社 1991 年版，第 191 页。

（一） 刑法对只卖不拐的难以追究刑事责任

在司法实践中出现大量的只卖不拐的案例，这些行为人因为只有卖没有拐而无法定罪判刑，主要表现在：

1. 行为人没有采取欺骗、利诱的方法，就把妇女、儿童（包括婴儿）得到手，尔后高价出卖，获取暴利。常见的有：（1）"二道贩子""三道贩子"从其他人贩子手中购买人口，转手贩卖的；（2）专门捡拾被他人遗弃的婴儿出卖的；（3）亲生父母自愿将超生子女（主要是女婴）送给行为人，行为人接受后又转卖给他人；（4）将自己收养的儿童、精神病患者出卖；等等。

2. 父母亲出卖亲生子女，丈夫出卖妻子，子女出卖母亲。近几年父母亲出卖亲生子女（主要是超生子女）的现象已非鲜见。四川通江县赖某等14名犯罪分子专门与已节育又怀孕的妇女约定，生下孩子给他们转卖，并支付预付款 150 元—200 元，就用这种手段几年来贩卖婴儿 37 人获利 2.5万元。福建山区曾出现专以生育子女出卖获利致富的例子。同时丈夫出卖妻子，子女出卖母亲的现象也见诸报端。四川省邻水县刘某从 1985—1989年 3 月间，不仅先后拐卖左邻右舍妇女 18 人，而且先后以 1400 元、4500元和 1200 元的价格将妻子、女儿和母亲出卖给他人（刘已于 1990 年 9 月28 日被处决）。

3. 有买无拐，先买后卖的。比如：行为人本想通过购买妇女结婚或同居，但从人贩子手中购买妇女后，因妇女不同意结婚或同居，为弥补损失，就将买进的妇女出卖。又如：有的人买进婴儿、儿童，本想自己抚养，但买进后或抚养一段时间后，为了获利又将婴儿、儿童出卖的。

（二） 刑法对购买人口者不能追究刑事责任

我国婚姻法虽然明文规定禁止买卖婚姻，但并未规定如何处罚？目前没有任何法律明文规定购买人口是违法犯罪行为，也没有任何行政法规对之予以处罚。法学界一般认为：购买人口是违法行为。虽然目前有的人提出要运用刑法规定惩治购买人口者，但也仅限于以钱买人引起的其他犯罪行为。由于法律没有对购买人口行为予以强烈的否定评价，没有明文规定惩处买人者，致使司法实践中，不仅对购买人口行为无法制裁，而且对以钱买人引起的其他犯罪行为也因此网开一面。

在拐卖人口的犯罪中，卖人口与买人口是整个犯罪链条中不可或缺的两个方面。有卖必有买，有买必有卖；无买，卖就失去依托；无卖，买也就难以成立。拐卖人口犯罪之所以横行猖獗的重要原因之一就是因为存在着一个庞大而复杂的购买人口市场。买方市场不消灭，卖方市场必然存在。而且由于买方市场的存在，致使相当一部分人贩子得到购买者的庇护，难以抓获归案。为了使拐卖人口丧失其存在的土壤，必须在打击拐卖人口犯罪的同时，坚决打击购买人口行为，摧毁整个购买人口的黑市场。因此，国家必须对购买人口行为予以强烈的否定评价，增设对购买人口情节严重的予以刑罚处罚的规定，把治标与治本密切结合起来。

（三） 现行刑法条文规定的局限性， 致使拐卖人口罪与借介绍婚姻索取财物之间的界限难以区分

《解答》规定："为男女婚姻当介绍人，借以索取财物的，属于违法行为，不构成拐卖人口罪"。诸多的教材和文章论述了两者区别的标准。但由于刑法条文本身规定的局限性，司法人员在认定拐卖人口罪时，着眼点在于"拐"和"卖"，而"卖"即获取钱财则比较容易查证和判断。因此，认定的关键就在"拐"上，即查明行为人有无欺骗行为。拐卖人口和借介绍婚姻索取财物，两者主观上都以图利为目的，客观上都可能有欺骗行为。请看一例：浙江一个体户李某，在贵州做生意期间，与四位女青年相识，女青年得知浙江生活条件好，即要求李某回浙江为她们找对象，李带他们回浙江农村，经几番交易和讨价还价，李某先后以 2000 元至 4000 元不等的"介绍费"将四名女青年"介绍"给浙江农村四位大龄男青年，获利 11000 元，在"扫六害"时，李某被查处，该案有两种意见：一种认为，李某主观上以营利为目的，客观上以"介绍"为名实施贩卖行为，构成拐卖人口罪；大多数人认为，李某虽有营利的故意，也有一定的欺骗行为，但并不是"拐"，回浙江找对象是女方主动要求的，婚姻是双方自愿的，李某的行为不违背女方意志，女青年的人身权利没有受到侵犯，李某的行为是借介绍婚姻索取财物，不构成犯罪，结果李某被无罪释放。

在拐卖人口案件中，大部分行为人都是以被害人"自愿外出找对象""自愿外出做工"等做幌子实施犯罪的，有的被害人或其亲属甚至写下"保证书""自愿书"，以证明外出的自愿性。因此，在认定其犯罪时往往

难以取得足以证明被告人有罪的证据。正基于这个原因，使 20%—40% 的拐卖人口案件，因难以区分两者的界限而不了了之。

司法实践已充分证明，根据现行刑法条款要准确把握拐卖人口与借介绍婚姻索取财物之间的界限几乎是不可能的。反之，如果将现行刑法条文加以修改，使司法人员把认定的重点和关键放在"卖"字上，问题就迎刃而解了。何况违法与犯罪并没有不可逾越的界限，借介绍婚姻索取财物是婚姻法明文禁止的行为，一旦借介绍婚姻索取财物，达到情节严重（一般以索取财物数额巨大为标准）的程度，即转化为"卖"，为什么不能追究其刑事责任呢？

（四） 现行刑法条文缺乏对拐卖人口罪附加适用财产刑的规定

1979 年刑法第 141 条和《决定》均未规定，犯拐卖人口罪的，可以并处罚金或没收财产，这不能不说是立法上的一大缺漏。

财产刑是以剥夺犯罪人财产权益为内容的刑罚，它一般适用于贪利型犯罪和经济犯罪。刑法规定财产刑的目的：一是通过给予犯罪者一定的金钱或物质上的剥夺，使他们在经济和物质上得不到便宜，从而起到惩罚和教育的目的；二是剥夺他们的犯罪资本，为制止、预防犯罪发挥积极的效果。

拐卖人口罪是以营利为目的的犯罪，行为人的犯罪动机是为了获取金钱或物质利益，客观上是通过贩卖人口以获取非法收入。这是一种严重的侵犯公民人身自由权利的贪利型犯罪之一。近几年，犯罪分子的非法获利额已由几年前的几百元、上千元上升到几千元、几万元，甚至数十万元。四川成都市以尚某为首的拐卖人口犯罪团伙，他们在 1988 年 8 月至 1989 年 4 月间先后拐卖少女和女青年 55 名，获利额达 13 万元。

《解答》第 7 条第 2 项指出：办理拐卖人口案件，要"做好追缴赃款、赃物的工作。对拐卖人口犯不但要依法判刑，还应积极追赃，使罪犯在经济上占不到便宜。"但依法追缴赃款赃物，属于适用刑法第 60 条规定的内容，它不能代表也不能代替作为刑罚的财产刑的作用。从司法实践看，目前犯罪分子日趋狡猾，犯罪得逞后，有的挥霍一空；有的立即转移、藏匿赃款赃物，因此追缴赃款赃物的工作难以顺利开展。于是也就不断出现"痛苦一阵子，享受一辈子"的现象，从而也更刺激了一部分犯罪分子的冒险心理和犯罪欲望。为了实现刑罚的整体功能，充分发挥刑罚的惩治、教育和预防作用，必须对贩卖人口犯罪附加适用罚金或没收财产。

除上述四个主要方面外，现行刑法条文尚存在以下两个方面的纰漏：

其一，"拐"卖人口的规定已不能适应当前犯罪的实际情况。在诸多案件中，出现了一些以前未曾出现过的犯罪手段，如：盗窃婴儿出卖；捡拾婴儿出卖；抢劫、劫持、绑架妇女或用药物麻醉妇女后将其出卖，等等。"两高"《解答》把上述行为列入"拐"的范畴，按拐卖人口罪处罚。这从打击犯罪的需要出发具有合理性，但它总和"拐"的原义不相符合，而且这些犯罪手段比"拐"更严重、更恶劣，应当从重处罚。立法应另寻他途，以便将这些行为作为犯罪的严重手段纳入刑法规范。

其二，刑法条款对拐卖人口罪的量刑规定不尽科学合理。按刑法规定，拐卖人口情节特别严重的，处5年以上有期徒刑；情节特别严重的，处无期徒刑或者死刑。从刑事审判实践看，拐卖人口情节严重的，量刑幅度在5年到15年之间选择，这样的量刑间距，幅度太大，任意性太大，也给法官掌握量刑幅度增加困难。而情节特别严重的，处无期徒刑或者死刑，这又显得简单化和绝对化，无助于实现区别对待的原则。可见刑法条文的量刑规定也不适应司法实践的需要。

正由于拐卖人口案件，法律政策界限难以把握，查证比较困难，对罪犯又不能适用财产刑，致使公安机关把此类案件大多只作罚款处理，一罚了之。于是就出现了大量的"以罚代刑"的现象。也正因为基于以上方面的原因，在打击拐卖人口犯罪活动中就出现令刑法学界困惑的局面，即查处多，立案少；收审多，逮捕少；犯罪多，判刑少。四川省某县从1985至1988年上半年，公安机关查处拐卖人口案件1251件，但正式立案的只有28件535人，提请批准逮捕147人，批准逮捕118人，最后判刑的仅60人，判刑数只有查处数的4.8%。四川全省从1989年1月至9月，抓获拐卖人口案犯4734名，但依法逮捕的仅1654人。山东菏泽、聊城等8地市，在"扫六害"中抓获人贩子3119名，但判刑仅330人，山东莘县查获90余名，批捕只有11名。河北某县从1985至1989年，公安部门立案侦查拐卖人口案件增加33倍，但起诉到法院的却较少，1989年法院受案数仅为公安机关立案侦查数的2.3%。这一现象在全国各地司法机关普遍存在。

近年，为了适应打击犯罪的需要，弥补立法上的不足，部分学者从法理角度对拐卖人口罪进行了新探索，提出了一些值得借鉴的观点。如有人认为，"按刑法第 183 条规定的遗弃罪或依法类推拐卖人口罪定罪处罚。"① 也有的同志认为，认定拐卖人口案件"不能一律要求每一犯罪分子必须同时具备'拐'和'卖'的情节"。② 这些观点不乏合理性和可取性，但毕竟与立法规定相去甚远，既得不到刑法学界的认同，也不为有关的司法解释所承认，更难以被广大刑事司法人员所接受。

为了协调打击拐卖人口犯罪的实际需要与刑法条款本身存在的缺陷之间的矛盾，笔者认为，唯一的和根本的方法是修改现行刑法条文。

三、 我国现行刑法的修改建议

为了弥补现行刑法条文的疏漏和不足，更有效地打击拐卖人口犯罪，根据以上的分析研究，结合我国刑事立法的经验和惯例，笔者建议对现行的刑法第 141 条和《决定》中规定的内容加以适当的删改和补充，将原刑法第 141 条修改补充规定为：

"买卖人口的，处五年以下有期徒刑，可以并处罚金；贩卖人口，情节严重的，处五年以上十年以下有期徒刑，可以并处没收财产；情节特别严重的，处十年以上有期徒刑、无期徒刑或者死刑，并处没收财产。"

上述修改意见和原规定相比，主要有以下几个方面的区别：（1）将拐卖人口罪修改为买卖人口罪，增加购买人口罪的规定。（2）取消"拐"卖人口罪，重点突出"买"和"卖"人口行为在犯罪构成中的地位。（3）缩短情节严重的贩卖人口罪的量刑幅度，对情节特别严重的贩卖人口罪，增加 10 年以上有期徒刑的规定。（4）对买卖人口罪增加罚金和没收财产刑的适用。

买卖人口罪是以获取非法利益为目的，买卖他人（主要是妇女和儿童）的犯罪行为。该罪侵犯的客体是复杂客体，即不仅侵犯公民的人身权利（包括人身自由、身心健康和其他合法权益），破坏社会主义的婚姻家庭关系，同时还妨害国家的人口管理和社会治安秩序。从司法实践看，被害人一旦被犯罪者出卖、贩卖和购买后，即处于被人奴役，任人支配的地

---

① 张承：《谈谈所谓"只卖不拐"的犯罪行为》，《人民司法》1990 年第 3 期。

② 河北省高级人民法院研究室：《加强对拐卖妇女儿童犯罪活动的法律制裁》，《人民司法》1990 年第 3 期。

位，常常遭到人贩子和购买者非法拘禁、伤害、侮辱等。妇女、儿童被出卖后，不仅本人受害，而且使丈夫失去妻子，父母失去子女，造成许多人妻离子散、家破人亡。人口管理是国家管理中的一项重要制度，第四次人口普查已表明，我国大陆人口已达11.33亿，控制人口增长，加强户口管理成为国家长期严峻的重要任务。父母出卖子女（主要是超生子女）及购买人口行为导致大量的"黑户口"得以非法流动，严重妨碍国家的计划生育政策和人口管理政策。不仅如此，买卖人口行为，还大量诱发强奸、流氓、伤害、杀人、非法拘禁、重婚等重大刑事案件和治安案件的发生。由此可见，买卖人口犯罪侵犯的客体主要是公民的人身权利，但同时也侵犯了社会主义婚姻家庭关系及人口管理制度和社会治安秩序。如果我们仅仅看到它侵犯公民人身自由的一面，而忽视其他方面，那么有相当一部分案件就难以定罪。

买卖人口罪在客观方面表现为"买"人口和"卖"人口，购买人口和贩卖人口成为买卖人口罪的基本特征。在买卖人口罪的犯罪构成上并不要求行为人同时具备买和卖的行为，只要具备其中之一就构成本罪。从司法实践看，买卖人口罪在客观方面的表现主要有：（1）以欺骗、利诱等拐骗方式贩卖人口。（2）用胁迫、抢劫、劫持、绑架等暴力强制手段贩卖人口。（3）秘密窃取或专门捡拾、购买婴儿、幼儿出卖。（4）从他人手中购买人口转手贩卖。（5）父母出卖亲生子女（主要是女婴和超生子女）、丈夫出卖妻子、子女出卖母亲等。（6）为实现其他违法犯罪目的而购买人口（如购买妇女卖淫等）。（7）以结婚、同居或抚养为目的而购买人口，情节严重，等等。

买卖人口罪在主观方面必须是直接故意，而且具有以获取非法利益为目的（主要是为了营利）。

构成买卖人口罪的，处5年以下有期徒刑，可以并处罚金。在买卖人口罪中，购买人口行为情况比较复杂，一般说来社会危害性比贩卖人口轻，因此，把法定最高刑规定为有期徒刑5年。同时在司法实践中，要求对购买人口行为情节严重的才追究刑事责任。如（1）购买人口多人或多次的；（2）购买人口后兼有摧残、虐待等其他严重情节的；（3）动机目的特别恶劣的；等等。如果购买人口情节一般，可不予追究刑事责任。

贩卖人口情节严重的，处5年以上10年以下有期徒刑，可并处没收财产。根据司法实践，具有下列情形之一的，可视为"情节严重"：（1）贩卖人口多人或多次的；（2）盗卖婴儿、幼儿的；（3）贩卖现役军人妻子的；（4）贩卖精神病患者或痴呆者的；等等。

贩卖人口情节特别严重的，处 10 年以上有期徒刑、无期徒刑或者死刑，并处没收财产。根据司法实践，情节特别严重的，主要有：（1）贩卖人口在 10 人以上或虽不满 10 人，但手段特别恶劣的；（2）盗卖婴儿、幼儿多人或多次的；（3）用暴力、劫持、绑架或其他强制手段贩卖人口，后果严重的；（4）贩卖人口中兼有摧残、虐待等情节，致他人重伤、死亡或其他特别严重后果的；（5）贩卖人口出入境或国内外勾结贩卖人口出入境的；（6）武装贩卖人口的；（7）贩卖人口集团的首要分子；等等。

综上所述，笔者认为，为了有效地打击、遏制日益严重的买卖人口行为，严厉惩处贩卖人口犯罪，铲除社会"丑恶"现象，修改现行刑法条款刻不容缓，势在必行。以上的分析、研究和建议供立法机关参考，同时也希望得到法学界同人们的批评指正。

试论"扫黄"涉及的刑事案件的定罪处罚*

　　前几年，在改革开放的过程中，由于一度资产阶级自由化思潮的泛滥和文化市场的失控，走私、制作、贩卖、传播淫秽书刊、影片、录像带、录音带、图片及其他淫秽物品的犯罪日益蔓延，屡禁不绝。"黄毒"的泛滥严重污染社会环境，败坏社会风气，荼毒人们心灵，腐蚀青少年一代，并大批诱发其他严重刑事犯罪。北京"平暴"之后，中央明智而果新地决定开展"扫黄"斗争。在声势浩大的"扫黄"斗争中，据不完全统计，截至 1990 年 8 月，全国共取缔违禁书刊 3200 万册，音像制品 240 万盒，查处违法犯罪人员近 8 万人，查获没收走私进口的违禁出版物 78 万余件。"扫黄"取得了举世瞩目的成绩，一度肆虐的"黄毒"受到遏制。

　　为明确法律、政策界限，解决"扫黄"中刑事司法遇到的一系列难题，最高人民法院、最高人民检察院在 1990 年 7 月 6 日颁布了《关于办理淫秽物品刑事案件具体应用法律的规定》（以下简称"两高"《规定》）。针对 1990 年下半年"黄毒"又有所抬头，出现"回潮"的形势，为更有效地惩治打击走私、制作、贩卖、传播淫秽物品的犯罪，七届全国人大常委会议 17 次会议在 1990 年 12 月 28 日通过《关于惩治走私、制作、贩卖、传播淫秽物品的犯罪分子的决定》（以下简称《决定》）。《决定》的公布为进一步完善我国刑事立法，为深入开展"扫黄"斗争提供了强有力的法律武器。

　　《决定》是刑事立法，"两高"《规定》是刑事司法解释，《决定》的法律效力高于《规定》，凡与《决定》相悖的司法解释一律无效。由于"两高"《规定》制定在前，《决定》颁布在后，它们之间难免发生矛盾。但"两高"《规定》也是司法实践的经验总结，是刑事立法的具体化。凡符合刑事立法原意，与《决定》规定相一致的内容，实践中仍应遵照执

---

* 原载《法律科学》1991 年第 4 期。

行。本文根据《决定》，结合司法实践，对"扫黄"中涉及的刑事案件的定罪处罚进行初步探讨，并就《决定》公布后刑事司法部门如何具体适用"两高"《规定》谈点粗浅的看法。

对"扫黄"斗争中涉及的刑事犯罪案件的定罪处罚，我们认为：应当根据行为人的主观故意、行为方式、情节严重程度、社会危害性的大小及侵害的客体等因素正确认定。根据《决定》，对该类案件可以分为五种犯罪论处。

一、 以走私罪论处

以牟利或者传播为目的，走私淫秽物品的，依照1988年1月21日全国人大常委会《关于惩治走私罪的补充规定》（以下简称《补充规定》）第3条的规定处罚。黄色淫秽物品是国家明令禁止的违禁品，早在1987年1月颁布的《中华人民共和国海关法》（以下简称《海关法》）就规定，以牟利、传播为目的逃避海关监督、检查、运输、携带、邮寄淫秽物品进出境的是走私罪。走私淫秽物品罪在主观方面表现为以牟利或者传播为目的。所谓"以牟利为目的"是指行为人意图通过贩卖、放映、租借、展览淫秽物品等方式获取钱财或其他物质利益，所谓"以传播为目的"是指行为人意图通过插放、出借、运输、携带等行为供他人使用淫秽物品。

"两高"《规定》第4条指出：走私淫秽录像带5—10盒以上，淫秽录音带10—20盒以上，淫秽扑克、书刊、画册10—20副（册）以上或者淫秽照片、画片50—100张以上的，可以认为是以牟利或者传播为目的。据此有人认为，对于行为人不以营利为目的的走私淫秽物品的，只要他走私了上述列举的同样数额的淫秽物品，就可以认为是以营利或传播为目的，依走私罪从重处罚。笔者认为：这种观点有失偏颇。第一，《决定》第1条、《补充规定》第3条及《海关法》第47条均明确规定，走私淫秽物品罪主观上须以牟利或传播为目的。《决定》同时指出"不以牟利、传播为目的，携带、邮寄少量淫秽物品进出境的"不是走私罪，按《海关法》予以行政处罚。第二，"两高"《规定》并未否定该罪的主观故意内容。因为从"两高"《规定》不能推出"不以营利或传播为目的的，视为以营利或传播为目的"的结论。第三，"两高"《规定》实际上只具有证据学的意义。从刑事证据角度看，行为人走私那么多数量（数额）的淫秽物品，正说明其主观故意是为了牟利或传播，而不是"不以营利或传播为目的，可以认为是以营利或传播为目的"。因此，构成走私淫秽物品罪，主观上必须具有牟利或传播为目的，否则不构成本罪。

二、 以制作、 贩卖淫秽物品罪论处

《决定》对刑法第 170 条作了重大修改。修改后的刑法条款和原刑法条文相比具有以下区别：第一，大幅度提高量刑标准，犯制作、贩卖淫秽物品罪的，根据不同情节分别可处拘役、有期徒刑和无期徒刑；第二，扩大犯罪对象的范围，制作、贩卖淫秽的书刊、影片、录像带、录音带、图片或其他淫秽物品均可构成本罪；第三，增加了财产刑，犯本罪情节特别严重的，除适用主刑外，附加适用罚金或没收财产。

制作、贩卖淫秽物品罪是指以牟利为目的，制作、贩卖淫秽物品的行为。该罪在主观方面是以牟利为目的；客观方面是实施制作、贩卖淫秽物品的行为。"制作"是指生产、录制、复制、编著、绘画、出版（包括为他人提供书号出版淫秽书刊或明知他人用于出版淫秽书刊而提供书号的）印刷、摄制、洗印、翻拍等行为，"贩卖"是指销售、发行等行为。

为了弥补原刑法条文量刑过轻的情况，"两高"早在 1987 年 11 月 27 日发布的《关于依法严惩非法出版犯罪活动的通知》中规定："以营利为目的，从事淫书淫画、淫秽音像的出版、印刷、发行、销售活动的，以刑法第一百七十条制作、贩卖淫书淫画罪论处；其中非法经营或者非法获利的数额巨大或情节严重的……应以投机倒把罪论处。"这是运用司法解释，对法规竞合的"重法优于轻法"原则的确认。"两高"《规定》第 2 条明确指出，以营利为目的，制作、贩卖淫秽物品、数额巨大的，以刑法第118 条的投机倒把罪论处，对于数额特别巨大或情节特别严重的，可以适用《全国人民代表大会常务委员会关于严惩严重破坏经济的罪犯的决定》第 1 条第 1 项的规定处罚。

《决定》公布后，是否仍可适用"两高"《规定》，尤其对于情节特别严重的犯罪分子是否可以适用死刑存在不同观点：一种意见认为，在一般情况下不再适用"两高"《规定》，但当犯罪分子制作、贩卖淫秽物品情节特别严重，数额特别巨大，不判处死刑不足以罚当其罪时，仍可以投机倒把罪判处死刑，以做到罪刑相适应。笔者不同意这种观点。我们认为，随

着《决定》公布，"两高"《规定》中的关于制作、贩卖淫秽物品，数额巨大，数额特别巨大或情节特别严重的，以投机倒把罪定罪处罚的解释已失去效力。这不仅因为刑事立法效力高于刑事司法解释效力，而且还基于以下理由：第一，《决定》之所以未将该罪规定为死刑是经过慎重考虑的。自1983年以来，全国人大常委会已先后颁布10余个刑法方面的《决定》和《补充规定》，在这些《决定》和《补充规定》中，除个别罪名外都修改升格为死刑，而本《决定》未将该罪规定为死刑，这说明制作、贩卖淫秽物品就其行为的性质和社会危害性来说尚不够死刑，也体现了党和国家限制死刑适用，坚持少杀的刑事政策。同时进一步体现了刑事立法的协调一致原则。根据《决定》和《补充规定》的规定，犯走私淫秽物品罪最高刑是无期徒刑，而走私淫秽物品罪的社会危害性并不轻于制作、贩卖淫秽物品罪。既然走私淫秽物品罪没有规定为死刑，那么制作、贩卖淫秽物品罪也不能任意升格为死刑，更不能变相适用死刑。否则就会使两罪之间的刑罚轻重失衡。第二，以营利为目的，制作、贩卖淫秽物品是投机倒把的多种犯罪手段之一和犯罪对象之一，这种行为既侵害国家对出版发行事业的管理秩序，又破坏国家的经济秩序——文化市场秩序，即同时触犯制作、贩卖淫秽物品罪（特别法条）和投机倒把罪（普通法条），符合刑法理论的法规竞合情况。按法竞合的一般（普遍）适用原则是"特别法优于普通法"，《决定》规定的制作、贩卖淫秽物品罪是特别法，理应优先适用。在司法实践中，只要严格按《决定》定罪量刑就能实现罪刑相一致。第三，最高人民法院在1991年1月《关于正确执行〈全国人民代表大会常务委员会关于惩治走私、制作、贩卖、传播淫秽物品的犯罪分子的决定〉的通知》中明确规定，依照"两高"《规定》第2条处罚的犯罪行为尚未处理或者正在处理的，均不再以投机倒把罪论处，应依照《决定》第2条的有关规定追究刑事责任。可见最高人民法院对"两高"《规定》第2条的内容已作了否定。鉴于以上理由，我们认为《决定》公布后，对制作、贩卖淫秽物品的犯罪分子不能再以投机倒把罪论处，也不适用死刑。但"两高"《规定》第2条规定的数量（数额）标准可以作为衡量《决定》中制作、贩卖淫秽物品罪"情节严重""情节特别严重"的参考标准并在司法实践中加以运用。

三、 以传播淫秽物品罪论处

这是《决定》新增的罪名。传播淫秽物品罪是指以牟利为目的，传播淫秽物品或不以牟利为目的，在社会上传播淫秽物品，情节严重及组织播放淫秽音像制品的行为。该罪在主观方面表现为是以牟利为目的或以传播为目的，客观方面是实施了播放、出租、出借、运输、携带等传播行为或组织播放淫秽音像制品的行为，侵犯的客体是社会管理秩序。

"两高"《规定》指出：以营利为目的，传播淫秽物品，具有下列情形之一的，追究刑事责任：（1）向他人传播淫秽物品达 25—50 人次以上，或者组织播放淫秽影像 3—6 场次以上的；（2）传播淫秽物品，获利 500元—1000 元以上的。《决定》规定，不以牟利为目的，传播淫秽物品，情节严重的，才追究刑事责任。如何把握"情节严重"，司法实践中有待探索。我们认为，主要应以向他人传播的人次作为主要标准，一般可以参照以牟利为目的传播淫秽物品罪的数量（数额）一倍以上掌握。虽未达到规定数量（数额），但具有其他严重情节的也可以以犯罪论处。而用"组织播放"的方式传播淫秽物品，由于其传播方式的聚众性和形象性，它比个别传播淫秽物品范围更广、人数更多、危害更大，其行为本身就说明了情节的严重性。因此，《决定》规定了比一般传播淫秽物品罪更重的量刑幅度。

四、 以流氓罪论处

《决定》规定，利用淫秽物品进行流氓犯罪的，依照 1979 年刑法第160 条的流氓罪处罚，流氓犯罪集团的首要分子或者进行流氓犯罪活动危害特别严重的，依照全国人大常委会《关于严惩严重危害社会治安的犯罪分子的决定》第 1 条的规定，可以在刑法规定的最高刑以上处刑，直至判处死刑。

行为人公然蔑视国家法纪和社会公德，利用淫秽物品进行流氓犯罪，以追求下流无耻的精神刺激，填补精神上的空虚。这种犯罪侵犯的客体是公共秩序。"两高"在 1984 年 11 月 20 日《关于当前办理流氓案件中具体应用法律的若干问题的解答》中规定："利用淫秽物品教唆、引诱青少年进行流氓犯罪活动的，或者在社会上经常传播淫秽物品，危害严重的"应按流氓罪处罚，并把"经常或者大量传播淫秽物品，利用淫秽物品教唆青少年犯流氓罪或聚众进行淫乱活动，社会危害很大的"列为进行流氓犯罪活动危害特别严重的表现形式之一。"两高"《规定》进一步列举利用淫秽物品进行流氓犯罪的具体表现。《决定》则把这一司法解释法律化了。根据"两高"《规定》，利用淫秽物品进行流氓犯罪是指：利用淫秽物品教唆引诱他人进行流氓犯罪活动的；利用淫秽物品聚众进行淫乱活动的主犯或者侮辱、猥亵妇女情节恶劣的；在社会上经常传播淫秽物品，危害严重的；利用淫秽物品进行其他流氓犯罪活动的。

由于《决定》新增了传播淫秽物品罪，那么对于"两高"《规定》中的"在社会上经常传播淫秽物品，危害严重的"是定流氓罪还是传播淫秽物品罪，存在不同观点：一种意见认为，应定传播淫秽物品罪，因为《决定》已增设了新罪名，在社会上经常传播淫秽物品，危害严重的，符合传播淫秽物品罪的犯罪构成，因此不能再定流氓罪。另一种意见认为，仍然应定流氓罪。笔者原则同意第二种观点，理由有二：其一，《决定》规定的传播淫秽物品罪最高刑只有 2 年，即使组织播放淫秽物品，最高刑也只有 10 年。如果在社会上经常大量传播淫秽物品危害严重或危害特别严重的，不加区别一律定传播淫秽物品罪，显然是失之过宽罚不当罪的，也是违背颁布《决定》的立法本意。其二，两者之间在犯罪构成上是有区别的，可以各自独立成罪。传播淫秽物品罪是指在社会上传播淫秽物品，情节严重的行为，流氓罪是指在社会上经常传播淫秽物品，危害严重的行为。"情节要求严重"与"危害严重"，各有特定的法律意义，"危害严重"除包含"情节严重"外，还必须包括由于行为人的作为客观上已给国家、社会、他人造成严重的实际损害后果。因此，我们认为，《决定》第 3 条规定的传播淫秽物品罪只在一般情况（情节严重）下适用，如果行为人在社会上经常或大量传播淫秽物品，危害严重或危害特别严重的，按传播淫秽物品罪确不能罚当其罪的，应按《决定》第 4 条第 1 款及"两高"《规定》第 3 条第 3 项的流氓罪定罪处罚，直至判处死刑。

五、 按传授犯罪方法罪论处

　　根据《决定》第 4 条第 2 款规定，利用淫秽物品传授犯罪方法的，依照全国人大常委会《关于严惩严重危害社会治安的犯罪分子的决定》第2条的规定处罚，即按传授犯罪方法罪论处，情节较轻的，处5年以下有期徒刑；情节特严重的，处5年以上有期徒刑；情节特别严重的，处无期徒刑或者死刑。

在司法实践中，利用淫秽物品传授犯罪方法，主要是传授流氓、强奸、侮辱等与性行为或色情行为有关的犯罪方法、手段。特别是传授流氓犯罪手段最为常见。利用淫秽物品教唆、引诱他人进行流氓犯罪（教唆犯定流氓罪）与利用淫秽物品传授流氓犯罪方法，两者在客观方面都是利用淫秽物品进行犯罪，侵犯的客体都是社会管理秩序，两罪容易混淆。因此，严格区别两者的不同点对于划清此罪与彼罪的界限具有重要意义，我们认为，这两者的主要区别表现在：其一，客观方面不同，前者行为的实质在于引起他人进行流氓犯罪的意图、决心；后者则是向他人传授进行流氓作案的经验、技能和对抗侦查审判的具体方法、手段，被传授人原来可能有流氓犯罪意图，也可能没有。其二，犯罪故意不同，前者是希望被教唆人去实施流氓犯罪，至于被教唆人用什么方法实施流氓犯罪并不在意，后者则是传授具体的流氓犯罪技能，至于被传授人是否作案，则任其所为。其三，既遂标准不同，前者有流氓教唆的既未遂之分，随被教唆者是否犯流氓罪而定，后者则只要实施了流氓犯罪方法的传授就是犯罪既遂。其四，犯罪形式和量刑不同，前者是流氓共同犯罪，按其在共同犯罪中的地位作用以流氓罪量刑，后者是单独犯罪，按传授犯罪方法罪定罪量刑。因此，在司法实践中，对利用淫秽物品进行的犯罪可根据不同情况予以认定：第一，行为人只是利用淫秽物品教唆引诱他人进行流氓犯罪活动，而没有直接传授流氓淫乱等犯罪方法的，按流氓罪定罪处罚；第二，行为人只是利用淫秽物品传授流氓犯罪方法而没有教唆、引诱他人进行流氓犯罪的，按照传授犯罪方法罪定罪处罚；第三，行为人利用传授淫秽物品，既教唆、引诱他人进行流氓犯罪，又传授流氓等犯罪方法的，按流氓罪和传授犯罪方法罪实行数罪并罚。

试论刑事司法解释存在的主要问题 *

自 1981 年 6 月 10 日全国人大常委会通过《关于加强法律解释工作的决议》（以下简称《决议》）之后，国家最高司法机关加强了法律解释工作，10 年来，先后颁布了大量的刑事司法解释，从而为司法人员和广大公民正确理解、掌握和运用刑事法律，协调整个刑事法制的发展与完善发挥了积极作用。但同时看到，刑事司法解释中也存在着诸多的缺陷和不足，主要表现如下。

一、 解释主体的混乱性

《决议》明确规定，司法解释权属于最高人民法院和最高人民检察院（以下简称"两高"），其他任何行政机关、社会团体和个人都无权行使这项权力。但现在有很大一部分刑事司法解释是由"两高"和其他部门联合作出的。常见的有：（1）与公安部联合作出解释。1985 年之前的刑事司法解释绝大多数是由"两高"和公安部联合作出的。1984 年 11 月 8 日公安部根据《决议》精神规定：今后凡涉及司法解释问题以"两高"下发文件为准，公安机关均应参照执行，公安部不再印发。但这一规定并未得到严格执行。如 1986 年 3 月 18 日"两高"与公安部共同作出的《对于惩处倒卖车、船票的犯罪分子如何适用法律条款的问题的批复》等。（2）与司法部、安全部等行政机关联合作出解释。如 1987 年 2 月 17 日《关于中国人民武装警察部队人员犯罪案件若干问题的规定》，1989 年 12 月 13 日《关于办理流窜犯罪案件中一些问题的意见的通知》等，都是"两高"与公安部、司法部联合作出的。（3）与最高国家权力机关内部工作机构联合作出解释。如 1986 年 7 月 10 日法工委发文〔1986〕32 号《关于劳教工作干警

---

　　* 未刊稿，本文写于 1991 年。

适用刑法关于司法工作人员规定的通知》是由全国人大法制工作委员会与"两高"及司法部共同作出的。

二、 解释内容的越权性

司法解释必须以现行法律明文规定的内容为解释对象，即必须符合立法原意，且应当在法律用语的逻辑含义范围内进行，否则就是越权解释。越权解释主要表现在：（1）违背立法原意，超越解释权限。（2）解释内容与类推适用原则相悖。如重大责任事故罪的主体，1979 年刑法第 114 条规定属于特殊主体（即只有工厂、矿山、林场、建筑企业或其他企业事业单位的职工才能构成），但根据"两高"1986 年 6 月 21 日颁布的《关于刑法第一百一十四条规定的犯罪主体的适用范围的联合通知》和最高人民检察院 1987 年 7 月 10 日《关于无证开采的小煤矿矿主是否构成重大责任事故犯罪主体的请示》、1988 年 3 月 18 日《关于无照施工经营者能否构成重大责任事故罪主体的批复》精神，现重大责任事故罪的主体已由企事业单位的职工扩大到群众合作经营组织、个体经营户、无证经营户的从业人员，即由特殊主体扩大为一般主体。这一解释虽不乏合理，但违背立法原意，混淆刑事司法解释与刑事立法解释、刑事立法的界限，超越了司法解释的权限。又如刑法第 170 条只规定制作、贩卖淫书、淫画罪，对以营利为目的，传播淫秽物品行为未作任何定罪处罚的规定，且"传播"与"制作、贩卖"行为是完全独立的行为，不存在任何从属、包含关系。因此，对以营利为目的，传播淫秽物品行为按刑法第 79 条规定，类推适用刑法第 170 条定罪判刑是完全正确的，1985 年以前也按此执行。但根据最高人民法院 1985 年 7 月 8 日《关于播放淫秽录像、影片、电视片、幻灯片等犯罪案件如何定罪问题的批复》及"两高"1990 年 7 月 6 日《关于办理淫秽物品刑事案件具体应用法律的规定》，对以营利为目的的传播淫秽物品或组织播放影像的，可直接依照刑法第 170 条追究刑事责任。该解释是与刑事类推原则相违背的。

三、 解释内容的矛盾性

当前解释内容的矛盾性突出表现在最高检察机关与最高审判机关对同

一问题的解释不一致，从而使地方司法机关无所适从。如最高人民法院
1985 年 5 月 9 日《关于个人非法制造、销售他人注册商标标识而构成犯罪
的应按假冒商标罪惩处的批复》中指出：个体工商业者假冒他人注册商标
标识，"包括非法制造或者销售他人注册商标标识的，均构成对商标专用
权的侵犯。对实施上述行为，构成犯罪的，可以直接依照刑法第一百二十
七条定罪判刑"。而同年 10 月 5 日《最高人民检察院关于个人非法制造、
销售他人注册商标标识而构成犯罪的能否按假冒商标罪惩处的批复》中规
定：没有营业执照的个人非法制造、销售他人注册商标标识，构成犯罪
的，按投机倒把罪追究刑事责任。这两个对同一问题所作出的不同批复，
给各级司法机关正确适用刑法带来混乱。为此，最高人民法院在 1988 年 2
月 26 日重新作出《关于假冒商标案件两个问题的批复》（以下简称《批
复》）。《批复》规定：没有营业执照个人违反商标法规，假冒他人注册商
标，包括非法制造或者销售他人注册商标标识的，按假冒商标罪论处；对
于非法经营或非法获利数额巨大，情节严重的，按投机倒把定罪处刑。

四、 解释内容的不明确性

刑事司法解释是把刑事法律较为原则和抽象的规定加以明确和具体，
如果解释用语仍不明确、具体，势必难以协调和指导司法实际工作。但当
前刑事司法解释中尚有一部分用语存在模糊、笼统、抽象的弊端，主要表
现在：

1. 前后并列的概念之间没有严格区别，易生歧义。如 1984 年 11 月 2
日"两高"《关于当前办理盗窃案件中具体应用法律的若干问题解答》规
定："对于共同盗窃犯，应按照个人参与盗窃和分赃数额，及其在犯罪中
的地位与作用，依法分别处罚"。这一解释原意是为了明确盗窃共犯的定
罪处罚标准，但由于将"参与盗窃数额"、"分赃数额"及"在犯罪中的
地位与作用"采用并列句表达，以致使司法人员无法掌握盗窃共犯的责任
应按什么标准确定，并因此形成了多种不同的理解和做法，影响执法的权
威性、公正性。

2. 解释用语抽象、笼统。部分解释只有"情节严重""情节特别严
重""情节恶劣""数额巨大""损失严重"等原则规定，而无具体标准。
如"两高"1987 年 9 月 5 日《关于办理盗伐、滥伐林木案件应用法律的几

个问题的解释》第 8 条规定的关于国营企业事业单位盗伐、滥伐林木行为追究刑事责任的标准，一共只有三款却有六处使用"情节恶劣""情节特别严重"等原则用语，对这些用语均未规定具体数额、情节标准，实践中难以执行。

3. 解释用语生僻、含糊，不规范。解释用语应当通俗易懂，尽可能作为规范的法律用语。否则，人们就不了解解释的具体内容和指向。如 1985 年 7 月 18 日《关于当前办理经济犯罪案件中具体应用法律的若干问题的解答（试行）》第 3 条第 3 项规定："国家机关、企事业单位进行投机倒把活动，为本单位牟取不正当利益的，一般由有关部门依法予以行政处罚；对其中主管人员和直接责任人员中饱私囊，情节严重，构成犯罪的，应依法追究其主管人员和直接责任人员的刑事责任。……"其中"中饱私囊"一词，既非法律规范用语，又缺乏通俗易懂特点，不利于执行，而且容易使执法人员误认为单位进行投机倒把的，只有主管人员和直接责任人员有中饱私囊行为的，才能追究刑事责任。

五、 解释颁行方式的秘密性

目前，司法解释分为文件类和批复类。批复类一律以密件形式发给请示单位；文件类一般也以机密材料下发各司法机关执行。近几年文件类司法解释有的已在报刊上公开发表，但数量有限。现最高人民法院主办有《最高人民法院公报》和《司法文件选编》；最高人民检察院主办有《最高人民检察院公报》和《检察工作应用法规选编》。"两高"公报公开对外发行，但由于是季报，刊载司法解释内容不多，也不及时。选编虽能及时登载所有司法解释内容，但只限于内部发行，绝大多数公民（包括律师），特别是普通群众根本不了解和掌握司法解释的颁布情况。近年，司法解释的汇编、编纂和出版工作有了很大的发展，但远远不适应实践要求。

六、 对司法解释范围理解的失当性

刑事司法解释具有通行全国的司法效力，对于全国各级侦查机关、检察机关、审判机关具体运用刑事法律有直接的指导和约束作用。正确界定司法解释的范围对刑事司法工作具有重要意义。在笔者所购的几种不同版本的司法解释汇编中，有一部分不属于司法解释的批复、解答被当作司法解释选编入内，并在司法实践中广泛引用。这主要有两种情况：

1. 把最高人民检察院和最高人民法院内部机构（厅、局、庭等）作出的批复、解释文件当作司法解释。如《新中国司法解释大全》（梁国庆主编，中国检察出版社1990年版）第231页把最高人民检察院一厅1983年5月26日作出的《关于自制火药枪是否适用刑法第一百一十二条问题的批复》列入司法解释。该批复把自制火药枪纳入非法制造枪支罪范围，显然是对刑法第112条规定的"枪支"作了扩大解释，有违立法原意，如一律按此执行，势必扩大打击面。

2. 把无权进行司法解释的机关所作的批复、解答当作司法解释普遍适用。如最高人民检察院编发的《检察工作应用选编》1990年第12期，把1990年1月20日公安部颁发的《关于对走私倒卖金银饰品几个政策问题的批复》列入刑事司法解释栏目。这一批复的内容虽无不当，但作为刑事司法解释是欠妥的。

此外，目前刑事司法解释还存在着制定的滞后性，制定过程的神秘性、保密性，使用过程的不公开性以及解释标题、名称的混乱性等缺陷。

刑事司法解释在法律解释体系中居于非常重要的地位。根据解释中存在的种种问题，笔者建议：

1. 加强对刑事司法解释理论的研究，为刑事司法解释的科学化、民主化、法治化打下理论基础。

2. 尽快制定"刑事司法解释条例"或"刑事司法解释法"，以便对刑事司法解释的概念、范围、原则、机构、程序等作出规定，把刑事司法解释纳入法制的轨道。

3. 加强最高检察机关与最高审判机关之间的联系与协调，加快刑事司法解释步伐，提高司法解释的准确性和透明度，充分发挥司法解释在刑事司法中的作用。

4. 加强国家权力机关对司法解释工作的监督，防止司法解释出现越权现象，保证刑事司法解释的合法化。

5. 加强刑事司法解释的发布、刊印、汇编和编纂工作，推进司法解释的公开化，不断提高和发挥司法解释在法治建设中的地位和作用。

试析少年奸淫幼女罪的认定[*]

近年来，已满 14 周岁不满 16 周岁的男少年同不满 14 周岁的幼女发生性行为的案件屡有发生，且呈上升趋势。由于这类案件的实施者和侵害对象具有一定的特殊性，同时对该类案件的定罪处罚刑法理论缺乏必要的探讨，司法解释又欠明确，因此，在司法实践中对该类案件罪与非罪的认定，分歧较大。为正确认定少年奸淫幼女犯罪，本文根据刑法理论，结合刑事司法实践，略发拙见，与大家共同探讨。

一、 少年奸淫幼女行为是否应追究刑事责任

已满 14 周岁不满 16 周岁的男少年同不满 14 周岁的幼女是否构成奸淫幼女罪，应否追究刑事责任，这是处理少年奸淫幼女案件首先应解决的问题。对此有两种截然相反的观点。

一种意见认为，不满 16 周岁的男少年奸淫不满 14 岁的幼女的行为，不构成奸淫幼女罪。因为已满 14 岁不满 16 岁的少年是相对负刑事责任年龄的人，根据 1979 年《中华人民共和国刑法》（以下简称《刑法》）第 14 条第 2 款的规定，他们只有"犯杀人、重伤、抢劫、放火、惯窃罪或者其他严重破坏社会秩序罪"才负刑事责任。所谓"其他严重破坏社会秩序罪"是指严重破坏社会管理秩序或公共安全秩序的犯罪。而奸淫幼女罪只侵害特定幼女的身心健康，不属于"其他严重破坏社会秩序罪"之列。少年奸淫幼女行为虽有一定的社会危害性，但其严重程度一般来说都不及杀人、重伤、抢劫、放火、惯窃等罪。因此，对奸淫幼女的少年不应追究刑事责任。

另一种意见认为，少年奸淫幼女的行为构成奸淫幼女罪。因为"其他

* 原载《政法丛刊》1991 年第 4 期。

严重破坏社会秩序罪"不是指某一类型的犯罪，而是指故意实施了相当于杀人、重伤、抢劫、放火、惯窃等具有严重社会危害性的犯罪，包括刑法分则各章规定中属于严重破坏社会秩序的犯罪。其中也包括奸淫幼女罪在内。已满 14 岁不满 16 岁的男少年奸淫幼女的，构成奸淫幼女罪，应按《刑法》第 14 条第 2 款的规定追究刑事责任。如有人认为，男少年"不论其采取什么手段，同幼女发生了性行为的，都应当定奸淫幼女罪"。①

笔者不同意第一种观点。第一种观点的失误表现在：（1）把《刑法》第 14 条第 2 款规定的"其他严重破坏社会秩序罪"等同于《刑法》分则第六章的妨害社会管理秩序罪或第二章的危害公共安全罪。（2）缺乏对少年奸淫幼女行为社会危害性的正确认识，对当前奸淫幼女案件日趋增多的治安形势认识不足。（3）忽视法律对被害幼女人身权利的特殊保护。（4）过分强调对少年的教育管教，忽视刑罚在惩治和矫正少年奸淫幼女行为中的地位和作用。

笔者基本倾向于第二种观点，但也不完全同意第二种观点。我们认为，对少年奸淫幼女案件性质的认定，不能完全等同于普通奸淫幼女罪。如果把普通奸淫幼女罪的犯罪构成，即"不论行为人采取什么手段，也不问幼女是否同意，只要与幼女发生了性行为就构成犯罪"，而且"只要双方生殖器接触，即应视为既遂"（见 1984 年 4 月 26 日最高人民法院、最高人民检察院、公安部《关于当前办理强奸案件中具体应用法律的若干问题的解答》（以下简称《解答》），完全套用到少年奸淫幼女罪的犯罪构成上来，则不免失当。少年奸淫幼女案件具有自身的特殊性，在认定男少年是否应负刑事责任时，应当具体案件具体分析，不能"一刀切"。有鉴于此，笔者认为，认定少年奸淫幼女案件应当明确和把握以下两点：

第一，奸淫幼女罪属于"其他严重破坏社会秩序罪"。

虽然刑法学界对"其他严重破坏社会秩序罪"的含义理解不一，观点各异，但一般共识是：所谓"其他严重破坏社会秩序罪"不是指一个罪名或某一类罪名，而是故意实施的相当于《刑法》第 14 条第 2 款列举的杀人、重伤、放火、抢劫、惯窃等具有严重社会危害性的犯罪。奸淫幼女罪侵害的对象是不满 14 岁的幼女。幼女由于生理、心理和智力发育都未成熟，对是非善恶缺乏辨别能力，特别是对性行为的意义、后果缺乏认识，

---

① 王绳祖等编著：《实用刑法释疑》，中国检察出版社 1991 年版，第 164 页。

容易遭到犯罪分子的性侵害。幼女被奸后，往往会破坏她们正常发育和健康成长，摧残他们的身心健康，有的幼女被奸后还会误入歧途甚至走向犯罪的深渊。我国刑法专款规定，犯奸淫幼女罪的从重处罚，而且它也是我国刑法中目前能够判处死刑的数种犯罪之一，其目的在于对不满14岁幼女给予特殊的法律保护。从司法实践看，奸淫幼女案件一直居高不下，严重危害幼女的人身安全，破坏社会治安的稳定。自1983年以来，这种犯罪一直被列入应当从重从快打击的刑事犯罪之一。由此可见，把奸淫幼女罪列入"其他严重破坏社会秩序罪"是符合立法本意的，也是从重从严打击严重刑事犯罪的客观需要。

与此同时，最高司法机关通过司法解释已经认可奸淫幼女罪属于"其他严重破坏社会秩序罪"。1984年1月9日，最高人民检察院《关于在严厉打击刑事犯罪斗争中具体运用法律的若干问题的答复》（以下简称《答复》）第5条第2项指出："对《刑法》第十四条第二款规定的已满十四岁不满十六岁的人应负刑事责任的犯罪的范围，可以按照中发〔1983〕31号文件规定的七个方面的犯罪掌握。"中发〔1983〕31号文件即中共中央《关于严厉打击刑事犯罪活动的决定》指出，杀人犯、放火犯、爆炸犯、投毒犯、贩毒犯、强奸犯、抢劫犯和重大盗窃犯是"严打"的主要对象之一。奸淫幼女犯是强奸犯中应当从重处罚的罪犯，按照《答复》精神，理所当然地只要已满14岁就应负刑事责任。

第二，少年奸淫幼女行为，情节严重的才负刑事责任。

笔者不同意那种不分情节轻重和社会危害性的大小，只要男少年与幼女发生性行为就一概认定为奸淫幼女罪的观点。

已满14岁不满16岁的人是相对负刑事责任年龄的人。他们虽然已有一定的认知能力，但毕竟年龄尚小，辨别是非和控制自己行为的能力还比较弱。特别是对性行为的认识，有别于对杀人、伤害、抢劫、盗窃等违法犯罪行为的认识。对性行为的正确理解需要具备一定的生理知识和伦理观念。当代生理科学证明：20世纪80年代以来，由于物质生活水平的不断提高，饮食营养的日趋丰富和医疗卫生条件的改善，青少年身体发育普遍提高，性成熟期分别比五六十年代提高了1—2岁，男性一般在13—14岁，女性一般在12—13岁性器官就趋于成熟。但与此同时，青少年的心理成熟却明显滞后于生理成熟。性生理发育越早，心理的制约就越小，社会不良环境的影响就越大。一般来说，16岁以下的少年尚不可能形成和建立正确的符合社会规范的性道德观念。少年奸淫幼女行为与少年的性本能有密切联系。司法实践表明：绝大多数男少年对自己与幼女发生性行为的性质、意义以及由此可能引起的后果没有明确的认识，有的似懂非懂，有的茫然无知。行为的动机，有的是出于对性行为的好奇，有的是出于一时的性冲动，有的是受到淫秽色情书刊的引诱等。因此，奸淫幼女的少年相对来说，主观恶性较小，社会危害性较轻，而且对奸淫幼女行为的矫治仅依靠刑罚的威慑惩治是不够的，更有赖于净化社会环境，普及性知识，提高性道德观念，不断促进少年性心理的健康成熟。有鉴于此，笔者认为，少年奸淫幼女行为，根据主体的特殊性，行为人主观恶性以及奸淫行为所造成的后果，如果情节轻微，可以不认为是犯罪。我国著名刑法学家高铭暄教授认为，"已满 14 岁不满 16 岁的少年……犯了强奸妇女、奸淫幼女、爆炸、投毒等罪，……如果情节一般，后果不严重，可以不追究刑事责任。"① 这是很有见地的，可供司法人员参考。《解答》也明确指出："十四岁以上不满十六岁的男少年，同不满十四岁的幼女发生性的行为，情节显著轻微，危害不大的，依照刑法第十条的规定，不认为是奸淫幼女罪，责成家长和学校严加管教。"

综上所述，笔者认为，少年奸淫幼女案件应当具体案件具体分析，情节严重，社会危害性大的，应以奸淫幼女罪追究刑事责任；情节轻微，后果不严重，社会危害性不大的，不认为是犯罪，不应追究刑事责任。

二、 少年奸淫幼女行为应认定为犯罪的几种情况

根据近几年的司法实践，笔者认为，已满 14 岁不满 16 岁的男少年具有下列奸淫幼女行为的，谓之"情节严重"，应以奸淫幼女罪论处：

1. 行为人以奸淫为目的，使用暴力、胁迫或者其他强制手段，强行与幼女发生性行为。这是一种典型的奸淫幼女犯罪。行为人与幼女发生性行为是采用暴力、胁迫或者其他强制手段，在完全违背幼女意志的情况下实施的。被害幼女是在不能抗拒、不敢抗拒或不知抗拒、无法抗拒的情况下被奸淫的。行为本身足以说明"情节严重"。

2. 行为人以奸淫为目的，与不满 10 周岁的幼女发生性行为，造成一

---

① 高铭暄：《刑法总则要义》，天津人民出版社 1988 年版，第 125—126 页。

定危害后果的。根据 1986 年民法通则第 12 条规定，不满 10 岁的幼女是无民事行为能力的。她们完全缺乏辨别善恶是非的能力，更无性承诺能力。在被侵害过程中，她们一般不知反抗、不会反抗，行为人一般也不需要采取暴力、胁迫等强制手段。对此类案件的定性，应以是否有奸淫行为作为认定的基本依据。同时考虑是否已造成一定的危害后果。如被告人王某（15 岁）奸淫幼女陈某后，导致陈某阴道挫伤，流血不止，排尿困难，对王某应以奸淫幼女罪处罚。

3. 行为人以奸淫为目的，明知对方是幼女而与之发生性关系，虽然没有采取暴力、胁迫或者其他强制手段，但具有下列"严重情节"的，应以奸淫幼女罪论处：

（1）用黄色书刊和其他淫秽色情物品等引诱不满 14 岁的幼女与之发生性关系；

（2）由于行为人的奸淫行为导致幼女自杀、精神失常或其他严重后果的；

（3）由于行为人的奸淫行为致使幼女性器官严重损害或其他严重伤害的；

（4）与多名幼女发生性关系或对同一幼女多次奸淫，社会影响恶劣的；

（5）在公共场所奸淫幼女引起社会公愤的；

（6）其他情节严重的行为。

4. 行为人以奸淫为目的，明知对方是患有精神病的幼女，而与之发生性关系，造成一定危害后果的。

已满 14 岁不满 16 岁的少年犯奸淫幼女罪的，应当从轻或减轻处罚。

三、 少年奸淫幼女行为不认为犯罪的几种情况

已满 14 岁不满 16 岁的男少年同不满 14 岁的幼女发生性行为，具有以下情节之一的，可视为"情节轻微"，社会危害不大，不认为是犯罪：

1. 男少年与不满 14 岁的幼女"交友要好"，在谈"恋爱"过程中，双方出于好奇自愿发生两性关系的。由于少年性成熟期的提高，"早恋"现象日趋增多，在"恋爱"中，双方出于好奇，自愿发生两性关系，没有造成社会危害的。

2. 不满 14 岁的幼女，谎报年龄，主动与男少年发生性关系的。如幼女叶某（12 岁）看了《少女之心》后，为体验书中情节，即谎称自己已 15 岁，提出与张某（15 岁）发生性关系。张某表示同意，二人即发生性行为，后被叶某父母发现而告发。该案中叶某是发生性关系的主动者，起了主要作用。对张某的行为不应认定为奸淫幼女罪。

3. 男少年与发育较早，隐瞒真实年龄的幼女，在"交友"期间，经幼女同意而发生性行为的。如 13 岁的幼女宋某发育早，体态酷似女青年，谎称自己 18 岁，与男友罗某（15 岁）"交友"期间，多次发生两性关系。后宋某发现自己怀孕无法处理而告发。该案罗某确不知宋某是幼女，双方自愿发生两性关系，罗某的行为不构成犯罪。

4. 男少年与染有淫乱恶习的幼女自愿发生性行为，情节轻微，危害不大的。如 13 岁幼女朱某，受他人引诱而染有淫乱恶习，某日陈某（14 岁）与其发生性行为后，胁迫陈某支付"享乐费"，因陈某无钱支付而告发。对陈某的行为不应认定为奸淫幼女罪。

5. 男少年与幼女发生性行为，没有采取强制手段，也没有造成危害后果，情节轻微的。如男少年与幼女仅仅生殖器接触，既未奸入，也无其他任何危害后果的。周某（14 岁）、许某（12 岁）与幼女孙某（11 岁）、王某（9 岁）一起玩耍，周某、许某出于好奇让孙、王脱下裙子，尔后扑在她们身上，因当场被人发现而告发。对周某、许某不宜以犯罪论处。

6. 男少年以奸淫为目的，强行与幼女发生性行为，但在实施过程中，暴力轻微，又主动中止奸淫或奸淫未遂，情节较轻的。被告人胡某（14 岁）在放学回来的路上，拦住邻居 11 岁幼女姜某，强行拉下她的裙子欲行奸淫，姜某放声大哭，胡某见状即拉上裙子逃跑。该案胡某具有奸淫幼女的故意，但在实施奸淫过程，暴力轻微，又自动中止奸淫，情节轻微，对胡某可以不以犯罪论处。对奸淫幼女少年不追究刑事责任的，应责令他的家长或监护人加以管教，必要时可由政府收容教养。

少年奸淫幼女犯罪是强奸犯罪中的一个特殊领域，目前尚有待于深入地研究和探讨。《解答》指出："在办理奸淫幼女案件中出现的特殊问题，要具体分析，并总结经验，求得正确处理。"根据这一司法解释精神，笔者不揣冒昧，发表一点尚不成熟的看法，供大家批评指正。

认定滋扰抢劫犯罪应注意的几个问题[*]

近年抢劫犯罪大幅度上升，据浙江省衢州市检察院统计，该市 1988 年批捕抢劫人犯 35 人，1989 年上升到 85 人，1990 年达 203 人。1989 年、1990 年分别比上一年上升 1.4 倍。1990 年批捕的抢劫人犯已占所有批捕人犯的 15%，在批捕的 67 件 203 人抢劫案件中，一个显著特点是滋扰型抢劫占绝大多数，共 30 件 153 人占以上所有批捕抢劫案件的 52%，抢劫人数的 76%。

滋扰型抢劫案件和一般抢劫案件相比，具有以下特点：

1. 以共同抢劫作为犯罪的基本形式。在批捕的 30 件 153 人滋扰型抢劫案件中，全部是共同犯罪案件，平均每件达 5 人以上，其中 5 人以上抢劫团伙 18 件 115 人，包括 18 人一件，9 人二件，7 人 2 件，5 人 13 件。行为人结伙成群，凭倚人多势众，在公共场所肆意寻衅劫取他人财物。

2. 作案次数多，社会危害大。行为人往往连续作案，频频实施抢劫行为。最多的达 30—40 次，最少的也在 3 次以上，大部分作案次数在 5—20 次之间。如吴某、刘某等 9 人抢劫团伙，在 1990 年 3 月至 5 月先后抢劫作案 40 余次，仅 4 月 17 日一天就连续抢劫 6 次，其中暴力殴打 5 人、重伤 1 人。由于人犯连续不断作案，涉及面广，被害人多，给社会造成的危害远远超过常见的一般抢劫犯罪。

3. 劫取财物一般数额小。作案时被害人的选择一般不以是否拥有巨额钱财为标准，临时起意，突然萌发抢劫故意的较多。抢劫时大多以被害人随身携带的现金为限。如毛某、徐某等 7 人犯，从 1990 年 4 月至 5 月先后拦路抢劫 3 次，均分文未得。兰某、方某等 11 人犯先后结伙抢劫 9 起，仅抢得现金 210 元。在批捕的抢劫团伙中，只有 6 件抢劫财物在 500 元以上，30% 的案件劫取财物不足百元。

---

* 未刊稿，本文写于 1991 年。

4. 行为人一般利用"合法"形式作案。主要有：（1）故意制造事端，捏造事实诬赖他人（如常见的自行车相撞事件），然后以索取"修理费""医药费""赔偿费"等名义，劫取他人财物（约占60%）。（2）假冒公安民警及其他国家工作人员，以"抓小偷""罚款""没收财物"等方式劫取财物（占15%）。（3）利用被害人的违法行为（如小偷小摸、嫖娼、赌博等）敲诈劫取财物（占15%）。（4）利用被害人的过错，结伙劫取财物（占15%）。

此外，这类案件大多发生在公路、广场、车站、电影院、商店等公共场所；侵害对象主要是外地人、农村进城的人、行为可疑的人、有过错或违法犯罪行为的人。

正是基于以上的特点，使得这类案件具有极大的侵财性、骚扰性。不仅严重侵犯公民的财产权利和人身权利，而且严重扰乱社会秩序，破坏社会治安的稳定，影响恶劣，社会危害很大。同时也给此类案件的正确定罪处罚带来困难，既容易混淆滋扰型抢劫罪与滋扰型流氓罪、敲诈勒索、招摇撞骗罪的界限；又容易混淆一罪与数罪、一般共同犯罪与犯罪团伙、犯罪集团的界限，以至各地出现定性不一、处罚迥异的情况，直接影响执法的平衡性和法律的严肃性。有鉴于此，笔者根据刑法理论，结合司法实践，对认定滋扰型抢劫犯罪应注意的几个问题，略表浅见，供同人们批评指正。

一、 注意区分滋扰型抢劫犯罪与滋扰型流氓犯罪的界限

抢劫罪是指以非法占有为目的，使用暴力、胁迫或其他方法，强行劫取公私财物的行为；滋扰型流氓罪是指公然蔑视国家法纪和社会公德，寻衅滋事，破坏公共秩序，情节恶劣的行为。滋扰型抢劫犯罪与寻衅滋事、在城乡市场强拿硬要的滋扰型流氓犯罪较为相似：（1）客观上都使用暴力、胁迫等强制手段。（2）侵犯的对象都涉及公私财物，获取的财物数额不大。（3）案件都发生在公共场所。（4）从危害后果看都是对社会公共秩序的破坏和扰乱。如人犯刘某、吴某等四人犯，自1990年3月至5月在公路上利用自己的自行车去撞其他行人的自行车，尔后以索取"修理费""医药费"为借口，使用殴打、威逼、搜身等手段劫取财物40余次，计现

金 300 余元，物资价值 700 余元。该案的定性有两种意见：一种认为应定抢劫罪，另一种认为应定流氓罪。笔者同意第一种观点。因为滋扰型抢劫罪与强拿硬要的滋扰型流氓犯罪虽有某些相同点，但毕竟有原则区别，主要有：（1）行为人的主观动机不同。前者是基于图财，以非法占有为公私财物为目的，作案前具有明确的非法占有故意；后者则是公然藐视国家法律和社会公德，以强拿硬要、称霸显威来寻求精神刺激，弥补精神上的空虚。（2）客观方面不同。前者暴力程度较重，多以拳打脚踢、棍棒殴打、持械威吓、强行搜身等方法劫取财物；后者暴力程度相对较轻，常见的是威吓、胁迫等方法强拿硬要、欺行霸市，扰乱正常贸易活动。（3）作案场所不同。前者大多发生在公路、广场、车站、电影院等公共场所；后者一般发生在商店、商场、个体摊位等贸易市场上。（4）侵犯的客体不同。前者虽然扰乱社会秩序，但它侵犯的直接客体是公私财产所有权和被害人的人身权利；后者侵犯的直接客体则是公共秩序——正常贸易秩序。根据以上区别，笔者认为，上述案例，人犯作案前具有明确的非法占有故意，多次在公路上制造事端，以暴力、胁迫等手段劫取他人财物，直接侵犯公民的财产权利和人身权利，符合抢劫罪的构成要件，应以抢劫罪定罪处罚。有人认为，这类案件劫取财物数额不大，认定抢劫罪会放纵犯罪人。笔者认为，此类案件虽然与劫取巨额财物为目的的抢劫银行、商店等抢劫犯罪有所区别，但它们只有犯罪情节、犯罪结果的差异，并不影响定性。抢劫罪的成立与否并不以劫取财物的大小为标准，量刑的轻重也不以抢劫数额的多少为唯一依据。人犯连续作案多起，情节严重，社会影响恶劣，即使劫取财物较少，仍然可以判处重刑，直至死刑。

二、 注意区分滋扰型抢劫犯罪与敲诈勒索罪的界限

敲诈勒索罪是指对被害人实施威胁或者要挟的方法，强行索取公私财物的行为。它和滋扰型抢劫犯罪具有以下共同点：（1）都是故意犯罪，目的是为了获取钱财。（2）客观上都可以实施威胁、要挟、胁迫等行为。（3）侵犯的客体都是公民的财产权利。如毛某、徐某等 3 人犯，在 1990年 4 月间利用开"路边店"的方便，唆使女招待员刘某、郑某先引诱过往的驾驶员嫖宿，尔后趁驾驶员与刘某、郑某淫乱时，人犯手持菜刀，破门而入威吓"公了还是私了？""要享受还是要受苦？"其中对 3 名不愿拿钱

或拿钱较少的驾驶员实施捆绑、皮带抽打、搜身等暴力行为，将被害人的现金、手表、打火机、高档衣物洗劫一空。近一个月内，他们利用同样手段作案 5 次，劫取现金、财物逾千元。该案公安机关以敲诈勒索罪报捕，检察机关认定为抢劫罪。笔者认为，人犯的行为认定为抢劫罪是正确的。这两类犯罪，虽然在主观方面、客观方面、客体都有某些相似之处，但仍然有重大区别，表现在：（1）抢劫罪既可以使用暴力手段，也可以使用胁迫手段或两者并用；而敲诈勒索罪只能使用胁迫手段。（2）即使都使用胁迫手段，其胁迫的方法、内容、方式也有不同。抢劫罪中的胁迫，一般是当着被害人的面直接发出的，如被害人不交出财物就把威胁当场付诸实施，威胁的内容是当场可以实现的加害行为，且都当场取得财物。敲诈勒索罪中的威胁，既可以当着被害人的面发出，也可以通过第三者转达发出，行为特征是扬言如不答应要求将在某时间实施他的威胁，其威胁的内容比较广泛同，包括可以当场实现的和以后可以实现的。从取得财物的时间看，既可以当场取得，也可以事后取得。根据以上区别可以看到，上述案例人犯实施的威胁是当着被害人的面发出的，其内容是当场可以实现的加害行为，每次均当场取得财物。人犯犯罪手段的使用完全以是否当场取得财物为标志，先是胁迫被害人交出财物，一旦胁迫不能让被害人就范，则立即加之剧烈的暴力行为以实现犯罪目的。可见该案完全符合抢劫罪的基本特征，应定抢劫罪。

三、 注意区分滋扰型抢劫犯罪与招摇撞骗罪的界限

在滋扰型抢劫案中，有一部分人犯是利用被害人的过错或违法行为，假借公安民警或其他国家工作人员的名义，以"罚款""没收财物"等胁迫方法劫取财物的。这种犯罪与冒充国家工作人员招摇撞骗比较相似。两者在主观上都是为了获取他人钱财，在客观方面都假冒国家工作人员的名义实施犯罪。如吴某、陈某等 4 人犯见一城郊农民胡某挑一担废铜丝路过，即上前声称"是派出所的"，要把铜丝没收，威逼胡某交出"罚款"。胡某不得已将仅有的 30 元钱交给吴某，吴某见只有 30 元钱，又指使陈某对胡某搜身，在确信已无其他钱财时才将胡某放行。嗣后，4 人犯又以同样手段连续作案 4 次，共得现金 124 元。该案公安机关认定招摇撞骗罪，我们认为，人犯的行为宜定抢劫罪。假借国家工作人员的名义实施抢劫与冒充

国家工作人员招摇撞骗罪有某些相同点，但其具有以下本质区别：（1）取得财物的手段不同。前者是被害人受到暴力、胁迫后不"自愿"地交出财物；后者则是被害人受蒙骗后"自愿"交出财物。（2）侵犯的客体不同。前者侵犯的直接客体是公民的人身权利和财产所有权；后者虽然也侵犯公民的财产权，但主要是妨碍社会管理秩序，损害国家机关的威信。上述案例中，人犯之所以取得财物，主要是其使用威逼、搜身等暴力、胁迫手段，而不在于其假借公安干警的名义，被害人交出财物是被迫的。在诸如此类的案例中，被害人在多数是明知行为人是"冒牌货"，但屈从于罪犯的淫威，不得不交出财物。人犯的行为侵犯了公民的人身权利和财产所有权。因此，应定抢劫罪。

四、 注意区分滋扰型抢劫犯罪中一罪与数罪的界限

在滋扰型抢劫犯罪中，人犯常兼犯流氓罪、敲诈勒索、伤害等罪，最常见的是兼犯流氓罪。由于两者具有某些相同点，司法实践中，易将数罪作一罪或将一罪当数罪。试举一例说明：某一傍晚，周某、姜某、陈某三人窜至某职校，见一穿西装牛仔裤的青年人洪某来校找人，周某说："那人袋里肯定有钱"。陈某即上前对洪某说："向你借点钞票用用"，洪某说："没有"。周某、姜某、陈某三人即对洪某拳打脚踢（造成洪某多处软组织挫伤）。在周某拿出携带的不锈钢菜刀又逼洪某拿钱时，姜某上前从洪某的西装口袋内强行拿去现金10元。随后周某、姜某两人故意寻衅，强行拦截职校学生4人，对他们进行殴打、持刀行凶，造成一人面部软组织挫伤，一人右手被砍一刀，一人背部被砍二刀（均属轻微伤），并对在旁劝阻的学生加以威胁。此外，周某、姜某伙同他人寻衅殴打无辜群众4次，抢劫2次（分文未得）。公安机关对周某、姜某以流氓罪报捕，陈某另案作行政处罚。县院经审查，对周某、姜某两犯以流氓罪、抢劫罪批捕，对陈某以抢劫罪追捕。我们认为，县院的决定是正确的。根据我国刑法理论，区分一罪与数罪的标准是刑法规定的犯罪构成。行为人具备一个犯罪构成就是一罪，具备数个犯罪构成就是数罪。上面列举的案例，人犯以暴力手段抢劫他人财物，触犯抢劫罪的犯罪构成；同时人犯又寻衅滋事，无辜殴打他人，情节恶劣，又触犯了流氓罪的犯罪构成，理应按数罪处理。有人认为，诸如上述的案例，人犯本已构成流氓罪，对其劫取少量财物的行为可

视为流氓罪中的强拿硬要行为，按流氓罪从重处罚，更有利于打击犯罪。笔者认为，这种观点值得商榷。根据我国刑法规定和刑法理论，行为人实施数个犯罪行为的，除刑法规定为一罪或处理时作为一罪的情况（如惯犯、结合犯、连续犯、牵连犯、吸收犯等）外，一律应数罪并罚。何况滋扰型抢劫行为与流氓罪中的强拿硬要行为是有原则区别的，不能视为一罪。否则，将放纵罪犯。上述案例如定一罪，陈某的行为则不构成犯罪，这显然不利于打击犯罪。因为在认定滋扰型抢劫犯罪中，人犯的行为符合数个犯罪构成的，应坚决数罪并罚。当然，对于某些虽有差异，但具有内在本质联系，虽触犯一个犯罪构成的行为，不能作数罪处理，以免不当扩大打击面。

五、 注意区分滋扰型抢劫共同犯罪与犯罪团伙、 犯罪集团的界限

滋扰型抢劫犯罪是以共同作案作为其犯罪的基本形式，其中大部分是5人以上的犯罪团伙。他们虽然劫取财物不多，但案犯多、作案次数多、被害人多，涉及面广，具有严重的社会危害性。在打击处理滋扰型抢劫团伙时，必须体现"严"字，对主犯或首要分子必须严惩不贷。犯罪团伙不是严格的法律概念。"两高"早在 1984 年 6 月 15 日公布的《关于当前办理集团犯罪案件中具体应用法律的若干问题的解答》中指出："办理团伙犯罪案件，凡其中符合刑事犯罪集团基本特征的，应按犯罪集团处理；不符合犯罪集团基本特征的，就按一般共同犯罪处理。……"在滋扰型抢劫犯罪中，大部分是松散型的犯罪团伙。表现在：（1）整个案件人数多，但重要成员不固定。（2）没有明显的首要分子。（3）有预谋地实施犯罪少，临时起意，突发性地实施犯罪行为的多。如兰某、林某等 18 人抢劫、流氓团伙，自 1989 年至 1990 年 5 月先后滋扰抢劫 9 次，寻衅滋事进行流氓活动 30 余次，社会危害大。但该犯罪团伙作案时随意性大，一般临时纠合、时聚时散，重要成员不固定，尚有明确的组织者、领导者和首要分子，全案合计作案几十次，但每一人犯参与犯罪一般在 15 次以下，有的仅参与 2—3 次。该抢劫流氓团伙宜为一般共同犯罪。对松散型的犯罪团伙虽然不按犯罪集团认定，但也必须从严打击，应捕的捕，该重判的重判。对滋扰型抢劫团伙，符合以下特征的，应按犯罪集团定性：（1）人数较多，重要成

员固定。（2）经常纠集一起实施一种或数种严重刑事犯罪。（3）有明显的首要分子。（4）有预谋地实施犯罪。（5）具有严重的社会危害性。如钱某、邵某等 7 人犯，在吴某、刘某的带领、策划下，从 1990 年 3 月至 5 月经常纠集在一起，在公共场所以殴打、持刀威胁、强行搜身等手段，连续作案 40 余次，抢得现金及各种财物 1000 余元，社会危害特别严重。该犯罪团伙符合犯罪集团特征，应按抢劫犯罪集团处理。

关于检察机关"打击与服务"辩证关系的思考*

为了贯彻落实中央工作会议精神，适应加快改革开放的步伐，使检察工作更好地服从于、服务于经济建设，1992 年 5 月召开的第九届全国检察会议重申：依法惩治贪污贿赂犯罪是检察机关对经济建设最重要、最直接的服务。但是有人认为，这一要求和提法，混淆了"手段与目的"的区别，颠倒了"服务与打击"的主次关系等。如何正确认识检察机关"打击与服务"的辩证关系，对于提高检察干警反贪污贿赂的主动性、自觉性和积极性具有重要意义。笔者试就这一问题略陈管见。

一、打击与服务是辩证统一的关系

打击是检察机关依照法律规定，对贪污、贿赂等经济犯罪立案侦查、提起公诉（或免诉），即对犯罪分子予以刑事追究；服务是检察机关结合办案，参与综合治理，积极为企业提供法律帮助等，以促进企业的生产、管理和依法经营，即通过提供法律帮助等方式保障企业发展。打击与服务是一对矛盾的两个方面，它们之间存在着对立统一的辩证关系。

从打击与服务的目的上看，两者统一于服务。即检察机关查处贪污贿赂犯罪和为企业提供各种法律帮助的目的是一致的，都是为保障和促进社会主义经济建设。因而，打击也是服务。从打击的功效看，检察机关从重从严打击贪污贿赂等经济犯罪可以发挥以下作用：（1）惩治贪污贿赂犯罪分子，制止其继续进行犯罪活动，剥夺他们重新犯罪的条件和机会。（2）震慑潜在的贪贿犯罪分子，惩戒社会上有贪污贿赂等违法犯罪企图的人，使之停止或不敢进行犯罪活动。（3）打击犯罪分子的嚣张气焰，增强广大群

＊ 未刊稿，写于 1992 年。

众的正义感和与腐败现象作斗争的积极性，推动廉政建设。换言之，检察机关通过查办贪污贿赂等经济犯罪，铲除破坏社会主义建设的"蛀虫"和危害国家稳定、社会安定的"害虫"，维护企业的合法权益，保护国家、集体财产和人民群众的劳动生产积极性，为社会主义的经济建设的发展提供良好的社会环境、经济环境和法制环境。

但是，打击绝不能包含服务的全部内容，服务不等于就是打击。近年，各地检察机关在打击的同时，积极探索为经济建设服务的新路子。从实践看，这些服务内容主要有：（1）查处案件时，注意办案方法，切实维护企业正常的工作和生产。（2）结合办案，针对发案单位经营管理和制度上存在的问题，提出检察建议，帮助发案单位建章立制，堵塞漏洞。（3）以案析法，积极开展法制宣传教育，增强企业干部职工的法制观念和拒腐防变能力。（4）结合办案，根据法律政策，制定一系列为经济建设服务的具体规定，帮助企业分清合法与非法、违法与犯罪的界限，促使其大胆合法经营等。可见，打击并非服务的全部内容，服务还包括稳妥的办案方式、适当的法律措施、及时的法制宣传、周到的法律帮助等。打击是服务的前提和基础，服务是打击效果的扩大和深化。

打击与服务虽有联系，但有显著区别，表现在：（1）内涵不同。打击是对犯罪分子予以刑事追究，重点在于犯罪的特殊预防；服务是为企业提供优良的法律帮助，重点在于犯罪的一般预防。（2）手段不同。打击是运用法律规定的强制手段，通过刑事司法程序，揭露、指控犯罪；服务是运用政治、法律、经济、行政、教育等手段，主要通过非司法程序，帮助企业依法生产、管理和经营。（3）依据不同。打击是依据刑事法律；服务则主要依据党和国家的政策及其他法律、法规。

总之，打击与服务是辩证统一的。打击是服务的重要手段，离开办案，服务就无立足之本，肩负反贪肃贿重任的检察机关必须立足于办案，侧重于打击。服务是打击的延伸，忽视服务，办案的社会效果就要受到影响。检察机关应在打击的基础上积极探索，不断拓宽服务的新路子。

有人认为，打击是手段，服务才是目的，手段应服从目的；服务是主要的，打击是次要的。笔者认为，这种观点值得商榷。作为"服务"无非具有两重含义：一是作为手段的服务，二是作为目的的服务。首先，作为手段的服务与打击处于同一层次，两者的根本目的都是保障和促进经济建设，从这一角度看，打击与服务都是手段。其次，作为目的意义上的服务也不能先于打击处于为主的地位。唯物辩证法告诉我们，目的和手段不是简单的主从关系，而是互相对立、互相制约、互相转化的辩证关系：（1）手段是用来实现一定的目的，手段为目的的服务离不开目的。（2）手段是目的实现的前提条件，目的的实现必须以手段作为作用的媒介，目的离不开手段，并受手段制约。因此，打击与服务不是简单的主与次的顺序排列关系。再次，从检察实践看，打击与服务不能分主次。惩治贪污贿赂犯罪是检察机关的专门职能和经常性的工作，只要存在和发生贪污贿赂等经济犯罪，检察机关就应依法从重从严打击。

总之，我们认为，打击与服务的关系不是简单的手段与目的的关系，更不存在主次关系。

二、 打击是最重要、 最直接的服务

1991 年初，最高人民检察院明确提出：查办贪污贿赂犯罪是检察机关为经济建设特别是为搞好国营大中型企业最重要、最直接的服务。我们认为，最高检提出的反贪污贿赂是检察机关为经济建设提供的最重要最直接的服务，具有充分的理论根据和实践依据，表现在：

1. 这是检察机关贯彻中央"两手抓""两手硬"方针的需要。邓小平同志早在 1982 年就远见卓识地提出了"两手抓"思想，他指出："我们要有两手，一手就是坚持对外开放和对内搞活经济的政策，一手就是坚决打击经济犯罪活动。没有打击经济犯罪这一手，不但对外开放政策肯定要失败，对内搞活经济政策也肯定要失败。有了打击经济犯罪活动这一手，对外开放，对内搞活经济就可以沿着正确的方向走。"[1] 但在 10 年改革开放过程中，"两手抓"方针并未得到认真贯彻执行。邓小平同志在 1989 年 6 月一针见血地指出："八十年代建立经济特区时，我与广东的同志谈，'要两手抓'……。但今天回头来看，出现了明显的不足，一手比较硬，一手比较软。"[2] 1992 年初邓小平南方谈话又强调指出："要坚持两手抓，一手抓改革开放，一手抓打击各种犯罪活动。这两只手都要硬。打击各种犯罪活动，扫除各种丑恶现象，手软不得。"试想，如果打击犯罪这一手软了，

---

① 邓小平：《邓小平文选》，人民出版社 1983 年版，第 359 页。

② 中共中央文献研究室编著：《邓小平同志论改革开放》，人民出版社 1989 年版，第 124 页。

形形色色的犯罪分子横行无忌，贪污贿赂公行于世，假冒欺骗泛滥成灾，在这种无序状态下，经济建设、改革开放能顺利进行吗？如今"两手抓""两手硬"方针已成为党和国家的重要政策。检察机关要认真贯彻这一方针，就必须把打击犯罪，特别是把惩治贪污贿赂犯罪放在首位。

2. 这是检察机关的性质和职责所决定的。检察机关是国家的法律监督机关，是人民民主专政的重要工具之一。检察机关通过行使检察权来加强和巩固人民民主专政，打击敌人，保护人民，维护法律统一正确的实施，维护人民民主专政制度。检察机关又是反贪污贿赂犯罪的专门机关。1979年刑事诉讼法第13条第2款规定："贪污罪、侵犯公民民主权利罪、渎职罪以及人民检察院认为需要自己直接受理的其他案件，由人民检察院立案侦查和决定是否提起公诉。"《中共中央关于经济体制改革的决定》强调，检察机关要加强对经济犯罪的检察工作。检察机关是我国法律赋予的惩治贪污贿赂犯罪的职能机构，其他任何机关、团体、群众组织都无这种权力。检察机关不同于行政机关，更不同于经济职能部门，检察机关的性质和地位决定其只能立足于打击和办案。如果离开办案，放弃打击，就不能发挥检察监督职能，也不能树立检察机关的威信。检察机关只有加强反贪污贿赂斗争，才能更好地履行和完成自己肩负的神圣职责，更好地为加快改革开放和经济建设服务。

3. 这是由贪污贿赂犯罪的严重性、危害性和反贪污贿赂犯罪斗争的长期性决定的。当前，贪污贿赂犯罪呈现以下特点：（1）大要案不断上升。1988年4月至1992年3月的四年间，检察机关立案侦查万元以上的大案41126件，县处级干部3200名，地局级干部163名，省部级干部5名。1991年侦破的11894件大案（上年为11295件）中，50万元以上不满100万元的35件（上年为17件），100万元以上的22件（上年为9件）。（2）案犯多为国营集体企事业单位的厂长、经理和掌管财物或从事购销业务的国家工作人员。（3）案件多发生在银行、建筑、物资、供销、粮食、商业等经济部门。（4）犯罪分子现行作案猖獗。（5）犯罪分子作案手段越来越狡猾，反侦查能力越来越强。上述特点决定了贪污贿赂犯罪具有严重的社会危害性，不仅破坏国家机关的正常活动和廉政制度，而且扰乱经济秩序，败坏社会风气，直接危害改革开放和社会主义现代化建设的顺利进行。由于各种主客观原因贪污贿赂犯罪会长期存在。因此，反贪污贿赂斗争必须长期进行下去。邓小平早就指出："打击经济犯罪活动，我们说不搞运动但是我们一定要说，这是一个长期的经常的斗争。我看至少是伴随到实现四个现代化那一天。"① 今年年初，邓小平南方谈话又强调："在整个改革过程中都要反对腐败"。检察机关必须做好长期作战准备，提高同贪污贿赂犯罪作斗争的自觉性、主动性和积极性。

4. 这是检察机关反贪污贿赂实践经验的总结。自 1982 年 3 月全国人大常委会颁布《关于严惩严重破坏经济的罪犯的决定》以来的 10 年间，检察机关共受理万元以上大案 58892 件，为国家追加赃款赃物折合人民币近 50 亿元。在这 10 年中，打击经济犯罪经历了三次高潮：1982 年、1986年、1989 年至 1991 年。而每一次高潮的掀起都是与某一段时期放松打击从而使经济犯罪日益猖獗联系在一起的。10 年反腐败的经验告诉我们：越是改革开放，越要反对腐败。

三、 处理打击与服务辩证关系应注意的几个问题

当前正确处理打击与服务辩证关系，应当重视和注意以下几个问题：

1. 要重视更新执法观念，强化服务意识，牢固树立为经济建设服务的指导思想。广大检察干警必须进一步解放思想，更新传统的执法观念，努力实现三个转变：（1）由只打击不服务向既打击又服务转变。（2）由就案办案向结合办案自觉服务的转变。（3）由先打击后服务向边打击边服务转变。近年江苏、上海等检察机关提出了"打击、保护、服务、促进"八字方针，实践证明，这八字方针是新时期检察机关更新执法观念，服务经济建设的成功经验，各地检察机关应当借鉴、推广。

2. 处理好打击与服务的辩证关系最根本的是坚持"一要坚决，二是慎重，务必搞准"的原则。"坚决"就是要敢于同贪污贿赂等各种经济犯罪作斗争，凡构成犯罪的，不论什么人，都要依法处理，决不手软。当前要突出查处党政机关内部案件的大要案以及严重破坏改革开放和经济建设的犯罪案件。"慎重"就是要严格依法办案，讲究办案策略，表现在：（1）对于法律政策界限不清和有争议的案件，不轻易处理，特别是涉及在改革开放过程做出贡献又有失误的人，而法律政策规定又不够明确的案件，不轻易按违法犯罪追究。（2）对涉及生产、经营、供销等部门主要领导成员和重

---

① 邓小平：《邓小平文选》，人民出版社 1983 年版，第 358 页。

要的技术、管理人员的犯罪案件，根据具体案情，慎重采取强制措施。（3）办案中注意保护产品的产供销渠道，不轻易冻结企业流动资金和银行账户，在不影响侦查工作的前提下，允许审查对象进行业务活动。（4）查办案件中，注意工作方法和保密措施，保护企业的声誉。"务必搞准"就是要做到"合法"，严格按照法律程序办案，严格区分罪与非罪的界限，确保办案质量。在具体工作中，注意区分以下界限：（1）企业在经济交往中的正常应酬与贪污贿赂的界限。（2）商务活动中的礼尚往来与利用职务之便索贿受贿的界限。（3）企业人员在供销活动中被索贿与为推销假冒伪劣商品、套取国家统配紧俏物资而主动行贿的界限。（4）企业承包、租赁人员按承包权限独立自主地支配承包财产及利润与借承包之机贪污犯罪的界限。（5）企业供销人员因推销产品获得的奖金与损害企业利益，收受"回扣"，中饱私囊的界限。（6）科技人员从事技术服务或劳务所得的合理报酬与受贿的界限等。同时，各级检察机关必须遵守各种行之有效的办案制度，如大要案报告制度、双重制约制度、免诉案件的申诉复查制度等，从而保证办案质量。

3. 正确处理打击与服务的辩证关系，应注意克服两种倾向。一种是单纯打击的就案办案倾向。如果在反贪污贿赂斗争中，尚有全局观念，只强调打击，片面追求办案数，忽视或放弃服务，那么就会出现"案件办了，人被抓了，厂子垮了"的现象。这必然影响办案的社会效果，在一定程度上妨碍经济建设。另一种是离开办案的单纯服务的倾向。如果离开检察机关的职能，脱离办案，去搞直接服务，如直接带领办案人员为企业联系业务，疏通产供销环节；直接插手企业领导班子的调整，直接干预企业内容事务。这种离开检察职能的所谓"服务"必然牵制检察机关本来有限的办案力量，偏离工作重点。有人认为，检察机关为经济建设服务就是为经济犯罪"松绑"，对能人兼罪人的案件少办、缓办或不办。这种把打击经济犯罪与改革开放、经济建设对立起来的观点是错误的。惩治贪污贿赂犯罪不存在"松绑"问题，越是改革开放，越要惩治腐败。

4. 要正确处理好反贪污贿赂犯罪工作与打击其他经济犯罪及其他检察工作的关系。充分发挥法律监督职能，一心一意为经济建设服务是整个检察机关的任务。反贪污贿赂犯罪是检察机关为经济建设最重要最直接的服务，但应当明确，打击偷税、抗税、挪用公款、假冒商标等经济犯罪，打击其他刑事犯罪，查处"侵权"渎职犯罪，监所检察、军事检察、铁路检察、控告申诉工作、民事行政检察等业务，也都是为经济建设服务的。辩证唯物主义告诉我们：抓住矛盾的主要方面，绝不是说可以忽视非主要矛盾方面；矛盾的主要方面固然起着支配作用，但矛盾的非主要方面也会影响事物的性质和进程，所以既要抓住主要矛盾方面，又要注意非主要矛盾方面。这就要求检察机关在突出反贪污贿赂斗争的同时，要全面开展各项检察业务，继续深入开展打击偷税、抗税、挪用公款、假冒商标等经济犯罪，坚决打击各种严重危害社会治安的刑事犯罪，加强查办"侵权"渎职等罪案，积极参与社会治安综合治理，使检察机关在维护国家稳定与社会安定、巩固人民民主专政的政权、加强社会主义民主和法制、保障改革开放和经济建设的顺利进行等方面作出贡献。

试论《关于惩治偷税、抗税犯罪的补充规定》的法律适用问题 *

为了依法严惩偷税、抗税犯罪，1992 年 9 月 4 日第七届全国人民代表大会常务委员会第二十七次会议通过了《关于惩治偷税、抗税犯罪的补充规定》（以下简称《补充规定》）。这是对 1979 年刑法第 121 条规定的偷税、抗税罪所作的补充和修改。为了正确理解和运用《补充规定》，本文试就《补充规定》中的法律适用问题作些粗浅的探讨。

一、《补充规定》对刑法第 121 条的补充和修改

1979 年刑法第 121 条规定："违反税收法规，偷税、抗税，情节严重的，除按照税收法规补税并且可以罚款外，对直接责任人员，处三年以下有期徒刑或者拘役。"《补充规定》对上述规定进行了一系列的补充和修改，主要表现在：

1. 提高偷税、抗税犯罪的量刑幅度，增加罚金刑。刑法规定的偷税、抗税犯罪的最高刑是有期徒刑 3 年，这与当前偷、抗税犯罪的严重程度和社会危害性很不相称，罚不当罪。《补充规定》把偷税、抗税罪的最高刑提高到 7 年，同时增设了罚金刑，即偷、抗税犯罪，除适用自由刑外，均可并处罚金刑。

2. 扩大了犯罪主体，对单位偷税罪实行"双罚制"。按照我国税法规定，凡法律、行政法规规定负有纳税义务的单位和个人都是纳税人。只要纳税人实施偷税、抗税行为，情节严重的，都应追究刑事责任，即一切纳税人都是偷、抗税罪的犯罪主体。但刑法第 121 条规定只规定对犯偷、抗

* 原载《浙江检察》1992 年第 6 期。

税罪的直接责任人员处以刑罚。这种规定已很不适应改革开放后的经济形势和偷、抗税犯罪的实际情况。为了弥补刑事立法的不足，最高司法机关已通过司法解释的方式，把偷、抗税罪的犯罪主体由直接责任人员扩大到一切负有纳税义务的单位和个人。对这一扩大解释，《补充规定》从立法上予以肯定。对企业事业单位犯偷税罪的，《补充规定》指出：对该单位判处罚金，并对负有直接责任的主管人员和其他直接责任人员处 3 年以下有期徒刑或者拘役，即单位犯罪实行"双罚制"。

3. 增加了罪名。为了进一步加强税收征收管理，打击偷、抗税犯罪，《补充规定》增设了两个新罪名。一是欠缴应纳税款罪。《补充规定》第 2 条规定："纳税人欠缴应纳税款，采取转移或者隐匿财产的手段，致使税务机关无法追缴欠缴的税款，数额在一万元以上不满十万元的，处三年以下有期徒刑或者拘役，并处欠缴税款五倍以下的罚金；数额在十万元以上的，处三年以上七年以下有期徒刑，并处欠缴税款五倍以下的罚金。"二是骗取国家出口退税款罪。《补充规定》第 5 条第 1 款规定："企业事业单位采取对所生产或者经营的商品假报出口等欺骗手段，骗取国家出口退税款，数额在一万元以上的，处骗取税款五倍以下的罚金，并对负有直接责任的主管人员和其他直接责任人员，处三年以下有期徒刑或者拘役。"

此外，《补充规定》还对偷税罪的数额标准、抗税罪的行为表现形式等方面作出了新规定。

二、 偷税、 抗税犯罪的种类及认定

（一） 偷税罪

偷税罪是纳税人违反税收法律、法规，采取伪造、变造、隐匿、擅自销毁账簿、记账凭证，在账簿上多列支出或者不列、少列收入，或者进行虚假的纳税申报的手段，不缴或者少缴应纳税款，情节严重的行为。纳税人具有下列偷税情形之一的，视为"情节严重"，应以偷税罪定罪处罚：（1）偷税数额占应纳税额的 10% 以上并且偷税数额在 1 万元以上的。这一规定提高了偷税罪的数额标准。（2）因偷税被税务机关给予二次行政处罚又偷税的。对因偷税被税务机关给予二次行政处罚又偷税的，应以偷税罪处理这一规定，司法实践中有一个问题需要明确，即行为人因偷税被税务

机关给予二次行政处罚又偷税的，在认定犯罪时，是否应当考虑又偷税的数额。一种意见认为，只要行为人因偷税被税务机关给予二次行政处罚又偷税的，就构成偷税罪，而不论其又偷税的数额是大还是小。笔者认为，就立法原意而论，该条旨在从严惩处屡罚不改的偷税者，而不强调又偷税的数额，但这并不意味着对行为人又偷税的数额一概不予考虑。如果行为人又偷税的数额确实较小（如只有几十元、几百元），且情节一般的，根据刑法总则第 10 条的规定，可视为"情节显著轻微"，不宜以偷税罪论处。

（二）抗税罪

抗税罪是指以暴力、威胁方法拒不缴纳税款的行为。"暴力"是指行为人对税务人员的身体实施袭击或者使用其他强暴手段，如殴打、伤害、捆绑、禁闭，等等，足以危及其身体健康或生命安全；"威胁"是指使用武力逼迫、恫吓，进行精神强制，使税务人员产生恐惧，不敢征收税款。

1992 年 3 月 16 日，最高人民法院、最高人民检察院《关于办理偷税、抗税刑事案件具体应用法律的若干问题的解释》（以下简称"两高"《解释》）曾规定，纳税人拒绝按照税收法律、法规缴纳税款、滞纳金；以各种借口拖延不缴或者抵制缴纳税款；拒绝按照法定手续办理税务登记、纳税申报和提供纳税资料；拒绝接受税务机关依法进行的税务检查；冲击、打砸税务机关，殴打、污辱税务人员等均属抗税行为，并规定只有抗税数额达到偷税罪所定数额标准的 50% 以上的，才以抗税罪处罚。《补充规定》与"两高"《解释》相比，具有以下不同：（1）《补充规定》严格限制了抗税罪的行为表现形式。即规定只有使用暴力、威胁的方法抗拒缴纳税款的，才以抗税罪处理。（2）《补充规定》取消了抗税罪的数额要求。即凡以暴力、威胁方法抗税的，即使抗税的数额较小，也应以犯罪论处。当然，在司法实践中，应具体案件具体分析。如果行为人抗税情况轻微，抗税数额又较小的，根据刑法总则第 10 条的规定，可不以犯罪处理。

在暴力抗税案件中，行为人因暴力而致人伤害、死亡的案件常有发生。对该类案件如何定罪，司法实践中认识不一。"两高"《解释》规定："因暴力抗税实施伤害、杀人行为的，按伤害罪、杀人罪定罪处罚，或者根据案情实行数罪并罚。"这一解释存在矛盾，有违刑法关于牵连犯的处罚原理。现《补充规定》明确规定："以暴力方法抗税，致人重伤或者死亡的，按照伤害罪、杀人罪从重处罚"。这一规定克服了"两高"《解释》存在的缺陷。这一规定表明：（1）该类案件不适用数罪并罚。（2）以暴力方法抗税，只有致人重伤或者死亡的，才按照伤害罪、杀人罪处罚。如果仅致人轻伤的，仍应定抗税罪。（3）以暴力方法抗税，致人重伤或者死亡的，应当按照伤害罪、杀人罪从重处罚。因为行为人的犯罪目的是抗税，它比普通的伤害罪、杀人罪社会危害性更大，因此要从重处罚，从而使该类案件有别于普通的伤害罪、杀人罪。

（三）欠缴应纳税款罪

欠缴应纳税款罪是指纳税人采取转移或者隐匿财产的手段，致使税务机关无法追缴欠缴的税款的行为。欠缴税款一般属违法行为，应由税务机关责令限期缴纳，逾期仍未缴纳的，税务机关可以采取强制执行措施追缴纳税人欠缴的税款。如果行为人明知欠缴应纳税款，为了逃避缴纳，采取转移或者隐匿财产的手段，致使税务机关无法追缴欠缴的税款，数额在1万元以上的，应以犯罪处罚。在认定欠缴应纳税款罪时，应注意两点：

1. 要严格把握该罪的犯罪构成。欠缴应纳税款罪在主观方面表现为故意犯罪，即明知自己欠缴应纳税款而故意逃避缴纳；客观方面表现为积极转移或者隐匿财产的手段，致使税务机关无法追缴其欠缴的税款。根据上述犯罪构成，依笔者之见，以下两种情况不应以犯罪处理：一是行为人虽然具有逃避缴纳税款的故意，但并没有采取转移或者隐匿财产的手段逃避缴纳税款的行为。二是行为人虽然实施了转移或者隐匿财产的行为，但税务机关通过采取强制执行措施，已追缴行为人欠缴应纳税款的。

2. 要注意划清该罪与偷税罪、抗税罪的区别。偷税罪与欠缴应纳税款罪在主观方面都出于直接故意，都具有逃避缴应纳税款而非法获利的目的，结果都使国家税款无法追缴。两者的主要区别在于逃避的方式不同。前者是伪造、变造、隐匿、擅自销毁账簿、记账凭证，在账簿上多列支出或者不列、少列收入，或者进行虚假的纳税申报的手段，进行偷税，即通过隐瞒所应缴纳的税款，达到不缴或者少缴税款的目的；后者则并不隐瞒所应缴纳的税款，而是采取转移或者隐匿财产的手段，拒绝缴纳税款，从而使税务机关无法追缴其所欠的税款。根据以往的司法实践和"两高"《解释》规定的精神，对采取转移或者隐匿财产的手段，拒绝缴纳应纳税款，致使税务机关无法追缴其所欠税款，情节严重的，可按抗税罪处理。

因此，对此类行为从《补充规定》施行之日起，应按欠缴应纳税款罪定罪处罚，不再定抗税罪。

（四）骗取国家出口退税款罪

骗取国家出口退税款罪是指企业事业单位采取对所生产或者经营的商品假报出口等欺骗手段，骗取国家出口退税款的行为。该罪的犯罪构成是：（1）主观方面是直接故意。（2）主体是企业事业单位。（3）客观方面表现为采取对所生产或者经营的商品假报出口等欺骗手段，骗取国家出口退税款。根据《补充规定》第5条第1款的规定，骗取国家出口退税款，数额在1万元以上的，应以犯罪论处。

《补充规定》第5条第2款指出，前款规定以外的单位或者个人骗取国家出口退税款的，按照诈骗罪追究刑事责任。因此，在认定骗取国家出口退税款罪时应注意划清该罪与诈骗罪的区别。两者的主要区别表现在：（1）主体不同。前者仅限于企业事业单位，后者既可以是单位，也可以是个人。（2）客观方面不同。前者是企业事业单位采取对所生产或者经营的商品假报出口等欺骗手段，骗取国家出口退税款；后者是其他单位或者个人骗取国家出口退税款。（3）处罚不同。对单位骗取国家出口退税款罪的，处骗取税款5倍以下的罚金，并对负有直接责任的主管人员和其他直接责任人员，处3年以下有期徒刑或者拘役；而对后者，除处以骗取税款5倍以下的罚金外，对犯诈骗罪的个人和单位中负有直接责任的主管人员和其他直接责任人员，还要按照刑法第151条、第152条规定的诈骗罪的刑罚处罚。

三、 适用 《补充规定》 应注意的几个问题

（一）注意区分罪与非罪的界限

主要应考虑两个因素：一是犯罪数额；二是犯罪情节。根据《补充规定》规定，凡具有下列情形的，不构成犯罪：（1）纳税人偷税数额不满1万元或者偷税数额占应纳税额不到10%的。（2）纳税人欠缴应纳税款，采取转移或者隐匿财产的手段，致使税务机关无法追缴其欠缴的税款，数额不满1万元的。（3）企业事业单位采取对所生产或者经营的商品假报出口

等欺骗手段，骗取国家出口退税款，数额不满 1 万元的。（4）以暴力、威胁方法拒不缴纳税款，情节轻微的。对不构成偷、抗税罪的违法行为，由税务机关予以行政处罚。

（二） 注意纳税企业的经济性质

企业的经济性质直接影响税率的确定和税额的计算。近年由于工商登记把关不严等原因，出现一些企业登记的经济性质与实际经济性质不相一致的情况，比如将某些个人、家庭投资、合伙人投资的私营企业定为集体企业，或者把挂靠集体企业的个体工商户和私人经营的企业定为集体企业等，对这类"假集体"企业中发生的偷税案件，司法实践中认识不一，有的按集体企业偷税对待，有的按个体企业偷税对待。1987 年，最高人民法院办公厅转发国家工商局《关于处理个体、合伙经营及私营企业领有集体企业〈营业执照〉问题的通知》时指出：工商行政管理机关对领有集体企业《营业执照》，实为个体经营、合伙经营、私营企业的，应根据国家有关规定加以纠正。司法机关在审理刑事案件或者经济纠纷案件涉及企业性质问题时，工商行政管理机关应建议司法机关是什么所有制性质就按什么所有制性质对待。"两高"《解释》又进一步明确规定："人民法院、人民检察院在办理偷税、抗税案件中，如果发现纳税人登记的经济性质（包括所有制性质和分配形式）与实际不符的，应当根据查明的情况，按其实际的经济性质依法处理。"可见，在司法实践中对企业偷税数额的认定，必须按其实际经济性质所确定的税率和应缴纳的税款计算。

（三） 注意区分一罪与数罪的界限

主要应注意以下两类案件：（1）纳税人为了偷税而向税务人员行贿的，不适用数罪并罚。《补充规定》第 4 条明确规定："纳税人向税务人员行贿，不缴或者少缴应纳税款的，按照行贿罪追究刑事责任，并处不缴或者少缴的税款五倍以下的罚金。"（2）对同一税款，行为人既偷税，又抗税的，虽然其犯罪对象有相同之处，但其行为符合不同的犯罪构成，分别触犯了偷税罪和抗税罪，且两罪之间不存在吸收和被吸收的关系，因此，应当数罪并罚。

完善共同贪污贿赂犯罪处罚原则的立法思考[*]

本文旨在对"惩治贪污贿赂法"中如何完善共同贪污贿赂犯罪处罚原则略陈管见。

一、 共同贪污贿赂犯罪处罚标准存在的问题

在共同贪污贿赂犯罪中，共同犯罪数额是共同犯罪社会危害性的主要标志，也是司法机关惩治共同贪污贿赂犯罪的主要依据。1988 年 1 月 21 日，全国人大常委会颁布的《关于惩治贪污罪贿赂罪的补充规定》（以下简称《补充规定》）第 2 条第 2 款规定："二人以上共同贪污的，按照个人所得数额及其在犯罪中的作用，分别处罚。对贪污集团的首要分子，按照集团贪污的总数额处罚；对其他共同贪污犯罪中的主犯，情节严重的，按照共同贪污的总数额处罚。"1989 年 11 月 6 日，"两高"《关于执行〈关于惩治贪污罪贿赂罪的补充规定〉若干问题的解答》（以下简称"两高"《解答》）又对这一立法规定作出了司法解释。笔者认为，上述立法和司法解释中关于共同犯罪处罚原则的规定，过分强调了共同犯罪人刑事责任的独立性，忽视了共同犯罪刑事责任的整体性，存在着以下的缺陷和不足：

1. 它有违共同犯罪原理。共同犯罪的特点是各共犯基于共同的犯罪故意，实施共同的犯罪行为。各共同犯罪人不论是主犯、从犯，都应当对共同犯罪所造成的结果负责。共同贪污犯罪数额虽然具有可分割性，但也不能违背共同犯罪的一般原则。而按照《补充规定》的立法精神，共同犯罪人中除贪污集团的首要分子和情节严重的主犯外，其他共犯只能对个人所得的数额负责。所谓个人所得数额实际上是指个人分赃数额。如甲、乙、丙三人共同贪污 1 万元，甲得 6000 元，乙得 3000 元，丙得 1000 元，甲是

---

* 原载《检察研究》1992 年第 6 期。

情节严重的主犯，乙、丙是从犯。甲应对 1 万元负责，乙、丙只对自己所得的 3000 元和 1000 元负责。这种承担方式，在一定程度上是把共同犯罪的数额，分割成各共犯个人实际所得的数额，把共同犯罪按单个犯罪处理了，这显然是有悖共同犯罪的一般原理的。

2. 它有违罪刑相一致的刑法原则。共同犯罪的社会危害性大于单个人犯罪，根据罪刑相一致的刑法原则，对共同犯罪的处罚要重于单个人犯罪，参加犯罪的人越多，社会危害性就越大，处罚就越重。但是如果对贪污贿赂共犯按照个人所得数额定罪处罚，则会导致这样的结果：参加犯罪的人越多，各共犯的刑事责任反而越小。这样必然减轻共同犯罪人的罪责，出现大罪化小，小罪化无的不正常现象。如上述案例，按照《补充规定》对共同贪污处罚原则的规定，对甲应适用《补充规定》第 2 条第 2 项，对乙则适用第 2 条第 3 项，而丙则不构成犯罪，依此处罚必然轻纵犯罪分子。再说，根据我国刑法总则第 23 条至第 26 条对共同犯罪处罚原则的规定，对每一共犯的处罚都是以刑法分则规定同一法律条文或同一量刑幅度为前提和基础的，如果不适用同一法律条文或同一量刑幅度，那么各共犯之间就无法比照处罚。如上述案例，甲适用《补充规定》第 2 条第 2 项，乙适用第 2 条第 3 项，二者量刑幅度不同，乙如何比照甲从轻、减轻处罚呢？如果说勉强可以比照处罚，那必然会出现重复从重或重复从轻的后果。这是有悖罪刑相一致原则的。

3. 它不利于司法实践。上述立法规定，在司法实践中会遇到一系列问题，难以解决，表现在：（1）在贪污未遂的情况下，各共犯没有得到任何财物，如何根据所得数额处罚？（2）在某些共同贪污犯罪案件中，有的共犯出于各种动机，不要或少要赃款（物），如何根据所得数额处罚？（3）共同贪污所得的财物共同挥霍或尚未分赃就被破获等，也无法按照个人所得数额处罚。以上情况说明，按照个人所得数额处罚，在实践中不能适用所有贪污犯罪案件，不具有普遍适用的效力。

此外，上述立法和司法解释的规定，还存在以下不足：

其一，刑事立法与刑事司法解释存在着不协调，表现在：第一，《补充规定》指出："二人以上共同贪污的，按照个人所得数额及其在犯罪中的作用，分别处罚。"而"两高"《解答》则规定："共同贪污犯罪中，各共犯基于共同的犯罪故意，实施共同的犯罪行为，因此，各共犯均应对共同贪污犯罪行为所造成的危害后果负责。"上述两个规定，含义不同，前者是按照个人所得数额及其在犯罪中的作用处罚；后者则是按照共同犯罪所造成的危害后果，即对共同贪污总额负责，"两高"《解答》的规定，从刑法理论看，比立法规定更为可取，但因与立法规定不相符合，其法律效力存疑。第二，"两高"《解答》规定："对于共同贪污个人所得数额虽未达到二千元，但共同贪污数额超过二千元的，主要责任者应予处罚"。这一解释与《补充规定》规定的"共同贪污犯罪中的主犯，情节严重的，按照共同贪污的总数额处罚"，也有较大出入，有违背立法原意之嫌。

其二，立法与司法解释的内容均缺乏可操作性。刑事立法缺乏可操作性的总量上面已作了分析，司法解释也存在类似问题。如"两高"《解答》规定："共同贪污尚未分赃的案件，处罚时应根据犯罪分子在共同贪污犯罪中的地位、作用，并参照贪污总数额和共犯成员间的平均数额确定犯罪分子个人应承担的刑事责任。"这一规定，从表面看，照顾到各种因素，但由于无明确的处罚标准，司法实践中仍然无法执行。

其三，刑事立法规定的内容偏窄。《补充规定》对共同贪污犯罪的处罚原则作出了规定，对共同受贿犯罪则依照共同贪污犯罪的处罚原则予以处罚。此外，对其他共同犯罪（如挪用公款罪、行贿罪）的处罚原则没有作出具体规定。对这些犯罪应以什么数额标准定罪处罚，除刑法总则的一般规定外，目前无明确的法律依据，从而给刑事司法工作带来一定的影响。

二、 共同贪污贿赂犯罪处罚标准的再思考

笔者认为，二人以上共同贪污、贿赂、挪用公款的，应依照共同犯罪总额及其在犯罪中的地位和作用分别处罚，理由是：

首先，这符合共同犯罪的理论。共同犯罪是指二人以上共同故意犯罪。在主观方面，各共同犯罪人必须具有共同犯罪的故意；在客观方面，各共同犯罪人必须具有共同犯罪行为。各共犯在实施共同犯罪的活动中，所处的地位、具体的分工、参加的程度等可能各有不同，但是，他们的行为都是为了达到同一犯罪目的，指向相同的犯罪目标，从而紧密相连、有机配合。他们各自的犯罪行为，都是整个犯罪活动的必要组成部分，都同犯罪结果的发生有因果关系。因此，他们都应对共同犯罪的结果负责。共同贪污、贿赂犯罪，作为共同犯罪的类型之一，不能违背共同犯罪的一般

原则。在共同贪污、贿赂、挪用公款等犯罪中，犯罪结果及其社会危害性主要集中在犯罪总额上，各共同犯罪人理应对共同犯罪的总额负责。

其次，这符合罪刑相一致及罪责自负原则。共同犯罪是二个以上的人联合实施的犯罪，往往事先策划，犯意坚决，方法狡猾，手段隐蔽，互相配合，能够犯下单个人难以实施的重大犯罪，更容易达到犯罪目的，事后又便于掩盖罪行，逃避侦查。因此，共同犯罪比单个人犯罪的社会危害性更大，其中主犯（特别是首要分子）历来是我国刑法打击的重点。因此，在我国刑法总则中规定了共同犯罪的特殊刑事责任。根据罪刑相一致原则和刑法有关规定看，在其他情节相同的情况下，诸共同犯罪人所处刑罚的总和要比单人犯此罪所处的刑罚重得多。有人认为，每一共犯都对犯罪总额负责，有违罪责自负原则，扩大了打击面，不利于区别对待。笔者认为，这是一种误解。按照罪责自负原则，一人犯罪一人当，数人共同犯罪当然要数人共同承担。在对共同犯罪人确定了共同犯罪总额以后，还要根据各共同犯罪人在犯罪中的地位、作用等因素，区别主犯、从犯，进而确定每个共同犯罪人刑事责任的大小，最后处以轻重不同的刑罚。这正是罪责自负原则的体现。

再次，这是刑事司法实践经验的总结。近年，刑法理论和实践工作者，对走私、投机倒把、盗窃、诈骗、贪污等共同经济犯罪的处罚原则总量进行了广泛深入的探讨。由于共同经济犯罪的复杂性及其刑事立法、刑事司法解释规定的不明确性和不一致性，使得在争论中出现了犯罪总额说、参与数额说、分赃数额说、分担数额说等各种不同观点。对不同观点的争鸣，既深化了人们对共同经济犯罪的认识，同时也给司法实践带来一些混乱。为了进一步统一执法标准，最高人民法院1991年4月12日颁发了《关于办理共同盗窃犯罪案件如何适用法律问题的意见》（以下简称《意见》）。该《意见》明确指出："在共同盗窃犯罪中，各共犯基于共同的犯罪故意，实施共同的犯罪行为，应对共同盗窃犯罪行为所造成的危害后果负责。"同时强调，不仅盗窃集团的首要分子应按集团盗窃的总数额依法处罚，而且其他共同盗窃犯罪中的主犯、从犯也都应按照参与共同盗窃的总额依法处罚。这一规定充分体现了司法解释的合法性、合理性和可操作性。这一解释一经颁布就得到广大理论和实践工作者的普遍肯定和接受。共同贪污、贿赂犯罪，与共同盗窃犯罪同属经济犯罪范畴，既然盗窃共犯都应对共同盗窃总额负责，那么贪污、贿赂共犯也应当对共同犯罪总额负责。否则，就难以体现我国刑事立法对职务犯罪从严惩处的立法精神。

最后，这种处罚原则明确、具体，司法实践中易于掌握和执行。如上所述，按照个人所得数额定罪处罚，在实践中会碰到一系列问题难以解决，而按照共同犯罪总额处罚则可以克服实践中存在的矛盾，具有可操作性，有利于司法实践。

三、 共同贪污贿赂犯罪处罚标准的立法建议

根据以上阐释，笔者建议正在制定中的"惩治贪污贿赂法"，对贪污、贿赂等共同犯罪的处罚原则，作如下规定："二人以上共同贪污、侵占、贿赂、挪用公款的，按照共同犯罪的总数额及其在犯罪中的地位和作用分别处罚。对于集团犯罪的首要分子，按照集团犯罪总数额处罚；对于共同犯罪中的主犯，按照参与共同犯罪的总数额处罚；对于共同犯罪中的从犯，按照参与共同犯罪的总数额，比照主犯从轻、减轻或免除处罚。"

"挪用公款数额较大不退还的，以贪污论处"质疑*

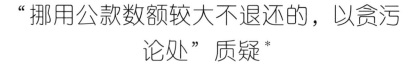

根据 1988 年 1 月 21 日全国人大常委会《关于惩治贪污罪贿赂罪的补充规定》第 3 条规定，挪用公款数额较大不退还的，以贪污论处。为正确理解和执行这一规定，最高人民法院、最高人民检察院在 1989 年 11 月 6 日颁布的《关于执行〈关于惩治贪污罪贿赂罪的补充规定〉若干问题的解答》（以下简称"两高"《解答》）作出了更为具体的解释。实践中，据此办理了一批挪用公款数额较大不退还的以贪污论处的案件。

笔者认为，"挪用公款数额较大不退还的，以贪污论处"的规定，不仅有悖刑法理论，而且也不利于司法实践。鉴此，特提出以下质疑意见，与大家商榷。

质疑之一：这一规定有违主客观一致的刑法原则。

构成犯罪的主客观条件的统一是我国犯罪构成理论的核心，是行为人承担刑事责任的基础，离开构成犯罪的主观条件，必然导致客观归罪，反之必然导致主观归罪。在我国刑法中早有关于此罪向彼罪转化的规定（如 1979 年刑法第 153 条），从法律规定看，这种转化必须以行为人主客观方面完成从此罪到彼罪转化为条件。而"挪用公款数额较大不退还的，以贪污论处"则不具备这种条件。"两高"《解答》规定，挪用公款中的不退还，"既包括主观上不想还的，也包括客观上不能还的"，"挪用公款后，有退还能力而拒不退还的，或者将挪用的公款用掉，实际上已无退还能力的，以贪污罪认定处罚。"

根据这一解释，挪用公款数额较大不退还的，以贪污论处包括以下两种情况：（1）行为人挪用公款后，主观上不想归还，客观上也没有归还的；（2）行为人挪用公款后，主观上想归还，但客观上不能归还的。对于

---

* 原载《检察研究》1992 年第 1 期。

第一种情况，如行为人挪用公款后，携款潜逃，无归还诚意的；挪用的公款视为己有，挥霍一空，案发后无力归还的；挪用公款经商营利，有退还能力而拒不退还的等。这说明行为人在主观方面已由挪用的故意转化为贪污的故意；客观方面已由暂时将公款归个人使用转变为永久占有公款。在这种情况下，挪用公款不退还已成为贪污的一种手段，对此以贪污罪论处完全符合该罪的构成要件。对于第二种情况，行为人主观上只有挪用公款的故意，但由于其主观上的过失致使案发后没有能力退还公款，如有的挪用公款进行营利活动，由于经营不善或者挪用的公款被骗，案发后无力退款；有的挪用公款后因遇天灾人祸而无力退款，等等。在这种情况下，虽然使公款遭到不可弥补的损失，但行为人毕竟没有贪污的故意，对此以贪污罪论处显然与该罪的主观要件不相符合，从而导致客观归罪。由此可见，对挪用公款数额较大不退还的，一概以贪污定罪处罚，有违主客观一致的刑法原则。

质疑之二：这一规定有违罪责自负原则。

"两高"《解答》规定："《补充规定》第三条规定的'挪用公款归个人使用'，包括挪用者本人使用或者给其他个人使用。挪用公款后，为私利以个人名义将挪用的公款给企业事业单位、机关、团体使用的，应视为挪用公款归个人使用。"可见挪用公款归个人使用包括两种情况：一种是挪用者本人使用；另一种是给其他人（包括企事业单位、机关、团体）使用。对于前者按上述分析在某些情况下尚且违背主客观一致原则，那么对于后者更是如此。在挪用公款给其他人使用的案件中，挪用人对挪用的公款不退还的后果有两种罪过表现形式：（1）是故意，即明知将挪用的公款"借"给他人使用后，他人不能归还，并且希望或放任这种结果发生的；（2）是过失，即应当预见到挪用的公款借给他人使用后他人不能归还，但因疏忽大意而没有预见或者已经预见而轻信能够避免。对于第一种情况，挪用人以贪污论处是合理的。但对第二种情况，挪用人以贪污论处则有失公正。因为挪用人对挪用公款是故意的，而对挪用公款不能退还则是过失的。被挪用的公款之所以不能退还，主要责任在于使用人，而不在于挪用人，现在则把因行为人的过失导致被挪用的公款不能归还的责任全部由挪用人承担，按故意犯罪的贪污罪定罪处刑。这是有悖罪责自负原则的。如被告人李某（系某贸易公司会计）基于为单位"创收"和朋友之情，从1990年8月至11月先后以高额利息私自将公款45万元借给某私营企业主黄某使用。后黄某因办厂亏本，无力还款。李某除为公司从黄某处收取利息 6000 余元及案发后自己退出 4000 余元外，尚有 43 万元不能归还，给国家造成重大经济损失。此案中对李某以贪污罪定罪处罚，则应判处死刑，如依此处刑则明显刑罚过重，造成罪罚失当。

质疑之三：这一规定有违反犯罪既遂理论。

众所周知，犯罪构成是追究行为人刑事责任的基础。任何犯罪都以行为达到既遂作为一个完整的犯罪构成。犯罪既遂以后行为人的各种活动，仅是诸多犯罪情节中的一种，只影响量刑，不影响定罪。犯罪既遂是指犯罪人的行为已经具备所实施的该种犯罪的全部构成要件。对于挪用公款案件来说，只要国家工作人员、集体经济组织工作人员或者其他经手、管理公共财物的人员，利用职务上的便利，挪用公款归个人使用，进行非法活动，或者挪用公款数额较大，进行营利活动的，或者挪用公款数额较大，超过 3 个月未还的，即构成挪用公款罪。至于行为人挪用公款既遂以后的表现，如自首、立功、积极退赃、认罪态度较好等，只对量刑有意义，不影响犯罪的成立。而"两高"《解答》规定："挪用公款案发后，侦查终结前退还的，以挪用公款罪认定处罚。"也就是说，在侦查终结前，只要行为人（行为人的亲属）退清赃款的，就按挪用公款罪认定；侦查终结后退清赃款的或侦查终结后仍没有退清赃款的，则应以贪污罪认定。这样就把行为人案发后的表现视为犯罪构成的重要组成部分，作为区分此罪与彼罪的主要界限。这是有悖犯罪构成既遂理论的，也有"以钱赎罪"之嫌。

质疑之四：这一规定不利于司法实践。

表现在：（1）容易放纵犯罪。虽然"两高"《解答》规定"对于'挪用公款数额较大不退还的，以贪污论处'的案件，应当依照《补充规定》第 2 条的规定，与贪污罪适用同一数额标准"，但根据司法解释原意，这一规定显然只能适用侦查终结以后的各诉讼阶段，而不适用立案阶段。行为人挪用公款后，主观不想归还，客观上没有归还的，这已完全符合贪污罪的特征，理应按贪污立案。但由于其作案方法是挪用，根据司法实践中的一般做法，只能先以挪用公款罪立案。立案后，在侦查终结之前，如果被告人仍不退还挪用款的，才以贪污定罪，适用《补充规定》第 2 条的有关规定。由于挪用公款罪的立案标准高于贪污罪若干倍，如果此类案件先以挪用公款罪立案，势必使许多形式上挪用、实质上贪污的案件得不到立案查处。如王某挪用公款 4000 元归个人挥霍使用，主观上不想归还，客观上也没有归还的，如先按挪用公款立案，则王某因挪用数额不够"较大"，而不符合立案标准，从而使王某得不到刑事追究。（2）不利于体现执法的公正性。如甲某挪用公款5000元，案发后归还4000元，根据"两高"《解答》的规定，对归还的4000元按挪用公款论处，未归还的1000元按贪污论处，因两者均未达到追究刑事责任的标准（挪用是5000元，贪污是2000元），对甲某不能追究刑事责任。反之如果甲某将公款全部归还，则甲某达到挪用公款罪的数额标准，应追究刑事责任。很明显前者的社会危害性大于后者，但前者反而不构成犯罪，后者则构成犯罪，显失公平。

根据以上分析，笔者认为，对挪用公款数额较大不退还的，根据不同情况，区别对待：一种是行为人挪用公款后，主观上不想归还的，客观上没有归还的，即把挪用公款作为贪污手段，应直接纳入贪污罪的范畴，按贪污罪立案、侦查、起诉和审判；另一种是行为人挪用公款后，因过失导致挪用的公款不能退还，给国家、集体造成重大损失的，仍应定挪用公款罪，但量刑时可以从重处罚。鉴于目前挪用公款罪的量刑标准较低，为做到罪刑相适应，可适当提高挪用公款罪的量刑幅度。笔者建议：取消《补充规定》中"挪用公款数额较大不退还的，以贪污论处"的规定，增设以下规定：（1）在贪污罪条款中增加"以挪用公款的手段侵吞公共财产的，以本罪论处"；（2）在挪用公款罪条款中增加"挪用公款，情节特别严重或致使公共财产遭受重大损失的，处十年以上有期徒刑或者无期徒刑"。这样既符合刑法理论，又有利于惩处犯罪分子。

职务犯罪中的共犯问题之我见 *

职务犯罪中的共同犯罪，根据犯罪主体的不同可区分为两种情况：一种是国家工作人员利用职务之便共同故意实施犯罪，即共同犯罪人都具有刑法所要求的特殊主体条件；另一种是国家工作人员利用职务之便与普通人员（包括非国家工作人员及虽有国家工作人员身份，但未利用职务之便的），共同故意实施犯罪，即共同犯罪人中有的具有刑法规定的特殊主体条件，有的不具有特殊主体条件，俗称内外勾结的犯罪案件。对于第一种情况的定性一般没有异议，但对第二种情况应如何正确定性，在刑法理论和司法实践上均有分歧，主要有以下四种观点：

第一种观点认为，内外勾结的犯罪案件应按照主犯的行为确定罪名。主犯是国家工作人员的，应按国家工作人员所定之罪（职务犯罪）定罪；主犯是普通人员的，应按普通犯罪定罪（以下简称"主犯决定说"）。

第二种观点认为，内外勾结的犯罪案件，应根据犯罪主体的不同区别对待，国家工作人员按职务犯罪论，普通人员以普通犯罪论。（以下简称"分别说"）。

第三种观点认为，职务犯罪中的共同犯罪的性质应以实行犯的犯罪性质确定。具体地说，国家工作人员的共同犯罪以职务犯罪论；国家工作人员与普通人员同为实行犯的，分别论罪，国家工作人员教唆、帮助普通人员犯罪的，以普通犯罪论，普通人员教唆、帮助国家工作人员犯罪的，以职务犯罪论（以下简称"实行犯决定说"）。周红梅同志在《法律科学》1991 年第 4 期上发表的《职务犯罪中的共同犯罪》一文（以下简称"周文"）即持这种观点。

第四种观点认为，国家工作人员利用职务之便与普通人员共同实行犯罪，应以国家工作人员所定之罪定罪（以下简称"职务犯罪说"）。

---

　　* 原载《法律科学》1992 年第 2 期。

笔者同意第四种观点。下面在辨析其他几种观点的基础上，就"职务犯罪说"的合理性、合法性和必要性进行阐述。

"主犯决定说"认为，共同犯罪案件的定性决定于共同犯罪的基本特征，而共同犯罪的基本特征通常是由主犯犯罪的基本特征决定的。[①] 这种观点曾被最高人民法院、最高人民检察院 1985 年 7 月 18 日颁布的《关于当前办理经济犯罪案件中具体应用法律的若干问题的解答（试行）》所肯定。职务犯罪中的共同犯罪的定性问题，如果适用"主犯决定说"，必然存在以下两个问题：第一，不利于贯彻罪刑相适应原则。根据罪刑相适应的刑法原则，对行为人所处刑罚的轻重，决定于其罪行的社会危害性的大小，罪重则刑重，罪轻则刑轻，罪刑相当，罚当其罪。如果职务犯罪中的共同犯罪以主犯的行为定性，那么由于主犯不同，就会出现定性上的区别，从而导致罪刑不一，罪罚失当。如司法人员与普通人员内外勾结，徇私舞弊，故意包庇他人的案件，根据"主犯决定说"，由于主犯不同，就可能定徇私舞弊罪，也可能定包庇罪。定性不同，就会出现处刑上的差异。当普通人员是主犯时定包庇罪，处 2 年以下有期徒刑、拘役或管制，情节严重的，处 2 年以上 7 年以下有期徒刑；当司法人员是主犯时定徇私舞弊罪，处 5 年以下有期徒刑、拘役或剥夺政治权利，情节特别严重的，处 5 年以上 15 年以下有期徒刑。这样同是一个普通人员，当他是主犯时适用轻刑条文，是从犯时反而适用重刑条文，这显然是与罪刑相适应原则相悖的。第二，不利于司法实践。根据刑法第 23 条第 1 款的规定，主犯有二种，一是组织领导犯罪集团进行犯罪活动的首要分子；二是共同犯罪中起主要作用的犯罪分子。判断一个犯罪分子在共同犯罪中是否起主要作用，应根据他在参加实施共同犯罪活动中所处的地位、实际参加程度、具体罪行的大小，对造成危害结果的作用等，全面加以分析后确定。司法实践证明，在共同犯罪案件中，主犯可以是一名，也可以是多名。在职务犯罪中，如果主犯是二名以上，其中至少有一名是普通人员时，那么按照"主犯决定说"，对这一共同犯罪，既应按职务犯罪论，又应按普通犯罪论，这样就无法解决同一共同犯罪案件的定性问题，从而给司法实践带来困难。

"分别说"过分强调职务犯罪主体的特殊性，忽略共同犯罪的整体性

---

① 孙谦主编：《国家工作人员职务犯罪研究》，中国检察出版社 1988 年版，第 36 页。

和每一共犯行为之间的联系。此说存在以下两大缺陷：其一，有悖共同犯罪原理。共同犯罪是指二人以上共同故意犯罪。各个共犯主观上具有共同犯罪故意、客观上具有共同犯罪行为。在共同犯罪中，虽然行为人的分工不同，参与程度不一，所起作用也有大小，但所有共犯的行为总是有机联系在一起的，并共同指向犯罪目标。在整个犯罪链条中，每一共犯的行为和所发生的犯罪结果之间都具有因果关系。如果承认在职务共同犯罪中，国家工作人员和普通人员可以分别定罪，无异于承认在同一共同犯罪中存在着两个以上的犯罪故意，同时也割裂了共犯之间行为的联系性。这是与共同犯罪原理相矛盾的。其二，不利于定罪处罚。定罪是处罚的前提，定罪不当必然导致处罚（量刑）不当。如在当前司法实践中，贪污罪和盗窃、诈骗罪的定罪数额标准相差悬殊，如分别定罪，必然使国家工作人员与普通人员在定刑上出现很大差异。此时，如果承认在职务犯罪中，国家工作人员与普通人员应分别定性，那么在许多场合，对普通人员的行为根本不能定罪。如国家工作人员与普通人员共谋，共同收受贿赂的行为，如果对普通人员不按受贿罪的共犯定罪，那就无法认定其构成其他犯罪。这是有损执法的统一性和严肃性的。

"实行犯决定说"强调实行犯在职务犯罪中的地位和作用，这无疑具有合理的一面，但它无法克服自身存在的矛盾。如"周文"认为："国家工作人员与普通人员同为实行犯的，分别论罪""例如普通人员与邮电工作人员共同隐匿、毁弃他人邮件的，二者均是实行犯，但分别符合不同的犯罪构成要件。因此，普通人员构成侵犯公民通信自由罪，而邮电工作人员构成妨害邮电通讯罪。"这实质上是陷入了"分别说"。"分别说"存在的缺陷，在"实行犯决定说"中同样存在。因此，"实行犯决定说"和"分别说"、"主犯决定说"一样，不能成为职务犯罪中的共同犯罪的定罪标准。

为什么内外勾结的职务犯罪应按"职务犯罪说"定罪处罚呢？

首先，它充分体现了刑法对职务犯罪从严惩处的立法精神。我国是人民民主专政的社会主义国家，国家工作人员的职务是国家赋予的、用以实现国家职能的某种权能。国家在政治、经济、军事、文化等各个方面的职能都是通过国家工作人员的职务活动来实现的。国家工作人员严守法纪、廉洁奉公、高度负责地行使权能对于巩固人民民主专政的国家制度，保障人民当家作主的权利，促进社会主义现代化建设具有十分重要的意义。职务犯罪不仅严重干扰党的方针政策的贯彻执行，而且直接破坏社会主义经济建设的秩序，破坏社会主义的民主政治、践踏国家宪法和法律，破坏廉政建设。因此，它比一般刑事犯罪具有更大的欺骗性、危险性和社会危害性。我国刑事法律始终体现对职务犯罪从严惩处的立法精神，表现在：（1）同一种犯罪行为因主体不同而规定不同的罪名，设定不同的量刑幅度，国家工作人员从重，普通人员从轻。（2）同一种犯罪行为，虽罪名相同，但国家工作人员要从重处罚。如走私罪、投机倒把罪、诬告陷害罪、制作、贩卖、传播淫秽物品罪等。（3）同样一种具有社会危害性的行为，因主体不同而直接影响犯罪构成。国家工作人员以犯罪论处，普通人员不能以犯罪论处，如巨额财产来源不明罪。内外勾结的职务犯罪作为职务犯罪的一种表现形式，理应体现这一精神。

有人往往利用贪污罪和盗窃、诈骗罪定罪数额上的差别来论证"职务犯罪说"不利于打击犯罪。笔者认为，目前贪污罪的定罪量刑数额标准高于盗窃、诈骗罪若干倍，按"职务犯罪说"在某些情况下确会产生处理过轻的偏向。但就整个刑事法律来说，这毕竟是个别现象，且这种现象的产生不是按职务犯罪定罪本身出现的，而是刑事立法与刑事司法解释之间的不协调造成的。我们不能因为有个别刑法条文客观上没有体现对国家工作人员犯罪从严惩处，而从整体上否定刑法对职务犯罪从严惩处的立法精神，得出普通人员参与职务犯罪的按普通犯罪定罪更有利于打击犯罪的结论。

其次，它符合职务犯罪的构成要件。职务犯罪是一种身份犯，其犯罪构成必须具有以下两个基本特征：第一，职务犯罪主体必须是国家工作人员，非国家工作人员不能独立构成职务犯罪。有人认为，既然职务犯罪要求特殊主体才能构成，那么对于不具有特定身份的普通人员就不能充当职务犯罪主体的被告人。笔者认为，这种理解是片面的，混淆了共同犯罪与单独犯罪在犯罪主体上的不同要求。根据共同犯罪构成理论，对于刑法规定的某些由特殊主体构成的犯罪中，并不要求所有共同实施某一具体犯罪的共犯都必须是特殊主体。对于共犯案件来说，只要有一名以上的共犯成为这一犯罪主体，案件就成立了。如强奸罪的主体必须是男子，但妇女教唆或帮助男子实施强奸犯罪的，对该妇女应以强奸罪的共犯论处。对于职务犯罪来说也是如此，只要有一名以上共犯符合职务犯罪的主体条件，那么对于其他不具有职务犯罪主体条件的共犯也就可以以职务犯罪论处。第二，职务犯罪在客观方面表现为国家工作人员利用职务上的便利进行犯罪活动。"职务"是国家工作人员职务犯罪的前提和基础。在内外勾结的共同犯罪中，不管国家工作人员是主犯还是从犯，是实行犯还是非实行犯，没有国家工作人员的职务之便是不能实施或完成犯罪的。即使普通人员是主犯或实行犯的情况下，他所参与实施的职务犯罪行为仍与普通犯罪有明显区别。如邮电工作人员与普通人员共同实施的妨害邮电通讯罪与普通人员实施的侵犯公民通信自由罪，前者是普通人员与邮电工作人员一起利用邮电工作人员接收、运送、投递邮件电报的职务方便，共同私自开拆、隐匿、毁弃他人的邮件电报；后者则是普通人员直接隐匿、毁弃或者非法开拆他人信件，情节严重的行为。如果对前者以侵犯公民通信自由罪定性，显然与该罪客观方面的表现不相符合。

再次，它符合我国刑事立法规定。身份对于共同犯罪的定罪和量刑具有重要意义。1952 年公布实施的《中华人民共和国惩治贪污条例》第 12 条规定："非国家工作人员勾结国家工作人员伙同贪污者，应参照本条例第三、四、五、十、十一各条的规定予以惩治。"1988 年 1 月 21 日全国人大常委会公布施行的《关于惩治贪污罪贿赂罪的补充规定》进一步肯定了普通人员可以成为职务犯罪的共犯。补充规定第 1 条第 2 款规定："与国家工作人员、集体经济组织工作人员或者其他经手、管理公共财物的人员勾结，伙同贪污的，以共犯论处。"这一立法规定表明：凡是与国家工作人员、集体经济组织工作人员或其他经手、管理公共财物的人员内外勾结，共同侵吞、盗窃、骗取或者以其他手段非法占有公共财物的，不论普通人员是主犯还是从犯，是实行犯还是教唆犯、帮助犯都一律按贪污罪的共犯定罪处罚。补充规定第 4 条第 2 款还规定，与国家工作人员、集体经济组织工作人员或者其他从事公务的人员勾结，伙同受贿的，以共犯论处。最高人民法院、最高人民检察院在 1989 年 11 月 6 日《关于执行〈关于惩治贪污罪贿赂罪的补充规定〉若干问题的解答》第 2 条第 6 项"关于内外勾结挪用公款的共犯如何处理的问题"中也同样规定，"在挪用公款给其他个人使用的案件中，使用人与挪用人共谋，指使或者参与策划取得挪用款的，是共同犯罪。这个原则，也适用于'挪用公款数额较大不退还的，以贪污论处'的案件。"由此可见，内外勾结的职务犯罪，对普通人员以职务犯罪论符合法律和司法解释规定。

最后，它有利于刑事司法实践。第一，有利于体现职务犯罪定罪标准的统一性。我们不难看到，除"职务犯罪说"外，其他几种观点的定罪标准都具有不确定性。如"主犯决定说"，当国家工作人员是主犯时，以职务犯罪论，当普通人员是主犯时，以普通犯罪论。这样，同为一个内外勾结的职务犯罪，但定罪标准却不一致。而"职务犯罪说"则克服了这种缺陷，体现了职务犯罪定罪标准的确定性和统一性。第二，有利于贯彻罪刑相一致原则。除"职务犯罪说"外，其他几种观点在实践中都会产生"同罪异罚"现象，违背罪刑相一致原则。而"职务犯罪说"则可以避免出现这种现象，从而体现执法的公正性和平等性。第三，有利于惩处内外勾结的职务犯罪。如上所述，我国刑法始终体现了从严惩处职务犯罪的立法精神，如果内外勾结的职务犯罪，以普通犯罪定性或对国家工作人员和普通人员分别定性，那么在许多情况下，对普通人员就无法定罪处罚。这样必然放纵有普通人员参与的职务犯罪。而一律按职务犯罪定罪处罚，就能使参与职务犯罪的普通人员得到应有的刑事处罚。

试析一般盗窃共犯刑事责任的承担 *

　　随着盗窃犯罪的日益严重和共同盗窃在盗窃犯罪中所占的比例越来越高，盗窃共犯的刑事责任问题引起了刑法学界和刑事司法部门的广泛关注，并进行了必要的探讨，发表了许多有益的见解。但由于认识上的偏差和理解上的不一致，对盗窃共犯如何承担刑事责任问题，仍然众说纷纭，直接影响法律的严肃性、统一性和执法的平衡性。本文试就这一问题略表浅见。

　　根据我国 1979 年刑法规定，盗窃财物数额的大小是区分盗窃罪与非罪，衡量罪行严重程度的主要标志。因此，对盗窃共犯如何承担刑事责任问题也主要集中在盗窃数额的计算上。我国刑法理论把共同犯罪分为集团犯罪和一般共犯。对于集团共犯的刑事责任，最高人民法院、最高人民检察院、公安部在 1984 年 11 月 2 日颁布的《关于当前办理盗窃案件中具体应用法律的若干问题解答》（以下简称《解答》）作了明确规定，因此对盗窃集团各被告人的罪责及其适用法律问题，刑法理论界和司法实务部门已形成共识，本文也不作赘述。但对一般盗窃共犯应如何承担盗窃数额则存在明显分歧，主要有以下 6 种观点：

　　1. "参与数额说"，主张各共同犯罪人应对本人参与实施的共同盗窃数额承担刑事责任。即按一般盗窃共犯各自实际参与盗窃财物数额是较大或巨大分别适用 1979 年刑法第 151 条或 152 条，而对没有参与盗窃的数额不负责任。如甲、乙、丙三人先后共盗窃作案四次，共计盗窃 5000 元，其中甲参与盗窃四次，计参与盗窃 5000 元，乙参与盗窃三次，计参与盗窃 4800 元，丙参与盗窃一次，计参与盗窃 200 元，甲适用刑法第 152 条（5000 元为数额巨大的起点，500 元为数额较大的起点，下同），乙适用刑法第 151 条，丙不构成犯罪。

　　* 原载《政法学报》1992 年第 3 期。

2. "分赃数额说"，主张共同犯罪人只对自己分得赃款赃物负责，即按共同盗窃后分赃多少来分别适用刑法条文。如甲乙共同盗窃 6000 元，甲得 5000 元，乙得 1000 元。甲适用刑法第 152 条，乙适用刑法第 151 条。

3. "主从犯分别说"（或综合说），主张一般共同盗窃案件，主犯按其参与盗窃的数额定罪，从犯（包括胁从犯、起次要作用的教唆犯）按实际分赃数额定罪。[①] 如甲乙共同盗窃 5000 元，甲得 3000 元，乙得 2000 元，甲是主犯，应按盗窃 5000 元定罪，适用刑法第 152 条，乙是从犯应按得赃 2000 元定罪，适用刑法第 151 条。

4. "分担数额说"（"分摊数额说"），主张共同犯罪人对"应当分担"的数额负责，至于如何确定"应当分担"数额，先是提出按照参与盗窃总额除以共犯人数平均分摊或者将参与数额与分赃数额相加后除以 2 计算（如折中计算法）。后来又提出按照共犯参与数额、分赃数额及其地位作用等先确定各共犯应承担百分之几的责任，再根据这个责任的百分比换算成作为共犯每人应分担的数额（如相加计算法）。[②] 如甲乙共盗窃 1 万元，根据整个案情分析，甲应承担百分之六十的责任（6000 元），乙应承担百分之四十的责任（4000 元）。甲适用刑法第 152 条，乙适用刑法第 151 条。

5. "盗窃总额说"，主张在共同盗窃案件中，所有共犯都应对造成的公私财产的损失总额负责，即以共同盗窃财物的总额作为确定各共同犯罪人刑事责任的标准。近年，持此说的同志又指出：所谓犯罪总额是一个总的提法，对于共同实行犯表现为参与数额，对于教唆犯表现为教唆数额，对于帮助犯表现为帮助盗窃财物的数额。[③]

6. "折中说"，主张对一般盗窃共犯应综合考虑全案各种情节，以确定共同盗窃人犯罪行为的大小，然后据此适用刑法条文。如有人认为，"共同盗窃犯罪中的主犯，情节严重的，对共同盗窃犯罪的总额负责；一般参与人，既要考虑其参与盗窃的数额和分赃数额，也要考虑其在共同盗窃活动中的地位和作用，以及作案动机、手段、对象等情节，按照不同情况确定其应负的责任。"[④]

我们认为，研究一般盗窃共犯应如何承担刑事责任，应根据刑法共同

① 苏惠渔、张国全等：《经济犯罪论》，浙江人民出版社 1990 年版，第 76—79 页。
② 杨二娃、杨振华：《试论一般盗窃共犯的定罪量刑》，《法制日报》1991 年 2 月 14 日，第 3 版。
③ 石英：《论一般共同盗窃犯的刑事责任》，《法律科学》1991 年第 1 期。
④ 张兴华：《盗窃共犯的个人罪责之我见》，《人民检察》1991 年第 4 期。

试析一般盗窃共犯刑事责任的承担

犯罪理论，深刻领会立法意图，正确理解刑事司法解释，才能得出合乎法理的结论。从这一指导思想出发，笔者赞同上述6种观点中的"参与数额说"。除"参与数额说"，其他几种观点虽不乏合理之处，但都具有片面性，不能成为一般盗窃共犯承担刑事责任的标准。下面在辨析其他几种观点的基础上，对"参与数额说"的合法性、合理性加以必要的论述。

"分赃数额说"将盗窃共犯个人非法所得的数额作为定罪处罚的依据，表面看似乎十分公正，得多罚重，得少罚轻。但此说过分强调共同犯罪人刑事责任的独立性，忽视共同犯罪刑事责任的整体性，其缺陷在于：（1）违背共同犯罪的一般原理。在共同犯罪中各共犯基于共同的犯罪故意，实施共同的犯罪行为，各共同犯罪人无论是主犯、从犯，都应当对共同犯罪所造成的危害结果负责。而"分赃数额说"将共同盗窃的数额分割成各共犯个人实际所得的数额，有违共同犯罪的一般原理。（2）违背罪刑相适应原则。共同犯罪的社会危害性大于单独犯罪，根据罪刑相适应的刑法原则，对共同犯罪的处罚要重于单独犯罪，参加犯罪的人越多，社会危害性就越大，处罚也就越重。而按照"分赃数额说"，盗窃共犯依个人所得赃款赃物数额定罪处罚，这就必然减轻盗窃共犯的罪责，有违共同犯罪从重处罚的原则，甚至大罪化小，小罪化无的不正常现象。（3）这种观点在司法实践中会遇到一系列难题。如共同盗窃后未来得及分赃即被破获，盗窃后共同挥霍没有分赃，所窃物资无法分赃，在共同盗窃中起主要作用的人少要赃物，起次要作用的人多要赃物及盗窃未遂等如何定罪处罚？显然无法解释，实践中难以执行。

随着争论的深入，先后又提出了"主从犯分别说"和"分担数额说"。这两种观点得到相当一部分人的赞同，笔者认为，它们并没有解决其本身存在的矛盾和缺陷。"主从犯分别说"对主犯的处理是正确的，但对于从犯按分赃数额处理，又回到"分赃数额说"的老路上去了。"分担数额说"貌似合理实则不然。按照此说，各共同犯罪成员应当分担的数额之和等于共同盗窃总额，这样就把共同犯罪视为数个单独犯罪的简单相加，仍然强调共同犯罪人刑事责任的独立性，而且依据此说还会产生以下不合理现象：（1）共同盗窃犯罪参与的人越多，各人分担的责任就越小，参加犯罪的人多到一定程度就不构成犯罪了。（2）确定共犯责任数额时所依据的是各人在共同犯罪中的地位作用，地位作用大的要多分，反之要少分；而在确定主从犯时，又根据地位作用来认定，在量刑时主犯从重，从犯比照主犯从轻、减轻或者免除处罚。这样就出现对主犯重复从重，对从犯重复从轻的现象。同时由于盗窃案件千差万别，如何将共犯成员在共同盗窃中的地位作用换算成应当分担的数额，不可能有明确统一的标准，主观性大，缺乏可行性。

"盗窃总额说"与"参与数额说"，并没有本质冲突，但此说从字面上看容易使人发生误解，认为既然所有共犯都应当对共同盗窃的总额负责，不管其是否直接参加盗窃活动，都应对整个盗窃团伙的盗窃数额负责，这样就有混淆盗窃集团与一般共同盗窃，首要分子与一般主从犯的罪责界限之嫌。因此，"盗窃总额说"的提法缺乏科学性。而"折中说"表面上仿佛面面俱到，但由于没有明确具体的计算标准，缺乏可操作性，实践中难以执行。

为什么一般盗窃共犯应按参与盗窃数额承担刑事责任呢？

首先，它符合刑法共同犯罪原理和犯罪构成理论。

共同犯罪是指两人以上共同故意犯罪，主观方面必须具有共同故意，客观方面必须具有共同的犯罪行为。在一般共同盗窃案件中，首先，从盗窃共犯的主观方面看，每个盗窃参与人都具有非法占有公私财物的故意，各个盗窃共犯的犯罪目的都直接指向盗窃参与额，对盗窃参与额各共犯具有共同的犯罪故意；其次，从客观方面看，共同盗窃参与人在共同盗窃故意支配下，实施了共同盗窃行为，虽然在具体盗窃过程中，各个盗窃共犯的分工不同，所起作用的大小也不一样，或组织指挥，或具有实施盗窃等，但对整个盗窃行为来说，各共犯的盗窃行为是密切联系，互为条件，相互补充的，对于盗窃公私财物危害结果的发生都是不可缺少的有机组成部分。每个共犯的盗窃行为与共同盗窃所造成的损害后果有着因果关系。一般共犯参与盗窃的总额是各个共犯共同故意和共同行为所致，各盗窃共犯理应对共同参与的盗窃数额负刑事责任。如果我们把参与盗窃的共犯分别以不同数额认定，无异割裂共同盗窃的故意，承认同一共同盗窃罪中存在二个以上盗窃故意内容，这是违背共同犯罪理论的。众所周知，犯罪构成是追究行为人刑事责任的基础，任何犯罪都以行为达到既遂作为一个完整的犯罪构成，犯罪既遂以后行为人的各种活动，仅是诸多犯罪情节中的一种，不影响犯罪的成立。在盗窃案件中，行为人一旦将财物窃到手，盗窃就已既遂，至于财物到手后如何处置财物的活动，不是构成盗窃罪的必要条件，不影响盗窃罪的成立。而"分赃数额说""主从犯分别说"

"分担数额说"等都不同程度地把分赃数额视为区分罪与非罪及适用不同刑法条文的重要条件，这样难免会使人得出这样的结论：盗窃行为的该罚性不是由于行为人实施了盗窃行为，而是因其分得了赃物，这是有悖犯罪构成理论的。

其次，它充分体现了共同盗窃的社会危害性和罪刑相适应的刑法原则，符合刑事立法原意。

共同犯罪是一种特殊形式的犯罪，一般说来较之单人犯罪，其犯罪方法更加狡猾，行动更周密，后果更严重，因而共同犯罪的社会危害性大于单个人的犯罪。我国刑法一直把共同犯罪作为打击的重点，并规定了关于共同犯罪的特殊刑事责任。从刑法规定的处罚原则和司法实践看，在其他情节相同的情况下，诸共同犯罪人所判处刑罚的总和，总要比单人犯罪所处的刑罚重得多。共同犯罪人参与盗窃的数额直接反映盗窃犯罪的规模和社会危害性程度的大小，将参与盗窃数额作为认定一般共同盗窃犯罪"数额较大"、"数额巨大"或"情节特别严重"的主要依据符合罪刑相一致原则，充分体现刑法从严惩处共同犯罪的立法精神。有人认为，在共同盗窃活动中，各罪犯的地位与作用不同，犯罪所得数额也不一样，如果不加区别，都对参与盗窃的数额负责，那么各共犯所承担的犯罪数额的总和就要超过共同犯罪的总额，这是不合理的，与罪刑相适应和罪责自负原则相矛盾。笔者认为，这种理解是片面的。我们强调各共犯都应对参与盗窃的数额承担刑事责任，是指各共犯对其参与盗窃的数额都要承担一份刑事责任，并不意味着每个共同犯罪人必须对参与共同盗窃的总额负全部责任或平均责任。在实施共同盗窃中，由于各共犯所处的地位和所起作用不同，有的是主犯，有的是从犯或胁从犯，在确定共同犯罪人所承担的刑事责任的大小时，还必须根据其在共同犯罪中的主从犯地位来加以判断。但由于共同犯罪的社会危害性大于单独犯罪，所以盗窃共犯都对共同盗窃行为负责，不仅没有违反罪刑相适应和罪责自负原则，而且正是共同盗窃较之单个人的盗窃犯罪具有更大社会危害性所必须承担的法律后果，也是我国刑法对其加以特别规定的实质所在。而"分赃数额说""主从犯分别说""分担数额说"都把具有严重社会危害性的共同犯罪机械地分割成一般犯罪，显然没有充分认识到共同盗窃的特殊性。如甲、乙、丙共同盗窃 1200 元，分赃后各得 400 元，甲是主犯，乙、丙是从犯。按照"分赃数额说"三人都不构成犯罪，按照"主从犯分别说""分担数额说"，乙丙不构成犯罪。这一结论是有悖刑事立法原意和罪刑相适应原则的，依此处理就是放纵犯罪。

再次，它符合刑事司法解释的规定。

《解答》第 4 条第（3）项规定："对于共同盗窃犯，应按照个人参与盗窃和分赃数额，及其在犯罪中的地位与作用，依法分别处罚。……"在盗窃共犯如何承担刑事责任问题上之所以出现各种不同观点，主要原因之一就是没有正确理解这一解释的内涵。由于《解答》将"参与盗窃数额""参与分赃数额""在犯罪中的地位与作用"并列表述，意思比较含糊，有人据此推出：一般盗窃共犯不应只按参与盗窃定罪。笔者认为，这种推论有失偏颇，这一解释实质上仅针对盗窃共犯的量刑情节而言，理由是：（1）该解释是放在《解答》第 4 条"如何看待盗窃案件的情节"中的，该条解释共 4 项，从其内容看，主要是为了解决盗窃案件的量刑问题的。（2）从量刑内容看，量刑必须以犯罪事实为基础，根据犯罪人个人情况和犯罪后的表现来定罪量刑。在共同盗窃案件中，"分赃数额""在犯罪中的地位与作用"，虽然不是构成盗窃罪的必要条件，但对盗窃共犯的量刑是有重要意义的，是各种量刑情节之一。既然该解释是解决盗窃共犯的量刑问题的，那么该解释的原意应当是：在处理盗窃共犯时应按照参与盗窃数额定罪，同时结合分赃数额及其在犯罪中的地位与作用量刑。

为了证明上述理解的正确性，我们还可以从"两高一部"《关于当前办理集团犯罪案件中具体应用法律的若干问题的解答》有关规定中得到启发。该若干问题的解答第 2 条规定，刑事犯罪集团的"首要分子应对该集团经过预谋、有共同故意的全部罪行负责。集团的其他成员，应按其地位和作用，分别对其参与实施的具体罪行负责"。即集团共犯中的主犯、从犯一律对其参与实施的犯罪行为负责。这一解释虽然是针对集团共犯而言，但对一般共同犯罪也同样具有参照价值。为了统一认识，解决司法实践中的争议，最高人民法院 1991 年 4 月 12 日单独作出解释，颁发了《关于办理共同盗窃犯罪案件如何适用法律问题的意见》，该法律问题的意见明确指出："一、对盗窃集团的首要分子，应按照集团盗窃的总数额依法处罚。二、对其他共同盗窃犯罪的主犯，应按照参与共同盗窃的总数额依法处罚。三、对共同盗窃犯罪中的从犯，应按照参与共同盗窃的总数额，适用刑法第一百五十一条或者第一百五十二条"。由此可见，"参与数额说"是完全符合刑事司法解释相关规定的。

最后，此说明确具体，司法实践中易于掌握，而且可以成为处罚盗窃共犯的一般标准。一般盗窃共犯按照"参与数额说"，行为人参与盗窃数额巨大的则适用 1979 年刑法第 152 条，参与盗窃数额较大的则适用刑法第 151 条，参与盗窃数额较小则不构成犯罪。这种计算方法明确具体，不仅容易被司法人员所掌握和执行，而且也易于被普通群众所理解和接受。有人认为，"参与数额说"以各共同犯罪人实际参加的共同犯罪数额作为处罚标准，对于共同实行犯是适用的，但此说不能成为盗窃共犯的一般标准，……对于非实行犯不能适用"参与数额说"。[1] 笔者认为，这是对"参与数额说"的一种误解。我们所持的"参与数额说"中的"参与"有二层含义：（1）是指直接亲自参加共同盗窃活动，即实行犯的盗窃行为；（2）是指实施了组织、策划、指挥或教唆帮助、盗窃活动，即组织犯、教唆犯、帮助犯的盗窃行为。参与数额对实行犯来说表现为直接盗窃的数额，而对非实行犯即组织犯、教唆犯、帮助犯来说表现为组织盗窃数额、教唆盗窃数额和帮助盗窃数额。由此可见，"参与数额说"对实行犯和非实行犯都一概适用，可以成为处罚盗窃共犯的一般标准。

综上所述，笔者认为，一般盗窃共犯应按照个人参与盗窃的总数作为定罪的基本事实，视为构成犯罪的决定条件，并根据参与盗窃数额是"较大""巨大"适用 1979 年刑法第 151 条或 152 条。盗窃共犯在犯罪中的地位和作用及非法所得的数额等情节对定罪不起决定意义，但对区分主从犯和量刑有重要意义。主犯按其参与盗窃的数额依法从重处罚。从犯按其参与盗窃的数额比照主犯从轻、减轻处罚，其中参与盗窃数额巨大，但根据其具体犯罪情节，需要减轻处罚的，根据 1979 年刑法第 59 条第 1 款规定，在法定刑以下判处刑罚；参与盗窃数额较大，但犯罪情节轻微不需要判处刑罚的，可以根据 1979 年刑法第 32 条规定，免予刑事处分。

---

[1] 石英：《论一般共同盗窃犯的刑事责任》，《法律科学》1991 年第 1 期。

流窜犯的认定和处理*

近年来，流窜犯罪在刑事犯罪中所占的比例越来越高，已成为严重危害社会治安的犯罪形式之一。从重从快惩处流窜犯罪成为当前刑事司法的重要任务之一。由于对流窜犯罪缺乏理论研究，各地司法机关对流窜犯的认定和处理宽严不一，直接影响执法的平衡性和对流窜犯罪的打击。开展对流窜犯罪问题的理论研究，不仅是刑事司法实践的客观需要，也是丰富刑事法学理论的要求。笔者根据最高人民法院、最高人民检察院、公安部、司法部1989年12月13日发布的《关于办理流窜犯罪案件中一些问题的意见的通知》（以下简称"两院两部"《通知》），结合刑事司法实践，对如何认定和处理流窜犯罪试作一些必要的探讨。

一、 当前流窜犯罪的特点

充分认识流窜犯罪的特点，对于正确认定和处理流窜犯具有重要意义。根据近几年的刑事犯罪情况，流窜犯罪主要呈现以下特点：

1. 跨区域作案，这是流窜犯罪的基本特点。行为人利用现代化交通方便的条件跨地区作案，有的跨市、县范围，有的跨省、市、自治区范围进行犯罪活动。

2. 连续作案，骚扰面广，社会危害大。行为人往往连续实施犯罪行为，侵害少则几个县市，多则十几个县市，由于行为人不择手段、不计后果地经常作案，严重破坏了治安秩序，给社会造成很大危害。

3. 从作案地看，流窜犯几乎伸及全国各个角落，但以开放城市、旅游地区和铁路、公路等交通要道上进行犯罪的尤为突出。1992年第一季度铁路部门在铁路沿线抓获刑事罪犯5600人，其中流窜犯1797人，占32%。

---

* 原载《政法学报》1992年第4期。

4. 从犯罪性质看，行为人以实施盗窃、诈骗、抢劫、拐卖人口等侵犯财产罪或带有营利性质的犯罪居多，最常见的是流窜盗窃，有相当一部分流窜犯兼有杀人、伤害、强奸等其他严重犯罪行为。

5. 从犯罪成员看，以累犯、惯犯、劳改、劳教释放人员占大多数，据有关部门统计，在流窜犯中有 75% 以上有前科或劣迹的违法犯罪分子。同时以流窜共同作案作为犯罪的基本形式，大部分是团伙作案。

6. 侦查难度大，由于行为人易地作案，流动性大，行踪无常，事先往往没有具体的作案目标，只要一有作案机会，能抢则抢，能偷则偷，犯罪过程短暂，犯罪痕迹不易保留，且大部分人作案经验丰富，犯罪手段狡猾，反侦查能力强，即使被抓获也不如实交代犯罪事实，从而给公安机关的查证、追捕、破案带来很大困难。基于以上的特点，流窜犯罪成为当前严重危害社会治安的一种犯罪形式，具有很大的破坏性，自 1983 年 "严打" 以来，流窜犯罪一直被列入各级司法机关严厉打击的重点对象之一。

二、 流窜犯的概念和认定

在司法实践中，"流窜犯" 一词早已有之，近年更是广泛出现在报刊、电台及各种内容文件、通知中，但流窜犯概念至今尚无明确界定，1989 年出版的《刑事法学大辞典》虽首次设专条解释 "流窜犯"，但它把 "流窜犯" 概括为 "没有固定犯罪区域，到处流窜作案的罪犯"。[①] 这一定义没有揭示流窜犯的本质特征，实际上是 "流窜犯" 一词的同义反复，"两院两部"《通知》指出："流窜犯是指跨市、县管辖范围连续作案的犯罪分子。" 这一定义基本概括了流窜犯的特征，但作为一个科学完整的流窜犯定义，尚值得推敲，因为它仅仅概括了流窜犯的客观要件（行为特征）而忽视了构成流窜犯所不可缺少的主观要件。

根据主客观相一致，笔者认为，构成流窜犯应当具备以下几个条件：（1）从主观方面看，行为人要以犯罪为目的；（2）从行为特征看，是跨市县管辖范围连续作案；（3）从行为性质看，行为人实施的是犯罪行为。以上三个条件缺一不可，必须同时具备。根据流窜犯的三个条件，笔者认为，流窜犯是指以犯罪为目的，跨县市管辖范围连续实施犯罪行为的分子。

---

① 参见孙膺杰、吴振兴主编：《刑事法学大词典》，延边大学出版社 1989 年版，第 985 页。

凡构成犯罪又具有下列情形之一的，属于流窜犯：（1）跨省（自治区、直辖市）范围在一地或几地连续多次作案的；（2）本省居民在本省的几个县（市区）多次连续作案的；（3）在居住地作案后，逃到外省、市、县继续作案的；（4）从依法羁押场所脱逃后多次作案的。

不符合流窜犯条件，具有下列情形之一的，不应视为流窜作案：（1）不以犯罪为目的，在居住地以外的省市县旅游、经商、打工，期间有小偷小摸一般违法行为或在当地偶然作案的；（2）在居住地所在的省与邻省或省内邻近市县区的交界边沿结合部进行犯罪的；（3）滞留在居住地以外的盲流人员偶尔作案的；（4）犯罪后外逃或在押犯逃脱后在外县市流窜，但未发现有新的犯罪行为的。

总之，对流窜犯的认定，应严格掌握其构成条件，既不能任意缩小范围，也不能扩大其范围，以免出现打击面过窄或过宽的现象。

三、 流窜犯的处理

对流窜犯如何准确灵活适用刑法、刑诉法的规定是当前审理流窜犯罪案件亟待明确和解决的问题。下面拟就惩处流窜犯中遇到的主要法律适用问题作一些初步的阐述。

（一） 关于流窜犯追究刑事责任的数额起点问题

在流窜犯罪中，以流窜盗窃或扒窃最为常见，正确确定流窜盗窃追究刑事责任的数额起点对司法实践具有普遍意义。"两院两部"《通知》指出："在办理流窜盗窃或者扒窃案件时，既要看其作案所得的数额，又应看其作案的手段、情节及社会危害程度。对那些抓获时作案所得的款物数额虽略低于当地非流窜犯罪的同类案件的数额标准，但情节恶劣、构成犯罪的，也要依法定罪判刑"。根据这一精神，参考大部分省市司法机关的有关具体规定，我们认为，对长期流窜多次作案，危害较大，情节严重的盗窃犯，其盗窃数额虽不够"数额较大"标准的，也应依法追究刑事责任。

1. 流窜作案，虽不够"数额较大"，但具有下列情形之一的，可以按1979 年刑法第 151 条盗窃罪论处：（1）流窜盗窃连续达 3 个月以上或作案达3 次以上，且数额达到当地非流窜盗窃的"数额较大"标准一半以上的；

（2）因盗窃多次被抓获或受治安拘留、收容审查 2 次以上或受劳教、判刑处理后，不思悔改，继续流窜，盗窃数额达到当地非流窜盗窃的"数额较大"标准一半以上的；（3）其他流窜盗窃的手段恶劣，造成严重后果的。

2. 流窜作案，虽不够"数额巨大"，但具有下列情形之一的，可以按 1979 年刑法第 152 条盗窃罪论处：（1）流窜盗窃连续达半年以上，或 10 次以上，且数额达到当地非流窜盗窃的"数额巨大"标准一半以上的；（2）因盗窃多次被抓获或受治安拘留、收容审查 2 次以上或受劳教、判刑处理后，不思悔改，继续流窜，盗窃数额达到当地非流窜盗窃的"数额巨大"标准一半以上的；（3）其他流窜盗窃的手段特别恶劣，情节特别严重的。流窜犯罪情况比较复杂，在确定追究其刑事责任的标准时，既要考虑数额，又要考虑其他情节，全面衡量，防止孤立地死抠数额标准。

（二）关于流窜犯罪的罪名和刑事责任的年龄

流窜犯罪不是一个严格的法律术语，更不是一个独立罪名，而是一种犯罪形式，在给流窜犯定罪时，应当根据他所触犯的具体刑法条款定罪。如行为人流窜盗窃、诈骗、抢劫的，则按盗窃罪、诈骗罪，抢劫罪定罪，不宜将行为人的流窜行为作为罪名的一部分，如流窜××罪或××流窜罪等。

司法实践中有人认为，流窜犯罪是一种严重破坏社会秩序的犯罪，行为人只要年满 14 岁就应追究刑事责任。笔者认为，这种观点有一定的片面性。刑法第 14 条第 2 款规定，已满 14 岁不满 16 岁的人，犯杀人、重伤、抢劫、放火、惯窃罪或者其他严重破坏社会秩序罪，应当负刑事责任。这里的"其他严重破坏社会秩序罪"是指故意实施了相当于杀人、重伤、抢劫、放火、惯窃等具有严重社会危害性的犯罪。流窜犯罪虽比非流窜犯罪社会危害性要大，但并非流窜实施任何一种犯罪均属"其他严重破坏社会秩序罪"。从司法实践看，近年少年流窜作案的比例有所上升，如果我们不加区别对待，一概追究刑事责任，就会扩大打击面，也有违刑事立法原意。鉴此，笔者认为，已满 14 岁不满 16 岁的人，只有犯杀人、重伤、抢劫、放火、惯窃、重大盗窃等具有严重社会危害性的犯罪，才负刑事责任。如果犯其他罪（如流窜诈骗、抢夺等），即使属流窜作案，也不应追究刑事责任。

（三）关于流窜犯罪裁量刑罚的问题

我国刑法虽然没有明文规定，对流窜犯应从重处罚，但由于流窜犯比非流窜犯具有更大的社会危害性，在对流窜犯裁量刑罚时，除依照法定情节量刑外，还必须在量刑幅度内酌定从重处罚，以惩治、震慑流窜犯罪分子，这在刑事司法实践中已形成共识。我们认为，对流窜犯裁量刑罚时还应着重注意以下几点：

1. 注意从严惩处流窜犯中的累犯、劳改、劳教释放人员。根据刑法和全国人大常委会《关于处理逃跑或者重新犯罪的劳改犯和劳教人员的决定》（以下简称《决定》），累犯及劳改、劳教人员释放以后重新犯罪的，已具备法定的从重处罚情节，那么对于他们流窜作案的情节是否仍要酌定从重处罚呢？笔者的答案是肯定的。因此刑法和《决定》规定的从重情节是针对一般累犯和劳改、劳教释放人员的，具有累犯、劳改、劳教释放人员身份的犯罪人由于实施流窜犯罪行为而比一般流窜犯具有更大的人身危险性和社会危害性，因此，在量刑时必须将他们法定从重情节和酌定从重情节结合在一起予以处罚。

2. 注意从严惩处流窜犯中的惯犯（惯窃犯、惯骗犯）。流窜犯中的惯犯，除一般惯犯所具有的特征外，还往往同时具有流窜犯罪涉及面广、气焰嚣张、手段狡诈及常常引诱、教唆他人流窜犯罪等特点，而表现出更大的社会危害性。因此，对流窜犯中的惯犯，应比一般惯犯处以更重的刑罚。对个别情节恶劣、影响极坏的流窜犯，虽其非法所得数额尚未达到巨大，但仍应视为"情节特别严重"，依法严惩。

3. 注意从重惩处流窜犯罪团伙中的主犯。

（四）关于流窜犯罪案件的管辖问题

由于流窜犯跨区域作案，司法实践中常出现多处立案、重复管辖或互相推诿、拒绝管辖的情况，直接影响对流窜犯的打击。为此，"两院两部"《通知》规定："对罪该逮捕、判刑的流窜犯罪分子，原则上由抓获地处理"，有人认为，这一规定，违反1979年刑事诉讼法第19条关于管辖问题的规定（原则上由犯罪地管辖）。笔者认为，这一规定正是对1979年刑事诉讼法第19条的灵活运用，也更符合司法实践的客观需要。理由是：

1. 从司法实践看，抓获地一般就是流窜犯的犯罪行为地之一，即使不是犯罪地，也常常是流窜犯的居住地。这符合刑事诉讼法第 19 条规定。

2. 抓获地的公安机关在抓获流窜犯时，往往难以确定行为人的主要犯罪地，一般先行查证，获取有关证据，由抓获地司法机关处理更便于刑事诉讼和从快惩处犯罪者。可见流窜犯原则上由抓获地处理的规定是切实可行的，基本解决了流窜犯罪案件管辖问题上的分歧。

流窜犯原则上由抓获地处理，但有下列情形之一的，应移送有关单位处理：（1）在逃的劳改犯、劳教人员流窜多处进行犯罪被抓获后，应由主罪地的司法机关处理，以便全面准确地定罪量刑，处理后仍送原劳改单位执行。（2）已批捕、刑事拘留和收容审查潜逃在外的未决犯、通辑犯流窜犯罪被抓获后，除新罪特别严重由抓获地处理外，应由原办案单位公安机关提回处理，以便及时将罪犯交付审判。

（五）　关于认定流窜犯罪案件的证据问题

流窜犯罪的特点决定了流窜犯罪案件的证据难以收集齐全，从而也给案件的定罪量刑带来困难。在办理该类案件时，各级司法机关应充分认识流窜犯罪"查证难"的实际情况，坚持"两个基本"的办案原则，对基本事实清楚、基本证据确实充分的流窜犯必须及时批捕、起诉和审判。根据司法实践，我们认为，流窜犯具有以下证据的，可以认定：（1）赃款赃物没有查获，但被害人的陈述（包括报案登记材料）与被告人供述的事实、情节相一致的。（2）没有被害人陈述，但被告人的供述与缴获的赃款、赃物及其他间接证据或同案人的交代相一致的。（3）被告人拒不供认，但具有下列情形之一的，予以认定：被害人陈述与同案被告人的供述相一致的；作案现场有人（包括被害人）目击或指认其犯罪，且当场缴获赃款赃物的；缴获的赃款赃物与同案被告人的供述及其他间接证据相一致的；从流窜犯身上搜出数额较大的款物，本人否认作案所得，但不能说明其合法来源，且这些款物在名称、品种、特征、款量等方面均与被害人的陈述或报案登记、同案人供述相一致的。只有以下证据的，不能认定犯罪：只有被害人陈述或揭发材料，没有其他证据证明的；只有被告人供述，没有其他证据证明的；只有逼供、诱供或依靠其他非法手段获取的证据材料，没有其他证据的。在认定流窜犯罪案件的证据问题上要防止两种倾向：一种是不切实际地强调某些不影响定罪量刑的枝节问题，使案件久拖不决；另一种是以"查证难"为借口，不认真侦查核实收集证据，在基本证据缺乏的情况下草率定罪。

（六） 关于流窜犯罪团伙案件的处理问题

凡3人以上经常纠结在一起进行流窜犯罪活动的，是流窜犯罪团伙。对流窜犯罪团伙案件，凡符合犯罪集团基本特征的按犯罪集团处理。不符合犯罪集团特征的，按一般共同犯罪处理。流窜犯罪团伙案件原则上应一案处理。在司法实践中，常遇到同案犯在逃，影响在押犯的处理问题，有的因此而超期羁押，有的久拖不决，影响对流窜犯罪团伙的从严从快打击。我们认为，同案犯在逃的流窜团伙案件，应实事求是分别不同情况予以处理：

1. 对只抓获一部分案犯，短期内不能将全部案犯抓获归案的案件，根据已查清的基本犯罪事实和证据，分清罪责，对已抓获的，罪该逮捕、起诉、判刑的案犯，应按刑事诉讼程序先行批捕、起诉、审判。

2. 同案犯在逃（主要是主犯在逃），在押犯羁押期限已满，但主要犯罪事实不清、证据不足的，分别改变强制措施，采用监视居住、取保候审的办法，继续侦查；同案犯在逃，没有确凿证据证明在押犯的犯罪事实或已查明的事实情节显著轻微，不构成犯罪的，应予先行释放，在同案犯追捕归案，查明犯罪事实后再作处理。

3. 在逃的同案犯抓获后依法另行处理，如在逃同案犯逮捕归案后，发现先前已作判刑处理的罪犯还有其他罪没有判决的，依刑法第65条数罪并罚原则处理。

试论"打假"中的刑法适用问题——
《关于惩治生产、销售伪劣商品犯罪的决定》
评析 *

近年一些不法分子为了牟取暴利大量生产、销售伪劣商品，其品种之多、范围之广、危害之烈为新中国成立以来所罕见。这种行为严重损害用户和消费者的利益、破坏社会主义市场经济秩序，危及深化改革和对外开放的顺利进行。1992 年 7 月 2 日，国务院发出《关于严厉打击生产和经销假冒伪劣商品违法行为的通知》，在全国范围内开展了声势浩大的"打假"斗争。1993 年 2 月 22 日，第七届全国人大常委会第三十次会议通过《中华人民共和国产品质量法》，该法律对生产、销售伪劣商品的行政、民事责任作了明确规定。为了保护社会主义市场经济秩序，切实利用刑事法律手段打击生产、销售伪劣商品犯罪活动，1993 年 7 月 2 日，第八届全国人大常委会第二次会议通过《关于惩治生产、销售伪劣商品犯罪的决定》（以下简称《决定》）该《决定》对我国刑事立法作了重要的修改和补充。《决定》的颁布为严厉打击生产、销售伪劣商品犯罪提供了锐利的法律武器。本文试就"打假"中的如何适用《决定》进行初步探究。

一、 《决定》 对刑事立法的补充和修改

《决定》对我国刑事立法作了重要的修改和补充，主要表现在：

1. 增设新罪名。《决定》根据当前生产、销售伪劣商品犯罪行为的多样性和复杂性，增设了若干新罪名：（1）生产、销售伪劣产品罪。（2）生产、销售劣药罪。（3）生产、销售不符合卫生标准的食品罪。（4）生产、销售有毒、有害食品罪。（5）生产、销售不符合标准的医用器材罪。（6）生产、销售不符合安全标准的产品罪。（7）生产、销售伪劣农药、兽药、化

　　＊ 本文写于 1993 年。

肥、种子罪。（8）生产、销售伪劣化妆品罪。《决定》对这些新罪名的犯罪构成和量刑幅度均作了具体规定。

2. 对刑法第164条制造、贩卖假药罪的犯罪构成和刑罚作了修改。（1）提高法定刑，将原刑法第164条规定的最高刑由有期徒刑7年提高到死刑。（2）取消原刑法第164条规定的管制刑。（3）增加财产刑并对财产刑的适用原则作了修改。原刑法第164条规定对犯制造、贩卖假药罪的可以并处或单处罚金。现《决定》规定，犯生产、销售假药罪的，并处罚金。其中致人死亡或者对人体健康造成其他特别严重危害的，并处罚金或者没收财产，即增加没收财产刑，删去"可以"一词，将原来的选择性规定修改为强制性规定，即对生产、销售伪劣产品的罪犯在判处主刑时，必须同时判处相应的财产刑。（4）取消生产、销售劣药危害人民健康，造成严重后果的，比照刑法第164条追究刑事责任的规定，[①]《决定》新增生产、销售劣药罪。（5）取消刑法第164条关于"以营利为目的"的法律规定。

3. 扩大犯罪主体，对单位犯罪实行"双罚制"。《决定》规定生产、销售伪劣商品犯罪，不仅自然人可以构成，企业事业单位也可以构成。对单位犯罪，《决定》第9条规定："企业事业单位犯本决定第二条至第七条罪的，对单位判处罚金，并对直接负责的主管人员和其他直接责任人员依照各该条的规定追究刑事责任。企业事业单位犯本决定第一条罪的，对单位判处罚金，情节恶劣的，并对直接负责的主管人员和其他直接责任人员依照本决定第一条的规定追究刑事责任。"即对单位犯罪实行"双罚制"，既处罚犯罪的单位（判处罚金），又对实施犯罪行为的直接负责的主管人员和其他直接责任人员追究刑事责任。

4. 扩大财产刑的适用范围。生产、销售伪劣商品的犯罪一般是出于营利动机的犯罪。对这类犯罪，仅处自由刑难以实现刑罚目的，而适用财产刑不仅能剥夺犯罪所得，还可以剥夺犯罪人实施犯罪的资本，客观上削弱犯罪人再犯罪的能力，达到自由刑不能实现的刑罚效果。《决定》充分重视对财产刑的适用。根据《决定》规定，凡犯《决定》各条罪的，除适用主刑（自由刑）外，均可以或者应当并处或单处罚金，危害特别严重的，

---

① 《中华人民共和国药品管理法》第51条规定："生产、销售劣药……造成严重后果的个人或者单位责任人员，比照刑法第一百六十四条的规定追究刑事责任。"

应并处罚金或没收财产。《决定》第 12 条还规定了具体的罚金数额，即"罚金的数额为违法所得的一倍以上五倍以下"，从而增强适用罚金刑的可操作性。

5. 《决定》扩大徇私枉法罪、玩忽职守罪的构成条件。近年，生产、销售伪劣商品的行为之所以屡禁不绝、愈演愈烈往往与某些地方的领导干部纵容、包庇本地区生产、销售伪劣产品的单位和个人，实行地方保护主义有直接关系。为了有效遏制地方保护主义，《决定》第 10 条对包庇生产、销售伪劣商品犯罪活动或者不依法履行职责的国家工作人员，规定比照或依据刑法第 187 条、第 188 条追究刑事责任。《决定》与刑法第 188 条、第 187 条规定的徇私枉法罪、玩忽职守罪相比作了以下补充：（1）扩大犯罪主体范围。《决定》将徇私枉法罪的主体从司法人员扩大到一般国家工作人员。（2）扩大犯罪客观行为表现。刑法第 188 条规定的犯罪行为是指对明知是无罪的人而使他受追诉、对明知是有罪的人而故意包庇不使他受追诉，或者故意颠倒黑白做枉法裁判的；刑法第 187 条规定的犯罪行为是指由于玩忽职守，致使公共财产、国家和人民利益遭受重大损失的。《决定》在上述基础上又作了补充，将"国家工作人员利用职务，对明知是有本决定所列犯罪行为的企业事业单位或者个人故意包庇使其不受追诉的"，比照刑法第 188 条追究刑事责任；将"负有追究责任的国家工作人员对有本决定所列犯罪行为的企业事业单位或者个人，不履行法律规定的追究职责的"，根据不同情况依照刑法第 187 条或者比照刑法第 188 条的规定追究刑事责任，从而加重了国家工作人员的刑事责任。

6. 首次对法条竞合的适用原则作出了立法规定。法条竞合是指一个犯罪行为同时触犯两个法律条文，其中一个法律条文的内容为另一个法律条文的内容所包括。《决定》第 2 条至第 7 条所规定的各类罪与第 1 条规定的生产、销售伪劣产品罪就存在着特别法与普通法的竞合关系。因为生产、销售伪劣产品罪的表现形式是多种多样的，其中就包括《决定》第 2 条至第 7 条所列的各种表现形式。对法条竞合的适用原则，以前刑事立法未曾作过规定，刑法学界长期争论不休，特别是对其中的重法优于轻法原则持否定态度。① 现《决定》第 8 条规定："生产、销售本决定第二条至第七条所列产品，不构成各该条规定的犯罪，但是违法所得数额在二万元以

---

① 陈兴良主编：《刑法各论的一般理论》，内蒙古大学出版社 1992 年版，第 423—426 页。

上的，依照本决定第一条的规定处罚。生产、销售本决定第二条至第七条所列产品，构成各该条规定的犯罪，同时又构成本决定第一条规定的犯罪的，依照处刑较重的规定处罚。"笔者认为，这是刑事立法对法条竞合中的重法优于轻法原则的确认。这一规定对于统一认识，正确适用刑法条文具有重要意义。

二、 生产、 销售伪劣商品犯罪的种类及其犯罪构成

（一） 生产、 销售伪劣产品罪

生产、销售伪劣产品罪是指生产者、销售者违反国家产品质量管理法规，在产品中掺杂、掺假，以假充真，以次充好或者以不合格产品冒充合格产品，违法所得数额较大的行为。该罪的主要特征：（1）该罪侵犯的主要客体是国家的产品质量管理活动，犯罪对象必须是假冒伪劣产品。（2）该罪在客观方面表现为违反国家产品质量管理法规，在产品中掺杂、掺假，以假充真，以次充好或者以不合格产品冒充合格产品，违法所得数额较大的行为。所谓数额较大，是指违法所得在 2 万元以上。违法所得是指行为人在生产、销售伪劣产品过程中所直接获取的全部实际收入。（3）该罪主观上是故意犯罪。（4）该罪的犯罪主体是一般主体，既可以是个人，也可以是单位。

（二） 生产、 销售假药罪

生产、销售假药罪是指生产、销售假药，足以危害人体健康的行为。（1）本罪侵犯的客体是公民的人体健康，犯罪对象是假药。所谓假药是指依照 1984 年 9 月 20 日第六届全国人民代表大会常务委员会第七次会议通过的《中华人民共和国药品管理法》第 33 条规定，属于假药或按假药处理药品、非药品，主要包括：药品所含成分的名称与国家药品标准或者省、自治区、直辖市药品标准规定不符合的；以非药品冒充药品或者以他种药品冒充此种药品的；国务院卫生行政部门规定禁止使用的；未取得批准文号生产的；变质不能药用的；被污染不能药用的。（2）本罪客观方面表现为生产、销售假药，足以危害人体健康的行为。根据《决定》规定，本罪并不要求危害人体健康的行为必须已经造成实际危害后果才构成犯

罪，行为虽然没有对人体健康造成实际危害，但"足以"危害人体健康的行为也构成犯罪。

（三）生产、销售劣药罪

生产、销售劣药罪是指违反国家药品管理法规，生产、销售劣药，对人体健康造成严重危害的行为。（1）本罪侵犯的客体是公民的人体健康，犯罪对象是劣药。所谓"劣药"依照药品管理法第34条规定，是指药品成分的含量不符合国家药品标准的，包括未标明有效期或者更改有效期的；不注明或者更改生产批号的；超过有效期的；直接接触药品的包装材料和容器未经批准的；擅自添加着色剂、防腐剂、香料、矫味剂及辅料的；其他不符合药品标准规定的。（2）本罪在客观方面表现为，生产、销售劣药，对人体健康造成严重危害的行为。生产、销售劣药罪与生产、销售假药罪相比，后者社会危害性更大，所以，生产、销售劣药罪必须对人体健康造成严重危害的才构成犯罪。（3）本罪主观方面是出于故意。

（四）生产、销售不符合卫生标准的食品罪

生产、销售不符合卫生标准的食品罪，是指生产、销售不符合卫生标准的食品，造成严重食物中毒事故或者其他严重食源性疾患，对人体健康造成严重危害的行为。

该罪的主要特征是：（1）侵犯的客体是不特定多数人的生命、健康安全，犯罪对象是不符合卫生标准的食品。（2）客观方面表现为违反国家有关食品卫生法规，生产、销售不符合卫生标准的食品，造成严重食物中毒事故或者其他严重食源性疾患，对人体健康造成严重危害的行为。根据《决定》规定，生产、销售不符合卫生标准的食品罪，必须造成严重后果的，即必须造成严重食物中毒事故或者其他严重食源性疾患，对人体健康造成严重危害的才构成犯罪。（3）主观方面是出于故意。

（五）生产、销售有毒、有害食品罪

生产、销售有毒、有害食品罪是指在生产、销售的食品中掺入有毒、有害的非食品原料的行为。

该罪的主要特征：（1）该罪侵犯的客体是不特定多数人的生命、健康安全，犯罪对象是有毒有害食品。（2）犯罪客观方面表现为在生产、销售

的食品中掺入有毒、有害的非食品原料的行为。该罪的社会危害性比生产、销售不符合卫生标准的食品罪更为严重，《决定》并不要求该罪的成立必须已经造成实际危害后果。如果已经造成实际危害后果的，则属于结果加重犯。（3）主观方面是出于故意。

（六） 生产、 销售不符合标准的医用器材罪

生产、销售不符合标准的医用器材罪是指生产不符合保障人体健康的国家标准、行业标准的医疗器械、医用卫生材料，或者销售明知是不符合保障人体健康的国家标准、行业标准的医疗器械、医用卫生材料，对人体健康造成严重危害的行为。

本罪的主要特征：（1）侵犯的客体是不特定多数人的生命、健康安全。犯罪对象是不符合保障人体健康的国家标准、行业标准的医疗器械、医用卫生材料（如纱布、药棉等）。（2）客观方面表现为生产、销售不符合保障人体健康的国家标准、行业标准的医疗器械、医用卫生材料，对人体健康造成严重危害的行为。如果没有对人体健康造成严重危害的，则不构成本罪。（3）主观方面必须是故意。

（七） 生产、 销售不符合安全标准的产品罪

生产、销售不符合安全标准的产品罪是指生产不符合保障人身、财产安全的国家标准、行业标准的电器、压力容器、易燃易爆产品或者其他不符合保障人身、财产安全的国家标准、行业标准的产品，或者销售明知是以上不符合保障人身、财产安全的国家标准、行业标准的产品，造成严重后果的行为。

本罪的主要特征：（1）侵犯的客体是公共安全，是不特定多数人的人身、财产安全，犯罪对象是不符合保障人身、财产安全的国家标准、行业标准的电器、压力容器、易燃易爆产品或者其他不符合保障人身、财产安全的国家标准、行业标准的产品。（2）客观方面表现为违反国家产品质量管理法规，生产、销售不符合保障人身、财产安全的国家标准、行业标准的电器、压力容器、易燃易爆产品或者其他不符合保障人身、财产安全的国家标准、行业标准的产品，造成严重后果的行为。如果没有造成严重后果的，则不构成本罪。（3）主观方面是出于故意。

（八） 生产、销售伪劣农药、兽药、化肥、种子罪

生产、销售伪劣农药、兽药、化肥、种子罪是指生产假农药、假兽药、假化肥，销售明知是假的或者是失去使用效能的农药、兽药、化肥、种子，或者生产者、销售者以不合格的农药、兽药、化肥、种子冒充合格的农药、兽药、化肥、种子，使生产遭受较大损失的行为。

本罪的主要特征：（1）侵犯的客体是国家对农药、兽药、化肥、种子的质量管理活动。（2）客观方面表现为生产、销售明知伪劣农药、兽药、化肥、种子，使生产遭受较大损失的。（3）主观方面是故意。

（九） 生产、销售不符合卫生标准的化妆品罪

生产、销售不符合卫生标准的化妆品罪是指生产不符合卫生标准的化妆品，或者销售明知是不符合卫生标准的化妆品，造成严重后果的行为。本罪的犯罪对象是不符合卫生标准的化妆品，在客观方面具有生产、销售不符合卫生标准的化妆品，造成严重后果的行为，主观方面只能是故意。

在认定上述各类犯罪时应当把握：（1）上述各类犯罪主体是一般主体，既可以是个人，也可以是单位。（2）犯罪主观方面是故意犯罪。一般是出于营利。但根据《决定》规定精神，构成上述各类犯罪并非一定要以营利为目的。有的认为，生产、销售伪劣商品犯罪过失也可以构成。理由是：（1）这类犯罪从客观实际看，可以是故意的，也可以是过失的。（2）《决定》第4条至第7条明确规定，凡犯销售该条文所列伪劣产品的，主观上必须"明知"。但其他条款均无此特别规定。可见其他各类犯罪，并非只有故意才能构成。笔者认为，这一观点不能成立。1979年刑法第12条规定，过失犯罪法律有规定的才负刑事责任。也就是说只有过失行为造成了严重后果，而且法律把它规定为犯罪，才能追究行为人的刑事责任。既然《决定》没有明确规定生产、销售产品罪过失可以构成，这正表明，立法者认为，过失生产、销售伪劣产品的，不负刑事责任。至于《决定》第4条至第7条之所以特别规定，凡销售该条文所列伪劣产品的，主观上必须出于"明知"在于特别提醒司法人员注意：生产伪劣产品与销售伪劣产品，在犯罪认定上要有所区别。根据产品质量法第3条的规定，生产者和销售者对产品质量的责任和义务是不同的。对销售者来说，由于各种主客观原因的限制，即使他完全尽到责任和义务，也难以保证其销售的产品完全是合

格产品。对于生产者来说，产品只有检验合格才能出厂，而对销售者来说，并不要求他对所销售的产品一定要检验合格才能销售。因此，《决定》规定，要认定销售者构成犯罪，必须查明其主观方面是出于"明知"。如果不"明知"则不构成犯罪。再说，从第 4 条至第 7 条的特别规定，不能推断出其他各类犯罪就可以由过失构成的结论。

三、 "打假" 中适用 《决定》 应注意的几个问题

在"打假"中，为了正确适用《决定》，笔者认为应注意以下几个问题：

（一） 注意区分罪与非罪的界限

根据《决定》规定，"打假"中区分罪与非罪的界限，主要应把握以下因素：（1）看违法所得数额和情节轻重。如生产、销售伪劣产品罪必须违法所得数额在 2 万元以上。违法所得数额在 2 万元以上，但情节较轻的，也可以不认为是犯罪。（2）看是否足以危害人体健康或是否对人体健康造成严重危害的。生产、销售假药，只要足以危害人体健康的就构成犯罪，而生产、销售劣药，生产、销售不符合卫生标准的食品，生产、销售不符合标准的医用器材，则必须对人体健康造成严重危害的才构成犯罪。（3）看是否使生产遭受较大损失或是否造成严重后果的。生产、销售伪劣农药、兽药、化肥、种子的，只有使生产遭受较大损失的，才构成犯罪；生产、销售不符合卫生标准的化妆品的，必须造成严重后果的，才构成犯罪。

（二） 注意区分此罪与彼罪的界限

1. 注意生产、销售伪劣产品罪与投机倒把罪的界限。在《决定》颁布之前，根据两高 1985 年 7 月 18 日《关于当前办理经济犯罪案件中具体应用法律的若干问题的解答（试行）》及最高人民法院 1992 年 8 月 3 日《关于严厉打击生产和经销假冒伪劣商品的犯罪活动的通知》规定，对生产、销售伪劣产品，情节严重的，按投机倒把定罪处罚。现《决定》将生产、销售伪劣商品从投机倒把行为中分离出来，单列罪名，《决定》施行后，凡生产、销售伪劣商品的，应按《决定》所规定的罪名定罪处罚，不再定

投机倒把罪。

2. 注意生产、销售伪劣商品罪与假冒商标罪的界限。从"打假"实践看，一些犯罪分子为了达到非法获利的目的，往往在生产、销售伪劣产品过程中假冒注册商标。有的认为，对这类案件，应当实行数罪并罚。① 笔者认为，行为人为了牟取非法利益，将假冒注册商标作为生产、销售伪劣商品的手段，属于牵连犯。对于牵连犯在法律无特别规定的情况下，不实行数罪并罚，而以重罪吸收轻罪的原则，按一重罪处断。

3. 注意《决定》第 8 条的适用。《决定》第 8 条对法条竞合的适用原则作了规定。根据《决定》规定，在处理特别法条（《决定》第 2 条至第 7 条）与普通法条（《决定》第 1 条）的关系上，不能囿于一般刑法理论，优先适用特别法条，而应把握：（1）凡按特别法条不构成犯罪，但按普通法条构成犯罪的，按普通法条定罪处罚。（2）凡按特别法条和普通法条都构成犯罪的，则以处刑较重的法条定罪处罚。如行为人生产、销售劣药，违法所得在 2 万元以上，但没有对人体健康造成严重危害的，按《决定》第 2 条第 2 款规定，不构成犯罪，但按《决定》第 1 条第 1 款则构成犯罪，那么应按《决定》第 1 条定罪处罚；如已对人体健康造成严重危害的，则分别触犯《决定》第 1 条和《决定》第 2 条第 2 款，因后者处罚较重，因此，应按《决定》第 2 条第 2 款定罪。

4. 注意对伪劣商品的鉴定问题。笔者认为，司法机关受理的生产、销售伪劣商品的案件，应有伪劣商品的清单和必要的实物照片以及鉴定部门出具的鉴定书。目前，商品质量监督部门较多，如工商局、标准计量局、商检局、技术监督局等，实践中对某一商品是否属于伪劣商品的鉴定，有时不统一，甚至互相矛盾，直接影响案件的查处。为了提高效率，保证鉴定的正确性、权威性，笔者认为应由全国各级的工商、标准、计量、技术监督等职能部门的专家联合组成伪劣商品鉴定委员会，负责对本地区的伪劣商品的鉴定工作。该委员会可归口于技术监督部门。司法机关对鉴定委会所作的鉴定结论有异议的，经检察长或法院院长批准，由主要办案人员到鉴定部门进行复核。

---

① 张挥：《对注册商标的法律保护》，《法制日报》1993 年 7 月 18 日，学术版。

关于戴罪立功问题的若干思考[*]

在进一步改革开放的大潮中，全国各级检察机关正积极探索经济建设服务的新路子。在这种形势下，一些检察机关尝试对"能人犯罪"中的犯罪分子不采取拘捕强制措施或变更拘捕强制措施，让其在经济建设中戴罪立功。这种做法在法学界、司法界和其他社会各界引起广泛关注，人们褒贬不一。笔者试就这一问题略陈已见。

一、 关于戴罪立功的合法性问题

关于戴罪立功的做法是否合法，有两种截然相反的观点。一种是肯定说，即认为这种做法是合法的，理由是：（1）它符合司法经济原则，有利于经济建设，有益于国家和社会；（2）它符合我国法律的有关规定；（3）它有利于贯彻"区别对待"的刑事政策；（4）它符合刑罚个别化原则；（5）它有利于教育、挽救犯罪者，促使其改恶从善、重新做人。另一种是否定说，即认为这种做法是违法的，理由是：（1）它违背法律面前人人平等的法制原则；（2）它混淆"罪"与"功"之间本质上的区别，过分夸大能人的个人价值；（3）它没有法律依据；（4）它为少数政法干部徇私枉法、以权谋私和少数党政领导"以言代法""以权压法"打开方便之门；（5）对能人犯罪"网开一面"，既不利于教育挽救犯罪者本人，也不利于教育惩戒他人。

笔者认为，上述两种观点均有一定的合理性，但都有失偏颇。我们认为，在严格掌握戴罪立功条件的情况下，对部分犯有罪行的能人不采取拘捕强制措施，让其戴罪立功，在经济建设中发挥特殊作用，既不违反法律规定，也具有积极意义．但这种做法目前仍带有试验性质，实践中也存在

* 原载《国家检察官学院学报》1993 年第 1 期。

着种种违法或越轨现象。

首先，这种做法没有违反法律的规定。适用戴罪立功的前提是对人犯不采取拘捕强制措施，或拘捕后又予以变更改为取保候审。所以我们讨论问题焦点首先在于对这些人犯不采取拘捕强制措施是否合法？对此笔者持肯定态度。1979年刑事诉讼法第40条、第41条对逮捕、拘留人犯的条件作了明确规定。逮捕必须是："主要犯罪事实已经查清，可能判处徒刑以上刑罚的人犯，采取取保候审、监视居住等方法，尚不足以防止发生社会危害性，而有逮捕必要的"，拘留则必须是"罪该逮捕的现行犯或者重大嫌疑分子"。凡不符合上述条件的人犯均不应拘捕。从司法实践看，凡严格掌握条件，戴罪立功运用得当的人犯，都是犯罪情节较轻或虽然犯罪情节较重，但悔罪态度较好，没有人身危险性的罪犯。对这类人犯不采取拘捕措施或拘捕后及时予以变更正是严格执法的表现。再说检察机关和人民法院根据人犯在戴罪立功期间的表现，对确有立功表现的，根据1979年刑法第57条、第59条及其他有关刑事法律的规定，对其作出从轻、减轻或免除处罚，是完全正确的，不存在违法问题。

其次，这种做法确实带有试验的性质。因为从现行法律规定看，除《中华人民共和国惩治军人违反职责罪暂行条例》第22条规定军人战时戴罪立功外。其他法律、法规均未规定在刑事诉讼阶段可以让犯罪者戴罪立功，这就引申出一个问题：法律无明文规定的是否即是非法的。笔者认为，法无明文规定即是非法的观点值得商榷。在进一步深化改革扩大开放的过程中，形势和现实要求广大政法干部要进一步解放思想、更新观念，不断破除陈旧僵化的办案模式，积极探索适应社会主义市场经济体制的办案新路子。邓小平南方谈话时要求我们"改革开放的胆子要大一些""要敢于试验"。因此，在改革（包括司法改革）大潮中，对法律政策无明确规定的，必须以"三个有利于"为标准。慎重对待，不能简单地用"不是合法即是非法"这种"非此即彼"的思维模式加以推断。从司法实践看，戴罪立功运用得当，能最大限度地实现办案的政治效果、社会效果和经济效果的统一，应当予以肯定。再说，既然允许军人战时可以戴罪立功，为什么不可以试验一下，让那些确有特殊才能的人到经济建设的主战场去戴罪立功呢？"法无明文规定即是非法"的观点也与法律创制的一般规律相违背，法律是以社会为基础的，它是对成熟的、既成的社会关系的确认，如果承认法无明文规定即非法，那等于就否定了法的实践性和改革的必要性，这是十分有害的。笔者认为，对戴罪立功的做法，各级检察机关可以大胆实践，积累经验，待条件成熟时，由最高司法机关作出统一的司法解释或由立法机关予以确认，使其有据可依。

再次，正由于戴罪立功的做法带有试验的性质，在形形色色的戴罪立功案中也出现了一些违法或越轨现象。主要表现有：（1）人犯戴罪立功之后，因其有立功表现，有的检察院就擅自予以撤案或作不起诉处理；（2）人犯戴罪立功之后，案件长期挂着，既不作有罪处理，也不作无罪处理，而是作为"悬案"长期挂着，谓之"冷处理"；（3）仅仅因为人犯是"名人"（不一定是能人）立案之后，没有查清犯罪事实，就停止侦查，宣布让其戴罪立功；等等。类似上述做法，既有悖法律规定，又与戴罪立功的出发点和目的相违背，实践中弊病很多，应当予以否定。

总之，戴罪立功做法的合法与非法不能一概而论，问题是如何把握它的"度"。在严格掌握条件的情况下，允许部分能人戴罪立功是有积极作用的，应当肯定，但如果滥用权力，随意适用戴罪立功或人犯戴罪立功后，随意违反法律规定作出处理，这就属违法行为，应予制止和纠正。

二、 关于适用戴罪立功的条件和对象

（一） 适用戴罪立功的条件

当前，各地对适用戴罪立功的条件认识不一，做法各异。笔者认为，为了保证戴罪立功的合法性，充分发挥戴罪立功的积极作用，人犯适用戴罪立功应具备以下条件：

第一，人犯确是科研、生产、经营、管理等领域所急需的能人。（1）人犯必须是在科研、生产、经营、管理等方面具有特殊才能的人，如具有高度的领导才能、组织才能、经济管理才能和科研才能等，而且人犯的这种才能已被实践证明，而不是"假能人"。（2）人犯确实为科研、生产、经营管理等所急需。也就是说，人犯正处在科研、生产、经营的骨干地位，他正在或将要发挥举足轻重的作用，这种作用是别人无法代替的。如人犯被拘捕后将直接影响企业的生存、生产的发展、科研的进行等。如某人犯所处的地位和作用别人可以代替，就不必要适用戴罪立功。

第二，人犯的主要犯罪事实已经查清。所谓"主要犯罪事实已经查

清"是指认定人犯起决定作用的案件事实以及构成犯罪所必备的其他有关事实已经查清。只有在人犯的主要犯罪事实已经查清的基础上,才能判断人犯的行为是否构成犯罪、构成何罪、犯罪手段是否恶劣、情节是否严重,等等,从而考虑是否允许人犯戴罪立功。如果人犯的主要犯罪事实没有查清就轻率地决定让其戴罪立功,就可能使本来无罪的人被戴上"罪",也可能使一些隐藏较深、犯罪情节特别严重的犯罪者利用戴罪立功之机翻供、串供,妨碍侦查工作的进行,逃避法律的惩罚。

第三,人犯真诚悔改,没有现实危险,让其戴罪立功不致再危害社会的。首先,人犯要有悔改表现。行为人犯罪之后,能自首或坦白交代,积极退赃,有悔改表现的,可以适用戴罪立功,人犯也只有真诚悔改,才能在戴罪立功期间,积极发挥主观能动性,努力工作,为经济建设作出贡献。其次,人犯没有现实危险,不致再危害社会的。综合分析犯罪人的情况,包括犯罪情节、悔罪态度、一贯表现等。对其不采取拘捕强制措施,已没有现实危险,不致再危害社会的,可以允许戴罪立功,反之,如果行为人案发后有自杀、逃跑串供等妨碍侦查工作行为的,应予拘捕,而不能适用戴罪立功。

上述三个条件应同时具备,缺一不可。

(二) 戴罪立功的适用对象

关于戴罪立功的适用对象,当前有以下几种看法:第一种观点认为,戴罪立功只适用贪污贿赂犯罪;第二种观点认为,戴罪立功只适用经济犯罪;第三种观点认为,戴罪立功只能适用于职务犯罪;第四种观点认为,戴罪立功可以适用任何性质的犯罪。

笔者认为,界定适用戴罪立功的对象要考虑以下两点:(1)由于戴罪立功做法带有试验性质,其适用对象不能失之过宽,否则容易导致一哄而上,产生不必要的消极作用;(2)要把适用对象与适用条件密切联系在一起。有鉴于此,笔者倾向于第三种观点,即戴罪立功一般只适用于职务犯罪,包括利用职务之便进行的经济犯罪和渎职犯罪。因为职务犯罪的主体是国家工作人员,对国家工作人员中的"能人",不采取拘捕措施,让其在原有的工作岗位上,利用其智力、技术和工作能力,一般可以为经济建设作出新成绩。而且行为人的"罪"与"功"之间往往具有某种内在联系,客观上都表现为职务行为。再从民意角度,对一些职务犯罪的行为人允许其戴罪立功容易为群众所理解和接受，社会效果较好。所以我们认为，目前戴罪立功的适用对象宜限制在职务犯罪之内。

三、 关于戴罪立功的审批权限和戴罪立功的期限问题

（一） 关于戴罪立功的审批权限。

关于戴罪立功的审批权限，当前有以下几种意见：第一种意见认为，应由承办案件的检察院批准决定；第二种意见认为，应由承办案件检察院的上一级检察院批准；第三种意见认为，应由省级以上检察院批准。笔者认为，戴罪立功的审批权限由上级检察院行使有利于统一标准、严格条件，限制权力的滥用。但戴罪立功这种做法毕竟是检察机关对人犯所采取的一项激励其立功的措施，不是对人犯所作的最终处理结果。目前这种做法仍带有试验性质，审批权限由上级检察院行使，不利于调动基层检察院大胆探索实践的积极性，而且从目前司法实践看，大多是由基层检察院自行决定的。因此，我们认为戴罪立功的审批权限还是由承办案件检察院行使为宜。但应当注意：（1）承办案件的检察院在决定对人犯适用戴罪立功时，应贯彻民主集中制原则，实行专人审查、集体讨论、检察长或检委会决定的制度，防止一人说了算。（2）承办案件的检察院在决定对人犯实行戴罪立功后，应制作必要的法律文书，报上一级检察院备案。上级检察院发现下级检察院对人犯适用戴罪立功不当时，应当予以纠正，从而防止审批权限由承办案件检察院自行决定所产生的弊端。

（二） 关于戴罪立功的期限

对戴罪立功的期限，各地做法不一，认识也不太一致。有的是几个月，有的是半年到一年，也有的更长。有的同志建议由最高人民检察院作出统一规定。笔者认为，戴罪立功的期限不宜作统一的硬性规定。因为戴罪立功人犯所处的工作、生产、科研环境千差万别，期限过短难以成就其功，期限过长则可能增加人犯不必要的精神负担，不利于充分调动其积极性。我们认为，在给人犯确定戴罪立功期限时，应考虑以下因素：（1）人犯和人犯所在单位的要求期限；（2）人犯完成其所承担的科研、生产、经营任务实际所需的期限，如亏损企业的厂长经理可以按要求的扭亏为盈

的期限作为其考察期限。如是承担科研项目的科技人员可以科研项目完成时间为考察期限等。总之，戴罪立功的考察期限应根据案情、人犯的工作能力和工作情况以及人犯与其所在单位的意见等综合加以考虑，实事求是地予以确定。同时，人犯在戴罪立功期间发生变化的，可以酌情延长或缩短戴罪立功期限。

四、 人犯戴罪立功后的处理

人犯戴罪立功期限届满后，承办案件的检察机关应根据人犯的犯罪事实及戴罪立功期间的表现依法作出处理。笔者认为，检察机关应根据不同情况，分别对人犯作出从轻、减轻或免除处罚的决定：

1. 人犯犯罪情节较轻，戴罪立功期间真诚悔改，确有立功表现的，可以依法免予起诉。

2. 人犯犯罪情节较重，戴罪立功期间真诚悔改，确有立功表现的，予以起诉。建议法院对其从轻、减轻或免除处罚，判处免诉或缓刑；少数确有重大立功表现的，经呈报上级检察院批准也可以免予起诉。

3. 人犯在戴罪立功期间，没有立功表现的，予以起诉，由法院依法判处。

4. 人犯在戴罪立功期间，不思悔改，翻供串供，妨碍刑事诉讼正常进行或又实施其他违法犯罪行为的，依法起诉，并建议法院对其从重处罚。

在人犯戴罪立功后的处理问题上，当前争议最大的是：人犯在戴罪立功期间确有立功表现的，可否作撤案或不诉处理。一种意见认为，人犯在戴罪立功期间，所立之功能折抵罪责的，可以作撤案或不诉处理。笔者认为，这种观点和做法有悖法律的规定，弊多利少。理由是：（1）功与罪之间具有本质上的区别，两者不具有可比性。功往往可以用货币等价值尺度来衡量，而犯罪给国家、社会造成的损害确是长远的、全局的、整体的，它一般不能用金钱来衡量。功与罪性质不同，不能类比。（2）上述观点混淆了免除刑罚与免除刑事责任的界限，刑事责任是指犯罪人因实施刑法禁止的行为而应当承担的，代表国家的司法机关依照刑事法律对其犯罪行为的否定性评价和谴责；而刑罚是法院以国家名义对犯罪人适用的最严厉的强制措施。刑事责任是刑罚的前提和标准，刑罚是刑事责任的后果和基本体现形式。刑事责任的存在决定刑罚的存在，但负有刑事责任的人如具备法定可以免除刑罚的情节，不一定受到刑罚处罚。根据我国刑罚理论和刑法规定的量刑原则，人犯有立功表现的，可以从轻、减轻或免除刑罚处罚，但免除刑罚不是免除刑事责任。认为人犯戴罪立功后可作撤案或不起诉处理的观点，实际上是把免除刑罚当作免除刑事责任，这是完全错误的。（3）1979 年刑事诉讼法第 11 条对立案后作撤案或不起诉处理的情况作了明确规定，即只限于"（一）情节显著轻微、危害不大，不认为是犯罪的；（二）犯罪已过追诉时效期限的；（三）经特赦令免除刑罚的；（四）依照刑法告诉才处理的犯罪，没有告诉或者撤回告诉的；（五）被告人死亡的；（六）其他法律、法令规定免予追究刑事责任的。"人犯戴罪立功的案件均不属于上述情况之一。（4）从司法实践看，"以功抵罪"的做法，社会效果较差，而且容易为少数办案人员徇私枉法，为犯罪者"网开一面"制造借口、开方便之门。总之，笔者认为，对戴罪立功的案件不能作撤案或不起诉处理。

受贿罪中利用第三人职务之便问题探讨 *

当前在惩治贿赂犯罪中，国家工作人员（以下简称行为人）不是直接利用本人职权，而是利用其他国家工作人员（以下简称第三人）职务上的行为，为请托人谋取利益，从中索取或收受请托人财物的案件屡有出现。对此应否认定受贿行为，在我国刑法理论和司法实践中一直存在不同观点。第一种是否定说，认为受贿罪中的利用职务上的便利仅指直接利用自身职务范围内的权力，不包括利用第三人职务之便。第二种是肯定说，认为利用职务上的便利除利用自身职务范围内的权力之外，还包括利用第三者的职务之便。第三种是折中说，认为对利用第三人职务之便要作具体分析，不能一概肯定或否定。如果行为人以自己的职务为基础，利用与本人职务有关的便利条件，通过第三人职务上的行为，为请托人谋取利益，而本人从中索取或非法收受财物的，应以受贿论处、反之如果第三人的职务行为与行为人的职务没有任何联系，完全是基于一种私人关系的，则不属利用职务之便，行为人从中收受财物的，不能以受贿论处。

笔者认为，上述第三种观点是可取的。第一种观点把利用职务之便理解得过于窄，不符合当前贿赂犯罪的客观实际，也不利于惩治腐败现象。而第二种观点又理解得过于广泛，容易混淆行贿受贿与人情交往的界限，导致打击面过宽。第三种观点则宽严适中，比较符合实际。行为人利用与本人职务有关的便利条件，通过第三人职务上的行为，为他人谋取利益，从中收取财务，虽然与行为人直接利用自身职权有所区别，但在犯罪动机、目的、手段及社会危害性等方面同国家工作人员直接利用职权为他人谋取利益，从中收受贿赂，其实质是一样的。从表面看，行为人是利用了第三人的职务便利，但是他们非亲非故，行为人之所以能利用第三人职务为基础，与本人职务密不可分，即是行为人的职权促使第三者的职务来满

---

 * 原载《法律科学》1993 年第 2 期。

足行为人的要求，实质上是以权换权。也就是说，在这场交易中，起决定作用的是行为人本身的职权。第三人之所以要用职权来满足行为人的要求，是迫于行为人职务的压力、影响或有求于行为人。可见行为人利用第三人的职务为请托人谋利益，从中收受财物，只是受贿罪中的一种表现形式，是一种现象，利用本人职务去换取第三人之职务才是实质。因此，对之以受贿罪论处，既符合现实实际情况，也有利于反腐倡廉的客观需要，而且与当代世界许多国家关于贿赂罪的刑事立法相适应（如日本、法国、联邦德国、韩国、印度、罗马尼亚等国刑法典均规定有斡旋受贿罪或间接贿赂罪），符合我国刑事立法，比较好地表达了"利用职务上的便利"的法律内涵。最高人民法院、最高人民检察院《关于执行〈关于惩治贪污罪贿赂罪的补充规定〉若干问题的解答》（以下简称"两高"《解答》）指出："国家工作人员不是直接利用本人职权，而是利用本人职权或地位形成的便利条件，通过其他国家工作人员职务上的行为，为请托人谋取利益，而本人从中向请托人索取或者非法收受财物的，应以受贿论处。对于单纯利用亲友关系，为请托人办事，从中收受财物的，不应以受贿论处。"从以上规定可以看出"两高"《解答》采纳的也是折中说。这一司法解释为我们正确认定利用第三人职务之便，为他人谋利益，从中收受财物案件的性质提供了法律依据。

如何正确理解和界定"利用本人职权或地位形成的便利条件"的内涵和外延，"两高"《解答》没有作出进一步解释，理论和实践中观点颇不一致。

笔者认为，所谓"利用本人职权形成的便利条件"，是指行为人凭借本人职务范围内的权力、对所利用的第三人产生压力、影响，第三人基于行为人的职权，通过自己职务上的活动，为他人谋利益，而行为人从中收受贿赂的。从司法实践看，它一般包括以下三种情况：（1）行为人与第三人具有上下级隶属关系通过下级国家工作人员职务上的行为，为请托人谋取利益。（2）行为人与第三人没有职务上的从属关系，但双方具有职务上的联系，即存在着工作或业务关系，第三人的工作、业务往往有赖于行为人，行为人借此通过第三人职务上的行为，为请托人谋取利益。如某铁路货运站站长，受他人之托，向某水泥厂厂长提出买平价水泥吨，厂长考虑到本厂水泥的外运均需依赖该站，就违反规定按平价批给水泥100吨，事后该站长收受请托人现金4000元。（3）行为人与第三人存在"以权换权"

关系，即行为人与第三人既没有职务上的从属关系，也没有直接职务上的联系，但第三人通过自己的职务行为满足行为人的要求，而行为人则利用自己的职权为第三人谋取利益以作交换。如某市人事局局长王某受他人之托向该市某省属企业供销处长李某提出购买国家重要物资聚乙烯 20 吨，李答应要求，但要王将其在外地的女儿调回本市作为交换条件。王答应后，李即按国家牌价批给聚乙烯 20 吨，王从中收受请托人财物 8500 元，并将李某女儿调回本市。

所谓"利用本人地位形成的便利条件"，是指行为人凭借其职务而在社会生活中形成的特定位置，对所利用的第三人产生压力、影响，第三人基于行为人在社会生活中的特定位置通过自己职务上的活动，为他人谋利益，而行为人从中收受贿赂。从司法实践看，它一般有以下两种情况：（1）行为人担任一定的领导职务，从而利用其职位影响，通过第三人的职务行为，为请托人谋取利益。如某市政协主席金某，通过该市某钢铁厂厂长方某为某乡镇企业搞到平价钢材 30 吨，金某从中收受某乡镇企业现金 5000 元。该案中金某是利用某政协主席这一职务形成的社会地位，为他人谋利益，对之应以受贿罪论处。（2）行为人虽然不具有领导职务，但利用其特定的职务范围形成的地位条件，通过第三人的职务行为，为他人谋取利益。如某市百货公司经理钟某与该市委书记的秘书罗某是同学，钟某托罗某为公司搞平价彩电 200 台，罗某答应后，以市委书记名义打电话给该市电视机厂厂长，要该厂在电视机价格上给钟某以优惠，该厂长遂批给钟某平价彩电 150 台，罗某从中收受彩电"介绍费"4000 元。该案件中罗某不具有领导职务，也不分管经济、企业工作，但他利用协助市委书记处理日常具体工作的特殊职权而形成的地位条件，为他人谋利益，对罗某应按受贿罪论处。

有人认为，利用本人地位形成的便利条件必须是"职务高而社会地位也高的国家工作人员利用其地位形成的便利条件，通过其他职务低社会地位相应低的国家工作人员职务上的行为，为请托人谋取利益，反之则不然。"[①] 笔者认为，这种观点失之片面，理由是：（1）从现实生活看，职务的高低与地位的高低并非绝对成正比。有的人职务并不高，但因其特定的职权范围，使其形成特殊的社会地位，从而能利用这种特殊地位，为他人

---

① 韩德荣等：《试论"本人的职权或地位形成的便利条件"》，《法学》1990 年第 9 期。

谋利益。如上述第二种情况。（2）从实际情况看，在某些案件中，行为人的职务和地位虽比第三人低，但第三人之所以能满足行为人的要求，仍是基于行为人的职务和相应的地位。如果行为人失去职务，就难以通过第三人为他人谋利益。（3）从后果看，行为人不管是利用职务比自己高的第三人还是利用职务比自己低的第三人职务上的行为，为请托人谋取利益，从中收受财物，其结果都侵害了国家机关正常活动和国家公务人员的忠诚廉洁制度。可见"利用本人地位形成的便利条件"不能以职务高低作为衡量的标准。行为人凭借本人职权和地位，利用职务和地位比自己更高的第三人职务上的行为，为他人谋利益，从中收受财物的，也应以受贿论处。

在确认行为人是否利用本人地位形成的便利条件时必须严格区分利用职务性的地位形成的便利条件与利用非职务性的社会地位形成的便利条件，后者如一些著名的作家、艺术家、劳动模范等。他们的社会地位很高，有的也属刑法规定的国家工作人员，但他们的地位不是由其职务形成的，而是由于他们的杰出成就、突出贡献得到社会的认可而树立起来的。他们利用这种社会地位，通过第三人职务上的行为，为他人谋利益，从中收受财物的、不属"两高"《解答》规定的"利用本人地位形成的便利条件"，不能以受贿论处。

总之，行为人通过第三人职务上的行为，为请托人谋取利益，从中收受财物，构成受贿罪的，在客观方面必须具备以下条件：（1）行为人通过第三人职务上的行为，为请托人谋取利益，必须以行为人的职务为基础或者利用了与本人职务活动有紧密联系的身份便利。（2）第三人之所以通过职务活动，满足行为人的要求，为他人谋利益，是基于行为人的职务或地位影响。以上两个条件必须同时具备、缺一不可。

有的学者认为，行为人利用第三人职务之便，为请托人谋私利而本人从中收受财物是构成受贿罪的条件之一①，否则不构成犯罪。笔者认为这种观点值得商榷。受贿罪的成立与否，并不以行为人客观上是否已为行贿人谋取到利益为标准。"两高"《解答》明确指出："为他人谋取利益是否正当，为他人谋取的利益是否实现，不影响受贿罪的成立。"这一解释是针对所有贿赂罪案件而言的，当然也适用于行为人利用第三人职务之便索取或收受贿赂的案件。

---

① 伍柳村主编：《贿赂罪个案研究》，四川大学出版社1991年版，第66页。

　　"两高"《解答》指出："单纯利用亲友关系为请托人办事，从中收受财物的，不应以受贿论处。"为了正确理解这一规定，笔者认为，当前应亟待明确以下两个问题：

　　第一，什么是亲友关系？对亲友的范围，"两高"《解答》没有具体规定，司法实践中有几种不同看法：第一种观点认为，"亲友"一词，根据《现代汉语词典》的解释，意为亲戚朋友，亲友关系即亲戚朋友关系，不包括亲属关系；第二种观点认为，"亲友"除亲戚朋友外，还包括亲属，亲友关系即亲属、亲戚、朋友关系；第三种观点认为，这里的"亲友"包括的范围较广，即包括亲属、亲戚、朋友，还包括一般熟人。① 笔者认为，第一种观点失之过严。行为人与第三人具有亲属关系的，行为人（如妻子、子女）之所以能通过第三人（如丈夫、父母）职务上的行为，为请托人谋取利益，主要是基于他们之间的婚姻血缘关系和感情基础，而不是职务影响，再以一般社会关系看，亲属之间关系比较密切，亲戚关系不如亲属关系。既然利用亲戚关系都不构成受贿罪，那么利用亲属关系更不应构成受贿罪，否则有悖情理。第三种观点把一般的熟人关系也纳入"亲友"关系之列，则又失之过宽。朋友是指彼此有交情的人。一般的熟人，虽彼此认识，但不一定有情谊关系。从司法实践看，行为人之所以会利用第三人职务之便，大部分事先都互相认识、熟悉或有一面之交。但行为人之所以能用第三人的行为，为请托人谋利益，关键在于他的职权或地位影响，而不在于互相熟悉。因此，不能把一般的熟人关系列入"亲友关系"之列。可见上述的第二种观点是可取的，"两高"《解答》中所指的"亲友关系"，即指亲属、亲戚、朋友关系。

　　第二，什么是"单纯利用亲友关系"？笔者认为，所谓"单纯利用亲友关系"是指行为人仅仅利用与第三人是亲友关系的便利条件，凭借第三人的职务行为，为请托人谋利益。在现实生活中，"单纯"利用亲友较多存在于一方是非国家工作人员，另一方（第三人）是国家工作人员之间，较少地存在于双方均是国家工作人员之间。当行为人是具有较高职位的国家工作人员的情况下，很难说行为人是单纯利用亲友关系，而没有利用本人职权或地位形成的便利条件。因此，在司法实践中，要防止出现凡是行为人与第三人是亲友关系的，一概不能认定为受贿的现象。行为人与第三

　　① 国宪：《重新理解受贿罪的"利用职务之便"》，《法学》1990年第8期。

人虽属亲友关系，但行为人利用的不是"单纯"的亲友关系，而是名为利用亲友关系，实为利用本人职权或地位的影响，通过第三人职务上的行为，为请托人办事，从中收受财物的，应以受贿论处。行为人与第三人既存在亲友关系，又有职权或地位影响的，认定其是单纯利用亲友关系，还是利用本人职权或地位形式的便利条件，主要应看他们平时有无往来，来往时间的长短与次数，双方是否确实存在较深的情谊关系。

法人犯罪刑事诉讼若干问题探析 *

近年法人犯罪已被大多数刑法理论工作者所接受、并被刑事立法所承认和肯定。但是我国 1979 年颁布的刑事诉讼法是建立在如何追究个人（自然人）刑事责任基础上的，对法人犯罪的刑事诉讼问题没有作专门规定。法人犯罪案件如何进行刑事诉讼是当前摆在广大理论和实践工作者面前亟待研究的重大课题。笔者试就此略陈拙见，与同人们共同探讨。

一、 法人犯罪案件的职能管辖问题

当前根据刑事立法的规定以及最高人民检察院、最高人民法院、公安部关于案件管辖的有关规定，对法人犯有贿赂罪、偷税、抗税罪、假冒商标罪、重大责任事故罪的由检察机关立案侦查；对法人犯有走私罪、逃汇套汇罪、投机倒把罪、盗伐、滥伐林木罪、制作、贩卖、传播淫秽物品罪等，由公安机关立案侦查。笔者认为，这种职能分工缺乏科学性、合理性，不利于惩处法人犯罪。

我们认为，法人犯罪案件应一律由检察机关立案侦查，理出是：

1. 法人犯罪由检察机关立案侦查，有利于体现检察机关的法律监督职能性质。检察机关的法律监督职能是国家赋予检察机关监督执行和遵守法律情况，保障法律正确、统一实施的一种权力。检察监督的对象包括两个方面，一方面是对有关国家机关执法活动的法律监督；另一方面是对国家机关、企事业单位、社会团体和公民的犯罪行为的法律监督。而法人犯罪正是国家机关、企事业单位、社会团体，为了牟取非法利益，以单位名义实施的，严重危害社会，依照法律应受刑罚处罚的行为，对法人犯罪立案侦查。理应是检察监督的内容，符合我国检察监督的立法原意。

 ＊ 原载《检察理论研究》1993 年第 3 期。

2. 法人犯罪由检察机关立案侦查，符合检察机关职能管辖的特点，检察机关直接受理侦查的刑事案件一般具有以下两个特点。（1）犯罪主体是国家工作人员。（2）犯罪客观方面表现为利用职务之便。法人犯罪是国家机关、企业事业单位、社会团体及其工作人员。利用职务或与职务有关的便利条件实施的犯罪。因此，将法人犯罪划归检察机关管辖符合检察机关职能管辖的特点。

3. 法人犯罪由检察机关立案侦查，有利于排除各种干扰，及时惩处法人犯罪。法人犯罪具有以下特点：（1）法人中官商不分，以官经商，以权经商，利用特权和关系网进行犯罪占相当比例。（2）法人犯罪能量大，一些单位利用各种特殊条件，大做权钱交易、垄断生意和买卖。（3）法人犯罪手段不断变化，智能作案数日趋增多。（4）法人犯罪欺骗性大，容易得逞而不易被查处。它们一般都具有合法的外衣，打着改革、开放、搞活的旗号进行违法犯罪活动，加上关系网宽、保护层厚，以及各地普遍存在的"地方保护主义"影响，使得许多法人犯罪案件，难以查清和处理。因此，侦破法人犯罪案件干扰多、阻力大、困难多。而检察机关的职权（依法独立行使检察权，不受行政机关、团体和个人的干涉）和领导体制（上级检察院领导下级检察院）决定了法人犯罪案件由检察机关行使侦查权，有利于排除干扰，减少阻力。

二、 法人犯罪如何确定诉讼主体

法人犯罪案件如何确定诉讼主体，是追究法人犯罪首先需要解决的问题。对这一问题，当前有以下几种观点：第一种观点认为，法人犯罪的诉讼主体，即刑事诉讼被告人是实施犯罪行为的法人；第二种观点认为，法人犯罪的诉讼主体是该法人直接负责的主管人员和其他直接责任人员，法人本身不是诉讼主体；第三种观点认为，法人犯罪的诉讼主体是两个，即法人本身和该法人直接负责的主管人员和其他直接责任人员。笔者认为，上述观点均有失偏颇。法人犯罪案件的诉讼主体应当根据法律的不同规定予以确定。根据我国刑事法律和司法解释的有关规定。我国对法人犯罪有采用"双罚制"和"单罚制"之分。所谓"双罚制"是指根据法律规定，对法人犯罪既追究法人整体的刑事责任，又追究法人直接负责的主管人员和其他直接责任人员的刑事责任。如对法人犯走私罪、逃汇套汇罪、受贿罪、行贿罪、制作、贩卖、传播淫秽物品罪等都规定了"双罚制"。"单罚制"是指对法人犯罪，法律只追究法人直接负责的主管人员和其他直接责任人员的刑事责任，而不追究法人整体的刑事责任。根据有关司法解释，目前对法人犯投机倒把罪、偷税、抗税罪、假冒商标罪、盗伐、滥伐林木罪、重大责任事故罪等只能实行"单罚制"。在"双罚制"的情况下，法人犯罪的诉讼主体是两个，即法人本身和该法人中直接负责的主管人员和其他直接责任人员。他们同为刑事被告人，都应同时参加刑事诉讼。而在"单罚制"的情况下，虽然法人本身也是犯罪主体，但由于法律不追究其刑事责任，它就不是诉讼主体，不应把它列为刑事被告人。在这种情况下，法人犯罪的诉讼主体是一个。即只有法人直接负责的主管人员和其他直接责任人员才是刑事诉讼的被告人，当然其被告人数要视案件的具体情况而定，可能是一人，也可能是数人。

三、 法人作为刑事被告人如何参与诉讼

法人作为刑事被告人，如何参与刑事诉讼主要涉及以下几个问题：

其一，谁代表被告法人参与刑事诉讼？一种意见认为，必须由法定代表人或主要负责人代表被告法人参与刑事诉讼；另一种意见认为，为了方便刑事诉讼，被告法人既可以指派法定代表人或主要负责人参与诉讼，也可以指派法人的其他成员代表法人参与诉讼，而且还可以委托代理人（如律师）参与诉讼。笔者认为，原则上应由法定代表人代表被告法人参与刑事诉讼。法人犯罪是指法人直接负责的主管人员（包括法定代表人）和其他直接责任人员，为使法人牟取利益，经过法人决策机构授意或批准，以法人名义实施的侵害我国刑法所保护的社会主义社会关系的行为。法定代表人是依照法律或者法人组织章程规定，代表法人行使职权的人，法定代表人在法人决策机构中处于中心地位，根据权利和义务相一致的原则，法定代表人应当代表被告法人参与诉讼，接受刑事侦查起诉和审判，行使诉讼权利、承担诉讼义务。对于法人组织来说司法机关依法追究其刑事责任，判处刑罚，是一种直接关系其经济利益和名誉的重大事件。没有法定代表人代表法人出庭接受审判，既有失刑事法律的严肃性，也直接影响刑罚的执行。有人认为，法人犯罪案件的刑事诉讼和民事诉讼一样，可以委托代理人。我们认为，刑事诉讼不同于民事诉讼，在民事诉讼中，原告和

被告享有广泛的诉讼权利，双方的诉讼主体是平等的，而刑事诉讼则不同。犯罪法人受到国家指控其诉讼代表人不能随意指定。刑事被告人委托代理人有悖刑事诉讼的本意。我国刑事诉讼法也无任何类似的规定。因此，我们认为，被告法人不能委托代理人（如律师）代表法人参与刑事诉讼。法人犯罪原则上应由法定代表人参与诉讼，但有下列情况的，可以由法人的副职行政负责人或其他主要负责人代表法人参与刑事诉讼：（1）法定代表人因特殊原因（如重病、出国等）不能亲自出庭的。（2）法定代表人对该法人实施的犯罪情况一无所知，由其代表被告法人参与诉讼难以保障刑事诉讼进行的。总之，由谁代表被告法人参与刑事诉讼应由司法机关决定，而不应由被告法人决定。

其二，法定代表人能否以双重身份参与刑事诉讼？当法定代表人在法人犯罪中成为直接负责的主管人员而自身也成为被告人时，能否再担任被告人的诉讼代表人，即能否以双重身份参与刑事诉讼，实践中存在分歧。一种意见认为，法定代表人可以以双重身份参与刑事诉讼；另一种意见认为，法定代表人不能以双重身份参与刑事诉讼。笔者认为，在法人犯罪中，实质上是一个犯罪行为（法人整体犯罪），两个犯罪主体（法人和作为法人构成要素的自然人）。在刑事诉讼中，作为法人的被告人和作为自然人的被告人，其诉讼权利义务是有区别的，为了切实维护不同被告人的合法权益。保证刑事诉讼客观公正地进行，法定代表人不宜以双重身份参与刑事诉讼。当然，在法定代表人本身已是被告人而不能再代表犯罪法人参与诉讼时，被告法人应指派了解法人和熟悉案件全面情况的主要行政负责人代表法人参与刑事诉讼。

其三，法定代表人变更后由谁代表被告法人参与刑事诉讼？从法人实施犯罪行为到追究法人刑事责任，往往要经过一段时间。因而会遇到司法机关追究法人刑事责任时，原法定代表人因各种原因如免职，调任等已不在任的情况，在这种情况下应由现任法定代表人参与诉讼，还是由原任法定代表人参与诉讼。司法实践中存在不同观点。一种观点认为，应由现任法定代表人参与诉讼。理由是：这一问题刑诉法没有作出规定。可以参照民事诉讼程序的规定。最高人民法院在《关于贯彻〈中华人民共和国民事诉讼法〉（试行）若干问题的意见》中规定："在诉讼进行中，作为当事人的机关、团体、企业事业单位改组或主要行政负责人更换的，应向人民法院提交新的法定代表人的身份证明书，继续参加诉讼。"原法定代表人既已免职就再无能力和义务执行法院对该法人作出的刑事判决。另一种观点认为，应由原法定代表人参与诉讼。笔者同意第二种观点。刑事诉讼和民事诉讼是两种性质不同的诉讼，民事诉讼的有关规定不适用于刑事诉讼。法人实施犯罪时的法定代表人，了解本法人犯罪的有关情况，由其代表法人参与诉讼，有利于司法机关尽快全面查明案情。从司法实践看，法定代表人代表犯罪法人出庭接受审判，客观上将影响其个人的名誉。因此，法人实施犯罪后经变更的法定代表人往往不愿出庭接受审判。有鉴于此，我们认为，法人犯罪案件宜由法人实施犯罪时的法定代表人参与诉讼，接受审判，至于法院对犯罪法人作出刑事处罚，那是一个执行程序问题，当然应由现任法定代表人协助法院执行，这与谁代表法人参与刑事诉讼并不矛盾。

四、 法人犯罪案件的强制措施问题

刑事诉讼中的强制措施有 5 种：拘留、逮捕、拘传、取保候审、监视居住。法人犯罪与单纯的自然人犯罪不同，在适用强制措施问题上应视被告人的不同而分别对待。对于作为法人直接负责的主管人员和其他直接责任人员的被告人，其强制措施的适用，与普通被告人相同，原则上可以采取一切必要的强制措施。但从实践来看，由于他们都有一定的身份和稳定的职业。一般不会采取自杀、逃跑等方式逃避侦查和审判，而且他们中的绝大多数人是单位的领导干部或业务骨干，一旦采取完全剥夺人身自由的强制措施，往往影响该单位的正常业务工作，因此，对他们应慎用或少用拘留、逮捕措施，在一般情况下可以采用取保候审或监视居住。对于作为被告人的法人，由于其不具有自然人的属性，刑事诉讼法规定的 5 种强制措施不能适用于法人。法人犯罪一般是经济犯罪或贪利性犯罪。犯罪对象多是财物，为了保障国家、集体利益免受更大的损失，保证刑事诉讼顺利进行，建议刑事诉讼法根据法人犯罪特点增设查封、扣押、冻结财产等强制措施，以弥补现行强制措施之不足。对于被告法人的诉讼代表人，由于其本身不是被告人，不能对他采取拘留、逮捕、取保候审、监视居住强制措施。但为了保证诉讼的正常进行，对被告法人的诉讼代表人，经合法传唤，无正当理由，拒不到案的，可以适用拘传。

总之，重视和加强对法人犯罪刑事诉讼问题的研究，既是刑事司法实践的客观要求，也是完善刑事诉讼法和拓宽刑事诉讼理论的需要。

适用刑事司法解释的若干问题探析 *

刑事司法解释是由立法机关授权最高司法机关就如何具体应用刑法、刑事诉讼法所作出的最有普遍约束力的解释。自 1981 年 6 月 10 日全国人民代表大会常务委员会作出《关于加强法律解释工作的决议》（以下简称《决议》）之后，最高人民法院、最高人民检察院（以下简称"两高"）加强了司法解释工作，先后颁布了大量刑事司法解释，为各级司法机关正确适用刑事法律，打击犯罪发挥了积极作用。但司法解释工作存在的问题，也给各级司法机关适用刑事司法解释带来一些困难。本文试就刑事司法解释适用中若干争议较大的问题，略陈管见。

一、 刑事司法解释内容有矛盾时如何适用的问题

一般而言，司法解释是不会出现矛盾的，但由于各种原因，刑事司法解释有时也会出现矛盾，甚至解释有误或不妥当。表现在：（1）刑事司法解释与刑事立法（包括刑事立法解释）相矛盾；（2）刑事司法解释与行政解释相矛盾；（3）刑事司法解释与学理解释相矛盾；（4）刑事司法解释本身自相矛盾。

第一种情况，由于刑事立法的效力高于刑事司法解释，凡司法解释主体，违背立法精神，超越解释权限，作出与刑事立法相矛盾的解释不具有实际适用效力。如最高人民检察院 1991 年 2 月 21 日《关于贪污受贿案件免予起诉工作暂行规定》第 7 条、第 15 条规定，个人贪污受贿数额在 5000 元以上的，原则上不能免诉。但个别同时具备自首、立功、积极退赃，未给国家利益或者集体利益造成重大损失的，经上报省级检察院或最高人民检察院审批后可以免诉。这一解释违背从严惩处职务犯罪的立法精神，

---

* 原载《法商研究》1993 年第 4 期。

与全国人大常委会《关于惩治贪污罪贿赂罪的补充规定》第2条规定的个人贪污受贿在5000元以下，犯罪后自首、立功或者有悔改表现、积极退赃的，可以减轻处罚或者免予刑事处罚相矛盾。并为少数检察机关滥用免诉权大开方便之门，因而应属无效。《关于贪污受贿案件免予起诉工作暂行规定》颁布后，立即遭到法学界和有关部门的批评，最高人民检察院发现后及时以明传电报通知各级检察院停止该条款的适用。1991年12月26日，最高人民检察院重新颁布施行的《关于贪污受贿案件免予起诉工作的规定》正式将该条款删去。但应当注意，如果解释主体在不违背刑事立法原意的基础上作出的大于刑事法律条文字面含义范围的扩张解释，各级司法机关应予适用。如最高人民法院法（研）复（1985）40号批复规定："对于组织播放淫秽录像、影片、电视片、幻灯片等构成犯罪的，可直接依据刑法第170条的规定定罪量刑，不需要适用法律类推。"这一规定是对刑法第170条规定的制作、贩卖淫书淫画罪作了扩张解释．从字面看这一解释显然是原刑法条文逻辑含义所不能包容的，似乎和刑事立法相矛盾，也有的学者对这类解释的运用持否定态度。[①] 但笔者认为，该类扩张解释，符合立法精神，适应司法实践需要，为打击犯罪发挥了积极作用，各级司法机关应遵照执行。

至于第二、第三种情况，笔者认为，凡行政解释、学理解释与刑事司法解释相矛盾的，应严格执行刑事司法解释。《决议》规定："不属于审判和检察工作中的其他法律、法令如何具体应用的问题，由国务院及主管部门进行解释"。根据这一精神，对刑事法律、法令的解释权只属于"两高"，任何行政机关，包括公安、安全机关，无权对刑事法律的适用进行解释。因此，行政机关对刑事法律所作出的解释，属越权行为，一律无效。而学理解释是从法学理论的角度对法律规范所作的说明和阐释。没有法律上的约束力，不能作为法律适用的根据。在司法实践中，不能以刑事司法解释违背一般学理解释为借口而拒绝适用。

第四种情况比较复杂，它又表现为3种矛盾形式：

1. 对同一法律条文所作出的解释因解释时间的不同而出现矛盾。这一般应采取新解释优于旧解释的原则。

2. 对同一法律条文所作出的解释因解释主体不同而出现矛盾，即最高审判机关的解释和最高人民检察机关的解释有矛盾。如关于个人非法制

---

① 游伟：《加强我国刑法司法解释的法律监督》，《法学评论》1990年第3期。

造、销售他人注册商标而构成犯罪的行为如何定罪处罚？最高人民法院1985年5月9日批复规定，直接依照刑法第127条的假冒商标罪定罪判刑；而最高人民检察院1985年10月5日的批复规定，则应按投机倒把罪追究刑事责任。对此应如何适用？笔者认为：（1）根据《决定》规定，最高人民法院和最高人民检察院的解释如果有原则性分歧，报请全国人大常委会解释或决定，人大常委会应及时对"两高"有矛盾的解释进行审议，作出解释或决定。（2）"两高"应对有矛盾的解释及时进行协商，撤销不适当的解释，重新作出新的解释和决定。（3）在互有矛盾的解释没有得到消除或解决之前，各级审判机关和检察机关可以分别适用各自的解释。检察机关认为法院定罪量刑不当的，可以依法提起抗诉。

3. 同一解释中的内容前后有矛盾。如最高人民法院、最高人民检察院、公安部1984年11月2日《关于当前办理盗窃案件中具体应用法律的若干问题的解答》第6条第1项规定："盗窃情节特别严重，是指既盗窃财物数额特别巨大，同时又有其他特别严重的情节。"而第2项又规定："个人盗窃公私财物数额在三万元以上的，应依法判处死刑。"即只要盗窃数额特别巨大（3万元以上），没有其他特别严重情节的，也按情节特别严重处罚。这一解释前后存在逻辑矛盾，在司法实践中常常引起争论。

对此笔者认为，应根据刑事立法和司法解释原意来加以理解和适用。上述《解答》第2项规定，不论其他情节特别严重与否，唯数额定罪判刑（死刑），与我国刑法第57条规定精神相矛盾，同时也与《解答》第4条关于"如何看待盗窃案件的情节"中的一系列规定相冲突。可见《解答》第2项的规定有违立法和司法解释原意，实践中不应适用。"两高"1991年12月30日《关于修改盗窃犯罪标准的通知》明确规定："盗窃公私财物数额特别巨大，同时又有其他特别严重情节的，可以依法判处无期徒刑或者死刑，并没收财产。"这样就使上述矛盾得到了解决。为保证解释的准确性，笔者建议，"两高"一方面要加强对解释内容的审查，避免出现矛盾；另一方面，一旦颁布后发现有矛盾，应及时予以修改。

二、 省级司法机关作出的关于适用刑事法律的解释文件是否具有效力的问题

省、自治区、直辖市高级人民法院、人民检察院对本地区适用刑法、

刑事诉讼法所作出的解释和规定，地方司法机关能否在刑事审判、刑事检察中加以适用的问题，在法学界存在不同观点。有的学者认为：地方司法机关制定的"准司法解释"既不合法，也无任何效力，应严格禁止地方司法机关创制司法解释性文件，以保证国家法律在全国范围内切实有效地得到统一实施。① 笔者认为，这种观点不乏合理之处，但有偏颇。根据《决议》规定，地方司法机关不具有司法解释权，它们所制定的关于适用刑事法律的一些规定，不应视为一般意义上的司法解释。但是，我国幅员辽阔，人口众多，各地政治、经济、文化发展不平衡，社会治安情况也不一样，如果对有关具体应用刑事法律问题一律由最高司法机关适时作出明确、详尽的解释，既难以考虑到各地千差万别的具体情况，也不符合当前最高司法机关司法解释的实际情况。因此，不能一概否定省级司法机关作出的适用刑事法律的一些规定，在不违背法律、法令和最高司法解释的情况下，对本地区的司法实践具有效力和约束力。

一般省级司法机关制定的适用刑事法律的文件，其形式有以下三种：其一，根据"两高"的授权，就某些问题根据本地区的实际情况参照"两高"司法解释的基本原则具体加以规定。如相当一部分司法解释，"两高"均规定有相对不确定条款，并授权各省、自治区、直辖市的司法机关参照"两高"解释作出符合本地区实际情况的具体规定。这主要表现在一些犯罪（如盗窃、诈骗、投机倒把、盗伐滥伐林木、制作、贩卖、传播淫秽物品等罪）数额的规定上；其二，针对下级司法机关请示的刑事法律适用中的疑难问题所作出的批复决定；其三，在调查研究的基础上专门制定的关于本地区适用刑事法律的一些解释性规定。

第一种形式是由"两高"授权作出的，应看成是司法解释的延伸，对本地区司法机关具有约束力。第二种形式是省级司法机关依据人民法院组织法、人民检察院组织法规定的职权而作出的，是其行使监督、领导职权的具体方式之一，该类决定对所请示的下级司法机关具有约束力。而第三种形式则不具有效力。最高人民法院 1987 年 3 月 31 日《关于地方各级人民法院不应制定司法解释性文件的批复》就是针对该类解释而言的。这类解释地方司法机关可以参照执行，没有必须照办的义务。但如果"两高"根据实际需要，在全国范围内转发某地方司法机关制定的解释性文件，那

---

① 赵钢：《对我国司法解释工作中若干问题的管见》，《法学评论》1991 年第 5 期。

么该文件就属司法解释的一部分。

三、 刑事判例能否作为司法解释直接适用的问题

最高人民法院发布的刑事判例是否和刑事司法解释一样具有法律效力，在理论和实践中均有分歧。第一种观点认为，发布刑事判例是最高人民法院行使司法解释权的重要方式，判例具有法律效力，它和其他法律解释一样可以成为司法机关审理案件的法律依据；第二种观点认为，刑事判例和司法解释不同，它本身不具有普遍的法律效力；第三种观点认为，刑事判例的法律效力问题，应具体分析区别对待，有的不具有法律效力，有的则等同于司法解释，具有法律效力。①

笔者同意第二种观点。理由是：（1）刑事判例和刑事司法解释的内涵不同。刑事司法解释是"两高"就如何具体应用刑事法律所作的解释；而刑事判例是最高人民法院根据刑事法律、法规和刑事司法解释就具体案件作出的判决，它是适用法律的结果。两者具有完全不同的内涵。（2）承认判例的司法效力与我国法律体制相矛盾。我国与英美法系国家不同，是制定法国家而不是判例法国家。刑事判例不是刑事法律的渊源之一，判例只具有参考价值，没有法律效力。（3）判例要具有法律效力必须有立法机关的授权。我国的立法机关全国人大及其常委会并未授权最高人民法院可以制定具有法律效力的判例。（4）从司法实践看，承认判例的司法效力将使我国某些刑事法律制度在一定程度上失去效用，如最高人民法院发布的判例中有一部分是下级法院根据刑法第79条关于类推适用的规定而报请最高人民法院核准的案件。如果承认该类判例具有司法效力，那么以后各级司法机关审理同类型的案件就可以直接依照该判例定罪处刑，而不必再报送核准了。又如，我国人民法院审判案件实行二审终审制，如承认判例的效力，那么对于一审法院依照判例所作的判决，即使当事人上诉或人民检察院认为判决确有错误而提起抗诉，作为二审法院也只能维持原判，上诉和抗诉就失去意义。这无疑是对我国刑事立法所确立的类推制度和二审终审制的破坏。（5）最高人民法院在向第七届全国人大第一次会议所作的工作报告中指出1983—1987年的五年间，"最高人民法院正式发布了293个案

① 余宏荣：《论我国刑法司法解释中的几个问题》，《法学评论》1991年第2期。

例。主要是对一些重大的、复杂的刑事案件统一量刑标准；对一些新出现的刑事案件定罪量刑问题提供范例；对审理一些在改革开放中新出现的民事经济案件提供范例"。① 最高人民法院咨询委员会副主任鲁明健指出：最高人民法院，通过"选编印发典型案件""对审判工作进行检查和指导"，并将它和具有法律约束力的司法解释严格加以区别。② 可见刑事判例具有法律效力的观点也未得到最高人民法院实践上和理论上的认可。

四、 适用刑事司法解释的时间界限问题

应如何理解执行司法解释的时间界限问题，目前在理论和实践上均有分歧。一种观点认为，司法解释不同于法律本身，它不存在溯及力问题，司法解释一经颁布，对解释发布前后的行为均可适用。另一种观点认为，司法解释规定了新的法律、政策界限，所以对解释以前的任何行为都不能适用该解释，正如刑法规定的溯及力一样，司法解释对事前行为没有溯及力。

笔者认为，上述两种观点都有失偏颇。第一种观点的失误在于把司法解释看成是超越法律，不受法律溯及力制约的规定，这种观点得以成立，将使刑事立法的溯及力原则受到破坏。第二种观点的失误在于把司法解释和法律混为一谈。法律是基本的行为规范，一般不能将新的法律规定适用于其颁布前的行为，这是适用法律应采取的原则。但司法解释不同，司法解释是对原有法律规定内容的解释，因此不能把它看成是新的行为规范。笔者认为，刑事司法解释的效力是由法律的时间效力决定的，法律适用于什么时间的行为，司法解释也就适用于什么时间的行为。即司法解释的溯及力是从属于法律的溯及力，受法律的溯及力制约的。司法解释不能适用于所解释的法律颁布之前的行为。但这并不意味着司法解释不能适用于其发布前的行为，从法律和司法解释颁布时间看，司法解释总是在法律颁布之后相当一段时间才作出的。在法律颁布适用之后司法解释发布之前的这段时间的行为，司法解释应当适用。近两年来"两高"颁布的一些司法解

---

① 《中华人民共和国第七届全国人民代表大会第一次会议文件汇编》，人民出版社1988年版，第215页。

② 鲁明健主编：《中国司法制度教程》，人民法院出版社1991年版，第105页。

释文件中，明确规定了适用本司法解释的时间界限问题，基本原则是："在司法解释发布前已处理的案件，一般不再变动，司法解释发布之后正在办理或尚未办理的案件，适用本司法解释。"这样的规定符合上述原则。对解释发布前已处理的案件一般不再变动，是为了保持司法活动的相对稳定，并非司法解释不能适用先前发生的行为。所谓"正在处理或尚未处理的案件"，并不排除司法解释发布前已经发生的行为，这些先前发生的行为，有可能解释发布后才办理或将要办理，对这些行为同样可以适用在其发生后才发布的司法解释。因此，适用司法解释的时间界限同法律上有关溯及力的规定，既有联系又有区别。

五、 司法文书中应否直接引用司法解释的问题

当前，各地司法机关在刑事诉讼中几乎都没有在司法文书中直接引用司法解释的规定。大部分司法人员认为，司法文书中不宜直接援引司法解释。笔者认为，上述意见值得商榷，司法文书中不仅可以而且应当直接援引司法解释的规定。理由是：（1）有利于司法解释的公开化。国家法律公开是现代民主法制国家的一项重要原则。司法解释是社会主义法制体系中的一个重要的组成部分，理应向全社会公开。多年来我国司法解释神秘化的现象一直没有克服。为了使广大公民理解法律，就很有必要让广大公民了解司法解释。而通过司法文书直接引用司法解释，是让当事人及其他公民了解掌握司法解释内容，加速司法解释公开化的一条重要途径，也是普法的方法之一。（2）有利于广大公民对司法人员的执法行为进行监督。司法实践中常常出现某些司法人员以所谓的"内部规定"为借口，侵犯公民的合法权利的现象。而司法文书中直接引用司法解释的具体规定，就可以使公民对司法行为及有关的处理决定正确与否作出判断，从而加强执法监督，增强司法人员的责任感，提高办案质量，防止违法侵权行为发生。（3）有利于体现定罪处罚的合法性和科学性。如"两高"1986年6月21日《关于刑法第一百一十四条规定的犯罪主体的适用范围的联合通知》规定：群众合作经营组织、个体经营户的从业人员，在管理中玩忽职守，致使发生重大伤亡事故，造成严重后果的，也应以重大责任事故罪追究刑事责任。而刑法第114条规定的犯罪主体只限于企事业单位职工。如果对群众合作经营组织和个体企业的人员判处重大责任事故罪，但却不在司法文

书中援引解释，那么从单纯的判决看，其定罪的法律依据就不充分。反之，如果在司法文书中直接引用解释，就能弥补这一缺陷，从而体现定罪处罚的合法性、科学性，也有利于被告人认罪服法。（4）在司法文书中直接引用解释有据可依。1989 年 9 月 14 日"两高"《关于执行〈关于贪污、受贿、投机倒把等犯罪分子必须在限期内自首、坦白的通告〉的若干问题的答复》，在关于"司法文书中可否直接引用《通告》规定作为定罪处罚依据"中指出：凡依据"两高"《通告》作出从宽处理的案件，在司法文书中可以写明"鉴于被告人能在最高人民法院、最高人民检察院《关于贪污、受贿、投机倒把等犯罪分子必须在限期内自首坦白的通告》规定的期限内投案自首或坦白交代罪行，根据刑法和刑事诉讼法的有关规定，对被告人作出从宽处理的决定"。总之，笔者认为，司法解释既然是定罪处罚的依据之一，就理应在司法文书中直接引用。鉴于目前普遍存在的司法文书中不直接援引司法解释的现象，建议"两高"对这一问题作出明确规定。

认定挪用公款罪若干有争议问题再探讨 *

　　自 1988 年 1 月 21 日全国人大常委会《关于惩治贪污罪贿赂罪的补充规定》（以下简称《补充规定》）增设挪用公款罪后，理论和实际部门的同志对挪用公款罪的认定进行了较为深入的探讨，特别是最高人民检察院和最高人民法院 1989 年 11 月 6 日颁布《关于执行〈关于惩治贪污罪贿赂罪的补充规定〉若干问题的解答》（以下简称"两高"《解答》），许多问题达成了共识。但是，在司法实务中仍然有一些问题存在较大分歧，从而直接影响挪用公款案件的查处。本文试就争议较大的几个问题再作进一步的探讨。

一、 挪用公款归其他单位使用认定挪用公款罪的问题

　　经过讨论，大家认为，行为人挪用公款归其他单位（包括国家机关、社会团体、国有集体企事业单位）使用的可以构成挪用公款罪。但在什么情况下构成挪用公款罪，分歧很大，主要有以下几种看法：第一种观点认为，行为人为了谋取私利，擅自将公款借给其他单位使用的，应以犯罪论处，不是为了谋取私利的不认为是犯罪。第二种观点认为，行为人以个人名义将公款借给其他单位使用的，构成犯罪，不是以个人名义的，不构成犯罪。第三种观点认为，行为人挪用公款归其他单位使用，只要情节严重（如挪用公款给其他单位使用，数额巨大或数额较大，从中牟取私利或进行非法活动的等），就应以犯罪处理。①

　　笔者认为，上述几种观点都失之偏颇。从《补充规定》看，刑事立法设立挪用公款罪的目的在于惩治挪用公款归个人使用的行为。挪用公款归

　　* 原载《法学天地》1994 年第 1 期。

①　陈建忠：《处理挪用公款给他单位使用之我见》，《中国检察报》1992 年 7 月 13 日，第 3 版。

单位使用的，一般不构成犯罪。因为行为人擅自将公款交给其他单位使用，虽然也侵犯国家财经管理制度，但这部分公款仍然在国有或集体所有制单位使用，作为具体单位对公款的使用权可能受到损害，但从宏观角度看，其使用、收益权仍由国有或集体单位行使，公款的性质没有改变，除挪用救灾、抢险、防汛、优抚、救济款物外，其社会危害性显著轻微。近年，在改革开放和搞活经济过程中，企业用自有资金互相调剂，从中收取利息的借贷活动已较常见。对这种借贷活动，现行法律、法规无明确规定，但不能否认这种借贷在一定情况下，对加快资金流转，促进企业生产发挥积极作用。因此，即使有的属于不合法借贷，也不能以犯罪论处，否则有悖于刑事立法原意。有鉴于此，笔者认为，行为人挪用公款直接归其他单位使用，即使个人从中谋取私利或形式上是以个人名义实际上是经过集体讨论研究出借公款的，均不宜以挪用公款罪处罚。但如果行为人从中触犯其他罪名的，应按其他罪名处罚，如行为人以单位名义出借公款给其他单位使用，从中索取或收受贿赂，数额较大的应定受贿罪；个人从中侵吞利息的，应定贪污罪；行为人为了给本单位谋取非法利益，明知其他单位要进行走私、投机倒把等犯罪活动，而以单位名义挪用公款为其提供资金的，应以走私罪或投机倒把罪的共犯处理；而行为人玩忽职守，任意出借公款，致使公款遭受重大损失的，应定玩忽职守罪。

笔者认为，认定行为人挪用公款归其他单位使用是否构成挪用公款罪，关键在于要透过现象看本质。如果本质上是归个人使用的，那只是挪用公款后赃款的支配问题，应以犯罪论处；如果本质上是"公对公"的，则不构成犯罪。区分两者的界限主要在于挪用公款的动机和挪用的形式。行为人为了谋取个人私利以个人名义将公款出借给其他单位使用，其挪用的公款已成为行为人谋取私利的资本，虽然形式上公款的最终流向是单位，但实质上公款的使用权仍由个人支配，这与个人直接使用公款没有本质上的区别，归单位使用只是行为人挪用公款后对赃款的处理问题。对此应视为挪用公款归个人使用，定挪用公款罪。反之，如果行为人不是为了谋取私利或者虽然谋取了私利，但是以单位名义经集体研究出借公款，则属挪用公款归公用，不应以犯罪论处。总之，我们认为，挪用公款给单位使用构成挪用公款罪的必须同时具备以下两个条件：（1）是为了谋取私利；（2）是以个人名义包括假借集体名义。这一理解与"两高"《解答》规定的"挪用公款后，为私利以个人名义将挪用的公款给企业事业单位、机关、团体使用的，应视为挪用公款归个人使用"是一致的，符合刑事立法原意和司法解释精神，实践中应遵守执行。

二、 企业负责人出借公款给他人使用认定挪用公款罪的问题

国有、集体企业的主要负责人（厂长、经理）出借公款给其他个人（包括个体和私营企业使用）。在什么条件下构成挪用公款罪目前众说纷纭，主要有以下几种观点：第一种观点认为，单位负责人经过合法批准、出借公款给个人使用的是借用，未经批准手续或虽然经过批准但属不合法批准的，是挪用①。第二种观点认为单位负责人为了个人私利出借公款给其他个人使用的是挪用，不是为了私利的则是借用。第三种观点认为，单位负责人出借公款给其他个人使用损害单位利益的是挪用，没有损害单位利益的是借用。

笔者认为，第一种观点对非单位负责人案件是适用的，但作为判定单位负责人挪用公款案件则值得商榷。这种观点往往导致办案人员以单位负责人是否"出借"公款时是否经集体研究，是否以单位名义，有借款协议等形式要件作为区分罪与非罪的界限。根据法律、法规规定，单位负责人是单位的代表，依法负责处理企业的经营事务，有权决定企业资金的用途。单位负责人在行使职权过程中，即使有的行为违反有关规定，但只要是为了单位利益或发展生产需要，仍应视为单位的行为而且从司法实践看，这类案件的行为人往往是以"合法形式"（如集体讨论、订立借款协议，利用单位名义等）掩盖其挪用事实的。可见，以是否"经过合法批准"难以区分单位负责人借用公款与挪用公款的界限，容易放纵借集体之名谋个人私利的真正犯罪者。第三种观点的失误在于：它不是从行为本身而是从行为所造成的后果去找认定的依据。这种观点实践中容易产生这样的结论：行为人"出借"公款后能收回本息的，不认为是犯罪，反之则以犯罪处理有悖刑法基本原则。而且也与"两高"《解答》相矛盾。根据"两高"《解答》规定，除挪用公款数领较大，超过3个月后在案发前已归还本息的，可不认为是犯罪外，对其他挪用公款行为（挪用公款数额巨

---

① 朱孝清：《办理经济犯罪案件适用法律上几个疑难问题的探讨》，《人民检察》1991年第1期。

大；挪用公款数额较大，归个人进行营利活动；挪用公款归个人进行非法活动），即使案发前已全部或部分归还本息的，仍应以犯罪论处。可见，第三种观点不足取。笔者同意第二种观点，根据现行财政法规规定，任何将国有、集体企业的公款出借给个人使用的，都属违法、违纪行为。单位负责人为了谋取个人私利"出借'公款给其他个人使用，其目的是通过滥用职权获取个人利益。至于其"经过集体讨论研究"，"以单位名义"等形式"出借"公款，仅仅是一种假象、一种掩饰。这种行为和行为人擅自挪用公款归本人直接使用，只是使用的方法有所不同，本质是一样的都是为了获取个人私利。因此，笔者认为，单位负责人为了谋取私利，违反财经纪律，出借公款给其他个人使用，符合法定三种情形之一的，应以挪用公款罪定罪处罚。

三、 司法机关追缴的挪用款能否视为挪用人或其家属退还

《补充规定》第 1 条规定"挪用公款数额较大不退还的，以贪污论处"，因此，挪用的公款是否退还直接影响到对被告人的定罪量刑。当前争议最大的问题是，司法机关追缴的挪用款能否视为被告人或其家属退还。对此有三种观点：第一种意见认为，已退还的挪用款数额只包括挪用人或其家属主动退还数额，司法机关缴获的挪用款不能视为退还的数额。第二种意见认为，退还的数额，既包括挪用人或其家属退还款数额，也包括被司法机关追缴的数额，只要被挪用的公款已经回归，都不能作为以贪污论处的数额。[1] 第三种意见认为，对这个问题应当具体案件具体分析，如果挪用人将挪用款用于非法活动，而被司法机关搜缴的，不能视为退还，如果挪用的公款是用于营利或个人使用而被司法机关追缴的，应视为挪用人或其家属退还。[2]

笔者原则同意第一种意见，理由如下：

1. 从"退还"一词的字面含义看，只能理解为主动归还。如果司法机关采取搜查，冻结，扣押、扣划等强制性手段追缴而不是挪用人主动

---

① 董成钰：《对挪用公款以贪污论处数额认定的探讨》，《人民司法》1991 年第 2 期。

② 朱孝清：《论挪用公款不退还以贪污论处的几个问题》，《人民检察》1991 年第 8 期。

交到司法机关的就不能认为是退还。所以"两高"《解答》明确规定"退还是指挪用人或其家属在司法机关立案后将挪用款交还"。

2.《补充规定》之所以规定"挪用公款数额较大不退还的，以贪污论处"是基于如下的理由：行为人本来实施的是挪用公款行为，但在挪用公款后主客观情况发生了变化，主观上产生了非法占有公款的故意和目的，客观上在新的主观犯意的支配下转化为非法占有公款的行为性质。即这时已符合了贪污罪的主客观要件。从实践看，行为人在案发后主动将挪用款归还的，说明挪用人不存在主观上不想还或客观上不能还的情况；反之如果拒不归还的，说明其挪用的故意已转变为贪污的故意，应按贪污定罪处罚。如果把挪用人不愿意主动归还而由司法机关追缴的款项视为挪用人退还，势必与刑事立法原意相悖。

3. 那种认为司法机关追缴的款项应视为被告人退还的主要理由之一在于"两高"《解答》规定"不退还，使被挪用的这部分公款遭到不可弥补的损失，这种行为应以贪污论处。"既然司法机关已追缴了行为人挪用的公款，那么公款就没有遭到不可弥补的损失。因此应视为挪用人退还。笔者认为，这显然是曲解了"两高"《解答》的原意，对"不可弥补的损失"的理解绝对化了。联系"两高"《解答》的前后规定可以看出，上述规定旨在强调挪用人或其家属不退还挪用款的要以贪污论处，而不在于说明其他问题。根据我国刑事立法及司法解释精神，司法机关追缴的赃款、赃物及挽回的经济损失，只对被告人量刑有一定影响（可以作为酌定从轻情节），而不影响定罪。如最高人民检察院 1987 年 8 月 31 日在《关于正确认定和处理玩忽职守罪的若干意见（试行）》第 4 条关于玩忽职守罪经济损失的计算中明确规定："行为人造成的直接损失是行为人确实无法挽回的那部分经济损失"，"立案前或立案后司法机关已追回的赃款、赃物，挽回的经济损失，仍计算为行为人造成的直接经济损失，但在处理时可作为从轻情节考虑"。挪用公款案件中不可弥补的经济损失如何计算，"两高"《解答》无规定，可以参照玩忽职守罪的规定，即司法机关追缴的赃款仍应视为挪用人造成的不可弥补的损失。

4. 从司法实践看，检察机关在办理挪用公款案件中，总是首先通过说服教育让挪用人或家属主动退出公款。只有在说服教育无效，行为人拒不退款的情况下才会搜查、扣押、冻结、扣划等侦查强制的手段，以便追缴被告人的赃款、赃物，挽回国家，集体的经济损失。如果检察机关倾注大量人力、物力、财力追缴的赃款、赃物及挽回的经济损失视为被告人退回，客观上则为犯罪分子减轻了罪责并且放纵了犯罪者的犯罪行为。

但应当注意如果在侦查过程中确系挪用人或其家属主动向检察机关提供赃款去向，检察机关据以获取赃款的，可视为挪用人或其家属退还。

四、 行为人挪用公款给他人使用， 使用人如何承担法律责任

在这个问题上当前争议较大的是以下两个问题：

（一） 使用人在什么情况下构成挪用公款罪的共犯

一种观点认为，只要使用人明知自己所使用的是他人挪用的公款（以下简称知情使用人）就构成挪用公款罪的共犯。[①] 另一种观点认为，使用人必须参与共谋才构成挪用公款罪的共犯。如果没有参与共谋，仅仅知道自己所使用的是他人挪用的公款，尚不构成挪用公款罪的共犯。

笔者认为第二种观点是正确的，理由是：（1）它符合共同犯罪理论。共同犯罪是指二人以上共同故意犯罪，它是行为人主观上的共同犯罪故意和客观上的共同犯罪行为的统一。就挪用公款罪而言，使用人是否构成挪用公款罪的共犯，关键不在于被挪用的公款是否被其使用，而在于其是否具有共同挪用公款的故意及共同挪用公款的行为。如果使用人仅仅知道自己所使用的是他人用的公款而没有参与共谋实施共同挪用行为，那么使用人则因缺乏共同犯罪的客观要件而不构成挪用公款罪的共犯。至于挪用人在完成挪用犯罪行为之后，又将挪用款给他人使用的，使用人只是参与了对赃款的处理。它和挪用公款行为本身有原则区别。（2）它符合司法解释规定，"两高"《解答》明确指出"在挪用公款给其他个人使用的案件中，使用人与挪用人共谋，指使或者参与策划取得挪用款的，是共同犯罪。"根据这一规定，使用人要构成挪用公款罪的共犯必须要有共谋行为，具体表现为：（1）使用人指使他人挪用公款归自己使用。所谓指使是指使用人示意或者命令他人挪用公款。（2）使用人参与策划取得挪用款的。这是指使用人为取得挪用款出谋划策，包括制定挪用计划、商议挪用的方法及提

---

　① 鲁嵩岳：《论挪用公款罪与非罪的界限》，《法制日报》1992 年 11 月 16 日，第 3 版。

供隐匿、销毁犯罪证据及对抗侦查的手段等。

（二） 知情使用人如何承担法律责任

如上所述，对参与共谋的知情使用人应按挪用公款罪的共犯处理，那么没有参与共谋的知情使用人该如何承担法律责任呢？对此有以下几种不同看法：第一种观点认为，知情使用人的行为属于民法中的不当得利，可通过民事诉讼的方法解决；第二种观点认为，知情使用人的行为属违法行为；第三种观点认为，知情使用人的行为，情节严重的，应按犯罪处理。

第一种观点把知情使用人的行为视为民法中的不当得利是不妥的，所谓不当得利是指没有法律上的根据有损他人而自己获得利益的行为。不当得利的法律特征之一是得利人并无积极的违法行为，他人之所以受损往往是由于自己或第三人的工作差错造成的。而挪用公款案件中知情使用人明知自己使用的是挪用人采用非法手段获取的公款，其前提是一种违法犯罪行为，那么知情使用人使用这种被挪用的公款也是一种违法行为。因此，知情使用人的行为不符合不当得利的法律特征，不能视为不当得利。

笔者认为，在挪用公款案件中知情使用人的行为属恶意占有，不论他用什么方法以什么形式从挪用人处获取公款，他所使用的公款属于赃款的性质没有改变根据1979年刑法第60条规定"犯罪分子违法所得的一切财物，应当予以追缴或者责令退赔。"因此对知情使用人所使用的公款司法机关必须予以追缴或者责令退赔。

当前应着重认识的问题是，知情使用人的行为不论其情节、后果严重与否一概只视为违法行为而不认为是犯罪是否恰当。首先，从司法实践看，近年挪用人与使用人分离的现象日益严重，有的使用人因明知自己使用的他人挪用的公款，便任意挥霍或用于其他非法活动致使案发后无力归还，给国家、集体造成巨大经济损失。对这种行为，仅仅追究挪用人的刑事责任是不够的。必须同时追究知情使用人的刑事责任。否则不足以遏制这类犯罪行为的上升，其次，社会危害性是犯罪的本质特征。社会危害性的有无及其程度是区分罪与非罪的原则界限。违法与犯罪的界限不是绝对的，违法行为达到一定程度，具有严重社会危害性的，就会转变为犯罪行为。知情使用人违法使用公款，给国家、集体造成巨大经济损失，危害严重的，应当以犯罪论处。再次，比照刑事立法看，我国1979年颁布的刑法第172条规定："明知是犯罪所得的赃物而予以窝藏或者代为销售的"构成窝赃、销赃罪，"两高"司法解释规定："买赃自用，情节严重的也按销赃罪定罪处罚。"可见，我国刑事立法和司法解释都确认，明知是赃物而予以窝藏、销售或买赃自用的，应追究刑事责任。而挪用公款案件知情使用人的行为与窝赃、销赃罪在犯罪主体、主观方面及犯罪对象等均相类似。社会危害性也更为严重，理应定罪处罚。但从目前刑事立法看，对这种行为尚无具体条文可以引用。类推也缺乏依据（非法使用公款的行为侵犯的是国家财经管理制度和公款的使用权；窝赃、销赃罪侵犯的是司法机关的正常活动。两者侵犯客体不同，不宜类推定罪）。有鉴于此，笔者建议正在制定中的"惩治贪污贿赂法"中增设非法使用公款罪。对挪用公款案件中知情使用人的行为，情节严重的，以非法使用公款罪追究刑事责任。

刑事立案制度若干问题研究[*]

刑事诉讼中的立案是一个独立程序。我国 1979 年刑事诉讼法第 59 条、第 60 条、第 61 条的规定，构成了现行刑事立案制度的基本内容。本文试就其中的若干问题略陈管见。

一、 关于刑事立案条件问题

（一） 刑事立案应具备几个条件

理论上有下述几种看法：第一种观点认为，立案必须同时具备两个条件：1. 有犯罪事实；2. 需要追究刑事责任。① 第二种观点认为，立案应同时具备三个条件有：1. 犯罪事实；2. 需要追究刑事责任；3. 必须按照法律规定的管辖范围进行。② 第三种观点认为，立案的条件只有一个，即只要存在"有刑法所禁止的危害社会的行为发生或发现有犯罪嫌疑人"就可立案。③

笔者认为，第一和第三种观点把刑事管辖问题排除在立案条件之外是不妥的。虽然我国刑事诉讼法没有像民事诉讼法、行政诉讼法那样明确地把管辖问题作为提起诉讼的必要条件之一，但在法律条文中也作了类似的规定。如第 59 条中规定"对于不属于自己管辖的，应当移送主管机关处理，并且通知控告人、检举人"。第 61 条又规定"人民法院、人民检察院或者公安机关对于控告、检举和自首的材料，应当按照管辖范围，迅速进行审查"。可见，有管辖权是立案的形式条件，把管辖问题作为立案条件

＊ 原载《检察理论研究》1994 年第 3 期。

① 张子培主编：《刑事诉讼法学》（第 2 版），群众出版社 1987 年版，第 281 页。

② 孙膺杰、吴振兴主编：《刑事法学大辞典》，延边大学出版社 1989 年版，第 247 页。

③ 刘利宝：《刑事立案条件刍议》，《人民检察》1991 年第 5 期。

之一是符合立法原意的。从实践看，认识这一点有助于公检法三机关明确管辖分工，对于防止任意越权行使管辖权或放弃立案管辖权具有重要意义。第三种观点把"需要追究刑事责任"也排除在立案条件之外，势必使许多虽构成犯罪但不需要追究刑事责任的案件即有妨碍立案的情况存在的案件也作为刑事案件立案查处，这不仅违背刑事诉讼目的，而且要浪费大量的人力、财力、物力，有悖诉讼经济原则。第一、第二种观点把刑事诉讼法第 61 条规定的立案条件"认为有犯罪事实需要追究刑事责任"演绎为"有犯罪事实需要追究刑事责任"，也是欠妥的（下文将详细论述），应予修正。我们认为，完整的刑事立案条件应当是：（1）认为有犯罪事实；（2）需要追究刑事责任；（3）依照法律属于自己管辖的范围。

（二） 刑事立案的事实条件是什么？

传统观点认为是"有犯罪事实"。所谓有犯罪事实，即有可靠的材料证明客观上确有危害社会的犯罪行为存在，"具体地说，有犯罪事实必须是犯罪事实已经发生或者正在发生。"①

笔者认为，把刑事诉讼法规定的"认为有犯罪事实"理解为"有犯罪事实"是有失偏颇的。首先，两者含义不同。"有犯罪事实"是办案人员对客观事实的确切认定，是主观见于客观的东西，是认识与存在的统一。它旨在强调犯罪事实的客观性和确定性。而"认为有犯罪事实"则属于认识范畴，它是办案人员在对受案材料进行审查后，形成感性认识，进而运用辩证思维，对在内心形成的某犯罪事实存在的一种主观判断。它旨在强调这是一种主观认识的事实而不是对客观事实的确切认定。其次，1979 年刑事诉讼法第 61 条对立案的事实条件的表述是"认为有犯罪事实"而不是"有犯罪事实"。我国刑事诉讼法之所以把认为有犯罪事实作为立案的事实条件，不仅在于提醒司法人员对于犯罪事实的认定要有一定的事实根据，而且更重要的是在于强调，在刑事诉讼中被确认的事实并不是客观事实本身，而是办案人员依照法律规定对客观事实的一种认定。决定立案或不立案的事实根据并不是有或没有犯罪事实，而是根据法律规定认为有或没有犯罪事实。把法律条文中规定的"认为有犯罪事实"曲解为"有犯罪事实"，进而将其作为立案条件贯彻到司法实践中去，是有悖立法原意的。

---

① 张子培主编：《刑事诉讼法学》（第 2 版），群众出版社 1987 年版，第 281 页。

再次，把"有犯罪事实"作为立案的事实条件与刑事立案程序的特点相矛盾。立案作为刑事诉讼的开端，其认识的犯罪事实是受限制的。确认并证实整个犯罪事实是立案后整个刑事诉讼的任务。正因为司法人员因各种主客观原因的限制，而使主观认识可能与客观实际不相一致。所以，刑事诉讼法才规定了立案、侦查、起诉、审判等不同程序，从而最大限度地避免因主观认识与客观实际不一致而产生冤假错案，也正因为存在着这种不一致的现象，司法实践中才会出现立案后又撤案或不起诉或宣判无罪等情况。如果把确有犯罪事实作为立案的事实条件，显然与诉讼过程及立案的特点相矛盾。最后，把"认为有犯罪事实"理解为"有犯罪事实"，不利于及时立案。固然，这种理解对于严格把握立案条件，防止轻率立案是有积极意义的。但由于它过分强调犯罪事实的客观性，片面追求立案的准确性，从而忽视了立案的及时性。在实践中出现的"不破不立""先破后立"等现象，莫不与这种认识有密切关系。近年来检察机关在查处贪污贿赂案件时，也反复强调"立案要慎重""立案前的初查工作要放长、做细"等，这种要求有积极的一面，但随之带来的弊端则是立案不及时，造成的后果之一是许多案犯在立案前携款逃跑（许多逃往境外）。

总之，笔者认为，根据我国刑事诉讼法的规定，刑事立案的事实条件应是"认为有犯罪事实"。这样理解，既有利于克服仅仅根据受案材料就轻率立案的做法，又有利于克服非确有犯罪事实需要追究刑事责任不能立案的偏于保守的做法，因而是非常科学的，实践中必须正确执行。

二、 关于立案审查问题

立案审查是指司法机关对已经受理的控告、检举和自首材料进行分析、研究、审查、鉴别和必要的调查活动。在立案审查问题上，当前主要有以下两个问题需要探讨。

（一） 立案前要不要进行初查

一种意见认为，根据刑事诉讼法的规定，司法机关对控告、检举、自首材料进行审查后，认为有犯罪事实需要追究刑事责任的，应当立案。可见法律对立案前初查的问题并没有明确具体的规定。对控告、检举、自首的材料审查后能作出肯定结论的即予立案，有利于抓住战机，防止罪犯串供、毁灭证据、逃跑等，达到迅速破案之目的。也就是说，立案前不需要进行初查。另一种意见认为，立案前必须进行初查，初查是立案审查中的必经程序。

笔者认为，司法机关对某些案件在立案之前进行初查是必要的。它有助于提高立案的准确率，保证案件质量。特别是检察机关直接受理的贪污贿赂等经济犯罪案件，在接到举报时，一般都有明确的被告人，而对犯罪事实是否存在，是违法还是犯罪，是正常的经济交往还是经济纠纷，材料是否可靠等，都只有在经过必要的初查后，才能作出判断。从司法实践看，检察机关直接受理立案侦查的犯罪案件一般都进行初查，效果是比较好的。但是，这并不意味着初查是立案审查的必经程序。并非所有的刑事案件在立案前都要进行初查。特别是公安机关管辖的刑事案件，一般都留有较为明显的犯罪现场或犯罪痕迹，许多案件有直接受害人和证人，公安机关接到报案后，一般都能根据案发现场及有关证据作出判断，予以立案。总之，笔者认为，对立案前的初查问题应具体案件具体分析，不能一刀切，既要注意立案的准确性，又要注意立案的及时性。

（二） 立案前能否采用侦查措施

一种观点认为，立案之前不能采用侦查措施，理由是立案前的审查是司法机关进行的一种非诉讼性质的调查研究活动，当然不能使用刑事诉讼法规定的侦查方法。未立案而采用侦查措施，颠倒了诉讼程序的前后顺序，属违法行为。立案前可以使用侦查措施无立法依据。立案前允许采用侦查措施会导致滥用侦查手段，非法侵害公民合法权益。[①] 另一种观点认为，我国法律对立案前能否采用侦查手段，既不规定禁止，也不规定允许，而是留有余地的。从诉讼阶段的划分看，在立案阶段不宜进行侦查活动，但在紧急情况下可以采用侦查措施，将侦查和调查交叉地进行。[②]

笔者认为，立案是刑事诉讼开始的标志，只有立案之后，才能进入刑事诉讼程序，才可以进行侦查活动。在立案之前是不允许采用刑事诉讼中的侦查措施的。采用侦查措施是司法机关的权力，而权力行使的法律原则是"只有在法律明确授权的范围内才可以为"。既然刑事诉讼法未明文规定在立案之前司法机关可以采用侦查措施，那么当然就不能采用。那种认

---

① 樊崇义主编：《刑事诉讼法学研究综述与评价》，中国政法大学出版社 1991 年版，第 352 页。

② 刘根菊：《刑事立案比较研究》，《政法论坛》1992 年第 5 期。

为无规定就是默许的观点是完全错误的，它混淆了权力与权利行使的不同原则。权利行使的原则是"只要法律没有明文禁止的都可以为"。确认并坚持在立案之前不能采用侦查措施，有助于司法人员充分认识刑事诉讼的特点，切实保护公民的合法权益。但确认这一点并不意味着司法机关在立案前不能采取任何紧急措施。

我们认为，在立案之前，为了保证立案审查的顺利进行，司法机关根据实际需要可以采取类似于侦查手段的一些紧急措施和方法，因为这是司法实践的客观需要。实践证明，为了保证司法机关立案前审查活动的正常进行，有必要借助于某些类似侦查措施的方法、手段，如现场勘查、检查、搜查、扣押、鉴定等。例如，某地发现一名无名尸体，公安机关接到报案后必须迅速赶赴现场进行勘查、尸检等，以初步确定是自杀、他杀或意外事件，从而为立案打下基础。如果苛求在立案之后才能进行勘查、检查等，势必贻误时机，影响侦查破案。一概否定在立案之前可以采用某些类似侦查措施的紧急方法是不切实际的。再说我国刑事诉讼法虽未明确规定在立案之前可以采用某些类似侦查措施的方法，但在立法条文中蕴含着这方面的内容。如1979年刑事诉讼法第59条规定，司法机关"对于不属于自己管辖而又必须采取紧急措施的，应当先采取紧急措施，然后移送主管机关"。对于"紧急措施"的内容法律未作规定，依笔者之见应当包含类似侦查措施的一些方法和手段。

为什么说立案前可以采取某些类似于侦查的措施，但其性质又不属于侦查措施呢？主要原因在于：（1）司法机关在立案前的审查活动中，只有在情况特别紧急时才能采用某些类似于侦查的措施。而且采取这些措施是为了确定是否存在立案条件，而不是为了侦破案件。如果紧急情况不存在或已消除，就应立即停止使用这类措施。（2）立案前的审查活动，不属侦查范围。因此，并不是所有的类似侦查的措施都允许采用。限制人身自由的强制措施就应禁止使用。否则容易使审查活动变成实际上的侦查活动，从而形成侦查程序在前、立案程序在后的违法局面。之所以说这些措施和侦查手段相类似，是因为它和侦查手段有相同之处。

总之，笔者认为，在立案前司法人员可以采用某些与侦查措施相类似的方法，但它与立案后侦查程序中的侦查活动是有本质区别的。正如法院在必要的时候可以进行勘验、检查、搜查、扣押、鉴定等类似侦查的活动，但并不意味着法院拥有侦查权一样。决定立案前采取上述方法，其法律性质仍然是对立案材料的审查活动。鉴于现行刑事诉讼法没有对立案前的审查活动中所能够采用的措施及有关条件作出规定，笔者建议在修改刑事诉讼法时增补这方面的内容，以保证司法人员正确开展立案前的审查活动，同时又能切实维护公民的合法权益。

三、 关于立案标准问题

（一） 关于立案标准的概念和特征

立案标准是指由公安部、最高人民检察院、最高人民法院根据刑事诉讼法确定的立案条件，结合刑法分则中规定的各种犯罪的特定的构成要件而制定的，确定某案件应当作为刑事案件进行侦查或审判，而由公安机关、检察院、法院开始进行刑事诉讼的准则、尺度。它是刑事立案条件在各类案件中的具体化。

笔者认为，立案标准具有以下几个特点：

1. 制定立案标准主体的特定性。立案标准只能由享有侦查权和审判权的最高司法机关制定，也就是说只有公安部（包括国家安全局）、最高人民检察院、最高人民法院才有权制定立案标准，其他任何机关、团体都无权制定立案标准。实践中也出现过不具有侦查权的司法行政机关制定立案标准的情况，如 1987 年司法部制定的《关于狱内案件立案标准的规定（试行）》，但这是欠妥的，应予纠正。

2. 立案标准内容的特定性。既然是立案标准，其内容就只能限于规定司法机关刑事立案的具体准则和尺度。有的学者把"两高"制定的旨在明确定罪量刑标准的司法解释（如"两高"1987 年 9 月 5 日印发的《关于办理盗伐、滥伐林木案件应用法律的几个问题的解释》）也当作立案标准①，这是不正确的。它混淆了立案标准与定罪量刑标准的区别，实际上拔高了刑事立案的准则和尺度，不利于司法实践。

3. 它是刑事立案条件的具体化。通过制定立案标准使刑事立案条件明确具体，便于司法人员掌握和操作，这也是最高司法机关制定立案标准的目的所在。

---

① 刘根菊：《刑事立案比较研究》，《政法论坛》1992 年第 5 期。

4. 它具有普遍的司法效力。立案标准是最高司法机关根据刑事诉讼法的有关规定制定的，对于各级司法机关具有直接的指导和约束作用，各级司法机关必须遵照执行，非经授权，地方司法机关不得提高或降低立案标准。

（二） 关于立案标准与定罪量刑标准的关系

司法实践中，对立案标准与定罪量刑标准的关系存在着争论。一种观点认为，立案标准也就是定罪量刑标准。因为刑事诉讼法规定的立案条件是被告人有犯罪事实需要追究刑事责任，而对犯罪事实的认定必须以刑法规定的定罪标准为依据。如果认为立案标准可以低于定罪标准，则势必把一些一般违法行为当作犯罪来处理，这是不妥当的。正是基于这样的认识，有一部分检察机关在 1988 年 1 月 21 日全国人大常委会颁布《关于惩治贪污罪贿赂罪的补充规定》之后，就擅自将最高人民检察院规定的贪污贿赂罪的立案标准由 1000 元提高到 2000 元，从而使立案标准等同于定罪标准。另一种观点认为，立案标准不同于定罪标准，两者不能等同。

笔者同意第二种观点，理由是：

1. 两者内涵不同。立案标准是确定某案件应当作为案件进行侦查或审判，而由司法机关开始进行刑事诉讼的准则、尺度；而定罪标准则是行为人构成犯罪的标准，它是指达到刑事责任年龄并具有刑事责任能力的人，出于故意或过失实施了危害社会的依法应受刑罚处罚的行为。

2. 两者归属不同。定罪标准是根据刑法规定的，属实体法范畴；而立案标准主要是根据刑事诉讼法规定的，基本上属于程序法范畴。

3. 两者要求不同。立案作为刑事诉讼的开始，它所认识的犯罪事实具有很大的或然性，它所认识的只能是犯罪的基本事实或基本事实中的部分事实。定罪则必须在查清全部犯罪事实的基础上根据犯罪构成才能作出。立案的事实条件比定罪的事实条件要宽松得多。

4. 从现行立案标准看，尤其是从经济犯罪的立案标准来看，大部分立案标准是明显低于定罪标准的。如公安部 1984 年 8 月 9 日制定的《关于修改盗窃案件立案标准的通知》规定，盗窃案件的立案标准在城市是 80 元、在农村是 40 元，而"两高"1984 年 11 月 2 日颁布的《关于当前办理盗窃案件中具体应用法律的若干问题的解答》规定，盗窃罪的定罪标准是 200 元至 300 元。

5. 立案标准低于定罪量刑标准既有利于惩治犯罪，也不违背立案条件。以贪污受贿案为例，贪污受贿不满 2000 元，在一般情况下虽不够定罪标准，但并非一概不予定罪。根据《全国人大常委会关于惩治贪污罪贿赂罪的补充规定》第 2 条第 4 项及第 5 条的规定，贪污受贿不满 2000 元，情节严重的，也要追究刑事责任。而贪污受贿是否仅仅只有 1000 余元以及是否属情节严重，必须立案侦查后才能确定。因此，最高人民检察院把贪污受贿的立案标准定为 1000 元是合理的。从司法实践看，经济犯罪案件的被告人往往具有连续作案、多次作案的特点。如果仅仅因为某一次作案的数额达不到定罪标准而不予立案，那就会使一些多次作案的总数额已达到定罪标准的犯罪案件得不到查处，从而放纵犯罪。反之，如果立案标准低于定罪标准，就可以弥补这一缺陷，有利于深挖、打击犯罪。由于贪污受贿的立案标准低于定罪标准，客观上就会有一些案件经立案侦查后因达不到定罪标准而作撤案处理。这是办案中的一种正常现象，因为我们把握的立案条件是"认为有犯罪事实"。随着侦查的深入，既有可能查出更多的犯罪事实，也可能否定立案时认为存在的犯罪事实或者查不出新的犯罪事实，对于后者，依据刑事诉讼法的规定，应作撤案处理。可见立案后又撤案的并不一定意味着立案质量不高，更不一定违反了立案条件。总之，笔者认为，立案标准与定罪标准是两个不同的范畴，两者不能混为一谈。符合立案标准的案件是否构成犯罪，尚有待于查清全部事实后根据刑法规范予以确认，达到立案标准的最终并非一概都得认定为犯罪。

四、 关于立案监督问题

近年来，为了切实解决刑事案件的"告状难"问题，针对着刑事立案中存在的"有案不立""不破不立""先破后立"等现象，许多同志呼吁要加强立案监督。对此，笔者完全赞同，认为在立案监督问题上，除应当进一步加强权力机关的监督、社会监督、舆论监督外，当前应着重抓好以下两方面的监督工作：

（一） 加强刑事案件控告、 检举人的监督及侦查机关或部门内部的监督

综观刑事诉讼法对立案问题的规定可以发现，现行条款过于原则，存

在着以下缺陷：（1）对立案或不予立案的期限没有作出规定；（2）对不予立案的方式（是口头还是书面）没有规定；（3）对复议期限和复议程序没有作出明确规定。为了增强办案人员的责任感，充分保障控告、检举人应当享有的合法权益，切实加强控告、检举人的监督和侦查机关或部门内部的监督，笔者认为，应当通过立法方式增设以下内容：（1）明确规定司法机关从接到控告、检举之日起在一定期限内作出立案或不立案决定。参照国外立法及我国实际情况，这一期限可规定为 3 日，特殊情况下可延长至 10 日。（2）明确规定不予立案的方式。对不予立案的，应书面作出不立案决定送达控告、检举人。（3）明确规定复议期限和程度。建议规定"控告、检举人对不立案决定不服的，可以在 10 日内向作出不立案决定的上级机关申请复议，上级机关应当在接到复议申请后日内作出书面复议决定。"这样既有利于增强司法机关人员的工作责任心，又有利于提高办案效率。

（二） 加强检察机关的法律监督

人民检察院是国家的法律监督机关，依法享有法律监督权。检察机关有权对公安机关、人民法院的刑事立案活动加以监督。这是天经地义、不容置疑的。但至今为止，检察机关仍然没有把立案监督列入检察监督的范围。究其原因，除立法规定不明确外，主要是对立案监督的方式存在意见分歧，长期没有形成共识：一种意见认为，检察机关应具有审查立案并作出批准或不批准立案的权力；另一种意见认为，人民检察院对公安机关立案程序的监督，主要是行使立案审查权和纠正违法建议权。

笔者认为，第一种观点的实质在于取消公安机关的刑事立案权。这是有违刑诉法的基本原则的。根据我国刑事诉讼法的规定，公检法在刑事诉讼中应当分工负责，各司其责，而不能互相代替包办。公安机关是我国的重要侦查机关，依法有权对其管辖范围内的刑事案件决定立案与否，而无需检察机关审查决定。我国检察机关有权对刑事立案活动进行监督，但这种监督应当以不影响、不干涉公安机关依法行使立案权为前提。再说，公安机关接到报案后，应在认为有犯罪事实的基础上，及时决定立案，以便迅速依法展开侦查活动，查获犯罪分子和查明犯罪事实。如果要求公安机关将立案意见书和立案材料报检察机关审批，势必贻误侦查时机，影响侦查工作。可见将立案审批权由检察机关执掌既有悖法律，又不利于刑事诉讼目的的实现。第二种观点比较合理，但从实践看，如果检察机关对公安机关的立案只有事后审查权和纠正违法建议权，那么这种监督往往缺乏有效性。笔者认为，规定检察机关对刑事立案监督的方式，既要符合刑事诉讼法的基本原则，又要考虑监督的有效性。建议作如下规定："人民检察院对公安机关和人民法院的立案活动实行法律监督。人民检察院根据控告、检举材料，认为应当立案而未立案的案件，应当建议公安机关或人民法院予以立案。如果意见不被接受，人民检察院可视为需要自己直接受理的案件自行立案。"这表明：（1）人民检察院对公安机关和人民法院的立案活动有权实行监督。（2）如果公安机关或人民法院拒不接受监督，人民检察院有权直接采取相应的措施。这样既保证了监督的有效性，又与刑事诉讼法关于管辖的规定相一致，是切实可行的。

单位受贿犯罪研究[*]

1988 年 1 月 21 日全国人大常委会通过的《关于惩治贪污罪贿赂罪的补充规定》（以下简称《补充规定》）第 6 条规定："全民所有制企业事业单位、机关、团体，索取、收受他人财物，为他人谋取利益，情节严重的，判处罚金，并对其直接负责的主管人员和其他直接责任人员，处 5 年以下有期徒刑或者拘役。"这一规定为惩治全民所有制单位受贿犯罪提供了法律依据。我国惩治单位受贿犯罪工作步履维艰，缘由之一是单位受贿犯罪的理论研究严重滞后。1994 年最高人民检察院把查处单位犯罪作为工作重点之一，力争在年内有所突破。为了更好地指导司法实践，解决查办单位受贿犯罪中碰到的困难，本文试就单位受贿犯罪进行初步研讨。

一、 是单位受贿罪还是法人受贿罪

科学合理地确定罪名，既是理论研究的前提，也是司法实践所必需。对《补充规定》第 6 条应如何确定罪名，理论和实践中均有不同看法：一种意见认为，应定"法人受贿罪"；另一种意见认为，应定"单位受贿罪"。

笔者认为，根据我国的立法、司法实际和犯罪情况，将《补充规定》第 6 条概括为"单位受贿罪"是正确的。理由是：首先，法人是一个确定的法律概念，必须是依法成立，具有民事权利能力和民事行为能力，能独立享有民事权利和承担民事义务的社会组织，而单位的概念则没有严格的范围或条件限制。单位不等于法人。单位中有的是法人（如依法办理法人登记手续的企业事业单位、机关、团体），有的则不是法人（如未办理法人登记手续的机关、企业事业单位和社会团体）。单位的外延大于法人，

* 原载《法律科学》1994 年第 5 期。

《补充规定》第 6 条规定的是全民所有制企业事业单位、机关、团体，而非全民所有制法人。1993 年 9 月 2 日，全国人大常委会通过的《反不正当竞争法》第 8 条增补了商业受贿罪，该条款使用的也是单位概念，而非法人。近年最高司法机关在不同场合分别使用过法人受贿犯罪或单位受贿犯罪的概念，但在正式的司法解释中仍然严格使用"单位"一词。如 1993 年 10 月 22 日最高人民检察院颁发的《关于认真查处单位行贿受贿犯罪案件的通知》（以下简称高检《通知》）中就称单位行贿受贿犯罪。其次，单位受贿罪犯罪概念符合我国的实际情况，有利于打击犯罪。由于我国法人制度尚不健全，相当一部分团体、单位不具有法人资格。如果承认只有法人受贿罪，就可能对非法人单位的受贿犯罪网开一面。这些单位借口自己不属法人，不符合犯罪主体而逃避法律制裁，而将单位作为受贿犯罪主体，则使它们难逃法网，有利于惩处犯罪。再次，有的同志在论述法人犯罪概念时又对法人犯罪主体作了扩张解释，认为法人犯罪主体应当包括法人和非法人社会组织。[①] 试图将非法人团体、单位包含在法人概念中，这就难免造成概念上的混乱，既不利于理论研究，也与立法和司法相脱节。再说从近年世界各国刑事立法、司法和理论研究看已逐渐从单纯的法人犯罪概念向法人和非法人团体犯罪的复合概念转变，而在我国根据汉语特征将其用"单位"一词予以概括是比较恰当的，当然法人受贿犯罪作为单位受贿罪的主要表现形式，把它作为独立的问题予以深入研究也是很有必要的，有助于科学地划分单位受贿罪的种类。总之，笔者认为，将单位受贿罪视为或等同于法人受贿罪是不妥的，司法实务中应严格使用"单位受贿罪"。

二、 单位受贿犯罪的主体范围

1985 年 7 月 18 日，"两高"《关于当前办理经济犯罪案件中具体应用法律的若干问题的解答（试行）》（以下简称《解答》）第 2 条第 3 项"关于国家机关、团体、企业事业单位和集体经济组织收受贿赂，应如何处理的问题"中对单位受贿罪的构成作了规定，当时囿于无立法规定，该解释只规定"对单位主管人员和直接责任人员借机中饱私囊、情节严重"及

---

① 宋顾：《惩治法人犯罪的几点思考》，《中国检察报》1994 年 1 月 12 日，第 3 版。

"对单位进行走私、投机倒把等违法活动，或者为谋取非法利益，收受贿赂，数额巨大，情节严重的"才追究单位受贿罪的刑事责任。但该《解答》对单位受贿罪的主体范围则没有进行限制，即一切国家机关、团体、企业事业单位和集体经济组织均可构成。随着《补充规定》的颁布，"两高"这一解释已失去效力。根据《补充规定》第6条的规定，单位受贿罪的主体仅限于全民所有制企业事业单位、机关、团体，其他任何单位均不能构成单位受贿罪的主体。从现实情况看，将单位受贿罪主体局限于全民所有制单位显然过窄。此外《补充规定》对单位、个人给予国家工作人员回扣行为和国家工作人员个人收受回扣行为的定性问题作了专款规定，而唯独对单位收受回扣的行为没有特别规定，可见按照《补充规定》的立法精神，单位受贿犯罪并不包括单位收受回扣的行为。为了打击在商品交易中暗中账外给付和收受回扣的行为。1993年反不正当竞争法第8条第1款规定："经营者不得采用财物或者其他手段进行贿赂以销售或者购买商品。在账外暗中给予对方单位或者个人回扣的，以行贿论处；对方单位或者个人在账外暗中收受回扣的，以受贿论处。"根据该条规定，即一切企业事业单位、机关、团体在商品交易中账外暗中收受回扣的，均以受贿论处。综上所述，认定单位受贿犯罪主体范围应区别两种情况：（1）单位犯普通受贿罪的主体仍限于全民所有制企业、事业单位、机关、团体；（2）单位犯商业受贿罪的主体则不受所有制性质的限制。

在认定单位受贿犯罪主体问题上，有一个亟待解决的问题，即独立单位下设的具体职能部门或分支机构能否成为单位受贿犯罪的主体，对此认识不一。一种意见认为可以构成单位受贿罪的主体，因为法律并未规定"单位"应指哪一级，从法律逻辑上讲，部门也可以是单位。另一种意见认为不能成为单位受贿罪的主体。笔者原则同意第二种观点。理由是：（1）从刑事立法原意看，应是指独立的单位。在司法实务中对刑法条文的解释应贯彻从严解释原则，即严格遵循立法原意，否则将有损刑事立法的目的。如果把某单位下设的具体部门或分支机构，也视为刑事立法中的"单位"，无疑是对"单位"作了扩张解释。这种扩张解释在无司法解释认可的情况下不宜在司法实践中适用。如果承认独立单位下设的部门或分支机构属刑事立法中的"单位"，那么独立单位下设部门或分支机构中的内部组织能否又可视为一级单位呢？（2）从司法实践看，作为独立单位下设的职能部门其所实施的违法犯罪行为虽然以单位名义进行，但必然背着本单位的领导，所获非法利益往往私分，其行为符合个人或共同犯罪的特征，而不是单位犯罪。如果事先请示或事后得到单位领导集体或主管领导的同意或认可，则属于单位犯罪，职能部门的行为人则应作为"直接责任人员"承担刑事责任。（3）承认独立单位下设的部门或分支机构可视为刑事立法中的"单位"，易于为某些部门假借单位名义进行违法犯罪活动网开一面，这些犯罪分子往往借口自己是从事单位违法犯罪，从而逃避或减轻刑事制裁。总之，笔者认为，将单位犯罪等同于法人犯罪固然不妥，但把独立单位下设的部门或分支机构一概否认其作为单位犯罪主体有失偏颇，我们认为独立单位下设的部门或分支机构，如果是依法成立，有自己的组织机构和独立的财产，能以自己的名义独立从事职能活动的，可视为刑事立法中的"单位"，鉴于目前"单位"概念的含混、不明确，笔者建议最高司法机关对"单位"一词作出司法解释，明确界定"单位"概念的内涵和外延，以利于刑事执法。

三、 单位受贿罪的客观行为特征

单位受贿罪在客观方面表现为索取、收受他人财物，为他人谋取利益，情节严重的行为。其基本特征表现在：

1. 受贿行为必须是单位行为。所谓单位行为具有以下含义：（1）单位受贿犯罪是在单位意志直接支配下实施的。这是单位受贿与个人受贿的主要区别。所谓单位意志是指单位的整体意志，它不同于单位成员的个人意志。单位成员的个人意志，只有在它反映单位整体意志并为单位批准或认可，才能成为单位意志。单位成员的行为，只有当它是在单位受贿意志支配下实施时，才能成为单位受贿行为的有机组成部分。否则则是单位成员的个人犯罪而不是单位犯罪。（2）单位受贿行为必须通过其法定代表人、单位负责人或其他成员实施。单位的受贿行为只有通过它的成员的具体行为才能体现出来，从这个意义上说没有离开自然人的纯粹的单位受贿犯罪。（3）以单位名义实施。这里有两层含义：一是在犯罪过程中以本单位的合法名称出现；二是利用本单位所掌握的人力、财力、物力等进行受贿犯罪活动。（4）受贿所得财物归单位所有。虽然受贿财物属非法收入，但该非法收入必须归单位所有和支配。如果单位主管人员以单位名义收受贿赂，但受贿的财物归其个人占有，则不能视为单位受贿。

2. 必须是利用本单位的职务之便，索取、收受他人财物，为他人谋取利益的行为。在这一要件中须特别强调两点：（1）单位受贿行为是否必须要利用本单位的职务之便？对此，目前有几种不同看法：一种意见认为，《补充规定》第6条并未规定单位受贿犯罪要利用本单位的职务之便，因此只要单位索取、收受他人财物，为他人谋取利益的，即构成受贿罪，不一定必须利用本单位的职务之便；第二种意见认为，单位犯受贿罪必须要利用本单位的职务之便，否则不构成受贿罪。笔者认为第二种意见是正确的。《补充规定》第6条虽然没有规定单位受贿犯罪要利用职务之便，但因为受贿犯罪是一种职务犯罪，利用职务之便是职务犯罪的基本特征，单位受贿犯罪也不例外，如果单位实施的犯罪行为与其所享有的权限和职能没有直接关系，则不构成单位受贿罪。（2）单位受贿行为是否须以"为他人谋取利益"作为必要条件？多数同志认为，我国刑法中的受贿罪分为索取型受贿罪和收受型受贿罪，"为他人谋取利益"只是收受型受贿罪的客观要件。单位受贿犯罪也是如此。笔者认为这种意见值得商榷。从立法规定看，《补充规定》第4条第1款关于国家工作人员受贿罪的构成与第6条关于全民所有制单位受贿罪的构成显然有所区别。前者是"利用职务上的便利，索取他人财物的，或者非法收受他人财物为他人谋取利益的行为"；而后者是"索取、收受他人财物，为他人谋取利益情节严重的"行为。两者法律用语上的差别，恰恰在于说明单位受贿罪的构成，必须以"为他人谋取利益"作为构成条件。

3. 必须"情节严重"。单位受贿行为必须情节严重才构成犯罪。在受贿行为中，数额的大小是衡量单位受贿行为社会危害性大小及情节严重与否的主要标志。高检《通知》第1条规定"对单位行贿、受贿数额已满五万元的案件，应依法立案侦查"。根据这一规定，单位索取、收受他人贿赂数额满5万元的应以单位受贿罪论处。应该看到，受贿数额并不能全面准确地反映受贿罪的社会危害性。也不是认定情节严重与否的唯一根据。高检《通知》仅用受贿数额来区分单位受贿罪与非罪的界限有失片面，不利于有力地惩处单位受贿犯罪。我们认为，根据立法精神，结合司法实践，单位受贿数额虽不满5万元，但具有下列情形之一的，也应以单位受贿罪立案查处：（1）因受贿致使国家、集体、公民个人利益遭受重大损失的；（2）故意刁难、要挟有关单位、个人强行索取贿赂，社会影响恶劣的；（3）索取、收受外国人、华侨、港澳台地区人员贿赂，造成恶劣影响的；（4）通过接受贿赂进行其他非法活动的；（5）其他索取、收受贿赂，情节恶劣、后果严重的。目前有的同志仍把"主管人员和直接责任人员有无中饱私囊"作为认定单位受贿情节严重与否的标准之一。 笔者认为，这种意见不妥。此意见 1985 年"两高"《解答》曾作过肯定，但随着《补充规定》的颁布，原司法解释已失去效力，不能在司法实践中适用。根据《补充规定》的立法精神，单位主管人员和其他直接责任人员是否中饱私囊不影响单位受贿罪的构成。如果单位收受贿赂后，主管人员和其他直接责任人员又借机侵吞单位受贿款，中饱私囊，构成犯罪的，应数罪并罚。

四、 认定单位受贿罪应注意的几个问题

1. 统一思想，提高认识，严格依法查办单位受贿犯罪案件。在查处单位受贿犯罪中要认真贯彻"一要坚决，二要慎重，务必搞准"的方针。（1）要清醒地看到当前单位受贿犯罪的严重性、危害性，不断提高对打击惩处单位受贿犯罪的迫切性、重要性的认识，认真贯彻高检《通知》精神，敢于碰硬，敢于排除干扰和阻力。（2）单位受贿犯罪往往具有欺骗性、隐蔽性、狡猾性等特征。因此要注意区分法律政策界限；对构成犯罪的必须依法查处，但也要防止定性处理上的硬性拔高。（3）严格办案程序。在单位受贿案件立案问题上应严格执行高检《通知》，即"对单位行贿、受贿犯罪案件的立案侦查的，一律会报省、自治区、直辖市人民检察院批准，并报最高人民检察院备案"。

2. 注意区别单位受贿犯罪与自然人受贿犯罪的界限。如前所述，单位受贿犯罪是指单位直接负责的主管人员和其他直接责任人员为单位谋取非法利益，以单位名义利用本单位的职务之便，索取、收受他人财物，为他人谋取利益，情节严重的行为。它和自然人受贿犯罪的主要区别在于：（1）犯罪主体不同。前者是单位，普通受贿罪只能由全民所有制企业、事业单位、机关、团体构成，商业受贿罪则可以由不同所有制的单位构成，后者是自然人，由国家工作人员、集体经济组织工作人员和其他从事公务的人员构成。（2）主观故意内容不同。前者须以单位名义，体现的是单位意志，是为了本单位谋取非法利益，后者体现的是个人意志，是为了本人

---

① 上海市高级人民法院刑庭：《论受贿犯罪中的几个问题》，《人民司法》1994 年第 4 期。

获取非法利益。（3）犯罪构成的标准不同，前者必须情节严重才构成犯罪，根据高检《通知》规定，单位受贿只有数额满 5 万元才能定罪处理，后者则只要收受贿赂 2000 元以上或虽不满 2000 元，但情节严重的就可以犯罪处理。（4）受贿所得归属不同。前者归单位所有，后者则归个人所有。根据上述分析，具有下列情形之一的，均应按个人犯罪论处：（1）假借单位名义索取、收受他人贿赂的；（2）虽以单位名义收受贿赂，但非法所得仅为犯罪的主管人员和直接责任人员所有、私分或挥霍的。

3. 注意正确处理个人和单位交织进行的受贿犯罪。单位犯受贿罪，直接负责的主管人员和其他直接责任人员应负刑事责任。在单位实施犯罪的同时，主管人员和其他直接责任人员个人又进行受贿犯罪的也要对个人的犯罪负责。由于犯罪主体分别是单位和个人，对这类情况如何定罪处罚分歧较大，笔者认为，这种情况既不能定一罪而从重处罚，也不能按数罪并罚的原则执行。行为人应当对单位受贿犯罪和个人受贿犯罪分别负责。

伪造、倒卖、盗窃发票犯罪的刑法适用 *

近年来，随着我国社会主义市场经济的迅速发展，发票的使用量激增。随之伪造、倒卖、盗窃发票牟取暴利的违法犯罪活动日益猖獗，并不断蔓延。这种犯罪活动严重扰乱经济秩序，破坏社会主义市场经济体制的建立。特别是伪造、倒卖、盗窃增值税专用发票行为直接破坏了税制改革（核心内容是建立以增值税为主体的流转税制度），严重干扰新税制的正常运行，为了维护国家经济秩序，保障税制改革和经济建设的顺利进行，1994 年 4 月至 6 月公检法税部门联手在全国范围开展了集中打击伪造、倒卖、盗窃发票违法犯罪活动的专项斗争。在这次专项斗争中，破获案件495 起，其中伪造发票 60 件，代开、虚开发票案件 59 件，收缴各类假发票 676.5 万份，其中增值税专用发票 52.2 万份，抓获违法犯罪分子 1146人。为了正确适用法律，依法严惩该类犯罪行为，最高人民法院、最高人民检察院于 1994 年 6 月 3 日联合颁布《关于办理伪造、倒卖、盗窃发票刑事案件适用法律的规定》（以下简称"两高"《规定》）。本文根据"两高"《规定》，结合刑法理论和司法实践，试就有关发票犯罪的刑法适用略陈管见。

一、 对伪造、 倒卖、 盗窃发票犯罪行为的定罪处罚

（一） 以投机倒把罪定罪处罚

投机倒把罪是指以获取非法利润为目的，违反金融、金银、外汇、工商管理法规，非法从事工商业活动，扰乱国家金融和市场管理，破坏社会主义经济秩序，情节严重的行为。在经济活动中，发票是经济交往的商业

---

　　* 原载《法学天地》1995 年第 2 期。

凭证，是财务收支会计核算的法定凭证，是税款计证与稽核的重要依据。对发票的制作和管理，法律法规都有明文规定。1992 年颁布的《中华人民共和国税收征收管理法》第 14 条第 1 款规定："发票必须由省、自治区、直辖市人民政府税务主管部门指定的企业印制；未经省、自治区、直辖市人民政府税务主管部门指定，不得印制发票。"国务院 1993 年 12 月 23 日颁布的《中华人民共和国发票管理办法》（以下简称《发票管理办法》）及国家税务总局制定的《实施细则》对发票的印刷、领购、开具、保管等作了具体规定。其中《发票管理办法》第 38 条规定："私自印制、伪造变造、倒买倒卖发票、私自制作发票监制章、发票防伪专用品……构成犯罪的，依法追究刑事责任。"可见非法印制、倒卖发票的行为直接违反国家法律和工商行政法规，其行为符合投机倒把罪的犯罪特征。"两高"《规定》第 1 条明确指出："以营利为目的，非法印制（复制）、倒卖发票（含假发票）或者非法制造、倒卖发票防伪专用品，情节严重的，以投机倒把罪追究刑事责任。"情节严重是构成投机倒把罪的必要条件，"两高"《规定》指出，具有下列情形之一的，应当认定为"情节严重"：（1）非法印制（复制）、倒卖增值税专用发票 25 份以上的，或者非法印制（复制）、倒卖其他发票 250 份以上的；（2）违法所得数额在 3000 元以上的；（3）曾经因伪造、倒卖、盗窃发票受过刑事处罚或者两次以上行政处罚，又进行这类违法活动的；（4）具有其他严重情节的。鉴于目前非法为他人代开、虚开发票金额的违法犯罪活动比较突出，"两高"《规定》第 2 条设专条规定："以营利为目的，非法为他人代开、虚开发票金额累计在 50000 元以上的，或者非法为他人代开、虚开增值税专用发票抵扣税额累计在 10000 元以上的，以投机倒把罪追究刑事责任。"

　　"两高"《规定》第 1 条、第 2 条仅就适用 1979 年刑法第 117 条作出规定，那么在什么条件下适用刑法第 118 条及全国人大常委会《关于严惩严重破坏经济的罪犯的决定》（以下简称人大《决定》）第 1 条第 1 项之规定呢？笔者认为，根据"两高"《规定》，参照"两高"1985 年 7 月 18 日《关于当前办理经济犯罪案件中具体应用法律的若干问题的解答》第 3 条第 2 项之规定精神，对具有下列情形之一的，应按刑法第 118 条追究刑事责任：（1）非法印制（复制）、倒卖增值税专用发票 125 份以上的，或者非法印制（复制）、倒卖其他发票 1250 份以上的；（2）违法所得数额 3 万元以上的；（3）非法为他人代开、虚开发票金额累计在 50 万元以上的，或者非法为他人代开、虚开增值税专用发票抵扣税额累计在 10 万元以上的；（4）以伪造、倒卖发票为职业的。其中对具有下列情形之一的，可视为数额特别巨大的：（1）非法印制（复制）、倒卖增值税专用发票 500 份以上的，或者非法印制（复制）、倒卖其他发票 5000 份以上的；（2）违法所得数额 10 万元以上的；（3）非法为他人代开、虚开发票金额累计在 500 万元以上的，或者非法为他人代开、虚开增值税专用发票抵扣税额累计在 100 万元以上的。数额特别巨大是认定投机倒把情节特别严重的一项主要内容，对情节特别严重的应适用人大《决定》，直至判处死刑。

（二） 以伪造税票罪定罪处罚

"两高"《规定》第 3 条指出："以营利为目的，伪造、变造增值税专用发票，依照刑法第一百二十四条的规定，以伪造税票罪追究刑事责任。"所谓"伪造"是指仿造国家增值税专用发票的形状、特征、色彩、防伪标记等制作假增值税专用发票，以假充真的行为；"变造"是指用剪贴、挖补、拼凑等方法使增值税发票金额增多的行为，变造是在真的增值税发票基础上加以改造而不是另外仿造。

在认定伪造税票罪（伪造增值税专用发票）时如何界定与投机倒把罪（非法印制增值税专用发票）的区别，实践中存在不同看法。笔者认为两者之间的区别表现在：（1）从客观行为看，前者是指仿造印制增值税专用发票，犯罪对象必须是假的增值税专用发票；后者是指未经税务机关批准擅自印制增值税专用发票，犯罪对象既可能是真增值税专用发票，也可能是假增值税专用发票。（2）从犯罪主体看，前者只限于个人；后者则既可以是个人，也可以是单位。（3）从犯罪构成看，前者并不要求情节严重才构成犯罪，对犯罪数额也无具体要求；而后者则必须情节严重才构成犯罪，对犯罪数额"两高"《规定》作出了明确的规定。总之，两者之间属特殊法条与普通法条的关系。正因为存在这种关系，所以两者之间会发生交互竞合情况，即当行为人印制假增值税专用发票数额在 25 份以上的或违法所得在 3000 元以上的，其行为同时符合"两高"《规定》第 1 条和第 3 条的规定，分别触犯投机倒把罪和伪造税票罪，这种情况刑法理论称为法条竞合。根据法条竞合的适用原则即重法优于轻法的原则，应按投机倒把罪追究刑事责任。

对伪造税票罪（伪造变造增值税专用发票）刑法第 124 条和"两高"

《规定》均未规定定罪数额标准，这是否意味着认定该犯罪不需要考虑数额呢？我们认为，如果行为人伪造、变造增值税专用发票数额小、违法所得不多，情节轻微的，根据刑法第10条的立法精神，不宜以犯罪论处。如果伪造、变造的数额虽然较小，但情节恶劣、后果严重、给国家造成重大经济损失的，仍应定罪判刑。对伪造税票罪的数额标准在司法解释未作出明确规定之前，司法机关可根据不同案情灵活掌握。

（三）以盗窃罪定罪处罚

针对盗窃增值税专用发票牟取暴利的行为屡有发生，被盗的增值税专用发票流入社会被不法之徒所利用造成国家税收大量流失的现象，"两高"《规定》第4条指出："盗窃增值税专用发票的，以盗窃罪追究刑事责任。"根据增值税专用发票的特点，盗窃增值税专用发票行为的定性不能按一般财物以其本身所固有的价值来计算。因此，"两高"《规定》以盗窃增值税专用发票的数量（份数）来决定罪与非罪及适用不符合法条文的依据。"两高"《规定》第4条规定："盗窃数量在25份以上的，依照刑法第一百五十一条的规定处罚；盗窃数量在250份以上的，依照刑法第一百五十二条的规定处罚；情节特别严重的，依照《全国人民代表大会常务委员会关于严惩严重破坏经济的罪犯的决定》第一条第（一）项的规定处罚。"

从实践看，大多数犯罪分子盗窃增值税专用发票的最终是为了倒卖或为他人代开、虚开增值税专用发票牟取暴利。这类案件为人往往既有盗窃行为，又有投机倒把行为，前者是手段行为，后者是目的行为，这种情况属牵连犯罪，对牵连犯不适用数罪并罚而应按重罪吸收轻罪原则处理。但如果行为人盗窃的是假增值税专用发票或为他人代开、虚开假增值税专用发票的，只构成投机倒把罪，不构成盗窃罪。

二、在认定伪造、倒卖、盗窃发票犯罪行为时应注意的问题

（一）注意区分罪与非罪的界限

在认定伪造、倒卖、盗窃发票行为罪与非罪的界限时主要应考虑以下

几个因素：（1）是否以营利为目的。行为人伪造、倒卖发票构成投机倒把罪、伪造税票罪的主观上必须以营利为目的。如果行为人不以营利为目的则不能构成上述犯罪。（2）违法数额是否较大。"两高"《规定》对伪造、倒卖发票是否构成犯罪作了具体的量化规定。如果行为人的违法行为在数量上低于"两高"《规定》标准的，则不构成犯罪。（3）情节是否严重。情节严重是构成投机倒把罪的必要条件。违法数额的大小是衡量投机倒把情节严重与否的主要标志之一，但违法数额并不是衡量情节严重与否的唯一标准。根据"两高"《规定》第 1 条第 4 项的规定，以营利为目的，非法印制（复制）、倒卖发票（含假发票）或者非法制造、倒卖发票防伪专用品虽未达到 1、2、3 项数量标准，但"具有其他严重情节"的仍应以投机倒把罪定罪处罚。

（二）注意对单位犯罪的定罪处罚

"两高"《规定》第 5 条规定："单位实施本规定第一、二条所列的行为，数量（数额）达到第一条第二款第 1、2 项和第二条规定的 5 倍以上，或者具有其他特别严重情节的，对直接负责的主管人员和其他直接责任人员，依法追究刑事责任。"如何理解该条规定，有的同志认为，依据我国现行刑事法律中有关法人犯罪的处罚原则，对单位非法印制（复制）、倒卖各种发票，或者非法为他人代开、虚开各种发票构成犯罪的，应当实行"双罚制"，除对直接负责的主管人员和其他直接责任人员追究个人刑事责任外，还应对单位处以罚金。① 笔者认为，这种观点从法理上讲不无道理，但不符合"两高"《规定》的精神。对单位投机倒把罪 1989 年 3 月 15 日"两高"《关于当前处理企业、事业单位、机关、团体投机倒把犯罪案件的规定》中作了具体规定，该规定对单位投机倒把罪的处罚采用的是"代罚制"，即只追究直接负责的主管人员和其他直接责任人员的刑事责任，而不追究单位本身的刑事责任。"两高"《规定》也是如此，它强调的仍是"代罚制"，因此，对单位非法印制（复制）、倒卖各种发票或非法为他人代开、虚开各种发票构成犯罪的，只能对直接负责的主管人员和其他直接责任人员以投机倒把罪追究刑事责任，对单位不能判处刑罚（罚金）。对单位虽然不能以犯罪判处刑罚，但可以根据有关法律及行政法规予以行政和经济制裁。

---

① 参见《中国检察报》1994 年 6 月 23 日，第 3 版。

（三） 注意适用"两高"《规定》 的时间界限

"两高"《规定》第 6 条规定："本规定自发布之日起施行，规定发布前已经处理的案件不再变动；尚未处理或正在处理的案件，一律适用本规定。"这一规定表明：（1）1994 年 6 月 3 日之前对伪造、倒卖、盗窃发票犯罪行为已按有关刑事法律、司法解释作出最终处理的不再变动，以保持司法活动的相对稳定性。（2）1994 年 6 月 3 日以后实施的伪造、倒卖、盗窃发票犯罪行为一律适用"两高"《规定》。（3）1994 年 6 月 3 日之前实施的伪造、倒卖、盗窃发票犯罪案件尚未处理或正在处理的，也按"两高"《规定》的有关条文处理，从而体现对该类犯罪从严惩处的精神。

假冒注册商标犯罪若干问题再探讨 *

1993 年 2 月 22 日，七届人大常委会第三十次会议颁布《关于惩治假冒注册商标犯罪的补充规定》（以下简称《补充规定》）以后，刑法学界和执法部门的同志对如何适用该《补充规定》进行了必要的研究和探讨。但对一些问题仍没有达成共识，直接影响对案件的查处。本文拟对若干有争议的问题进行再探讨，以便统一认识，利于执法。

一、 如何理解 "在同一种商品上使用与其注册商标相同的商标"

《补充规定》第 1 条第 1 款规定 "未经注册商标所有人许可，在同一种商品上使用与其注册商标相同的商标，违法所得数额较大或者有其他严重情节的" 构成假冒他人注册商标罪。如何理解 "在同一种商品上使用与其注册商标相同的商标。" 目前有广义说和狭义说两种观点。广义说认为，这一规定 "主要是指在同一种商品或者类似商品上使用与其注册商标相同或近似的商标"① 具体来说，"大致包括以下几种情况：一是在同一种商品上使用与他人注册商标相同的商标；二是在类似商品上使用与他人注册商标相同的商标；三是在类似商品上使用与他人注册商标近似的商标"。② 狭义说认为，构成假冒他人注册商标须具备两个条件：一是商标相同，二是商品为同一种。所谓相同当然是指完全相同，而不能包括 "相似" "类

---

　* 原载《法学论坛》1995 年第 3 期

　① 张挥：《注册商标的法律保护》，《法制日报》1993 年 7 月 18 日，第 3 版

　② 田力文：《浅谈适用〈关于惩治假冒注册商标犯罪的补充规定〉的几个问题》，《政法学报》1993 年第 10 期。

似"、"基本相同"等。① 笔者认为，广义说有悖刑事立法原意。在《补充规定》颁布之前，刑法学界根据 1979 年刑法第 127 条、商标法第 38 条第 1 项、第 48 条之规定，一般都将假冒商标罪理解为"违反国家商标管理法规，擅自在同一种商品或者类似商品上，使用与他人注册商标相同或者类似的商标，侵犯他人注册商标专用权的行为"。司法实践中一般都照此执行。现《补充规定》则将假冒他人注册商标罪规定为"在同一种商品上使用与其注册商标相同的商标"，从而把"在同一种商品上使用与其注册商标相类似的商标以及在类似商品上使用与其注册商标相同或类似的商标的行为"排除在刑事惩治范围之外。立法之所以作这样的规定，并不是立法者的疏忽，它旨在缩小刑事打击面。近年随着商标业的迅猛发展，人们在设计同种或同类商品的商标时，出现类似的现象是难以避免的，如果都将其纳入刑事惩处范围必将扩大打击面。从实践看，相类似的标准比较难把握。再说类似毕竟不同于完全的假冒，虽然它也会导致消费者误认，从而侵犯其利益，但这种侵权行为的社会危害性明显要轻于假冒行为，因此不宜适用刑事制裁。

笔者基本同意狭义说。所谓"同一种商品"是指同一品种的商品。对同一品种的商品的认定应依照商品分类表作为客观依据。国家工商行政管理局 1988 年 9 月 15 日颁布了《关于实行商标注册用商品国际分类的通知》（以下简称《通知》），该《通知》的附件《商标注册用商品和服务国际分类表》，对商品分为 42 类，每一类下又分为若干种。同种商品就是指同一种目下列举的商品。所谓"相同商标"是指在文字、图形、字母、颜色等或其组合上，或者构成商标的其他要素上与注册商标相同的商标。须特别强调的是，在司法实践中对"相同商标"的认定不能苛求和绝对化。从哲学角度讲，世界上没有绝对相同的事物，即使是相同的事物也会在非本质方面存在某些细微的差别。不能因为它们之间存在着某些细微差别而否定其具有相同性。

有的学者主张"以是否足以使人误认"作为认定相同商标的标准，即把判断标准主观化。笔者认为，这种判断标准主观随意性大，不同的消费者因自身素质、注意力等的不同，认识能力存在差异，即使某些类似的商

① 欧阳涛主编：《生产销售假冒伪劣产品犯罪剖析及对策》，中国政法大学出版社 1994 年版，第 175 页。

标也会造成消费者的误认。总之，这一主张失去客观统一的认定标准，容易混淆相同与类似、犯罪与民事侵权行为的区别，实践中不能作为主要认定依据。为了严格执法，保护他人商标专用权，正确区分罪与非罪的界限，笔者建议，在审理假冒注册商标犯罪案件中应对假冒商标进行鉴定，即由商标管理部门组织专门人员对假冒商标予以鉴定，出具鉴定书以界定假冒商标与他人注册商标是"相同"还是"类似"。

二、 如何界定 "违法所得" 的法律含义

根据《补充规定》精神，"违法所得数额较大"是构成假冒注册商标者犯罪的主要依据。如何界定"违法所得"的法律含义，目前有以下几种观点：第一种观点认为，违法所得应理解为非法获利额。[①] 对非法获利的认定又有不同意见，一种认为应按纯利计算，即销售额减去成本及其他费用之后的剩余部分，另一种意见认为，计算获利额不应扣除任何支出。第二种观点认为，违法所得额应理解为非法经营额。第三种观点认为，违法所得额应理解为销售额。

笔者认为，将违法所得理解为非法获利额是不妥的。假冒商标本身就是违法行为，一切开支都没有合法理由。因此，在计算违法收入时不能扣除生产、销售成本及税收等费用。"两高"早在 1989 年 12 月 26 日《关于如何计算单位投机倒把犯罪案件获利数额的批复》明确指出"认定企业事业单位、机关、团体投机倒把犯罪非法获利数额时，应将企业事业单位、机关、团体投机倒把全部非法所得计算在内"。这一规定虽然是针对单位投机倒把犯罪而言，但对假冒商标犯罪同样适用。如果把获利额作为认定犯罪的数额标准，那么对未获利的假冒商标者则无法定罪。假冒商标犯罪虽然是牟利性质的犯罪，但并不意味着实施这一犯罪就一定获利。在生产经营中，由于各种主客观原因致使行为人没有获利甚至亏本的可能性是客观存在的，如果仅仅没有获利，而不论其生产、销售数额多大，都不认为是犯罪，必然会放纵犯罪，也与立法主旨相悖。

第二种观点也值得商榷。非法经营额是假冒商标的总金额。在《补充规定》颁布之前，最高人民检察院在 1986 年 3 月 24 日颁布的《人民检察

---

① 朱孝清：《略论惩治假冒商标犯罪的几个问题》，《法学》1994 年第 2 期。

院直接受理的经济检察案件立案标准的规定（试行）》及 1993 年 1 月 9 日颁布的《关于假冒商标案立案标准的暂行规定》一直都把非法经营额作为认定犯罪的主要依据之一。但《补充规定》则未明确将非法经营额作为认定犯罪的依据，而是使用"违法所得"一词。就立法原意而言，违法所得与非法经营额显然是有区别的。立法之所以作这样的规定，目的是为了缩小打击面。从实践看，行为人假冒商标尚处于生产、仓储环节，商品还未销售出去，那么对注册商标人的专用权就没有造成实际损害，社会危害性相对较小，因此，即使非法经营额数额较大也不宜以犯罪论处。虽然不能把违法所得理解为非法经营额，但并不意味着对非法经营额不论其数额多大都不能以犯罪论处。对非法经营额数额巨大，社会危害严重的，根据《补充规定》可列入"其他严重情节"的范围予以定罪处罚。

笔者同意第三种观点。将违法所得理解为销售额符合立法原意，实践中切实可行。这一观点被最高人民检察院颁布的《关于假冒商标犯罪立案标准的规定》所肯定，司法实务中应遵照执行。但要注意对销售额的把握不能绝对化。防止将销售额与实际已拿到的货款相等同。如行为人已实际生产假冒商标的商品并约定取得销售收入的，仍应计算"违法所得"。

三、 假冒商标违法所得数额特别巨大、 情节特别严重， 能否以投机倒把罪定罪处罚

1988 年 2 月 26 日，最高人民法院在《关于假冒商标案件两个问题的批复》中曾规定为获取非法利润，假冒他人注册商标，非法经营或者非法获利的数额巨大，情节严重的，其行为触犯了假冒商标罪，也触犯了投机倒把罪，应按其中的重罪，即投机倒把罪定罪处罚。《补充规定》颁布后，对假冒商标违法所得数额特别巨大、情节特别严重的，能否再适用司法解释的规定以投机倒把罪定罪处罚存在争议。一种意见认为，应当依照投机倒把罪处罚，理由是：（1）《补充规定》虽然提高了假冒注册商标犯罪的法定刑，但并未改变该批复对于假冒注册商标犯罪同时触犯投机倒把罪的规定，以及一个行为触犯两个罪名应按其中的重罪定罪的原则。（2）适用投机倒把罪有利于惩治商标犯罪，能取得较好的社会效果。[①] 另一种意见

---

① 李劼：《加强对商标专用权的刑法保护》，《人民司法》1995 年第 1 期。

认为，不能再适用投机倒把罪。

笔者同意第二种观点。理由是：（1）从法条竞合的适用原则看不能适用重法，即投机倒把罪。根据刑法理论，假冒商标罪与投机倒把罪存在着法条竞合关系，前者是特别法、轻法，后者是普通法、重法。对这种竞合关系应当实行特别法优于普通法，但是当特别法轻而普通法重时能否适用重法优于轻法原则，理论界有肯定说和否定说两种意见。笔者认为，司法适用中在立法或司法解释无特别认可的情况下，不能适用重法优于轻法原则。因为在法条竞合的情况下，立法者之所以规定特别法条是出于对某种特定社会关系的特殊法律保护，一般来说都是特别法重于普通法，适用特别法就意味着适用重法。但在某些情况下，特别法的刑罚也会轻于普通法，立法者之所以对特别法规定了比普通法更轻的刑罚，恰恰是立法用意之所在。不能一概认为特别法必然要重于普通法。假冒商标犯罪就属这种情况。目前假冒商标犯罪比较严重，但这种犯罪的社会危害性毕竟小于其他一些严重的经济犯罪，如生产、销售伪劣产品罪等。从世界各国看，对假冒商标犯罪：一般采用轻自由刑重经济处罚的原则。《补充规定》将该罪的法定最高刑限制在 7 年有期徒刑是在充分总结立法、司法解释和司法实践经验基础上而作出的规定，罪刑相当，符合世界上刑罚轻刑化的趋势。如果说该罪应处重刑（包括死刑），根据单行刑法的立法惯例，《补充规定》完全可以直接将其法定刑从有期徒刑 3 年提高到死刑，而没有必要只提高到 7 年。可见立法者认为单纯的假冒商标犯罪不论其数额多大，情节如何严重，都不足以处 7 年以上有期徒刑，更不能判处死刑。既然立法机关对假冒商标犯罪已有特别规定，那么司法机关只能严格依法适用，而不能擅自从重选择。否则就会出现司法权侵犯立法权的现象，有碍法律的严肃性和权威性。（2）从司法解释的效力看不宜适用投机倒把罪。原刑法第 127 条对假冒商标罪的法定刑只规定有期徒刑 3 年，法定刑确实过低。为了做到罪刑相适应，最高人民法院通过司法解释规定在一定条件下可适用投机倒把罪，但该解释以量化参数的大小作为区分此罪与彼罪的标准本身就缺乏科学性。犯罪数额的大小只影响犯罪的社会危害性，而不能改变罪质关系。从法律效力看，立法规定始终高于司法解释，司法解释与立法有矛盾时必须优先适用立法规定。《补充规定》颁布后，在立法已提高法定刑的情况下，最高人民法院的司法解释自然失效。再说大家都认为，惩治生产、销售伪劣产品罪比假冒商标的社会危害性大，但根据全国人大常委会《关于惩治生产、销售伪劣产品犯罪的决定》，除生产、销售特定伪劣产品如假药、有毒有害食品，已造成严重危害后果的可适用死刑外，生产、销售伪劣产品罪的最高刑是无期徒刑。如果对单纯的假冒商标犯罪行为按投机倒把罪适用死刑，必然破坏刑事法律的协调性。总之，笔者认为，对单纯的假冒商标犯罪，不论其数额多大，情节如何严重，都只能按《补充规定》定罪处罚。鉴于目前对这一问题的不同看法及适用上的混乱，建议最高司法机关明确规定不能适用投机倒把罪，以保证执法的统一性和严肃性。

四、 假冒商标犯罪中如何适用数罪并罚

在认定假冒商标犯罪中适用数罪并罚，应亟待解决以下两个问题：

（一） 行为人生产或销售既是假冒商标的商品又是伪劣的商品是否应数罪并罚

从实践看行为人为了便于其销售伪劣商品，往往采用假冒名牌产品的注册商标，对此是否适用数罪并罚存在不同看法：一种意见认为，应数罪并罚，理由是从犯罪构成看，行为人既有假冒商标的故意，又有伪劣商品犯罪的故意，客观上既实施了假冒商标行为，又实施了伪劣商品犯罪行为，既侵犯了国家商标管理制度，又侵犯了国家产品质量管理制度，符合两个独立的犯罪构成要件。[①] 另一种意见认为，不应数罪并罚。为什么不应数罪并罚，有的认为它属于想象竞合犯，[②] 有的则认为它属牵连犯。

笔者认为，这种情况认定为牵连犯是正确的。想象竞合犯是指一个行为触犯两个罪名。从法律规定看，《关于惩治生产、销售伪劣商品犯罪的决定》显然没有把假冒商标规定为生产、销售伪劣商品的犯罪行为之一，两者不是属种关系，因此把生产、销售伪劣商品中同时实施假冒商标行为的只视为"一个行为"是不正确的。可见这种情况不是想象竞合犯。牵连犯是指行为人实施某种犯罪即本罪，而方法行为或结果行为又触犯其他罪名即他罪的犯罪形态。行为人生产或销售既是假冒商标的商品又是伪劣的

---

① 朱孝清：《略论惩治假冒商标犯罪的几个问题》，《法学》1994 年第 2 期。

② 李劼：《加强对商标专用权的刑法保护》，《人民司法》1995 年第 1 期。

商品符合牵连犯的基本特征。

（二） 如何掌握假冒商标各犯罪之间的关系

《补充规定》规定了4种假冒商标犯罪即假冒他人注册商标罪、销售假冒注册商标的商品罪、非法制造或销售他人注册商标标识罪。在司法实务中对行为人只实施其中的某一个犯罪行为时定罪处罚一般不会有异议，但对行为人同时实施数行为，分别触犯数罪名时是否应数罪并罚常常引起争议。有的人认为应当数罪并罚，有的把它看作是选择性罪名认为只能定一罪。笔者认为，这类案件应根据不同情况予以处理：（1） 如前所述，在假冒商标犯罪中违法所得是指销售额，那么行为人实施假冒他人注册商标罪或非法制造注册商标标识罪时必然包含了销售假冒注册商品的商品或非法销售注册商标标识的行为，后行为被前行为所吸收。从立法原意看，销售假冒注册商标的商品罪和非法销售注册商标罪只限于流通领域。因此对假冒他人注册商标后又销售假冒注册商标的商品及非法制造注册商标标识后又非法销售注册商标标识的只能定一罪，不能数罪并罚。但如果行为人生产和销售的分别是不同的假冒注册商标的商品或不同的注册商标标识且违法所得数额都达到较大的，则应分别定罪实行数罪并罚。（2） 行为人出于一个犯罪目的，分别实施几种不同的犯罪行为，触犯几个罪名，但这几种犯罪存在内在联系的，应按一罪处理。如行为人在实施假冒他人注册商罪过程中，其犯罪的手段行为又触犯非法制造注册商标标识罪。由于犯罪的目的行为与手段行为之间存在着刑法上的牵连关系，属牵连犯，不应数罪并罚。如果客观上几个行为没有内在联系，各自独立，不存在牵连关系，则应按数罪处理。如行为人伪造了一批注册商标标识销售给他人，另外又购进假冒商标的商品销售给消费者，由于行为人实施的两个犯罪行为不存在内在联系，不属牵连犯，应当数罪并罚。

抗税罪若干疑难问题探究 *

1992 年 9 月 4 日，七届全国人大常委会第二十七次会议通过的《关于惩治偷税、抗税犯罪的补充规定》（以下简称《补充规定》）第 66 条对抗税罪的犯罪构成及其处罚作了明确规定。如何正确理解和运用这一规定，近年在司法实践中提出了许多问题。本文试就其中若干有争议的疑难问题加以探讨。

一、 单位是否可以成为抗税罪的主体

笔者认为单位不能构成抗税罪的主体，理由是：（1）从刑事立法角度看，涉及犯罪主体问题只能由最高立法机关在刑事立法中作出明文规定，而不能由司法机关任意作出扩大解释。如果单位可以成为抗税罪的主体，那么《补充规定》理应对此作出明文规定。《补充规定》既然设专条规定单位是偷税罪、逃避追缴欠税款罪、骗取出口退税款罪的犯罪主体，而唯独对抗税罪单位是否可以构成没有作出规定，这绝不是立法上的疏漏，而恰恰在于说明《补充规定》不承认单位是抗税罪的主体。（2）从刑事司法解释看，最高人民法院、最高人民检察院于 1992 年 3 月 16 日颁布的《关于办理偷税、抗税刑事案件具体应用法律的若干问题的解释》（以下简称"两高"《解释》）确曾规定单位也是抗税罪的主体，"两高"之所以作这样的解释是与其对抗税内容的规定过宽有直接关系。根据"两高"《解释》的规定，抗税是指纳税人违反税收法律、法规，采取公开对抗或者其他手段，抗拒履行纳税义务，情节严重的行为。它不仅指使用暴力、威胁手段抗拒缴纳税款，而且还包括以各种消极手段拒绝纳税的行为，如以各种借口拖延不缴或者抵制缴纳税款，拒绝接受税务机关依法进行的税务检查等

---

* 原载《法学》1995 年第 3 期。

等。对后者单位可以实施，所以单位可以成为抗税罪的主体。现《补充规定》对抗税内容作了重大修改，将抗税的手段限于以暴力、威胁方法拒不缴纳税款的行为。如果再把单位视为抗税罪的主体，不仅不切合实际，也与刑法理论相矛盾。如果承认单位仍可成为抗税罪的主体，那么对于抗税致人重伤、死亡的，单位要承担伤害罪、杀人罪的刑事责任。这显然有悖刑法原理。1994年3月10日，最高人民检察院发布了《关于加强法人犯罪检察工作的通知》，该通知的附件辑录了我国从1988年1月至1994年3月间颁布的单行刑事立法中所有法人（单位）犯罪的规定，其中就没有把抗税罪纳入法人犯罪之列。可见最高检察机关未认可单位可以构成抗税罪。

二、 消极抗税行为应如何处理

笔者认为，对消极的抗税行为不能以犯罪论处。税收征收管理法第37条、第38条、第39条、第46条明确规定，对各种消极抗税行为，税务机关可以采用行政处罚，但并未规定对这类行为可以适用刑事处罚。由此可见立法没有把各种消极抗税行为纳入刑法调整范围。此外，税收征收管理法赋予了税务机关有采取强制执行措施的权力，如果再把各种消极抗税行为作为犯罪处理，不但与税收征收管理法关于强制执行的规定相矛盾，而且定罪范围太宽，刑罚打击面太大，社会效果不一定好。总之，对各种消极抗税行为只宜采取行政处罚，而不能作刑事处理。这一意见完全符合刑事立法原意。①

三、 如何看待抗税的数额和情节

（一） 如何看待抗税的数额和情节的辩证关系

笔者认为，《补充规定》未对抗税罪规定数额标准体现了国家对抗税罪从严惩治的立法精神。抗税罪侵犯的是双重客体，它既侵犯税收管理制度，又侵犯税务人员的人身权利，从实践看它往往会造成税务人员的人身

---

① 宋汝芬：《参加立法工作琐记——要不要对偷税罪规定数额标准》，《法制日报》1984年5月8日。

伤亡。上述特征使得拒缴税款的数额在衡量抗税行为的社会危害性时不像其他涉税犯罪那样重要。正是基于此，《补充规定》才没有把抗税数额规定为抗税罪的必要条件。但抗税数额作为抗税罪诸犯罪情节中的一种，也是不能不予以考虑的。我们认为，对抗税罪的认定主要应看暴力、威胁方法及其程度，同时综合全案各种情节（包括数额）予以分析。具体而言：（1）行为人以暴力、威胁方法拒不缴纳税款，手段恶劣，具有相当程度的社会危害性的，即使抗缴数额较小，也应以抗税罪处理。（2）行为人以暴力、威胁方法抗拒缴纳税款，虽然暴力、威胁程度较小，但抗税数额大的（可按偷税罪数额标准的 50% 以上为起点）应以抗税罪处理。（3）行为人实施的暴力、威胁手段比较轻微（如只有一般的推拉、阻拦行为），抗税数额较小的，根据税收征收管理法第 45 条第 1 款规定，不认为是犯罪，由税务机关追缴其拒缴的税款，并处以拒缴税款 5 倍以下的罚款。

（二）如何认定抗税 "情节严重"

有的同志把"两高"《解释》中对"情节严重"的规定适用到《补充规定》上，这是不正确的。"两高"《解释》对情节严重的规定是为了解决罪与非罪问题，而《补充规定》所规定的"情节严重"是为了解决加重处罚问题，两者不能混淆。根据立法精神，结合司法实践，笔者认为具有下列情形之一的，可视为"情节严重"：（1）抗税数额巨大的（宜以 1 万元为起点）；（2）抗税 3 次以上的；（3）聚众抗税的；（4）冲击、打砸税务机关或严重干扰税务机关正常工作的；（5）在抗税过程中殴打、威胁税务人员多人（3 人以上）的；（6）其他抗税情节严重的。在实践中还有一个问题亟待统一认识，即暴力抗税致人轻伤的是否属"情节严重"？有的同志认为，凡暴力抗税致人轻伤的应属"情节严重"，[①] 否则不能体现对抗税罪从严惩处的立法精神，有的同志则认为，这种情况不属"情节严重"，理由是《补充规定》第 6 条第 2 款规定，暴力抗税致人重伤的按伤害罪处罚，只能处 3 年以上 7 年以下有期徒刑，而抗税罪情节严重的，也要处 3 年以上 7 年以下有期徒刑，如果把暴力抗税致人轻伤视为"情节严重"，那等于说把它与暴力抗税致人重伤适用同一档次的刑罚，这显失公允。笔者认为，参照《补充规定》第 6 条第 2 款的规定，比较抗税罪与伤害罪的

---

① 高铭暄：《简析偷税、抗税犯罪》，《中央检察官管理学院学报》1993 年第 2 期。

刑罚幅度，对暴力抗税致人轻伤的一般不应视为"情节严重"。

由于行为人的犯罪目的是抗税，它较之一般伤害罪（轻伤）社会危害性更大，因此在对行为人以抗税罪处罚时应把致税务人员轻伤的结果视为酌定从重情节予以考虑。但如果行为人暴力抗税致多人（如 3 人以上）轻伤，社会影响恶劣，危害严重的，应视为抗税情节严重，处 3 年以上 7 年以下有期徒刑。为了避免执法的随意性，建议"两高"在总结司法实践经验的基础上，对何为"情节严重"作出司法解释。

（三）暴力抗税致人重伤、死亡应如何定罪处罚

笔者认为，暴力抗税致人重伤、死亡的不属结果加重犯。在结果加重犯中行为人对基本犯罪有故意，但对加重结果却无故意，虽然当出现加重结果时法定刑要上升一个或数个档次，但仍适用基本犯的罪名。而暴力抗税致人伤亡的案件则不符合上述特征。首先，行为人因暴力抗税而致人伤亡的，对伤亡结果既可能出于过失，也可能出于故意，而且以故意居多；其次，《补充规定》对暴力抗税致人伤亡的，不是单纯提高法定刑，而是明确规定以伤害罪、杀人罪从重处罚。可见暴力抗税致人伤亡的不是结果加重犯。至于"处罚"一词的法律含义，从严格意义上说，"论处"和"处罚"语义确有不同，"论处"意指包括定罪量刑，而"处罚"仅指量刑，但纵观我国刑事立法，这两个词的使用并不严格，常有混用现象，不能因为《补充规定》使用的是"处罚"一词而一概否定其具有定罪量刑的法律意义。

暴力抗税致人重伤、死亡案件，实质上只有一个行为，即伤害、杀人行为。这一行为既触犯抗税罪，又触犯伤害罪、杀人罪，属于一个行为触犯数个罪名，符合想象竞合犯的行为特征。由于刑法第 134 条第 2 款、第 132 条所规定的法定刑都高于《补充规定》第 6 条第 1 款所规定的法定刑，因此应按伤害罪、杀人罪定罪处罚。此外更应引起我们注意的是：《补充规定》在立法上对想象竞合犯的处罚原则有新的发展。表现在：（1）它不是一般地规定对这类案件要按伤害罪、杀人罪处罚，而是特别强调要按伤害罪、杀人罪从重处罚；（2）对这类犯罪行为除按伤害罪、杀人罪从重处罚外，还要并处拒缴税款 5 倍以下的罚金。从而在处罚上又体现抗税的内容。这种立法规定较之对想象竞合犯仅按刑罚较重的罪名定罪处罚更具合理科学。

商业贿赂罪初探 *

1993 年我国新制定的反不正当竞争法第 8 条第 1 款规定："经营者不得采用财物或者其他手段进行贿赂以销售或者购买商品。在账外暗中给予对方单位或者个人回扣的，以行贿论处；对方单位或者个人在账外暗中收受回扣的，以受贿论处。"第 22 条又规定："经营者采用财物或者其他手段进行贿赂以销售或者购买商品，构成犯罪的，依法追究刑事责任。"这一规定为司法机关在市场经济条件下有力惩治商业贿赂犯罪提供了法律依据。本文试就商业贿赂罪的有关问题略陈管见。

根据 1993 年反不正当竞争法的规定，所谓商业贿赂罪是指在商品购销活动中账外暗中给予或收受回扣，依法应受刑罚处罚的行为。其犯罪构成表现在：

1. 商业贿赂罪侵犯的客体。随着我国实行社会主义市场经济体制，回扣问题重新引起法学界、经济学界的关注并进行了广泛深入的讨论，意见不一。我们认为商业贿赂行为侵犯的同类客体是社会主义经济秩序，直接客体是市场管理秩序，即商业公平竞争秩序。

2. 商业贿赂罪的主体。商业贿赂罪的主体范围与 1988 年 1 月 21 日全国人大常委会颁布的《关于惩治贪污罪贿赂罪的补充规定》（以下简称《补充规定》）关于普通贿赂罪（或称公职贿赂罪）的主体范围不同。反不正当竞争法第 8 条则把商业贿赂罪的主体限定为"经营者"。所谓"经营者"根据该法第 2 条第 3 款的规定是指"从事商品经营或者营利性服务（以下所称商品包括服务）的法人、其他经济组织和个人"。也就是说任何从事商品经营或营利性服务的单位和个人均可成为商业贿赂罪的主体；反之，从事非商品经营或非营利性服务的单位和个人则不能成为商业贿赂罪的主体。

---

* 原载《中外法学》1995 年第 2 期。

在商业贿赂罪主体问题上有两个问题需进一步探讨。（1）"单位"一词应如何界定？反不正当竞争法对商业贿赂罪中的单位范围未作规定，可见无论是全民所有制单位、集体经济组织、股份制企业、三资企业以及非法人性质的其他经济组织等都可以构成商业受贿罪的主体，而不受所有制的限制。在市场经济条件下，对私营企业犯罪视为个人犯罪有失公允。市场经济是平权经济，这一特征引入法律领域就是一切市场主体法律地位平等，不同所有制企业享有的权利受到法律的平等保护，其犯罪也应当平等地予以追究。

（2）商业受贿罪中"个人"的范围应如何界定？有的学者认为，商业受贿罪中的个人必须是具有某种特定身份的人，即只包括国家工作人员、集体经济组织工作人员以及其他从事公务的人员。① 笔者认为，在反不正当竞争法中，商业贿赂是作为不正当竞争行为予以规定的，商业贿赂罪侵犯的直接客体是商业公平竞争秩序。凡个体、私营企业的工作人员在参与商品交易中账外暗中收受回扣的，都破坏市场竞争秩序，应按商业受贿论处。因此，把商业受贿罪主体的"个人"范围局限于《补充规定》所规定的主体范围是不妥的。

3. 商业贿赂罪的客观特征。依照反不正当竞争法的规定，无论经营者给予或收受回扣的形式如何，必须是账外暗中进行才以商业贿赂行为对待。如果双方以明示的方式，即将给予或收受的利益如实入账，那么就成为合法的折扣。可见在商品交易中暗中账外给付或收受回扣是商业贿赂罪客观方面的基本特征。

在认定商业贿赂罪客观行为方面有两个问题需要研究：

其一，商业受贿罪是否要把"利用职务之便"作为必要的条件？一种观点认为"凡未利用职务上的权利和地位，即使在市场交易中获得了额外报酬的，也不能以收受回扣和按受贿论处。"② 即把利用职务之便作为商业贿赂罪的必要条件之一。笔者认为这种观点值得商榷。我国刑法中规定的"利用职务之便"中的"职务"具有特定的内涵，它的基本特点在于具有公务性。而商业贿赂行为是发生在商品交易中的一种不正当竞争行为，只有双方完成了账外暗中给予或收受回扣的行为，就具备了商业贿赂罪的客

---

① 陈忠槐：《关于对回扣以贿赂定罪的几个问题》，《现代法学》1994 年第 1 期。

② 陈忠槐：《关于对回扣以贿赂定罪的几个问题》，《现代法学》1994 年第 1 期。

观要件，它不要求行为人必须利用职务上的便利，必须具有公务性。

其二，关于商业贿赂的对象。关于贿赂的对象我国刑法学界一直有争论。现反不正当竞争法第 8 条把贿赂的对象规定为"财物或其他手段"。笔者认为，根据当前贿赂犯罪的实际情况和反腐倡廉的客观需要而论，把贿赂的对象限于有形财物确有不妥，扩大贿赂范围势在必行。根据反不正当竞争法的规定，商业回扣显然不局限财务。但是否意味着任何不正当利益均可成为商业贿赂的对象呢？笔者的回答是否定的。理由是：首先，反不正当竞争法是单行经济立法而不是刑事法律，该法所增补的商业贿赂犯罪没有具体的刑罚规定，把一切不正当利益列入贿赂对象难以适用刑罚，把一切不正当利益都列入贿赂的范围在司法实践中不具有可操作性。其次，如果经营者给对方提供非物质性利益就无法明示或如实入账，可见经营者只有向对方提供物质性利益而又没有如实入账的才是回扣。再次，如果经营者给对方的回扣是财物以外的物质性利益，这种物质性利益虽然是无形的，但都可以折算为一定数额的金钱。总之，我们认为，把商业贿赂扩大到一切不正当利益虽有其客观必要性的一面，但根据现行刑事立法，商业贿赂范围仍应限于财物或物质性利益。

4. 商业贿赂罪的主观特征。商业贿赂罪在主观方面表现为直接故意，行贿人和受贿人都有明确的犯罪目的，即为了销售或者购买商品。商业行贿罪也是以"谋取不正当利益"作为其主观特征的。

在认定商业贿赂犯罪中应注意两个问题：

一、 关于回扣与折扣、 佣金的区别

1993 年反不正当竞争法第 8 条第 2 款规定："经营者销售或者购买商品，可以以明示方式给对方折扣，可以给中间人佣金。经营者给对方折扣、给中间人佣金的，必须如实入账。接受折扣、佣金的经营者必须如实入账。"这是首次从立法角度规定折扣、佣金概念，并将它们与回扣加以明确区分。

1. 回扣与折扣的区别。折扣是指在商品购销活动中，经营者通过合同公开地给予或收受对方的财物或其他利益。它是经营者在销售或购买商品过程中公开表示予以价格上的优惠，如买方购物达到一定数量可以享受一定比例的让利。这种以明示方法实施的给对方以一定折扣的行为，属于正当的商业竞争行为，它和回扣的区别表现在：（1）折扣不具有不正当竞的目的，是合法的竞争行为，为法律所允许；而回扣则是为了排挤竞争对方，垄断市场，进行不正当竞争，为法律所禁止。（2）折扣是通过明示的方式，即向全社会公开，对所有购买者或销售者一视同仁；而回扣则在暗中进行。（3）折扣必须如实反映在账目中；而回扣是账外进行，逃避财务监督。总之，区分回扣和折扣是看它对让利情况是否在账外暗中进行。

2. 回扣与佣金的区别。佣金是指在商品购销活动中中间人（或中介人、居间人、经纪人）因介绍买卖所取得的劳务报酬。在市场经济条件下中间人的活动，对促进商品交换，活跃商品市场具有积极意义。因此，中间人在商品购销活动中牵线搭桥、提供信息、促成买卖成交从而按比例提取佣金是一种正当合法收入。它和回扣的区别表现在：（1）佣金是介绍买卖的中间人的报酬，主体必须是独立于买方和卖方的第三人；回扣则是买方或卖方所获取的不正当收入，主体是经营者本身或经营者一方的经办人。（2）佣金可以买方付给，也可以是卖方付给，亦可以是买卖双方共同付给；回扣则必须由经营一方付给另一方。（3）佣金是公开的，必须以明示方式给付或接受，并如实入账；回扣则必须账外暗中进行。根据立法精神中间人必须是经过工商登记的具有中间人资格的单位和个人，并依法纳税，所得佣金受法律保护。回扣与佣金的区别不仅表现在是否账外暗中进行，而且主体身份也不一样。因此中间人即使账外暗中收受佣金的，其佣金虽具有非法性质，但仍不应以商业贿赂对待，如触犯其他刑事条款的，可按其他罪名定罪处罚。

二、 商业贿赂犯罪应如何适用 《补充规定》

《补充规定》第 4 条第 3 款、第 7 条第 2 款分别对国家工作人员、集体经济组织工作人员及其他从事公务的人员，在经济往来中，违反国家规定收受各种名义的回扣、手续费以及给予上述人员回扣、手续费的，以受贿、行贿论处。现反不正当竞争法对商业回扣又作了新的规定和补充，那么商业贿赂行为应如何适用《补充规定》呢？

反不正当竞争法属单行经济立法，该法所涉及的刑法规范，理论界称之为"附属刑法。"对附属刑法条文的司法适用主要涉及罪名如何确定，对违反附属刑法规定的犯罪行为如何处罚以及刑事司法对刑法条文的引用问题。

目前对商业贿赂行为的定罪处罚问题存在争议。笔者认为，商业回扣行为应按商业贿赂罪定罪，普通贿赂罪量刑（处罚），理由是：首先，商业贿赂犯罪与普通贿赂犯罪在立法宗旨和犯罪构成上有重大差别，商业贿赂犯罪具有自己独立的犯罪构成，理应有相应的罪名。有鉴于此，我们认为反不正当竞争法第8条创制了一个新罪名——商业贿赂罪。其次，从我国附属刑法关于处罚问题的规定看，纵观我国附属刑法，对犯罪的处罚问题，除了笼统式规定外，还通过依照式（依照刑法第×××的规定追究刑事责任或依×××论处）或比照式（经照刑法×××的规定追究刑事责任）指明某一附属刑法条文应当适用刑法典分则（包括单行刑法）某一条文的法定刑。反不正当竞争法对商业回扣行为规定立法意图是非常明确的，就是通过依照式规定指明商业回扣应按《补充规定》的（普通）行贿、受贿罪处罚（量刑）。有人认为：反不正当竞争法对商业回扣行为规定按行贿、受贿论处，既然是"论处"就包括定罪和量刑，因此对商业回扣就不应另定新罪名。我们认为，但从我国刑事立法看，"论处""处罚"这两个术语的使用并不严格，带有混用现象，仅从字面理解"论处"的含义缺乏说服力。总之对商业回扣行为按商业贿赂定罪，以普通贿赂罪量刑，不仅有助于揭示商业回扣的本质特征，而且有利于充分运用现行刑事立法，惩治商业贿赂犯罪，维护商业公平竞争秩序。

在明确了商业贿赂罪的定罪处罚问题之后，关于商业贿赂罪的法条引用问题就迎刃而解了。即罪由附属刑法反不正当竞争法第8条予以规定，由该条来确定是否构成商业贿赂罪；刑由《补充规定》具体规定。因此，对商业贿赂罪定罪量刑时必须同时引用反不正当竞争法和《补充规定》的有关条文。

对商业贿赂犯罪在适用《补充规定》须注意两点：（1）注意国家工作人员、集体经济组织工作人员以及其他从事公务的人员中从事商品经营或者营利性服务并账外暗中收受回扣的人员的定罪处罚问题。我们认为《补充规定》与反不正当竞争法中关于回扣问题的规定，存在着法条上的交叉竞合关系，即上述人员的行为既违反《补充规定》第4条第3款的规定，同时又触犯反不正当竞争法第8条之规定。根据附属刑法与单行刑法存在法条竞合的应适用新法优于旧法、特殊法优于普通法的原则，[1] 对上述人

---

① 陈兴良主编：《刑法各论的一般理论》，内蒙古大学出版社1992年版，第503页。

员的行为应按商业受贿罪定罪处罚。而其他国家工作人员、集体经济组织工作人员以及其他从事公务的人员在经济往来中，违反国家规定，收受各种名义的回扣、手续费的，仍应直接按《补充规定》的（普通）受贿罪定罪处罚。（2）注意商业贿赂罪定罪处罚的具体标准，商业贿赂罪定罪处罚的具体标准应按照《补充规定》的有关规定执行。

挪用公司资金罪初论 *

1995 年 2 月 28 日，第八届全国人大常委会第十二次会议通过的《关于惩治违反公司法的犯罪的决定》（以下简称《决定》）第 11 条规定："公司董事、监事或者职工利用职务上的便利，挪用本单位资金归个人使用或者借贷给他人，数额较大、超过三个月未还的，或者虽未超过三个月，但数额较大、进行营利活动的，或者进行非法活动的，处三年以下有期徒刑或者拘役。挪用本单位资金数额较大不退还的，依照本决定第十条规定的侵占罪论处。"上述规定在刑事立法上首次增设挪用公司资金罪，为保护公司和投资者的合法权益，惩治公司职员挪用单位资金的犯罪行为提供了法律武器。本文根据立法规定，结合司法实践，就挪用公司资金罪的定罪处罚进行初步的探讨。

一、 挪用公司资金罪的犯罪构成

（一） 犯罪主体

根据《决定》第 11 条的规定，挪用公司资金罪的犯罪主体是公司的董事、监事或者职工。《决定》第 14 条又规定，有限责任公司、股份有限公司以外的企业职工有本《决定》第 11 条规定的犯罪行为的，适用本《决定》。可见挪用公司资金罪的犯罪主体还包括公司以外的企业职工。公司以外的企业范围如何界定，目前认识不尽一致。笔者认为，公司以外的企业应当包括一切企业，只要符合企业的法律特征，都应列入该范围，而不论其财产所有权性质如何，以及是否具备法人资格。也就是说私营企业、外资企业、联营企业等各种所有制企业中的职工均可成为挪用公司资

---

* 原载《浙江检察》1995 年第 4 期。

金罪的主体。

《全国人民代表大会常务委员会关于惩治贪污罪贿赂罪的补充规定》（以下简称《补充规定》）第3条规定，国家工作人员、集体经济组织工作人员或者其他经手、管理公共财物的人员是挪用公款罪的主体。现《决定》第12条又规定，国家工作人员犯本《决定》第11条规定之罪的，依照《补充规定》的规定处罚。根据这一规定，国家工作人员利用职务之便，挪用公司资金的，应按挪用公款罪处罚。这充分体现了对国家工作人员职务犯罪从严惩处的立法精神。对公司及其他企业中国家工作人员的范围如何确定呢？笔者认为，在市场经济体制下对公司及其他企业中的国家工作人员的范围应从严把握。下列人员应属于国家工作人员范畴：（1）国有独资公司、两个以上国有企业或国有投资主体设立的公司中的工作人员；（2）股份有限公司、有限责任公司中国家派驻的国有股权代表；（3）公司和其他企业中按国家法律、法规规定具有国家工作人员身份的人等。

总之，公司和其他企业中的非国家工作人员，不论其是管理人员，还是一般职工，只要是利用经手、管理企业资金的职务之便挪用本单位资金的，均可构成挪用公司资金罪。

（二）犯罪客体

笔者认为，该罪侵犯的直接客体是双重客体，即挪用公司资金罪不仅侵犯了国家的财经管理制度，破坏社会主义经济秩序，而且侵犯公司财产所有权。首先，这种挪用行为违反财经管理制度。1993年公司法第174条规定：公司应当依照法律、行政法规和国务院财政主管部门的规定建立本公司的财务、会计制度。行为人凭借自己职务上的便利，不经批准，不履行任何手续，擅自将自己经手、管理的本单位资金归个人使用或者借贷给他人，直接违反国家财经管理制度，从而破坏社会主义经济秩序。其次，这种行为侵犯了公司财产所有权。1993年公司法第4条规定，公司享有由股东投资形成的全部法人财产权。随着我国建立现代企业制度，企业不仅拥有法人财产权，而且享有法人财产所有权。对法人财产，企业在法律和章程规定的范围内享有占有、使用、收益和处分权。挪用公司资金，行为人虽然不具有永久占有公司资金的故意，而只是使公司资金暂时地失控，使公司在一段时间内失去对这笔资金的使用权，进而失去收益和处分权，使公司资金转为私人使用和收益的资金，从而使公司对这部分资金的使用权受到损害。总之，挪用公司资金行为不仅侵犯财经管理制度，而且侵犯公司财产所有权。至于这种犯罪应如何归类，何者为主要客体，何者为次要客体，应取决于立法者的侧重点。根据该罪的行为特征和立法宗旨，把它纳入破坏社会主义经济秩序罪是较为恰当的。

该罪的犯罪对象是公司和其他企业的资金。笔者认为，有限责任公司、股份有限公司的资金除国有独资公司或国有投资主体与集体企业共同投资成立的公司资金外，不属于公共财产，即不是公款。因为在这些股份制企业的股本构成中，既有国有股份、集体股份，也有私人股份。这类企业的性质既不是国有、集体性质，也不是私有性质，而是一种混合型的共有经济实体。这类企业资金不具有公有性质，不属公款。"两高" 1989 年《关于执行〈关于惩治贪污罪贿赂罪的补充规定〉若干问题的解答》（以下简称"两高"《解答》）曾规定，以全民所有制、集体所有制为基础的股份制企业以及中方是全民所有制或集体所有制企业性质的中外合资、合作经营企业的财产视为公共财产。这种解释在立法不完善的情况下，对打击犯罪，维护经济秩序具有积极的一面，但毕竟不科学。《决定》颁布后上述司法解释应归于无效。凡挪用公司及其他企业资金的，不能再定挪用公款罪。根据《决定》精神，下列企业资金都可以成为挪用公司资金罪的犯罪对象：（1）混合股份制企业资金。（2）纯属个人股（含私营企业法人股）、外资股的股份制企业资金。（3）劳动群众自愿出资、共同经营、自负盈亏、按份分红的股份合作制企业资金。（4）其他财产不具有公有性质的企业资金。上述企业资金中含有私人成分，但个人资金一旦投入企业中，就成为企业资金，出资者既不能抽资，也不能直接干预企业行使支配权，挪用这些企业资金的，可以构成挪用公司资金罪。

（三）客观要件

挪用公司资金罪在客观方面表现为行为人利用职务上的便利，挪用本单位资金归个人使用或者借贷给他人，数额较大、超过 3 个月未还的，或者虽未超过 3 个月，但数额较大、进行营利活动的，或者进行非法活动。

首先，它必须是行为人利用职务上的便利。所谓利用职务上的便利是指利用其职务上主管、经管、经手公司资金的便利条件。具体表现为行为人为了达到个人的某种私利，而使公司资金所有权暂时失控，它一般不采取销毁、改变公司资金所有权凭证的方法，而是违反财务制度，未经批准私自占用其主管、经管、经手的公司资金。

其次，它必须是行为人挪用公司资金归个人使用或者借贷给他人使用。在这一点上《决定》比《补充规定》规定得更为明确。挪用公司资金既包括归个人使用，也包括借贷给他人使用。对"他人"的含义应如何理解有不同看法。有的认为，应包括单位和个人。笔者认为，这里的"他人"应特指其他个人。在司法适用中对刑法术语的解释必须严格其词义，既不扩大，也不缩小。将"单位"纳入"他人"范围，显然是对"他人"作了扩张解释。这种解释是不恰当的。

挪用公司资金归个人使用或者借贷给他人使用，表现为三种情况：

1. 挪用公司资金数额较大、超过 3 个月未还的。从法律规定看，"数额较大"和"超过 3 个月未还"必须同时具备，缺一不可。"未还"是指案发前（被司法机关、主管部门或者有关单位发现前）未还。

2. 挪用公司资金虽未超过 3 个月，但数额较大、进行营利活动的。挪用公司资金，数额较大，归个人使用或者借贷给他人进行营利活动，构成挪用公司资金罪，不受 3 个月的时间和是否归还的限制。营利是指行为人以挪用的单位资金作本钱赚取更大的利益。对"营利活动"应作广义理解，即只要行为人挪用公司资金的目的在于用挪用的公司资金谋利，就构成"挪用公司资金进行营利活动"，而不管是直接与间接，以什么方式以及客观上是否真正获取了某种利益。

3. 挪用公司资金进行非法活动的。挪用本单位资金归个人或者借贷给他人进行非法活动，构成挪用公司资金罪的，原则上不受数额较大的限制，也不受挪用时间长短和案发前是否归还的限制。

挪用人将本单位资金借贷给他人，如果挪用人知道或者应当知道使用人是利用公司资金进行营利活动或者非法活动的，应视为挪用人挪用公司资金进行营利活动或者非法活动；如果挪用人确实不知他人是利用公司资金进行营利活动或者非法活动的，对挪用人按上述第一种情况处理。

（四） 主观方面

挪用公司资金罪在主观方面是故意犯罪，即行为人明知公司资金而故意非法动用。但它只是暂时挪用，准备以后归还。这是挪用公司资金罪与（职务）侵占罪的根本区别。如果行为人挪用公司资金后，主观故意发生了变化，由暂时挪用发展为永久占有，就应以（职务）侵占罪论处。

二、 认定挪用公司资金罪应注意的几个问题

（一） 关于挪用公司资金罪的罪名问题

对《决定》第 11 条的规定，应如何确定其罪名，目前认识不尽一致。有的同志认为，应定挪用公款罪。笔者认为，该罪名应定挪用公司资金罪。公款和公司资金不能画等号。公司资金有的是公款（如国有独资公司的资金），有的则不是公款（如混合股份制公司的资金），而外商独立企业、私营企业的资金则属私款。把公司资金一概视为公款是不科学的，也不利于与《补充规定》所规定的挪用公款罪相区别。而且从立法规定看，它没有把公司资金视为公款，而是使用"单位资金"一词，体现了立法用语的科学性。

（二） 关于挪用公司资金罪的数额标准问题

《决定》对挪用公司资金罪"数额较大"的标准未作出规定。为了便于执法，建议"两高"尽快对数额较大的标准作出司法解释。"两高"《解答》曾规定，挪用公款归个人使用，进行非法活动的，以 2000 元作为定罪数额标准；挪用公款归个人使用，进行营利活动，或者超过 3 个月未还的，以 5000 元至 1 万元作为数额较大的起点标准。笔者认为，参照上述数额标准，结合《决定》的立法宗旨及刑罚幅度，对挪用公司资金归个人使用或者借贷给他人，超过 3 个月未还的，或者进行营利活动的，宜以 2 万元作为数额较大的起点；进行非法活动的，宜以 5000 元作为定罪的数额起点。

（三） 挪用公司资金罪与挪用公款罪的区别

《决定》设立挪用公司资金罪后，如何划分该罪与挪用公款罪的界限成为司法适用中的难点。笔者认为，两罪的主要区别表现在：（1）看犯罪主体。挪用公司资金罪的犯罪主体是有限责任公司、股份有限公司的董事、监事或者职工以及公司以外的企业职工，即必须是非国家工作人员；挪用公款罪的主体是国家工作人员、集体经济组织工作人员或者其他经手、管理公共财物的人员。（2）看犯罪客体。挪用公司资金罪侵犯的客体

是公司和其他企业的财务管理制度及财产所有权；挪用公款罪侵犯的客体是国有、集体企业的财务管理制度和公共财产所有权。（3）看犯罪对象。挪用公司资金罪的犯罪对象是公司和其他企业的资金；挪用公款罪的犯罪对象是公款。

（四）挪用公司资金罪的溯及力问题

《决定》第15条规定："本决定自公布之日起施行"。在八届全国人大常委会第12次会议上，人大常委会法律委员会主任委员薛驹在《关于6个法律草案修改稿修改意见的汇报》中明确指出："本决定是不溯及既往的"，"本决定只适用于生效以后新发生的这类犯罪行为"。最高人民检察院在近日也作出了类似的规定。根据上述规定，笔者认为，《决定》在溯及力问题上采取的是从旧原则，即《决定》颁布之前的挪用公司资金行为，不适用本《决定》。在《决定》颁布之前，对混合股份制企业、私营企业、合伙企业中的挪用资金行为一般都不按犯罪论处，《决定》颁布后上述企业中发生的挪用资金案件尚未处理或正在处理的，也不按犯罪追究。

三、 挪用公司资金罪的处罚

《决定》规定，犯挪用公司资金罪的，处3年以下有期徒刑或者拘役。这一量刑幅度体现了《决定》轻刑化的特点。轻刑化是当代世界刑罚发展的趋势。前几年立法机关颁布的数个单行刑法，对经济犯罪普遍适用重刑。实践证明，重刑化并不能遏制犯罪的蔓延。在市场经济条件下刑法调控经济活动的范围要适度，要树立效益刑法观，即用尽可能节省的刑罚取得最佳的预防犯罪效果，在立法上要设置一个轻重适中的刑罚体系和法定刑结构，否则不利于社会生产力和市场经济的发展。在这种立法指导思想的影响下，《决定》对违反公司法犯罪行为普遍设置了轻刑，加强了财产刑。《决定》对挪用公司资金规定的法定最高刑是有期徒刑3年，大大低于挪用公款罪的法定刑。《决定》又规定：挪用公司资金数额较大不退还的，以（职务）侵占罪论处。根据《决定》第10条的规定，犯（职务）侵占罪的，处5年以下有期徒刑或者拘役；数额巨大的，处5年以上有期徒刑，可以并处没收财产。

论法人犯罪主体的若干问题 *

近年，随着我国社会主义市场经济的建立和发展，法人犯罪日益猖獗。为了遏制和打击法人犯罪，保护社会主义市场经济秩序，从 1988 年开始至今，全国人大常委会已在 9 部单行刑法中增补了 35 种法人犯罪及其刑罚。如何充分运用刑法武器惩治法人犯罪成为司法机关的一项重要任务。1994 年 3 月 10 日最高人民检察院制发《关于加强法人犯罪检察工作的通知》以后，检察机关加大对法人犯罪的打击力度，依法严肃查办了一批法人走私、投机倒把、偷税、骗税、假冒商标、生产销售伪劣商品等犯罪案件。在查处这些犯罪案件的诉讼过程中提出了一系列亟待刑法学界认真深入探讨的问题。本文仅就司法实践中法人主体的认定和识别谈点粗浅的看法，以求教于同人。

一、 法人犯罪主体与单位犯罪主体的关系

关于法人犯罪主体与单位犯罪主体的关系，目前有两种不同看法：一种观点认为，"法人犯罪与单位犯罪是同一问题的不同看法，二者没有也不应有本质区别"，法人犯罪主体就是单位犯罪主体。① 另一种观点认为，"法人犯罪与单位犯罪不是同一概念，法人犯罪既包括法人犯罪，也包括非法人单位犯罪"，法人犯罪主体与单位犯罪主体是不能等同的。②

笔者认为，上述两种观点的分歧在于如何看待法人犯罪主体的范围。从严格意义上说，法人犯罪主体与单位犯罪主体是有区别的。法人是指具有民事权利和民事行为能力，依法独立享有民事权利和承担民事义务的组织，法人成立必须具有以下条件：（1）依法成立；（2）有必要的财产和经

＊ 原载《法学与实践》1995 年第 6 期。

① 姜伟：《实践的困惑与理论的误区——兼析彭、魏为本部门索要"回扣"案》，《人民检察》1994 年第 9 期。

② 张文等：《法人犯罪若干问题再研究》，《中国法学》1994 年第 1 期。

费；（3）有自己的名称、组织机构和场所；（4）能够独立承担民事责任。而"单位"一词，从现有法律规定看并没有如此严格的条件限制，应该说单位的范围较法人宽泛。也正是从这个意义上说（狭义说），把法人犯罪主体等同于单位犯罪主体是不妥的。但如果我们改变视野把法人犯罪主体作广义上的理解，即把法人和非法人社会组织都纳入法人犯罪主体范围，那么法人犯罪主体与单位犯罪主体并无区别。总之，对法人犯罪主体从广义上去理解时，它与单位犯罪主体是一致的；从狭义上去理解，它与单位犯罪主体是有区别的。本文都是从广义上去理解法人犯罪主体的。

与此相联系还有一个对犯罪主体的称谓问题。目前对法人犯罪主体的称谓不统一，有的称"被告单位"，有的称"被告法人"。[1] 笔者认为，纵观我国现行 9 部单行刑法，在规定法人犯罪主体时并没有直接使用"法人"一词，而是分别使用：（1）全民所有制企业事业单位、机关、团体（受贿罪）；（2）全民所有制、集体所有制企业事业单位（逃汇套汇罪）；（3）企业事业单位、机关、团体（走私罪）；（4）企业事业单位（生产销售伪劣商品罪）；（5）单位（侵犯著作权罪）等。为了严格执法，在司法实践中应当以现行法律规定为准，适用"被告单位"的提法。但承认这一点，并不意味着"被告单位"的提法很恰当。恰恰相反，从法律用词的规范性和科学性上讲，笔者认为，"被告法人"的提法更可取，理由是：（1）法人是一个确切的法律概念，而"单位"作为一个日常习惯用语语义比较模糊，没有确切的法律定义，缺乏明确的认定标准，易生歧义。（2）由于"单位"一词无明确认定标准，近年在司法实践中对"单位"的认定常常引起争议，各地在把握时宽严不一，不利于执法的统一性和平衡性。（3）从国外刑事立法看，目前有 20 多个国家的刑法规定了法人刑事责任，这些国家在规定追究公司、社团、法人和非法人团体的刑事责任时一般都使用"法人犯罪"一词。"法人犯罪"已成为国际上通行的说法，它泛指一切与自然人相区别的法人以及其他非法人团体的犯罪。1993 年 11 月 14 日，中共中央在《关于建立社会主义市场经济体制若干问题的决定》中指出："要依法严肃查处包括法人违法犯罪在内的大案要案"，首次在中央文件上肯定和使用"法人犯罪"这一术语。因此，笔者建议，在今后的刑事立法中以"法人犯罪"代替目前的"单位犯罪"提法。

---

① 罗庆东：《法人犯罪研究综述》，《检察理论研究》1994 年第 4 期。

二、 构成法人犯罪主体应具备的条件

目前，对具备法人资格的单位是否可以构成法人犯罪主体已无异议，主要分歧在于没有法人资格的单位应具备什么条件才可以成为法人犯罪主体。

有的学者认为，我国刑法中的单位犯罪，对"单位没有严格的范围条件界定，它只是区别于刑法中犯罪个人的一种社会组织概念"。① 笔者认为，虽然到目前为止，我国的刑事立法和刑事司法解释未对单位的内涵和外延作出过规定，但并不意味着"单位"一词可作任意解释。日常用语中的单位与刑法意义上作为犯罪主体的单位是不能等同的。根据刑事立法原意，结合对犯罪法人适用刑罚的可行性和有效性，非法人单位成为法人犯罪主体必须具备以下条件：（1）依法成立；（2）有独立的财产和经费，能独立承担民事责任；（3）有自己的名称、组织机构和场所；（4）能以自己的名义独立从事职能活动。以上 4 个条件必须同时具备，缺一不可，否则不能成为法人犯罪主体。

有的同志认为，法人内部的具体职能部门也可以成为法人犯罪主体，理由是：（1）法律并未规定单位是指哪一级，从逻辑上讲部门也可以是单位，只要该部门能独立行使职权就具备了单位犯罪的条件。② （2）现在一些法人内部具体职能部门为单位或其部门整体利益而进行经济犯罪，这种犯罪不符合自然人犯罪的特征，如不以法人犯罪追究刑事责任必然放纵犯罪。因此，迫切需要将法人内部具体职能部门为法人利益而进行的犯罪以法人犯罪论处。③ 笔者认为，上述观点值得商榷，理由是：（1）法人内部的具体职能部门不具备法人的法律特征。它不符合民事主体资格，没有民事权利能力和行为能力，不能独立承担法律责任。虽然它可以行使一定的职权，但行使职权时必须经法人授权或同意以法人名义进行，后果也由法人承担。未经法人授权或同意不能以法人名义直接参与法人活动。（2）根据我国刑事法律规定，对法人犯罪一般实行"双罚制"，对法人处以罚金

① 张军：《单位犯罪的主要特征》，《中国检察报》1994 年 2 月 24 日，第 3 版。
② 参见《人民检察》1994 年第 4 期的"案例讨论"。
③ 参见《人民检察》1994 年第 6 期的"案例讨论"。

刑，而罚金刑只能适用法人本身而不能加处到法人内部的具体职能部门。如果将法人内部职能部门的犯罪活动由法人承担，则有代人受过、株连无辜之嫌，不符合罪责自负的刑法原则。（3）从实践看，作为法人下设的职能部门，其所实施的违法犯罪行为虽然以法人名义进行，但必然背着本单位的领导，所获非法利益往往私分，其行为符合个人或共同犯罪的特征，而不是法人犯罪。由于对法人犯罪的处罚明显轻于个人犯罪，如果承认法人单位下设的部门可以成为法人犯罪主体，则易于为某些部门假借单位名义进行违法犯罪活动网开一面。这些犯罪分子往往借口自己是从事法人违法犯罪，从而逃避或减轻刑事制裁。总之，笔者认为，法人单位下设的具体职能部门不能成为法人犯罪主体。但要注意，从现实情况，独立单位下设的部门特别是分支机构的设置比较复杂，在识别犯罪主体时要具体案件具体分析。比如，一些企业的"二级法人"，具有企业法人性质，这些部门以自己的名义实施犯罪，应按法人犯罪论处。

三、 法人犯罪的主体范围

我国现行 9 部单行刑法在规定法人犯罪主体时并没有直接使用"法人"一词，而是分别使用"企业事业单位、机关、团体""单位"等称谓，那么，该如何界定这些用词的范围呢？笔者认为，根据立法规定，结合当前的政治、经济现状及司法实践的实际需要，对这些用词的适用范围可作如下界定：

1. 企业事业单位。企业是指把人的要素和物的要素结合起来的，自主地从事经济活动的，具有营利性的商品经济组织。根据实践需要，按照不同标准可以对企业进行多种划分。如根据企业组织形式的不同，可以分为独资企业、合伙企业、公司企业；按照生产资料所有制的不同，可以分为国有企业、集体企业、私营企业、混合所有制企业；按照企业法律性质不同，可分为法人企业和非法人企业等。事业单位包括一切类型的事业单位。

2. 机关。主要是指国家机关，其中包括国家权力机关、行政机关、军事机关、审判机关、检察机关。此外，还应包括党的机关、政协机关。

3. 团体。即社会团体，是指我国境内成立的，符合《社会团体登记管理条例》规定的各种协会、学会、联合会、研究会、基金会、联谊会、促进会、商会等。

在认定法人犯罪主体范围时，有必要专门探讨的问题是：法人犯罪主体能否仅限于全民所有制和集体所有制单位。对此，有的学者认为，"在目前的立法状况下应将单位犯罪理解为全民所有制及集体所有制的法人单位"。[①] 有的更明确指出：如果该法人属于私有性质，尽管它取得法人资格，并且以法人名义进行犯罪，在法律性质上也不属于法人犯罪，只能视同个人犯罪。[②] 笔者认为，上述关于私有性质的法人不能成为法人犯罪主体的观点值得商榷，理由是：（1）这种观点不符合社会主义市场经济的法律要求。社会主义市场经济是平权经济，市场经济主体都享有平等的法律地位，《中共中央关于建立社会主义市场经济体制若干问题的决定》明确指出："国家要为各种所有制经济平等参与市场竞争创造条件，对各类企业一视同仁。"这就要求我们更新执法观念，树立平等的刑法观，对国营、集体、私营、联营经济给予平等的保护，对构成犯罪的要依据同一标准平等地予以追究。对同一企业行为不依其所有制形式不同，而作出不同的法律评价。如果把私有型法人犯罪视为个人犯罪必然有悖法律面前人人平等的宪法原则。（2）虽然私有型法人财产所有权归私人所有，但这种所有权与个人独有财产性质不同，而且在对外活动中它是以法人身份而不是以个人身份承担责任的，只要它符合法人犯罪的特征就应以法人犯罪论处。如果把私有型法人犯罪作为个人犯罪认定和处罚，就混淆了法人犯罪与个人犯罪的区别，一方面它将加重直接负责的主管人员和其他直接责任人员的刑事责任，有违罪刑相一致原则；另一方面对私有型法人本身不能适用刑罚又不利于惩治法人犯罪。（3）从刑事立法看，步入90年代后立法机关加快了对法人犯罪的立法工作，这一时期的刑事立法一个显著特点之一是它完全摆脱80年代对法人犯罪只限于全民所有制或集体所有制单位的规定，而是笼统地将法人犯罪主体规定为"企业事业单位"，1994年颁布的涉及法人犯罪的两个《决定》（《关于严惩组织、运送他人偷越国（边）境犯罪的补充规定》和《关于惩治侵犯著作权的犯罪的决定》）则直接使用"单位"一词。界定"企业事业单位""单位"的含义当然不应局限于

[①] 姜伟：《实践的困惑与理论的误区——兼析彭、魏为本部门索要"回扣"案》，《人民检察》1994年第9期。

[②] 刘白笔主编：《法人犯罪论》，群众出版社1992年版，第116页。

全民所有制或集体所有制单位。这在一些规定法人犯罪的立法草案的修改、审议过程及有关审议结果的汇报、说明中都证实这一点。把法人犯罪主体仅仅限于全民所有制或集体所有制单位恰恰有悖立法原意。（4）从刑事司法解释看，1989 年 3 月 15 日"两高"《关于当前处理企业事业单位、机关、团体投机倒把案件的规定》指出："私营企业或者个人非法成立的经济组织投机倒把构成犯罪的应按个人投机倒把认定"。有的学者据此认为司法解释已认可非公有制法人犯罪应按个人犯罪认定。笔者认为不然。暂且不说这一解释是否符合当代法律精神，就是最高司法机关近年也已注意到将私营企业法人犯罪视同个人犯罪有失公允。如最高人民检察院 1986 年 3 月 24 日颁布的《人民检察院直接受理的经济检察案件立案标准的规定（试行）》第 3 条曾规定，法人偷税罪的主体是"国营、集体纳税单位"，而"两高"1992 年 3 月 16 日《关于办理偷税、抗税刑事案件具体应用法律的若干问题的解释》第 5 条则规定，法人偷税罪的主体是"各类企业、事业和社会团体等纳税单位"，所谓"各类企业"自然包括私营企业法人在内，即私营企业法人偷税罪的认定与其他所有制企业适用同一标准。最高人民检察院 1993 年 1 月 9 日《关于假冒商标案立案标准的暂行规定》对法人假冒商标罪的犯罪主体作了类似的修改规定。综上所述，笔者认为，所有法人组织，不论其所有制性质如何，都可以成为法人犯罪主体。鉴于目前对这一问题争议较大，影响执法的平衡性和协调性，建议"两高"对此作出统一的司法解释。

四、 认定法人犯罪主体应注意的几个问题

在认定法人犯罪主体的司法实践中，容易引起争议和要注意的有以下几个问题：

（一） 承包、 租赁企业能否成为法人犯罪主体

一种意见认为，承包、租赁企业可以成为法人犯罪主体；另一种意见认为，承包、租赁企业不能成为法人犯罪主体，而只能由承包人、租赁人承担个人刑事责任。① 笔者原则同意第一种意见。企业无论是承包还是租

---

　① 　罗庆东：《法人犯罪研究综述》，《检察理论研究》1994 年第 4 期。

赁，都是根据所有权与经营权相分离的原则，强化经营者的责任权利，完善企业机制的方式，它并不改变企业所有制性质，不影响企业法人的法律地位。因此，对承包、租赁企业所实施的犯罪行为应当由承包、租赁企业来承担刑事责任。但应该看到，实践中承包、租赁的情况十分复杂，形式多种多样，如有的经营者在承包、租赁国营、集体企业中以企业名义进行犯罪活动，犯罪所得不是用于企业活动，而是个人占为己有；有的承包、租赁企业的发包方、出租方不参与管理，不承担任何风险，只收取定额的承包费、租金，而完全由承包人、租赁人自负盈亏、自担风险，犯罪所得个人所有的，应按个人犯罪论处。总之，在认定承包、租赁企业能否构成法人犯罪主体时应全面分析承包、租赁的实质内容和具体情况，实事求是地予以认定。

（二） 名为集体实为个人的企业能否成为法人犯罪主体

近几年，在企业登记中由于审查不严等原因，国营或集体企业向个人提供营业执照，收取一定的管理费，不投资、不担风险，不参与管理和利润分配，即完全由个人自负盈亏经营的企业（即"挂靠企业"）大量出现。对这类企业可否成为法人犯罪主体理解不一，给司法机关审理这类案件带来困难。笔者认为，对这类企业的性质，根据国家工商管理局 1987 年 12 月 11 日《关于处理个体、合伙经营及私营企业领有集体企业〈营业执照〉问题的通知》，参照有关司法解释的规定，不能以国营或集体企业对待。因此，对名为集体实为个人的企业不能成为法人犯罪主体。

（三） 如何看待法人犯罪主体的变化

实践中常会碰到法人犯罪主体变化的问题，主要有两种情况：（1）对法人犯罪负有直接责任的主管人员和其他直接责任人员被撤职或调离。由于他们对法人犯罪负有直接责任，即使已被撤职或调离原法人单位，仍应追究刑事责任。（2）犯罪法人被撤销、解散、宣告破产或者分立、合并、变更。对此应区别对待：如果犯罪法人在追究刑事责任之前已被撤销、解散或宣告破产，那么该法人在刑事诉讼中可视为已经"死亡"，不应再追究刑事责任；如果原犯罪法人已被分立、合并或者变更名称的，根据权利义务继承原则，应对分立、合并或变更名称后的法人追究刑事责任。

司法解释的冲突及解决途径 *

我国司法解释由最高人民法院的审判解释和最高人民检察院的检察解释构成。自 1981 年 6 月 10 日第五届全国人大常委会通过《关于加强法律解释工作的决议》（以下简称《决议》）以后的 15 年间，最高人民法院、最高人民检察院单独或联合发布了大量的司法解释，为各级审判、检察机关正确适用法律提供了司法依据。但应该看到，由于两家对同一法律规定理解的不一致或对法律未明确规定的法律问题认识不同，出现了一些解释不一甚至相冲突的情况，对各级审判机关、检察机关的司法活动产生了不利影响，妨碍了法制的统一和正确适用法律。正视、研究检察解释与审判解释的冲突，探求解决司法解释冲突的途径，对建立科学的司法解释制度具有重要意义。

一、 司法解释效力冲突之争议

为了寻求正确解决检察解释与审判解释冲突的途径，有必要先探讨两个问题：

其一，审判解释与检察解释的效力问题。

审判解释和检察解释都是有权解释、有效解释，对各级司法机关都有约束力，对此大家没有异议、但当审判解释与检察解释相冲突时应如何认识两者的司法效力，则有不同看法。一种意见认为，审判解释的效力应当高于检察解释。这种观点很流行，并被审判机关和部分检察机关的同志所赞同。另一种观点认为，审判解释和检察解释没有地位高低、效力大小之分。① 笔者认为第二种观点是正确的，最高人民法院、最高人民检察院都

是国家最高司法机关，分别行使国家审判权和检察权，两家法律地位平等，不存在谁高谁低的问题。《决议》第2条明确规定："凡属于法院审判工作中具体应用法律、法令的问题，由最高人民法院解释。凡属于检察院检察工作中具体应用法律、法令的问题，由最高人民检察院解释。最高人民法院和最高人民检察院的解释如果有原则性分歧，报请全国人民代表大会常务委员会解释或决定。"这一规定即说明了这一点。

当检察解释和审判解释发生冲突时，检察机关应当执行检察解释，审判机关应当执行审判解释，检察机关认为按审判解释所作的判决不当的，可以依法提起抗诉。但问题是，当两家解释发生冲突，即使检察机关（包括最高人民检察院）依法提起抗诉，抗诉能成功吗？审判机关（包括最高人民法院）能置审判解释于不顾而作出符合检察解释的改判结果吗？如最高人民法院1995年12月25日颁发的《关于办理违反公司法受贿、侵占、挪用等刑事案件适用法律若干问题的解释》（以下简称高法《解释》）与最高人民检察院1995年11月7日颁发的《关于办理公司、企业人员受贿、侵占和挪用公司、企业资金犯罪案件适用法律的几个问题的通知》（以下简称高检《通知》），对国有公司、企业中国家工作人员范围的界定就不一致。高检《通知》是指国有企业中的管理人员，而高法《解释》是指在国有公司、企业中行使管理职能，并具有国家工作人员身份的人员，而"具有国家工作人员身份"仅指具有组织人事部门认可的国家干部身份，范围较窄。如某国有企业厂长或经理利用职务之便侵吞公款数万元，如果该厂长或经理不具有国家干部身份（政企分开后这种现象比较普遍），那么按检察解释，他的行为构成贪污罪，而按审判解释，他可能构成侵占罪或者不构成犯罪（高法《解释》规定，侵占罪定罪数额是5000元至2万元，浙江省高级法院确定浙江省侵占罪的定罪数额是1.5万元，在浙江省该厂长就不构成犯罪）。检、法两家各自适用不同的解释，必然出现适用法律上的混乱、两家解释不一，检察机关能依据检察解释以定罪量刑不当为由提起抗诉吗？如果提起抗诉，审判机关会改判吗？笔者未曾看到这种判例。

其二，检察解释能否适用于审判工作？或审判解释能否适用于检察工作？

对此有两种看法。一种意见认为，检察解释和审判解释的效力范围不仅仅局限于本系统，检察解释对各级人民法院有约束力，审判解释对各级人民检察院也有约束力。① 另一种意见认为，审判解释和检察解释不能互为处理案件的依据，即否定检察解释对审判工作有约束力，或审判解释对检察有约束力②。笔者认为，最高人民检察院和最高人民法院为两个司法解释主体，当一家制定的司法解释经另一家同意时，该司法解释的效力当然只能及于自己所管辖的司法活动。但从司法实践中来看，解释对另一家不具有约束力会严重影响检察或审判工作，如关于行政、民事抗诉审级问题，最高人民检察院分别在 1990 年、1992 年制定的《关于执行行政诉讼法第六十四条的暂行规定》和《关于民事审判监督程序抗诉工作暂行规定》明确规定，如发现有下列情形之一的，上级或最高人民检察院应按照审判监督程序向同级人民法院提出抗诉。对这一问题最高人民法院没有作出审判解释。但由于检察解释对审判机关不具有约束力，许多法院拒不受理同级人民检察院提出的行政、民事抗诉案件，或以各种形式交由原审法院再审，造成检察机关抗诉失灵或无效的结果，给民事行政检察工作带来严重冲击。

二、 司法解释效力冲突之化解路径

为了实现法制的统一性和权威性，有利于司法实践，最高人民法院、最高人民检察院必须统一认识，携手合作，彻底消除审判解释和检察解释的冲突和不一致。

如何消除检察解释和审判解释的冲突呢？

有人认为，应当取消最高人民检察院的司法解释权，将司法解释权统归于人民法院。③ 笔者认为，这种解决方法过于简单化，并非解决问题的最佳途径。最高人民检察院是国家的最高司法机关之一，依法行使法律监督权，理应享有司法解释权。司法实践证明，检察解释为检察机关正确执行法律，维护法制统一，履行法律监督职责，促进严格执法发挥了巨大作用。最高人民检察院享有司法解释权既有法律的明确规定，又有迫切的实践需要，简单武断地取消检察解释是不可取的。对此已有同志作过精辟的

---

① 吴步钦：《论检察司法解释的效力》，《中国检察报》1995 年 3 月 11 日，第 3 版。

② 李希慧：《刑法解释论》，中国人民公安大学出版社 1995 年版，第 201 页。

③ 游伟、赵剑峰：《论我国刑法司法解释权的归属问题——关于建立多级审判解释体制的构想》，《法学研究》1993 年第 1 期。

论述,① 本文不再赘述。

还有的学者认为,为了解决检察解释、审判解释的冲突现象,应该对最高人民法院、最高人民检察院各自单独解释以及两家均可解释的内容进行划分。以刑事司法解释为例,有关审判程序法律方面的规定和具体量刑方面的规定只能由高法解释;有关批捕、起诉以及属于检察院直接受理侦查的犯罪案件等程序法律方面的规定,只能由高检解释;其他规定,高法、高检都可以解释。② 笔者认为,这种观点值得商榷。

一方面,从我国现行刑事法律看,单纯适用检察工作或审判作的法律规定并不多,大多数刑事法律既涉及审判工作,也涉及检察工作,因此,要划分检察解释与审判解释的权限范围相当困难,如检察机关制定的直接受理侦查的犯罪案件的立案标准似乎仅属于检察工作,而与审判工作无涉(上述学者也这样认为)。其实不然,因为立案标准直接关系到对犯罪嫌疑人的定罪问题,定罪问题与审判工作密切相关,1996 年修改后的刑事诉讼法第 12 条规定"未经人民法院依法判决,对任何人都不得确定有罪。"也就是说,人民法院享有最终确定被告人有罪的权力,如果检察机关制定的大量的刑事立案(定罪)标准不被审判机关所承认,必然会给检察机关的自侦工作带来严重影响。另一方面,民事、行政审判解释也不仅仅属于审判工作而与检察工作无关,因为检察机关享有民事、行政审判监督权。由此可见,用划分检察、审判解释权限的方法来消除司法解释的冲突是缺乏可行性的。

笔者认为,当前审判解释和检察解释之所以出现冲突,主要是由于解释缺乏合法性、协调性以及立法解释滞后和司法解释立法不完善等原因造成的,寻求消除司法解释冲突的途径应当根据上述原因有针对性地进行。

第一,加强司法解释的合法性。最高司法机关在进行司法律解释时必须遵守合法性原则。所谓合法性是指司法解释必须符合宪法和法律的要求。根据《决议》的规定,最高司法机关只具有对具体适用法律进行司法解释的权力。最高司法机关在进行审判解释或检察解释时,根据司法实践的客观需要可以对法律规定作限制或扩张解释,但这种解释必须符合法律

---

① 杨志宏、王守安、李记华:《论加强最高人民检察院的司法解释权——兼与游伟等同志商榷》,《法学研究》1993 年第 6 期。

② 赵秉志、李希慧:《关于完善刑事司法解释的研讨》,《中国刑事法杂志》1993 年第 4 期。

的基本精神和基本原则，不能违背立法原意和立法意蕴，否则会使司法权侵犯立法权，有碍法制的统一性和权威性。纵观"两高"颁布的大量司法解释，基本上符合合法性原则，但也有少数司法解释缺乏合法性，属越权解释。如最高人民法院 1995 年 8 月 10 日《关于对执行程序中的裁定的抗诉不予受理的批复》就属越权解释。1991 年《中华人民共和国民事诉讼法》第 185 条明确规定"最高人民检察院对各级人民法院已经发生法律效力的判决、裁定，上级人民检察院对下级人民法院已经发生法律效力的判决、裁定，发现有下列情形之一的，应当按照审判监督程序提出抗诉……"而最高人民法院的批复则规定人民法院在执行程序中作出的裁定，不属于抗诉的范围。这一解释对民事诉讼法第 185 条规定的应当抗诉的范围所作的限制无任何法律依据，有违立法本意，侵犯了检察机关的抗诉权，属于越权解释。又如，最高人民检察院 1991 年 2 月 21 日制发的《关于贪污受贿案件免予起诉工作的暂行规定》第 7 条、第 15 条规定个人贪污、受贿数额在 5000 元以上，原则上不能免诉，但个别同时具备自首、立功、积极退赃、未给国家利益或者集体利益造成重大损失的，经上报省级检察院（5000 元以上不满 1 万元）或者最高人民检察院（1 万元以上不满 5 万元）审批也可以免诉。这一解释与《全国人民代表大会常务委员会关于惩治贪污罪贿赂罪的补充规定》第 2 条的规定相矛盾，也属越权解释。

笔者认为，法律是确定、统一的行为规范，在同一条件下不允许对某一法律规定作含义不同的解释，即不允许一家作扩张解释，而另一家作限制解释。如上述《最高人民法院关于办理违反公司法受贿、侵占、挪用等刑事案件适用法律若干问题的解释》，对国有公司、企业中的国家工作人员作了限制解释，这种限制解释与刑法第 83 条和 1982 年 3 月 8 日全国人大常委会《关于严惩严重破坏经济的罪犯的决定》中关于国家工作人员的立法规定不一致，其法律依据与客观基础何在？令人不解。

为了彻底杜绝违法解释、越权解释，笔者认为必须进一步加强对司法解释的审查和监督。具体途径包括：（1）司法解释出台之前充分征求有关单位、部门、学者的意见，使不合法的解释在公布前得到纠正。（2）公布后的司法解释，一经发现违法，应当立即纠正或者废除。如上述高检《关于贪污受贿案件免予起诉工作的暂行规定》颁布后，对其中的第 7 条、第 15 条规定，许多部门和学者提出批评，高检发现后立即以明传电报通知各级检察院停止该条款的执行，并在 1991 年 12 月 26 日重新修改发布的《关于贪污受贿案件免予起诉工作的规定》中正式将越权解释条款删去。（3）加强司法解释的制约和监督。最高人民检察院、最高人民法院一旦发现审判解释或检察解释出现越权现象，有悖立法精神或侵犯检察权、审判权的，应主动向对方提出，或通过立法机关要求对方及时纠正，撤销违法解释。

第二，加强司法解释的科学性、合理性。所谓司法解释的科学性、合理性，是指司法解释必须符合刑法理论，符合常理，对同一问题的解释不能互相矛盾，从实际情况看，我国司法解释缺乏科学性、合理性的现象不同程度地存在着。如最高人民检察院 1989 年 9 月 15 日制发的《关于非邮电工作人员非法开拆他人信件并从中窃取财物案件定性问题的批复》规定："非邮电工作人员非法开拆他人信件，侵犯公民通信自由权利，情节严重，并从中窃取财物数额较大的，应按照重罪吸收轻罪的原则，依照刑法关于盗窃罪的规定从重处罚。""非邮电工作人员非法开拆他人信件，侵犯公民通信自由权利，情节严重，并从中窃取汇票或汇款支票，冒名骗取汇兑款数额较大的，应依照刑法关于侵犯公民通信自由罪和诈骗罪的规定，依法实行数罪并罚。"上述规定的两种情况都是牵连犯罪，但此批复却规定了两种不同的处罚方法：一个是按照重罪吸收轻罪原则以一罪处理；另一个实行数罪并罚，有悖刑法学原理。又如，"两高" 1984 年 11 月 2 日《关于当前办理盗窃案件中具体应用法律的若干问题的解答》（注：已废止）第 6 条第 2 项规定"个人盗窃公私财物数额在三万元以上的，应依法判处死刑"，这一规定在近年来经济高速发展，人民生活收入大幅度增加，以及盗窃犯罪发生了新的变化等情况下，不能准确反映盗窃数额所体现的社会危害性，因而，从"罪刑相适应"的角度看，显失合理，在司法实践中常引起分歧和争议。

为了加强司法解释的科学性、合理性，笔者认为，"两高"应采取以下措施：（1）加强制定司法解释过程的民主性，提高透明度。司法解释在出台之前，应当公开解释（草案），广泛征求立法机关、司法机关和民众的意见，防止出现不科学、不合理的解释。（2）大力提倡法学家参与司法解释的研究和论证。理论的价值在于实践，让法学家参与司法解释的研究和论证，可以减少司法解释的失误。如最高人民检察院聘请15 名法学家作为高检研究室的专家顾问，对推动检察解释民主化作了有益尝试，不失为明智之举。（3）及时修改废除缺乏科学性、合理性的解释。如"两高"关于盗窃公私财物万元以上应判处死刑的规定，"两高"在关于办理盗窃案件具体应用法律的若干问题的解释中作出了修正，解决了司法实践中的争议。

第三，加强司法解释的协调性。最高人民法院、最高人民检察院必须加强法律适用研究的合作，努力消除部门思想的影响，从统一法制，维护法律权威，严格执法，正确适用法律的共同目的出发，研究审判和检察工作中的问题。（1）扩大联合解释。数年来，高检、高法曾联合颁布大量刑事司法解释，为司法实践提供了具体依据。但近年来联合制发司法解释的情况逐渐减少。1995年"两高"制发的刑事司法解释有15件，但联合制发的仅《关于办理利用信用卡诈骗犯罪案件具体适用法律若干问题的解释》1件，其他都是高检或高法单独制发的，这种现状明显不利于执法上的统一。而"两高"联合颁发司法解释，执法效果比较好，应多加采用。（2）加强检、法两家的联系。检、法两家都是国家司法机关，共同承担执行法律、维护法律权威的任务，因此应当相互尊重。高检或高法在起草司法解释时应主动向另一方征求意见，求得共识。对既涉及检察工作又涉及审判工作的司法解释，在未征得另一方同意的情况下不要单独下发。如上述关于惩治违反公司法犯罪的两个司法解释，检察解释和审判解释颁布时间相隔不到两个月，但在定罪数额和犯罪主体的规定上很不一致，这显然是两家沟通、协调不够造成的。对一家单独作出的司法解释已征得另一家的同意，应在解释中注明"经最高人民法院（或最高人民检察院）同意"，以便作为检察机关和法院办案的共同依据。

第四，加强立法解释。我国立法解释薄弱是不争的事实。《决议》第1条规定"凡关于法律、法令条文本身需要进一步明确界限或作补充规定，由全国人民代表大会常务委员会进行解释或用法令加以规定。"第2条规定"最高人民法院和最高人民检察院的解释如果有原则性的分歧，报请全国人民代表大会常务委员会解释或决定。"但多年来全国人大常委会除了在制定某些法律的草案说明中对一些法律规定作过解释外，专门制定的立法解释几乎空白。近年全国人大常委会法工委对一些法律问题作出了解释，但因为法工委不是立法解释主体，所以法工委的解释不属立法解释。

为了加强立法解释，笔者认为：（1）要把立法解释提上立法机关的议事日程。在全国人大常委会内设立法律解释部门，负责法律解释的日常工作。（2）建立司法解释审查制度。高检、高法作出司法解释后，应主动把司法解释报全国人大常委会备案审查，接受监督。全国人大常委会应认真审查司法解释，及时纠正超出立法原意、有悖法律规定的解释。（3）检察、审判解释出现原则分歧时，高检、高法应主动报请全国人大常委会解释或决定，及时求得对分歧的解决。

第五，制定"司法解释法"。目前对司法解释的立法，只有《决议》和《人民法院组织法》作了简单、原则的规定。许多司法解释的冲突问题得不到及时解决与司法解释立法不完善有直接关系。为了从根本上消除司法解释的冲突，真正使司法解释工作有法可依，必须完善司法解释立法，制定一部"司法解释法"，对司法解释的原则、权限、制定程序、颁布方式、备案审查、法律效力等问题作出明确、详细的规定。

市场经济条件下完善贪污罪立法规定的若干思考*

近年来，法学界对修改完善贪污犯罪立法提出了许多有益建议，笔者试在现有研究的基础上对市场经济条件下如何完善贪污罪立法规定的若干问题进行重新思考，以供立法机关参考。

一、 关于贪污罪罪名的存废问题

关于贪污罪罪名的存废问题，法学界有三种观点，即取消说、保留说和强化说。[①] 在取消说中又有废除说和代替说二种意见。废除说认为，贪污罪与盗窃罪、诈骗罪等没有本质上的区别，完全可以把贪污罪的行为方式纳入其他罪名中，如果把普通的盗窃、诈骗与利用职务便利盗窃、骗取公共财物合为一罪，则可以为司法实践中从严惩治贪污犯罪提供立法保障，避免对贪污案件处理过宽的偏向。代替说认为，贪污罪罪名本身含混、不科学，借鉴国外刑事立法应当将贪污罪改为侵占罪。笔者认为，废除说显然没有考虑到我国刑事立法的现状及惩治贪污犯罪的实际情况。贪污罪与盗窃、诈骗罪虽然在犯罪构成上有相似之处，但有显著区别。前者是取自本人之手，后者是取自他人之手。贪污罪的行为人是已经取得合法占有权或保管权者，而盗窃、诈骗罪的行为人则不具有占有者或保管者的身份。所以贪污罪在客观方面必须表现为利用职务之便。再说贪污的行为方式除盗窃、诈骗外，还有其他方式（如侵吞等），这些都难以纳入其他罪名中。可见取消贪污罪将它纳入盗窃、诈骗罪是欠妥的。代替说只是将贪污罪改为侵占罪，两者除用语上有变化外，并无实质区别。笔者认为，

---

* 原载《法商研究》1996 年第 2 期。

① 夏吉先：《经济犯罪与对策——经济刑法原理》，世界图书出版公司 1993 年版，390—391 页。

这种罪名的更改没有现实意义。从贪污罪刑事立法的历史看，我国一直使用贪污罪名，且这一罪名已被广大民众所接受。从语言特征看，贪污一词作为否定评价具有强烈的贬义色彩，人们往往把它与腐败行为联系在一起，继续保留和使用这一罪名，立法效果较好。罪名的使用应立足本国国情，不能生搬硬套外国的立法案例。从惩处职务犯罪的客观需要看，贪污罪完全可以与侵占罪并列使用。因此笔者认为，不论从观念上还是从立法技术上看，贪污罪都不能取消。

保留说认为，现行贪污罪的立法规定充分体现了我国刑法对社会主义公有制的法律保护，符合我国社会主义的政治、经济制度，不宜加以修改。笔者认为，随着我国社会主义市场经济的建立和完善，现行贪污罪的立法规定在主体、客体等方面越来越不适应社会政治经济形势的变化，不适应司法实践的客观需要，如果不加以修改和完善，必将不利于惩治贪污犯罪。笔者同意强化说，在我国社会主义市场经济条件下，贪污罪罪名不仅需要保留，而且应当对现行贪污罪从犯罪主体、客体、对象等方面加以修改，进一步强化贪污罪的内涵，使之成为内涵丰富、合理，与其他犯罪相协调，具有适应性、超前性、便于操作的科学罪名。

二、 关于贪污罪的主体问题

贪污罪的基本特征集中体现在犯罪主体上。对贪污罪的主体如何修改是刑法学界争论的焦点之一，主要有两种观点：一种观点认为，应进一步扩大贪污罪的主体范围，凡经手、管理、使用公共财物的人员，均可成为贪污罪的主体，而不论其是工人、士兵还是职员；[1] 另一种观点认为，应当缩小贪污罪的主体范围[2]

笔者认为，现行贪污罪关于主体范围的立法规定确实存在诸多缺陷，主要表现在：（1）立法机关对"国家工作人员"的概念的解释缺乏统一性和科学性。1979 年刑法第 83 条规定："本法所说的国家工作人员是指一切国家机关、企业事业单位和其他依照法律从事公务的人员。"而 1982 年 3月 8 日《全国人民代表大会常务委员会关于严惩严重破坏经济的罪犯的决

---

① 勾宏一：《反贪污贿赂立法之我见》，《中国检察报》1991 年 12 月 26 日，第 3 版。
② 单民：《市场经济与刑法的修改和完善》，《法制日报》1994 年 12 月 5 日，第 7 版。

定》（以下简称《决定》）则规定："本决定所称国家工作人员，包括在国家各级权力机关、各级行政机关、各级司法机关、军队、国营企业、国家事业机构中工作的人员以及其他依照法律从事公务的人员。"粗看一下《决定》的规定与刑法的规定在文字上略有差别，《决定》的解释更明确具体，但仔细深究就会发现两者存在差异：第一，《决定》只列举四种机关，没有穷尽我国现有的各个机关，从而把在党的机关、政协机关等依法从事公务的人员排除在国家工作人员之外。第二，《决定》在文字上使用"在……中工作的人员"，这是否意味着：在这些机关工作的人员都可以成为贪污罪主体？而刑法却使用"依照法律从事公务的人员"这一后置定语来修饰一切国家机关、企业事业单位工作的人员。应该说刑法的规定更能反映国家工作人员的本质特征。（2）在市场经济条件下将国有企业工作人员纳入国家工作人员范围不科学。在计划经济条件下企业是政府的附属物，企业活动是行政活动，是代表国家的公务活动。而在市场经济条件下随着国有企业转换经营机制，建立起产权明晰、权责分明、政企分开的现代企业制度，企业拥有法人财产权，并按照市场要求组织生产经营，政府不再直接干预企业的生产经营活动。因此不应再将国有企业工作人员列入国家工作人员范围。（3）在计划经济时代集体经济组织的范围易于确定，但在市场经济条件下集体经济组织的范围以及如何认定却是一个难题。如个人与国有、集体企业共同出资成立的经济联合体算不算集体企业？农村股份合作制企业是不是集体企业？近年各地大量出现的"挂靠"集体企业应否纳入集体经济组织？目前认定企业性质的标准，企业性质认定的权属，理论和实践都有分歧，法律、法规也未作出明确规定。根据公司法及公司登记管理条例的规定，国家工商行政管理机关对企业登记将由原按不同所有制性质分类登记改为按企业不同组织类型分类登记。这样将使司法人员对某一企业的所有制性质难以作出判定。（4）用公务活动和劳务活动来区分贪污罪主体不妥。本来根据刑法规定用公务活动来限制贪污罪主体是正确的，但"两高"1989年《关于执行〈关于惩治贪污罪贿赂罪的补充规定〉若干问题的解答》（以下简称"两高"《解答》）却用公务和劳务来区分其主体，这有悖立法精神。公务应当与私务（私人活动、个人行为）相对应，而不能与劳务相区别。贪污罪所要求的是职务行为，从事劳务的人也可以进行公务活动。

目前贪污罪主体的立法规定存在许多不足，那么其主体范围是否还显得过窄呢？对这个问题有必要重新反思。1979 年刑法第 155 条将贪污罪主体界定为"国家工作人员以及受国家机关、企业、事业单位、人民团体委托从事公务的人员"。1988 年 1 月 21 日，《关于惩治贪污罪贿赂罪的补充规定》（以下简称《补充规定》）将其扩大为"国家工作人员、集体经济组织工作人员及其他经手管理公共财物的人员"，"两高"《解答》对立法规定又作了扩张解释。犯罪主体的范围一再扩大，一方面反映原刑法规定已不适应打击犯罪的客观需要，通过扩大主体范围，弥补原刑法规定的不足，这有其积极的一面；另一方面又使刑法对国家工作人员侵吞公共财物的腐败行为予以从重处罚的立法精神消失了，导致加重非国家工作人员的刑事责任。由此看来，立法似乎陷入了一个两难境地。事实上，只要我们突破传统的思维模式，将传统的贪污罪主体加以分解，突出国家工作人员在贪污罪中的特殊地位，并将其纳入渎职罪，此外另设侵占罪，一切问题就迎刃而解了。

犯罪主体的特殊性是职务犯罪的显著特征，严厉惩治职务犯罪，必须严格控制主体范围。从境外地区的刑法对贪污罪主体的规定看，有一个共同特点，即只能由担任公职或者从事公务的人员实施。[1] 有鉴于此，笔者认为，贪污罪主体应限定为国家公职人员及其他依照法律从事公务的人员，对非国家公职人员利用职务之便侵占公共财物或他人财物的一律列入侵占罪范围。1995 年 2 月 28 日八届人大常委会第十二次会议公布施行的《关于惩治违反公司法的犯罪的决定》（以下简称《决定》）已设立侵占罪，《决定》规定：公司董事、监事或者职工以及其他企业职工利用职务或工作之便，侵占公司或其他企业财物，数额较大的，按侵占罪定罪处罚。这一规定为缩小贪污罪主体范围迈出了一大步。这表明扩大贪污罪主体范围的意见已被立法机关所否定。

综上所述，笔者认为贪污罪的主体应限定在"国家公职人员及其他依照法律从事公务的人员"的范围内。同时通过立法解释把国家公职人员的范围严格限制在国家权力机关、行政机关、司法机关、军事机关及受这些机关委托从事公务的人员内；对其他依法从事公务的人员的范围限制在党的机关、政协机关、社会团体、国家事业单位、国家经济管理部门及国家垄断行业中的工作人员（准公职人员）内。

---

[1] 赵秉志、李希慧：《外国和港台法律中贪污犯罪的认定及其惩治》，《中央检察官管理学院学报》1993 年第 Z1 期。

三、 关于贪污罪的客体问题

（一） 关于贪污犯罪的直接客体

我国刑法将贪污罪列入侵犯财产罪，传统的刑法理论认为，该罪侵犯的直接客体是公共财物所有权。[1] 笔者认为这种归类缺乏科学性。贪污犯罪是一种权钱结合的犯罪，是职务权力与个人非法占有欲相结合的产物。它既是一种经济犯罪，又是一种职务犯罪。贪污罪侵犯的直接客体是双重客体，即财产所有权关系和国家机关的正常工作秩序及公职人员职务行为的廉洁性。刑法将贪污罪列入侵犯财产犯罪，显然忽略了这一特征。笔者认为，对职务犯罪的归类问题，不能孤立或单纯地以某个客观因素来确定，而应该结合犯罪主体、犯罪的客观行为等特征综合考虑以确定何种犯罪客体在决定犯罪性质上起主要作用。孤立地看，贪污罪侵犯的客体是财产所有权关系，但如果结合贪污罪的主体是国家公职人员，犯罪的行为特征是利用职务之便，那么就可以看出贪污罪侵害的主要客体是国家对职务活动的管理职能，直接损害了国家机关的声誉、威信及国家对公职人员行为的廉洁要求。财产损失是可以计算和弥补的，但职务腐败行为对国家机关威信的损害却是难以估量的，其危害性程度远远超过财产所有权关系。笔者认为贪污犯罪受犯罪主体及利用职务之便的行为所制约，侵害的主要客体是国家对职务行为的管理职能和职务行为的廉洁性。由此可见，应把贪污罪列入渎职罪中。这样有利于深刻全面认识贪污犯罪的腐败性和社会危害性，有利于体现刑法分则体系的科学性、完整性和严谨性。

（二） 关于贪污罪的犯罪对象

现行贪污罪的犯罪对象是公共财物，即全民所有制和集体所有制财产，关于计划经济的产物在市场经济条件下如何合理界定有不同看法：一种意见认为只能限于国有财物；[2] 另一种意见认为应将贪污罪的犯罪对象

---

① 林准主编：《中国刑法教程》，人民法院出版社 1989 年版，第 538 页。

② 周其华：《对贪污罪立法的两点思考》，《中国检察报》1995 年 3 月 11 日，第 3 版。

规定为公私财产。[①]

　　笔者认为，应将"公共财物或者他人财物"都纳入贪污罪的犯罪对象。理由是：（1）有利于加强非公有制财产的刑法保护。改革开放以后，我国单一的公有制结构已被多种经济成分并存的所有制结构所取代。为了加强对非公有制经济的法律保护，1988年宪法修正案增加了私营经济法律保护条款。1993年11月14日，中共中央在《关于建立社会主义市场经济体制若干问题的决定》中明确指出："国家要为各种所有制经济平等参与市场竞争创造条件，对各类企业一视同仁。"为了使立法适应社会政治经济形势的变化，保证党的方针政策和宪法原则的贯彻实现，就有必要将非公有制财产平等地纳入刑法保护范围。（2）有利于提高立法的科学性和可操作性。1979年刑法第81条规定：在国家、人民公社、合作社、合营企业和人民团体管理、使用或者运输中的私人财产，以公共财产论。"这一规定虽合理，但毕竟欠科学。在我国经济体制发生巨大变化的情况下，出现一些新型的经济类型，如公私混合的股份制企业、合资企业，"两高"《解答》曾把这类企业财产视为公共财产，实质上它既不是公有财产，也不是私有财产，而是一种共有的混合所有制财产，从犯罪的本质特征看，财产所有权属性与犯罪行为社会危害性的大小没有必然联系。如果把除自己合法所有的其他财物都纳入贪污罪的犯罪对象，就可以使一切公有财产、私有财产、企业共有财产都受到刑法保护，并有助于司法实务中免除因财物所有权问题而引起的纷争，减少讼累，增强立法条文的可操作性。（3）有利于同世界各国刑法接轨。纵观世界各国反贪污法，绝大多数国家刑法都未将贪污对象限制在公共财产上。有学者曾对18个国家的刑法进行统计分析，其中有14个国家将私有财产列为贪污罪对象。[②] 总之，笔者认为，扩大贪污罪的犯罪对象势在必行。八届人大常委会第12次会议公布施行的《关于惩治违反公司法的犯罪的决定》第12条规定，国家工作人员犯侵占罪的依照贪污罪处罚。这表明立法机关在扩大贪污罪的犯罪对象方面已迈出了一大步。

---

①　于宛、曲平：《更新刑法观念完善刑事立法——1993年刑法学讨论会观点综述》，《法律科学》1994年第2期。

②　郑伟：《刑法个罪比较研究》，河南人民出版社1990年版，第281页。

四、 关于贪污罪的数额起点标准问题

贪污数额是衡量贪污行为社会危害性的主要标准。《补充规定》对贪污罪的数额起点作了规定，对这一数额标准争议较大。一种意见认为，它和盗窃、诈骗罪定罪数额标准相差悬殊，不利于对职务犯罪从严打击，建议降低贪污罪的定罪量刑数额标准；[①] 另一种意见认为，随着我国经济建设和人民生活水平的提高，结合检察机关反贪污犯罪的客观实际，有必要提高该罪的数额标准，即由目前的 2000 元提高到 4000 元。[②]

笔者认为，把贪污罪的一般起刑点定为 2000 元是比较合理的，不宜降低或提高。理由是：（1）从刑事立法情况看，这一标准符合实际。1962 年制定的《惩治贪污条例》将贪污罪起刑数额规定为 1000 万元（旧币，相当于现在 1000 元）。刑法第 155 条未对贪污罪数额作出规定。1982 年中央办公厅转发全国人大常委会法工委起草的《惩治贪污罪贿赂罪的补充规定》指出：贪污受贿 2000 元以下的，根据情节可以处刑，也可以不处刑，不宜都不处刑。这是首次将贪污罪的起刑数额规定为 2000 元。1985 年"两高"正式作出司法解释规定："个人贪污 2000 元以上的应追究刑事责任""贪污 2000 元以下的，根据情节可以判刑，也可以不判刑，不宜都不判刑。"这一解释对贪污罪起刑标准，既有数额上的限定，又可以根据情节灵活掌握。《补充规定》在合理吸收"两高"解释的基础上作出规定："个人贪污数额不满 2000 元，情节较重的，处 2 年以下有期徒刑或者拘役；情节较轻的，由其所在单位或者上级主管机关酌情给予行政处分。"从上述情况看，贪污罪起刑数额虽有所变化，但基本掌握在 2000 元，并有一定的灵活性，这一数额标准已被广大群众和司法人员所接受。（2）从打击贪污犯罪的实际情况看，检察机关打击的重点是大要案。自 80 年代以来特别是步入 90 年代后，我国贪污贿赂犯罪日趋严重，大要案的发案率不断上升。1979 年全国检察机关立案侦查的贪污贿赂案件 703 件，万元以上大案只有 7 件；1982 年立案 29500 件，万元以上大案 2682 件（占立案数的

[①] 樊凤林、宋涛主编：《职务犯罪的法律对策及治理》，中国人民公安大学出版社 1994 年版，第 434 页。

[②] 徐敬东、徐荣华：《具有中国特色的反贪污贿赂工作现代化的思考》，《检察理论研究》1993 年第 2 期。

9‰）；1993 年立案 30877 件，万元以上大案上升到 14237 件（占立案数的 46%）；1994 年立案 264 件，万元以上大案达 19055 件（占立案数的 52%），其中 10 万元以上特大案件达 1448 件（百万元以上案件 77 件）。反之万元以下小案逐年下降，其中 5000 元以下案件已由 80 年代初的 70% 以上下降到 1994 年的 20‰左右。如果将贪污罪的数额标准等同或低于盗窃、诈骗罪的数额，必然牵涉大量的检察力量应付小案，这样势必偏离打击重点，从而使一些大案得不到及时有力的查处。（3）理论界不少同志对实践中存在的对贪污贿赂罪处理偏轻归咎于起刑数额过高是有失偏颇的。近年司法实践中确实存在贪污贿赂犯罪处理偏轻、打击不力的问题，主要表现在：免诉率高（1989、1993 年全国检察机关对贪污贿赂案件的免诉率分别占当年审结数的 56%、52%、37.6%、39.2%、31.4%）、免刑、缓刑过多及有罪不究（如 1992 年以后有的省市检察机关擅自将立案标准提高到 4000 元）等方面。这些问题的存在绝非立法本身存在问题，而是部分司法机关有法不依、执法不严的表现。这些问题靠降低数额标准是不能得到解决的。（4）从惩治腐败、保证国家公职人员的廉洁性的要求看，人民物质生活水平的提高并不意味着一定要提高定罪数额标准。如瑞典，人均月收入 2000 美元，但该国法律规定，政府官员接受价值 200 克朗（1 克朗相当于 1 元人民币）以上礼品被认为是犯罪。经济发展了，人民群众生活水平提高了，但对国家公职人员廉政的要求不能降低，反腐败的措施不能弱化。如果再提高贪污罪的数额标准，不仅不利于打击贪污犯罪，而且与广大民众严惩腐败的愿望，与中央加大反腐败力度的决策背道而驰。总之，笔者认为，充分考虑贪污罪数额标准的历史与现实、立法与执法等诸多因素，将贪污罪的基本起刑数额稳定在 2000 元是恰当的。

贪污罪新探 *

刑法第 155 条和 1988 年 1 月 21 日全国人大常委会颁布的《关于惩治贪污罪贿赂罪的补充规定》（以下简称《补充规定》）对贪污罪的犯罪构成和处罚作了具体规定。1995 年 2 月 28 日全国人大常委会又颁布了《关于惩治违反公司法的犯罪的决定》（以下简称《决定》）。该《决定》第 10 条设立了侵占罪。同时在第 12 条又规定国家工作人员犯本决定第 10 条规定之罪的，依照补充规定处罚。侵占罪的设立意味着贪污罪的犯罪构成发生了新变化。《决定》颁布后如何重新界定贪污罪的犯罪构成，理论界与司法界争议很大。这种现状直接影响对贪污犯罪的查处与惩治。本文试就贪污罪中若干亟待解决的问题略陈己见，以求教于同人。

一、 贪污罪的主体

《补充规定》规定，贪污罪的主体是国家工作人员、集体经济组织工作人员或者其他经手管理公共财物的人员。对上述主体规定，"两高"于 1989 年 11 月 6 日颁发的《关于执行〈关于惩治贪污罪贿赂罪的补充规定〉若干问题的解答》（以下简称"两高"《解答》）又作了进一步的解释。根据决定第 10 条、第 14 条的规定，侵占罪的主体是公司、企业的董事、监事、职工。这样先后两个刑事立法在犯罪主体的规定上就出现重叠、交叉现象，如某股份公司的经理，他既具有国家工作人员身份，同时又具有公司董事身份—某集体所有制企业厂长，他既符合《补充规定》第 1 条，具备贪污罪主体身份，又符合《决定》第 10 条或者第 14 条，具备侵占罪主体身份。那么在司法实践中应如何确定他们的犯罪主体地位呢？

笔者认为，目前在确认贪污罪主体时应把握以下两个原则：（1）特别

* 原载《人民检察》1996 年第 10 期。

法条优于普通法条原则。凡法律有特别规定的应优先适用，如根据《决定》第 12 条规定，凡具有国家工作人员身份的，不论他是董事、监事，还是其他依法从事公务的职工，都应一律适用《补充规定》，按贪污定罪处罚；（2）新法优于旧法原则。凡补充规定与《决定》有重叠、交叉内容的，一律适用决定规定。如集体所有制企业职工，按《补充规定》可构成贪污罪，但按《决定》规定则构成侵占罪，那么就应按侵占罪处罚，不能再定贪污罪。根据上述原则，笔者认为贪污罪主体只限于国家工作人员和其他依法从事公务的人员。

（一）国家工作人员范围

《决定》颁布后，如何界定国家工作人员范围，是目前争议的焦点之一。笔者认为，在立法未作修改之前，对国家工作人员范围的理解仍应遵照刑法第 83 条及全国人大常委会《关于严惩严重破坏经济的罪犯的决定》第 1 条第 1 项的规定。在现行政治、经济、社会条件下，遵照立法规定，依据最高人民检察院 1995 年 11 月 7 日发布的《关于办理公司、企业人员受贿、侵占和挪用公司、企业资金犯罪案件适用法律的几个问题的通知》（以下简称高检《通知》）及最高人民法院 1995 年 12 月 25 日发布的《关于办理违反公司法受贿、侵占、挪用等刑事案件适用法律若干问题的解释》（以下简称高法《解释》）的规定，下列人员应属于国家工作人员：（1）国家机关工作人员，即国家各级权力机关、行政机关、司法机关和军队工作的人员；（2）国家各级事业单位的工作人员；（3）国有企业中的管理人员；（4）在其他公司、企业中行使管理职权，并具有国家工作人员身份的人员，包括公司、企业中由政府主管部门任命或者委派的管理人员以及作为国有公司、企业代表，在中外合资、合作、股份制公司、企业中行使管理职权的人员。

（二）其他依法从事公务的人员

所谓其他依法从事公务的人员是指依照法律、法令、政令从事公务或者受委托从事公务的人员。它包括：（1）中国共产党各级机关的工作人员；（2）政协各级常设机构以及各民主党派机关的工作人员；（3）受国家机关、国有企业、事业单位、人民团体委托从事公务的人员；（4）基层群众性自治组织如居民委员会、村民委员会中从事公务的人员；（5）上述人员以外依法从事公务的人员。

在认定贪污罪主体时有必要对以下两个问题作进一步的探讨。

其一，国有的控股公司的工作人员能否视为国家工作人员？目前对国有独资公司从事公务人员属国家工作人员争议不大，但对国有控股公司工作人员是否属国家工作人员，能否成为贪污罪主体，意见不一。有的同志认为，国有控股公司仍是国有企业。[1] 这类公司工作人员属于受国家机关、国有企业委托从事公务的人员，他们仍是贪污罪主体。[2] 笔者认为，在国有控股公司中虽然国家股份和国有法人股份占多数（一般国有股份占公司股份总额的 50% 以上），国家凭借其控股地位能够对公司施以直接或间接的支配性影响，但这类公司是由公司法调整，公司的组织机构、管理形式以及国家与公司之间的权利义务关系都与《全民所有制工业企业法》调整的传统的国有企业有重大区别。1994 年 7 月 24 日国务院颁布的《国有企业财产监督管理条例》没有把这类公司纳入国有企业范围。在《决定》颁布前，"两高"《解答》也仅仅把这类企业工作人员视为一般经手、管理公共财物的人员，而不是国家工作人员。笔者认为，国有控股公司中除受国有企业委派或聘请作为国有企业代表在控股公司中行使管理职权的人员以外，公司的其他工作人员不属于国家工作人员，他们不再是贪污罪主体。

其二，集体经济组织工作人员与集体企业工作人员的关系。由于《决定》适用的对象是公司、企业包括集体企业，这就出现一个《决定》所指的集体企业职工与《补充规定》所指的集体经济组织工作人员能否等同的问题。有的认为两者相同，有的则认为不能等同。认为两者含义不同的同志认为集体企业职工应定侵占罪，其他非企业的集体所有制单位职工仍应定贪污罪。[3] 笔者认为，在改革开放过程中出现了一些集体所有制性质的非企业单位如集体所有制的医院、学校等。这些单位职工不属于企业职工，但他们的身份与集体企业职工相当。如果把他们纳入贪污罪主体虽说于法有据，但显失合理公正。同属集体所有制职工，有的定侵占，有的定贪污，两者量刑悬殊，显失刑法公正。笔者建议，在立法未作修改之前，"两高"通过司法解释，对"企业职工"作扩张解释，即把一切非公司、

① 张忠军：《国有公司的法理学思考》，《法律科学（西北政法学院学报）》1995 年第 5 期。

② 姚连方：《对股份制或混合企业贪污贿赂犯罪主体的分析和认定》，《检察学文摘》1995 年第 3 期。

③ 王永：《略论公司、企业人员侵占罪》，《检察理论研究》1995 年第 4 期。

企业的集体、私营经济组织工作人员都纳入侵占罪主体。这样不仅解决了非企业的集体所有制单位侵占案件的定性问题，而且也解决了非企业的合伙、私营单位私立学校等中侵占案件的定性问题。

二、 贪污罪的客观要件

（一） 关于利用工作之便是否属贪污罪客观要件的问题

按照《补充规定》规定，利用职务之便是贪污罪的必要构成要件。所谓利用职务之便是指利用自己职务范围内的权力和地位所形成的便利条件，即行为人利用其主管、经管、经手公共财物的便利条件。《决定》则把利用职务之便和工作之便都纳入侵占罪的客观要件。有的同志据此认为，贪污罪的客观要件发生了变化，即公司、企业中的国家工作人员不论利用职务之便还是利用工作之便侵占公司、企业财物的，均按贪污定罪处罚。[①] 笔者认为，这种观点欠妥。利用工作之便不是贪污罪的构成要件，理由是：（1）《决定》之所以把"利用工作之便"作为侵占罪的客观要件之一是与侵占罪的主体相适应的。《决定》对侵占罪主体没有加以特别严格的限制，公司、企业的董事、监事以及普通职工包括从事劳务的职工都可构成侵占罪。从立法精神看，公司的董事、监事以及从事组织、监督、管理活动的企业职工来说，他们具有一定的职务，存在着"职务之便"，而对其他职工特别是对大多数从事劳务的职工来说，他们没有特定的职务，他们所拥有的只能是"工作之便"，可见"利用工作之便"是专门针对非从事公务的普通职工而言的。（2）高法《解释》指出，《决定》第12条所指的国家工作人员"是指在国有公司、企业或者其他公司、企业中行使管理职权，并且具有国家工作人员身份的人员"。行使管理职权就是一种职务表现。职务是与特定的职权联系在一起的，而工作却不一定与职务、职权有直接联系，它通常表现为一种职业。如国家工作人员因工作关系而熟悉环境、情况或凭借其身份有出入某些部门、单位的方便条件，就不属利用职务之便，借此侵吞公司、企业财物的不能以贪污罪论处。笔者认为，根据《决定》精神，贪污罪的客观要件并未发生变化，利用职务之

---

① 王军：《〈关于惩治违反公司法的犯罪的决定〉有违立法本意》，《人民检察》1996 年第 2 期。

便仍是贪污罪的本质特征和必要条件。

（二） 关于贪污罪的数额标准

《决定》颁布后，贪污罪的数额标准问题又引起人们的关注，亟待研究探讨的有两个问题：

其一，国家工作人员利用职务之便侵占公司、企业财物构成贪污罪的起点标准问题。高检《通知》规定，侵占罪的数额起点标准参照《补充规定》执行。"参照"不是"依照"，它可以有一定的灵活性。高法《解释》则规定，侵占罪的数额较大的标准是 5000 元至 2 万元。这表明侵占罪的数额标准远远高于贪污罪。这样在适用《决定》第 12 条时就出现一个问题，即对国家工作人员的定罪量刑数额标准是依照《补充规定》执行还是依照高法《解释》执行？笔者认为，国家工作人员利用职务之便侵占公司、企业财物构成犯罪的，应适用《补充规定》的数额标准，依据是：（1）贪污罪与侵占罪量刑幅度不同，如果不适用贪污罪数额标准会出现刑罚适用上的困难。贪污罪的数额起点一般是 2000 元，假如侵占罪的定罪数额起点 1 万元，如果适用侵占罪数额标准，那么在按贪污罪处罚时，是按《补充规定》第 2 条第 3 项量刑 1 年以上有期徒刑，还是按第 2 条第 2 项量刑 5 年以上有期徒刑？按前者量刑显然放纵犯罪，而按后者量刑，则导致 1 年以上 5 年以下有期徒刑的量刑空白情况，即出现处刑断档现象，有悖法理。（2）《决定》立法宗旨之一在于体现对国家工作人员职务犯罪从严惩治。如果适用侵占罪数额必然出现国家工作人员侵占公司、企业财物 2000 元至 1 万元的行为不构成犯罪的后果，有违立法原意。反之，如果按贪污罪数额定罪处罚，不仅能克服量刑断档现象，而且能充分体现立法精神，即国家工作人员利用职务之便侵占公司、企业财物的，不仅刑罚从重（贪污罪最高刑是死刑，侵占罪最高刑是有期徒刑 15 年），而且定罪数额从严（贪污罪是 2000 元，侵占罪是 5000 元至 2 万元）。

其二，关于贪污罪数额标准是否应当提高的问题。近年司法界建议修改贪污罪数额的呼声渐高，特别是《决定》和高法《解释》颁布后，司法部门的许多同志认为现行贪污罪的定罪数额亟待提高。理由是：（1）现行贪污罪数额是 1988 年《补充规定》规定的，8 年来我国经济建设迅猛发展，广大人民群众物质生活水平大幅度提高，2000 元的定罪起点已不适应形势的要求。（2）近年大案比例不断提高，贪污犯罪日益严重，不提高数额标准不利于突出打击重点。（3）侵占罪的数额标准与贪污罪差距悬殊，不调整贪污罪数额难以协调两罪之间的关系。在上述观点的影响下，一些经济发达地区的司法机关擅自提高贪污罪的数额标准或对贪污犯罪降格处理。笔者认为上述观点和做法是片面的，也与严格执法精神相违背，目前贪污罪的数额标准不宜再提高。理由如下：（1）从严惩治国家工作人员职务犯罪是我国刑事立法宗旨之一。刑法第155条设立贪污罪时没有像盗窃、诈骗一样将"数额较大"作为犯罪构成要件。"两高"司法解释和《补充规定》将贪污罪数额起点定为2000元，高出盗窃、诈骗罪数额4—5倍，这已在一定程度上偏离了立法精神，对此法学界提出了尖锐的批评。① 在盗窃、诈骗罪数额标准没有大幅度提高的情况下擅自提高贪污罪数额是有悖立法宗旨的。（2）近年由于腐败现象的蔓延，万元以上大案比例逐年提高，1995年贪污、贿赂大案已占立案总数的61%，沿海经济发达地区更是超过85%。但这并不应成为提高贪污罪数额标准的理由。从刑罚目的理论看，刑法立法阶段应侧重一般预防。所谓一般预防就是国家通过颁布某一刑事法律宣告某些行为为犯罪并处以一定的刑罚。使社会上的不稳定分子望而止步不敢实施犯罪。定罪数额越低，越能体现刑罚的威慑力，就越能抑制行为人的贪污欲念。因此，从一般预防角度看，贪污罪的数额不能规定得过高。（3）从世界反贪污立法看，我国贪污罪数额是比较高的。大部分国家刑法没有规定贪污罪的数额标准，世界富国瑞典人均月收入2000美元，但该国法律规定政府官员收受200克朗（相当于200元人民币）以上礼品的被认为有罪。再说我国侵占罪是适用于非国家工作人员的，不能把贪污罪数额与侵占罪数额相提并论。经济发展了，物质生活水平提高了，但对国家工作人员的廉洁要求不能降低，反腐败的措施不能弱化。

三、 贪污罪侵犯的客体

根据我国刑法及《补充规定》的规定，贪污罪的犯罪对象是公共财物，侵犯的客体是公共财物所有权。《决定》颁布后，随着公司、企业财物纳入刑法保护范围，贪污罪的犯罪客体有必要重新界定。

---

① 张智辉：《论刑法公正》，载苏惠渔、单长宗主编：《市场经济与刑法》，人民法院出版社1994年版，第53—55页。

重新界定贪污罪的犯罪客体首先得从公司产权的法律性质谈起。对公司产权的法律性质法学界有不同看法。第一种观点认为，公司产权就是法人所有权；第二种观点认为，公司产权是一种经营权；① 第三种观点认为，公司产权是经营权与法人所有权折中调和的妥协物。② 笔者认为，界定公司产权认识犯罪客体必须以党的政策和现行法律为依据。《中共中央关于建立社会主义市场经济体制若干问题的决定》指出"企业中的国有资产所有权属于国家。企业拥有包括国家在内的出资者投资形成的全部法人财产权，成为享有民事权利、承担民事义务的法人实体。""规范的公司能够有效地实现出资者所有权与企业法人财产权的分离。"1993 年通过的公司法第 4 条规定"公司享有由股东投资形成的全部法人财产权，依法享有民事权利，承担民事责任。"国务院有关部门明确指出建立现代企业制度"核心是落实企业法人财产权"。由此可见，法人财产权的提法具有充分的法律政策依据，也为我们重新界定贪污罪的客体提供了法律标准。

把法人财产权界定为法人所有权或法人经营权都是不妥的。国家或者其他投资者对投入的资产必然享有所有权，投资者投资给公司经营并未丧失所有权，企业无权转让投资人的产权。公司制企业是一种经营组织形式，是一种企业组织制度，不能把公司制和所有制混为一谈，所以不存在什么法人所有权。企业经营权是企业法人财产权派生的权利，没有法人财产权就谈不上企业经营权。1996 年 2 月，中华人民共和国国家经济体制改革委员会在现代企业制度试点工作会议上明确要求建立符合社会主义市场经济要求的企业体制和运行机制，必须"由对国家授权经营管理的财产享有经营权转变为包括出资者提供资本在内的全部法人财产享有法人财产权""由依照企业法运行转变为主要依照公司法运行"。把法人财产权仅仅理解为法人经营权是不妥的。

法人财产权的立法确认是对传统产权制的重大突破。长期以来人们对所有制性质的认识局限在公有制或者私有制，并把公有制看作社会主义所有制关系的唯一形式。改革开放以来我国所有制结构的配置方式和实现途径发生深刻变化，投资主体的多元化出现多元联合的混合所有制。特别是

---

① 崔建远：《中国法学会民法学经济法学研究会 1994 年年会综述》，《中国法学》1994 年第 4 期。
② 孔祥俊：《论现代公司的产权结构（下）——兼评我国公司法对公司产权的规定》，《政法论坛》1994 年第 4 期。

实行市场经济以来，以公有制为主体的混合经济得到迅猛发展，混合所有制概念得到理论上的首肯。[①]"两高"《解答》曾把以全民所有制、集体所有制为基础建立起来的股份制企业、中外合资、合作企业视为公有制企业，有的学者甚至把一切合营企业财产都视为公共财产。[②] 这种规定和理解在立法不完善的情况下，为了适应打击犯罪的需要，有其积极意义，但毕竟不科学，私人资本投资入股联合组建公司、企业不能改变其所有制性质，《中共中央关于建立社会主义市场经济体制若干问题的决定》指出"随着产权的流动和重组，财产混合所有的经济单位越来越多，将会形成新的财产所有结构。"该决定和公司法对法人财产权的肯定正是建立在对现实混合所有制的充分认识基础上的。

企业法人财产权是指在保持投资者终极所有权的前提下，公司对投资者投入到公司的资产和公司在经营过程中所形成的资产享有占有、使用、收益和处分的权利。简言之，法人财产权是指企业依法对其财产享有独立的支配权。国家工作人员利用职务之便侵占公司、企业财物，直接侵犯了企业法人财产权。明确国家工作人员侵占公司、企业财物侵犯的是企业法人财产权，那么重新界定贪污罪的直接客体就迎刃而解了。笔者认为，随着《决定》的颁布，贪污罪的犯罪对象已扩大到公共财物和公司、企业财物（含私有财物），犯罪客体已由单一的公共财物所有权扩大到公共财物所有权和企业法人财产权。将贪污罪犯罪对象扩大到非公有制企业财物，这不仅适应了市场经济条件下反贪司法实践需要，而且使之与世界大多数国家关于贪污罪立法规定相接轨，[③] 从而使我国关于贪污罪的立法更为科学。

---

① 张晖明：《跳出所有制禁区——现代企业产权理论解析》，上海译文出版社 1994 年版，第 47 页。

② 周文兵：《浅谈合营企业人员侵吞财产行为的定性》，《国家检察官学院学报》1994 年第 3 期。

③ 郑伟：《刑法个罪比较研究》，河南人民出版社 1990 年版，第 281 页。

贪污罪新探

261

相对不起诉制度的适用 *

相对不起诉（又称酌定不起诉）是指符合法定情形时，检察机关根据具体案件认为不将犯罪嫌疑人交付审判更为适宜时，可以作出不起诉决定。① 如何正确认识、评价、理解相对不起诉制度成为检察理论亟待研究的新课题。

一、 适用相对不起诉的法定条件

根据 1996 年刑事诉讼法第 142 条第 2 款的规定，适用相对不起诉必须具备以下两个条件：

1. 犯罪情节轻微。（1）犯罪嫌疑人的犯罪事实已经查清，证据确实、充分，根据刑法规定已经构成犯罪。如果犯罪嫌疑人的犯罪事实没有查清，证据不足的或者是犯罪嫌疑人的犯罪情节显著轻微、危害不大不认为是犯罪的，不能适用相对不起诉。（2）犯罪情节轻微。犯罪情节是指犯罪构成要件之外的其他能够影响行为的社会危害程度的各种具体事实情况。判断犯罪嫌疑人的犯罪情节是否轻微，应当在正确认定犯罪性质基础上全面分析犯罪的各种情节加以确定。

2. 依照刑法不需要判处刑罚或者免除刑罚的。1979 年刑法第 32 条规定："对于犯罪情节轻微不需要判处刑罚的，可以免予刑事处分。" 对于犯罪嫌疑人是否需要判处刑罚应当根据犯罪情节及人身危险性等因素加以确

---

* 原载《检察理论研究》1996 年第 6 期。

① 1990 年第八届联合国预防犯罪和罪犯待遇大会通过的《联合国关于检察官作用的准则》规定："根据国家法律，检察官应在充分尊重嫌疑者和受害者的人权的基础上，适当考虑免于起诉、有条件或无条件地中止诉讼程序或使某些刑事案件从正规的司法系统转由其他办法处理。为此目的，各国应充分探讨改用非刑事办法的可能性，目的不仅是减轻过重的法院负担，而且也可避免受到审前拘留、起诉和定罪的污名以及避免监禁可能带来的不利后果。" 参见徐景峰主编：《联合国预防犯罪和刑事司法领域活动与文献纵览》，法律出版社 1992 年版，第 143 页。

定。免除刑罚的情形刑法总则和一些单行刑法作了具体规定。根据刑法总则规定，可以适用免除刑罚的情形有：（1）在中华人民共和国领域外犯罪，依照 1979 年刑法应当负刑事责任，但在国外已受过刑事处罚的（刑法第 7 条）；（2）又聋又哑的人或者盲人犯罪（刑法第 16 条）；（3）防卫过当的（刑法第 17 条第 2 款）；（4）避险过当的（刑法第 18 条第 2 款）；（5）犯罪预备的（刑法第 19 条第 2 款）；（6）犯罪中止的（刑法第 21 条）；（7）从犯（刑法第 24 条）；（8）胁从犯（刑法第 25 条）；（9）犯罪后自首，犯罪较轻的或者虽然犯罪较重，但有立功表现的（刑法第 63 条）。根据单行刑法的规定，具有下列情形之一的，可以免除刑罚处罚：（1）贪污受贿 2000 元以上不满 5000 元，犯罪后自首、立功或者有悔改表现、积极退赃的；（2）行贿人在追诉前，主动交代行贿行为的；（3）实施毒品犯罪，有检举、揭发其他毒品犯罪立功表现的；（4）犯有非法种植毒品原植物罪，在收获前自动铲除的，等等。

二、 相对不起诉的法律效力

根据 1996 年刑事诉讼法的基本原则和立法规定，相对不起诉的法律效力表现在以下两个方面：

（一） 具有终止刑事诉讼的效力

检察机关对犯罪情节轻微，依照刑法规定不需要判处刑罚或者免除刑罚的案件，一旦作出相对不起诉决定，即具有终止诉讼的效力。非依法定程序不得对已作出相对不起诉的犯罪嫌疑人重新起诉。对人民检察院作出相对不起诉的，如果被不起诉人在押的，应立即释放；对侦查中扣押、冻结的财物应解除扣押、冻结。

（二） 具有法律上推定犯罪嫌疑人无罪的效力

1996 年刑事诉讼法第 12 条规定："未经人民法院依法判决，对任何人都不得确定有罪。"这一规定确认了人民法院享有最终确定被告人有罪的权力。刑事诉讼中的定罪过程包括确认有罪和确认无罪两个方面。审判机关具有的是最终确定有罪的权力。检察机关在侦查、起诉过程中虽然对有罪具有阶段性认定的权力，但无权最终确定有罪。检察机关只具有认定无罪或不构成犯罪的最后决定权。检察机关对犯罪嫌疑人作出相对不起诉决定，就意味着不将犯罪嫌疑人提交法院审判，因而就不发生最终定罪问题。

相对不起诉是对免予起诉的扬弃。从适用条件看，相对不起诉与免予起诉并无太多区别，但法律后果却迥然不同。是否确定被告人或犯罪嫌疑人有罪是免予起诉与相对不起诉的根本区别。

检察机关行使相对不起诉权时可以认为犯罪嫌疑人有罪，但不能最终确定有罪。检察机关在对案件作出相对不起诉时，应当对案件事实进行全面认真的分析、评判，包括犯罪事实是否存在、犯罪行为是否犯罪嫌疑人所为、犯罪性质、犯罪情节轻重等。如果检察机关不认定犯罪嫌疑人构成犯罪，就不能适用相对不起诉。这种意义上的认定犯罪嫌疑人有罪，与相对不起诉最终推定犯罪嫌疑人无罪并不矛盾。前者是检察机关的主观判断认识过程，后者是检察机关依照职权所作出的具有法律效力的处理决定。检察机关的相对不起诉决定虽然是在认定犯罪嫌疑人有罪的基础上作出的，但相对不起诉本身不具有定罪效力。

三、 相对不起诉的制约监督机制

笔者认为，相对不起诉具有以下特点：（1）它侧重于保护犯罪嫌疑人的权益；（2）它具有选择性，检察机关可以自由裁定。上述特点决定如果对有犯罪行为的嫌疑人过多地适用相对不起诉，会出现打击不力的后果，如果对检察机关适用相对不起诉不加强制约监督，会出现权力滥用。为了保证相对不起诉的正确适用，必须加强相对不起诉的制约监督。

笔者认为，根据 1996 年刑事诉讼法的规定，结合司法实践，对相对不起诉的制约监督途径包括：

1. 公安机关的制约。1996 年刑事诉讼法第 144 条规定："对于公安机关移送起诉的案件，人民检察院决定不起诉的，应当将不起诉决定书送达公安机关。公安机关认为不起诉的决定有错误的时候，可以要求复议，如果意见不被接受，可以向上一级人民检察院提请复核。"可见对相对不起诉决定，公安机关认为有错误的，可以提请复议、复核。

2. 被害人的监督。根据 1996 年刑事诉讼法第 145 条规定，被害人对人民检察院的相对不起诉决定不服，可以自收到决定后 7 日内向上一级人民检察院申诉，请求提起公诉。人民检察院应当将复查决定告知被害人。

对人民检察院维持不起诉决定的，被害人可以向人民法院起诉。被害人也可以不经申诉，直接向人民法院起诉。

3. 被不起诉人的监督。根据 1996 年刑事诉讼法第 146 条规定，对于人民检察院作出的相对不起诉决定，被不起诉人如果不服，可以自收到决定书后 7 日内向人民检察院申诉。人民检察院应当作出复查决定，通知被不起诉人。相对不起诉不具有定罪效力，但不起诉决定本身含有对被不起诉人实施行为的事实叙述，含有检察机关对犯罪嫌疑人的行为性质的认定，在事实上存在着犯罪情节无法有效认定的问题。根据 1996 年刑事诉讼法第 142 条第 3 款规定的精神，作出相对不起诉的，可能会影响到对不起诉人的行政处罚、行政处分及违法所得的处理等。因此，被不起诉人可能会对相对不起诉的根据和理由提出异议。

4. 人民法院的制约。人民法院对相对不起诉的制约监督表现在：其一，被害人不服人民检察院的相对不起诉决定，可以直接向人民法院起诉。人民法院受理案件后，人民检察院应当将有关材料移送人民法院，人民法院应依法作出判决。其二，根据刑事诉讼法关于公检法进行刑事诉讼，应当分工负责、互相配合、互相制约的基本原则，参照有关司法解释规定，人民法院在审理案件时（主要是共同犯罪案件），认为检察机关对犯罪嫌疑人的相对不起诉决定有错误的，应当提出意见。同级人民检察院发现原相对不起诉决定确有错误的，应当重新起诉。

笔者认为，对相对不起诉的制约监督，除依靠上述 4 种途径外，还必须建立适用相对不起诉的内部制约机制，特别是对自侦案件尤为必要。检察机关的自侦案件，或无明确的被害人（如贿赂案），或虽有明确的被害人但因犯罪行为侵犯的客体是国家、集体利益（如贪污、玩忽职守、徇私舞弊案），有的被害人会漠视国家、集体利益而放弃行使正当申诉权、起诉权。这样就使检察机关的自侦案件因缺乏有力的外部监督而难以保证适用相对不起诉的正确性。为了正确行使相对不起诉权，检察机关必须建立起强有力的内部制约监督机制。为了保证原免予起诉制度的正确适用，最高人民检察院曾先后制定颁布《人民检察院直接受理侦查的刑事案件审查逮捕审查起诉工作暂行规定》（1991 年 1 月）、《人民检察院刑事检察工作细则（试行）》（1991 年 12 月）、《关于贪污受贿案件免予起诉工作的规定）（1991年 12 月）、《关于严格徇私舞弊案件免诉工作的通知》（1995 年 8 月）等司法解释。笔者认为，在新的司法解释未出台之前，各级检察院对自侦案件适用相对不起诉应参照上述关于免予起诉制约监督的有关规定执行。

四、 适用相对不起诉应注意的几个问题

1. 注意区分相对不起诉与绝对不起诉、存疑不起诉的界限。相对不起诉与绝对不起诉、存疑不起诉的区别表现在：（1）适用的条件不同。根据 1996 年刑事诉讼法第 142 条第 1 款、第 15 条规定，凡符合下列条件之一的，检察机关应作出绝对不起诉决定：①情节显著轻微，危害不大，不认为是犯罪的；②犯罪已过追诉时效期限的；③经特赦令免除刑罚的；④依照刑法告诉才处理的犯罪，没有告诉或者撤回告诉的；⑤犯罪嫌疑人死亡的；⑥其他法律规定免予追究刑事责任的。根据 1996 年刑事诉讼法第 141 条、第 140 条第 4 款规定，存疑不起诉的条件是：①案件已经经过补充侦查；补充侦查后仍认为证据不足，不符合起诉条件的。而相对不起诉的法定条件是犯罪情节轻微，依照刑法不需要判处刑罚或者免除刑罚的。②适用范围不同。对符合绝对不起诉、存疑不起诉条件的，检察机关必须作出绝对不起诉、存疑不起诉决定。前者是检察机关对这类案件没有诉权或已丧失诉权；后者则是对犯罪嫌疑人是否构成犯罪处于不能认定，也不能排除的状态，检察机关没有胜诉权。不论是绝对不起诉还是存疑不起诉，检察机关都没有选择的余地。而对相对不起诉，检察机关则可以自由裁量。对符合相对不起诉条件，检察机关既可以选择起诉，也可以选择不起诉。③法律后果不同。相对不起诉、绝对不起诉、存疑不起诉都属于不诉范畴，最终都对犯罪嫌疑人作无罪认定。但由于适用条件不同，法律后果存在差异。如根据 1996 年刑事诉讼法第 146 条规定，对相对不起诉的，被不起诉人享有这种法定权利。根据 1996 年刑事诉讼法第 142 条规定，对绝对不起诉、相对不起诉的案件，对被不起诉人需要给予行政处罚、行政处分或者需要没收违法所得的，检察机关应当提出意见，移送有关主管机关处理，而存疑不起诉则无此后果。因此各级检察机关在适用不起诉时，必须严格区分三者的界限，特别是对一些事实不清、证据不足的案件不能为了"下台阶"而作相对不起诉处理。

2. 注意相对不起诉与撤案的关系。相对不起诉属于检察机关自由裁量权范畴，只能由享有公诉权的检察机关行使。笔者认为，对于可以作相对不起诉处理的案件，公安机关必须将案件移送检察机关审查起诉，由检察机关酌情起诉或相对不起诉，不能因为该类案件可以作相对不起诉处理而

自行撤案。不仅如此，这一精神同样适用检察机关自侦案件。检察机关自侦部门认为贪污贿赂等案件的犯罪嫌疑人犯罪情节轻微，依照刑法不需要判处刑罚或者免除刑罚的，应当将全案移送刑检部门审查起诉，由起诉部门酌情作出相对不起诉决定。

3. 注意对自侦案件适用相对不起诉的合理控制。根据立法精神，对符合相对不起诉条件的案件，检察机关既可以选择相对不起诉，也可以选择起诉，是相对不起诉还是起诉由检察机关自由裁量。这就涉及对适用相对不起诉的合理控制问题。公安机关移送起诉的案件，由于外部制约监督机制比较完善，相对不起诉的适用一般能得到合理控制。合理控制相对不起诉主要是针对检察机关自侦案件。曾记得：为了控制免诉率，最高人民检察院虽制订一系列司法解释，但 1989—1993 年全国检察机关贪污贿赂案件的免诉率仍分别占当年审结数的 56%、52%、37.6%、39.2%、31.4%。免诉率的过高成为一些学者建议取消免诉制度的主要理由之一。[①] 这一教训发人深省，检察机关应当认真吸取。当前有的同志提出，贪污受贿 5000 元以上不足 1 万元，具备主动投案自首、坦白交代、积极退赃、有立功表现的，经省级人民检察院批准，可以适用相对不起诉。笔者认为，这种观点不妥。参照《最高人民检察院关于贪污受贿案件免予起诉工作的规定》，上述案件只能依法起诉，而不能适用相对不起诉。笔者认为，对自侦案件适用相对不起诉，除必须符合相对不起诉条件外，还必须考虑某一案件适用相对不起诉的政治效果、经济效果和法律效果。同时对相对不起诉要从总量上加以控制。有的案件，虽然符合相对不起诉条件，但依法起诉由法院判决效果更好的，应当依法起诉。为了从重从严惩处腐败分子，根据法律、司法解释的规定，结合司法实践，具有下列情形之一的贪污贿赂案件不得适用相对不起诉：（1）贪污受贿数额在 5000 元以上的；（2）有附带民事诉讼的；（3）一人犯有数罪，需要数罪并罚的；（4）共同犯罪案件中的同案人，由人民法院一并审理更为适宜的；（5）没有悔罪表现的；（6）有法定从重处罚情节的（如累犯、索贿等）；（7）因犯罪行为给国家、集体造成重大损失的；（8）因犯罪行为造成严重政治影响的；（9）其他依法不应作相对不起诉的。

① 崔敏：《再论免予起诉制度应予废除》，《法制日报》1994 年 1 月 20 日。

贪污罪主体的重构[*]

科学合理地界定贪污罪的犯罪构成是修改刑法分则的重要问题之一。近年来对修改贪污罪的犯罪构成是刑法学者关注热点，其中如何界定贪污罪主体是该问题的焦点所在。理论界对此提出了很多有益见解。本文根据刑事立法宗旨，结合我国政治、经济体制改革的特点以及贪污罪的犯罪构成的内在结构，试对若干有代表性的观点加以评析，在此基础上对如何重构贪污罪主体提出新的思路。

一、 修改贪污罪主体之争议

当前理论界在讨论修改贪污罪主体问题上，仁智各见，归纳起来有以下几种不同意见：

第一种观点认为，贪污罪的主体是指国家权力机关、行政机关、司法机关中从事公务的人员。^① 第二种观点认为，贪污罪主体是国家权力机关、行政机关、司法机关、军事机关及其他国家机关中从事公务的人员。^② 第三种观点认为，贪污罪主体是国家机关、国有企业、事业单位、人民团体中依法从事管理活动的人员。^③ 第四种观点认为，贪污罪的主体是国家工作人员，集体经济组织工作人员及其他经手、管理财物的人员。^④ 第五种观点认为，贪污罪的主体应限于国家干部。这一观点不仅得到一些学者的肯定，^⑤ 而且在司法界得到较为广泛的赞同。自最高人民法院在 1995 年 12

---

* 原载《国家检察官学院学报》1997 年第 1 期

① 田瞕：《侵占罪贪污罪主体比较研究》，《法学研究》1996 年第 3 期。

② 栗晓宏、何苏民：《对贪污罪的两点立法思考》，《法学与实践》1995 年第 1 期。

③ 王作富、党剑军：《贪污罪主体、客体的立法完善》，《法学研究》1996 年第 2 期。

④ 韩耀元：《贪污罪面临的困惑和立法完善》，《检察理论研究》1996 年第 2 期。

⑤ 冯锐：《完善渎职罪立法的思考》，《法学研究》1996 年第 4 期。

月颁布《关于办理违反公司法受贿、侵占、挪用等刑事案件适用法律若干问题的解释》以后，审判机关一般都是以这一标准来划分贪污罪和侵占罪的界限。

笔者认为，目前对贪污罪主体的认识，观点纷呈，既体现刑法学界对该问题的关注和对贪污罪本质认识的不断深化，也表明这一问题仍有深入研究之必要。

通过上述诸观点可以看到，学者们对如何界定贪污罪主体，既有共同点，也有不同点。共同点表现在，大家都认为国家权力机关、行政机关、司法机关中从事公务的人员是贪污罪主体。不同点主要表现在是否应将下列人员纳入贪污罪主体：（1）军事机关工作人员；（2）国有企业、事业单位、社会团体人员；（3）集体经济组织工作人员；（4）非公有制单位工作人员。此外在上述各观点中对"其他依照法律从事公务的人员"和"受委托从事公务的人员"能否成为贪污罪主体都没有进行专门的论述。

二、 修改贪污罪主体应当考虑的因素

笔者认为，立法是社会现实和社会需要的集中反映，重构贪污罪主体必须遵循以下原则或充分考虑以下诸因素：

（一） 重构贪污罪主体必须充分体现设立贪污罪的立法宗旨

我国刑法专设贪污罪旨在表明要对国家工作人员职务犯罪从严惩治。因此，刑法第155条才将贪污罪主体限定为国家工作人员。但由于立法上的缺陷（没有设立业务侵占罪），对集体经济组织工作人员利用职务侵财犯罪无法定罪。为解决司法适用上的困难，两高先后通过司法解释将集体经济组织工作人员纳入贪污罪主体。1988年全国人大常委会颁布的《关于惩治贪污罪贿赂罪的补充规定》（以下简称《补充规定》）正式从立法上把贪污罪主体扩大到集体经济组织工作人员和其他经手、管理公共财物的人员。1989年11月，"两高"在《关于执行〈关于惩治贪污罪贿赂罪的补充规定〉若干问题的解答》中对"其他经手、管理公共财物的人员"又作了扩张解释，将以公有制企业为基础的股份制企业、中外合资、合作企业中的工作人员列入贪污罪主体。上述立法和司法解释的变化在计划经济体制下有其特定的形成背景和历史合理性，客观上弥补刑法规定的不足，

有利于司法机关惩治该类犯罪。但由于将国家工作人员与非国家工作人员混在一起，使刑法对国家工作人员犯罪从重处罚的立法宗旨消失，改变了刑法设立贪污罪的初衷，模糊贪污罪的本质属性，加重非国家工作人员的刑事责任。近年来，最高人民检察院一再强调要把国家工作人员作为反贪重点，但客观现实恰恰相反。据最高人民检察院1993年统计，在贪污贿赂案件中党政机关干部所占比例不足9%。北京市检察机关统计：1990年至1994年国家机关工作人员犯贪污贿赂罪仅占全部案件的7.8%，绝大部分是各类经济组织的厂长、经理、供销人员。这表明惩治贪污贿赂犯罪的现实已严重背离立法的初衷。随着我国政治、经济、社会条件的急剧变化，《补充规定》所规定的贪污罪又滞后于时代的要求，同时立法机关也注意到扩大贪污罪主体所带来的负效应。1995年2月，全国人大常委会颁布《关于惩治违反公司法的犯罪的决定》（以下简称《决定》）新增公司、企业人员侵占罪并设专条强调国家工作人员犯侵占罪的以贪污罪处罚。《决定》的颁布标志着贪污罪主体有所缩小。但由于《决定》只适用公司、企业人员犯罪，对非公司、企业中的非国家工作人员仍应适用《补充规定》，贪污罪主体过宽问题并没有得到彻底解决。相反，由于"两高"对国家工作人员范围解释的不一致，使贪污罪主体和侵占罪主体的界定出现混乱。一年多的实践证明，这种立法现状不利于明确贪污罪主体，严重影响反贪的政治、社会效果，阻碍反腐败向纵深发展。笔者认为，要突出设立贪污罪的立法宗旨就必须严格其主体范围。

（二）重构贪污罪主体必须充分考虑我国的政治结构、政治体制改革的现状和趋势

我国是工人阶级领导的以工农联盟为基础的社会主义国家。作为工人阶级先锋队的共产党是社会主义事业的领导核心，是执政党。人民政协是共产党领导的多党合作和政治协商的重要机构，其宪法地位已在1993年3月全国人大的宪法修正案中作了肯定。但他们又不属国家机关序列。按照立法规定，在党的机关、政协机关中从事公务的人员属于"其他依照法律从事公务的人员"，上述第一至第三种观点均没有把这两类机关从事公务的人员纳入贪污罪主体，这是不应有的缺漏。根据宪法规定，军事机关是国家机关之一，将军事机关从事公务的人员列在贪污罪主体之外（第一种观点）显然是不妥的。

在我国政体中，"青、工、妇"等组织是社会团体。这些组织在党的领导下，依照法律从事国家社会管理活动。如按照工会法的规定，各级工会的职责是"通过各种途径和形式，参与管理国家事务，管理经济和文化事业，管理社会事务；协助人民政府开展工作，维护工人阶级领导的以工农联盟为基础的人民民主专政和社会主义国家政权"。各级妇联组织则通常行使某些计划生育管理、妇女儿童保护有关的行政管理职能。这些社会团体所从事的是国家管理事务，将他们排除在贪污罪主体外（第一种、第二种观点）是没有考虑到我国社会团体的职能、特点。当然我国社会团体种类繁多，大部分社会团体（如各种学会、协会、商会、基金会等）并不从事国家管理活动，将他们一概列入贪污罪主体（第三种、第四种观点）有失偏颇。

改革开放以来，特别是步入90年代以后，我国政治体制中的干部人事管理制度改革取得重大进展。1993年8月，国务院颁布《国家公务员暂行条例》，1995年2月全国人大常委会颁布法官法、检察官法，这标志着我国干部管理制度将由传统、僵化向注重干部体制转化。随着改革的深入，干部管理的发展趋势是对干部进行分流，按照党政、司法机关、企业事业单位各自的性质、特点实行分类管理。1996年7月，经中央、国务院批准，事业单位将进行重大改革，改革的主要内容是：事业单位承担的行政管理职责原则上要交归行政机关，建立符合事业单位自身特点的等级规格，逐步取消事业单位机构的行政级别。因此，事业单位除少数依法授权或受委托拥有部分行政处罚权外，不再拥有行政管理职权。可以预见，沿用数十年的国家干部概念将逐步分化乃至于最终取消，以是否具有干部身份划分贪污罪主体（第五种观点）以及将所有事业单位工作人员划入贪污罪主体（第三种、第四种观点）都是不恰当的。

（三）重构贪污罪主体必须充分考虑市场经济条件下政企职能分开后企业人员属性

笔者认为，随着我国社会主义市场经济体制的建立，政企职责分开，将企业人员纳入贪污罪主体是不科学的，表现在：（1）市场经济条件下国有企业工作人员不再是国家工作人员。在高度集中的计划经济体制下，国家既是国有资产的所有者，又是国有资产的经营管理者。国有企业隶属于政府并作为国家的代表，直接组织生产经营。企业活动是行政活动，是代表国家的公务活动。所以，刑法把国有企业工作人员列入国家工作人员有其历史必然性和现实合理性。但在市场经济条件下，随着国有企业转换经营机制，建立产权清晰、权责分明、政企分开、管理科学的现代企业制度，国家与企业之间的关系将发生根本性变化：在政企关系上，由政企合一、政企不分改为政企职责分开；在产权关系上，由国家对企业直接行使所有权和经营权变为确立独立的企业法人财产权；在经营管理方式上，由国家下达计划指标、物资统一调配、劳动力统一安排、产品统购包销、价格统一制定等直接管理方式改为企业自行安排、自主经营等。在市场经济条件下国有企业作为市场主体已不直接体现国家管理职能，企业工作人员不是国家工作人员。（2）按照所有制性质不同，将企业人员分别纳入不同犯罪不符合法制原则。法律面前人人平等是社会主义法制的基本原则。根据这一原则，对同类主体应同罪同罚。市场经济条件下，市场主体虽有国有企业、集体企业、三资企业、私营企业之分，但作为企业工作人员中处于相同职务时，享有相同的权利，承担相同的义务，他们实施同类犯罪，其社会危害性是相同的，理应受到同等的刑事处罚。《中共中央关于建立社会主义市场经济自制若干问题的决定》明确指出："国家要为各种所有制经济平等参与市场竞争创造条件，对各类企业一视同仁。"如果把不同所有制企业人员的职务侵财犯罪，有的划入贪污罪，有的划入侵占罪，并规定悬殊的刑罚，必然有悖法律面前人人平等和罪责刑相适应原则，也不利于为各种企业提供平等的刑法保护。（3）司法实践证明，在企业中划分国家工作人员与非国家工作人员不利惩治犯罪。自《决定》颁布后，根据《决定》第12条和"两高"司法解释的规定，对企业中的职务侵财犯罪按照主体不同分别定罪，即国家工作人员（国家干部）定贪污罪，对非国家工作人员（非国家干部）定侵占罪。这种规定给当前司法实践带来难题。如国有企业在改革中打破干部、职工身份、实行聘任制，使一批不具有干部身份的职工走上企业领导岗位或成为企业管理人员。按照现行立法规定，对这些人只能定侵占罪（最高刑是有期徒刑15年，定罪起点标准是5000元至2万元）。而那些虽有干部身份却只从事一般管理工作或经手、管理公共财物的则应定贪污罪（最高刑是死刑，定罪起点标准是2000元）。二者同属企业管理人员，但罪名不同量刑悬殊，显失公平。一年多的实践已在社会上引起强烈反响，负面效应严重。笔者认为，这种立法现状应尽快改变，必须彻底废除在企业中划分国家工作人员（国有干部）与非国家工作人员（非国家干部）的不科学、不合理做法。

（四） 重构贪污罪主体必须兼顾贪污罪犯罪构成的结构

重构贪污罪主体必须与贪污罪侵犯的客体相适应。长期以来刑法学界一直把贪污罪视为单纯的侵犯财产罪，一些有影响的教材和专著莫不认为贪污罪侵犯的直接客体是公共财物所有权。[①] 近年有的学者已注意到把贪污罪视为单一客体的片面性，但仍然认为该罪侵犯的主要客体是公共财物所有权。[②] 笔者认为上述观点值得重新思考。上述观点之所以长期被理论界所接受，既与刑法典把它归入侵犯财产罪有关，也与贪污罪主体过宽有关。贪污犯罪是一种权钱结合的犯罪：是职务权力与个人非法占有欲相结合的产物。国家设立各种职位并通过法律形式赋予行为人以各种职务旨在要求职务享有者勤政廉政、忠于职守，兢兢业业为人民服务。但他们却利用国家赋予的权力和信任，假公济私，侵吞公共财产。其行为直接侵害国家机构的正常运作和职能的实现，使国家机构的名誉、信誉受损，使广大民众丧失对公务人员的信任度。这是普通财产犯罪客体所不能包容的。近年贪污犯罪的日益严重和广大民众对这种腐败行为的痛恨和关注，充分体现贪污行为社会危害结果的多元性、复合性特征。对复杂客体的职务犯罪如何确定主要客体，不能孤立地从一个因素来确定，而必须结合犯罪的各个因素来确定犯罪性质。从财产所有关系来看，贪污罪侵犯的客体是财产所有关系，但结合贪污罪的行为特征和现实危害性就可以看到，贪污罪侵害的客体是国家对职务行为的管理职能和职务行为的廉洁性。我国历次刑法草案都是将贪污罪排在渎职罪一章，刑法典最后定稿时，考虑其社会危害性程度主要在于侵害财产所有权上，才将其归入财产罪。[③] 这一立法认识存在偏差。近来在讨论修改刑法时，有的学者明确提出把贪污贿赂罪作为贪利型渎职罪与普通渎职罪分立，并置于普通渎职罪之前的观点。[④] 笔者完全同意这种归类方法。把贪污罪列入渎职罪有利于全面把握贪污罪的

---

① 林准主编：《中国刑法教程》，人民法院出版社 1989 年版，第 538 页；马克昌等主编：《刑法学全书》，上海科技文献出版社 1993 年版，第 355 页；王作富主编：《经济活动中罪与非罪的界限》，中国政法大学出版社 1993 年版，第 267 页；等等。

② 何秉松主编：《刑法教科书》，中国法制出版社 1995 年版，第 737 页。

③ 高铭暄：《中华人民共和国刑法的孕育和诞生》，法律出版社 1981 年版，第 215 页。

④ 赵秉志：《关于完善刑法典分则体系结构的新思考》，《法律科学（西北政法学院学报）》1996 年第 1 期。

本质属性，有利于更深刻认识贪污犯罪的腐败性和社会危害性，也便于我们有针对性地制定贪污罪的刑事政策和司法对策。正确地揭示了贪污罪的客体，有助于合理界定贪污罪主体。如果一味扩大贪污罪主体甚至把一切经手、管理财物的人员都纳入贪污罪主体，必然淡化贪污罪的渎职性。因为非国家工作人员的侵财行为是不可能侵害到国家对职务行为的管理职能和职务行为的廉洁性要求的。

现行贪污罪侵犯的对象是公共财产。扩大贪污罪主体必然要扩大贪污罪的对象，否则贪污罪犯罪构成之间就难以协调。反之，如果将贪污罪严格限制为国家公职人员，那么贪污罪的犯罪对象就可以缩小，即可以将贪污罪的对象限定为国有财产。在国家保管、运输或使用中的集体、个人所有的财物，以国有财产论。

三、 修改贪污罪主体之我见

根据上文所作的分析，笔者认为上述关于修改贪污罪主体的五种意见都不可取，不能成为修改贪污罪的立法选择。笔者建议修改后的贪污罪应表述为："国家公职人员利用职务上的便利，侵吞国有财产的，构成贪污罪。"同时设专条或专款规定："国家公职人员是指国有机关公职人员和其他依法从事国家管理活动的人员""受委托从事国家管理活动的人员，犯前款罪的，按前款罪处罚。"此外另设业务侵占罪和普通侵占罪。业务侵占罪是指以非法占有为目的，利用职务或工作上的便利，侵占业务上持有的财物，数额较大的行为；普通侵占罪是指以非法占有为目的，侵占自己所持有的他人财物，数额较大的行为。这样就形成一个罪名齐全、分类科学、犯罪构成严谨，打击锋芒突出的刑事法网。

根据上述修改意见，贪污罪主体包括以下三类人员：

其一，国家机关公职人员。国家机关公职人员是指国家权力机关、行政机关、司法机关、军事机关等国家机关中除工勤人员以外的人员。

其二，其他依法从事国家管理活动的人员。它包括：（1）依照宪法和法律从事国家管理活动的人员。如党务机关、政协机关、共青团机关、工会机关、妇联等党群机关组织中除工勤人员以外的人员；依照人民法院组织法参与审理案件行使国家审判权的人民陪审员等。（2）依照法律、法规的授权行使国家管理权的人员。由于国家管理活动的多样性、复杂性，授权行使国家管理活动的手段得到广泛运用。1996 年 3 月，八届人大四次会议通过的行政处罚法第 17 条规定："法律、法规授权的具有管理公共事务职能的组织可以在法定授权范围内实施行政处罚。"如县级以上防疫站和食品卫生监督所是事业单位，根据食品卫生法授权行使食品卫生监督的行政职权。对于"其他依法从事国家管理活动的人员"，他们本身不是国家机关公职人员，但依照法律规定或依法授权长期或临时从事国家管理活动，因此应当纳入国家公职人员范围。有的学者认为，"其他依法从事公务的人员"这一概念，不是一个严格的法律概念，范围不明确，给执法机关的定罪量刑带来困难，建议废除使用这一概念。① 笔者认为，"依照法律从事公务（从事国家管理活动）"恰恰是国家公职人员的本质特征。这一概念表明：（1）公职人员的身份是依照法律取得的；（2）公职人员所从事的公务是依照法律进行的。这一概念通过"依照法律"一词来限制主体范围，法律用语明确、具体，可操作性强，司法实务中易于掌握适用。反之，如果抛弃这一概念，则难以使所有从事国家管理活动的人员都纳入国家公职人员范围，从而导致立法疏漏。因此保留和严格使用这一法律用语是非常必要的。

其三，受委托从事国家管理活动的人员。这是指受国家机关委托或依法从事管理活动的组织、从事国家管理活动的人员，如行政处罚法第 18 条专门规定了"行政处罚权委托制度"，第 19 条又具体规定了受委托组织必须具备的条件。委托权有着严格的法定条件和限制。

上述三种主体虽然形式不同，但都有一个共同的特征，即从事的是国家管理活动。从事国家管理活动是贪污罪主体的本质特征，不是从事国家管理活动的人不能成为贪污罪主体。

笔者之所以对贪污罪主体作如上表述，主要是从立法技术上考虑了以下二个问题：

1. 关于"国家公职人员"的提法。在如何表述贪污罪主体的称谓上，有三种提法可供选择：（1）国家工作人员，（2）国家公务员，（3）国家公职人员。笔者认为第三种提法更为科学，理由是：其一，国家工作人员提法具有现行立法根据，但这是一个非常广泛的概念，刑法第 83 条和全国人大常委会《关于严惩严重破坏经济的犯罪的决定》中对它的解释不尽一致。理论界对此争议很大，有的学者甚至认为"一切集体经济组织的工作人员，他

---

① 冯锐：《完善渎职罪立法的思考》，《法学研究》1996 年第 4 期。

们都是依法从事一定范围的公务，因而都算是国家工作人员"。① 这种观点曾得到司法解释的认可，如最高人民检察院《关于正确认定和处理玩忽职守罪的若干意见（试行）》。近年"两高"对国家工作人员的解释出现严重分歧。国家工作人员范围的不易确定，给司法适用带来困难。国家工作人员的提法应予摒弃。其二，目前许多同志建议使用"国家公务员"的提法。笔者认为，公务员作为一个独立的法律概念，在世界大多数国家的法律中均被限定为国家行政机构中执行国家公务的人员。《国家公务员暂行条例》明确规定："本条例适用于各级国家行政机关中除工勤人员以外的工作人员。"可见国家公务员仅仅是国家公职人员中的一类人员，它不能涵盖所有国家机关及其他依法从事国家管理职能的人员，而国家公职人员则可以包容国家公务员。

2. 关于"从事国家管理活动"的提法。大部分同志认为适用"从事公务"一词来限制贪污罪主体。笔者不同意这种看法。"从事公务"一词的内涵有狭义说和广义说之分。刑法颁布之初，有的学者认为，1979 年刑法第 83 条所指的从事公务是指国家管理活动。这是狭义说。但随着刑事立法的变化，从事公务的内涵不断扩大，现在一般认为，从事公务是指依照法律所进行的管理国家、社会或集体事务的职能活动，这是广义说。目前广义说已成为通说。② 用广义说来限定贪污罪主体是不恰当的。采纳狭义说，虽无不当，但与通说相悖，易引起歧义。为了保证法律用语的科学性、明确性，笔者建议用"从事国家管理活动"来代替"从事公务"一词。

---

① 张穹：《关于玩忽职守罪的几个问题》，《法学研究》1987 年第 3 期。

② 林准主编：《中国刑法教程》，人民法院出版社 1989 年版，第 536 页；何秉松主编：《刑法教科书》，中国法制出版社 1995 年版，第 733—734 页。

非法发放贷款犯罪基本问题研究 *

近几年一些金融机构及其工作人员玩忽职守，滥用职权盲目发放贷款，给国家造成巨额经济损失，为了维护正常金融秩序，严惩非法放贷犯罪行为，1995 年 6 月 30 日八届全国人大常委会第十四次会议颁布的《关于惩治破坏金融秩序犯罪的决定》（以下简称《决定》）第 9 条增设了非法发放贷款犯罪。《决定》颁布后，如何正确认识和理解这一立法规定，理论和司法界的同志作了初步的探讨。但涉及该罪的一些基本问题仍争议很大，直接影响对该类犯罪行为的查处。为了进一步明确法律界限，加大对非法发放贷款犯罪查处力度，本文试就该罪的一些基本问题加以研究。

一、 非法发放贷款犯罪的罪名选择

对《决定》第 9 条第 1 款、第 2 款的规定应如何选择罪名，目前看法不一，有的认为该条款是一个罪名，即违法发放贷款罪。[①] 这种观点将第 1 款、第 2 款的两种行为作为该罪的表现形式；有的认为该条款是两个罪名，前后两款应分别独立确立各自的罪名。笔者同意第二种观点。界定《决定》第 9 条是一个罪名，还是两个罪名，首先必须明确应以什么标准来确定法条中罪名的个数。根据刑法学界的通说即犯罪构成标准说，衡量一个法条是一罪还是数罪应以犯罪构成的个数为标准。刑法分则中规定几个犯罪构成的就应该有几个罪名。从《决定》第 9 条规定看，前后两款所规定的犯罪虽然主体、客体及法定刑相同。但两者的客观要件有重大区别。第 1 款是指行为人非法向关系人发放贷款造成较大损失的行为；第 2 款是指行为人非法向关系人以外的人发放贷款，造成重大损失的行为。如果将《决定》第 9 条

---

* 原载《法学天地》1997 年第 2 期。
① 徐建新：《试论违法发放贷款罪》，《检察学文摘》1996 年第 2 期。

视为一个罪名必然混淆前后两款在犯罪构成上的独立性，而且导致符合前后两款犯罪构成要件的犯罪分子不适用数罪并罚，这与立法精神相悖。

对《决定》第9条应如何确定罪名，大家仁智各见，依笔者所见，有以下多种提法；如"非法放贷罪""违法发放贷款罪""金融工作人员玩忽职守罪""向关系人发放贷款罪"（第1款）；"向关系人以外的人发放贷款罪"（第2款）"非法发放关系人贷款罪"（第1款）或"玩忽职守、滥用职权发放贷款罪"（第2款）；"违反规定向关系人发放贷款罪"或"违反规定向关系人以外的其他人发放贷款罪"等。笔者认为，罪名是某种犯罪行为的最本质特征的简明概括，作为罪名必须具有简练、准确、规范的特点。确定罪名必须符合立法规定，即要根据罪状来确定罪名。鉴此，上述诸罪名的提法都不尽科学。"非法设贷罪"或"违法发放贷款罪"，罪名简练，但难以反映前后两款在犯罪构成上的区划，这种提法作为集合罪名或类罪名尚可，但不能用作具体罪名。"金融工作人员玩忽职守罪"的提法，不仅未反映该罪的主要特征，而且将犯事主体纳入罪名也是多余。"向关系人或关系人以外的人发放贷款罪"的提法未明示行为的前提特征——违反法律、行政法规，易使人误解。使用"违反规定向关系人或关系人以外的人发放贷款罪"的提法也不准确，因为"违反规定"一词缺乏内涵的确定性。笔者认为，根据罪名的意义、功能以及确定罪名的根据，将《决定》第9条确定为"非法向关系人发放贷款罪"和"非法向非关系人发放贷款罪"两个罪名比较科学。

二、 非法发放贷款犯罪的主体

根据《决定》第9条规定，非法发放贷款罪（含非法向关系人发放贷款罪和非法向非关系人发放贷款罪，下同）的主体是银行或其他金融机构及其工作人员，即既可以是自然人，也可以是单位。

根据司法实践，在认定非法发放贷款罪的主体问题上有以下几个问题需要进一步明确：

其一，中国人民银行及其工作人员能否成为本罪的主体。有的同志认为，中国人民银行及其工作人员不是本罪的主体。[1] 笔者认为，中国人民

---

[1]　徐建新：《试论违法发放贷款罪》，《检察学文摘》1996年第2期。

银行是国家的中央银行，依法对金融业实行监督管理。中国人民银行本身不经营商业贷款业务，但要向各商业银行提供贷款。为了保证国家货币政策的执行，中国人民银行法第29条第1款规定"中国人民银行不得向地方政府、各级政府部门提供贷款，不得向非银行金融机构以及其他单位和个人提供贷款。"该法第47条还规定，中国人民银行对违反本法第29条第1款的规定提供贷款的，对负有直接责任的主管人员和其他直接责任人员，依法给予行政处分；构成犯罪的，依法追究刑事责任。《决定》（草案）曾规定，非法发放贷款罪的主体是商业银行或者其他金融机构的工作人员，[①]但《决定》颁布时则取消了"商业"一词。可见立法机关是把中国人民银行及其工作人员纳入该罪主体的。据此，笔者认为中国人民银行及其工作人员应是本罪的主体。将中国人民银行及其工作人员非法放贷犯罪行为按普通玩忽职守罪处理，不符合立法精神，也不利于从严惩处该类犯罪行为。

其二，非国有金融企业及其工作人员能否成为本罪主体。刑法第187条规定的玩忽职守罪主体仅限于国家工作人员。《决定》则把银行或其他金融机构及其工作人员的人都列为非法发放贷款罪的主体。商业银行法第88规定："外资商业银行，中外合资商业银行、外国商业银行分行适用本法规定。"可见根据立法精神，非国有金融企业及其工作人员可以成为本罪主体。

其三，从事非贷款业务的金融机构及其工作人员以及可能从事贷款业务的非金融机构及其工作人员能否成为本罪主体。根据我国现行金融法规的规定，并非所有金融机构允许从事贷款业务，如保险公司、证券公司等不经营贷款业务。如果这些机构超经营范围非法从事贷款业务，从而造成重大损失的，能否构成本罪呢？另外在实践中还出现一些非金融机构发放贷款的情况（如财税局发放农贷金等），如果其工作人员非法发放贷款，造成重大损失的，又能否构成本罪呢？对此，有的同志认为应一律按本罪论处。[②]笔者认为这种观点不符合立法规定。根据立法原意，该罪的主体应是具有贷款权的金融机构及其工作人员，不具有贷款权的金融机构及其工作人员不能构成本罪。多年来国家为了经济建设的特殊需要，有时将国

---

① 1995年6月29日，薛驹在八届人大十四次会议上《关于担保法（草案修改稿）、保险法（草案修改稿）和惩治破坏金融秩序犯罪的决定（草案修改稿）修改意见的汇报》。

② 徐建新：《试论违法发放贷款罪》，《检察学文摘》1996年第2期。

有资金通过非金融机构（如财税，农林部门等）出借给有关单位和个人。这种资金一般是根据国家政策通过行政手段划拨或借贷的，有的是无息或低息使用。它和银行贷款性质不同。因此，这些部门及其工作人员也不能成为本罪主体，否则立法将该罪规定为特殊主体就失去意义。

三、 非法发放贷款犯罪的主观要件

非法发放贷款犯罪的罪过形式，由于立法规定的不明确，目前存在争议：第一种观点认为，该罪是故意犯罪，主观上出于故意；[1] 第二种观点认为，该罪是过失犯罪，主观上出于过失；第三种观点认为，该罪在主观方面既包括故意，也包括过失。[2]

笔者认为，非法发放贷款犯罪的罪过形式只能是过失。

认为该罪是故意或可以由故意构成的同志主要是基于以下依据：（1）我国刑法第 12 条第 2 款明确规定："过失犯罪，法律有规定的才负刑事责任"。刑法分则没有明文规定某行为由过失构成，那么该罪只能由故意构成。（2）非法发放贷款罪是玩忽职守罪的一种，随着我国刑事立法的发展，玩忽职守罪已不限于过失，即故意也可以构成。（3）从该罪的行为特征看，"行为人主现上明知自己的行为违反了国家的法律、行政法规的规定，而为了照顾人情，向关系人发放信用贷款或者发放担保贷款的条件优于其他借款人同类贷款的条件。这在主观上显然是故意犯罪。"[3]

笔者认为上述依据有失偏颇。

1. 我国刑法第 12 条第 2 款的规定表明，处罚过失犯罪只限于刑法分则条文上明示其主观方面是过失的犯罪，如果刑法分则条文没有明示犯罪构成的主观要件是故意还是过失，那么只能理解为故意犯罪。但应当注意：我国刑事立法虽然确立了"以处罚故意为原则，以处罚过失为例外"的刑事责任原则，但是不少刑法分则条文的表述上并没有始终贯彻这一原则，许多过失犯罪（如 1979 年刑法第 113 条的交通肇事罪、刑法第 114 条的重大责任事故罪等）均未在有关条文中明示犯罪的主观方面是过失。一

---

① 高铭暄主编：《刑法原理与实务》，高等教育出版社 1996 年版，第 316 页。

② 刘方：《析非法放贷罪》，《法学》1996 年第 5 期。

③ 刘烈云：《析违反规定发放贷款罪》，《检察日报》1996 年 10 月 21 日，第 3 版。

些单行刑法、附属刑法的有关规定也有类似的现象。如为他人提供书号出版淫秽书刊罪，全国人大常委会《关于惩治走私、制作、贩卖、传播淫秽物品的犯罪分子的决定》第2条第2款并没有明示该罪是过失犯罪，但该罪主观上只能是过失。《决定》第9条也属于这种情况。以过失犯罪法律必须有明文规定，无明文规定者则属于故意来推断《决定》第9条故意犯罪有失片面，不符合我国立法的客观实际。

2. 非法放贷犯罪实质是玩忽职守的一种，《决定》颁布之前这种行为一直按玩忽职守罪处理。按立法本意，玩忽职守罪主观罪过只能是过失。诚然刑法颁布之后，少数刑法和附属刑法突破原刑法关于玩忽职守罪只能由过失构成的规定，将间接故意也纳入玩忽职守罪的罪过形式。如1982年全国人大常委会《关于严惩严重破坏经济的罪犯的决定》第1条第4项规定，凡对于走私、投机倒把、盗窃等犯罪分子，有追究责任的国家工作人员不依法处理或者因受阻挠而不履行法律所规定的追究职责的，应比照刑法第187条规定的玩忽职守罪处罚。其他一些行政、经济法律、法规也规定对某些国家工作人员的故意失职行为或者越权行为比照或者依照刑法第187条论处。上述立法规定属于类推立法。类推立法只对类案具有法律效力。而《决定》第9条则不属类推立法，有关单行刑法和附属刑法关于玩忽职守罪的罪过形式包括间接故意的规定不适用于《决定》第9条。

3. 根据我国刑法规定和刑法理论，故意犯罪与过失犯罪的区别应表现为行为人对自己行为可能引起的危害社会的结果在认识上和所抱态度的不同。认为非法发放贷款犯罪是故意犯罪显然是将行为人对自己违法行为的认识态度与行为人对自己违法行为所可能引起的重大损失的认识和态度混为一谈了。该罪的行为人对自己违法放贷行为是故意的，但他们对自己的违法行为可能引起的重大损失后果则只能表现为过失。从实践看，行为人明知国家法律、法规规定不得向关系人发放信用贷款或不得向关系人发放提供贷款的条件优于其他借款人同类贷款的条件，但由于徇私而违法发放贷款。对此，行为人是故意的。但对违法发放贷款可能引起的较大（或重大）损失却缺乏认识或自信损失不会发生，即没有预见和缺乏认识或者虽然预见但轻信贷款能够收回，损失不会发生。这完全符合过失犯罪的特征。

4. 如果说故意和过失都可以构成本罪，那么按照一般刑事立法原则，罪过不同，社会危害性也不同，法定刑也必然不同，可为什么《决定》却规定适用同一法定刑呢？显见该罪名不可能故意过失均可构成。

诚然，在司法实践中会发生这种情况：行为人既对违法发放贷款行为有清醒认识，同时对这种行为可能引起的损害后果有认识，并希望或放任这种损害后果的出现。对此，笔者认为应按共同犯罪论处。《决定》第 20 条规定："银行或者其他金融机构的工作人员，与本决定规定的进行金融诈骗活动的犯罪分子串通，为其诈骗活动提供帮助的，以共犯论处。"即使行为人与金融诈骗犯事先没有通谋，但行为人明知贷款方是诈骗犯而故意提供帮助的，也可以以共同犯罪论处（有的学者称之为片面共犯），[①] 但不能据此得出非法放贷犯罪可以故意构成的结论。

四、 非法发放贷款犯罪侵犯的客体

关于非法发放贷款犯罪侵犯的直接客体目前有三说：第一种观点认为，该罪侵犯的直接客体是金融管理秩序；[②] 第二种观点认为，该罪侵犯的客体是国家对信贷资金的管理制度；[③] 第三种观点认为，该罪侵犯的客体是复杂客体，即国家的信贷制度和财产所有权。[④]

笔者认为，上述三种观点均欠妥当。非法发放贷款罪侵犯的客体是国家对金融机构从事贷款的公务人员的职责要求和金融机构的贷款管理制度。理由如下：

1. 金融犯罪是以欺诈、伪造以及其他方法侵犯金融管理，破坏金融秩序，依法应受刑罚处罚的行为。《决定》所规定的金融犯罪侵犯的金融秩序内容十分广泛，它包括银行管理、货币管理、票据管理、信贷管理、证券管理、外汇管理、保险管理等制度。《决定》所规定的 15 种犯罪都属金融犯罪。金融犯罪作为一类犯罪都破坏了金融秩序，但每一种犯罪构成不同，所侵犯的直接客体也有差别。如票据诈骗罪既侵犯了金融机构的财产所有权，又侵犯了国家对票据的管理制度。非法发放贷款罪只侵犯到信贷管理制度，而没有侵犯整个金融管理秩序。将该罪侵犯的直接客体视为金融管理秩序是混淆了同类客体与直接客体的区别。

2. 该罪的成立虽然以造成国家贷款较大或重大损失为前提，但这种犯

---

① 陈兴良：《论我国刑法中的片面共犯》，《法学研究》1985 年第 1 期。

② 徐建新：《试论违法发放贷款罪》，《检察学文摘》1996 年第 2 期。

③ 刘方：《析非法放贷罪》，《法学》1996 年第 5 期。

④ 高铭暄主编：《刑法原理与实务》，高等教育出版社 1996 年版，第 316 页。

罪行为人不是以非法占有为目的，不属于财产型职务犯罪。因此它并不直接侵害国家贷款的所有权。对职务犯罪只能从职务行为本身去探求该罪侵犯的客体。

3. 贷款是银行或者其他金融机构通过一定程序，将资金附条件地借给单位和个人使用的一种金融活动，它是国家对经济建设进行宏观调控的主要手段，贷款活动的无序化必然对社会生产和国民经济的发展产生严重的破坏作用。为规范贷款秩序，我国的法律、行政法规对贷款项目的论证、审批等作了明文规定。如 1995 年商业银行法第 35 条规定："商业银行贷款，应当对借款人的借款用途、偿还能力、还款方式等情况进行严格审查。商业银行贷款，应当实行审贷分离、分级审批的制度。"第 40 条规定："商业银行不得向关系人发放信用贷款；向关系人发放担保贷款的条件不得优于其他借款人同类贷款的条件。"金融机构工作人员违反国家法律、行政法规，发放人情贷款、关系贷款或在发放贷款过程中工作严重不负责任，疏忽大意或滥用职权，不审查或不认真审查贷款申请人的有关条件和资信状况等。从而造成巨额贷款不能收回，给国家和金融机构造成重大经济损失。这既是对其所担任的贷款职务的亵渎，违反了国家对金融机构从事贷款的公务人员的职责规定；同时又侵犯国家对贷款的管理制度，妨碍金融贷款秩序。

五、 非法发放贷款犯罪的客观要件

非法向关系人发放贷款罪在客观方面表现为：违反法律、行政法规的规定，向关系人发放信用贷款或者发放担保贷款的条件优于其他借款人同类贷款的条件，造成较大损失的行为。

该罪在客观方面必须具备以下条件：

1. 违反法律、行政法规。所谓违反法律、行政法规是指违反立法机关制定的金融法律及国务院制定的金融行政法规，如中国人民银行法、商业银行法、借款合同条例等。司法实务中有一个问题需要明确，即中国人民银行制定的金融规章及其他内部规定是否应在办案中遵照执行的问题。从立法规定看，中国人民银行制定的金融规章及其他的内部规定不属于行政法规的范围。在审议《决定》（草案）时，中国人民银行提出为避免将"违反国家信贷管理规定"误解为包括人民银行内部的一些程序性管理规定，扩大刑事处罚范围，建议将"违反国家借贷管理规定"修改为"违反法律、行政法规规定"，立法机关采纳了这一意见。可见将金融规章及一些内部规定纳入行政法规范围是不妥的。但应该看到，为了保证法律、行政法规的执行，中国人民银行往往要制定一些有关法规的实施细则或对法规进行解释，这是正确理解和执行金融法规的重要途径之一。对这些规章和解释，司法实践中应参照执行。对于虽违反中国人民银行制定的规章制度，但并不违反法律、行政法规的行为，即使造成重大损失也不构成本罪。

2. 向关系人发放信用贷款或者发放担保贷款的条件优于其他借款人同类贷款的条件。在《决定》中关系人是一个特定的法律概念。根据商业银行法第40条规定，关系人特指以下人员：商业银行的董事、监事、管理人员、信贷业务人员和他们的近亲属（近亲属是指夫、妻、父、母、子、女、同胞兄弟姐妹）以及上述人员投资或者担任高级管理职务的公司、企业和其他经济组织。现行法律仅对商业银行的关系人作出规定，而未对其他金融机构的关系人作出规定。笔者认为，对其他金融机构关系人范围的确定，在法律未作出明确规定之前可以参照商业银行法对于关系人规定的精神予以确认。信用贷款是指仅凭借款人的品德人格、未来收益及其过去偿还及时的信用而无其他担保条件的贷款。担保贷款是指借款人向银行提供具有相当经济实力的单位或者个人的经济担保，或者向银行提供物资、银行票据、股票等实物抵押以取得银行贷款。商业银行法规定禁止向关系人发放信用贷款或向关系人发放担保贷款的条件优于其他借款人同类贷款的条件。所谓"优于其他借款人同类贷款的条件"是指金融机构工作人员在向关系人发放担保贷款时在贷款的利息、使用的时间、提供财产担保的数额等方面提供比其他借款人更为优惠的条件。

3. 造成较大损失的。非法发放贷款罪属于结果犯，因此定罪数额标准的确定和损失数额的认定对于区分罪与非罪和罪行的轻重具有重要意义。（1）定罪数额标准的确定。最高人民检察院1987年制定的《关于正确认定和处理玩忽职守罪的若干意见（试行）》规定，玩忽职守罪的立案标准是直接经济损失5万元以上。这一标准能否适用非法向关系人发放贷款罪呢？笔者认为，这一立案标准颁布已近10年。10年来我国的经济情况发生了巨大的变化，司法实践中直接经济损失在5万元以上10万元以下被追究刑事责任的已鲜见。中纪委1988年制定的《党员领导干部犯严重官僚主义失职错误党纪处分的暂行规定》规定直接经济损失在 10 万元至 50 万元的才予以党纪处分。充分考虑经济因素、司法实践现状和党纪国法间的协调，笔者认为将非法发放贷款罪的定罪数额起点确定为 10 万元，重大损失数额为 20 万元是比较合适的。（2）损失数额的认定。该罪的损失数额是指与行为人的非法放贷行为有直接因果关系造成的贷款损失。既包括贷款本金，也包括利息损失。在办理非法放贷犯罪案件中，目前有一种很流行的观点，认为非法放贷罪的构成必须以借款方构成诈骗罪为前提。笔者认为，这种观点和做法是错误的。除金融诈骗外，在非法放贷案件中金融单位和贷款方的债权债务关系始终存在。但债权债务关系的存在并不意味着损失没有造成。银行贷款不能收回根据时间的不同有逾期、展期、呆滞、呆账、坏账等不同划分。损失后果当然不能从坏账时算起，否则立法规定将失去意义。

根据有关法律规定，结合司法实践，笔者认为，凡具有下列情形之一的，应计算非法放贷罪的损失数额：（1）借款方构成金融诈骗罪，诈骗数额为损失数额；（2）金融机构在借款方逾期不还款后，提起民事诉讼，在诉讼中法院判决败诉或应承担部分责任的终审案件，其应赔偿的数额为损失额；（3）借款方逾期不能偿还贷款，金融机构不在法定期间内提起诉讼，失去法律保护的，不能偿还贷款的数额为损失数额；（4）金融机构胜诉，但借款方和担保方都已宣告破产，又无负连带责任单位，判决不能兑现的；（5）借款关系确认后，借款人去向不明，音信全无在二年以上或不通过民事诉讼就明显判断出借款人无力偿还贷款的。

非法向非关系人发放贷款罪在客观方面表现为：违反法律、行政法规、玩忽职守或者滥用职权，向关系人以外的其他人发放贷款，造成重大损失的行为。该罪在客观方面与非法向关系人发放贷款罪有所区别，它表现为以下二种情况：（1）金融工作人员在向非关系人发放贷款时，违反"三查"制度，工作严重不负责任，对借款人的资信情况和贷款项目未进行审查或没有进行认真审查，盲目轻信，从而导致国家重大损失。（2）金融工作人员违反贷款审批制度，滥用职权。超越审批权限，擅自决定发放不应发放的贷款或凭借自己的职权，强迫下属非法贷款，从而给国家造成重大损失。《决定》规定非法向非关系人发放贷款罪要造成重大损失才追究刑事责任，并以"造成特别重大损失"作为本罪加重处罚的标准。可见非法向非关系人发放贷款罪的定罪处罚标准都高于非法向关系人发放贷款罪。

检察解释与审判解释冲突的解决 *

为了寻求正确解决检察解释与审判解释冲突的出路，有必要先探讨两个问题：

其一，审判解释与检察解释的效力问题。

当审判解释与检察解释有冲突时应如何认识两者的司法效力，目前有不同看法：一种意见认为，审判解释的效力应当高于检察解释。这种观点很流行，并被审判机关和部分检察机关的同志所赞同和接受。另一种观点认为，审判解释和检察解释没有地位高低、效力大小之分。① 笔者认为：第二种观点是正确的。最高人民法院、最高人民检察院都是国家最高司法机关，分别行使国家审判权和检察权，两家宪法地位平等，不存在法律地位谁高谁低的问题。《全国人民代表大会常务委员会关于加强法律解释工作的决议》（以下简称《决议》）第 2 条明确规定："凡属于法院审判工作中具体应用法律、法令的问题，由最高人民法院进行解释。凡属于检察院检察工作中具体应用法律、法令的问题，由最高人民检察院进行解释。最高人民法院和最高人民检察院的解释如果有原则性分歧，报请全国人民代表大会常务委员会解释或决定。"这一规定表明，检察解释和审判解释的效力并无高低大小之分。当检察解释和审判解释发生冲突时，检察机关应当执行检察解释，审判机关应当执行审判解释，检察机关认为按审判解释所作的判决不当的，可以依法提起抗诉。

其二，检察解释（审判解释）能否适用于审判工作（检察工作）。

对此有两种看法：一种意见认为，检察解释和审判解释的效力范围不局限于检察工作或审判工作，检察解释对各级人民法院有约束力，审判解

释对各级人民检察院有约束力。[1] 另一种意见认为，审判解释和检察解释不能互为处理案件的依据，即否定检察解释（审判解释）对审判工作（检察工作）有约束力。[2] 笔者认为，最高人民检察院和最高人民法院是两个并行的司法解释主体，当一家制定的司法解释未经另一家同意时，该司法解释的效力当然只能及于自己所管辖的司法活动。检察解释（审判解释）不能当然适用于审判工作（检察工作）。但从司法实践看，一家的解释对另一家不具有约束力会严重影响检察或审判工作。如关于行政、民事抗诉审级问题，最高人民检察院分别在 1990 年、1992 年制定的《关于执行行政诉讼法第六十四条的暂行规定》和《关于民事审判监督程序抗诉工作暂行规定》中都明确规定："应当按照审判监督程序向同级人民法院提起抗诉。"对这一问题最高人民法院没有作出审判解释。但由于检察解释对审判机关不具有约束力，许多法院拒不接受同级人民检察院提出的行政、民事抗诉案件或以各种形式交由原审法院再审，造成检察机关抗诉失灵或无效的后果，给民事行政检察工作带来严重冲击。

如何消除检察解释和审判解释的冲突呢？

有人认为，应当取消最高人民检察院的司法解释权，将司法解释权统归于人民法院。[3] 笔者认为，这种解决方法过于简单化。最高人民检察院是国家的最高司法机关之一，依法行使法律监督权，理应享有司法解释权。15 年的司法实践证明，检察解释为检察机关正确执行法律，维护法制统一，履行法律监督职责，严格法律执行发挥巨大作用。最高人民检察院享有司法解释权既有法律的明确规定，又有迫切的实践需要。简单武断地取消检察解释是不可取的。对此许多同志曾作过精辟的论述，[4] 本文不再赘述。还有的学者认为，为了解决检察解释、审判解释的冲突现象，应该对最高人民法院、最高人民检察院各自单独解释以及两家均可解释的内容进行划分。以刑事司法解释为例，有关审判程序法律方面的规定和具体量刑方面的规定只能由最高人民法院解释；有关批捕、起诉以及属于检察院

---

① 吴步钦：《论检察司法解释的效力》，《中国检察报》1995 年 3 月 11 日。

② 李希慧：《刑法解释论》，中国人民公安大学出版社 1995 年版，第 201 页。

③ 游伟、赵剑峰：《论我国刑法司法解释权的归属问题——关于建立多级审判解释体制的构想》，《法学研究》1993 年第 1 期。

④ 杨志宏、王守安、李记华：《论加强最高人民检察院的司法解释权——兼与游伟等同志商榷》，《法学研究》1993 年第 6 期。

直接受理侦查的犯罪案件有关的程序法律方面的规定，只能由最高人民检察院解释；其他规定，最高人民法院、最高人民检察院都可以解释。[①] 笔者认为，这种观点值得商榷。从我国现行刑事法律看，单纯适用检察工作或审判工作的法律规定并不多，大多数刑事法律既涉及审判工作，也涉及检察工作。确定划分检察解释与审判解释的权限范围是困难的。如检察机关制定的直接受理侦查的犯罪案件的立案标准，似乎仅属于检察工作，而与审判工作无涉（上述学者也这样认为）。实质不然，因为立案标准直接关系到对犯罪嫌疑人的定罪问题，定罪问题就与审判工作密切相关。修改后的1996年刑事诉讼法第12条规定："未经人民法院依法判决，对任何人都不得确定有罪。"也就是说，人民法院享有最终确定被告人有罪或无罪的权力。如果检察机关制定的大量的刑事立案（定罪）标准不被审判机关所承认，必然会给检察机关的自侦工作带来严重影响。即使单纯的民事、行政审判解释也不仅仅属于审判工作，而与检察工作无关。因为检察机关享有民事、行政审判监督权。由此可见，用划分检察、审判解释的权限方法来消除司法解释的冲突是不可取的。笔者认为，当前审判解释和检察解释之所以出现冲突，主要是由于解释缺乏合法性、合理性、协调性以及立法解释滞后和司法解释立法不完善等原因造成的，可见寻求消除司法解释冲突的途径应当根据上述原因有针对性地进行。

一、 加强检察解释和审判解释的合法性

最高司法机关在进行法律解释时必须遵守合法性原则。所谓合法性是指司法解释必须符合宪法和法律的要求。根据《决议》规定，最高司法机关只具有对具体适用法律进行司法解释的权力。最高司法机关在进行审判解释或检察解释时，根据司法实践的客观需要可以对法律规定作限制或扩张解释，但这种解释必须符合法律的基本精神和基本原则，不能违背立法原意和立法意蕴，否则会使司法权侵入立法权，有碍法制的统一性和权威性。纵观"两高"颁布的大量司法解释，基本上符合合法性原则，但也有少数司法解释缺乏合法性，属越权解释。如最高人民法院1995年8月10日《关于对执行程序中的裁定的抗诉不予受理的批复》就属越权解释。我

---

① 赵秉志、李希慧：《关于完善刑事司法解释的研讨》，《中国刑事法杂志》1993年第4期。

国 1991 年通过的民事诉讼法第 185 条明确规定："最高人民检察院对各级人民法院已经发生法律效力的判决、裁定，上级人民检察院对下级人民法院已经发生法律效力的判决、裁定，发现有下列情形之一的，应当按照审判监督程序提起抗诉……。"而最高人民法院的批复则规定人民法院在执行程序中作出的裁定，不属于抗诉的范围。这一解释对 1991 年通过的民事诉讼法第 185 条规定的应当抗诉的范围进行无任何法律依据的限制，有违立法本意，侵犯检察机关的抗诉权，属于越权解释。笔者认为，法律是确定、统一的行为规范，在同一条件下不允许对某一法律规定作含义不同的解释，即不允许一家作当然解释和扩张解释，而另一家则作限制解释。为了彻底杜绝违法解释、越权解释，笔者认为，必须进一步加强司法解释的审查和监督，具体途径包括：（1）司法解释出台之前充分征求有关单位、部门、学者的意见，使不合法的解释在公布前得到纠正。（2）公布后的司法解释，一经发现违法，应当立即纠正或者废除。（3）加强司法解释的制约和监督。最高人民检察院、最高人民法院一旦发现审判解释或检察解释出现越权现象，有悖立法精神或侵犯检察权、审判权的，应主动向对方提出加以纠正，或通过立法机关要求对方及时纠正，撤销违法解释。

二、 加强检察解释和审判解释的科学性、 合理性

所谓司法解释的科学性、合理性是指司法解释必须符合刑法理论，符合常理，同一解释相互之间不能出现矛盾。从我国司法解释的实际情况看，缺乏科学性、合理性的现象不同程度地存在。如最高人民检察院 1989 年 9 月 5 日制发的《关于非邮电工作人员非法开拆他人信件并从中窃取财物案件定性问题的批复》规定："非邮电工作人员非法开拆他人信件，侵犯公民通信权利，情节严重，并从中窃取财物数额较大的，应按照重罪吸收轻罪的原则，依照刑法关于盗窃罪的规定从重处罚。非邮电工作人员非法开拆他人信件，侵犯公民通信自由权利，情节严重，并从中窃取汇票或汇款支票，冒名骗取汇兑款数额较大的，应依照刑法关于侵犯公民通信自由罪和诈骗罪的规定，依法实行数罪并罚。"上述规定的两种情况都是牵连犯罪，但批复却规定两种不同的处罚方法：一个是按照重罪吸收轻罪原则以一罪处理；另一个实行数罪并罚。这有悖刑法学原理。

为了加强司法解释的科学性、合理性，笔者认为，"两高"应采取以

下措施：（1）加强制定司法解释过程的民主性，提高透明度。司法解释在出台之前，应当公开解释（草案），广泛征求立法机关、司法机关和民众的意见，防止出现不科学、不合理的解释。（2）大力提倡法学家参与司法解释的研究和论证。理论的价值在于实践，让法学家参与司法解释的研究和论证，可以减少司法解释的失误。最高人民检察院1996年3月15日专门聘请15名著名法学家作为其研究室的专家顾问，不失为明智之举，也是推动检察解释民主化的有益尝试。（3）及时修改废除缺乏科学性、合理性的解释。

三、 加强检察解释和审判解释的协调性

最高人民法院、最高人民检察院必须加强法律适用研究的合作，努力消除部门思想的影响，从统一法制，维护法律权威，严格执法，正确适用法律的共同目的出发研究审判和检察工作中的问题。（1）扩大联合解释。数年来，最高人民检察院、最高人民法院联合颁布大量司法解释（主要是刑事司法解释），为司法实践提供了具体依据。但近年来联合制发司法解释的情况逐渐减少。1995年"两高"制发的刑事司法解释有15件，但联合制发的仅《关于办理利用信用卡诈骗犯罪案件具体适用法律若干问题的解释》1件，其他都是最高人民检察院或最高人民法院单独制发的。这种现状明显给人以"争权"之嫌，不利于协调检、法两家的关系。而"两高"联合颁发的司法解释，既适用于检察工作，又适用于审判工作，执法效果比较好，应多加采用。（2）加强检、法两家的联系。检、法两家都是国家司法机关，共同承担执行法律、维护法律权威的任务。因此，应当相互尊重。最高人民检察院或最高人民法院在起草司法解释时应主动向对方征求意见，求得共识。对既涉及检察工作又涉及审判工作的司法解释，在未征得另一家同意的情况下不能单独下发。对一家单独作出的司法解释已征得另一家的同意，应在解释中明确规定"经最高人民法院或最高人民检察院同意"字样，以便作为检察、法院办案的共同依据。（3）扩大检察解释或审判解释的效力范围。最高人民法院或最高人民检察院应明确规定，检察解释或审判解释对审判工作或检察工作具有效力。即对某一法律规定只有一家作出解释时，另一家应遵照执行。

四、 加强立法解释

为了加强立法解释，笔者认为：（1）要把立法解释提上权力机关的议事日程。为了使立法解释工作落到实处，应在全国人大常委会内设立法律解释部门，负责法律解释的日常工作。（2）建立司法解释审查制度。最高人民检察院、最高人民法院作出司法解释后，应主动把司法解释报全国人大常委会备案审查，接受监督。权力机关应认真审查司法解释，及时纠正超出立法原意，有悖法律规定的解释。（3）检察、审判解释出现原则分歧时，最高人民检察院、最高人民法院应主动报请全国人大常委会解释或决定，及时求得分歧的解决。

五、 制定"司法解释法"

在该法中应对司法解释的原则、权限、制定程序、颁布方式、备案审查、法律效力等问题作出明确、详细的规定。

贪污贿赂犯罪预防与控制的战略思考[*]

贪污贿赂犯罪是一个世界性的社会问题，也是困扰世纪之交的中国社会的难题。加强贪污贿赂犯罪的预防和控制，积极开展反贪斗争，是推进改革开放，促进经济发展，维护社会稳定的必要条件，也是实现《国民经济和社会发展"九五"计划和2010年远景目标纲要》（以下简称《纲要》）的重要保证。以科学、求实的态度研究现阶段贪污贿赂犯罪问题，探索和预测未来犯罪态势，制定实施跨世纪预防和控制对策，对于深入开展反贪斗争，保持社会稳定，加强廉政建设具有重要意义。

一、 时代特征： 贪污贿赂犯罪诱因的多样性 和犯罪的严重性

美国政治学家塞缪尔·亨廷顿指出："腐化程度与社会和经济迅速现代化有关。"① 东西方历史证明，在由自然经济向市场经济转变过程中，各国都产生了严重的贪污贿赂等腐败现象。步入21世纪的中国正处于社会转型过程中，经济体制正由传统的计划经济体制向社会主义市场经济体制转变，经济增长方式正由粗放型向集约型转变。两个根本转变所带来的不仅仅是经济结构、经济形态的变革，而是波及社会政治、文化等全方位的社会整体结构的剧烈变化。在这种时代背景下，贪污贿赂犯罪原因显现出复杂性、多样性的特征。

——市场经济是人类社会迄今为止实现资源有效配置的最佳体制。市场经济在产生巨大积极作用的同时，也带来负效应。市场经济的自由性，导致

---

　* 原载《浙江社会科学》1997年第4期。

① ［美］塞缪尔·P.亨廷顿：《变化社会中的政治秩序》，王冠华等译，生活·读书·新知三联书店1989年版，第54页。

社会监督制约机制弱化；市场经济的竞争性诱使一些人不择手段地投机、诈骗追逐非法利润；市场经济的趋利性使金钱价值得到充分体现，并使"拜金主义"腐朽观念有了广泛的市场；市场经济中的等价交换原则被一部分握有实权的人扭曲，权钱交易手段愈演愈烈；市场经济的开放性使外来消极文化、资产阶级腐朽思想和生活方式乘虚而入。

——改革是一个渐进的过程。在新旧体制转换过程中，旧体制的弊端尚未消除，新体制又尚未形成。制度不健全、措施不配套、法网不严密使某些改革层面出现失控和脱节，导致大量"失范行为"存在，特别是刑事失范状态的存在使司法人员对罪与非罪、合法与非法的界定出现"法律盲点"，为犯罪分子逃脱刑事惩处提供了契机。

——从传统的计划经济转向市场经济的过程中，在一定时期内对某些商品和资源不得不实行价格双轨制。双轨制的存在以及由此造成的巨额差价（租金），为权钱交易（寻租活动）提供了可能。一些党政机关、经济管理部门的工作人员，将权力带入市场，利用行政权力和自己的垄断地位，捞取超额利润。

——传统的政治体制，权力过于集中而又缺乏强有力的监督制约机制。改革开放后，传统的权力运作方式发生了很大变化，新的权力结构尚未完全形成。权力失控，监督体系形同虚设极易导致某些素质不高的国家公职人员滥用权力贪污受贿。

——转轨时期分配形式多样化，社会分配不公，贫富悬殊的矛盾日益突出。部分社会成员钻法律、政策空子迅速暴富给部分靠工薪生活，待遇较低的人们形成巨大冲击，心理失衡。通货膨胀、物价上涨，加剧了部分公职人员分配不公的感觉，刺激其以贪污贿赂等非法手段谋取不义之财，以争取社会财富的再分配。

——在社会转型期，随着市场观念的灌输，人们的道德观念、价值观念发生了巨大的变化，新的道德观、价值观尚未形成，"一手软，一手硬"，政治思想工作薄弱，精神文明建设滞后，社会风气不正，导致享乐主义、拜金主义等腐朽观念泛滥，为贪污贿赂的发生创造了主观条件。

——一些地方和同志（特别是少数高级领导干部）对反贪污斗争的必要性、紧迫性认识不足，未把反贪斗争与经济建设联系起来。反贪立法滞后，执法水平不高，办案经费不足，侦查装备落后，客观上制约了反贪力度。刑罚的有效性不能得到充分体现，"检察免（诉）一批、法院缓（刑）一批、劳改农场放（保外就医、假释）一批"等执法不严现象，进一步刺激犯罪分子的冒险性和侥幸心理。

当前我国社会正经历着一场历史性的变革。在这一变革过程中各种矛盾、冲突、震荡相伴而生，社会整体合力减弱。这一时代特征向我们昭示：我国正面临贪污贿赂犯罪严重化的严峻挑战。

1. 贪污贿赂犯罪日趋严重，犯罪总量增加。贪污贿赂犯罪起伏规律取决于贪污贿赂犯罪的诱发因素与贪污贿赂犯罪控制因素的强弱对比。在经济转轨时期诱发犯罪因素增多，而制约力相对下降，从而导致贪污贿赂犯罪总量上升。（1）贪污贿赂大案、特大案件不断上升。1994年全国检察机关立案侦查万元以上大案19055件，1995年立案侦查万元以上大案24000余件。（2）贪污贿赂要案不断上升。1995年全国检察机关立案查处县处级领导干部犯罪案件2262人（比去年增长57.5%），厅局级干部137人（比去年增长59.3%）。（3）顶风作案突出。1995年全国检察机关查办的贪贿案件，犯罪事实发生在当年的有12455件，占20%。

2. 贪污贿赂犯罪领域扩大化。随着市场经济的发展，经济热点部位，如金融证券市场、房地产市场、技术市场、劳动力市场、信息市场等新的要素市场成为贪污贿赂犯罪的"重灾区"。随着政府转变职能，行政执法机关、经济管理部门成为贪污贿赂犯罪的多发部位，随着国有企业转换经营机制，侵吞国有资产犯罪案件不断增多，一些单位和个人借国有企业股份制改造及承包、租赁、拍卖、兼并、集团改组、资产评估等侵吞国有资产、行贿受贿。

3. 贪污贿赂犯罪形态向共同犯罪、群体犯罪和有组织的贪污贿赂犯罪发展。贪污贿赂犯罪由传统的单个作案为主向内外勾结、里应外合的共同犯罪、群体犯罪发展；团伙作案由一个单位或一个团体蔓延到一个地区、一个系统，形成引人注目的"窝案""串案"现象。有组织的贪污贿赂犯罪具有下列特征：犯罪行为具有鲜明的经济目的，利用各种违法犯罪手段掠夺和非法占有社会财富；经济目的和政治目的交织在一起，有的利用各种机会和手段向国家政权渗透，以获取更大的经济利益；"金钱铺路"，在政府和司法机关寻找"保护伞"；犯罪手段具有欺骗性和勒索性的双重特征，有的假借入股、合资、联营等形式，转移赃款进行"洗钱"等。

4. 贪污贿赂犯罪手段日趋智能化。随着现代科学技术的发展，反贪力度的加大，犯罪分子的手段不断翻新，作案方式更加隐秘，主要表现在：（1）

利用现代技术作案，如金融证券行业人员利用所掌握的电脑密码技术贪污、挪用公款或利用先进的复印技术伪造信用卡、银行存单、票证等透支公款、侵吞利息等，给案件的侦破带来相当难度。（2）利用"合法"形式掩盖非法目的，如以各种形式的劳务费、介绍费、顾问费等"合法"名义收受贿赂，或以"礼尚往来""以借为名"掩盖受贿实质。（3）规避法律，混淆是非。有的钻法律空子混淆罪与非罪的界限，如通过妻子（丈夫）、儿女收受贿赂，以婚嫁喜庆节日大肆收受赠贿（有的同志称之为"准贿赂"①）；利用职权获取有形或无形资产；使用权力谋取私利。

5. 涉外贪污贿赂犯罪日趋严重。90 年代以来涉外案件不断上升。表现在：我国公职人员在境外作案或国家公职人员与非国家公职人员勾结在我国境内或境外作案；犯罪分子在我国境内或境外作案后将赃款隐匿于境外；犯罪分子在我国境内作案后潜逃境外；案件的主要证据、证人在境外等。

二、 跨世纪贪污贿赂犯罪预防和控制的总体战略

从现在到 21 世纪初叶，我国社会主义市场经济体制尚处于初创过程中，与此相适应的社会主义政治体制、法律体系以及道德价值观念尚未完全形成，贪污贿赂犯罪将呈现继续上升的趋势，是贪污贿赂犯罪的"高发期"。随着新经济体制的建立和政治、法律制度的完善，贪污贿赂犯罪将逐步减少。从现在起到下世纪初，是反贪污贿赂犯罪的关键时期。这一阶段的反贪斗争既比计划经济体制下难，也比完善的市场经济体制下难，我们面临着反贪污贿赂最艰巨、最困难的时期。市场经济的建立、民主政治的推进和刑事诉讼法的修改也给反贪斗争提出了更高、更新要求。

构建适应社会主义市场经济特点的贪污贿赂预防和控制战略，首先必须明确指导思想。笔者认为，在改革开放和发展社会主义市场经济的新的历史条件下，预防、控制贪污贿赂犯罪的指导思想是：以邓小平建设有中国特色的社会主义理论和党的基本路线为指针，坚持"两手抓、两手都要硬"的方针，把反贪污贿赂与维护稳定、促进改革发展紧密结合起来；自觉使反贪污贿赂服从于、服务于经济建设；坚持走群众路线，依靠全社会力量，实行群众举报和专门机关依法查处相结合；既要认识反贪斗争的艰

---

① 　吴步钦：《"准贿赂"行为及其危害》，《中国检察报》1995 年 9 月 21 日，第 3 版。

巨性、长期性，树立长期作战的思想，又要充分认识反贪斗争的紧迫性，抓好阶段性战役，一步步把反贪斗争引向深入；健全完善法律和制约监督机制，严密防范措施；突出查办党政领导机关、行政执法机关、司法机关和经济管理部门的贪污贿赂犯罪案件及大案要案；坚持打防结合，标本兼治，综合治理。

根据《纲要》精神，结合新时期贪污贿赂犯罪的特点和发展趋势，预防和控制贪污贿赂犯罪目标可分为近期目标和远期目标。近期目标是指"九五"期间的奋斗目标，远期目标是指到 2010 年的奋斗目标。未来 15 年贪污贿赂犯罪预防，控制的总体目标是：遏制贪污贿赂犯罪上升势头。

"九五"期间的奋斗目标：初步建立与社会主义市场经济体制相适应的反贪污贿赂法律体系；具有中国特色的权力制约机制基本形成；初步建立起统一、权威、高效的反贪机构和反贪专业化队伍；贪污贿赂犯罪综合治理措施基本得到落实；贪污贿赂犯罪上升势头初步得到遏制。

到 2010 年的奋斗目标是：建立起比较完善的与社会主义市场经济体制相适应的反贪污贿赂法律体系；反应灵敏、手段齐全、装备精良、精干高效、富有战斗力的反贪机构和反贪队伍全面建成并高效运转；贪污贿赂犯罪综合治理措施得到全面落实；贪污贿赂犯罪上升势头得到有效遏制，并力争大案要案有所下降。

三、 跨世纪贪污贿赂犯罪预防和控制战略的基本思路

面对现阶段贪污贿赂犯罪问题及未来犯罪趋势，我们必须"冷静观察""沉着应付"，全面总结我国反贪斗争的成功经验，认真检讨以往反贪战略中的失误和不足，充分借鉴和吸收国外反贪斗争的优秀成果，并以此为基础构建新时期反贪新战略。

笔者认为，新时期贪污贿赂犯罪预防和控制战略的基本思路是：

（一） 加快改革步伐， 建立和完善社会主义市场经济体制

改革是社会主义社会的发展动力。我国改革开放以来，贪污贿赂现象的滋长和蔓延并不是来自市场规律的作用，而恰恰是市场发展严重不良和行政权力过多干预的结果。制止贪贿蔓延的基本措施，绝不是停止改革，而是要推进改革，加快建立市场经济新秩序，缩短"转换期"时间，铲除

贪贿得以繁衍的物质土壤。

首先，加快资源配置市场化。建立一个发达、完善、开放有序的竞争性市场体系，使市场在国家宏观调控下对资源配置起基础性作用。通过法律政策手段，逐步消除价格"双轨期"。如开放利率，向市场利率并轨；取消外贸专营，降低关税，取消非关税贸易壁垒；对进出口配额、工程承包、土地出让、企业产权转让等采用公开招标、拍卖等方法，以市场需求为导向，由市场动态作出评价。实现由计划配置资源到市场配置资源，有助于避免行政垄断，为自由竞争创造平等的机会，从根本上削弱和摧毁"寻租行为"的根基。

其次，转变政府职能，规范政府权力。政府经济管理部门必须树立"小政府，大服务"的观念，切实按照政企职责分开的原则转变职能。政府对经济的管理模式，由政府对经济的直接管理转变为对经济的宏观调控，限制权力经济，严禁政府直接插手干预经营活动，变"审批经济"为"自主经济"，使市场主体能独立行使自主权；改变宏观调控状况，由依靠行政手段、经济手段为主的做法改变为主要依靠法律手段，宏观调控的范围、限度、途径均由法律加以明确规定。

再次，大力推进国有企业改革，加快建立现代企业制度。国有企业改革的目标是按照十四届三中全会要求建立现代企业制度。国有企业建立在符合社会主义市场经济要求的企业机制和运行机制过程中，必须建立科学的组织管理制度，由厂长、经理负责制转变为公司型法人治理机构，使企业的权力机构、监督机构、决策机构和执行机构之间职责明确，形成有效的制约关系。普遍推行资产经营责任制，建立起以国有资产保值增值为目的的激励和约束机制，加强对国有资产的监督管理，从而在国有企业内部建立起严密的预防贪贿新机制。

最后，加快经济立法，建立和完善适应社会主义市场经济的法律体系。建立社会主义市场经济法律制度，是市场经济客观规律的内在要求。八届人大常委会明确提出要在本届任期内大体形成社会主义市场经济法律体系框架，并制定了五年立法规划。《纲要》则把"加快经济立法"作为深化经济体制改革的一项重要内容。今后必须进一步加大经济立法步伐，抓紧制定独资企业法、合伙企业法、证券法、期货交易法等法律。特别是针对国有资产流失日益严重的现状，应尽快出台国有资产管理法，从而加快实现我国市场经济步入法制轨道。

（二） 大力推进政治体制改革， 建立和完善具有中国特色的权力制约监督机制

中外廉政实践证明：一切权力必须受到有效的监督和制约，绝对的权力必然导致绝对的腐败。法国思想家孟德斯鸠在 200 多年前就指出："一切有权力的人都容易滥用权力……要防止滥用权力，就必须以权力约束权力。"[1] 政治体制改革的目标就是使权力的操作趋向合理、正当、规范、高效。实现对权力的有效制约监督是"防患于未然"，减少和控制贪污贿赂发生的重要途径。

首先，加快推进公务员制度改革，建立科学合理的人事管理体制。贪污贿赂之所以发生，首先是用人不当。建立科学合理的用人制度是防止贪污贿赂的第一道关口。近年国家加大了人事管理制度改革，先后颁布了国家公务员暂行条例、警察法、法官法、检察官法等，人事制度法制化有了新进展。今后仍须加大人事管理制度改革步伐。（1）制定公务员法及配套法规，健全完善公务员制度。公务员制度之所以在各国普遍建立，重要原因是它同建立清正廉洁的政治体制的需要有直接关系。1993 年 8 月，国务院颁布的《国家公务员暂行条例》不论在法律效力、内容上都有许多不足之处，亟待修改。出台公务员法以及制定相配套的法规（如公务员行为准则、公务员录用条例、公务员考核条例、公务员回避条例等）对于加快公务员队伍建设，建立廉洁政府具有重要的现实意义。（2）建立任用干部责任制。大量事实证明：一些腐败分子之所以走向领导岗位并大肆贪污受贿与某些主要领导的重用纵容有直接关系。因此建立任用干部责任制迫在眉睫。对负有任命、考察、管理职责的主管人员失察任用干部的依法追究责任，可以增强组织人事部门和主管部门领导"任人唯贤"的责任感，减少用人不当现象。（3）健全公务员激励机制，以薪养廉。目前大部分国家都把廉政建设同国家公务员工资、薪水相联系，实行"高薪养廉"。这一做法值得借鉴。我国公职人员工资只相当于国有企业职工中等水平。这种现状不利于稳定公务员队伍和吸收优秀人才，并成为贪贿诱因之一。"高薪养廉"需要国家有雄厚的物质基础。根据我国国情，公务员的待遇，应由"低薪制"向"以薪养廉"发展，然后逐步向"高薪养廉"过渡。同时将

---

　① ［法］孟德斯鸠：《论法的精神》（上册），张雁深译，商务印书馆 1961 年版，第 154 页。

"高薪"与"重罚"相结合，促使公务员尽职尽责，为国效力。

其次，建立健全有效的权力制约机制。遵照邓小平同志的权力制约思想，有效的权力制约应从几个方面同时入手：（1）以权力制约权力。任何权力都不是无限的，分权的实质在于限制权力。以权力约束权力，使权力在运行中保持平衡，防止权力倾斜。（2）以法律制约权力，民主政治要求权力实体在行使权力时应以法律为其存在的基础，即掌握权力的人必须在法律规定范围、程序和限度内活动，凡法律未明确授权的领域不得滥用权力。（3）以权利约束权力。公民权利是构成公共权力的基础。公民通过行使各种民主权利制约国家权力。行使权力主体不当侵犯公民权利，应承担相应的救济和责罚后果。（4）以职责制约权力。即在授予国家公职人员权力的同时，明确其职责，以增强权力主体的责任感，防止权力私有化。

再次，建立网状式监督机构，强化监督力度。拓宽监督渠道，建立严密的网状式监督体系。（1）加强党内监督。江泽民同志指出："越是改革开放越要加强和健全党内监督；越是领导机关、领导干部，越要有严格的党内监督"。[1] 强化党内监督机制就是要加强党组织和党员干部遵守和维护民主集中制原则，切实发扬民主、真正形成一个自上而下与自下而上的行之有效的党内监督机制。（2）加强人大监督。充分发挥人大监督的权威性和广泛性的特点。权力机关通过行使立法权，制定预防、惩治贪污贿赂犯罪的法律，通过听取"一府两院"工作汇报以及通过行使质询权、调查权、视察权等监督国家机关及其工作人员廉政勤政，严格执法。（3）完善政协民主监督。实行政协民主监督是我国监督制度的一大特色。各级政协机关通过派出特约检察员、监察员、审计员、监督员等，参与对国家机关及其工作人员的监督。（4）加强社会监督。一方面不断探索群众监督新路子，拓宽公民举报渠道，完善举报人保护、奖励制度；另一方面充分发挥舆论监督的独特优势，注重通过新闻媒介披露腐败现象和贪贿大案查处情况，强化"曝光"的监督作用。

最后，实行政务公开，大力推行办事公开制度。把权力行为亮给群众，增强权力运行的透明度是实行权力制约监督的前提之一。近年全国各地对政务公开进行了一定的尝试，效果明显。八届人大四次会议通过的行政处罚法明确把行政处罚公开作为该法的基本原则之一，并引进听证制度，为行政权力运行公开化迈出了重要一步。各级国家机关在行使权力，

---

① 江泽民：《在中央纪委第六次全体会议上的讲话》，《法制日报》1996 年 3 月 1 日。

办理与群众有密切联系的各种事项只要不涉及国家机密，都要在一定范围采取适当方式向群众和社会公开。腐败最怕"阳光"，推行办事公开制度可以减少和杜绝"幕后权钱交易"。

（三） 建立和完善适应社会主义市场经济的反贪污贿赂机制

首先，建立一个统一、权威、高效的反贪污贿赂专门机构。为了保证反贪斗争卓有成效，必须建立一个权威的反贪机构。根据我国国家机构设置的原则和反贪斗争的特点及实践经验，在检察机关内设置一个相对独立的反贪专门机构是切实可行的。自 1989 年广东省检察院首设反贪污贿赂工作局以来至今年初，全国已有 28 个省、直辖市、自治区院，296 个分州市以及 1283 个县检察院成立了反贪局，最高人民检察院反贪污贿赂总局已在 1995 年 11 月 10 日宣布成立。这标志着我国反贪机构建设步入专业化、正规化轨道。八届人大四次会议通过的《关于修改〈刑事诉讼法〉的决定》再次肯定贪污贿赂犯罪由检察机关管辖，并且赋予检察机关对自行侦查案件可以行使各项侦查手段。建立一个权威的反贪机构，不是翻换一个牌子，而是要实现运行机制的全面转换。（1）应在立法上确认反贪局的法律地位。正在修改起草中的人民检察院组织法或反贪污贿赂法应对反贪局的性质、地位、组成、领导体制作出明确规定。（2）反贪局要相对独立。反贪局的规格应高于一般职能部门，并实行垂直领导为主的体制。改革现行财政体制，反贪局业务经费单列，物质装备建设优先。（3）反贪局内部机构设置合理。反贪局必须实行"举报、侦查、预防"为一体，内部机构按这一总体职能设置，分设"举报中心""侦查机构""预防机构"等，并在分州市院以上检察院建立反贪污贿赂指挥中心，以组织、协调、指挥跨省、市、县重大贪污贿赂案件的侦查工作。（4）建立一支廉洁高效富有战斗力的侦查队伍。严格按照检察官法考核、选拔、培训侦查人员。引进人才竞争机制，选调一批懂技术、精业务的优秀人才充实侦查队伍。同时建立反贪人员的身份保障制度。

其次，严密反贪污贿赂法律体系。从 1980 年至 1995 年，我国制定的反贪法律、法规、党纪、党规虽然多达 40 余件，但缺乏系统性、协调性，可操作性差，滞后性突出，难以适应市场经济条件下反贪斗争的实际需要。为了更有效地惩治和预防贪污贿赂犯罪必须建立具有适应性、前瞻性、便于操作的新的反贪法律体系。（1）尽快出台惩治贪污贿赂法。境外和港澳地区的立法经验表明，制定专门的法律是同贪污贿赂犯罪做斗争的有效措施之一。目前世界有 27 个国家和地区制定了专门的反贪污贿赂法。1990 年最高人民检察院成立了反贪污贿赂法研究起草小组，到 1995 年共起草了 17 稿。该法已被列入全国人大常委会近期一类立法计划。笔者认为，制定反贪法应进一步明确立法指导思想，彻底解决现行反贪法"厉而不严"的现状。"厉"是指刑罚结构上重刑多、轻刑少；"不严"是指法网不严，犯罪构成严格，很多具有严重社会危害性的行为没有纳入贪污贿赂犯罪，如受贿罪强调实际收受贿赂才构成犯罪，对要求、预约贿赂的，不以犯罪论；贿赂的目的物只限于财物，没有把非物质性利益纳入贿赂对象；把谋取利益作为受贿罪的客观要件，对危害很大、影响极坏的收受礼金等赠贿行为不以犯罪论等。制定反贪法必须在"严而不厉"上下功夫，即放宽贪贿犯罪构成要件，扩大法定犯罪范围，严密刑事法网，减少漏网机会，增强刑罚的威慑功能；减轻刑罚的严厉程度，多设财产刑，增设资格刑，为反贪斗争提供法律"利刃"。（2）抓紧制定"公务人员财产申报法"。财产申报法被各国誉为"阳光法"和反贪的"撒手锏"。我国 1988 年颁布的（补充规定）虽增设巨额财产来源不明罪，但由于没有财产申报制度相配套，该罪名适用率低，几乎虚设。1995 年 5 月中办国办联合发布了《关于党政机关县（处）级以上领导干部收入申报的规定》，首次在我国确定了公职人员财产申报制度。但该《规定》法律地位不明确，条文简约、内容粗略、漏项很多，罚则不全，缺乏可操作性。因此亟待制定一部系统、详尽、可操作性强的财产申报法。该法已列入人大常委会立法规划，建议抓紧起草，同时《纲要》已明确规定建立"储蓄存款实名制"，建议制定相应的法规，以便与财产申报法相配套。此外还要陆续制定公民举报法、监督法、行政监察法等法律及配套法规。

（四）加大打击力度，依法严惩贪污贿赂犯罪分子

意大利著名刑法学家贝卡里亚指出："对于犯罪最强有力的约束力量不是刑罚的严酷性，而是刑罚的必定性。"① 要有效地遏制贪污贿赂犯罪，必须加大打击力度，严格执法，狠抓办案。

第一，惩治贪污贿赂犯罪要有新思路。80 年代以来我国反贪斗争摒弃

---

① ［意］贝卡里亚：《论犯罪与刑罚》，黄风译，中国大百科全书出版社 1993 年版，第 59 页。

"群众运动"模式，采取阶段式的专项治理为主的方法，并分别在 1982 年、1986 年、1989—1990 年、1993—1994 年掀起反贪高潮。实践证明，这种方式难以避免"产生—遏制—反弹—再遏制—再反弹"的贪贿规律。在新的时代下，反贪斗争应由传统方式逐步过渡到依靠民主法制，依靠专门机关的经常性反贪工作，防止出现新一轮贪污贿赂犯罪泛滥。

第二，突出打击三点。重点指向党政领导机关、行政执法机关、司法机关、经济管理部门和大案要案。把"三机关一部门"和大案要案作为反贪重点有利于充分体现党和国家反腐败的决心，有利于保证国家权力的正常运行，确保国家稳定和国家机关的威信。

第三，及时查办，提高犯罪成本。列宁曾一针见血地指出："惩罚的警戒作用绝不是惩罚得严厉与否，而是看有没有人漏网。重要的不是严惩罪行，而是使所有罪案都真相大白。"刑罚的威慑力主要在于使刑罚成为犯罪分子实施犯罪行为的必然结果。因此，必须大力加强贪污贿赂犯罪的侦破工作，提高破案率，提高犯罪成本，以遏制犯罪分子的冒险性和侥幸心理。

第四，依法从严惩治，增强处罚力度。（1）坚持法律面前人人平等原则。1995 年 6 月，时任张思卿检察长明确提出"查办大案要案不能有禁区。"查处贪贿案件不管涉及谁，都要一查到底，决不手软。严禁对贪贿分子降格处理，对"能人"犯罪不能法外施恩。（2）慎用免诉、免刑、缓刑，加强对贪贿分子财产刑和资格刑的适用。（3）充分运用开除党籍、开除公职等党纪、政纪处分。凡构成犯罪的，一律开除党籍、开除公职，使刑事处分、行政处分、党纪处分三位一体，形成惩罚合力。

第五，加强反贪国际司法协助。根据跨国跨地区贪污贿赂犯罪的现状和发展趋势，必须加强反贪国际合作。在坚持"相互尊重、自主决策；广泛交流、互相借鉴；平等互利、扩大协作；促进稳定、共同繁荣"[①] 的四项原则基础上，通过缔结双边条约、区域性公约、国际公约及有关国际组织，建立双边或多边反贪合作网络，加强国际信息交流和司法协助，以有效打击跨国贪污贿赂犯罪。

（五）打防结合，标本兼治，加强对贪污贿赂犯罪的综合治理

贪污贿赂犯罪是一种十分复杂的社会现象。遏制和控制贪污贿赂犯罪

---

① 张思卿：《在第七届国际反贪污大会开幕式上的讲话》，《人民检察》1995 年第 11 期。

是一项社会系统工程，必须动员社会力量齐抓共管，打防结合，标本兼治。"治标"指对已发生的贪污贿赂进行查处；"治本"指从源头入手铲除滋生贪污贿赂的土壤。治标与治本是辩证统一的关系，两者互相作用、互相促进。治本要从治标入手才有针对性；治标要靠治本的措施和方法才能巩固和深化成果。实践证明：贪污贿赂的预防和控制必须教育、防范、查处三管齐下，"打、防、教、管、建、改"一起抓，其中教育是基础，查处是手段，防范是根本。为了加强贪污贿赂犯罪的综合治理，必须抓紧做好以下各项工作：

首先，强化政治思想工作，大力推进社会主义精神文明建设，提高人们的道德水平和政治素质。江泽民同志指出："加强思想政治工作仍是拒腐防变的根本措施"。[①] 一个人蜕化变质首先从思想开始。思想教育是基础。通过共产主义理想、信念教育、职业道德教育、人生观教育，使公务人员牢固树立全心全意为人民服务宗旨和共产主义理想，自觉抵制各种腐朽思想侵蚀。

其次，建立严密的预防网络。目前贪污贿赂犯罪的预防工作尚处于起步阶段。1996 年初全国仅 13 个省市检察院建立预防机构，实践中普遍存在"重打击，轻预防"的倾向。笔者认为，各级检察机关应当遵照最高人民检察院的要求，尽快建立预防机构，通过设立检察室、检察联系点把预防触角伸向社会和权力所在的各个角落。同时积极探索预防工作新举措，通过基础预防、超前预防、同步预防、事后预防等预防措施，提高预防实效。

再次，推行贪污贿赂犯罪综合治理责任制。五年前党和国家就实行社会治安综合治理责任制，1996 年 3 月中央综治委通过《1996 年—2000 年全国社会治安综合治理工作五年规划》，但都没有把贪污贿赂犯罪预防工作纳入责任制范围。笔者认为这是不应有的疏漏。近年上海、广东把贪污贿赂预防工作纳入社会治安综合治理范围，实行一票否决制度，预防工作取得明显成效。要推动贪污贿赂犯罪预防工作，必须将"软任务"变为"硬任务"，把它纳入社会治安综合治理范围，形成在党委统一领导下的全方位的社会预防网络，坚决实行一票否决制，以增强党政领导干部预防贪污贿赂犯罪的责任心和使命感。

---

① 江泽民：《在中央纪委第五次全体会议上的讲话》，《法制日报》1995 年 3 月 2 日。

贪污贿赂犯罪预防与控制的战略思考

反贪污贿赂立法的重大进展——论 1997 年刑法典对贪污罪、贿赂罪的修改和补充*

1997 年 3 月 24 日，第八届全国人民代表大会第五次会议对《中华人民共和国刑法》进行了修订。这是继去年 3 月全国人大通过修改刑事诉讼法的决定之后，进一步完善我国刑事法律的重大步骤，是刑事法治中的又一个里程碑。新刑法典专章设立贪污贿赂犯罪，在第八章以 15 个条文详尽规定贪污贿赂犯罪。这是我国继 1988 年制定专门的反贪法律——《惩治贪污罪贿赂罪的补充规定》（以下简称《补充规定》）之后，反贪污贿赂犯罪立法的又一重大突破。它昭示了我们党和国家反腐败的决定和信心，有利于震慑和有效地惩治贪污贿赂犯罪。为了正确地理解、适用法律，加强对贪污贿赂犯罪的打击，本文试就新刑法典对贪污贿赂罪的修改和补充略作评述。

一、 关于贪污罪的修改

（一） 明确界定贪污罪的主体

1979 年 7 月 6 日颁布的《中华人民共和国刑法》（以下简称旧刑法典）第 155 条规定，贪污罪的主体是国家工作人员。旧刑法典第 83 条规定，国家工作人员是指一切国家机关、企业、事业单位和其他依照法律从事公务的人员。1982 年 3 月 8 日，全国人大常委会《关于严惩严重破坏经济的罪犯的决定》又对国家工作人员作了更具体的解释，即国家工作人员是指在国家各级权力机关、各级行政机关、各级司法机关、军队、国营企业、国家事业机构中工作的人员，以及其他各种依照法律从事公务的人员。根据

＊ 原载《法律与社会》1997 年第 4 期。

我国当时的政治、经济结构，司法解释和司法实践都认可集体经济组织工作人员也是贪污罪主体，也属国家工作人员范围。《补充规定》将贪污罪主体规定为国家工作人员、集体经济组织工作人员或者其他经手、管理公共财物的人员。《补充规定》首次将集体经济组织工作人员从国家工作人员中分离出来。随着贪污罪主体不断扩大，反贪锋芒偏离立法初衷的情况日益突出。同时随着我国经济体制的重大变化，公司、企业（特别是非公有制公司、企业）不断增多，公司、企业内部的犯罪活动日益严重。有鉴于此，1995 年 2 月 28 日全国人大常委会颁布《关于惩治违反公司法的犯罪的决定》。该决定设立侵占罪，将非国家工作人员从贪污罪主体中分离出来，从而缩小贪污罪主体范围。但由于如何理解国家工作人员范围意见不一，特别是最高人民检察院和最高人民法院对此解释不一，更加剧了对这一问题的纷争。在修改刑法典过程中，对如何界定国家工作人员范围，主要有两种意见：一种意见认为，国家工作人员范围应限于国家机关工作人员；另一种意见认为，国家工作人员范围应包括国家机关、国有公司、企业、事业单位、人民团体从事公务的人员和国家机关、国有公司、企业、事业单位委派到非国有公司、企业、事业单位、社会团体从事公务的人员。经过反复研究讨论，立法机关采纳了第二种意见。

根据 1997 年刑法典第 382 条规定，贪污罪主体是国家工作人员。本法所称国家工作人员，是指国家机关中从事公务的人员。国有公司、企业、事业单位、人民团体中从事公务的人员和国家机关、国有公司、企业、事业单位委派到非国有公司、企业、事业单位、社会团体从事公务的人员，以及其他依照法律从事公务的人员，以国家工作人员论（1997 年刑法典第 93 条）。笔者认为，1997 年刑法典之所以将国有公司、企业中从事公务的人员纳入国家工作人员范围主要是考虑到：我国是公有制占主导地位的社会主义国家，宪法和法律都对国有资产加以特殊的保护。国有企业所管理和经营的是国有财产，在国有企业中依法从事公务人员实质上代表国家管理和使用国家财产，负有国有资产保值和增值的职责。近年国有资产大量流失是有目共睹的事实。为有效保护国有财产，有必要对国有企业管理者提出更为严格的要求。正是基于加强对国有资产的刑法保护，1997 年刑法典才将国有公司、企业的管理人员纳入国家工作人员范围。最高人民法院1995 年 11 月曾颁布司法解释规定，以是否具有干部身分来界定国家工作人员范围。在市场经济条件下，随着政企分开和现代企业制度的建立，工人干部身份界限被打破，企业干部基本上不由国家机关任命和委派。因此，以是否具有干部身份来衡量是否属于国家工作人员显失科学合理。1997 年刑法典第 93 条的规定实际上是对高法的解释作了否定。

此外，1997 年刑法典第 382 条第 2 款还强调规定："受国家机关、国有公司、企业、事业单位、人民团体委托管理、经营国有财产的人员，利用职务上的便利，侵吞、窃取、骗取或者以其他手段非法占有国有财物的，以贪污论。"可见受国有单位委托从事公务的人员也是贪污罪主体。

（二） 修改贪污罪的数额标准

现行贪污罪数额标准是《补充规定》规定的。九年来我国经济建设迅猛发展，广大人民群众物质生活水平大幅度提高，原来规定的贪污罪的数额标准不适应形势发展的要求。从现实情况看，随着贪污贿赂犯罪的日趋严重，万元以上贪贿大案的比例不断提高。近两年检察机关立案侦查的万元以上大案已占立案数的 70% 以上，5000 元以下的小案已基本不再办理。提高贪污贿赂犯罪数额标准势在必行，符合客观实际，也有助于司法机关集中力量查办大要案。

1997 年刑法典对贪污罪数额标准的修改表现在：（1）贪污罪的数额起点由原来的一般为 2000 元提高到 5000 元。（2）贪污罪数额巨大的标准由原来的 1 万元提高到 5 万元。（3）贪污罪数额特别巨大的标准由原来的 5 万元提高到 10 万元。

（三） 增补国家工作人员在公务活动中接受礼物不交公的， 以贪污罪论处的规定

《补充规定》第 10 条曾规定："国家工作人员在对外交往中接受礼物，依照国家规定应当交公而不交公，数额较大的，以贪污罪论处。"该规定只限于对外交往中，适用范围狭窄。近年一些国家工作人员在国内公务活动中，大肆收受各种形式的礼券、礼金、有价证券等礼物，严重破坏国家廉政制度，社会反映强烈，危害严重。虽然早在 1988 年 12 月 1 日国务院颁布的《国家行政机关及其工作人员在国内公务活动中不得赠送和接受礼品的规定》中规定，国家行政机关及其工作人员在国内公务活动中，不得赠送和接受礼品，对接受的礼品必须在一个月内交出并上交国库。所收礼品不按期交出的，以贪污论处。但刑事法律却未曾作出明确规定，因此对

这类行为司法实践中难以定罪处罚。也正由于无刑事法律作后盾，国务院的上述规定执行得不尽如人意，在公务活动中送礼受礼之风日盛。为了惩治这种腐败行为，1997 年刑法典第 394 条规定："国家工作人员在国内公务活动或者对外交往中接受礼物，依照国家规定应当交公而不交公，数额较大的，依照本法第三百八十二条、第三百八十三条的规定定罪处罚。"即按照贪污罪定罪处罚。该规定将国家工作人员在公务活动中接受礼物的行为纳入刑法调整范围，这对于严肃政纪，保持国家工作人员的廉洁性，遏制公务活动中的送礼受礼歪风具有重要意义。

二、 关于贿赂罪的修改

（一） 修改界定受贿罪的主体

1997 年刑法典第 385 条规定，受贿罪的主体是国家工作人员，非国家工作人员不再是受贿罪主体。如何理解国家工作人员上文已有详细论述，这里不再赘述。

（二） 增设间接受贿罪

1997 年刑法典第 388 条规定："国家工作人员利用本人职权或者地位形成的便利条件，通过其他国家工作人员职务上的行为，为请托人谋取不正当利益，索取请托人财物或者收受请托人财物的，以受贿论处。"这一规定在我国刑事立法上首次设立了间接受贿罪。

对间接受贿行为即利用第三人职务之便，从中索取或收受他人财物的，能否以受贿罪论处，我国刑法学界一直有争论，形成三种观点：否定说、肯定说、折中说。1989 年 11 月 6 日"两高"《关于执行〈关于惩治贪污罪贿赂罪的补充规定〉若干问题的解答》（以下简称"两高"《解答》）规定："国家工作人员不是直接利用本人职权，而是利用本人职权或地位形成的便利条件，通过其他国家工作人员职务上的行为，为请托人谋取利益，而本人从中向请托人索取或者非法收受财物的，应以受贿论处。对于单纯利用亲友关系，为请托人办事，从中收受财物的，不应以受贿论处。""两高"《解答》认可了折中说。1997 年刑法典在吸收司法解释合理因素基础上作出了新的立法规定。

根据 1997 年刑法典第 388 条规定，构成间接受贿罪必须具备以下要件：

1. 犯罪主体必须是国家工作人员。

2. 犯罪的主观方面是直接故意。

3. 犯罪的客观方面是利用本人职权或者地位形成的便利条件，通过其他国家工作人员职务上的行为，为请托人谋取不正当利益，索取请托人财物或者收受请托人财物的行为。"利用本人职权或者地位形成的便利条件"是指行为人不直接利用自己职权范围内的权力，而是凭借自己职务上的权力或职务上的地位，形成对有关的国家工作人员的某种强制力或制约关系，从而得以利用有关国家工作人员职务上的方便，为请托人谋取不正当利益。是否为请托人谋取不正当利益是能否构成间接受贿罪的重要条件之一。"两高"《解答》未曾规定，构成间接受贿罪须以为请托人谋取不正当利益为条件。1997 年刑法典对间接受贿罪作了较为严格的限制。如果行为人通过第三人的职务之便为请托人谋取的是正当利益则行为人不构成间接受贿罪。笔者认为，1997 年刑法典之所以作这样的限制，旨在缩小刑事打击范围。

4. 犯罪客体是国家工作人员的廉洁性。间接受贿罪的行为人虽然没有直接利用本人职务之便，但利用了本人职权或者地位形成的便利条件。而且通过第三人职务上的方便，为请托人谋取的是不正当利益，促使第三人违法滥用职权。因此，它直接损害国家对国家工作人员的廉洁性要求。

（三） 对单位受贿罪的客观方面增补账外暗中收受回扣、 手续费的行为

《补充规定》第 6 条规定了单位受贿罪。在该规定中未就单位在经济往来中违反国家规定，收受各种名义的回扣、手续费问题作出规定。1993 年 12 月 1 日反不正当竞争法第 8 条第 1 款规定："经营者不得采用财物或者其他手段进行贿赂以销售或者购买商品。在账外暗中给予对方单位或者个人回扣的，以行贿论处；对方单位或者个人在账外暗中收受回扣的，以受贿论处。"该规定对单位收受回扣的定性问题作出了界定。1997 年刑法典第 387 条在第 1 款规定单位（国有单位）受贿罪的同时，又在第 2 款强调规定："前款所列单位，在经济往来中，在账外暗中收受各种名义的回扣、手续费的，以受贿论，依照前款的规定处罚。"这一规定，对于明确回扣、手续费的法律界限，查办单位受贿罪，维护国有单位清正廉洁和市场经济的正常运行具有重要意义。

（四） 增设向单位行贿罪

1997 年刑法典第 391 条规定："为谋取不正当利益，给予国家机关、国有公司、企业、事业单位、人民团体以财物的，或者在经济往来中，违反国家规定，给予各种名义的回扣、手续费的，处三年以下有期徒刑或者拘役。单位犯前款罪的，对单位判处罚金，并对其直接负责的主管人员和其他直接责任人员，依照前款的规定处罚。"

根据 1997 年刑法典第 391 条规定，构成向单位行贿罪应具备以下要件：

1. 犯罪主体是一般主体，自然人和单位均可构成。

2. 犯罪主观方面是故意且必须是为了谋取不正当利益。

3. 犯罪对象是国家机关、国有公司、企业、事业单位、人民团体，非国有单位不能成为该罪的犯罪对象。

4. 犯罪客观方面是给予国家机关、国有公司、企业、事业单位、人民团体以财物的，或者在经济往来中，违反国家规定，给予各种名义的回扣、手续费的。

（五） 部分修改贿赂罪的刑罚

1997 年刑法典对贿赂罪刑罚的修改表现在以下两个方面：

其一，修改受贿罪的处罚标准。旧刑法典对受贿罪规定独立的法定刑。1982 年全国人大常委会《决定》将受贿罪的法定刑修改为：国家工作人员索取、收受贿赂的，比照贪污罪论处，情节特别严重的，处无期徒刑或者死刑。《补充规定》第 5 条规定："对犯受贿罪的，根据受贿所得数额及情节，依照本规定第二条的规定处罚；受贿数额不满一万元，使国家利益或者集体利益遭受重大损失的，处十年以上有期徒刑；受贿数额在一万元以上，使国家利益或者集体利益遭受重大损失的，处无期徒刑或者死刑，并处没收财产。索贿的从重处罚。"根据上述规定，对受贿罪并不完全按贪污罪量刑。1997 年刑法典第 386 条规定："对犯受贿罪的，根据受贿所得数额及情节，依照本法第三百八十三条的规定处罚。索贿的从重处罚。"即对受贿罪，除索取的从重处罚外，一律按贪污罪量刑幅度处罚。

其二，修改行贿罪的处刑幅度，量刑细密化。旧刑法典规定行贿罪的刑罚是 3 年以下有期徒刑或者拘役。《补充规定》规定，对犯行贿罪的，处 5 年以下有期徒刑或者拘役；因行贿谋取不正当利益，情节严重的，或者使国家利益、集体利益遭受重大损失的，处 5 年以上有期徒刑；情节特别严重的，处无期徒刑，并处没收财产。《补充规定》中第二档量刑幅度从 5 年到 15 年，跨度过大，不利于合理控制审判人员行使自由裁量权，而第三档则适用绝对确定的法定刑，又使审判人员缺乏必要的刑罚选择权。1997 年刑法典第 390 条第 1 款规定："对犯行贿罪的，处五年以下有期徒刑或者拘役；因行贿谋取不正当利益，情节严重的，或者使国家利益遭受重大损失的，处五年以上十年以下有期徒刑；情节特别严重的，处十年以上有期徒刑或者无期徒刑，可以并处没收财产。"这样就使行贿罪的刑罚设置趋向科学合理，有利于保障控制审判人员行使自由裁量权。

（六）删去受贿罪中关于数罪并罚的规定，《补充规定》第 5 条第 2 款规定："因受贿而进行违法活动构成其他罪的，依照数罪并罚的规定处罚。"1997 年刑法典未就受贿罪中的罪数问题作出规定。笔者认为，根据刑法理论，结合 1997 年刑法典的有关规定，因受贿而进行违法活动构成其他罪的，不再数罪并罚。

行为人在实施受贿犯罪中，往往会发生罪数问题。罪数问题主要是牵连犯问题。如司法人员收受他人贿赂后，对明知是有罪的人而故意包庇不使他受追诉，其行为既犯受贿罪，又触犯徇私枉法罪，根据《补充规定》应数罪并罚。这一立法规定的科学性、合理性值得思考。首先，从刑法理论看，牵连犯是指以实施某一犯罪为目的，而其犯罪的方法行为或者结果行为又触犯其他罪名的情况。如上述司法人员收受贿赂后，其为行贿人谋取利益的行为，又触犯徇私枉法罪，属于犯罪的结果行为触犯其他罪名。对牵连犯刑法学界一般认为，应以一重罪从重处断，而不应数罪并罚。其次，禁止重复评价是认定犯罪时必须遵循的原则之一。禁止重复评价是指在定罪量刑时，禁止对同一犯罪构成事实予以二次或二次以上的法律评价。也就是说一个行为只能在构成要件中使用一次。为他人谋取利益是受贿罪的客观要件之一。司法人员收受贿赂后徇私枉法对明知是有罪的人而故意包庇不使他受追诉，是为他人谋取利益的具体表现。如果数罪并罚，那么徇私枉法行为既作为受贿罪的构成要件，又作为徇私枉法罪的构成要件，有悖禁止重复评价原则。1997 年刑法典第 399 条（徇私枉法罪）第 3 款规定："司法工作人员贪赃枉法，有前两款行为的，同时又构成本法第三百八十五条规定之罪的，依照处罚较重的规定定罪处罚。"即司法人员贪赃枉法，既收受他人贿赂，又枉法裁判的，不实行数罪并罚，而按一重罪定罪处罚。根据刑事立法中的协调统一原则，上述定罪标准对受贿罪的其他牵连犯罪同样适用。

三、 关于挪用公款罪的修改

（一） 明确挪用公款罪的主体

1997 年刑法典第 384 条规定，挪用公款罪的主体是国家工作人员，非国家工作人员不再是挪用公款罪的主体。

（二） 删去 "挪用公款数额较大不退还的，以贪污论处"的规定

旧刑法典只规定挪用特定款物罪，没有规定挪用公款罪。1985 年 7 月18 日 "两高"《关于当前办理经济犯罪案件中具体应用法律的若干问题的解答（试行）》（以下简称 "两高"《解答（试行）》）规定："挪用公款归个人使用，超过六个月不还的，或者挪用公款进行非法活动的，以贪污论处。"《补充规定》增设挪用公款罪，首次将挪用公款罪名从贪污罪中分设出来，克服了 "两高" 《解答（试行）》中一概以贪污论处的弊端。但《补充规定》仍然规定："挪用公款数额较大不退还的，以贪污论处"。这一立法规定无论从刑法理论，还是立法、司法角度，都存在难以克服的矛盾。挪用与贪污是两种不同性质的犯罪，两者在主观方面、客观方面以及侵犯的客体都有重大区别。1989 年 "两高"《解释》将其中的 "不能还"规定为 "不退还"，既包括主观上不想还的，也包括客观上不能还的，即将客观上不能还的情况包括在法条所说的 "不退还" 范围之内，这违背主客观相统一的刑法基本原理。行为人只有挪用的故意，没有非法占有的故意，客观上不能还是行为人意志以外的原因（生意亏本、家中发生天灾人祸等）造成的，不具备贪污罪的主观要件，以 "贪污论处" 显然是 "客观归罪"。从近年实践看，按照这一立法规定进行司法活动，会导致一系列有悖法理的荒诞现象。因此，对这一立法规定予以修改，将不退还作为挪用公款罪的加重处罚情节，在刑法学界已基本达成共识。

1997 年刑法典第 384 条第 1 款规定："国家工作人员利用职务上的便

利，挪用公款归个人使用，进行非法活动的，或者挪用公款数额较大、进行营利活动的，或者挪用公款数额较大、超过三个月未还的，是挪用公款罪，处五年以下有期徒刑或者拘役；情节严重的，处五年以上有期徒刑。挪用公款数额巨大不退还的，处十年以上有期徒刑或者无期徒刑。"即删去"挪用公款数额较大不退还的，以贪污论处"的规定，同时，对不退还作为挪用公款罪的加重处罚情节。这样的修改，既符合我国刑法关于犯罪构成的理论，又严格区分挪用公款罪与贪污罪的界限，将挪用公款罪从贪污罪中彻底分离出来。

四、 增设集体私分国有资产罪

近年一些单位和部门借为职工谋福利之名，以单位名义，利用各种手段将公共财产私分给单位职工的现象日益严重。私分的名目繁多，私分的数额，少则几千元、几万元，多则几十万元，甚至几百万元，造成国家资产大量流失。这类行为具有利益均沾性、责任分散性、财物来源复杂性、对内公开性和对外欺骗性等特点。集体私分行为的蔓延，严重侵犯国有资产所有权，社会危害严重。但这种行为不符合贪污罪的构成要件，不能以贪污罪定罪处罚。由于现行刑法对该类行为如何惩治尚无明确规定，司法实践中无法定罪处罚。为保护国有资产不受侵犯，1997 年刑法典第 396 条增设集体私分国有资产罪，为司法机关依法惩治集体私分国有资产的犯罪行为提供了法律武器。

1997 年刑法典第 396 条第 1 款规定："国家机关、国有公司、企业、事业单位、人民团体，违反国家规定，以单位名义将国有资产集体私分给个人，数额较大的，对其直接负责的主管人员和其他直接责任人员，处三年以下有期徒刑或者拘役，并处或者单处罚金；数额巨大的，处三年以上七年以下有期徒刑，并处罚金。"

根据上述规定，构成集体私分国有资产罪必须具备以下要件：

1. 犯罪主体是特殊主体，即必须是国家机关、国有公司、企业、事业单位、人民团体。非国有单位和个人不能成为本罪主体。

2. 犯罪的主观方面是故意。国有单位的主管人员主观上必须具有将国有资产化公为私的目的和故意，即明知是国有资产仍决定或积极参与私分。

3. 犯罪的客观方面是违反国家规定，以单位名义将国有资产集体私分给个人，数额较大的行为。"违反国家规定"是指违反全国人民代表大会及其常务委员会制定的法律和决定，国务院制定的行政法规、规定的行政措施、发布的决定和命令。"以单位名义"是指私分行为经单位集体决定或由单位负责人决定实施，利用的是单位的职权和财力。从实践看，集体私分国有资产的手段是多种多样的，常见的有：弄虚作假，骗公款私分；违法经营，牟取非法利益私分；截留罚没款私分；巧立名目，虚列支出私分；账外经营，隐瞒收入不上交私分等。集体私分国有资产必须"数额较大"才构成犯罪。"数额较大"的标准，1997 年刑法典尚无明文规定，有待于最高司法机关作出解释。笔者建议，以 5 万元作为"数额较大"的起点，以 20 万元作为"数额巨大"的标准。

4. 犯罪客体。集体私分国有资产罪是一种单位职务犯罪，是国有单位的主管人员和其他直接责任人员利用职务上的便利实施的犯罪。因此，这种犯罪既侵犯国有资产所有权，又破坏国有单位的正常职能活动和信誉。

针对近年一些执法部门受利益驱动，以罚代刑，截留罚没款私分现象比较严重的情况，1997 年刑法典第 396 条第 2 款专门规定："司法机关、行政执法机关违反国家规定，将应当上缴国家的罚没财物，以单位名义集体私分给个人的，依照前款的规定处罚。"

1997 年刑法典第 31 条规定："单位犯罪的，对单位判处罚金，并对其直接负责的主管人员和其他直接责任人员判处刑罚。本法分则和其他法律另有规定的，依照规定。"据此，集体私分国有资产罪的刑罚属于分则另有规定的范围。对集体私分国有资产罪，1997 年刑法典没有规定"双罚制"，而是采取"单罚制"，只对直接负责的主管人员和其他直接责任人员判处刑罚。

论律师提前介入刑事侦查的若干问题*

第八届全国人大常委会第四次会议通过的《关于修改〈中华人民共和国刑事诉讼法〉的决定》（以下简称《决定》）第 41 条确认律师介入刑事诉讼的时间由原来的审判阶段提前到侦查阶段。律师介入刑事诉讼时间的提前，对于推进诉讼民主化，保障犯罪嫌疑人的合法权益，维护司法公正将发挥积极作用。如何正确认识、理解这一法律规定以及如何正确处理依法保障律师履行职责与保证侦查工作的顺利进行的辩证关系是侦查机关和律师界共同关注的问题。《决定》实施几个月来，刑事侦查实践对律师提前介入提出了许多亟待解决的问题。笔者根据立法精神结合实践，试就律师提前介入刑事侦查的若干问题作进一步的探讨。

一、 律师在侦查阶段的法律地位

明确律师在侦查阶段的法律地位是正确解决律师介入侦查有关问题的关键和基础。对于律师在侦查阶段的法律地位，目前看法不尽一致。有的认为是辩护人。① 有的则认为是代理人。笔者认为，上述对律师地位的界定都不妥当。律师参与刑事诉讼的时间一直是刑事辩护制度中争议最大的问题。陈光中教授主持起草供立法机关参考的《中华人民共和国刑事诉讼法（修改建议稿）》第 45 条曾规定："嫌疑人、被告人可以随时委托辩护人。嫌疑人、被告人没有委托辩护人的，嫌疑人、被告人的法定代表人或者近亲属可以独立为其委托辩护人。公安机关、国家安全机关、人民检察院或者人民法院应当在第一次传讯嫌疑人、被告人或者对其采取强制措施

---

* 原载《中央政法干部管理学院学报》1997 年第 6 期。

① 李文健主编：《〈中华人民共和国刑事诉讼法〉释义与适用指南》，红旗出版社 1996 年版，第 117 页。

时，告知嫌疑人、被告人和他的法定代理人、近亲属有权委托辩护人。"①
但立法机关在审议通过《决定》时并没有完全采纳《建议稿》的意见，而
是在综合各种意见的基础上作出符合我国实际的灵活规定。《决定》第41
条第1款规定："犯罪嫌疑人在被侦查机关第一次讯问后或者采取强制措
施之日起，可以聘请律师为其提供法律咨询、代理申诉、控告。犯罪嫌疑
人被逮捕的，聘请的律师可以为其申请取保候审。涉及国家秘密的案件，
犯罪嫌疑人聘请律师，应当经侦查机关批准。"《决定》第17条又明确规
定："公诉案件自案件移送审查起诉之日起，犯罪嫌疑人有权委托辩护
人。"《决定》第19条对辩护律师在审查起诉阶段和审判阶段的权利作了
不同规定。立法规定表明：律师参与刑事诉讼的广度和深度，随着刑事诉
讼的推进而推进。侦查阶段是有限制地介入，审查起诉阶段是比较全面介
入，审判阶段是全面介入。犯罪嫌疑人在侦查阶段可以聘请律师提供法律
帮助，在审查起诉阶段可以聘请辩护人。再说，如果律师作为辩护人在侦
查阶段介入诉讼，势必要了解案情，查阅案件材料掌握侦查方向和侦查进
度，这样必然影响侦查工作的正常进行。诉讼代理人是代理当事人参加诉
讼活动行使诉讼代理权的人。根据《决定》第21条规定，只有公诉案件
的被害人及其法定代理人或者近亲属、附带民事诉讼的当事人及其法定代
理人，自案件移送审查起诉之日起，有权委托诉讼代理人。所以，在侦查
阶段犯罪嫌疑人聘请的律师不是诉讼代理人。笔者认为，根据立法精神，
在侦查阶段律师的职责是为犯罪嫌疑人提供法律帮助。因此，在此阶段将
律师的法律地位确定为法律帮助者或法律顾问是比较恰当的。正由于在侦
查阶段律师的法律地位不是辩护人，这说明我国的刑事诉讼辩护制度与世
界许多国家相比尚有一定差距。这也表明我国刑事诉讼立法并不完全照搬
外国的立法规定，而是在借鉴外国立法经验的基础上，结合我国国情实事
求是地予以规定。

二、 律师在侦查阶段的权利和义务

在侦查阶段律师不是辩护人和代理人，那么律师也就不享有辩护人的

① 陈光中、严端主编：《中华人民共和国刑事诉讼法修改建议稿与论证》，中国方正出版社1995
年版，第22页。

全部权利。根据《决定》第 41 条第 2 款规定，律师在侦查阶段享有下列权利：

1. 有权向侦查机关了解犯罪嫌疑人涉嫌的罪名。所谓"了解犯罪嫌疑人涉嫌的罪名"是指侦查机关根据刑法中何种罪名的嫌疑对其进行讯问或者采取强制措施。这里的罪名既包括一罪名，也包括数罪名，既可能是单一罪名，也可能是选择性罪名。律师向侦查机关了解的罪名一般来说应当是指具体罪名而不是类罪名或集合罪名。聘请的律师认为罪名不当或者犯罪嫌疑人没有这一犯罪的嫌疑，可以向侦查机关提出或者受犯罪嫌疑人的委托提出申诉。但由于第一次讯问或采取强制措施时犯罪嫌疑人的犯罪事实尚不完全清楚，这时侦查机关所确定的罪名与侦查终结后所认定的罪名可能会有变化。

2. 律师可以会见在押的犯罪嫌疑人，向犯罪嫌疑人了解有关案件的情况。律师会见犯罪嫌疑人，可以了解案件的真实情况，并为犯罪嫌疑人提供必要的法律帮助。在侦查阶段律师只有权向侦查机关了解犯罪嫌疑人涉嫌的罪名，而无权向侦查机关了解案情。

在界定侦查阶段律师权利问题上，有一个亟待明确的问题，即在侦查阶段律师是否享有调查取证权。有的同志认为，律师在侦查阶段就可以为犯罪嫌疑人调查取证。[①] 笔者认为，这种观点不符合立法规定。《决定》第 20 条只赋予了辩护律师的调查取证权。在侦查阶段律师不是辩护人，不享有辩护律师应享有的全部权利，其中包括调查取证权。侦查阶段的调查取证工作只能由侦查机关统一行使，否则可能影响准确及时地查明案情。因此，最高人民检察院 1997 年 1 月 30 日颁布的《人民检察院实施〈中华人民共和国刑事诉讼法〉规则（试行）》（以下简称《实施规则》）第 136 条规定："受委托的律师对会见犯罪嫌疑人过程中了解的案件情况，应当保密。"

根据《决定》《实施规则》的规定，律师在侦查阶段必须履行下列义务：

（1）不得帮助犯罪嫌疑人隐匿、毁灭、伪造证据；（2）不得串供；（3）不得行贿或者指使、诱导他人行贿；（4）会见犯罪嫌疑人要提高警惕，严防被会见人逃跑、行凶、自杀等事件发生，不得带他人参与会见犯

---

① 李忠诚：《简论律师介入诉讼与保守国家秘密》，《人民检察》1997 年第 1 期。

罪嫌疑人；（5）不得携带物品或利用职务之便违反规定为犯罪嫌疑人传递信件、钱物等；（6）不得同时接受两个或两个以上同案犯罪嫌疑人的委托提供法律帮助；（7）律师会见在押犯罪嫌疑人，不得向犯罪嫌疑人了解同案犯、被害人、证人的身份情况以及去向，不得询问与本案无关的问题，不得与在押的犯罪嫌疑人交换文书或物品，不得进行录音、录像、拍照，不得使用通信工具与外界联系等。

三、 涉及国家秘密的案件的范围界定

《决定》规定：在侦查阶段涉及国家秘密的案件，犯罪嫌疑人聘请律师以及律师会见在押的犯罪嫌疑人，应当经侦查机关批准。即涉及国家秘密的案件，侦查机关可以不批准犯罪嫌疑人聘请律师或不允许律师会见在押犯罪嫌疑人。因此，正确界定涉及国家秘密案件的范围对于保障犯罪嫌疑人的权利具有重要意义。当前对涉及国家秘密案件的范围有两种理解：一种意见认为，刑事诉讼中的国家秘密既包括案件本身涉及国家秘密，也包括在办理刑事案件过程中形成的国家秘密。其主要理由是国家保密法第8条第6项规定"维护国家安全活动和追查刑事犯罪中的秘密事项"是国家秘密。可见正在办理的刑事案件都是涉及国家秘密的案件。另一种意见认为，刑事诉讼中的国家秘密是指案件的案情本身涉及国家安全和国家利益的重大事项。笔者认为第二种意见是正确的。《决定》第41条、第68使用了"涉及（有关）国家秘密的案件"一语。这里所说的国家秘密不是指追究犯罪的侦查活动本身，而应是指案情本身涉及国家的政治、经济、军事、外交等秘密事项。明确这一点并非意味着侦查活动中不涉及国家秘密，公安、检察机关在侦查刑事犯罪活动中涉及的保密事项（如侦查计划、方案，技侦手段的适用、设置、分布等都是国家秘密，立案侦查案件的具体案情、处理意见等在一定阶段也是国家秘密）仍是国家秘密，侦查人员故意或过失泄露侦查秘密，情节严重的，应以泄露国家秘密罪处罚。我们认为，《决定》第41条所说的国家秘密与一般意义上的国家秘密含义有所区别。前者的范围窄于后者。它特指案情本身涉及国家秘密。刑事侦查活动本身所涉及的保密事项，虽然属于国家保密法所说的国家秘密，但不属于刑诉法中所特指的国家秘密。唯有这样理解才符合立法精神，才有利于保障犯罪嫌疑人的合法权益。

四、 关于犯罪嫌疑人的告知权问题

从侦查实践看，由于《决定》刚刚实施，许多犯罪嫌疑人并不知晓在第一次讯问后或者采取强制措施之日起享有聘请律师提供法律帮助的权利。在这种情况下，犯罪嫌疑人是否享有告知权或者说侦查机关是否应承担对犯罪嫌疑人聘请律师提供法律帮助的告知义务，大家认识不一致。有的同志认为，《决定》第 17 条规定："人民检察院自收到移送审查起诉的案件材料之日起三日以内，应当告知犯罪嫌疑人有权委托辩护人。"《决定》第 67 条又对审判阶段的告知权问题作了规定。但对侦查阶段侦查机关是否应履行告知义务没有规定。既然没有规定．侦查机关就不应承担这种义务。笔者认为，这种观点欠妥。惩罚犯罪与保障人权的统一是《决定》的基本精神。《决定》第 41 条的立法宗旨在于确保犯罪嫌疑人有权获得法律帮助。犯罪嫌疑人享有告知权是该条款的应有之意。特别在《决定》实施之初，侦查部门履行告知义务，对于充分保障犯罪嫌疑人享有法定权利更具有意义。《实施规则》第 126 条规定："侦查人员第一次讯问犯罪嫌疑人后或者对其采取强制措施之日起，应当告知犯罪嫌疑人可以聘请律师为其提供法律咨询、代理申诉、控告，或者为其申请取保候审，并将告知情况记明笔录。"这一规定符合《决定》精神，侦查部门必须严格执行。

与告知权密切相关的还有一个问题，即侦查机关应当何时履行这一义务，对此，《决定》和《实施规则》都没有明确规定。笔者建议在司法解释中应作如下的规定："侦查人员第一次讯问犯罪嫌疑人后或者对其采取强制措施之日起 48 小时内，应当告知犯罪嫌疑人可聘请律师提供法律帮助。"

五、 犯罪嫌疑人的亲友能否直接委托律师为犯罪嫌疑人提供法律帮助

从实践看，许多犯罪嫌疑人的亲友在犯罪嫌疑人被传讯后，未经犯罪嫌疑人同意，即委托律师要求为犯罪嫌疑人提供法律帮助，对此侦查机关是否应予准许存在争议。笔者认为，犯罪嫌疑人在被侦查机关第一次讯问

后或者采取强制措施之日起，可以聘请律师为其提供法律帮助，这是法律赋予犯罪嫌疑人的一项权利。《实施规则》第128条规定："在押的犯罪嫌疑人聘请律师，如果提出明确的律师事务所名称或者律师姓名直接委托的，人民检察院应当将犯罪嫌疑人的委托意见及时传递到律师事务所；如果提出由亲友代为委托的，人民检察院应当将委托意见及时传递到该亲友。如果犯罪嫌疑人提出聘请律师，但没有具体委托对象或者代委托人的，人民检察院应当通知当地律师协会或者有关机构为其推荐律师。"从该规定看，也没有允许犯罪嫌疑人的亲友可以直接委托聘请律师为犯罪嫌疑人提供法律帮助。因此，笔者认为，对犯罪嫌疑人自己没有提出或放弃聘请律师，其亲友直接委托聘请律师的，侦查机关不予许可。

六、 关于律师会见犯罪嫌疑人的时间、 次数问题

当前，对辩护律师会见犯罪嫌疑人的时间、次数各地做法不一。有的同志认为，为了发挥律师的作用，不应对律师会见犯罪嫌疑人的时间和次数作某些限制。[①] 笔者认为，在侦查阶段对律师会见犯罪嫌疑人的时间和次数加以限制是必要的。《实施规则》（草案）曾规定："侦查期间，受委托的律师会见在押犯罪嫌疑人的次数不得超过二次，每次不得超过三十分钟。"《实施规则》（草案）第132条规定："侦查期间，受委托的律师会见在押犯罪嫌疑人的日期时间、地点、次数由人民检察院根据情况予以确定。"这一规定的优点在于各级人民检察院可以根据不同案情灵活规定律师会见的时间、次数，不足之处在于随意性大。从实践看这种原则性规定弊多利少。鉴此，笔者建议司法解释对此作出明确规定，以利于严格执法。至于具体如何规定，原《实施规则》（草案）的规定可供参考。

---

① 李玉华：《1996 年诉讼法学研究会年会综述》，《检察日报》1996 年 12 月 16 日。

论集体私分国有资产罪*

近年来一些单位借为职工谋福利之名，以单位名义私分国有资产的现象日益严重，造成国有资产大量流失。对于这种行为如何定罪处罚，原刑法和司法解释均无明文规定，理论上认识不尽一致，从而给司法实践带来适用上的困难，为了有力惩处集体私分国有资产的犯罪行为，依法保护国有资产所有权，修订后的《中华人民共和国刑法》（以下简称1997年刑法典）第396条第1款规定："国家机关、国有公司、企业、事业单位、人民团体，违反国家规定，以单位名义将国有资产集体私分给个人，数额较大的，对其直接负责的主管人员和其他直接责任人员，处三年以下有期徒刑或者拘役，并处或者单处罚金；数额巨大的，处三年以上七年以下有期徒刑，并处罚金。"为了正确理解和掌握这一法律规定，保证严格执法，本文试就集体私分国有资产罪进行初步的探讨。

一、 集体私分国有资产罪的犯罪特征

集体私分国有资产罪是指国家机关、国有公司、企业、事业单位、人民团体，违反国家规定，以单位名义将国有资产集体私分给个人，数额较大的行为。

该罪具有以下特征：

第一，犯罪的主体。该罪的主体是国有单位，即国家机关、国有公司、企业、事业单位、人民团体。

该罪的犯罪主体必须是国有单位，非国有单位不能成为本罪主体。1997年刑法典之所以将本罪的主体规定为国有单位，旨在突出对国有单位腐败行为的惩处和对国有资产的刑法保护。

---

　　* 原载《中国刑事法杂志》1997年第6期。

在认定该罪犯罪主体时，有以下两个问题需要进一步探讨：

其一，如何界定国有公司企业的范围？目前国家投资企业有以下四类：传统意义上的国有企业（或者叫全民所有制企业）、国有独资公司、国家控股公司及国家参股公司。前二类属国有企业，第四种不属国有企业，理论和实践部门一般没有异议。但对国家控股公司能否视为国有企业争议较大。笔者认为，应把国有控股公司视为国有企业。在西方资本主义国家中，没有关于国有企业的法律定义。与此含义相近的是关于"公营企业"的定义。1980年欧共体法规指南中，对公营企业所下的定义是"政府当局可以凭借它对企业的所有权、控股权或管理条例，对其施加直接或间接支配性影响。"

纵观我国现行法律，也没有对国有企业下过明确的法律定义。从当前我国国有控股公司看，国家所投资的股份（包括国家股和国有法人股）一般占公司股份的50%以上，国家凭借其控股地位能够对公司施加直接或间接的支配性影响，以实现宏观经济调控政策。随着国有企业公司制改造的推进，除部分关系国计民生的支柱产业实行国有独资公司形式外，大部分国有大中型企业将改组为国有控股公司。到1996年底，国家上市公司共有453家，其中国家控股公司373家。如果我们仍以传统的计划经济条件下国有企业的标准（即必须是百分之百的国有资产）来审视现行市场经济条件下的国有企业，必然脱离实际情况，也不利于加强对国有资产的法律保护。鉴于此，笔者认为，应当将国有控股公司纳入国有公司范围。国有控股公司可以成为集体私分国有资产罪的主体。

其二，国有单位的内部具体职能部门能否成为本罪的主体？集体私分国有资产罪属单位犯罪。对什么是单位犯罪？1997年刑法典未作明确规定，刑法理论和司法实践对此看法不尽一致。有的同志认为，单位内部具体职能部门可以成为单位犯罪主体。[1] 笔者不同意这种观点。"单位"一词，从字面上可以有多种理解，但日常用语中的单位与刑事立法中作为犯罪主体的单位含义不能等同。单位内部具体职能部门，不具有独立对外承担法律责任的条件和资格。从实践看，一些国有单位内部职能部门私设小金库，私分国有资产的现象比较严重。这种行为往往是背着单位领导进行的。承认国有单位下设的工作部门可以成为该罪的主体，易为某些部门成

---

① 刘佑生主编：《职务犯罪研究综述》，法律出版社1996年版，第84页。

员共同侵吞国有资产，逃避或减轻刑事制裁提供便利。笔者认为，国有单位内部机构没有得到单位的授权或同意，为了部门成员利益而私分国有资产的，不是单位犯罪，而是个人共同犯罪

第二，犯罪的主观方面。该罪在主观方面必须出于故意，即单位明知是国有资产仍违反规定集体予以私分。单位的这种故意是通过其构成要素的单位成员（主要是通过其法定代表人、主管人员和直接责任人员）表现出来的，是他们对私分国有资产犯罪承担刑事责任的主观基础。如果单位成员缺乏这种故意就不能对单位私分行为承担刑事责任。

第三，犯罪客体。笔者认为，该罪既侵犯国有资产所有权，又侵害国有单位的正常职能和威信。据统计，到 1995 年全国国有资产总额达 42929 亿元，其中国有企业资产占全社会企业资产总额的 65%。但由于国有资产管理上存在漏洞，国有资产流失非常严重。据保守估计我国国有资产流失每年至少有 400 亿元。在各种流失渠道中，单位集体私分的占相当比例。一些国有单位以发放奖金为幌子，违反规定给职工发钱发物；有的国有企业领导在企业严重亏损的情况下仍以各种名义私分国家财产。深圳国际信托投资公司 1994 年 3 月一次私分国有资产数额高达 1706 万元。1995 年 5 月至 8 月全国小金库专项治理查出违纪金额 40 亿元，其中大多数用于私分。集体私分的后果是导致大量国有资产流失，减少国家财政收入，严重侵犯国有资产所有权。国有单位都是依法负有在某一方面代表国家行使社会、经济管理的职权和职责，它们所进行的公务都是直接或间接地履行国家管理社会的职能。国有单位违背其职责，私分国有资产，在改变国有资产所有权的同时，严重扰乱社会主义经济管理秩序和国家经济政策的实施，违背社会主义按劳分配原则和廉政建设制度，加剧社会分配不公和通货膨胀，助长社会上的奢靡腐化之风。可见，它又直接损害国有单位的正常职能和国有单位的声誉与威信。我们认为将该罪侵犯的客体理解为双重客体，有助于全面揭示这种犯罪行为的性质和社会危害性。

该罪侵犯的对象必须是国有资产，非国有资产（包括集体和个人资产）不能成为本罪的对象。根据 1997 年刑法典第 91 条规定精神，国有资产包括两类：一类是当然的国有资产，即国有单位所拥有的财产；另一类是拟定的国有资产，即是由国有单位管理、使用或运输中的私人财物、集体财物，这类财物的所有权实际上属于公民个人或集体所有，但是由于它们处于国有单位管理、使用或者运输中，所以以国有资产论。

界定本罪犯罪对象有一个问题需要探讨，即国有单位的违法收入能否成为本罪对象。有的学者认为，经济体制改革以后，公共财物的内涵和外延发生了重大变化，集体财物并不一概等于公共财物，如单位创收财物、小金库财物、账外收入等就不是公共财物，私分这些财物的只是违反财经纪律的行为。① 上述观点实质上提出了这样一个问题，即国有单位的违法所得能否成为该罪的犯罪对象？20世纪90年代以来在一些国有单位工作中出现了一项新内容——创收。创收的形式是多种多样的，有的是违法创收，如公款私存所得孳息，"三乱"（乱收费、乱摊派、乱罚款）所得款项、账外违法经营（如走私、投机倒把等）所得利润等。这些创收一般收入小金库后私分。从实践看，相当一部分集体私分案件的犯罪对象是违法所得。按照上述观点，这些违法所得不属公共财产。笔者认为，这种观点不妥。根据我国法律规定，一切违法所得都应没收上缴国家。违法所得的终极所有权属于国家，是国有资产，不能因为这些违法收入因没有受到查处而改变所有权权属关系。笔者认为，除先前行为已构成单位犯罪并已追究单位刑事责任外（如集体私分走私款物，因先前的走私行为已构成单位犯罪，私分是单位走私罪的构成要件之一，所以对集体私分走私款物的不能再定集体私分国有资产罪），集体私分违法所得可以构成集体私分国有资产罪。

第四，犯罪的客观方面。该罪的客观方面表现为，违反国家规定，以单位名义将国有资产集体私分给个人，数额较大的行为。

首先，是违反国家规定。根据1997年刑法典第96条规定，所谓违反国家规定是指违反全国人大及其常委会制定的法律和决定，国务院制定的行政法规、规定的行政措施、发布的决定和命令。集体私分国有资产罪主要是违反国家财经法规。近年来，国务院先后颁布《国有资产评估管理办法》、《国有企业财产监督管理条例》和《企业国有资产产权登记办法》等行政法规，对国有资产的保护作了具体规定。构成本罪首先要违反这些规定。此外为保证国家法律、法规的执行，国有资产管理部门和其他国家机关，以及地方权力机关陆续出台一些关于国有资产保护的行政规章（至今有110多件）和地方性法规（至今已有200余件）。这些规章和地方性

---

① 陈兴良、曲新久、顾永忠：《案例刑法教程（下卷）》中国政法大学出版社1994年版，第334页。

法规对于理解和认定是否"违反国家规定"也有参考作用，但不能作为认定的依据。如果仅仅违反行政规章和地方性法规，而没有违反国家法律、法规的则不构成本罪。

其次，是以单位名义将国有资产集体私分给个人。这是区分是否属单位犯罪的主要依据。（1）私分行为是在单位意志支配下实施的。单位意志是指单位组织体的整体意志，它不同于单位成员的个人意志。单位成员的个人意志，只有当它反映单位整体意志，并为单位批准或认可时，才能成为单位意志。单位意志的形成方式是多样的，既可以是单位负责人个人决定，也可以是少数领导成员研究决定，还可以是单位决策机构集体讨论决定。如果私分行为不反映单位意志，就不能构成该罪。（2）以单位名义，即私分是为了每个单位成员利益。如果单位负责人或其他单位成员假借单位名义私分国有资产归少数人或个人所有，那也不是单位犯罪。

再次，必须数额较大。数额较大的标准 1997 年刑法典没有具体规定，有待于司法解释作出规定。根据我国经济现状和集体私分国有资产违法犯罪的实际情况，参照其他单位犯罪的定罪数额标准，笔者建议以 5 万元作为数额较大的起点标准，以 20 万元作为数额巨大的起点标准。

集体私分国有资产罪是否要利用职务上的便利，这是一个亟待明确的问题。笔者认为，1997 年刑法典第 396 条虽然没有明文规定该罪要利用职务上的便利，但利用职务上的便利应是该罪的客观要件之一。作为国有单位都具有依法代表国家行使社会管理的职权和职责，任何一个国有单位都从事具有特定性质的职务活动。单位的权限和职能是通过其法定代表人、负责人或其他工作人员的职务行为来实现的。也正是出于这个原因易使人们认为只有自然人才享有职权，才能实施职务犯罪。其实不然，单位同样具有一定的权限和职能，离开单位的权限和职能，自然人的职权和职务就无从产生。集体私分国有资产行为正是国有单位利用自己所具有的特殊职权（经管国有资产）形成的条件，实施与其自身职责相违背的犯罪行为。贪污贿赂犯罪都是职务犯罪（行贿罪例外）。1997 年刑法典之所以将集体私分国有资产罪纳入贪污贿赂罪专章，而没有把它放在侵犯财产罪中，这就表明立法机关是把该罪看作是职务犯罪的。所以，笔者认为，集体私分国有资产罪属单位职务犯罪，客观方面必须是利用单位职务上的便利。

二、 认定集体私分国有资产罪应注意的几个问题

（一） 注意区分罪与非罪的界限

构成集体私分国有资产罪必须具备上文所述的四个犯罪要件，不符合上述特征的不构成该罪。如私分的行为没有违反国家规定，私分的数额较小、私分的财产不是国有资产等。从实践看，区分罪与非罪的界限主要是要分清该罪与滥发奖金、实物行为之间的界限。两者在主体、客观方面都有相似之处，根本区别在于：（1）从款项来源和性质上分析：集体私分的对象是国有资产，它是国有单位的主管人员和其他直接责任人员骗取或截留隐瞒的国有资产；滥发奖金一般是本单位的自有资金。（2）从手段看：集体私分一般是使用骗取、隐瞒等手段；而滥发奖金行为一般在财务账目上有反映、记载，有账可查。总之，滥发奖金是指不恰当地增加或扩大奖金发放的数额或范围，它仅仅是违反财经纪律的行为，不构成犯罪。如国有企业在完成上缴利润、公共积累、提留等指标后，对剩余营利，由于主管部门有奖金封顶的规定，企业负责人决定以各种名义向所有职工发放钱物，自己获取略高于普通职工份额的，不能以犯罪论处。

（二） 注意区分该罪与共同贪污罪的界限

在刑法修改之前，对集体私分公共财产的定性有四种意见：（1）应按贪污罪定罪处罚；（2）属违反财经纪律行为，不构成犯罪；（3）应具体案件具体分析，有的可按贪污定罪，有的不能定罪；（4）这种行为法无明文规定，但具有较大社会危害性，应以类推定罪或新增罪名予以惩治。可见大多数同志已认识到集体私分与贪污行为，虽然有相似之处，但存在许多差别。笔者认为，集体私分国有资产罪与共同贪污罪的主要区别表现在：（1）犯罪的主观方面不同：共同贪污罪具有将公共财物据为己有的故意，其犯意是通过自然人个人的大脑活动而产生的，体现的是个人意志；集体私分是为了单位职工集体利益，具有把国有资产分给单位全体人员的目的，其犯意是通过单位在一定决策程序运作下产生的，不管决策形式如何，体现的都是单位意志。（2）犯罪主体不同：贪污罪的主体是国家工作人员，是自然人共同犯罪；集体私分国有资产罪是单位主管人员和其他直

接责任人员以单位名义实施的，是单位犯罪，受益者不一定都具有国家工作人员身份。（3）行为手段不同：贪污的手段主要是侵吞、窃取、骗取，如采取伪造单据、涂改账目、虚报冒领、监守自盗等手段，贪污行为在利用职务便利时是秘密的、隐蔽的；而集体私分主要是根据领导决定，将国有资产转变为直接分发的款项，然后以"奖金""补助费""福利费"等名义，发给单位职工，它往往是采取隐瞒、截留国家财政收入、虚报冒领国家财政拨款、补贴等手段占有国有资产，所以集体私分是以公开或半公开地利用职务便利，有的是在一定范围内经集体研究决定，私分事实一般有文字记载或收款人签名。共同贪污是每个共犯都实施了共同贪污行为；集体私分中大多数人只是分得财物，而没有直接采取上述手段参与占有国有资产。（4）行为后果不同：贪污的公共财物归个人所有或者归共同贪污人分别占有；而集体私分往往按一定标准分配或平均分配，具有人人有份的特点。

（三）注意区分该罪与集体私分罚没财物罪的界限

1997 年刑法典第 396 条第 2 款规定："司法机关、行政执法机关违反国家规定，将应当上缴国家的罚没财物，以单位名义集体私分给个人的，依照前款的规定处罚。"该条款设立了集体私分罚没财物罪。近年来，一些司法机关、行政执法机关集体私分罚没财物的行为比较严重。如江西某县交警大队近二年隐瞒截留罚没款 109 万余元，其中以集体名义私分 91 万元。江苏省财政厅曾对罚没收入作过专项检查，发现全省 1989—1990 年两年应交未交罚没收入达 7291 万元，占同期罚没总收入的 20%。集体私分罚没财物，不仅造成国家财政收入严重流失，而且严重腐蚀执法队伍，败坏执法机关的声誉，助长有法不依、执法不严、部门保护主义以及以罚代刑、以罚代管之风。这种私分罚没财物的行为具有一定的特殊性。所以1997 年刑法典将它单列一款另立新罪名。

罚没财物也是国有资产，是一种特殊的国有资产。集体私分罚没财物实质上是集体私分国有资产的行为之一，但立法已把它从一般集体私分国有资产行为中独立出来，那就不能将两者混淆。集体私分国有资产罪与集体私分罚没财物罪的区别表现在：（1）犯罪主体不同：前者的主体是国家机关、国有公司、企业、事业单位、人民团体；后者的主体是国家司法机关、行政执法机关，即必须是具有罚没财物权力的国家执法机关，不具有罚没权的国家机关不能成为本罪主体。（2）犯罪对象不同：前者的犯罪对象是国有资产；后者的犯罪对象是罚没财物，罚没财物包括罚款、罚金、没收的违法所得、非法财物的拍卖款项、罪犯用于犯罪的财物、犯罪所得的财物及其他没收的财产等。如果执法机关私分的不是罚没财物，而是其他国有资产的，应以集体私分国有资产罪论处。

三、 集体私分国有资产罪的处罚

犯集体私分国有资产罪的，对直接负责的主管人员和其他直接责任人员处 3 年以下有期徒刑或者拘役，并处或者单处罚金；数额巨大的，处 3 年以上 7 年以下有期徒刑，并处罚金。1997 年刑法典第 31 条规定："单位犯罪的，对单位判处罚金，并对直接负责的主管人员和其他直接责任人员判处刑罚。本法分则和其他法律另有规定的，依照规定。"根据该条规定，对单位犯罪，一般实行"双罚制"但法律另有规定的除外。集体私分国有资产罪属于刑法分则另有规定的范围，它不实行"双罚制"而是单罚制，即只对直接负责的主管人员和其他直接责任人员判处刑罚。所谓"直接负责的主管人员"是指单位内对单位犯罪负主要决策责任的领导人，其中经集体研究决定实施的犯罪，主持决策或主要决策人员或分管领导人员为直接负责的主管人员。直接负责的主管人员可能是一人，也可能是多人。所谓"其他直接责任人员"是指在直接负责的主管人员的授意、指挥、组织下，积极参与实施或协助实施单位犯罪的人员。国有单位的主要领导人或分管领导人员未参与决策，但明知单位私分国有资产而不予制止和极力挽回经济损失的，不宜以"直接负责的主管人员"论处。

刑事司法研究系列·第四卷

刑事司法思辨录（下）

XINGSHISIFA
SIBIANLU（XIA）

本书获浙江工业大学研究生教材建设项目资助（项目编号 20210113）

张兆松　著

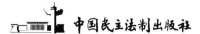

中国民主法制出版社

本书目录

论贪污受贿犯罪数额起点标准问题 *

贪污受贿犯罪数额起点标准问题一直被理论界和司法实际部门所关注。自 1997 年修订刑法修改贪污受贿犯罪数额标准之后，这一问题又引起大家的关注。

通说认为，根据刑法第 383 条、第 386 条的规定，贪污受贿犯罪数额起点标准一般是 5000 元。不满 5000 元，但情节较重的，应定罪处罚；不满 5000 元，但情节较轻的，则不构成犯罪。对此，近年不断有学者提出质疑。有的认为，贪污受贿数额不满 5000 元，情节较轻的，也可以定罪处罚。[①] 有的学者甚至认为，"在贪污这种犯罪上，贪污数额的多少，只有罪重罪轻的界限，没有罪与非罪的界限。从原则上讲就是贪污一元钱也是犯罪"[②]。笔者认为，贪污受贿犯罪数额标准事关罪与非罪的界限以及检察机关立案标准的掌握等问题，如果理论上失之偏颇，必会误导司法实践，深感该问题有继续探讨之必要。

笔者认为，在理解贪污受贿犯罪数额起点标准上，通说并无不当。其依据是：

一、 它符合贪污受贿犯罪的性质、 特点

吴学斌、史凤琴同志认为（以下简称"吴文"）："贪污受贿犯罪是一种职务犯罪，而不是财产性犯罪，所以衡量其社会危害程度、构成犯罪与

---

* 本文原载张兆松：《刑事检察理论研究新视野》，中国检察出版社 2005 年版，第 245—259 页。

① 吴学斌、史凤琴：《贪污受贿犯罪数额起点辩析》，《中国刑事法杂志》1998 年第 3 期。该文又被中国人民大学书报资料中心《刑事法学》1998 年第 9 期全文转载。

② 侯国云、白岫云：《新刑法疑难问题解析与适用：兼论新刑法中的矛盾与缺陷》，中国检察出版社 1998 年版，第 402—403 页。

否应以国家公职人员的廉洁性是否受到侵害以及何程度侵害为基础。将贪污受贿数额单纯作为或理解为该类犯罪成立和量刑起点的标准，实质上是混淆了职务犯罪与财产性犯罪的本质区别。"这一观点值得商榷。

首先，贪污受贿犯罪是国家工作人员职务犯罪，但它又是贪利性的职务犯罪，是一种职务经济犯罪。贪污罪是一种严重侵犯公共财产的犯罪，将贪污罪纳入侵犯财产罪并无不当（1979 年旧刑法也是这样规定的）。1997 年修订的刑法将贪污罪从侵犯财产罪中分立出来而与贿赂罪合并单列一章并不能否认贪污罪已不再是财产性犯罪。刑法学界公认贪污罪侵犯的是双重客体，即公共财产所有权和国家工作人员职务行为的廉洁性。受贿罪是国家工作人员利用职务上的便利，索取或者收受他人财物，为他人谋取利益的行为。贿赂的标的物——财物，在受贿罪构成中居于非常重要的地位，而财物的大小是用数额来表达的。对贪利型经济犯罪来说，其社会危害性主要表现在犯罪的数额上。各种经济数额的大小，是衡量各种经济犯罪的社会危害性严重程度的主要因素，从而也是经济犯罪定罪量刑的根据。贪污受贿数额对于定罪量刑的意义，不仅表现在它是贪污受贿犯罪对象——财物的基本属性，而且能够揭示犯罪行为对公共财产以及国家工作人员职务行为造成的损害的大小，还表现在通过数额能够反映行为人犯罪动机、目的等主观方面的恶性程度。排除或忽视数额在惩治贪污贿赂犯罪中的重要作用显然是没有充分认识贪污贿赂犯罪的基本特点。

其次，我国刑法并没有把数额作为贪污贿赂犯罪定罪量刑的唯一根据。修订刑法实施之前，不论是 1979 年刑法典，还是相关的司法解释，唯"数额论"的倾向非常明显。刑法修订后，这一现象已有很大改善。虽然刑法规定的经济犯罪、财产犯罪，还是以数额达到一定标准作为构成犯罪的主要根据，但大部分犯罪已不是唯一根据。数额是决定贪污贿赂犯罪社会危害性严重程度的基本因素，其他犯罪情节也是影响贪污贿赂犯罪社会危害性程度的综合因素。以数额为基础，以其他情节为调幅，构成了贪污贿赂社会危害性质与量的辩证关系，成为对贪污贿赂正确定罪量刑的科学尺度。纵观刑法第 383 条、第 386 条的规定，它既体现数额对贪污受贿犯罪定罪量刑的重要作用，又没有把数额视为定罪量刑的唯一根据，这种立法方式具有科学性、合理性。

二、 它符合刑事立法原意

"吴文"认为，1997 年刑法第 383 条第 1 款规定："对犯贪污罪的，根据情节轻重，分别依照下列规定处罚"；第 386 条规定："对犯受贿罪的，根据受贿所得数额及情节，依照本法第三百八十三条规定处罚。索贿的从重处罚。"这两个条文适用的前提是对已经构成贪污罪、受贿罪的应如何处罚。而刑法第 382 条、第 385 条并没有规定数额标准。根据罪刑法定原则的精神，对该两个条文的正确理解应是刑法对贪污罪、受贿罪并没有规定犯罪数额起点标准，只要行为人实施了刑法第 382 条、第 385 条所规定的行为，即可以认为已构成犯罪。所以将贪污受贿的数额作为罪与非罪、罚与不罚的标准，是一种完全脱离了文本（即刑事规范）而作的不正当解释，在理论上缺乏根据，在司法实践中则是行之有害的。张明楷教授也认为，刑法第 383 条第 1 款第 4 项规定："个人贪污数额不满五千元，情节较重的，处二年以下有期徒刑或者拘役；情节较轻的，由其所在单位或者上级主管机关酌情给予行政处分。"这表明，贪污罪的数额起点不是 5000元，说贪污罪没有数额起点也不过分。对贪污数额不满 5000 元的一律不以犯罪论处的做法，违反了刑法规定。贪污数额不满 5000 元，且情节较轻的，也构成贪污罪，只是免除刑罚处罚、给予非刑罚处罚而已。①

法律是由文字构成的，而文字的含义决定了法律的含义。因此，在法律解释理论中有一个最基本的、最常用的、最占优势的解释方法就是"字义解释法"。这种方法的核心是：对于法律的解释必须从字面上寻找其真实含义，而不应到文字的后面寻求其他帮助。但是，在复杂的法律实践中，有时适用"字义解释法"会出现两种不同的结论，甚至可能出现荒唐的结论。这样，其他解释方法就应运而生。其中比较重要的是"系统解释法"。所谓"系统解释法"是指对法律文本的理解可能出现不同解释时，将其放到所在的上下文、法律文件甚至法律体系中系统考虑，从而得出合理的理解。所以解释刑法条文时，必须以文本为基础，而对文本的理解"必须将一个法律文本作为一个整体来理解、把握和解释，而不能将之肢

---

① 张明楷：《刑法学》（第 2 版），法律出版社 2003 年版，第 910—911 页。

解化地加以理解"。① 刑法第 382 条、第 385 条确实只规定贪污罪、受贿罪的概念，而没有规定贪污罪、受贿罪的数额标准，甚至根本没有提及数额在定罪中的作用，但这是否就意味着"吴文"所说的"根据罪刑法定原则的精神，对该两个条文的正确理解应是刑法对贪污罪、受贿罪并没有规定犯罪数额起点标准，只要行为人实施了刑法第 382 条、第 385 条所规定的行为，即可以认为已构成犯罪"呢？笔者认为，这种理解是片面的。

首先，它有悖我国界定犯罪概念的立法模式。当前世界各国的刑法典都明确规定各种犯罪的概念，但在具体的规定方式上有所不同，归纳起来有两种模式：（1）单纯的定性分析模式。所谓"单纯的定性分析模式"是指立法者在规定犯罪概念时，只对行为性质进行分析，不作任何量的分析，犯罪构成中不含数量成分。这种模式是目前世界上多数国家通行的界定犯罪概念的模式。如《德国刑法典》（1998 年 11 月 13 日颁布，自 1999 年 1 月 1 日起生效）在总则部分没有规定犯罪的一概概念。该法典第 19 章是"盗窃及侵占犯罪"的规定，其中第 242 条规定："一、意图盗窃他人动产，非法占为己有或使第三人占有的，处 5 年以下自由刑或罚金。二、犯本罪未遂的，亦应处罚。"第 243 条是"特别严重之盗窃"的规定。该条第 1 项列举了"特别严重之盗窃"的 7 种表现形式；第 2 项规定："所盗窃的物品价值甚微的，不属于第 1 款第 2 句第 1 项至第 6 项所述情节特别严重。"② 根据这一规定，盗窃的物品价值甚微的，只不过不属于"特别严重之盗窃"，但仍是盗窃犯罪。1962 年美国《模范刑法典》关于盗窃罪的等级规定是：盗窃数额超过 500 美元或者盗窃发火武器或机动交通工具的，构成三级重罪；盗窃数额 50 美元以下的构成微罪；其他情况属于轻罪。"美国刑法中的犯罪概念，也同世界上许多国家一样，只含定性因素而没有定量因素。例如偷窃一个苹果，逃税一美元，都是犯罪。因此，不存在违法（刑事性质的）与犯罪的区别。"③ （2）定性＋定量分析模式。所谓"定性＋定量分析模式"是指在界定犯罪概念时，既对行为的性质进行分析，又对行为中所包含的"数量"进行评价，是否达到一定的数量对决定某些行为是否构成犯罪具有重要意义。目前只有少数国家（如俄罗

① 苏力：《解释的难题：对几种法律文本解释方法的追问》，《中国社会科学》1997 年第 4 期。

② 徐久生、庄敬华译：《德国刑法典》，中国法制出版社 2000 年版，第 174—175 页。

③ 储槐植：《美国刑法》（第 2 版），北京大学出版社 1996 年版，第 49 页。

斯）采取这种模式。我国采用的就是这种模式。我国之所以采用这种模式，其优点表现在：（1）适应我国社会治安三级制裁体系——刑罚、劳动教养和治安处罚——的结构要求。（2）可以减少犯罪数，降低犯罪率。（3）可以使刑事司法力量集中打击那些事关国家稳固、社会发展以及公民生命与财产安全的犯罪活动，避免把有限的刑事司法资源消耗在对付那些社会危害性不大的一般违法行为上，从而能使刑事司法发挥最佳效能。[①]所以我们在分析刑法分则条文罪名的构成要件时不能离开这一前提。

其次，我们在理解刑法第 382 条、第 385 条（包括刑法分则其他条文）的规定时，不应把它与刑法第 13 条规定的"……情节显著轻微危害不大的，不认为是犯罪"相脱离。刑法第 13 条关于犯罪本质特征的规定，对于刑法分则的所有条文都有制约作用。在刑法分则罪名中，许多犯罪（如伪造货币罪、非法吸收公众存款罪、破坏生产经营罪、窝赃、销赃罪等）都没有规定要求有数额标准，但刑法学界（包括司法解释）无不认为这些犯罪都应有一定的数额标准。数额不大的，属于"情节显著轻微危害不大的，不认为是犯罪"。贪污受贿也不例外。仅仅因为法条中没有使用"数额较大"的用语，就认为不需要有数额标准，不免失当。刑法第 383 条规定的"个人贪污数额不满五千元，……情节较轻的，由其所在单位或者上级主管机关酌情给予行政处分。"与刑法第 13 条中的"情节显著轻微危害不大的，不认为是犯罪"的立法本意是一致的。再说刑法第 382 条、第 383 条是一个整体，不能割裂开来予以理解。刑法第 383 条对贪污罪的定罪量刑数额已作了明确规定，它与第 382 条共同构成了贪污罪定罪处罚的基本立法依据，何以说我国刑法没有规定贪污罪、受贿罪的数额起点标准呢？

当然，笔者并不否认刑法第 383 条的规定是有立法缺陷的。这正如"吴文"所说"刑法第 383 条第 1 款规定'对犯贪污罪的，根据情节轻重，分别依照下列规定处罚'，毫无疑问这一款适用的前提是对已经构成贪污罪的，按照该条第 2、第 3、第 4、第 5 款的规定予以处罚"。单纯从法律用语的逻辑结构分析，"吴文"所论并无不当。但我们细细推敲第 383 条的规定就会发现，第 1 款的规定与第 5 款的规定是有冲突的，第 5 款的规定实质上界定了贪污罪与非罪的界限。那么该如何认识这种冲突现象呢？笔者认为，这是立法不严谨造成的。我们不能不承认在修订刑法条文中，

① 储槐植、汪永乐：《再论我国刑法中犯罪概念的定量因素》，《法学研究》2000 年第 2 期。

这种立法缺陷不是个别的。如 1997 年刑法第 201 条第 1 款规定："纳税人采取伪造、变造、隐匿、擅自销毁帐簿、记帐凭证，在帐簿上多列支出或者不列、少列收入，经税务机关通知申报而拒不申报或者进行虚假的纳税申报的手段，不缴或者少缴应纳税款，偷税数额占应纳税额的百分之十以上不满百分之三十并且偷税数额在一万元以上不满十万元的，或者因偷税被税务机关给予二次行政处罚又偷税的，处三年以下有期徒刑或者拘役，并处偷税数额一倍以上五倍以下罚金；偷税数额占应纳税额的百分之三十以上并且偷税数额在十万元以上的，处三年以上七年以下有期徒刑，并处偷税数额一倍以上五倍以下罚金。"根据这一条规定，如行为人偷税数额在 10 万元以上，且偷税数额占应纳税额的 10% 以上不到 30%，那么从字面上看，这种情况没有定罪处罚的依据。不少人据此认为，根据罪刑法定原则，对此不能定罪。① 笔者认为，这种情况显然比第一个定罪标准社会危害性要大，根据罪刑相适应原则，应当作出当然解释，即这种情况不仅构成犯罪，而且量刑标准还应当在前一个法定刑幅度内从重处罚。对刑法典中的立法缺陷，不少学者已有论述。② 那么司法实务中，该如何处理这种因立法技术上的缺陷而带来解释上的分歧呢？

"法律的制定者是人不是神，法律不可能没有缺陷。因此，发现法律的缺陷并不是什么成就，将有缺陷的法条解释得没有缺陷才是智慧。"③ 法律解释的目的在于探求法律文本本身的合理意思。在法律文本的用语含有语义不清或相互有矛盾时，探求立法原意即立法者在制定法律时的意图和目的以及立法时赋予刑法条文的原初含义就十分必要。尽管目前有一些学者对立法原意的存在持否定观点，④ 但笔者认为，立法原意是客观存在的。立法原意在大多情况下，可以通过研究立法背景资料、不同部门法规范之间的关联以及法律条文本身语义等方法探明。

1997 年刑法第 383 条第 1 款第 4 项规定："个人贪污数额不满五千

---

① 吴佩江：《偷税罪刑事责任的数学分析》；《浙江大学学报（人文社会科学版）》2002 年第 4 期；等等。

② 范忠信：《刑法典应力求垂范久远——论修订后的刑法的局限与缺陷》，《法学》1997 年第 10 期；侯国云：《也谈刑法典应力求垂范久远——论修订后〈刑法〉的矛盾与问题》，《法学》1998 年第 5 期；等等。

③ 张明楷：《刑法格言的展开》（第一版），法律出版社 1999 年版，第 7 页。

④ 张志铭：《法律解释操作分析》，中国政法大学出版社 1998 年版，第 37—46 页；张明楷：《从生活事实中发现法》，《刑事审判要览》2004 年第 2 集，法律出版社 2004 年版，第 35—37 页。

元……情节较轻的，由其所在单位或者上级主管机关酌情给予行政处分。"这一规定的立法原意是以有罪为前提，还是无罪为前提呢？要论证这一点，还得从贪污受贿罪的数额起点的立法演变谈起。1979 年刑法没有规定贪污受贿罪的数额起点。1982 年 3 月 8 日第五届全国人大常委会第二十二次会议颁布《关于严惩严重破坏经济的罪犯的决定》后，随着打击经济犯罪斗争的深入，各地反映一些政策界限和定罪量刑标准不够明确、不好掌握，处理容易畸轻畸重。有鉴于此，1982 年 8 月全国人大常委会法制工作委员会起草了《关于惩治贪污、受贿罪和惩治走私罪两个〈补充规定〉（草案）》。该草案经中共中央办公厅转发后，被作为内部规定参照试行。在这个草案中首次对贪污受贿的定罪量刑数额标准作了规定。最高人民法院、最高人民检察院 1983 年 8 月 20 日转发了中央政法委员会办公室政法函（83）6 号文件。该文件规定："贪污、受贿 2000 元以下的，根据情节可以判刑，也可以不判刑，不宜都不判刑。"① 最高人民法院、最高人民检察院 1985 年 7 月 18 日颁布的《关于当前办理经济犯罪案件中具体应用法律的若干问题的解答（试行）》规定："根据近几年的司法实践，个人贪污数额不满 2000 元的，处 2 年以下有期徒刑或者拘役；情节较轻的，由主管部门酌情予以行政处分。……个人贪污 2000 元以上的，应追究刑事责任，定罪判刑。个人贪污 2000 元以下的，并不是都不追究刑事责任。""贪污 2000 元以下的，根据情节，可以判刑，也可以不判刑，不宜都不判刑。"1988 年 1 月 21 日第六届全国人大常委会制定的《关于惩治贪污罪贿赂罪的补充规定》（以下简称《补充规定》）第 2 条第 4 项在充分吸收"两高"司法解释内容的基础上作出明确规定："个人贪污数额不满 2000 元，情节较重的，处 2 年以下有期徒刑或者拘役；情节较轻的，由其所在单位或者上级主管机关酌情给予行政处分。"关于这一规定，时任全国人大常委会秘书长、法制工作委员会主任王汉斌在 1987 年 11 月 17 日第六届全国人大常委会第二十三次会议上所作的《关于惩治走私罪和惩治贪污罪贿赂罪的补充规定（草案）的说明》中指出："《刑法》对贪污罪的量刑标准，没有具体数额规定，各地感到不好掌握。根据几年来的审判实践经验，草案按照贪污的不同数额分别规定了四种不同的量刑标准。""关于追究刑事责任的数额界限，草案规定，贪污二千元以上的，一般应当判刑。……贪

---

① 罗辑主编：《中国反贪污贿赂检察业务全书》，中国检察出版社 1996 年版，第 1356 页。

污数额不满二千元、情节较重的，可以判刑；情节较轻的，可以不判刑，由主管部门酌情给予行政处分。"由立法机关所作的法律起草说明，属于立法解释。① 从这一立法解释中可以看到，立法机关是把情节的轻重作为划分贪污、受贿不满 2000 元罪与非罪的界限的。修订刑法第 383 条与《补充规定》相比，仅仅"根据情况的变化，将原贪污贿赂罪法定最低刑的数额 2000 元以下修改为 5000 元以下，法定最高刑的数额 5 万元以上修改为 10 万元以上"。② 由此可见将刑法第 383 条规定的"个人贪污数额不满五千元，……情节较轻的，由其所在单位或者上级主管机关酌情给予行政处分"理解为不构成犯罪是符合立法本意的。

三、 它符合刑事司法解释的规定

刑法修订之前，最高人民检察院曾于 1986 年 3 月 24 日制定《人民检察院直接受理的经济检察案件立案标准的规定（试行）》。《规定》指出：贪污公共财物金额在人民币 1000 元以上或实物折合人民币 1000 元以上的，收受贿赂金额在人民币 1000 元以上的，应予立案。③ 但根据最高人民法院、最高人民检察院 1985 年 7 月 18 日颁布的《关于当前办理经济犯罪案件中具体应用法律的若干问题的解答（试行）》的规定，当时贪污受贿罪的定罪标准一般是 2000 元。因此，理论和实践中对立案标准与定罪标准的关系认识不尽一致。一种观点认为，贪污受贿罪的立案标准就是定罪标准，主张凡是个人贪污受贿数额在 1000 元以上的，就应以罪案处理。另一种观点则认为，法律规定的定罪标准与立案标准相矛盾，主张将立案标准提高到 2000 元。④ 笔者认为，立案数额标准与定罪数额标准属于不同的法律范畴，前者是程序法范畴，后者是实体法范畴，两者不能混淆。但也必须认识到，两者是有密切关系的。无论是修改前的刑事诉讼法还是修改后的刑事诉讼法，都规定刑事立案标准是"认为有犯罪事实，需要追究刑事

---

① 高铭暄主编：《新编中国刑法学》，中国人民大学出版社 1998 年版，第 43 页。

② 全国人大常委会副委员长王汉斌 1997 年 3 月 6 日在八届全国人大五次会议上《关于〈中华人民共和国刑法〉（修订草案）的说明》，高铭暄、赵秉志编：《新中国刑法立法文献资料总览》，中国人民公安大学出版社 1998 年版，第 1834 页。

③ 罗辑主编：《中国反贪污贿赂检察业务全书》，中国检察出版社 1996 年版，第 1366—1367 页。

④ 张少华：《自侦经济案件立案标准再认识》，《当代法学》1990 年第 3 期。

责任"。判断某一案件是否存在犯罪事实必须以刑法为依据。立案数额标准远远低于定罪数额标准，势必使一些不构成犯罪的案件作为刑事案件立案侦查，这不符合刑事诉讼法的立法精神。1988 年 1 月 21 日全国人大常委会《补充规定》颁布之前，在刑事法律对贪污受贿罪的定罪数额标准没有明确规定的情况下，最高人民检察院将贪污受贿罪的立案标准规定为1000 元是可行的。但在《补充规定》颁布之后，在贪污受贿罪的定罪数额标准已有明确规定的情况下，最高人民检察院没有及时修改贪污受贿罪的立案数额标准是不妥的。事实上，1988 年 1 月 21 日以后，各地检察机关已基本上按《补充规定》规定的定罪数额标准来确定立案数额标准了。因此，1997 年修订刑法颁布后，最高人民检察院就着手修改贪污受贿罪的立案数额标准。最高人民检察院在 1997 年 12 月 31 日制定的《关于检察机关直接受理立案侦查案件中若干数额、数量标准的规定（试行）》第 1 条规定：个人贪污数额在 5 千元以上的，应予立案；个人贪污数额不满 5 千元，但情节较重的，应予立案。第 3 条规定：个人受贿数额在 5 千元以上的，应予立案；个人受贿数额不满 5 千元，但情节较重的，应予立案。最高人民检察院在1999 年 9 月 16 日颁布的《关于人民检察院直接受理立案侦查案件立案标准的规定（试行)》（以下简称《规定》）又对此予以具体化。《规定》第1 条第 1 项规定：贪污"涉嫌下列情形之一的，应予立案：1. 个人贪污数额在 5 千元以上的；2. 个人贪污数额不满 5 千元，但具有贪污救灾、抢险、防汛、防疫、优抚、扶贫、移民、救济款物及募捐款物、赃款赃物、罚没款物、暂扣款物，以及贪污手段恶劣、毁灭证据、转移赃物等情节的。"第 1条第 3 项规定：受贿"涉嫌下列情形之一的，应予立案：1. 个人受贿数额在 5 千元以上的；2. 个人受贿数额不满 5 千元，但具有下列情形之一的：（1） 因受贿行为而使国家或者社会利益遭受重大损失的；（2） 故意刁难、要挟有关单位、个人，造成恶劣影响的；（3）强行索取财物的。"不仅如此，《规定》在附则第 2 项还专门规定："本规定中有关犯罪数额'不满'，是指接近该数额且已达到该数额的百分之八十以上"。根据上述司法解释精神，个人贪污受贿不满 4000 元的，即使情节较重的，也不应立案侦查。这实际上就把贪污受贿的定罪数额的最低标准确定为 4000 元。这一限制解释是否符合立法精神笔者不无疑虑，但最高人民检察院将立案标准与定罪标准统一起来的做法是值得肯定的。正像有的同志所说的："立案标准与定罪标准就其本质是一致的。……立案标准涉及的事实，就是犯罪事实，并且是需要追究刑事责任的犯罪事实，因此，就应然性讲，检察机关一旦决定立案，就意味着该案件事实已经达到了应当追究刑事责任的标准。为此，就这一意义上讲，立案标准就是定罪标准。当然，立案标准与定罪标准不是同一概念，它们间的不同体现在证据方面，立案时的证据要求低于定罪之时。立案时主要考察发生的事实是否需要追究刑事责任，并通过立案查明责任人，通过侦查活动收集事实证据。定罪必须要求案件事实清楚，证据确实、充分，而立案时则要求存在犯罪事实并需要追究刑事责任即可。至于最终犯罪事实是否存在，是否需要追究刑事责任，则要立案后通过大量的侦查、收集证据才能证实。因此，立案标准不是定罪标准，是从证据角度而言，而非立案标准在构罪的事实上低于定罪标准。"① 笔者认为，这一观点是正确的。

四、 它符合客观实际， 也更有利于惩治贪污受贿犯罪

根据"吴文"的观点，只有降低贪污受贿犯罪定罪数额标准，才能体现我们党和国家从严惩治贪污受贿犯罪的刑事政策。论者的初衷和立论的出发点是正确的，但从结果看恰恰背离现实的要求。笔者认为，在解释法律条文时必须紧密结合司法实践，符合客观实际。正如日本刑法学家西原春夫所说的"把法律的词句与现实的情况联系起来的'法的解释'就不得不成为法律适用上不可避免的工作"。② 脱离现实的刑法解释无益于刑法的贯彻实施。我国的贪污受贿犯罪是随着改革开放而日益严重起来的。根据最高人民检察院的统计，1979 年全国检察机关立案侦查的贪污贿赂罪案只有 703 件，其中万元以上大案只有 7 件，到了 1982 年猛增到 29500 多件，其中万元以上大案增至 2682 件（占立案总数的 9%），1992 年更增加到61424 件，其中万元以上大案增至 25572 件（占立案总数的 41%）。③ 1993

---

① 应建廷、戴红霞：《立案标准与定罪标准的关系——析谢希杰刑讯逼供、林来田、陶开强故意伤害案》，载姜伟主编：《刑事司法指南》，法律出版社 2005 年版，第 151 页。

② ［日］西原春夫主编：《日本刑法的形成与特色》，李海东泽，法律出版社 1997 年版，第125 页。

③ 罗辑、侯国云：《贪污贿赂犯罪的现状、原因与对策》，《中央检察官管理学院学报》1993 年第 21 期。

年至 1997 年全国检察机关立案侦查的贪污贿赂罪案 172983 件，其中万元以上大案达 168904 件（占立案总数的 98%）。① 在这种形势下，司法部门不断呼吁提高贪污受贿定罪数额的标准（这与学者不断呼吁降低贪污受贿定罪数额的标准形成鲜明的对比）。1997 年修订刑法时立法机关采纳了这种建议，将贪污受贿定罪数额的一般标准由原来的 2000 元提高到 5000 元。步入 21 世纪后，贪污贿赂大案的标准也由 1 万元提高到 5 万元。如 2005 年 2 月 5 日被评为首届"全国十佳检察院"的广东省广州市海珠区检察院三年来办理的全部都是大案要案。② 这是否意味着他们在放纵犯罪呢？答案是否定的。③ 我们知道，国家的资源是有限的，国家不可能把所有的资源都用于打击犯罪，这就决定了刑事司法资源的有限性。同时犯罪的刑事惩处又具有巨大的消耗性。因为，刑罚的适用以确认行为构成犯罪为前提，而犯罪的确认需要经过侦查、起诉、审判等一系列严格的法定过程，其中每一阶段都需要耗费大量的资源。此外，刑罚的执行更是伴随着社会成本的巨额支出。在这种情况下，事无巨细，都不惜动用刑事司法力量，不仅没有必要，而且效果必定不佳。虽然反腐败是关系党和国家生死存亡的严重政治斗争，但在某一特定时期，国家对反腐败的投入也是固定和有限的。如果把贪污受贿不满 5000 元，情节较轻的都认为犯罪，都需要检察机关立案侦查，那么检察机关就不得不抽出相当一部分办案力量来查办这些小案。这样势必分散反贪力量，其结果是：一些小案得到了查处，但一些大案却因反贪力量不足而得不到有效查处。这恰恰不利于反贪斗争的开展，也与党中央一贯坚持的集中查办大要案的基本方针相违背。反之，将这些小案不认为是犯罪，而由纪检、监察部门去查办，让检察机关集中力量查办大案要案，这从总体和战略上看，是大大地节约司法资源，更有利于惩治贪污受贿犯罪。再说贪污受贿犯罪的惩治与预防是一项系统的社会工程，必须坚持标本兼治、综合治理、惩防并举、注重预防的方针。④ 刑法的最后手段性决定只有严重社会危害性的贪污受贿行为才能予以刑法惩治。"吴文"所论也是过于迷信刑法威慑力的结果。对于贪污受贿不满 5000 元，情节较轻的，不以犯罪论处，而是根据行政法规或者党纪予以处

① 《最高人民检察院公报》1998 年第 2 期。
② 《检察日报》2005 年 2 月 6 日，第 1 版。
③ 从应然的角度以及刑法的平等原则分析，笔者还是赞同降低贪污受贿定罪数额标准的。
④ 吴官正：《标本兼治，注重预防，从源头上防治腐败》，《人民日报》2005 年 1 月 18 日，第 3 版。

分，完全可以实现惩治与预防的效果，这也是刑法的谦抑性和刑罚的节俭性的必然要求。

此外，"吴文"所论还存在以下误区：

误区之一："吴文"提出的"中性情节"的概念值得商榷。"吴文"认为，刑法"在较重情节与较轻情节之间，应该存在着一种中性情节，即既不偏重，又不偏轻的一般情节。……中性情节显然比较轻情节的社会危害性要大，所以当然地认定为犯罪的"。笔者认为，这种划分是违背法律逻辑的。根据刑法第 383 条第 1 款第 4 项规定，"情节较重"与"情节较轻"是一种矛盾关系，而不是交叉关系，即它们之间的外延互相排斥，并且它们的外延之和等于其邻近的属概念（情节）的全部外延。个人贪污受贿数额不满 5000 元的案件中，可能既有"情节较重"的表现，又有"情节较轻"的表现，但综合诸情节得出的结论，要么是属"情节较重"，要么是属"情节较轻"，而不可能是所谓的"中性情节"。"吴文"虽然提出"中性情节"的概念，但哪些情节是"中性情节"，"吴文"没有提出论证。其中"吴文"提到"某甲犯有受贿罪，他既不积极退赃，也不拒不退赃，而是在司法机关要求下才退出赃物，这就属于一种'中性情节'"。其实，贪污受贿赃款（物），只要不是司法机关强制扣押的，而是案犯在司法机关要求下主动退出赃款（物），仍属于积极退赃的表现，应属于"情节较轻"的范围。

误区之二："吴文"认为，贪污受贿数额不满 5000 元，但情节未达到"较重"的程度，只能认为，构成犯罪，但不能给予刑罚处罚。因为刑法第 383 条第 5 款规定了情节只有达到"较重"的程度，才可以给予刑罚。根据罪刑法定原则"法无明文规定不处罚"的要求，只具有单一的中性情节的贪污受贿罪只能予以非刑罚方法。笔者认为，这种只定罪不处罚的结论，没有法律根据。为了从严惩治职务犯罪，建议修订刑法，删去 1979 年刑法第 192 条关于"国家工作人员犯本章之罪，情节轻微的，可以由主管部门酌情予以行政处分"的规定。同时刑法第 383 条第 1 款第 4 项又不像第 3 项那样明文规定了免除处罚的法定情节。纵观我国刑法分则的所有条文，均无只定罪不处罚的立法范例。

综上所述，笔者认为，贪污受贿数额不满 5000 元，情节较轻的，不应定罪处罚的观点是正确的，司法实践中必须遵照执行。①

---

① 当然，笔者也认为，刑法将贪污受贿罪的数额标准规定为 5000 元，不具有合理性，应予修改。

滥用职权罪主观要件研讨*

刑法第 397 条增设了滥用职权罪。如何正确认识滥用职权罪的主观要件，对于合理界定滥用职权罪的范围，正确区分罪与非罪、此罪与彼罪的界限都具有重要意义。刑法第 397 条本身没有明示滥用职权罪的主观内容，所以对滥用职权罪主观要件的认识，理论和实践部门存在严重分歧。

据笔者所见，关于滥用职权罪的主观要件当前有以下几种观点：

第一种观点认为，该罪"主观方面是故意。行为人对其应当履行职责而不履行或不应当超越职权而超越职权及其所造成的严重后果是故意的"。[①]

第二种观点认为，该罪是故意犯罪，而且是直接故意，行为人是希望危害结果发生。[②]

第三种观点认为，本罪在主观方面须由间接故意构成，即明知是逾越职权的行为而为之或者明知是依照职务应当履行的义务而不履行。[③]

第四种观点认为，该罪主观方面是间接故意和过失。[④]

第五种观点认为，该罪的罪过形式是过失。[⑤]

为了正确认识滥用职权罪的主观要件，有必要对犯罪主观要件的一般理论作些必要的阐述。犯罪的主观要件即主观上的罪过，它是指犯罪主体对他所实施的危害社会的行为所持的心理状态。这种心理状态存在于实施危害行为的过程中。目前我国法学界对罪过心理的鉴定标准，即这种心理状态是针对危害结果还是危害行为看法不尽一致，出现结果标准说（罪过

* 原载《人民检察》1998 年第 4 期。

① 王作富主编：《中国刑法的修改与补充》，中国检察出版社 1997 年版，第 323—324 页。

② 刘家琛主编：《新刑法新问题新罪名通释》，人民法院出版社 1997 年版，第 1087 页。

③ 周道鸾等主编：《刑法的修改与适用》，人民法院出版社 1997 年版，第 801 页。

④ 黄太云、滕炜云编：《中华人民共和国刑法释义与适用指南》，红旗出版社 1997 年版，第 596 页。

⑤ 沈海平、王松苗：《中国法学会刑法学研究会 1997 年理论研讨会综述》，《检察日报》1997 年 9 月 3 日第 3 版。

的核心在于对危害结果的心理态度）、行为标准说（罪过的核心在于对危害社会行为的心理态度）和双重标准说（罪过的核心不仅在于对危害行为的态度，而且在于对危害结果的态度）。① 其中结果标准说是通说，为大多数同志所赞同。笔者认为，结果标准说是正确的。首先，它符合刑法的规定。司法实务中确认罪过心理的鉴定标准必须以刑法的规定为依据。我国刑法关于犯罪故意和犯罪过失的规定，明确指明行为人对其行为的危害社会结果的心理态度是罪过的内容。刑法第 14 条、第 15 条所说的"明知"、"预见"是指对"危害社会的结果"的认识；"希望"、"放任"、"轻信能够避免"是指对"危害社会的结果"的态度。罪过的核心应是危害社会的结果，而不是危害社会的行为。尽管危害社会的结果是由危害行为造成的，但只有危害社会的结果才能最终决定行为的危害社会的性质。结果标准说符合我国刑法的立法精神。其次，从司法实践看，行为人对其行为的态度和其对行为的危害结果的态度可能是不一致的。如交通肇事罪，行为人对违章驾驶是故意的，但对这种行为引起的危害结果则是过失的。如果以行为人对行为态度作为认定该罪主观要件的标准必然得出该罪是故意犯罪的结论。而对此罪属过失犯罪刑法学界一般没有异议。可见在这种情况下，只有按照行为人对危害结果的态度为标准来定罪，才能得出正确的结论。

明确罪过心理的鉴定标准，为我们探讨滥用职权罪的罪过形式提供了基础和前提条件。上述第一、第二种观点都不同程度地以行为标准说来认定滥用职权罪的主观要件，因而是不正确的。

滥用职权罪是指国家机关工作人员滥用职权，致使公共财产、国家和人民利益遭受重大损失的行为。"滥用"是指胡乱或过度地使用。滥用职权既包括国家机关工作人员的行为超越法律、法规规定的权限或授权、委托范围，也包括国家机关工作人员故意违背法律所赋予职权的目的，在法定范围内作出不符合立法目的、精神、原则的行为。就滥用职权行为而言，行为人无疑是故意的。但对滥用职权而导致的危害社会的结果，行为人则可能是过失的。如被告人李某（某市粮食局分管经营的副局长）违反国家规定，未经集体讨论研究，擅自决定从事期货交易业务。从 1995 年 6 月至 1997 年 7 月间，通过银行贷款，向下属企业借款等方式筹措资金

---

① 高铭暄主编：《刑法学原理》（第 2 卷），中国人民大学出版社 1993 年版，第 2—3 页。

2000 万元用于单位炒期货，结果亏损 1800 万元，给国家造成重大损失。李某的行为构成滥用职权罪。李某擅自动用公款炒期货的行为，属于滥用职权的故意行为，但由此而导致亏损 1800 万元，则属于过失。李某的行为应属于过失犯罪。认为滥用职权罪中只能是故意犯罪，显然是将行为人对自己滥用职权行为的认识态度与行为人对自己滥用职权所引起的重大损失的认识和态度混为一谈了，有悖罪过心理的鉴定标准。可见滥用职权罪是可以由过失构成的。

滥用职权罪也可以由（间接）故意构成。故意分为直接故意和间接故意。间接故意是指明知可能会发生危害社会的结果，而放任这种结果的发生。放任表明行为人有意纵容危害社会结果的发生，即行为人对危害社会的结果的发生，既不是积极追求，也不是不希望其发生，而是持一种容忍的态度，危害社会的结果即使发生也不违背行为人的本意。行为人明知自己的滥用职权行为可能造成危害结果，但为了追求某种利益而置之不顾，即属间接故意。这种间接故意，主要表现为以下两种情况：（1）行为人为追求某一犯罪目的，明知自己的行为可能会给公共财产、国家和人民利益造成重大损失而放任这一结果的发生。如某市劳动人事局副局长李某，在为本单位采购基建材料过程中，见利忘义，收受供货方贿赂 5000 元。供货方乘机向该局推销不合格材料。李某明知该材料质量可能有问题，仍然大量高价采购，给单位造成直接经济损失 40 万元。该案中李某明知采购有问题产品会给本单位造成损失，但他为谋取个人私利，对危害结果采取听之任之，满不在乎、无所谓的态度。这显然不是过失，单位所遭受的巨大损失完全在他预料之中。（2）行为人为追求某一非犯罪目的，但在行为过程中放任公共财产、国家和人民利益遭受重大损失的危害结果的发生。如大兴安岭特大森林火灾中，漠河县公安局消防科科长秦某，利用职权，动用县消防队五分之三的力量和消防器具，保护自家住房，致使国家和人民利益遭受重大损失。秦某对危害后果有明确的认识而采取了放任的态度，主观罪过是间接故意。秦某的行为当时以玩忽职守罪定罪判刑，按现行刑法的规定这种行为属典型的滥用职权犯罪。

司法实践表明：（间接）故意滥用职权犯罪一般只在行为人出于徇私动机时才会发生。徇私是促使行为人滥用职权的内心起因。徇私动机的表现形态是多种多样的，有的为亲友、领导、同事而徇私情，也有的为贪财受贿、泄私愤图报复、掩盖隐私、保全名利而徇私利等等。在徇私的情况下，滥用职权犯罪就表现为（间接）故意犯罪。源于此，根据1997年刑法第397条第2款规定，国家机关工作人员徇私舞弊犯滥用职权罪的，处5年以下有期徒刑或者拘役；情节特别严重的，处5年以上10年以下有期徒刑。即比一般的滥用职权罪要加重处罚。

滥用职权罪能否由直接故意构成呢？笔者认为不能。直接故意是指明知自己的行为必然会造成危害社会的结果，而且希望这种结果的发生。诚然在实践中会发生这种情况，即国家机关工作人员明知自己的滥用职权行为必然会给公共财产、国家和人民利益遭受重大损失，而且希望这种结果发生。笔者认为，在这种情况下，行为人只能出于其他犯罪故意，而不是单纯的滥用职权犯罪。认为滥用职权罪可以由直接故意构成的观点，不符合客观实际，也有悖立法精神。

综上所述，笔者认为，滥用职权罪在主观方面既可以是间接故意，也可以是过失。行为人的滥用职权行为触犯刑法第397条第1款之罪的，一般为过失犯罪；行为人的行为触犯刑法第397条第2款之罪的，一般为间接故意犯罪。

论国家工作人员范围*

1997 年修订后的刑法第 93 条规定："本法所称国家工作人员，是指国家机关中从事公务的人员。国有公司、企业、事业单位、人民团体中从事公务的人员和国家机关、国有公司、企业、事业单位委派到非国有公司、企业、事业单位、社会团体从事公务的人员，以及其他依照法律从事公务的人员，以国家工作人员论。"

自 1997 年 10 月 1 日刑法实施以来的司法实践表明，对国家工作人员范围的认识并没有因刑法的修改而得到统一，如何理解刑法第 93 条的争论十分激烈，检法两院对国家工作人员范围的掌握仍然宽严不一。这种现状直接影响执法的统一性和法律的权威性。笔者认为，最高人民法院、最高人民检察院应当在充分尊重立法精神的基础上，本着严格执法、统一执法标准的指导思想，加强协商，尽快联合颁布新的司法解释，以消除执法标准不一的现象。有鉴于此，笔者试对国家工作人员范围的几种观点加以评析，以供参考。

自 1979 年颁布的刑法实施以来，如何理解国家工作人员范围，刑法学界一直有争论。但由于当时经济体制的单一性以及立法对国家工作人员范围规定得宽泛，加之"两高"曾先后联合制发几个司法解释，统一了一些理论上的纷争，司法实践中对国家工作人员范围的争议并不多见。检法两院激烈争论始于 1995 年 2 月 28 日全国人大常委会颁布《关于惩治违反公司法的犯罪的决定》（以下简称《决定》）之后。该《决定》规定：贪污受贿罪的主体只限于国家工作人员。但《决定》却没有对国家工作人员的范围作出新的界定，因此如何理解公司、企业中国家工作人员的范围，检法两院出现了严重分歧：

一种是"身份论"，即高法所持的观点。最高人民法院在 1995 年 12

月 25 日颁布的《关于办理违反公司法受贿、侵占、挪用等刑事案件适用法律若干问题的解释》中规定，公司企业中的国家工作人员是指在国有公司、企业或者其他公司、企业中行使管理职权，并具有国家工作人员身份的人员。根据高法的内部文件，所谓"具有国家工作人员身份"是指具有国家干部身份，即必须根据国家组织人事部门的有关规定，正式列入国家干部编制序列的人员。按照该观点，不具有干部身份的人即使在国有企业中行使管理职权（如厂长、经理等），仍不属于国家工作人员。

另一种是"公务论"，即高检所持的观点。最高人民检察院在 1995 年 11 月 7 日颁布的《关于办理公司、企业人员受贿、侵占和挪用公司、企业资金犯罪案件适用法律的几个问题的通知》中规定，公司、企业中的国家工作人员是指国有企业中的管理工作人员；公司、企业中由政府主管部门任命或者委派的管理人员；国有企业委派到参股、合营公司、企业中行使管理职能的人员；其他依法从事公务的人员。按照该观点，凡是在国有企业或受国有企业委派从事公务的人员都是国家工作人员，不管他本身是否属国家干部。"身份论"和"公务论"分别得到一些学者的赞同和支持。新刑法颁布之后，这两种观点并未因新刑法已对国家工作人员作出新规定而得到统一，反而争论得更为激烈。有人认为："不应从公务上去判断某人是否为国家工作人员，而应从其本来的身份看。"[①] 有人则认为："从事公务应当看作国家工作人员的本质特征，以'公务论'较之以'身份论'更符合当前的工作需要。只要受委托从事了公务，就不应受他原来的身份所左右。"[②] 目前尽管新刑法已实施半年多，但司法实务中检法两院基本上仍按原来的司法解释处理案件。那么，哪一种观点更符合新刑法的立法精神呢？先看"身份论"。"身份论"之所以被高法所采纳和坚持，在于其确有某些合理之处，表现在：（1）国家干部制度是我国人事制度最重要的内容。新中国成立以来，我国始终以是否是国家干部来划分人的身份。改革开放以后，人事制度虽然有了重大变革，但干部制度仍直接影响当前的人事制度。国家干部无论其职权是否来自国家或国有公司、企业、事业单位，公务性质如何转换，只要人事管理关系不变，就仍保留干部身份。具

---

① 王松苗、沈海平：《集思广益：解析执法难点——八位著名刑法学教授访谈录》，《人民检察》1997 年第 10 期。

② 王松苗、沈海平：《集思广益：解析执法难点——八位著名刑法学教授访谈录》，《人民检察》1997 年第 10 期。

有国家干部身份的人在调动、任免、聘用等方面比不具有干部身份的人占优势。从改革方向看，国家干部制度在较长时期内还会存在。（2）从限定国家工作人员范围看，"身份论"严于"公务论"。从缩小国家工作人员范围，突出职务犯罪打击重点来看，这一观点有其可取之处。但是，总体而言，"身份论"不符合新刑法的立法精神，与我国当前的政治、经济体制改革的现状不相吻合，从实践看不具有合理性。

首先，从我国刑事立法过程看，立法机关没有用是否具有国家干部身份来界定国家工作人员范围。国家干部制度是党管干部政策的具体表现。国家干部始终由各级党委和组织部门批准和管理。但无论是原刑法，还是修订后的刑法，立法机关始终没有把干部这一概念纳入法律的视野。1979年刑法第83条及1982年全国人大常委会《关于严惩严重破坏经济的罪犯的决定》均采用国家工作人员概念，1997年刑法承袭1979年刑法的这一规定。刑法修订时，高法解释已实施一年多，如果"身份论"确实合理科学，理应会得到立法机关的重视。何况在讨论修订刑法时，高法一直主张应将国家工作人员范围限定为国家机关工作人员。但从立法结果看，高法的观点并没有被采纳，1997年3月6日在八届全国人大五次会议上王汉斌副委员长在《关于〈中华人民共和国刑法〉（修订草案）的说明》中指出："关于国家工作人员的范围，有些同志主张应只限于国家机关工作人员。考虑到国有公司、企业的管理人员经手管理着国家财产，以权谋私、损公肥私、化公为私的现象比较严重，草案原则上维持刑法规定的国家工作人员的范围。"从立法解释可以看出，"身份论"不符合立法精神。如果说《决定》因没有对国家工作人员范围作出新的规定，高法对其作限制性解释尚可理解的话，那么在1997年刑法实施以后，高法仍坚持原来的观点，就有违法之嫌了。

其次，从我国政治经济体制改革的现状看，建立和完善社会主义市场经济体制是一个渐进的过程，政企分开也要经过一个长期艰难的过程。就国有企业而言，由于现代企业制度尚未完全建立，大多数国有企业在人事管理方面还明显受政府行政行为的干预。一些行政性或垄断性公司、企业的行政管理职能难以在短期内取消。国有资产严重流失是转轨时期国家亟待解决的难题之一。为了有效地保护国有资产，对国有企业管理人员从严要求是完全正确的。并且，随着人事制度改革的推进，企事业单位中的用人制度发生了很大变化，工人和干部的界限已被打破，一大批不具有干部身份的职工通过招聘、竞聘、民主选举走上国有企业事业单位的领导岗位，而一些具有干部身份的人则被淘汰出管理岗位，有的则下岗待业。如果同样是国有企业的管理人员，利用职务之便，侵吞国有资产，有干部身份的人适用刑法第382条，以贪污罪定罪处罚；而没有干部身份的人则适用刑法第271条，以职务侵占罪定罪处罚，这显然有悖法律面前人人平等的刑法原则。

再次，从司法实践看，"身份论"缺乏合理性。如陈某军侵占案，陈某军身为国有企业县化肥厂出纳，当属企业管理人员，他利用职务之便，侵吞国有资产数额特别巨大，一审法院和二审法院按照贪污罪判处其死刑，最高法院复核后，依照"身份论"只以侵占罪改判其有期徒刑9年。又如某市办理的自来水公司（国有企业）经理李某和党委书记方某受贿案，李、方分别收受他人贿赂4万元，二人犯罪情节相似。因李某没有转干，尚不具有干部身份，法院以公司、企业人员受贿罪，判处缓刑，而方某则因是国家干部，以受贿罪判处有期徒刑4年。二人同为国有企业管理人员，仅因干部身份不同，定罪量刑却如此悬殊。宣判后，社会各界反响强烈，认为法院执法不公，显见该观点不具有合理性。综上所述，笔者认为，1997年刑法实施后，高法的"身份论"观点应予修正。

笔者认为，以是否从事公务来界定国家工作人员范围是正确的。但在理论界和实践部门，由于对"公务"内涵理解不一，在"公务论"中出现"广义说"和"狭义说"。"广义说"认为，公务是指"关于国家、集体或社会公共事务"，按照该观点，国有商店、公用事业的售货员、收款员、售票员、出租车司机及经手、管理公共财物的人员等都是国家工作人员；"狭义说"认为，从事公务是指从事国家公务，非从事国家公务的人（如从事集体公务的人）不能成为国家工作人员。笔者认为，1997年刑法第93条所规定的"从事公务"的含义，既不同于"广义说"，也不同于"狭义说"。从严格意义上讲，国家工作人员的本质特征应是代表国家从事社会管理。但刑法并没有把国家工作人员限定为必须从事国家公务，否则就没有必要区分国家工作人员和准国家工作人员。何况在社会主义市场经济条件下，国有企业的生产、经营活动已不再属于国家公务。"广义说"实质上是把一切经手、管理国有财产的人员纳入国家工作人员范围。这种观点仍是受1979年刑法立法思想的影响，与1997年刑法的立法精神不相吻合。笔者认为，根据1997年刑法第93条的规定，结合时任王汉斌副委员长的立法解释，刑法规定的国家工作人员所从事公务的内容，必须具备以下三个特征：

第一，公务行为的管理性，即公务行为必须表现为领导、组织、监管、主管等管理性质的活动。如果行为人从事的不是管理性质的活动，则不能成为国家工作人员。如从事劳务的人员就不属国家工作人员。以往实践中把劳务仅仅看作直接从事物质资料生产的体力活动。这种理解过于狭窄。笔者认为，社会服务性活动也属劳务的范畴。如售货员、售票员、收款员、司机等，他们从事的是社会服务性的职业活动，从事职业活动的人不具有管理权与职务，他们是被管理者，而不是管理者。虽然他们也经手国有财产，但这是他们从事服务性劳动所必需的，而不是从事对这些财物的管理性的职务活动。

第二，公务行为的依属性。即公务行为是国家机关或国有公司、企业、事业单位、人民团体等国有单位的工作人员所进行的管理活动。非国有单位的工作人员从事刑法第93条所规定的公务活动必须要受国家机关或国有单位委派。

第三，公务行为的职务性。即公务是具有一定职务的人员进行的职能活动。国有单位的职能活动是通过具体的行为人的行为来实现的。从事职能活动的人员，为了完成职能行为，必须具有一定的职权并承担一定的职责。国有单位依照一定程序赋予这些人相应的职务，使他们在职务范围内具有相应的权力或权利，以使其合法活动。如果没有一定职务，也不能成为国家工作人员。

根据上述三个特征，笔者认为，下列人员应属于国家工作人员：

（1）在国家各级权力机关、各级行政机关、各级司法机关和军队中从事管理活动的人员；

（2）中国共产党的各级机关、各级政治协商会议机关、民主党派机关中从事管理活动的人员；

（3）国有公司、企业中从事管理活动的人员；

（4）国有事业单位即由国家投资兴办管理的科研、教育、文化、卫生、体育、新闻、广播、出版等单位中管理活动的人员；

（5）各级工会、共青团、妇联等群众性组织中依法从事国家管理活动的人员；

（6）国家机关或国有单位委派的人员，即受国家机关或国有单位委派，并作为其代表在非国有单位中从事管理活动的人员；

（7）其他依照法律从事国家管理活动的人员。如选举产生的人大代表，审判机关选聘的陪审员等。

下列人员不属于国家工作人员范围：

（1）国家机关中不从事公务的人员，如机关中的勤杂人员；

（2）国有企事业单位、社会团体中从事劳务或不从事管理活动的职工，如国有公司、企业中的工人、售货员、售票员、收款员、服务员、购销员等；

（3）未受国家机关、国有单位委派的非国有企业事业单位、社会团体中的工作人员；

（4）居民委员会、村民委员会等基层群众性自治组织或集体组织中的工作人员。

斡旋受贿罪若干争议问题[*]

1997 年刑法第 388 条规定："国家工作人员利用本人职权或者地位形成的便利条件，通过其他国家工作人员职务上的行为，为请托人谋取不正当利益，索取请托人财物或者收受请托人财物的，以受贿论处。"如何理解和掌握这一法律规定，刑法学界和司法实务部门均存在分歧，本文试就争议较大的四个问题略陈己见。

一、 关于该法条的罪名问题

1997 年刑法没有实现罪名的"明示化"，对罪名问题仍然采用"暗含推理式"的立法方式。因此如何确定第 388 条的罪名成为大家关注的首要问题。这一问题包含以下内容：（1）该条是否存在独立罪名；（2）如果有独立罪名，应如何科学地表述该条文的罪名。

对于第一个问题有以下两种意见：一种意见认为，该条不成立独立罪名，它只是一般受贿罪的补充，理由是：（1）从刑法规定上看，该条明确规定"以受贿论处"。（2）该条文其犯罪主体、性质、客体均能在受贿罪中得以容纳，不具有独立成为一个罪名的价值和条件。（3）该条文统一定受贿罪有利于打击受贿犯罪。^① 这种意见已被高法《关于执行〈中华人民共和国刑法〉确定罪名的规定》和高检《关于适用刑法分则规定的犯罪的罪名的意见》所认可。"两高"司法解释都没有把第 388 条单列罪名。另一种意见认为，该条文应有独立的罪名。

笔者认为，第二种观点较为合理。界定某一分则条文是否具有独立的罪名主要看它有无独立的罪状。在罪状中重要的是看它是否具有独立的行

———————————
* 原载《人民检察》1998 年第 12 期。
① 王祺国：《认定间接受贿的两个问题》，《人民检察》1998 年第 2 期。

为特征。凡是具有独立的行为特征或者对象特征的，即使该法条采取援引法定刑，也应认定为一个独立罪名。第 388 条规定的受贿罪与第 385 条规定的一般受贿罪，虽然犯罪主体相同，但行为特征明显不同。前者不是直接利用本人职权，而是利用本人职权或者地位所形成的便利条件实施犯罪，它是通过第三人职务行为，为请托人谋取不正当利益，从中索取或收受请托人财物。虽然第 388 条规定"以受贿论处"，但不能据此否定它不是独立罪名。从法理上讲，以某一条文论处是指以某一条文定罪量刑，因而不是一个独立罪名。但从立法情况看，也不是绝对的。如 1997 年刑法第 236 条第 2 款规定："奸淫不满十四周岁的幼女的，以强奸论，从重处罚。"该款规定了奸淫幼女罪已基本没人提出异议。笔者认为，将第 388 条规定为独立罪名，有利于揭示该犯罪的内容，充分体现国家对这种腐败行为所给予的政治上和法律上的否定评价，对于警示国家工作人员，发挥罪名的威慑力等都具有积极意义。

对于第二个问题，也有两种意见：一种意见认为，应定间接受贿罪。[1]另一种意见认为，应定斡旋受贿罪。

笔者认为，罪名的使用必须合法、简洁、准确，能够反映某一犯罪的本质。在我国采用"暗含推理式"罪名立法的条件下，对罪名的确定必须采取概括的方法，使罪名尽可能地贴近罪状，反映犯罪行为最主要的客观特征。间接受贿罪名中"间接"意指"通过第三者发生关系的"，如果单从该罪是利用第三人职务之便这一要件看，间接受贿罪的提法不无道理。但第 388 条所规定的利用第三人职务之便，必须是建立在"利用本人职权或者地位形成的便利条件"这一基础上。"斡旋"是居中调解之意。要居中调解就必须具备一定的身份和地位条件。对行为人利用他人的职务之便为请托人谋取不正当利益，从中收受财物，之所以要按犯罪论处，主要不在于有第三人的职务行为，而在于行为人在利用他人职务时是以本人的职权或地位作基础，他拥有某种足以对第三人的处境产生影响的权力或地位，从而对第三人产生压力或控制力。这就严重违背国家对其工作人员的廉洁要求。再从收受贿赂对象看，行为人是直接的，不存在间接获取的问题。斡旋受贿犯罪能反映因斡旋而收受贿赂之意，充分体现犯罪行为的因果关系，符合确定罪名的原则。日本刑法典第 97 条第 4 款所规定的犯罪与

---

[1] 刘家琛主编：《新刑法新问题新罪名通释》，人民法院出版社 1997 年版，第 1063 页。

我国刑法第388条所规定的内容基本吻合，它在明示罪名中使用的是斡旋受贿罪，而非间接受贿罪，这可供借鉴。因而，笔者认为，将第388条概括为"斡旋受贿罪"比较科学、合理。

二、 如何界定利用本人职权或者地位形成的便利条件

如何理解斡旋受贿罪中的"利用本人职权或者地位形成的便利条件"，一些教材和专著都认为必须是行为人与第三人之间存在着职务上的制约关系，"这种制约关系一般表现为上下级之间的领导与被领导关系，即纵向的制约关系或者表现为不同部门或者单位之间的国家工作人员之间在执行职务过程中所存在的横向制约关系。"① 这种观点（以下简称"职务制约论"）直接影响着司法实践。司法实务中一般都认为，斡旋受贿罪只能存在于职务高的国家工作人员利用职务低的国家工作人员职务上的行为，反之则不然。笔者认为，这种观点表面来看，似乎言之有理，但细细深究倍感有重新认识之必要。

首先，从法条文义分析不能推导出行为人只有与第三者存在职务上的隶属制约关系才能构成斡旋受贿的结论，"职务制约论"没有立法依据。

其次，从现实情况看，行为人与第三人不具有职务上的制约关系，并不能否定行为人就不存在利用本人职权或地位形成的便利条件。如某市政协主席李某通过市劳动人事局局长方某将请托人杨某违章录用为公务员，李某从中收受杨某贿赂2万元。李某与方某无职务上的隶属制约关系，但李某是利用政协主席的职务和地位影响形成的便利条件，为请托人谋取不正当利益，对李某应以斡旋受贿罪定罪处罚。按照"职务制约论"则不能对李某定罪。我国长期以来，党政职能不分，以党代政、政企不分，国家工作人员职责不清。一些党政领导干部集党政权力于一身，他们实际掌握的权力比法律、政策规定赋予他们的职权要大得多。但在实际工作中要界定他们与第三人是否具有职务制约关系则有一定的难度。如市委书记与市政府各部、委、办（局）属下的科（处）长，从法律上难以认定他们之间

---

① 何秉松主编：《刑法教科书》，中国法制出版社1997年版，第1052页；苏惠渔主编：《刑法学》，中国政法大学出版社1997年版，第876页；黄太云、滕炜云主编：《〈中华人民共和国刑法〉释义与适用指南》，红旗出版社1997年版，第581页；等等。

具有职务上的直接制约关系，但市委书记的职权或地位影响在全市范围内始终是客观存在的。

再次，国家工作人员职务的高低往往与其职权的大小和地位的高低成正比，但也并不尽然。有的人职务、地位不高，但因其特定的职权，使其形成特殊的地位，从而能利用这种特殊地位，为他人谋取不正当利益。有的行为人的职务虽比第三人低，但第三人之所以能满足行为人的要求，仍是基于行为人的职务和地位影响。如果行为人不具有这种职务上的权力、地位，就丧失影响其他国家工作人员的条件，失去向请托人索取或收受贿赂的资本。县委书记通过市委书记为他人谋取不正当利益，从中收受贿赂，我们能否认这个县委书记没有利用自己的职权或地位所形成的便利条件吗？

最后，从危害结果看，行为人不管是利用职务比自己低的第三人，还是利用职务比自己高的第三人，也不管是利用与自己有职务上的制约隶属关系的第三人，还是利用与自己没有职务上的制约隶属关系的第三人，只要行为人客观上是利用自己的职权或地位形成的便利条件，通过第三人的职务行为为请托人谋取不正当利益，从中收受请托人财物，其结果都损害了国家工作人员职务的廉洁性，就应以斡旋受贿罪惩处。

总之，笔者认为，将行为人利用本人职权或地位形成的便利条件理解为行为人与第三人必须要有职务上的制约关系会大大限制斡旋受贿罪的适用范围，不符合立法精神，实践中应予否定。

那么实践中应如何认定行为人是利用本人职权或者地位形成的便利条件呢？

从现实情况看，行为人之所以能通过第三人职务上的行为，为他人谋取利益，不外乎出于以下关系：（1）亲属关系；（2）朋友关系；（3）职权或者地位关系。亲属关系是指以婚姻、血缘为纽带而形成的关系；朋友关系是以感情和友谊为纽带联结而成的关系。对于亲属关系、朋友关系，最高人民法院、最高人民检察院1989年11月发布的《关于执行〈关于惩治贪污罪贿赂罪的补充规定〉若干问题的解答》（以下简称"两高"《解答》）规定："对于单纯利用亲友关系，为请托人办事，从中收受财物的，不应以受贿论处。"有的同志认为，在利用第三者职务便利问题上还存在工作关系，对于利用工作关系，通过第三人为请托人谋取不正当利益的，不应以受贿论处。笔者认为，工作关系是指由于工作上的联系而形成的熟悉关系，对于工作关系不能一概而论。有的因工作关系而彼此熟悉，形成友情，从而能利用这种关系为请托人谋取利益，这种确与行为人职务上的权力和地位没有联系的，可以归入朋友关系，不以犯罪论处；有的虽然有工作关系存在，但之所以能通过他人职务之便，为请托人谋取不正当利益，主要是基于本人的职权或地位影响的，仍应以受贿论处。

实践中认定是否属于"利用本人职权或地位形成的便利条件"可以从以下几个方面入手：（1）行为人是否具有一定的职务；（2）行为人接受请托时是否表示要通过自己的职权或地位形成的便利条件为请托人谋取不正当利益；（3）行为人在委托、要求第三人时是否以自己所拥有的职权或地位来影响第三人；（4）第三人在承诺、接受、完成行为人的委托事项，为他人谋取不正当利益，是基于行为人的职权或地位影响，还是基于一种纯自然人的关系；（5）行为人与第三人之间是否存在单纯的亲属、朋友关系等。

三、 一般受贿罪与斡旋受贿罪的区别

前面已探讨了"利用本人职权或地位形成的便利条件"不能理解为行为人与第三人必须要有职务上的制约关系，也就是说没有职务上的制约关系也可以构成斡旋受贿罪。这里继续探讨的是：如果行为人与第三人存在职务制约关系是否一概定斡旋受贿罪？对此，有的同志提出异议，认为行为人与第三人之间存在职务制约关系的应定一般受贿罪，而不能定斡旋受贿罪，一般受贿罪也存在利用第三人的职务行为的情况，用是否通过第三人职务便利来区分一般受贿罪与斡旋受贿罪是不妥的。①

笔者认为，这种观点有其合理性。在一般受贿中确定存在着利用第三人职务行为的情况。如市公安局局长王某通过县公安局局长将县公安局办理的刑事案件犯罪嫌疑人违法释放，王某从中收受嫌疑人家属贿赂1万余元。王某就是利用了第三人县公安局局长的职务。该案中王某构成一般受贿罪，而不是斡旋受贿罪。但是行为人与第三人只要存在职务制约关系就一概定一般受贿罪则不免有失偏颇。如某市税务局局长陈某利用自己的职务影响，通过某国有企业经理金某，将请托人刘某购进的一批伪劣商品销

① 朱孝清：《论贪污贿赂罪的几个问题》，《人民检察》1998年第3期。

售给该企业，给国家造成重大经济损失，陈某从中收受刘某贿赂 2 万元。陈某与金某在纳税问题上存在着职务制约关系，但推销商品完全不属于陈某的职权范围，陈某没有直接利用自己的职权便利，对陈某应按斡旋受贿罪处理。笔者认为，当行为人与第三人存在着职务制约关系时是定一般受贿罪还是斡旋受贿罪，应当根据请托事项是否属行为人职权范围来划分。凡请托事项属行为人职务范围内的事，即行为人有权命令、指示、决定第三人完成请托事项的，应定一般受贿罪，如前述的市公安局局长王某的行为。凡请托事项不属行为人职务范围，即行为人无权直接命令、指示或决定第三人完成请托事项的，他只有凭借职权或地位影响，才能通过第三人完成请托事项的，应定斡旋受贿罪，如前述的税务局局长陈某的行为。

笔者认为，斡旋受贿罪与一般受贿罪的区别表现在：（1）前者是利用自己的职权或地位形成的便利条件，后者则直接利用自己的职务之便。（2）前者必须通过第三人职务上的行为，后者则是可以通过第三人职务上的行为。（3）前者必须要为请托人谋取不正当利益，后者只要谋取利益即可。其中第一点是斡旋受贿罪与一般受贿罪的本质区别。

四、 离退休国家工作人员能否成为斡旋受贿罪的主体

"两高"《解答》曾规定："已离、退休的国家工作人员，利用本人原有职权或地位形成的便利条件，通过在职的国家工作人员职务上的行为，为请托人谋取利益，而本人从中向请托人索取或者非法收受财物的，以受贿论处。"1997 年修订的刑法颁布实施后，离退休国家工作人员还能否成为斡旋受贿罪的主体有两种不同看法：一种观点认为，可以成为斡旋受贿罪的主体。理由是：（1）符合斡旋受贿罪的立法本意，新刑法将斡旋受贿罪规定为独立罪名，在犯罪主体上是对原司法解释的扩展。（2）有利于打击贪污贿赂犯罪。（3）符合离退休国家工作人员在社会中的地位。[1] 另一种观点认为，离退休国家工作人员不再是斡旋受贿罪的主体。

笔者认为，第二种观点是正确的。将离退休的国家工作人员视为刑法中的国家工作人员有悖立法精神。我国刑法中的国家工作人员只能是指现职的国家工作人员，而不包括离退休的国家工作人员。不论是 1979 年刑法

---

　① 时营：《间接受贿罪浅议》，《法制日报》1997 年 12 月 27 日，第 7 版。

第 185 条，还是 1988 年《补充规定》第 4 条规定的受贿罪中所指的国家工作人员利用职务上便利都只能理解为在职的国家工作人员利用现在职务上的便利。正是基于此，为了惩治离退休国家工作人员的腐败行为，"两高"才不得不对原立法规定作扩张解释，规定离退休国家工作人员可以成为受贿罪主体。对这一超越司法解释权限的规定，早有学者提出了批评，[1] 修订刑法时，立法机关只是将"两高"《解答》中的"利用本人职权或者地位形成的便利条件"予以立法化。如果立法机关认为离退休国家工作人员利用原职务的影响也可以构成受贿，就应当在法律上作出特别规定。因此，1997 年刑法不存在受贿罪主体上比"两高"《解答》扩大的问题。笔者认为，在实行罪刑法定原则条件下，对法律条文的解释必须以法律的规定为依据，不能背离刑法规范的文义。

无论如何都不能用所谓扩张解释的方法，说刑法中的国家工作人员可以包括离退休人员。国家工作人员离退休之后，没有职务在身，也不具有职权和职责，从法律上讲，他已是普通公民。1997 年刑法之所以没有吸收"两高"《解答》规定，将离退休国家工作人员纳入受贿罪主体，主要依据有二：（1）既然已是离退休国家工作人员，那么就无职可渎，将他们列入受贿罪主体与设立该罪的宗旨相悖。（2）"两高"《解答》虽然规定离退休工作人员可以成为受贿罪主体，但司法实践中据此定罪处罚的案例屈指可数。显而易见，该规定缺乏现实基础，有违"两高"制定该解释的初衷。所以，笔者认为，1997 年刑法实施后，离退休国家工作人员不再是斡旋受贿罪主体，原"两高"《解答》规定因与新刑法规定不相一致而失去效力。

---

[1]　陈兴良：《受贿罪"利用职务上的便利"之探讨》，《中国人民大学学报》1994 年第 1 期。

论用账外客户资金非法拆借发放贷款罪*

近几年一些银行及其他金融机构的工作人员，在经济利益驱动下，利用职权，大搞"账外经营"，严重影响金融机构经营管理活动的正常进行，破坏国家金融秩序，给国家造成巨额财产损失。为了有力地惩治这类新型犯罪行为，1997年刑法第187条增设了用账外客户资金非法拆借、发放贷款罪（以下简称账外放贷罪）。本文根据立法规定，结合我们在办理该类犯罪案件中所遇到的问题，试就该罪的犯罪构成及其司法实践中应注意区分的几个界限进行初步的探讨。

一

1997年刑法第187条第1款规定："银行或者其他金融机构的工作人员以牟利为目的，采取吸收客户资金不入帐的方式，将资金用于非法拆借、发放贷款，造成重大损失的，处五年以下有期徒刑或者拘役，并处二万元以上二十万元以下罚金；造成特别重大损失的，处五年以上有期徒刑，并处五万元以上五十万元以下罚金。"第2款规定："单位犯前款罪的，对单位判处罚金，并对其直接负责的主管人员和其他直接责任人员，依照前款的规定处罚。"

根据上述规定，账外放贷罪的基本特征表现在：

（一）犯罪主体

该罪的主体是特殊主体，即必须是银行或者其他金融机构的工作人员。单位也可以成为本罪主体。银行是指各商业银行；其他金融机构包括农村信用合作社、城市信用合作社、信托投资公司以及中央银行批准成立

---

* 原载《人民检察》1999年第4期。

的其他具有货币资金融通职能的机构。

（二）犯罪的主观方面

笔者所见的一些论著无不认为，该罪主观方面表现为故意。即行为人"故意不将吸储客户的资金入账，并用于非法拆借、放贷给他人"。① 对这一流行观点，笔者持有异议。笔者认为，该罪在一般情况下应是过失犯罪。刑法理论认为，界定故意犯罪还是过失犯罪，关键在于看犯罪主体在实施行为时对造成的危害社会的结果的心理态度。"罪过的核心应是危害社会的结果，并不是危害社会的行为。尽管危害社会的结果是由危害社会的行为造成的，但唯有危害的结果才能最终决定行为的危害社会的性质。"② 认为该罪是故意犯罪的观点，显然把行为人对自己违法行为的认识态度与行为人对自己违法行为所可能引起的重大损失的认识态度混为一谈了。1997 年刑法第 187 条规定，该罪要以"牟利为目的"，而且行为人是"采取吸收客户资金不入帐的方式，将资金用于非法拆借、发放贷款"，这只能是故意的，但因此而"造成重大损失"的结果，对行为人来说则是过失的。即行为人应当预见账外放贷有可能造成重大损失，但因疏忽大意而没有预见，或者已经预见账外放贷可能造成重大损失，但轻信可以避免，以致发生重大损失结果。该罪也不能排除间接故意犯罪。行为人明知账外放贷可能造成巨额资金难以收回，但为了牟利，放任危害结果发生的，构成间接故意犯罪。本罪不能是直接故意犯罪。如果行为人明知账外放贷必定会造成贷出资金难以收回，并且希望（积极追求）贷出资金不能收回的，只能构成其他犯罪（比如金融诈骗），而不能构成本罪。当然我们应当注意行政犯（违反行政法律的犯罪，本罪也是行政犯）中的过失犯罪与传统意义上的自然犯（如杀人、放火等）中的过失犯罪有明显差异，认识、评价行政犯的罪过形式，有待于学理界进一步研究。但我们不能否认行为人对重大损失后果所持的心理态度一般是过失的。如果我们认为该罪只能是故意犯罪，那么在司法实务中就无法面对案犯作出合理解释：既然是故意犯罪，为什么案犯又是不希望损失结果发生的？

---

① 赵秉志主编：《新刑法全书》，中国人民公安大学出版社 1997 年版，第 701—702 页。

② 高铭暄主编：《刑法学原理》（第 2 卷），中国人民大学出版社 1993 年版，第 4 页。

（三） 犯罪客体

如何认识账外放贷罪侵犯的客体，目前主要有三种观点：第一种观点认为，该罪破坏了国家金融管理秩序；[①] 第二种观点认为，该罪的客体是国家对公众存款的管理制度；[②] 第三种观点认为，该罪侵犯的是复杂客体。对该罪复杂客体的看法，又有以下不同意见，有的认为，该罪侵犯的客体是国家正常的金融管理秩序和金融部门的财产所有权。[③] 有的认为该罪侵犯了国家的金融管理秩序及有关当事人的财产权。[④] 也有的认为该罪侵犯了金融管理秩序和客户的合法权益。[⑤]

笔者认为，上述观点都值得商榷。账外放贷罪侵犯的基本客体是国家的信贷管理制度，同时该罪还存在选择客体。

诚然账外放贷罪作为刑法分则第三章第四节的罪名之一，无疑是要侵犯金融管理秩序，但把它作为该罪的直接客体则不恰当。金融活动是一种动态的运动过程。金融市场的核心是金融秩序。为了保证金融市场正常发展和有效运行，国家制定了一系列调整金融关系的法律、法规，形成一套严密的金融法制体系。金融犯罪侵犯的金融秩序包括货币管理制度、银行管理制度、票据管理制度、信贷管理制度、保险管理制度等内容。账外放贷罪侵犯的是关于存款、贷款、储蓄等信贷管理的法律规定，而没有侵犯整个金融管理秩序。把该罪侵犯的客体界定为破坏金融管理秩序是把同类客体视作了直接客体。上述第二种观点认为该罪仅仅侵犯了"国家对公众存款的管理制度"，则难以涵盖该罪的主要内容，它没有把（账外资金）非法拆借、发放贷款这一重要行为特征从客体中加以体现，不能揭示该罪的严重社会危害性。

当该罪主体是金融机构的工作人员（自然人）时，该罪还侵犯金融机构的财产所有权（使用权）。贷款是金融机构通过一定程序，依法将资金附条件地借给单位和个人使用的一种金融活动。行为人利用办理存储、发放贷款的职务便利吸收储户存款，资金却不入账，并将没有入账的存款擅

---

① 陈兴良主编：《刑法全书》，中国人民公安大学出版社1997年版，第695页。
② 苏惠渔主编：《刑法学》，中国政法大学出版社1997年版，第524页。
③ 林少平：《金融系统"账外经营"中的犯罪初探》，《政法论坛》1997年第5期。
④ 肖扬主编：《中国刑法学》，中国人民公安大学出版社1997年版，第409页。
⑤ 刘家琛主编：《新刑法新问题新罪名通释》，人民法院出版社1997年版，第593页。

自借给他人，形成巨额资金的"体外循环"。这种行为不仅逃避金融监管，严重扰乱信贷管理制度，而且侵犯银行资金的使用权。

账外放贷罪是否还侵犯客户权益（或客户资金所有权）呢？一般来说，该类犯罪不直接侵犯客户权益。只要吸储行为是银行工作人员的职务行为，那么客户将资金存入银行，不管资金损失如何，银行都要承担到期还本付息的义务。但是这种账外放贷行为必然增加客户资金风险，一旦金融机构经营不善，甚至资不抵债，破产倒闭，不能到期还本付息，也会给客户造成重大损失，也就是说侵犯了客户的权益。

根据上述分析，笔者认为，账外放贷罪侵犯的基本客体是金融信贷管理制度。同时该罪还存在一种选择客体。选择客体是指应当受到刑法保护的，而在实施某种犯罪时不一定都受到侵犯的社会关系。选择客体不决定犯罪性质，它不是犯罪构成的必要条件，仅对量刑有意义。该罪的选择客体表现在：它有时还侵犯金融机构的资金所有权，有时还侵犯客户的资金安全，损害客户权益。

（四）犯罪的客观方面

账外放贷罪在客观方面表现为：

首先，是吸收客户资金不入账。这是构成该罪的前提条件。"吸收客户资金不入帐"是指违反金融法律、法规，对收受客户的存款资金不如实记入金融机构存款账目，账目上反映不出这笔新增存款业务，或者与出具给储户的存款单、存折上的记载不相符。有人认为，"吸收客户资金不入帐"是指行为人与客户进行私下交易，双方约定将客户资金直接用于非法拆借、发放贷款，而不记入金融机构的吸储账目，以逃避监督管理，达到牟取私利的目的。[①] 笔者认为，这种看法不正确。客户与金融机构有无私下交易不是认定是否属"吸收客户资金不入帐"的依据。从实践看，大多数案件客户并不知道行为人将自己资金或者存款放在账外。只要行为人客观上已把客户资金放在账外，不管客户是否明知，有无通谋，本罪的前提条件就已成立。

其次，将账外资金用于非法拆借、发放贷款。它是指将没有入账的存款非法拆借给他人，或者将吸收的资金非法放贷给他人。从立法设立本罪

---

① 周道鸾等主编：《刑法的修改与适用》，人民法院出版社1997年版，第408页。

的精神看，该罪主要不是为了处罚吸收储户资金不入账的行为。如果行为人仅仅是吸收客户资金不入账，那只是一般违法行为，不构成犯罪。只有将账外资金用于非法拆借、发放贷款，造成重大损失的，才按犯罪论处。

再次，必须造成重大损失才构成犯罪。其一，"重大损失"的指向。本罪属于结果犯。但由于本罪存在着连续进行并分段实施的两种行为，那么条文中所指的"重大损失"是指吸收客户资金造成重大损失，还是指非法拆借、放贷行为造成的重大损失呢？有的学者认为，本罪是故意犯罪，行为人对收储客户资金不入账，并且损失已达到较大，同时其又实施了非法拆借、放贷的行为，尽管损失没有达到较大，也应认定构成犯罪或犯罪未遂。[①] 有的认为，造成重大损失"主要是指未向中国人民银行交存款准备金或者拖延、拒付客户存款本金和利息的数额巨大"。[②] 笔者认为上述观点都不妥当。账外放贷罪中所指的重大损失应是指非法拆借、放贷，造成资金不能收回，从而给金融机构造成的重大损失。如果非法拆借、放贷的账外资金已经收回或大部分已经收回，损失较小的，不应认定犯罪，本罪也不存在未遂犯。如果把本罪中的重大损失理解为客户资金损失，或者银行拒付存款本息数额巨大，都是本末倒置，有违立法原意。其二，"重大损失"的数额标准。对重大损失数额标准，尚有待于司法解释作出规定。根据立法规定，结合司法实践，参照 1997 年 12 月 31 日高检院颁布的《关于检察机关直接受理立案侦查案件中若干数额、数量标准的规定（试行）》，笔者建议，账外放贷罪可以将直接经济损失 10 万元以上作为认定犯罪的数额标准。

二

认定账外放贷罪，应注意区分以下几个界限：

（一）注意区分罪与非罪的界限

司法实务中区分账外放贷罪与非罪的界限，主要是要正确认定"重大损失"的数额。该罪的损失数额是指与行为人的非法拆借、发放贷款有直接因果关系造成的资金损失。如何确定造成重大损失的时间界限，对于损

[①] 赵秉志主编：《新刑法全书》，中国人民公安大学出版社 1997 年版，第 701—702 页。

[②] 苏惠渔主编：《刑法学》，中国政法大学出版社 1997 年版，第 524 页。

失数额的认定至关重要，也是实践中的一个难点。我们认为，借贷双方约定的归还期限届满之前，不能一概认定为拆借的资金不能归还。但是也不能把凡是金融单位与借贷方存在民事借贷关系的，都否认有重大损失的发生。在这类案件中，除借贷方确属诈骗犯罪外，金融单位与借贷方的债权债务关系始终存在。如果把该罪的成立必须以借贷方构成诈骗罪为前提，那将大大缩小该罪的适用范围，不符合立法精神。笔者认为，凡具有下列情形之一的，应计算该罪的损失数额：（1）借贷方构成诈骗罪，诈骗数额为损失数额；（2）金融部门发现将账外客户资金非法拆借、发放贷款，严令限期收回，借款方在查处期限内不能归还或无力归还的；（3）借贷方逾期不能偿还借款，金融部门在法定期限内未提起诉讼失去法律保护的，不能偿还的贷款为损失数额；（4）金融部门胜诉，但贷款方和担保方已宣告破产，又无负连带责任单位，判决不能兑现的；（5）借贷关系确认后，借贷方去向不明、音讯全无在二年以上或不通过民事诉讼就明显能判断借款人无力偿还借款的等。

（二）注意区分该罪与挪用公款罪的界限

账外放贷罪与挪用公款罪在犯罪的主体、犯罪的客体、犯罪的主观方面、犯罪的客观方面都存在重大区别。在一般情况下，二者的界限是比较容易区分的。如金融机构的工作人员利用职务之便，擅自将不入账的客户资金挪用归自己个人使用的，应定挪用公款罪，这不会有异议。但是当金融机构工作人员为了牟利，对吸收客户资金不入账，擅自出借给他人（包括其他个人或单位）使用的，是定账外放贷罪还是定挪用公款罪存在很大争论。争论的焦点在于以什么为标准来区分二者的界限？有的提出主观区别说，认为凡是为了个人私利将账外资金非法出借的，应定挪用公款罪；凡是为了单位利益的，则定账外放贷罪。有的提出对象区别说，认为凡是将账外资金非法借给个人的，定挪用公款罪；出借给单位的，定账外放贷罪。笔者认为，上述两种观点都不可取。账外放贷罪既可以由单位构成，也可以由自然人构成，不能说凡是为了个人私利的就不能定账外放贷罪，否则账外放贷罪就不存在个人犯罪了。而挪用公款罪既可以是挪用公款归其他个人使用，也可以是为了私利以个人名义挪用公款归其他单位使用的，一概按使用者是个人还是单位来区分两罪的界限也有不妥。笔者认为，区分两罪的界限既要紧扣各自的犯罪构成，也要运用刑法理论解决条文适用问题，具体而言，应根据不同情况分别处理。（1）行为人为了单位利益（牟利），经单位集体研究决定或负责人决定将账外资金非法出借给他人（包括个人和单位）的，构成单位账外放贷罪。（2）行为人为了个人牟利，将账外资金非法出借给其他单位使用的，构成个人账外放贷罪。（3）行为人为了个人牟利，将账外资金非法出借给其他个人使用，或者以个人名义出借给其他单位使用的，既触犯挪用公款罪，又触犯账外放贷罪，属想象竞合犯，应按想象竞合犯原则处理。想象竞合犯是指行为人基于一个罪过，实施一个危害行为，而触犯两个以上异种罪名的犯罪形态。对想象竞合犯应按其中的法定刑最重的一个罪处罚。因此，这种情形应定挪用公款罪。

（三） 注意区分该罪与违法发放贷款罪的界限

1995 年 6 月 30 日全国人大常委会《关于惩治破坏金融秩序犯罪的决定》只规定违法发放贷款罪，而没有规定账外放贷罪。在 1997 年刑法实施之前，司法实务中对吸取客户资金不入账，用于非法拆借，发放贷款，造成重大损失的案件，一般按违法发放贷款罪处理。笔者认为，账外放贷行为实质上是一种特殊的违法发放贷款行为，1997 年刑法将这种特殊的违法发放贷款行为单列罪名，意味着它已从违法发放贷款罪中分离出来。违法发放贷款罪与账外放贷罪是一般与特殊的关系。两者的主要区别在于犯罪对象不同，前者是账内资金，后者是账外资金。1997 年刑法实施后对吸收客户资金不入账，用于非法拆借、发放贷款造成重大损失的，不能再按违法发放贷款罪处理。

（四） 注意区分自然人犯罪与单位犯罪的界限

本罪既可以由自然人构成，也可以由单位构成。单位账外放贷罪是指银行或其他金融机构，为了单位牟利，经单位集体研究决定或者由负责人决定，吸收客户资金不入账，用于非法拆借、发放贷款，造成重大损失的行为。从实践看，本罪多见于单位犯罪。行为的实施者多是金融部门的负责人，如银行行长、营业部主任、储蓄所所长等。如前文所述，行为人为了个人私利，擅自将账外资金非法出借给其他个人使用的，只能按挪用公款罪论处。由此可见，账外放贷罪中，自然人犯罪只限于行为人为了个人牟利，利用职务之便，将账外资金非法拆借、发放贷款给单位使用的这一种情况，其他的均应属单位账外放贷罪。

论交通肇事逃逸致人死亡的定罪问题*

1997 年刑法第 133 条规定："违反交通管理法规，因而发生重大事故……；因逃逸致人死亡的，处七年以上有期徒刑。"如何理解这一新规定，理论和实践中存在分歧。本文试就如何理解这一规定进行探讨，并结合司法实践，对交通肇事后因逃逸致人死亡案件如何正确定罪提出自己的看法。

一、 刑法第 133 条规定的理解与适用

如何理解交通肇事后因逃逸致人死亡案件的定罪问题，当前主要有以下几种不同观点：

第一种观点认为，这一规定"只适用于由交通肇事罪转化成的故意犯罪"。[1] 按照该观点，行为人交通肇事后明知被害人有生命危险，但为了逃避法律追究，见死不救，驾车逃跑，导致被害人死亡，以及交通肇事后故意将身负重伤、生命垂危的被害人转移、抛弃，导致被害人死亡的，均应定交通肇事罪。处 7 年以上 15 年以下有期徒刑。

第二种观点认为，这一规定既适用于行为人交通肇事后逃跑，因过失致人死亡的情况，也适用于因间接故意致人死亡的情况，但不包括直接故意致人死亡。如有的同志认为："肇事后逃逸，不能排除肇事人对被害人的死亡结果持放任态度，但这是肇事后的结果行为，主观上是为了逃避法律责任，因此应定交通肇事罪。"[2] "如果行为人发生重大事故，为逃避责任，故意将致伤人员遗弃荒野造成死亡的，应按刑法关于杀人罪的规定定

---

* 原载《人民检察》1999 年第 5 期。

[1] 侯国云、白岫云：《新刑法疑难问题解析与适用：兼论新刑法中的矛盾与缺陷》，中国检察出版社 1998 年版，第 349 页。

[2] 魏克家、欧阳涛等主编：《中华人民共和国刑法罪名适用指南》，中国人民公安大学出版社 1998 年版，第 62 页。

罪处罚。"① 这种观点被大多数学者和司法人员所接受。如有的学者在揭示了我国交通肇事罪的立法缺陷之后仍认为：在立法未作修改之前，将交通肇事逃逸致人死亡的主观罪过形式解释为兼含间接故意是比较合适的。②

第三种观点认为，这一规定只适用于行为人交通肇事后逃跑因过失致人死亡的情况，不包括因故意（包括间接故意或直接故意）致人死亡的情况。③ 该论者未对这种观点进行必要的论证，司法实务中对这种意见也持有较多的异议。

笔者认为第三种观点是正确的。现将理由阐述如下：

（一） 它符合我国刑法的犯罪构成理论

交通肇事后逃逸致人死亡的案件可以分为两个阶段：交通肇事阶段和驾车逃跑致人死亡阶段。第一阶段属过失肇事，大家均无异议。第二阶段是行为人发现被害人受伤后，为逃避法律责任，弃之不顾，驾车逃跑，导致被害人死亡。在这一阶段，行为人主观上又形成新的罪过，客观上又有新的行为和危害结果。刑法理论把犯罪行为区分为作为和不作为。构成刑法上的不作为，须以具有作为义务为前提。这种作为的义务由来可以是法律上的明文规定、行为人职务或业务上的要求、法律行为所产生的以及行为人自己先前的行为引起等。所谓来自自己的先前行为是指行为人前面的某个行为使他人的人身安全处于一种严重的危险状态，行为人就负有采取积极行为消除这种危险状态使他人恢复安全的义务，不履行这种义务致使他人死亡的，就构成刑法上的不作为。有的学者认为，这次刑法修改，立法机关对行为人交通肇事后有无救助被害人的法律义务采纳了否定意见，因此对肇事后没有抢救伤者的行为不能转化为他罪。④ 笔者认为这种结论缺乏依据。没有任何立法资料可以证明：立法机关已经认可交通肇事者不具有救助被害者的义务。上述看法是论者的妄测。早在 1991 年 9 月国务院颁布的《道路交通事故处理办法》第 7 条中就有规定："发生交通事故的车辆必须立即停车，当事人必须保护现场，抢救伤者和财产……"被害者因行为人的肇事行为，身受重伤，生命处于危险状态之中，这种危险状态

---

① 苏惠渔主编：《刑法学》，中国政法大学出版社 1997 年版，第 455 页。

② 李洁：《析交通肇事罪的罪过形式》，《人民检察》1998 年第 11 期。

③ 黄祥青：《浅析新刑法中的交通肇事罪》，《政治与法律》1998 年第 4 期。

④ 张军、胡云腾等主编：《中国刑法罪名大全》，群众出版社 1997 年版，第 104 页。

是由行为人的先前肇事行为引起的，因此行为人就有义务消除这种危险状态。行为人不对被害人采取积极的抢救措施，驾车逃逸，造成被害人死亡，这完全符合我国刑法意义上的不作为。所以，肇事后弃伤者于不顾，驾车逃跑，没有履行抢救伤者的义务，放任被害人死亡，这在本质上是实施新的犯罪行为。这一新的犯罪行为（不作为）是在行为人新的主观罪过支配下实施的。人的主观心理状态是不断变化的，在一定条件下，故意行为可以转化为过失行为，过失行为可以转化为故意行为。随着主观心理状态的变化，行为的性质也会随之发生变化。行为人交通肇事致人重伤后，明知若不及时抢救，被害人就有可能死亡。但行为人在明知的情况下，驾车逃逸，放任危害结果发生，行为人在主观方面完全具有间接故意的罪过形式。总之在第二阶段，行为人主观上具有新的罪过，客观上具有新的犯罪行为和新的犯罪结果，因而完全构成一个新的犯罪——故意（间接）杀人罪。

根据 1997 年刑法规定，犯罪故意和过失是指行为人对其行为的危害社会结果的心理态度。任何一种犯罪，不能同时既是过失犯罪，又是故意犯罪。交通肇事后因逃逸致人死亡，如果行为人对死亡结果持故意态度，但却按过失（交通肇事）定罪这显见有违法理。有的学者还认为："交通肇事应具有的过失心理状态，应开始于实施违章行为和肇事结果发生过程中……逃跑等思想状态是发生于肇事之后，是为逃避法律责任，属于罪后表现，所以不能以其犯罪后的态度而改变其前行为的罪过形式，其罪后逃跑行为不宜单独定罪。"[①] 笔者认为这种观点难以成立。在交通肇事因逃逸致人死亡的案件中，死亡结果的发生不仅基于肇事行为，更主要的还在于逃逸行为，逃逸行为与死亡结果之间具有必然直接的因果关系（否则只能适用刑法第 133 条第二个罪刑幅度）。把这种与危害结果具有直接因果关系的危害行为仅仅视为罪后表现欠科学、合理。再说如果这种观点得以成立，根据该论者的说法，这种过失心理状态是开始于实施违章行为和肇事结果发生过程中，那么得出的结论恰恰是：交通肇事因逃逸致人死亡只限于过失行为，而不能包括间接故意。

（二）它符合法律规定的文义

1979 年刑法规定的"致人死亡"条款有 7 条。在这些条文中致人死亡

---

① 陈兴良主编：《刑法全书》，中国人民公安大学出版社 1997 年版，第 573 页。

的法律含义并不一致。有的限于过失（如强奸致人死亡、故意伤害致人死亡等），有的限于故意，有的既可以是过失，也可以是故意。同一法律用语具有不同的法律含义给理论和实践带来纷争。1997 年修订刑法时立法机关改进立法技术，对一些可能引起争议的条款明确规定按主观内容的不同确定定罪处罚标准。如 1997 年刑法第 238 条规定：非法拘禁"致人死亡的，处十年以上有期徒刑。使用暴力致人伤残、死亡的，依照本法第二百三十四条、第二百三十二条的规定定罪处罚"。也就是说过失致人死亡的定非法拘禁罪，故意致人伤残死亡的定故意伤害罪、故意杀人罪。采取类似立法方式的还有：第 247 条（刑讯逼供、暴力取证罪）、第 248 条（虐待被监管人员罪）、第 292 条（聚众斗殴罪）等。这一立法方式表明："致人死亡"的含义，除法律特别规定的以外，在一般情况下只能理解为过失致他人死亡。在交通肇事因逃逸致人死亡的条款中，立法无特别规定，因此只能理解为出于过失，而不能牵强附会地认为，它还包括故意杀人罪。

（三）它符合立法原意，有利于实现立法目的

交通肇事罪是一种多发的、严重危害公共安全的犯罪。鉴于 1979 年刑法所规定的交通肇事罪量刑偏低（最高刑只有 7 年，而过失杀人罪最高刑是 15 年，同是过失杀人罪，前者是危害公共安全的过失犯罪量刑反而大大轻于危害社会特定个人生命安全的过失杀人罪法定刑）的现象，刑法学界呼吁提高交通肇事罪的法定刑，这次修改刑法立法机关采纳学者的意见，提高交通肇事罪的法定刑，特别是将"因逃逸致人死亡"的法定刑明显与第二个量刑档次即交通肇事后逃逸或者有其他特别恶劣情节的区分开，两者相比，前者法定最高刑比后者高出 8 年，法定最低刑高出 4 年。但是如果把这一新的法律条文理解为包括交通肇事后的间接故意杀人，甚至直接故意杀人，那么除部分案件（交通肇事后逃逸过失致人死亡）法定刑提高外，大部分案件法定刑不仅没有提高，反而下降了很多。因为在没有这一特定规定时，司法实务中尚可以根据刑法理论将这类案件定性为故意杀人或按交通肇事罪与故意杀人罪并罚，刑法修改后反而只能定交通肇事罪。这是违背立法精神的。反之，如果把这一特定规定理解为只限于逃逸后过失致人死亡，那么不仅与刑法修改的立法初衷相一致，而且也有利于实现立法目的，真正使提高交通肇事罪的法定刑的立法意图在司法实践中得到体现。

（四） 它有利于实现罪刑相当原则

罪刑相当原则是我国刑法的基本原则之一。它是指刑罚的轻重应当与犯罪分子所犯罪行和承担的刑事责任相适应。交通肇事因逃逸致人死亡法定最高刑是 15 年，故意杀人罪法定最高刑是死刑。把交通肇事后的间接故意杀人当作情节严重的交通肇事处理，实际上是把重罪当作轻罪或者是把应当数罪并罚的当作一罪处理，这是违背罪刑相当原则的。如全国关注的郑州市公安局局长张某交通肇事案。张某在驾车行驶时因车速过快，将骑自行车的苏某海和其儿子苏某撞得飞弹起来摔倒在地，同时将苏某海的自行车挂在肇事车下。沿途群众不断惊呼，张某仍疯狂逃跑，将苏某海挂在车上拖行 1.5 公里后被武警和群众截获才被迫停下。最终苏某海重伤，苏某经抢救无效死亡。法院以故意伤害罪判处张某死刑，以交通肇事罪判处 3 年有期徒刑，数罪并罚执行死刑。该案以故意伤害罪判处张某死刑是正确的。但是如果本案中张某没有故意伤害行为（将苏某拖行 1.5 公里），而是将二被害人撞成重伤后逃逸，二被害人因抢救不及时死亡，那么按照前两种观点，对张某只能定交通肇事罪，最重也只能判处有期徒刑 15 年，试想这能做到罪刑相当吗？笔者认为，这种情况只有以故意杀人罪定罪处罚才能做到重罪重判、罪刑相当、罚当其罪。

综上所述，笔者认为，交通肇事"因逃逸致人死亡的"只限于过失致人死亡。如果交通肇事后逃跑又已转化为故意杀人的，应另定故意杀人罪。虽然这样理解将会缩小交通肇事罪适用范围，但是它符合我国刑法犯罪构成理论，符合法条文义，体现立法本意，有利于实现罪刑相适应，有助于从严惩处交通肇事犯罪。同时也表明，在交通肇事案件中，认真查明行为人肇事后对自己肇事行为所引起的危害结果所持的心理态度至关重要。

二、 交通肇事逃逸致人死亡案件的定罪处罚

从司法实践看，交通肇事逃逸致人死亡的情况非常复杂。这类案件简单地以交通肇事罪或故意杀人罪定罪处罚都不免失当。笔者认为，交通肇事后逃逸致人死亡的案件的定性，应当根据行为人逃逸时的主观罪过及逃逸过程中的客观行为，按照犯罪构成理论依法予以正确界定。具体而言，可依照以下不同情况予以定罪处罚：

其一，交通肇事后被害人伤势严重（如脑部、心脏、肝脏等重要器官受伤），生命垂危，即使肇事者及时抢救，也不能挽回其生命。对这种情况行为人驾车逃跑，被害人最终确又死亡的，行为人只构成交通肇事罪。因为被害人死亡与行为人驾车逃跑行为没有因果关系，被害人死亡是行为人先前肇事行为的后果。对肇事者应当适用刑法第133条的"交通运输肇事后逃逸或者有其他特别恶劣情节的，处三年以上七年以下有期徒刑"，但不适用"因逃逸致人死亡，处七年以上有期徒刑"的规定。这类案件实质上不属于交通肇事逃逸致人死亡的案件。

其二，行为人交通肇事后逃逸，因过失致人死亡的按交通肇事罪定罪处罚。如行为人交通肇事后，误认为被害人没有受伤或只受轻伤（或轻微伤），从而逃逸，致被害人死亡的；行为人肇事后，将被害人送往医院后逃逸，致被害人死亡的；行为人肇事后，误认为被害人已经死亡，从而逃逸，致被害人未得到及时抢救而导致死亡；等等。在这类案件中只要有证据证明，肇事者不明知逃逸行为会造成被害人死亡或者没有放任被害人死亡结果发生的，即不具备间接故意杀人主客观要件的，均应定交通肇事罪，处7年以上有期徒刑。

其三，行为人交通肇事后驾车逃跑，因间接故意致人死亡的，应视不同情况分别定故意杀人罪或以故意杀人罪和交通肇事罪二罪并罚。对这类案件的定性目前争议最大，有以下三种看法：1.应定交通肇事罪；2.应定故意杀人罪；3.应定交通肇事罪和故意杀人罪二罪并罚。笔者认为，这种情况不能只定交通肇事罪，理由前文已详述。持第二种意见的同志，理由也不尽一致。有的认为，交通肇事罪与故意杀人罪符合吸收犯的特征，即间接故意杀人行为吸收交通肇事行为，行为人只成立故意杀人罪。[1] 有的则认为，被告人的行为前后发生牵连，应根据牵连犯从一重处的原则，对被告人以间接故意杀人罪定罪量刑。[2] 笔者认为，这类案件既不是吸收犯，也不是牵连犯。吸收犯是指数个犯罪行为被其中一个犯罪行为吸收，仅成立吸收行为一个罪名的情况。吸收犯的特点在于这些存在密切联系的数行为属于实施某种犯罪的同一过程。前行为是后行为的所经阶段，后行为是前行为发展的自然结局。肇事行

① 侯国云：《过失犯罪论》，人民出版社1993年版，第281—282页。

② 黎宏：《不作为犯研究》，武汉大学出版社1997年版，第186页。

为与肇事后逃跑致被害人死亡的行为并不属于实施某种犯罪的同一过程中，行为人构成的交通肇事罪和故意杀人罪是相对独立的，并不存在吸收关系。牵连犯必须出于一个最终目的，而交通肇事行为与间接故意杀人行为是出于不同的主观罪过，而且没有犯罪目的，过失犯罪与故意犯罪不能成立牵连犯。笔者认为，这种情况也不能一概以交通肇事罪和故意杀人罪并罚。参照"两高"司法解释规定，构成交通肇事罪必须要"造成死亡1人以上或者重伤3人以上"；"重伤1人以上，情节恶劣，后果严重"；"造成公私财产损失的数额，起点在3万元至6万元之间的。"不具备上述后果条件的，不构成交通肇事罪。行为人交通肇事致1人或2人重伤，而后又驾车逃跑致被害人死亡，如果对行为人既定交通肇事罪，又定故意杀人罪，这实际上是把驾车逃跑致被害人死亡，既视为交通肇事情节恶劣、后果严重的定罪情节，又视为故意杀人的定罪情节，这势必对同一行为重复进行法律评价，有违刑法原理。总之，笔者认为，这类案件的定性应区分以下两种不同情况：1. 行为人交通肇事后逃跑，因间接故意致被害人死亡，但其交通肇事行为尚不构成交通肇事罪的，应以故意杀人罪定罪处罚；2. 行为人交通肇事，造成重大人员伤亡或公私财产损失，同时又因其肇事后逃跑，间接故意致被害人死亡的，应以交通肇事罪和故意杀人罪二罪并罚。

其四，行为人交通肇事后，拖着伤者逃逸或故意又倒车轧人，致人重伤或死亡的，对此行为应以故意伤害罪或故意杀人罪定罪。

其五，行为人实施一般交通肇事后，在逃逸时又故意撞、轧他人致死的，应以故意杀人罪定罪处罚。

其六，行为人交通肇事后，在逃逸过程中又因过失撞压其他行人致死的，应以交通肇事罪和过失致人死亡罪数罪并罚。

其七，行为人交通肇事后，驾车逃跑，以驾车的方法危害公共安全的，应按刑法第115条以危险方法危害公共安全罪定罪处罚，或按交通肇事罪和以危险方法危害公共安全罪数罪并罚。如河南南阳市某汽车驾驶学校教练员边清明酒后驾车，在将一妇女撞倒后，为逃避罪责，驾车逃跑。在不足300米的路段上，连续9次撞车撞人，致1人死亡，伤11人，撞坏"面的"车1辆，三轮车2辆，自行车8辆。该案既涉交通肇事，又危害公共安全，笔者认为应按以其他危险方法危害公共安全罪定罪处罚。

论特别防卫权的若干问题 *

1997 年刑法第 20 条第 3 款规定："对正在进行行凶、杀人、抢劫、强奸、绑架以及其他严重危及人身安全的暴力犯罪，采取防卫行为，造成不法侵害人伤亡的，不属于防卫过当，不负刑事责任。"如何理解该款规定，理论界和司法界进行了广泛深入的研究，观点纷呈，见仁见智，使理论研究得到了深化，但是也给司法实践带来不少消极作用。本文试就该条款争议较大的若干问题进行必要的探讨，以期推动认识的统一。

一、 特别防卫权的称谓

对刑法第 20 条第 3 款规定的防卫权的称谓，目前有以下几种：（1）无限防卫权，这种提法最为普遍。（2）无过当之防卫。[①]（3）绝对正当防卫。[②]（4）特别防卫权。[③] 此外还有其他一些称谓因不具有代表性不再详述。笔者认为第 4 种提法比较科学。理由是：（1）第 20 条第 3 款规定的防卫权必须具备一定的规格和条件，它并不是一概无限制或无限度，可以任意防卫。这种防卫权具有保护对象的局限性（只限于人身权利）和防卫对象的法定性（只限于正在进行行凶、杀人、抢劫、强奸、绑架以及其他严重危及人身安全的暴力犯罪）等特征。它与一般正当防卫的原则是一致的。（2）该款规定的防卫是有限度的。这种特别行为可以造成不法侵害人伤亡，这就是一种必要限度。该款既规定了不法侵害的度（严重危及人身安全的暴力犯罪），又规定了防卫的度（可以造成不法侵害人伤亡）。伤亡

---

* 原载《人民检察》1999 年第 10 期。

① 陈兴良：《论无过当之防卫》，《法学》1998 年第 6 期。

② 李修贵：《新刑法正当防卫制度的认识与理解》，《检察学文摘》1997 年第 4 期。

③ 段立文：《对我国传统正当防卫观的反思——兼谈新刑法对正当防卫制度的修改完善》，《法律科学（西北政法大学学报）》1998 年第 1 期。

就是限度。它是与不法侵害行为造成的和可能会造成的伤亡相适应的，也是必要的。不能认为凡是造成伤亡的就没有限度。（3）第 20 条第 3 款的规定既与第 1 款规定相区别，但又不完全脱离第 1 款的规定，它是与一般防卫权相对应的特别防卫权，两者是一般与特殊的关系。将第 20 条第 3 款的规定概括为特别防卫权，不仅有助于广大群众正确认识这种防卫权只能针对特殊犯罪的场合，从而树立正确的正当防卫权利观，防止因误导而滥用权利，而且有助于准确界定第 1 款与第 3 款的关系，正确把握特别防卫权的构成要件。

二、 特别防卫的主观要件

刑法第 20 条第 3 款没有专门规定特别防卫权行使的主观要件，因此对特别防卫是否应当具备主观要件存有异议。有的认为："新刑法关于特别防卫权的规定是单纯地以特定的犯罪客观条件为前提的，而不是以防卫人的特定的主观心理状态作为特别防卫权的前提。"[①] 有的则认为，对特别防卫权的主观条件"不可一概而论，要区别对待"，"不能过分要求其有制止不法侵害的决意"。[②] 有的虽然承认特别防卫权要有主观防卫意图，但又认为特别防卫是"允许防卫意图与义愤致害不法侵害人的故意共同存在"。[③] 笔者认为上述观点都值得商榷。特别防卫权之所以被立法所肯定，不仅在于它客观上保护的是公民的人身权利，而且更主要的是防卫人主观上具有防卫合法权益免受正在进行的严重暴力犯罪侵害的意图。只有坚持主观与客观相统一，才能科学地阐明特别防卫不负刑事责任的理论根据。刑法第 20 条第 3 款没有特别规定主观要件，但第 1 款与第 3 款是一般与特殊的关系，第 1 款所规定的正当防卫的主观意图是"为了使国家、公共利益、本人或者他人的人身、财产和其他权利免受正在进行的不法侵害"。这一防卫意图的规定当然也适用于特别防卫权。如果对特别防卫采取客观主义，那必然导致将互相斗殴、防卫挑拨等不具备防卫条件的情形纳入特别防卫，这就有扩大特别防卫的危险。特别防卫作为一种立法鼓励的合法行为

---

① 王作富、阮方民：《关于新刑法中特别防卫权规定的研究》，《中国法学》1998 年第 5 期。

② 熊向东：《也论刑法中的"无限防卫权"——与黄明儒，吕宗慧商榷》，《中央政法管理干部学院学报》1998 年第 6 期。

③ 姜兴波、杨军：《论"不属于防卫过当"的情形》，《人民检察》1997 年第 11 期。

必须主客观相一致。防卫人主观上具有防卫意图即必须是为了使本人或者他人的人身安全免受正在进行的行凶、杀人、抢劫、强奸、绑架以及其他严重危及人身安全的暴力犯罪的侵害。在特别防卫的情况下，防卫人虽然明知其防卫行为会造成不法侵害人伤亡，但他并不认为这是危害社会的行为，恰恰相反是制止严重侵害的行为。因此防卫人主观上对正在进行的暴力侵害以及本人的防卫行为的认识，不是犯罪故意的内容。防卫人义愤致害故意的存在是与特别防卫在主观上必须具备的目的正当性相矛盾的。概言之，特别防卫是目的的正当性和行为的防卫性的统一，不具备防卫意图或存在致害故意的，都不成立特别防卫。

三、 特别防卫权适用的对象

特别防卫权适用的对象是："正在进行行凶、杀人、抢劫、强奸、绑架以及其他严重危及人身安全的暴力犯罪"。理解这一规定上的争议集中于以下三个问题：（1）"行凶"的含义；（2）强奸、抢劫、杀人、绑架应否受"严重暴力犯罪"所限制；（3）"其他严重危及人身安全的暴力犯罪"的范围。

笔者认为，要正确解决上述三个问题，首先应当理解立法机关设立特别防卫权利所蕴含的前提。特别防卫权是以损害不法侵害人的生命健康权为代价的。如果不对此予以严格限制，就有滥用特别防卫权的潜在危险。1996 年 10 月全国人大常委会法工委拟定的《中华人民共和国刑法》（征求意见稿）规定：对严重危害国家、公共利益的行为以及对以破门撬锁或者使用暴力方法非法侵入他人住宅的，都可行使特别防卫。1996 年 12 月八届全国人大常委会第二十三次会议初步审议的《中华人民共和国刑法（修订草案）》第 20 条关于正当防卫的规定删除了上述规定的内容，同时又规定，受害人受到暴力侵害而采取制止暴力侵害的行为，不属防卫过当。该规定仍未对"暴力侵害"作限制。许多同志提出意见，立法机关又进行了修改，最终形成刑法第 20 条第 3 款的规定。从特别防卫权的立法确立过程看，立法机关之所以允许防卫人在防卫时造成不法侵害人伤亡而不负刑事责任，其蕴含的前提是：不法侵害人的侵害行为已严重威胁防卫人的生命健康权，足以造成防卫人伤亡。如果不法侵害行为根本不危及防卫人的生命健康权，就不允许防卫人享有特别防卫权，这是权利义务一致性的体现，也是我国刑法公正性、科学性的内在要求。在特别防卫权适用对象上之所以出现一些扩大化的认识，实与论者仅从字面而没有从立法宗旨上把握法条精神有关。如有的认为"对于行凶以及其他严重危及人身安全的暴力犯罪的理解应该宽泛"，[①] 笔者认为这是有悖立法意图的。一些学者激烈抨击特别防卫权，主要也是在这一点上陷入误区。明确特别防卫权蕴含的前提后，我们再来回答上述三个问题。

（一） "行凶" 的含义

行凶不是一个规范的刑法术语，歧义较多。有的认为"行凶是指不法侵害人不听劝阻，不计后果实施刑法分则明文规定的严重犯罪，如杀人、伤害、放火、爆炸、劫持航空器、船只、汽车等行为"；[②] 有的认为"行凶是指故意实施的危及他人生命、健康的暴力犯罪行为"。[③] 笔者认为，行凶一词固然语义模糊，但既然已规定在刑法条文中，就不应将其视为"含义十分宽泛，难以界定"，[④] 而必须根据立法精神作出明确的限制解释。在法条中"行凶"既然与"杀人、抢劫、强奸、绑架"并列，那它就不包含杀人、抢劫、强奸、绑架。笔者认为，行凶是指使用凶器，故意伤害他人，危及他人生命健康，足以致他人重伤、死亡的严重暴力行为。一般的争斗、殴打行为不属行凶范畴。

（二） 强奸、 抢劫、 杀人、 绑架应否受 "严重暴力犯罪" 所限制

一种意见认为，这四种犯罪是一个统称，不论使用暴力还是非暴力都可以进行特别防卫。[⑤] 有的甚至举例认为：张三持刀威胁李四交出花 5 元钱刚买的一本杂志，扬言不交出就伤害李四，李四如果掏出携带的水果刀

---

① 祝尔军、王杰：《论无限防卫权》，载于《刑事法学要论》编辑组编：《刑事法学要论——跨世纪的回顾与前瞻》，法律出版社 1998 年版，第 432 页。

② 姜兴波、杨军：《论"不属于防卫过当"的情形》，《人民检察》1997 年第 11 期。

③ 王作富、阮方民：《关于新刑法中特别防卫权规定的研究》，《中国法学》1998 年第 5 期。

④ 陈兴良：《论无过之防卫》，《法学》1998 年第 6 期。

⑤ 黄明儒、吕宗慧：《论我国新刑法中的无限防卫权》，《法商研究（中南政法学院学报）》1998 年第 1 期。

将张三一刀刺死,这种情形李四无罪。[1] 另有意见认为,强奸犯罪任何情况下都允许特别防卫,如果抢劫犯罪是以威胁或者其他强制手段实施的,则不允许实行特别防卫。[2] 笔者认为非暴力的杀人(如投毒杀人)客观上不存在防卫问题。强奸、抢劫、绑架既可以使用暴力方法,也可以使用胁迫或其他方法。对以胁迫或其他方法实施的强奸、抢劫、绑架,不直接危及被害人的生命健康权,不能适用特别防卫,只能进行一般正当防卫。

(三) "其他严重危及人身安全的暴力犯罪" 的范围

笔者认为,"其他严重危及人身安全的暴力犯罪"必须具备以下条件:(1)必须是以暴力手段实施的犯罪行为。(2)必须是危及人身安全的暴力犯罪。人身安全包括生命、健康、自由、名誉等方面的安全。在本款中应限制解释为生命、健康的安全。(3)必须是严重危及人身安全的暴力犯罪。所谓"严重"是指暴力行为的强度足以致人重伤、死亡。如行为人使用暴力(轻微)非法拘禁他人的可以构成非法拘禁罪,对这种暴力犯罪不允许行使特别防卫。但当行为人使用严重暴力,足以致人重伤、死亡,可能触犯非法拘禁罪的情况下,则允许实行特别防卫。其他如侮辱罪、暴力干涉他人婚姻自由罪、破坏选举罪等都可以用暴力手段实施,但这些暴力都不危及他人的生命健康权,因此不属于严重危及人身安全的暴力犯罪的范围。

四、 对无刑事责任能力人可否适用特别防卫

我国刑法学界对无责任能力人的不法侵害可以实行一般正当防卫已基本达成共识。但对无责任能力人实施的严重危及人身安全的暴力行为是否可适用特别防卫有两种观点。一种观点认为,特别防卫"只能对具有刑事责任能力的行为人实施,无限防卫人应该判明对方是否具有刑事责任能力","如果明知行为人不具有刑事责任能力,即使其正在进行行凶、杀人,也只能采取紧急避险或一般意义上的正当防卫,而不能实行无限防

---

① 祝尔军、王杰:《论无限防卫权》,载于《刑事法学要论》编辑组编:《刑事法学要论——跨世纪的回顾与前瞻》,法律出版社 1998 年版,第 432 页。

② 王作富、阮方民:《关于新刑法中特别防卫权规定的研究》,《中国法学》1998 年第 5 期。

卫"。① 另一种意见认为，对无责任能力人可以实行特别防卫。笔者认为，第一种观点从一般法理上讲是成立的。既然法条中规定的是暴力犯罪，当然应当理解为符合犯罪构成要件的危害行为。但如果将未达刑事责任年龄的人和精神病人实施的严重暴力行为一概排除在特别防卫的范围之外，必然不利于保护公民的人身权利。首先，从权利的价值选择看，公民权利一律平等。不存在无责任能力人的人身权利特别受保护，而普遍公民的人身权利不受保护的问题。如果对无责任能力人都不能实行特别防卫，实质上就剥夺了防卫人的合法防卫权，使被侵害者处于极其不利、被动的地位而惨遭暴力侵害，这显失公平。其次，公民在遭受严重暴力侵害时没有时间也没有义务"判明对方是否具有刑事责任能力"，不允许对无责任能力人的严重暴力侵害行为进行特别防卫有悖情理。我们认为，对无责任能力人实施的严重危及人身安全的暴力行为原则上可以实行特别防卫，但必须予以严格限制。具体而言，当防卫人不知道暴力侵害者无责任能力时，对其可以进行特别防卫；在防卫人知道侵害人不具有刑事责任能力的情况下，尽可能地采用紧急避险，只有在迫不得已无法躲避的情况下才可以实行特别防卫。

五、 互殴中是否存在特别防卫

传统的刑法理论认为，互殴中不存在正当防卫。1997 年刑法颁布后放宽了正当防卫条件，因此对互殴中是否存在特别防卫又引发新的争论。有的认为，应当允许对因民事纠纷引发的严重暴力犯罪行为实施特别防卫。② 理由是：因民事纠纷引起的互殴仍然存在先违法，后违法，以非对非，以是对非的问题。③ 笔者对此不能苟同。互殴是指双方因某种矛盾而用暴力发泄私愤，相互加害的行为。互殴双方不存在防卫意图，都是以不法攻击不法。从现象看，互殴总有先动手后动手，先违法后违法之分。但后动手的一方并不是被侵害者和防卫者。互殴中双方都有加害对方的故意都是主动攻击对方。引起互殴的原因是多种多样的，危害结果有轻有重，但只要

---

① 高洪宾：《论无限防卫》，《政法与法律》1998 年第 4 期。
② 王作富、阮方民：《关于新刑法中特别防卫权规定的研究》，《中国法学》1998 年第 5 期。
③ 高洪宾：《论无限防卫》，《政法与法律》1998 年第 4 期。

有互殴行为，任何一方都不是正当防卫更不是特别防卫。从司法实务看，互殴引发的杀人、伤害案件占相当比重。如果承认互殴中有特别防卫，无异于承认斗殴行为是合法的。当然互殴行为的双方，其中一方已完全停止斗殴行为，而另一方又继续殴打实施严重暴力犯罪行为的，应当允许特别防卫。同时对互殴性质的认定要慎重，如不能把防卫人为了防身而携带刀具过程中所进行的正当防卫误定为"互殴"。

六、 特别防卫权的举证责任

司法实务表明，特别防卫权的司法认定有相当的难度（特别是被害人已死亡的案件），控、辩、审往往争议很大。有的同志认为，对特别防卫的认定，既不能肯定，又不能否定的，应作存疑处理（如存疑不诉或存疑宣告无罪）。笔者认为这种观点不妥。根据我国刑事诉讼法规定，刑事公诉案件的举证责任由司法机关承担，犯罪嫌疑人、被告人不承担举证责任，他们没有证明自己无罪的义务。但我国刑事诉讼法还规定，对于侦查人员的提问犯罪嫌疑人应当如实回答。根据该规定，犯罪嫌疑人应当如实陈述特别防卫的事实，并提供自己能够提供的证据。1996 年刑事诉讼法第35 条又规定："辩护人的责任是根据事实和法律，提出证明犯罪嫌疑人、被告人无罪、罪轻或者减轻、免除其刑事责任的材料和意见，维护犯罪嫌疑人、被告人的合法权益。"这一规定表明：辩护人提出被告人属特别防卫的就应提供证明特别防卫的证据材料。有鉴于此，这类案件不宜简单地适用疑罪从无、疑罪从轻原则。如果司法机关收集到的基本证据足以证明被告人是故意杀人（或伤害），而未收集到特别防卫的证据，被告人及其辩护人虽然提出特别防卫的辩护理由，但没有承担举证责任的，应认定为特别防卫不能成立。如果仅仅因为司法机关无法收集到证明被告人是特别防卫的证据而作疑案处理，必然会使一些不法分子假借特别防卫实施犯罪逃脱法网。

特别防卫权举证责任问题的提出，表明我国刑法在规定特别防卫时存在立法疏漏。如法国刑法典第 329 条规定："（1）将夜间越墙或破窗侵入住宅者杀死、杀伤或击伤；（2）将暴力行窃者或者暴力抢劫者杀死、杀伤或击伤，防卫人须提出证据证明自己无法律责任。"这一立法范例可供我国借鉴。特别防卫权举证责任倒置有利于防止不法分子滥用特别防卫权。

论司法实务中适用罪刑法定
原则的若干问题 *

罪刑法定原则的确立是我国刑事法制走向成熟的重要标志，也是1997年修订刑法的最重要成果。罪刑法定原则的确立对刑事司法提出了更高更严格的要求。1997年刑法实施两年多以来的实践证明：司法实务中如何正确、全面地贯彻执行罪刑法定原则尚有许多课题需要认真研究。笔者结合办案实践，试就司法实务中如何贯彻、执行罪刑法定原则的若干争议问题进行初步的探讨。

一、 罪刑法定与法无明文规定的界定

罪刑法定的基本含义是：法无明文规定不为罪，法无明文规定不处罚。对法无明文规定的，即使是具有严重社会危害性的行为，司法机关也不得定罪处罚。但由于立法技术的局限性，如何界定"法无明文规定"常会引起争议。试看两个案例。

案例一：犯罪嫌疑人李某（男，18周岁）和王某（男，15周岁）为了筹集外出学武的费用于1997年5月6日绑架邻居张某6岁的儿子。嗣后向张某勒索人民币2万元。期间张某儿子不断啼哭，李某、王某怕事情败露，即用石块将张某儿子砸死。

案例二：犯罪嫌疑人刘某（男，15岁，在校学生）于1998年9月15日晚潜入某初一女生宿舍，用暴力将一女生奸淫。

这两个案件在诉讼过程中引起激烈争论。一种观点认为，对王某、刘某不能定罪处罚，理由是：根据刑法第239条及最高人民法院1997年12月11日颁布的《关于执行〈中华人民共和国刑法〉确定罪名》的规定，

上述二案只能定绑架罪和奸淫幼女罪。根据刑法第17条第2款规定，这二种犯罪不属于相对负刑事责任年龄人应负刑事责任的范围，按照罪刑法定原则的要求，这类未被刑法明文规定的犯罪行为不得定罪处刑。有的同志甚至认为，修订后的刑法取消相对负刑事责任年龄人对奸淫幼女罪的刑事责任，符合我国实际情况，是"以现代刑法观念指导刑法实践，正确体现罪刑法定原则"。[①] 另一种观点认为，对王某、刘某定罪处罚并不违反罪刑法定原则。

笔者同意第二种观点。我们认为，作为现代刑法根基的罪刑法定原则具有丰富的法律内涵和内在的精神实质，对它的理解和把握切忌表面化、简单化、绝对化。

历史的经验值得借鉴。19世纪大陆法系采取以严格规则主义为特征的绝对罪刑法定主义。刑事古典学派的代表人贝卡利亚指出："刑事法官根本没有解释刑事法律的权利，因为他们不是立法者"，"当一部法典业已厘定就应逐字遵守，法官唯一的使命就是判定公民的行为是否符合成文法律"。[②] 在这种思想指导下1791年法国刑法典对各种犯罪都规定了具体的犯罪构成和绝对确定的法定刑，不允许法官有丝毫自由裁量的余地。但这种使刑法陷入僵化而不能满足社会生活需要的绝对严格规则主义在19世纪末走向衰落，代之以严格规则与自由裁量相结合的相对罪刑法定主义。在当代，绝对的罪刑法定主义已被各国刑事立法彻底否定。我国刑事立法顺应世界潮流确立的只能是相对罪刑法定主义，即允许司法人员在法律规定的范围内解释和适用法律。

诚然刑法第239条第2款规定：绑架他人"致使被绑架人死亡或者杀害被绑架人的，处死刑，并处没收财产"。根据这一规定，在绑架他人过程中又故意杀害被绑架人的，只定绑架罪，不另定故意杀人罪，也不按绑架罪、故意杀人罪数罪并罚。我们认为这一规定符合结合犯特征。结合犯是指原本为刑法上数个独立的犯罪，依照刑法的规定，结合成为一个独立犯罪的情况。结合犯的表现形式，既可以是独立的第三罪（甲罪＋乙罪＝甲乙罪或丙罪），也可以是数罪中某一犯罪的严重情况（甲罪＋乙罪＝甲

---

① 李天锡：《略论相对负刑事责任年龄人奸淫幼女的法律适用》，《法学》1998年第12期。

② ［意］切萨雷·贝卡利亚：《论犯罪与刑罚》，黄风译，中国大百科全书出版社1993年版，第12—13页。

罪或乙罪的加重情况）。① 刑法第 239 条就属第二种情况，即绑架罪 + 故意杀人罪 = 绑架罪的严重情况。结合犯的成立并不意味着故意杀人罪已不存在，而是表明两种犯罪已被结合在一起，在罪名上只定绑架罪，并适用独立的法定刑。立法之所以如此规定，目的是从重惩处在绑架中又故意杀害人质的行为。这种情形法条只规定唯一的法定刑——死刑。对王某来说其绑架行为自然不能定罪处罚，但其对故意杀人行为仍应承担刑事责任。我们应当正确区分结合犯中绑架罪与非结合犯中的绑架罪在犯罪构成中的不同内容。

1997 年刑法第 236 条第 2 款明确规定："奸淫不满十四周岁的幼女的，以强奸论，从重处罚。"奸淫幼女罪是一种严重危害幼女身心健康的犯罪行为，是强奸罪的一种特殊形式。虽然司法解释早已把奸淫幼女罪作为一个独立罪名，但始终都把它作为一种特殊形式的强奸犯罪处理。如 1984 年 4 月 "两高一部"《关于当前办理强奸案件中具体应用法律的若干问题的解答》对强奸案件作出司法解释，其中对奸淫幼女认定中的问题也作了规定。试想已满 14 周岁未满 16 周岁的少年强奸妇女尚且构成强奸罪，而以暴力奸淫幼女反而不能以犯罪论处，显失公正合理。当然我们在肯定相对负刑事责任年龄的人可以构成奸淫幼女罪的同时，并不排除对这类案件作适当的灵活处理，如已满 14 周岁不满 16 周岁的人偶尔与幼女发生性行为，情节轻微，尚未造成严重后果的可不认为是犯罪。②

二、 罪刑法定与刑法漏洞的弥补

法律漏洞是指"现行法律体系上存在影响法律功能，且违反立法意图之不完全性"。③ 修订后的刑法在立法的科学性、完备性方面有了很大的进步。但任何国家无论是如何完备的刑法典都不可避免地存在瑕疵。立法瑕疵在我国刑法典中也不同程度地存在，并给司法适用带来争议。如某私营企业主方某于 1997 年 8 月至 1998 年 9 月间共计偷税 6 万余元，偷税数额占同期应纳税额的 60%。案发后对方某应否以偷税罪追究刑事责任出现分

① 高铭暄主编：《刑法学》，中央广播电视大学出版社 1993 年版，第 292 页。
② 最高人民法院 1995 年 5 月 2 日《关于办理未成年人刑事案件适用法律的若干问题的解释》。
③ 梁慧星：《民法解释学》，中国政法大学出版社 1995 年版，第 251 页。

歧。一种观点认为，不能追究刑事责任，理由是：根据 1997 年刑法第 201 条规定：纳税人"偷税数额占应纳数额的百分之十以上不满百分之三十，并且偷税数额在一万元以上不满十万元的，或者因偷税被税务机关给予二次行政处罚又偷税的"，以及"偷税数额占应纳税额的百分之三十以上并且偷税数额在十万元以上的"构成偷税罪。方某的行为不符合上述规定，根据罪刑法定原则不应定罪处罚。另一种观点认为应当罪定处罚。

笔者赞同第二种观点。该案之所以出现争议是由刑法第 201 条出现立法漏洞引起的。该条款对"纳税人偷税数额占应纳税额的百分之三十以上并且偷税数额在一万元以上不满十万元的，或者偷税数额占应纳税额的百分之十以上不满百分之三十并且偷税数额在十万元以上的"应如何处理无明文规定。诚然，刑法第 201 条是有立法缺漏的。但条文无规定是否就一概不能定罪处罚呢？有的同志认为，刑法规定存在的漏洞只能通过立法手段，由立法者作出补充规定或立法解释来解决。① 笔者不完全同意这种观点。我们认为对刑法漏洞应作具体分析。司法机关在适用刑法规范时，首先应对条文作字面（文义）解释，但这种字面解释的结果有悖立法宗旨甚至出现荒谬结论时就应当采用历史（沿革）解释、目的解释及当然解释等方法，以正确阐明法条的立法含义。

刑法第 201 条是根据 1992 年 9 月 4 日《全国人民代表大会常务委员会关于惩治偷税、抗税犯罪的补充规定》（以下简称《补充规定》）第 1 条修改而成的（《补充规定》又是吸收"两高" 1992 年 3 月《关于办理偷税、抗税刑事案件具体应用法律的若干问题的解释》的规定而制定的）。《补充规定》第 1 条规定：纳税人"偷税数额占应纳税额的百分之十以上并且偷税数额在一万元以上的，或者因偷税被税务机关给予二次行政处罚又偷税的，处……；偷税数额占应纳税额的百分之三十以上并且偷税数额在十万元以上的，处……"。该规定并无立法空当。第 201 条在吸纳《补充规定》时，为了使法条更加明确（实为画蛇添足）在第一个判刑幅度中新增"不满百分之三十"和"不满十万元"的规定。这一新增内容使法条含义过于具体，失之严密、周全。按照字面解释，对方某定罪处罚自然于法无据。但这样解释的结果势必造成较轻的偷税行为构成犯罪，而严重的偷税行为

---

① 李宁：《刑法司法解释若干问题再思考——兼谈加快现行刑法司法解释之必要性》，《中国刑事法杂志》1999 年第 3 期。

则不能以犯罪追究的荒谬结论。这显然有悖刑法的公正性，也不符合罪刑适应原则，有违立法本意。我们认为对于这种法律漏洞应当作出当然解释。当然解释是指"刑法规定虽未明示某一事项，但依形式逻辑或者事物属性的当然道理，将该事项解释为包括在该规定的适用范围之内"。[①] 既然偷税数额占应纳税额的 10% 以上不满 30% 并且偷税数额在 1 万元以上不满 10 万元的都要追究刑事责任，那么偷税数额占应纳税额超过 30%，并且偷税数额在 1 万元以上的就更应当追究刑事责任，而且还要在前一个法定刑幅度内从重处罚。

总之，笔者认为不管是从法条的历史演变看，还是从立法原意看，对方某的偷税行为都应当追究刑事责任。由于我国刑法典存在的立法漏洞并非个别，对这些立法漏洞是否可以在司法适用中予以弥补必须严格掌握，不得违背立法本意。如 1997 年刑法第 336 条第 2 款规定的非法进行节育手术罪的主体是未取得医生执业资格的人。从实践看已取得医生执业资格的人非法进行节育手术的，其主观恶性和社会危害性都不亚于未取得医生执业资格的人。但司法机关不能因为立法疏漏而擅自将已取得医生执业资格的人纳入该罪的主体范围。否则就会陷入司法擅断，有违罪刑法定原则。

三、 罪刑法定与概括性刑法规范的适用

罪刑法定要求刑法规范具有明确性。明确性原则是指"立法者必须具体地并且明确地规定刑罚法规，以便预先告知人们成为可罚对象的行为，使国民能够预测自己的行为，并限制法官适用刑法的恣意性"。[②] 该原则要求立法者立法时用语必须明确易懂，不能含糊笼统。虽然罪刑法定，但如果内容不明确，就无法防止刑罚权的滥用，罪刑法定的人权保障功能就无法实现。"过去抽象而使解释的界限无法被预测的法律条文在罪刑法定主义上是不被允许的。"[③]

但我们必须理性地看到，刑事立法是从形形色色诸多业已存在或将来可能发生的犯罪现象中抽象出适用于该类犯罪的一般准则，它不可能完全

---

① 李希慧：《刑法解释论》，中国人民公安大学出版社 1995 年版，第 116、100 页。
② 马克昌：《罪刑法定主义比较研究》，《中外法学》1997 年第 2 期。
③ ［日］西原春夫：《日本刑事法的形成与特色》，李海东译，法律出版社 1997 年版，第 122 页。

以叙明罪状的方式穷尽一切犯罪的所有主客观特征。因此应当具有高度的概括性,不应将罪刑法定的明确性绝对化。为了保证刑法的适时性、稳定性、预见性,使有限的法律条文所涵盖的内容尽可能地广泛,在立法中创设一些概括性、模糊性的用语,甚至通过采取空白罪状等立法技术以扩大刑法的适用范围是完全必要的,不应认为这违背了罪刑法定原则。

我国修订刑法典的三大指导原则之一就是"对一些原来比较笼统、原则的规定,尽量把犯罪行为研究清楚,作出具体规定"。① 应该说刑法典在立法的明确化方面迈出了一大步。但毋庸讳言修订后的刑法仍然使用了大量概括性、模糊性语言。据笔者统计,新刑法典中规定数额犯(以"数额较大"或"数额巨大"作为犯罪构成要件)、情节犯(以"情节严重"作为犯罪构成要件)、结果犯(以"造成严重后果""遭受重大损失"等作为犯罪构成要件)的法条达 180 多条。这些条文目前绝大部分尚无司法解释。因此在司法适用中感到难以把握,许多案件(尤其是新罪名案件)因此而没有得到处理。据笔者调查,近年来一些发案率较高的新罪名(如侵占罪、虚报注册资本罪、非法占用耕地罪等)被司法机关定罪处罚的寥寥无几。

笔者认为,这些新罪名案件之所以处理得很少,固然缘于法律规定的模糊性,但也与司法人员对立法明确性的认识出现偏差有直接关系。由于法律用语模糊,而使本应追究刑事责任的案件没有得到追究,既不利于打击犯罪、保护社会,也不利于贯彻罪刑法定原则。虽然法律规定不明确,但毕竟立法已有规定,司法机关不能等到这些标准都有司法解释以后才去处理。立法的明确性与概括性是相对的,不存在绝对的明确性。从立法技术看,刑法规范不可能以简明扼要又完美无缺的语言表达涵括现实生活中的所有犯罪案件。司法人员充分发挥解释刑法的主观能动性在一定程度上可以弥补法律规范的模糊性和抽象性。

笔者认为,对法律规定不明确或无明确司法解释的犯罪,可根据不同情况将其犯罪构成具体化,主要方法有:

1. 参照旧司法解释执行。刑法修订后旧司法解释不再有效。但对那些修订后罪名、构成要件、情节及法定刑无重大变化的犯罪,旧司法解释仍可参照适用。如诈骗罪、职务侵占罪、虚开增值税发票罪、伪造货币罪的

① 王汉斌:《关于〈中华人民共和国刑法〉(修订草案)的说明》。

犯罪的数额标准旧司法解释均有明确规定，目前仍可参照适用。

2. 借鉴旧司法解释的规定执行。这主要是适用那些虽然罪名及犯罪构成已有变化，但原刑法条文的立法精神仍在新罪名中予以体现的各种罪名。如非法经营罪，法条规定要"情节严重"才构成犯罪。何谓"情节严重"，司法解释无规定。但该罪是从投机倒把罪中分解出来的，有关投机倒把罪的司法解释，对认定非法经营罪有借鉴作用。其他如寻衅滋事罪、聚众斗殴罪、侮辱妇女罪、重大劳动安全事故罪、工程重大安全事故罪等犯罪的认定均可借鉴旧司法解释执行。

3. 参照新司法解释执行。如1997年12月高检颁布了《关于检察机关直接受理立案侦查案件中若干数额、数量标准的规定（试行）》。该规定对滥用职权罪，玩忽职守罪，国家机关工作人员签订、履行合同失职被骗罪等规定了定罪数额（10万元以上）标准。笔者认为，这一数额标准对于签订、履行合同失职被骗罪，为亲友非法牟利罪，徇私舞弊造成破产、亏损罪，违法发放贷款罪等罪名具有参考价值。因为上述各罪名虽然罪名有异，但实质上都属于滥用职权、玩忽职守的犯罪范畴，其定罪数额具有可比性。

4. 参照有关行政法规、规章执行。如刑法第341条对非法猎捕、杀害珍贵、濒危野生动物的标准未有明确规定。但1994年5月原林业部、公安部颁布了《关于陆生野生动物刑事案件的管辖及其立案标准的规定》，该《规定》的数额标准，在司法解释出台之前可以参照适用。

5. 根据立法精神确定定罪标准。如侵占罪的数额标准，立法和司法解释均无规定，那么应以多少为宜呢？笔者认为，该罪的社会危害性和盗窃罪相比，相对较小，又是自诉案件，法定刑比较轻。根据该罪的立法精神，其定罪数额标准应高于盗窃罪，可把盗窃罪数额巨大的标准作为侵占罪的起点数额标准。

总之，笔者认为，通过上述方法基本可以解决那些犯罪界限模糊、司法解释又无规定的罪名的定罪标准问题，从而使这些犯罪依法得到刑事追究。

四、 罪刑法定与扩张司法解释的适用

司法解释是最高人民法院、最高人民检察院分别就审判工作和检察工作中如何具体应用法律问题所作的具有普遍司法效力的解释。它是司法机

关准确适用法律的基础和前提。罪刑法定体现了立法权对司法权的限制。随着刑法典对罪刑法定原则的确认，"两高"能否对刑法规范进行扩张解释成为当前学者们争论的焦点之一。一种观点认为，根据罪刑法定原则，刑法有明确规定的，只能按法律的本意理解，不能作扩大解释；法律以模糊语言规定的，立法解释和司法解释都只能作限制解释，并以有利于个人、有利于被告为原则。[①] 另一种观点则认为，应当允许在必要时对法律规定的适用作出合理的、不违反立法意图的扩张或限制解释。[②]

笔者赞同第二种观点。我国正处于社会变革和转轨时期，治安形势严峻，刑事法律的滞后性问题会随着社会发展而表现得日益突出。"法律总是具有一定程度的粗糙的不足，因为它必须在基于过去的同时着眼未来，否则不能预见未来可能发生的全部情况。现代社会变化之疾之大使刑法即使经常修改也赶不上它的速度。"[③] 法律的局限性是客观存在的，这是由人的理性能力的有限性决定的。新刑法典在许多方面还存在着瑕疵、疏漏及滞后等问题。这些问题主要应通过不断完善立法加以解决。但立法不能朝令夕改。在"稳定压倒一切"的客观形势下，为了保证"从重从快"刑事政策的贯彻执行，有效地扼制犯罪，最高司法机关应当遵循罪刑法定原则，在不违背立法意图的情况下对一些法律条文作出合理的扩张解释。如刑法典对非法买卖外汇的行为没有明文规定为犯罪。为了防范金融风险，严厉打击非法买卖外汇的行为，最高人民法院在1998年9月颁布的《关于审理骗购外汇、非法买卖外汇刑事案件具体应用法律若干问题的解释》规定：非法买卖外汇20万美元以上的或者违法所得5万元人民币以上的，按照刑法第225条第（3）项非法经营罪定罪处罚。有的同志认为，新刑法典在取消投机倒把罪时，没有设专条规定非法买卖外汇罪，因此对非法买卖外汇的行为如何定性属"法无明文规定"，不能以犯罪论处，高法的解释属越权扩张解释。笔者认为，高法的解释虽属扩张解释，但未违背立法意图。刑法第225条规定："违反国家规定，有下列非法经营行为之一，扰乱市场秩序，情节严重的……"构成非法经营罪。1996年1月国务院颁布的外汇管理条例第45条规定："私自买卖外汇、变相买卖外汇或者倒买

---

① 张安平、沈海平：《刑法完善任重道远——98刑法学年会综述》，《人民检察》1999年第1期。

② 王作富：《贯彻罪刑法定原则的几个问题》，《法学家》1997年第3期。

③ ［意］恩里科·菲利：《犯罪社会学》，郭建安译，中国人民公安大学出版社1990年版，第101页。

倒卖外汇的……构成犯罪的，依法追究刑事责任。"根据上述规定，高法作出扩张解释，把非法买卖外汇行为纳入刑法第 225 条第 3 项"其他严重扰乱市场秩序的非法经营行为"之列是完全符合立法意图的。1998 年 12 月全国人大常委会颁布的《关于惩治骗购外汇、逃汇和非法买卖外汇犯罪的决定》第 4 条规定："在国家规定的交易场所以外非法买卖外汇，扰乱市场秩序，情节严重的，依照刑法第二百二十五条的规定定罪处罚。"这一立法规定进一步说明高法扩张解释的合理性和必要性。

我们认为，为了使刚性的刑法规定与变动中的社会生活有效地加以协调，应当允许"两高"作扩张解释。但对扩张解释必须要进行严格限制。限制的界限就是扩张解释不得违背立法意图，不得超出法条文字所容许的范围。在文义范围内进行的解释符合罪刑法定原则，[①] 反之则不然。1997 年新刑法典颁布后"两高"在制定司法解释过程中也曾出现越权解释现象。如最高人民法院关于适用修订后刑法有关问题的司法解释（第 5 稿）中曾规定："1997 年 9 月 30 日以前犯罪，1997 年 10 月 1 日以后仍在服刑的累犯和因杀人、爆炸等暴力性犯罪被判处 10 年以上有期徒刑、无期徒刑的罪犯，适用新刑法的规定，不得假释。"该解释（草案）严重违背罪刑法定和从旧兼从轻的溯及力原则，属越权扩张解释。因此，最高人民法院在 1997 年 9 月正式颁布的《关于适用刑法时间效力规定若干问题的解释》第 8 条中将原规定的不得假释修改为"可以假释"，从而避免了越权解释的出台。

在适用扩张解释时还有一个问题需要探讨，即越权扩张解释是否具有司法效力的问题。有的同志认为，司法人员在具体适用司法解释时应具有主动性，"适用与立法、立法解释不相矛盾的司法解释"。[②] 这种观点认为，越权司法解释不具有效力。笔者认为这种观点值得商榷。司法解释即使违反罪刑法定原则，有悖立法意图，在正式废止之前各级司法机关仍应遵照执行。理由是：（1）地方各级司法机关不享有审查司法解释合法性的权力。根据我国的政治体制和全国人大常委会《关于加强法律解释工作的决议》精神，审查司法解释是否合法的权力属于全国人大常委会。如果"两

---

① 陈兴良、周光权：《刑法司法解释的限度——兼论司法法之存在及其合理性》，《法学》1997 年第 3 期。

② 王定：《刑法实务若干问题研讨》，中国人民公安大学出版社 1994 年版，第 26 页。

高"的扩张解释违背罪刑法定原则，出现越权解释，那只能由立法机关予以废除或最高司法机关自行纠正。地方各级司法机关适用司法解释时发现有越权现象的只能向最高司法机关提出建议意见，而不得停止或拒绝适用该规定。（2）从实际情况看，界定某一司法解释是否越权并非易事。旧刑法并未明确规定罪刑法定原则，但对某一解释是否越权的争论还时有出现。如最高人民法院、最高人民检察院 1986 年 6 月在《关于刑法第一百一十四条规定的犯罪主体的适用范围的联合通知》规定，群众合作组织或个体经营户的从业人员也可以成为重大责任事故罪的主体。对这一扩张解释，有的学者认为属于绝对越权解释，因为它"完全突破了刑法条文的限制"。① 有的学者则认为它并未越权仍属合法解释。② 随着新刑法典明文规定罪刑法定原则，对某一司法解释是否越权的争论将比以往更加激烈。如 1998 年 4 月 29 日最高人民法院《关于审理挪用公款案件具体应用法律若干问题的解释》第 1 条第 2 款规定："挪用公款给私有公司、私有企业使用的，属于挪用公款归个人使用。"对这一扩张解释是否越权目前争议就很大。

"法律是普遍的，应当根据法律来确定的案件是单一的。要把单一的现象归结为普遍的现象就需要判断。"③ 我们认为，在罪刑法定时代，刑事司法人员的执法活动不应单纯机械地照抄照搬刑法条文，否则将窒息司法活动的生命力。

---

① 陈兴良、周光权：《刑法司法解释的限度——兼论司法法之存在及其合理性》，《法学》1997 年第 3 期。

② 李希慧：《刑法解释论》，中国人民公安大学出版社 1995 年版，第 116、100 页。

③ 《马克思恩格斯全集》（第 1 卷），人民出版社 1998 年版，第 76 页。

论受委托从事公务人员的刑法地位 *

在认定职务犯罪中，如何正确认识受委托从事公务人员（以下简称受托人员）的法律地位具有十分重要的意义。本文试对这一问题略陈管见。

一、 1997 年刑法修订之前，受委托从事公务人员的法律地位

1979 年刑法第 83 条规定："本法所说的国家工作人员是指一切国家机关、企业、事业单位和其他依照法律从事公务的人员。" 1982 年 3 月 8 日全国人大常委会颁布的《关于严惩严重破坏经济的罪犯的决定》规定："本决定所称国家工作人员，包括在国家各级权力机关、各级行政机关、各级司法机关、军队、国营企业、国家事业机构中工作的人员，以及其他各种依照法律从事公务的人员。" 上述两个法律均没有规定受委托人员是否属于国家工作人员范围。但 1979 年刑法第 155 条则明确规定，贪污罪主体是国家工作人员以及受国家机关、企业、事业单位、人民团体委托从事公务的人员。从该规定看，国家工作人员与受托人员是有区别的，国家工作人员不包括受托人员。

1979 年刑法在渎职罪一章的 8 个条文中都没有规定犯罪主体是否包括受托人员。那么对于受托人员利用职务上的便利，收受贿赂、玩忽职守、徇私枉法、体罚虐待被监管人员、私放罪犯等渎职行为该如何处理呢？理论和实践中存在分歧。一种观点认为，受托人员实施严重渎职行为的，应按渎职犯罪处理；另一种观点认为，受托人员按渎职犯罪处理没有法律依据。这种争论在玩忽职守罪和受贿罪中表现得尤为突出。为了解决实践中的争议，1987 年 8 月 31 日最高人民检察院颁布的《关于正确认定和处理玩忽职守罪的若干意见（试行）》规定："玩忽职守罪的犯罪主体必须是国

---

① 原载《人民检察》2001 年第 7 期。

家工作人员，根据刑法第八十三条规定和全国人大常委会《关于严惩严重破坏经济的罪犯的决定》精神，所谓国家工作人员，是指在国家各级机关、军队、社会团体、全民所有制企业、事业单位中工作的人员，以及其他依照法律从事公务的人员。所谓依照法律从事公务的人员，是指根据法律规定，经人民选举或受国家机关、军队、社会团体、全民所有制、集体所有制的企业、事业单位的委托、聘用，从事管理工作的人员。"该规定从司法解释角度肯定了受托人员属于国家工作人员中的依照法律从事公务的人员。该解释属于扩张解释。这一规定从打击渎职犯罪，维护国家正常管理秩序方面看，确有其合理性，而且在当时刑法未规定罪刑法定原则，允许类推制度存在的背景下，将其视为越权解释未必妥当。但从解释的科学性上看，该规定值得推敲。在同一法律中，同一法律术语的内涵和外延必须一致。既然贪污罪中国家工作人员不包括受托人员，为什么在玩忽职守罪中国家工作人员又可以包括受托人员呢？为此，该解释出台后一直遭到理论界的质疑。①

与玩忽职守罪不同，在贪污、受贿罪中，对受托人员的规定，司法解释注意到了解释的合理性和科学性问题。1979 年刑法第 185 条规定，受贿罪的主体是国家工作人员，那么受托人员能否成为受贿罪的主体呢？一种观点认为，受托人员成为贪污罪主体，是贪污罪主体的扩大，它不包括受贿罪；另一种观点认为，刑法第 185 条没有像第 155 条那样规定，完全是立法技术问题，既然受托人员可以构成贪污罪，为什么就不能定受贿罪？没有理由把受托人员排除在受贿罪主体之外。② 但司法解释一直没有对这个问题作出规定，司法实践中做法不一。1988 年 1 月 21 日全国人大常委会颁布《关于惩治贪污罪贿赂罪的补充规定》。该补充规定将贪污罪、挪用公款罪的犯罪主体规定为"国家工作人员、集体经济组织工作人员或者其他经手、管理公共财物的人员"，而将受贿罪主体规定为"国家工作人员、集体经济组织工作人员或者其他从事公务的人员，"1989 年 11 月 6 日"两高"颁布《关于执行〈关于惩治贪污罪贿赂罪的补充规定〉若干问题的解答》。该解答在规定贪污罪、挪用公款罪主体时，把受托人员纳入

① 赵秉志：《刑法争议问题研究》，河南人民出版社 1996 年版，第 639—640 页。
② 王作富：《受贿罪的几个问题》，载于江礼华主编：《刑法刑事诉讼法实践问题专论》，红旗出版社 1993 年版，第 168 页。

"其他经手、管理公共财物的人员"的范围；在受贿罪中则将受托人员纳入"其他从事公务的人员"的范围，而没有将受托人员纳入国家工作人员范围。应当说，该解释既符合客观实际的需要，也符合立法精神，受托人员的法律地位问题在贪污、受贿、挪用公款罪中得到了较好的解决。1995年2月28日全国人大常委会颁布《关于惩治违反公司法的犯罪的决定》（以下简称《决定》）。该《决定》第12条规定："国家工作人员犯本决定第九条、第十条、第十一条规定之罪的，依照《关于惩治贪污罪贿赂罪的补充规定》的规定处罚。"随后，最高人民检察院、最高人民法院分别颁布司法解释，对《决定》中所规定的国家工作人员作出解释，但解释均未涉及受托人员的主体地位。特别是最高人民法院制定的《关于办理违反公司法受贿、侵占、挪用等刑事案件适用法律若干问题的解释》第4条第2款规定："《决定》第十二条所说的国家工作人员，是指在国有公司、企业或者其他公司、企业中行使管理职权，并具有国家工作人员身份的人员。……"这样对国家工作人员范围的限制更严格了。由此又引起司法部门对受托人员能否成为贪贿罪主体新的争议。

此外，最高人民检察院1989年11月3日制定的《人民检察院直接受理的侵犯公民民主权利、人身权利和渎职案件立案标准的规定》一些问题的说明中还规定："刑法第一百三十六条规定刑讯逼供案的犯罪主体是国家工作人员，在司法实践中，主要是指公安、安全、检察、法院的工作人员，企业、事业单位的保卫干部，以及受国家机关委托协助办理刑事案件的人员。"即受委托协助办理刑事案件的人员可以成为刑讯逼供罪的主体。1994年1月10日最高人民检察院在《关于受监管机关正式聘用或委托履行监管职务的人员能否成为体罚虐待人犯罪和私放罪犯罪主体的批复》中规定，受监管机关正式聘用或委托实际履行监管职务的人员可以作为体罚、虐待人犯罪和私放罪犯罪的主体。

综上我们可以看到，现行刑法颁布之前，除贪污罪外，刑事立法并未规定受托人员的法律地位，受托人员的法律地位是通过司法解释予以明确的。

二、 1997 年修订刑法颁布之后， 受委托从事公务人员的法律地位

如何界定国家工作人员范围及完善渎职犯罪立法是刑法修订的主要内

容之一。1997 年修订后的刑法第 93 条把国家工作人员分为国家机关工作人员和准国家工作人员。国家机关工作人员是指国家机关中从事公务的人员。准国家工作人员包括三种主体：国有公司、企业、事业单位、人民团体中从事公务的人员；国家机关、国有公司、企业、事业单位委派到非国有公司、企业、事业单位、社会团体从事公务的人员；其他依照法律从事公务的人员。从上述规定看，国家工作人员不能当然地包括受托人员。

1997 年修订刑法进一步完善了渎职犯罪立法。首先，将贪污贿赂罪单列一章。其次，在渎职罪一章中改变了 1979 年刑法对渎职罪的规定过于笼统的做法，分解玩忽职守罪，新增一些具体的渎职犯罪行为，从而形成以第 397 条所规定的玩忽职守罪、滥用职权罪为渎职罪的一般规定，以第 398 条至第 419 条所规定的具体渎职犯罪为渎职罪的特殊规定的法律规范体系。在刑法分则所有渎职罪条文中，除刑法第 382 条第 2 款规定，受国家机关、国有公司、企业、事业单位、人民团体委托管理、经营国有财产的人员可以成为贪污罪主体外，其他条款均未规定受托人员可以成为渎职罪主体。而修订刑法第 382 条之所以增设第 2 款，完全是因为"有的代表提出，贪污罪的主体中未能包括国家机关、国有公司、企业、事业单位委托管理、经营国有财产的人员，不利于对国有财产的保护。因此，建议在贪污罪中增加一款规定"。① 可见，根据第 382 条的立法原意，国家工作人员不包括受托人员。

修订刑法实施后，受托人员能否成为渎职罪主体成为摆在司法人员面前亟待解决的问题。从贪贿罪的立法发展看，贪污罪与挪用公款罪的犯罪主体一直是相同的。但刑法第 384 条并未规定受委托管理、经营国有财产的人员可以成为挪用公款罪的主体。2000 年 2 月 16 日最高人民法院《关于对受委托管理、经营国有财产人员挪用国有资金行为如何定罪问题的批复》规定："对于受国家机关、国有公司、企业、事业单位、人民团体委托，管理、经营国有财产的非国家工作人员，利用职务上的便利，挪用国有资金归个人使用构成犯罪的，应当依照刑法第二百七十二条第一款的规定定罪处罚。"即受委托从事公务的人员不构成挪用公款罪的主体，从而也就进一步肯定了受托人员不属于国家工作人员。但最高人民法院在 2000

---

① 薛驹：《第八届全国人民代表大会法律委员会关于〈中华人民共和国刑法修订草案〉审议结果的报告》。

年 9 月 14 日通过的《关于未被公安机关正式录用的人员、狱医能否构成失职致使在押人员脱逃罪主体问题的批复》规定："对于未被公安机关正式录用，受委托履行监管职责的人员，由于严重不负责任，致使在押人员脱逃，造成严重后果的，应当依照刑法第四百条第二款的规定定罪处罚。"该《批复》肯定了刑法第 400 条规定的司法工作人员包括受托人员。

最高人民检察院对受托人员的法律地位予以了肯定。2000 年 4 月 24 日颁布的《关于以暴力、威胁方法阻碍事业编制人员依法执行行政执法职务是否可对侵害人以妨害公务罪论处的批复》规定："以暴力、威胁方法阻碍国家机关中受委托从事行政执法活动的事业编制人员执行行政执法职务的，可以对侵害人以妨害公务罪追究刑事责任。"2000 年 10 月 9 日最高人民检察院《关于合同制民警能否成为玩忽职守罪主体问题的批复》又规定，合同制民警应以国家机关工作人员论。这两个解释肯定了受托人员属于国家机关工作人员范围。

从以上评述，我们可以看到，修订刑法除贪污罪外，对受托人员的法律地位没有作出规定。受托人员的法律地位基本上是由司法解释予以明确的。但是，司法解释之间也还存在不协调的地方。

三、 完善受委托从事公务人员法律地位的立法思考

对受托人员的法律地位立法无明确规定，司法解释也存在矛盾。这种现状不利于司法实践。因此，修改完善相关规定以明确受托人员的法律地位十分重要。为了修改完善受托人员的法律地位，有必要再研究以下几个问题。

（一） 受托人员应否纳入国家工作人员范围

一种观点认为，既然 1997 年修订刑法除贪污罪外没有规定受托人员可以成为渎职犯罪的主体，因而也就不需要将其纳入国家工作人员范围。

笔者认为，将受托人员纳入国家工作人员范围是非常必要的。理由是：（1）国家工作人员本质特征在于"从事公务"。"从事公务"是指在国有单位中行使组织、领导、监督、管理职能的活动。受托人员与刑法第 93 条规定的国家工作人员一样都具有"从事公务"的基本特征。（2）任何公务行为的正确实施都是正确履行职权和职责的体现，它直接保证着国家管理职

能的实现。国家对任何从事公务活动的人都要求其恪尽职守。行为人不正确行使职权，玩忽职守或滥用职权，都是有悖职责的，都妨碍国家管理活动的正常进行，情节恶劣，后果严重，给国家造成重大损失的，其行为就具有严重的社会危害性，符合犯罪的本质特征。（3）从实际情况看，根据我国现行的人事管理制度，有的虽属事业编制，但法律、法规都赋予其行政执法职能，即使是在国家机关中也还有一部分从事公务的人员属事业编制或属"以工代干"人员，这些人员没有正式录用为国家机关工作人员。据调查，全国监管场所目前仍有占监管工作人员总数 4% 的"以工代干"人员从事监管工作。这些人员由于各种原因，没有解决司法警察身份，但在监管场所中承担着监管罪犯的职责。至于在国有公司、企业、事业单位中，受委托从事管理活动的人员就更多了。把这些人员排除在渎职罪主体之外显然是脱离实际的。同时我们必须区分立法中的"应然"与"实然"的关系。立法没有规定不等于立法没有规定的必要。对现行立法没有规定而又有必要加以规定的严重危害行为，应通过完善立法的方法将之犯罪化。

（二） 受委托人员是否属于 "其他依照法律从事公务的人员"

当前，理论界与实务界有不少同志认为，受托人员属于刑法第 93 条第 2 款规定的"其他依照法律从事公务的人员"。① 笔者认为，这种观点难以成立。受托人员与依照法律从事公务的人员是有重大区别的，表现在：（1）从事公务的依据不同。前者来源于国有单位的委托，委托形式既可以是书面的，也可以是口头的，未经委托或解除委托即失去行使职权的合法基础；后者则直接来源于法律的规定，即必须是依照法律规定选举或者任命产生，未经法定程序罢免，行为人的法定身份不能解除。（2）行使的职权不同。受托人是在受托的范围行使职权；而依照法律从事公务的人员，只要经人民选举或者依法任命，即拥有法律赋予的职权。如人民代表依据全国人民代表大会和地方各级人民代表大会法行使权力，人民陪审员根据刑事诉讼法、人民法院组织法行使权力。（3）从立法技术看，如果"依照法律从事公务的人员"包括受托人员，那么刑法第 382 条第 2 款就根本没有特别规定的必要。从刑法修订草案审议过程看，立法机关并不认为国家

---

　① 侯国云、白岫云：《新刑法疑难问题解析与适用》，中国检察出版社 1998 年版，第 194 页。

工作人员包括受托人员。（4）从司法解释看，"两高"在《关于执行〈关于惩治贪污罪贿赂罪的补充规定〉若干问题的解答》中解释受贿罪主体时规定："'其他从事公务的人员'，是指国家工作人员、集体经济组织工作人员以外的依照法律从事公务的人员或者受委托从事公务的人员。"该解释把依照法律从事公务与受委托从事公务并列加以区分。刑法修订后，最高人民法院之所以规定受委托从事公务的人员挪用国有资金的不构成挪用公款罪，也是对立法本意的遵循。2000 年 4 月 29 日九届全国人大常委会第十五次会议通过了《关于〈中华人民共和国刑法〉第九十三条第二款的解释》（以下简称《解释》）。《解释》规定，村委会基层组织人员协助人民政府从事七项行政管理工作时，属于刑法第九十三条第二款规定的"其他依照法律从事公务的人员。有的同志认为，该《解释》属立法扩张解释，[①] 立法机关已认可受委托从事公务的人员属国家工作人员。笔者认为，这种结论有失偏颇。扩张解释是指将刑法条文作大于其字面含义范围的解释。《解释》的规定没有扩大条文的字面含义。《中华人民共和国村民委员会组织法》第四条明确规定："村民委员会协助乡、民族乡、镇的人民政府开展工作。"根据这一规定，村委会成员协助人民政府开展工作是其法定职责，其协助人民政府所开展的工作具有政府行政管理的性质。《解释》所规定的七项工作都属于村委会协助乡、镇人民政府所开展的具有行政管理性质的工作。村委会成员在从事《解释》所规定的七项工作时，完全属于依照村委会组织法从事公务的人员。《解释》只不过进一步明确他们是否属于刑法第九十三条第二款规定的"其他依照法律从事公务的人员"。因此，该解释符合立法原意，也符合全国人大常委《关于加强法律解释工作的决议》所规定的"凡关于法律、法令条文本身需要进一步明确界限，由全国人大常委会进行解释"的精神。可见该解释不是扩张解释，而是严格解释。再说，该解释是在最高人民检察院和最高人民法院对这一问题的理解出现分歧而呈报全国人大常委会，由全国人大常委会作出的，它旨在解决"目前司法机关反映比较突出亟须解决的村委会等农村基层组织人员在协助人民政府从事哪些工作时属于'依照法律从事公务的人员'的问题，因此本解释只对此作出规

---

① 赵秉志、时延安：《略论关于刑法第九十三条第二款的立法解释》，《法制日报》2000 年 5 月 28 日第 3 版。

定，并不是对'依照法律从事公务的人员'的全部范围作规定"。① 在司法适用中不允许对立法解释本身再作扩张解释。

（三） 司法解释将受托人员纳入国家工作人员范围是否合法

修订刑法之前，受托人员的法律地位是由司法解释予以明确的。刑法修订之后，大部分司法解释也直接认可受托人员属于国家机关工作人员。对此不少同志持肯定态度。笔者认为，通过司法扩张解释的方法，把受托人员纳入国家机关工作人员范围是不合适的。不容否认，这些司法解释具有实质合理性，有利于惩治渎职犯罪。但修订刑法并没有把受托人员纳入国家工作人员范围。这属于立法中的疏漏。对于立法上的漏洞只能通过修改刑法的方法予以解决。正如陈兴良教授所指出的"人治与法治的区分仅仅在于：当实质合理性与形式合理性发生冲突的情况下，是选择实质合理性还是形式合理性……罪刑法定主义就是建立在形式理性之上的，以承认形式合理性为前提"。② 司法解释必须恪守解释权限。"在罪刑法定主义原则下，严格解释是刑法解释的基本原则。"③ 最高司法机关必须在立法原意的范围内对刑法具体应用中的问题予以明确化、具体化。同一法律用语的解释在不同的司法解释中必须保持相同的解释含义，绝不允许出现超越刑法规定内容的司法解释。在存在立法缺漏的情况下，为了充分实现刑法的社会保护功能，试图超越解释权限对刑法条文进行创造性弥补，只能造成立法权与司法权的混同，妨碍刑法人权保障功能的发挥，最终将破坏刑事法治的建构。笔者认为，不宜通过司法解释直接将受托人员纳入国家工作人员范围。那么是通过刑事立法还是通过立法解释来解决受托人员的法律地位问题呢？有的同志认为："立法解释不仅具有最高的权威性，而且可以弥补立法漏洞，改变立法滞后性的局面……在法律没有明文规定的情况下，只有通过立法机关行使解释权，才能使罪刑法定原则落到实处。"④ 笔者认为，这种观点不妥。立法解释虽然是立法工作的延续，效力也与法律相同，但立法解释的目的是进一步明确刑法规定的界限或解决"两高"在

---

① 顾昂然：《第九届全国人民代表大会常务委员会关于〈中华人民共和国刑法〉第九十三条第二款的解释（草案）审议结果的报告》。

② 陈兴良：《法治国的刑法文化——21世纪刑法学研究展望》，《人民检察》1999年第11期。

③ 甘雨沛、何鹏：《外国刑法学》，北京大学出版社1984年版，第21页。

④ 周迅：《论罪刑法定原则实施之保障》，《人民法院报》2000年10月14日，第3版。

刑法司法解释上存在的原则性分歧。它不能超越刑法规定的基本范围或者违背刑法规定的基本含义。超越立法原意的立法扩张解释应禁止采用。刑事立法是通过制定新刑法，修改或者补充已有的刑法，使刑法规定更加完善。它是对刑法没有规定的内容作出新的规定。它不必像立法解释那样必须受已有刑法规定的约束。将受托人员纳入国家工作人员范围是增加新的犯罪主体，属于对原刑法漏洞的弥补。因此采用刑事立法方式比较妥当。

笔者建议，通过刑法修正案的方式将刑法第 93 条修改为：

"本法所称国家工作人员，是指国家机关中从事公务的人员以及受国家机关委托从事公务的人员。

下列人员以国家工作人员论：

（一）国有公司、企业、事业单位、人民团体中从事公务的人员；

（二）国家机关、国有公司、企业、事业单位委派到非国有公司、企业、事业单位、社会团体从事公务的人员；

（三）受国有公司、企业、事业单位、人民团体委托从事公务的人员；

（四）其他依照法律从事公务的人员。"

存疑案件赔偿问题之我见*

存疑案件是指犯罪嫌疑人被逮捕后，因事实不清、证据不足，不能认定犯罪嫌疑人有罪而作撤案、不起诉（存疑不诉）或宣告无罪的案件。

1994 年公布的国家赔偿法第 15 条第 2 项规定："对没有犯罪事实的人错误逮捕的"，受害人有权获得国家赔偿。1996 年刑事诉讼法将逮捕的条件之一"主要犯罪事实已经查清"修改为"有证据证明有犯罪事实"。因此对逮捕后作存疑处理的案件应否赔偿，目前出现了较大分歧。

第一种观点是"否定说"。该观点认为，存疑案件不应赔偿。①

第二种观点是"折中说"。该观点认为，对存疑案件是否给予赔偿不能一概而论。对于案件事实不清、证据薄弱不能认定存在犯罪事实的，应予赔偿；对于有证据证明有犯罪事实或基本犯罪事实清楚，但达不到证据确实、充分的起诉条件，而作出的撤案、不起诉决定或判无罪的，则不应当赔偿。②

第三种观点是"肯定说"。该观点认为，捕后作存疑处理的案件应予赔偿。③

笔者同意第三种观点。现将理由阐述如下：

一、 存疑处理的诉讼结果是对 "没有犯罪事实" 的法律确认

存疑案件是客观存在的。在司法实践中，由于各种主客观条件的限制，司法人员虽然收集到了一些证实犯罪嫌疑人犯罪事实存在的证据，但

* 原载《人民检察》2001 年第 5 期。
① 刘弘耀：《刑事赔偿二题》，《人民检察》1999 年第 7 期。
② 陈国庆、刘久成：《证据不足案件的刑事赔偿问题》，《检察日报》2000 年 8 月 10 日，第 3 版。
③ 陈成霞：《浅议存疑案件的国家赔偿》，《人民司法》2000 年第 11 期。

证据的质和量还不足以指控、认定犯罪。证据不足主要表现在：（1）据以定罪的证据不能查证属实；（2）犯罪构成要件事实缺少必要证据予以证明；（3）证据与证据之间有矛盾，不能合理排除；（4）根据已收集的证据得出的结论不是唯一的；等等。对这类疑难案件，根据1979年刑诉法的规定，司法机关只能无限制地退查，从而造成案件久拖不决，有的犯罪嫌疑人因此长期被关押，不利于保护公民的合法权益。1996年刑事诉讼法对这类疑案的处理方法作了重大修改。不仅规定补充侦查以二次为限，而且还取消了人民法院的退补权。同时在第140条第4款、第162条第3项明确规定："对于补充侦查的案件，人民检察院仍然认为证据不足，不符合起诉条件的，可以作出不起诉的决定"，"证据不足，不能认定被告人有罪的，应当作出证据不足、指控的犯罪不能成立的无罪判决"。根据上述规定，犯罪嫌疑人、被告人被逮捕后，因证据不足，不能认定有罪，而被司法机关撤销案件、存疑不诉或宣告无罪的，从法律上确认犯罪嫌疑人、被告人不构成犯罪，也就是推定其没有犯罪事实。从刑事诉讼流程看，不管是撤案，还是存疑不诉，都不是阶段性的诉讼活动，两者都具有终止刑事诉讼程序的功能，它们的法律后果与判决是相同的。"否定说"认为："案件事实不清、证据不足仅是一种暂挂、存疑的阶段性结论，而不等于实际无罪，不能作为被羁押的人无罪的最终结论。"[1] 这种看法是与修正后的刑诉法立法精神相违背的。根据修正后的刑诉法规定，对犯罪嫌疑人、被告人最终的法律评价只有两种：有罪与无罪。认定有罪必须证据确实、充分，证据不足只能认定无罪，存疑处理的结果就是对"没有犯罪事实"的法律确认。

二、 它体现了 "疑案从无" 的理性选择和对被告人人权的法律保护

在对疑案的处理上，历来有"疑案从有"和"疑案从无"之争。疑案"从无""从有"之争集中体现了刑法人权保障机能与社会保护机能之间的价值冲突。采取"疑案从有"，如果嫌疑人确实无罪，结果不仅罪及无辜，而且使真正的罪犯逃脱法网。"疑案从无"，虽然也会放纵真正的罪犯，但

---

① 刘弘耀：《刑事赔偿二题》，《人民检察》1999年第7期。

至少可以避免罪及无辜。而且即使暂时放纵罪犯，一旦获取新的证据，仍可将罪犯送上法庭，绳之以法。因此"疑案从无"不仅能满足刑法的保障机能，而且并不意味着放弃社会保护机能和放纵犯罪。现代法治社会的标志之一，就是赋予公民保护自己基本权利的资格和能力。确立保障诉讼主体的程序权利是诉讼法的国际标准之一。"二战"以后，许多国家大幅度修改刑事诉讼法典，将人权保护列为刑事诉讼的主要目标。随着我国市场经济的发展，权利意识的觉醒，个人权利及其保障受到了应有的重视。1996年刑事诉讼法突出了权利保障。我国于1998年10月5日签署加入了《公民权利和政治权利国际公约》。这表明我国已经承诺并承担起保障该公约中所确立的被告人最低限度的人权义务（包括刑事赔偿义务）。被逮捕的犯罪嫌疑人、被告人最终被确认无罪的，明确予以国家赔偿，有利于提高我国的人权保障水平。

"否定说"认为，存疑案件，"国家赔偿法既没有把它列为应负赔偿责任的理由，也没有把它排除在应负责任之外。也就是说法律没有明文规定，如果实务中把它作为负赔偿责任的理由是于法无据的"。[①] 这种观点似乎有道理，其实并不符合国家赔偿法的立法本意。笔者认为，对公民权利的立法规定不能作限制解释。因此对国家赔偿法规定的"没有犯罪事实"不能作狭义理解。"没有犯罪事实"既包括没有任何证据证明其有犯罪事实，也包括虽有证据证明其有犯罪事实，但证据不充分不足以认定其犯罪，而推定其无罪的情形。"否定说"实质上是变相的"疑案从有""有罪推定"。它不利于保护被告人的权利，应予否定。

三、 它符合国家赔偿法规定的归责原则

"否定说"和"折中说"认为，对逮捕时有证据证明有犯罪事实的存疑案件予以赔偿违背国家赔偿法规定的归责原则。笔者认为，这种批评难以成立。

国家赔偿法颁布后，如何认识国家赔偿责任归责原则存在较大分歧，主要有以下几种观点：违法归责原则、过错责任原则、无过错责任原则、违法归责原则为主兼采严格责任的二元归责原则等。1994年公布的国家赔

---

　　① 　徐益初：《司法公正与检察官》，《法学研究》2000年第6期。

偿法第 2 条第 1 款规定："国家机关和国家机关工作人员违法行使职权侵犯公民、法人和其他组织的合法权益造成损害的，受害人有依照本法取得国家赔偿的权利"。根据这一规定，我国国家赔偿责任并不以公务人员的故意或过失为构成要件。违法与过错具有不同的性质特点。前者是客观的，后者是主观的。违法不等于过错。根据过错责任原则，受害人要追究国家侵权责任，不仅要确认违法行为的存在，而且要确认实施违法行为的公务人员主观上有无过错。这不仅大大限制了受害人求偿的权利，而且增加了其举证的困难，不利于保障公民的合法权利。因此过错责任原则不是国家赔偿责任归责原则。

违法责任原则与无过错责任原则都认为国家赔偿不需要考虑国家机关及其工作人员的过错问题。两者的区别仅仅在于，持无过错责任原则的学者认为，违法只是确定责任能否成立的条件，而不是确定归责原则的根据，"确定国家赔偿责任归责原则的标准只能是行为人的主观状态……从国家赔偿法第二条的规定看，国家赔偿责任的归责原则应当是无过错责任原则"。① 笔者认为，违法责任原则与无过错责任原则并无实质性区别。何况将国家赔偿责任成立的条件与国家赔偿责任归责原则加以区别，既缺乏充足的逻辑根据，也无现实意义。

违法归责原则被多数同志所赞同。笔者认为，违法原则不是我国国家侵权责任中唯一的归责原则。我国国家赔偿法第 15 条第（2）、（3）项及第 16 条第（2）项规定："对没有犯罪事实的人错误逮捕的""依照审判监督程序再审改判无罪，原判刑罚已经执行的""依照审判监督程序再审改判无罪，原判罚金、没收财产已经执行的"，国家应负赔偿责任。这三种情况往往难以归之于司法机关的行为违法。这就表明，国家赔偿法规定的刑事赔偿责任，并不仅仅是从职权行为的合法性上来判断，有的还要根据行为结果来确定。这就是严格责任（结果责任）。严格责任是以结果作为归责标准的，它主要考虑行为与损害结果之间的因果关系。根据这一原则，侵权责任的成立不以行为人主观上的故意或过失为要件，而取决于损害事实。它实际上是介于无过错责任与过错责任之间的一种责任形式。该原则并不是不考虑过错，而是对过错采取推定办法，即从损害事实中推定行为人有过错。但它允许有免责的抗辩事由的存在。我国刑事赔偿中对无

---

① 房绍坤等：《国家赔偿法原理与实务》，北京大学出版社 1998 年版，第 67 页。

罪羁押、无罪判刑的规定体现的是严格责任原则（抗辩事由仅限于受害人的故意）。由此可见，我国国家赔偿法采纳的是违法归责原则为主兼采严格责任的二元归责原则。因此对存疑案件予以赔偿，符合国家赔偿法的规定。

四、 它符合司法解释的规定

最高人民检察院 1997 年 12 月制发的《人民检察院刑事赔偿工作暂行规定》第六条规定："有下列法律文书或证明材料的，应视为请求赔偿的被侵权事项已依法确认：（一）人民检察院撤销拘留决定书、撤销逮捕决定书、撤销案件决定书、不起诉决定书、复查纠正决定书等法律文书，或者公安机关撤销案件予以释放的证明书、人民法院宣告无罪已经发生法律效力的判决、裁定书等法律文书……"。在该规定中并没有对撤案、不起诉和无罪判决的种类及情形进行限制。因此对该规定只能理解为：凡不符合免责条件的，只要诉讼结果最终是撤案、不起诉或判决无罪的，都应予以赔偿。2000 年 3 月 8 日最高人民法院给甘肃省高级人民法院的批复中也作了明确解释：人民检察院在刑事诉讼过程中，根据刑事诉讼法第 140 条第 4 款规定作出的不起诉决定，应视为对案件作出了无罪的决定。笔者认为，上述司法解释符合国家赔偿法的立法精神，也与修正后的刑事诉讼法不相冲突，实践中应当遵照执行。

五、 "折中说" 混淆了错捕与国家赔偿的界限

"折中说"认为，错捕条件与国家赔偿条件是一致的，"诉讼结果没有犯罪事实，被捕人是无辜的，并且批捕时不符合逮捕条件，这样的逮捕就是错捕，国家就要赔偿。如果逮捕决定合法，就是诉讼结果没有犯罪事实，也不是错捕，国家不予赔偿"。[①]

笔者认为，"折中说"实际上是将错捕与国家赔偿混为一谈了。错捕与国家赔偿是不同位阶的概念，两者的主要区别表现在：（1）目的不同。确立错捕的标准在于评价司法机关批准或决定逮捕的工作质量，为工作考

① 林楠：《错捕的认定标准》，《国家检察官学院学报》1999 年第 2 期。

核提供依据，以确定错案责任；而国家赔偿的标准在于检验案件的质量，为刑事赔偿提供依据。（2）归责原则不同。司法人员承担的错捕责任是一种对内责任，它以司法人员存在主观过错为条件；国家赔偿是一种对外责任，它以存在司法损害为条件，而不论司法机关是否错捕。（3）标准不同。逮捕的正确与否只能以刑事诉讼法第60条规定来评判，不符合刑事诉讼法第60条关于逮捕的三个条件的就是错捕，错捕与否只能以逮捕当时的证据材料来认定；而刑事赔偿与否是以国家赔偿法第15条的规定为依据，对没有犯罪事实的人错误逮捕，只要不符合免责条件就应赔偿，它是以最后诉讼结果认定无罪为标准的。将错捕与国家赔偿混为一谈，既不利于逮捕功能的发挥，也不利于受害人行使取得赔偿的权利。

六、 "折中说" 不具有可操作性

从表面看，"折中说"似乎很有说服力，但仔细一推敲，就会发现这种观点并不具有可操作性。

根据国家赔偿法第20条规定，确认是提起赔偿程序的必要前提，只有在违法侵权事项依法确认后，才能进入赔偿程序。而根据"折中说"，对证据不足的撤案、不起诉、判无罪案件有无侵犯人身权利应当另行依法确认。也就是说，司法机关撤案、不起诉、宣告无罪并不是对违法侵权事项的确认，而要另行确认。那么由谁确认？确认程序如何？法律并无规定。索赔实践表明，确认在实际生活中是很难实现的。对存疑案件另行确认，确认标准更是难以掌握，原因有二：

1. 逮捕条件的不确定性。何谓有证据证明有犯罪事实"中的"有证据"，理论和实务界众说纷纭，主要看法有：（1）只要有证据即可，一个两个证据就是有证据；（2）要有相当的证据；（3）确实的两个以上能够互相印证的证据，而不是孤证；（4）基本确实、充分的证据；（5）构罪的证据确实、充分等。对逮捕条件的不同理解直接影响对逮捕正确与否的界定。

2. 案件事实的不确定性。案件是发生在过去的"历史"。司法实践具有事后性和不可重复性的特点。对案件事实司法人员只能根据事后收集的证据，以自己的良心和社会经验为根据进行综合分析作出认定。对同一事实和同一证据，不同的司法人员完全可以作出不同的结论。另外，结果另行确认的机关与作出逮捕决定的机关是同一的（在目前立法情况下只能是同一机关），那么固有的思维定势和强烈的部门保护主义倾向将导致存疑案件往往不予确认或作出的确认不利于赔偿请求人。可见，从刑事赔偿运作现状看，"折中说"与"否定说"的区别并无实质意义。

此外，"否定说"和"折中说"还认为，对存疑案件予以赔偿会影响司法人员的积极性，不利于提高刑事司法职能和打击犯罪。笔者认为，对存疑案件予以赔偿确实会给司法人员带来一定压力，但这有助于提高司法人员办案质量意识，增强责任心，促使侦查人员依法积极收集证据，提高侦查水平，减少存疑案件发生。刑事诉讼承担着打击犯罪、保障人权的双重任务。我们不能以牺牲人权为代价追求打击犯罪的功效。权衡存疑案件赔与不赔的利弊得失，赔是利大于弊的。

金融诈骗罪主观故意新论 *

如何正确认识和认定金融诈骗罪的主观故意是当前刑法学界和司法机关关注的重要课题之一。金融诈骗罪主观故意问题的争论基本上可以概括为三种观点：

第一种观点认为，金融诈骗罪必须以非法占有为目的，因而必然是直接故意（以下简称"直接故意说"）。①

第二种观点认为，金融诈骗罪既可以是直接故意，也可以是间接故意（以下简称"双重故意说"）。②

第三种观点认为，金融诈骗罪应为非法占有为目的，主观上只能以直接故意构成。但行为人主观目的是通过客观行为表现出来的。只要行为人实施了刑法所规定的客观行为，就推定其主观上有非法占有故意（以下简称"司法推定说"）。③

本文试就上述三种分歧意见进行辨析，分析其利弊，并在此基础上对如何进一步完善金融诈骗犯罪立法提出建议。

一、"直接故意说" 的缺陷分析

"直接故意说"遵循我国传统的刑法理论，得到不少学者的肯定。但持该论者在阐述该观点时出现不少缺漏，从而使该论难以自圆其说。现择其要者予以分析：

1. "直接故意说"认为，"在集资诈骗、贷款诈骗和恶意透支信用卡行为中，行为人采取虚假手段集资、贷款或者恶意透支信用卡，并不一定

---

* 原载《人民检察》2002 年第 4 期。

① 赵秉志主编：《金融诈骗罪新论》人民法院出版社 2001 年版，第 6 页。

② 励进：《2000 年中国刑法学研究会年会综述》，《法学》2001 年第 2 期。

③ 鲜铁可：《金融犯罪的定罪与量刑》，人民法院出版社 1999 年版，第 170 页。

具有非法占有目的。因此刑法强调'以非法占有为目的'才能构成犯罪，而在其他金融诈骗犯罪中，诈骗的行为方式、手段本身已经表明行为人主观上具有非法占有的目的。因此，刑法只列举实施票据诈骗、金融凭证诈骗、信用证诈骗（恶意透支除外）、有价证券诈骗和保险诈骗犯罪的具体行为表现，没有再重复必须具有非法占有的目的"。① 笔者认为，这种推论失之武断。行为人的主观故意当然要通过其客观行为予以体现。但如果说只要行为人实施刑法所规定的金融诈骗罪的若干客观要件就认定其主观上必然有非法占有故意，则未免陷入"客观归罪"。如行为人编造引进资金项目等虚假理由骗取银行贷款，但只要其用于正常经营，能归还贷款或不能归还贷款是由于意志以外的原因，那就没有理由认定其有非法占有故意。在我国刑法所规定的目的犯中，绝大多数只强调规定客观要件，那么对这些犯罪是否都可以认为只要有客观行为，就能认定其有犯罪的主观故意呢？显然不能。这种观点容易混淆非法占有与非法占用的界限，扩大了刑事打击面。

2. "直接故意说"认为，金融诈骗罪是以行为人骗取资金作为既遂标志的，骗取资金后对是否归还资金的放任态度已不是诈骗罪的主观心理态度。如有的学者认为，贷款诈骗罪中"既遂以贷款人发放贷款为标志，从着手到既遂都要求其有贷款诈骗的故意和非法占有的目的，而行为人占有贷款后形成非法占有的目的，因不可能再有诈骗的行为，因而属于事后故意""事后故意不符合犯罪的理论和因果关系的规律……不能构成故意犯罪的罪过"。② 笔者认为，这种看法与传统理论本身相矛盾。虽然我国刑法理论对犯罪主观方面即罪过的理解曾有不同的争论，形成"结果标准说""行为标准说""双重标准说"，但通说认为，"罪过是行为人对自己的行为将引起的危害结果所持有的心理态度"。③ 上述观点与罪过通说理论相矛盾。对金融诈骗犯罪的认定不仅要看行为人获取资金时是否采取欺诈手段，而且也要看其获取资金后如何使用资金。金融诈骗罪的危害结果主要还是从其获取的资金不能如期归还导致金融资产流失，从而危及国家的金融安全和经济安全得以体现。可见行为人占有贷款后（包括是否归还）的

---

① 郭清国：《当前办理金融犯罪案件应当注意的几个问题》，载姜伟主编：《刑事司法指南》，法律出版社2001年版，第82页。

② 赵秉志：《中国刑法案例与学理研究·分则篇（二）》，法律出版社2001年版，第144—145页。

③ 马克昌：《犯罪通论》（第3版），武汉大学出版社2001年版，第315页。

心理态度及其表现不再作为金融诈骗罪主观内容予以考虑，虽然从理论论证上可以得出金融诈骗罪只能是直接故意，但却与罪过标准相冲突。

3. "直接故意说"不适应司法实践的客观需要。行为人以欺诈手段获取资金后，改变款项用途，将资金用于高风险经营活动（如炒期货、股票等）甚至违法犯罪活动。经营成功则归还银行资金（在暴富阶层中因此而致富的并非个别），经营亏损则导致巨额贷款难以归还。这种案件在司法认定时，确认行为人有非法占有的直接故意是牵强的。鉴此，在"直接故意说"中，有的学者只好认为，贷款时使用了虚假手段，并用银行贷款去冒险经营而不能归还贷款的，不能认定为贷款诈骗罪。① 不仅如此，有的行为人在获取银行资金时，心理态度并不确定或并无非法占有的目的，但在获取银行资金后，则产生不法占有的目的，并通过挥霍、转移、隐匿等手段非法处置银行资金。因为"直接故意说"不承认事后故意，所以就认为"对此即便行为人具有很强的可谴责性，但这种心理态度与非法占有目的是不相符合的，从罪刑法定原则出发，对于这种情况不能以犯罪论"，② 或者认为应按侵占罪定罪处罚。③ 把行为人从金融机构获取资金予以使用而不能归还的行为解释为符合侵占罪的构成要件，完全偏离侵占罪的立法精神，实不足取。总之，"直接故意说"不仅自身难以自圆其说，而且不利于司法实践，要么扩大打击面，要么缩小打击面。实质上"直接故意说"之所以有缺陷，主要是用传统的理论去诠释、迎合并不完全科学的立法规定。这种研究方法，既不利于理论的发展，也不利于立法的完善。

二、 "双重故意说" 的缺陷分析

"双重故意说"是随着市场经济条件下新型诈骗案件不断出现，而"传统说"又难以解决这类案件的法律适用问题而提出来的。这种观点引人注目之处在于两个方面：（1）否定金融诈骗罪必须以非法占有为目的。（2）肯定间接故意也可以构成金融诈骗罪。笔者认为恰恰在这两个方面，"双重故意说"存在严重的缺陷。

---

① 田文昌、任亚刚：《论贷款诈骗罪》，《国家检察官学院学报》1999 年第 1 期。
② 赵秉志：《中国刑法案例与学理研究·分则篇（二）》，法律出版社 2001 年版，第 144—145 页。
③ 朱明锁、吴振兴：《"事后故意"不能成为贷款诈骗罪的构成要件》，《检察日报》2001 年 3 月 20 日。

1. "双重故意说"之所以认为并非所有的金融诈骗罪都以非法占有为目的，理由之一是刑法无明文规定。该说认为："集资诈骗罪和贷款诈骗罪都明确规定了'以非法占有为目的'，而对包括信用证诈骗罪在内的五个罪均未明确规定要'以非法占有为目的'，这不是立法者的疏漏，而是对'以非法占有为目的'不是构成信用证诈骗罪必要条件的明确规定"。① 有的学者甚至认为：在刑法未把非法占有目的规定为取得罪的成立要件的国家，采用非法占有目的必要说是违反罪刑法定主义的。② 笔者认为，以刑法未明文规定为由而否定非法占有目的使金融诈骗罪主观要件的观点缺乏说服力。对此，"传统说"已作了大量论证，③ 笔者不再赘述。但需要强调的是我国刑法在金融诈骗罪条文中之所以特地对集资诈骗罪、贷款诈骗罪、信用卡（恶意透支）诈骗罪规定要以非法占有为目的，是因为如果立法上对这三种犯罪不限定行为人"以非法占有为目的"，就容易混淆罪与非罪及与其他犯罪的界限，如集资诈骗罪与非法吸收公众存款罪、贷款诈骗罪与贷款违法行为以及恶意透支与善意透支的界限，而不是就此否定其他犯罪不需要以非法占有为目的。

2. "双重故意说"否定金融诈骗罪必须"以非法占有为目的"的另一个理由是，普通诈骗罪侵犯的是单一客体（公私财产所有权），而金融诈骗罪侵犯的是双重客体，其中主要客体是金融管理秩序，因而非法占有目的在犯罪构成要件中不起主要作用。笔者认为，对金融诈骗罪侵犯的双重客体，不能简单地划分主次。这类犯罪是贪利型犯罪，行为人最终的犯罪目标是公私财产，而且对金融秩序的破坏主要也是通过金融资产流失、公私财产所有权受到严重侵犯得以体现的。金融诈骗罪归根结底仍是一种诈骗犯罪，这也是立法机关为什么在修订刑法时不将其纳入破坏金融管理秩序罪中的原因所在。因此，以金融诈骗罪侵犯的是双重客体为由而否认该类犯罪应以非法占有为目的，失之偏颇。

3. 在"双重故意说"中，有的学者也看到了否定非法占有目的的不合理性，因此又提出："金融诈骗罪的行为人在主观方面表现为直接故意或

---

① 宣东：《牟其中案的法理分析》，《法制日报》2000 年 8 月 27 日。
② 刘明祥：《刑法中的非法占有目的》，《法学研究》2000 年第 2 期。
③ 马克昌：《金融诈骗罪若干问题研究》，《人民检察》2001 年第 1 期；刘宪权、吴允峰：《论金融诈骗罪的非法占有目的》，《法学》2001 年第 7 期；等等。

间接故意，并且具有非法占有公私财产或者骗取金融机构信用的目的。"①
该论者既承认金融诈骗罪是目的犯，又认为间接故意也可以构成金融诈骗罪，显然难以自圆其说。它回避了间接故意与犯罪目的之间的矛盾。犯罪目的是犯罪人以主观上通过实施犯罪行为达到某种危害结果的希望或追求，它反映的是直接故意的心理内容。而间接故意是以行为人放任犯罪结果发生为标志，它的意志因素是"放任"而不是追求，对于其所放任的危害结果，根本不存在犯罪目的。

三、"司法推定说" 的可采性及其适用

在刑事司法中，推定的适用早已被西方学者所肯定。如英国著名法学教授克罗斯和琼斯指出：事实的推定"由于它往往是能够证明被告心理状态的惟一手段，因而在刑事司法中起着非常重要的作用。法官应该对陪审团作出这样的指示，即它有权从被告已经实施了违禁行为的事实中，推断出被告是自觉犯罪或具有犯罪意图，如果被告未作任何辩解，推断通常成立"。② 在金融诈骗犯罪的认定中，司法推定的适用被我国一些学者所提倡：如著名刑法学者陈兴良教授认为，"所有金融诈骗罪都可通过客观行为推定行为人的主观目的，从而认定犯罪"。③

"司法推定说"也得到司法解释的认可。最高人民法院 1996 年 12 月 16 日颁布的《关于审理诈骗案件具体应用法律的若干问题的解释》（现已失效）第 3 条规定："……行为人实施《决定》（指《全国人大常委会关于惩治破坏金融秩序犯罪的决定》）第八条规定的行为，具有下列情形之一的，应当认定其行为属于'以非法占有为目的，使用诈骗方法非法集资'：（1）携带集资款逃跑的；（2）挥霍集资款，致使集资款无法返还的；（3）使用集资款进行违法犯罪活动，致使集资款无法返还的；（4）具有其他欺诈行为，拒不返还集资款，或者致使集资款无法返还的"。这实际上确认了司法推定，但范围仅限于集资诈骗罪。2001 年 1 月 21 日最高人民

---

① 孙军工主编：《金融诈骗罪》，中国人民公安大学出版社 1999 年版，第 10 页。
② ［英］鲁珀特·克罗斯、菲利普·A. 琼斯：《英国刑法导论》，赵秉志等译，中国人民大学出版社 1991 年版，第 56 页。
③ 陈兴良：《论金融诈骗罪主观目的的论定》，载姜伟主编：《刑事司法指南》，法律出版社 2000 年版，第 61 页。

法院印发了《全国法院审理金融犯罪案件工作座谈会纪要》（以下简称《纪要》）第 2 条第 1 款关于金融诈骗罪规定："金融诈骗犯罪都是以非法占有为目的的犯罪……根据司法实践，对于行为人通过诈骗的方法非法获取资金，造成数额较大资金不能归还，并具有下列情形之一的，可以认定为具有非法占有的目的：（1）明知没有归还能力而大量骗取资金的；（2）非法获取资金后逃跑的；（3）肆意挥霍骗取资金的；（4）使用骗取的资金进行违法犯罪活动的；（5）抽逃、转移资金、隐匿财产，以逃避返还资金的；（6）隐匿、销毁账目，或者搞假破产、假倒闭，以逃避返还资金的；（7）其他非法占有资金、拒不返还的行为。……"这一规定全面肯定了司法推定在金融诈骗罪认定中的运用。

近年在打击金融诈骗犯罪中，司法机关面临的最大难题是如何查证和认定行为人非法占有的主观故意。传统的做法是要认定行为人非法占有故意，司法机关必须收集到足够的证据。但有不少诈骗案件往往由于司法侦查技术及司法人员能力的局限性难以查证行为人的主观目的而无法追究其刑事责任，给犯罪分子以可乘之机。这不仅降低了司法效率，而且放纵犯罪，不利于维护国家的金融安全。对金融诈骗罪适用司法推定不仅能缓解司法机关对行为人主观故意事实证明上的困难，而且有助于实现修订刑法增设金融诈骗罪的立法价值取向。从司法实践看，允许司法机关对行为人非法占有的主观故意适用推定，必然促使行为人积极举证，提出反证，以证明其无非法占有目的，这又有助于进一步查清事实。因此，笔者认为，在现行立法框架内，对金融诈骗罪的非法占有目的采用司法推定，既是必要的，也是可行的。

对于金融诈骗罪的非法占有目的适用司法推定具有相当的合理性。一方面它肯定金融诈骗罪应以非法占有为目的，从而克服了"双重故意说"的缺陷；另一方面它采用指定方法来认定非法占有目的，避免"直接故意说"直接从金融诈骗的客观要件确认非法占有目的所带来的弊端。

"司法推定说"与"直接故意说"是有严格区别的。"直接故意说"是从诈骗的行为方式、手段直接确认行为人具有非法占有目的。确认是司法证明的基本的和主要的形式，任何案件事实都是通过证明确认的。推定是一种特殊的证明方法，从本质上讲推定不同于确认。推定只是一种不完全的间接证明，它并不是对事实的确认，而是一种选择。基于选择的性质，在司法实践中应用推定，必须遵循以下规则：

1. 适用推定必须确保基础事实的真实性。推定在诉讼中具有与证明同样的效力，推定的事实无须证明就可以被看作是已经得到证明的真实性事实。但这种真实性来源于基础事实的真实性。只有基础事实是真实的，据以推出的推定事实才有可能是可靠的。所以在推定金融诈骗罪的主观目的时，对《纪要》列举的7种情况必须要有充分的证据予以证明，以确保基础事实真实可靠。

2. 基础事实与推定事实之间的联系必须具有高度的盖然性。如非法集资款不能返还与非法占有目的之间的联系就不具有高度盖然性，因此《纪要》强调："不能仅凭较大数额的非法集资款不能返还的结果，推定行为人具有非法占有的目的"。

3. 允许被告人提出反证，并以反证的成立与否确定推定的成立与否。推定是根据真实的基础事实作出的优势盖然性结论，有一定的或然性。为了防止偏差，必须以反驳来加以验证。任何事实的推定都是可反驳的推定。被告人既可以对基础事实提出反证，也可以就推定事实提出反证。《纪要》指出："对于确有证据证明行为人不具有非法占有的目的，因不具备贷款的条件而采取了欺骗手段获取贷款，案发时有能力履行还贷义务，或者案发时不能归还贷款是因为意志以外的原因，如因经营不善、被骗、市场风险等，不应以贷款诈骗罪定罪处罚。"

四、 金融诈骗犯罪的立法完善

笔者之所以赞同目前的"司法推定说"，一方面是囿于现行的立法规定，另一方面是为了更好地贯彻国家从严打击金融犯罪的刑事政策。尽管"司法推定说"具有相当的合理性，但其消极意义是不能忽视的。主要表现在：通过推定认定的事实其真实性尚具有一定的盖然性，即不能确保百分之百地符合客观真实。因此从长远角度考虑，为了充分保障公民权利，对司法推定应严格限制使用，更不得将金融诈骗罪中的司法推定上升为法律推定。

在破坏金融管理秩序罪中，1997年刑法最大的缺漏在于没有规定以非法占用为特征的虚假陈述型金融欺诈犯罪。有的学者牵强附会地认为，在我国刑法中是存在"占用型"金融诈骗罪的，并以南德集团及其牟其中信用证诈骗案为例，认为被告人骗取信用证，主观上是为了偿还债务和扩大业务，暂时占用资金，并无非法占有目的。同时还认为，对这类占用型金融诈骗罪适用司法推定纯属多余。① 笔者认为，南德集团及其牟其中信用证诈骗案是以推定形式认定其有非法占有目的的。这一点从武汉中级人民法院（1999）武刑初字第 260 号刑事判决书和湖北省高级人民法院（2000）鄂刑终字第 201 号刑事裁定书可以看出，武汉中级人民法院认定其"长期非法占有国家资金"而不是"非法占用国家资金"。

笔者认为，在我国刑法中增设以虚假陈述为特征的占用型金融欺诈罪，不仅可以完善刑事立法，使金融犯罪的罪责刑设置更为合理，而且更有利于打击金融犯罪和保护人权。笔者的立法建议是：将金融欺诈犯罪区分为以非法占有为特征的骗取财产型犯罪和以非法占用为特征的欺诈型犯罪。前者是目的犯，放在金融诈骗罪一节中；后者是行为犯，放在破坏金融管理秩序罪中。由于两者主观目的不同，社会危害性也有区别。以非法占有为目的的金融诈骗罪的社会危害性大于以非法占用为目的的金融欺诈罪，前者可设置死刑，后者则不应设置死刑。同时在司法实践中不再适用司法推定。司法机关要认定行为人构成金融诈骗罪，必须要有确实、充分的证据证明其有非法占有目的。当没有证据或没有足够的证据证明其有非法占有目的时，应按金融欺诈罪定罪。

---

① 卢勤忠：《金融诈骗罪中的主观内容分析》，《华东政法学院学报》2001 年第 3 期。

论罪刑法定原则下扩张司法解释的合理性*

一、 扩张司法解释存在的合理性

司法解释是最高人民法院、最高人民检察院分别就审判和检察工作中如何具体应用法律问题所作的具有普遍司法效力的解释。扩张解释是指根据立法精神，结合社会的现实需要，将刑法条文的含义作扩大范围的解释。在扩张解释的情况下，解释的内容已经超出了刑法条文的字面含义。罪刑法定原则充分体现了立法权对司法权的限制。随着刑法典对罪刑法定原则的确认，"两高"能否对刑法规范进行扩张解释，成为人们的一个争论问题。一种观点认为，根据罪刑法定原则，刑法有明确规定的，只能按法律的本意理解，不能作扩大解释；法律以模糊语言规定的，只能作限制解释，并以有利于个人，有利于被告为原则。[①] 另一种观点认为，坚持罪刑法定，并非要求处处都只能按法律明文规定的词语的本来应有之义来执行，而是应当允许在必要时对法律规定（特别是分则的规定）的适用作出合理的、不违反立法意图的扩张解释。[②] 在上述两种观点中，第一种观点往往受到学者们的垢责，而第二种观点则得到司法界的赞同，并被司法解释的现实所肯定。

我们认为，扩张司法解释有其存在的合理性。主要理由如下。

首先，从立法规定看，罪刑法定的基本含义是"法无明文规定不为罪，法无明文规定不处罚"。其基本精神是防止国家刑罚权的滥用，以保障人权。但我国对罪刑法定原则的表述颇具"中国特色"，即"法律明文

---

* 原载《华东政法学报学院》2002 年第 6 期。

① 刘艳红：《中国法学会刑法学研究会 1998 年年会综述》，《中国法学》1999 年第 1 期。

② 王作富：《贯彻罪刑法定原则的几个问题》，《法学家》1997 年第 3 期。

规定为犯罪行为的，依照法律定罪处罚；法律没有明文规定为犯罪行为的，不得定罪处罚"。这颇具特色的规定表明，我国 1997 年刑法第 3 条克服了西方刑法的片面性，在刑法史上第一次把正确运用刑法权，打击犯罪，保护人民作为罪刑法定原则的重要方面明确规定，而且把它放在第一位。这是罪刑法定原则的新发展。①

其次，从刑法功能的价值选择看，刑法的安全价值与公平价值、人权保障与社会保护究竟如何选择，是我们必须正视的问题。在计划经济时代，工具性成为刑法的根本特征，刑法的功能被形象地称为"刀把子"。② 因此刑事类推、重法溯及既往等与罪刑法定原则相冲突的刑法制度就有存在的合理基础。随着市场经济体制的建立和发展，刑法功能得以重新定位，刑法的安全价值和人权保障功能得以承认和重视。但这是否意味着刑法的保障功能和安全价值已优先于社会保护功能和公平价值了呢？我们认为，1997 年新刑法典并没有完成这一神圣的历史任务。我们根本不能从新刑法的有关规定中满怀信心地得出结论：新刑法已把人权保障功能放在首位。虽然罪刑法定已作为刑法基本原则规定在我国刑法典之中，但"由于法律的不确定性，罪刑法定并不是对适用法律的具体的、直接的指导，它的意义主要体现在观念的层面"。③ 对于我国所要求的刑法功能而言，"尽管需要强化刑法保障功能的力度，但是却不能改变刑法保护功能的优先的地位"。④ 在社会转型时期，社会保护功能优先仍然是我们的理性选择。

再次，从法律解释的历史看，人类对法律解释经历了由严格运用解释权向自由运用解释权转变的历史。早期的罪刑法定采取绝对主义。根据绝对罪刑法定原则，法律的规定必须是明确的，"当一部法典业已厘定，就应逐字遵守，法官唯一的使命就是判定人民的行为是否符合成文法律"，⑤ "刑事法官根本没有解释刑事法律的权力，因为他们不是立法

---

① 何秉松主编：《刑法教科书》，中国法制出版社 1997 年版，第 67 页。

② 陈晓枫主编：《中国法律文化研究》，河南人民出版社 1993 年版，第 313 页。

③ 吴丙新：《关于罪刑法定的再思考》，《法制与社会发展》2002 年第 2 期。

④ 林亚刚等：《刑法功能的价值评价》，《中国刑事法杂志》1999 年第 3 期。

⑤ ［意］切萨雷·贝卡里亚：《论犯罪与刑罚》，黄风译，中国大百科全书出版社 1993 年版，第 13 页。

者"。① 但司法现实表明，禁止法官解释法律以保证司法权不侵入立法权，这只是启蒙思想家的一种虚幻的空想。随着 1980 年《法国刑法典》的颁布，绝对罪刑法定主义被相对罪刑法定主义所取代。在相对罪刑法定主义下法官自由裁量权的行使表现之一就是对法律进行解释。罪刑法定不是禁止司法解释，而是为司法解释提供了合理的空间。在刑法解释思想上，虽有主观说、客观说和折中说之争，② 但客观说越来越受到中外大多数学者的支持和肯定。③ 承认客观说，在相当程度上就意味着允许扩张解释。

最后，从我国现实情况看，目前我国正处于社会变革转型时期，治安形势严峻，刑事法律的滞后性问题会随着社会发展而表现得日益突出。"法律总是具有一定程度的粗糙和不足，因为它必须在基于过去的同时着眼于未来，否则不能预见未来可能发生的全部情况。现代社会变化之疾之大使刑法即使经常修改也赶不上它的速度。"④ 法律的局限性是客观存在的，这是由人的理性能力的有限性决定的，1997 年新刑法典在许多方面还存在着瑕疵、疏漏及滞后等问题，这些问题主要应当通过不断完善立法去加以解决。但立法不能朝令夕改，为了保证"从重从快"刑事政策的贯彻执行，有效地遏制犯罪，通过扩张解释以弥补刑事立法的不足是必要的。当然，我们承认扩张司法解释存在的合理性，并不意味着对扩张解释可以没有任何限制。对此，陈兴良教授认为，"刑法司法解释的限度是罪刑法定原则"，"在文义范围内进行的解释符合罪刑法定，反之则不然"。⑤ 对此，笔者深以为是。

二、 越权扩张司法解释的法律效力

对于越权司法解释是否具有法律效力，答案似乎是清楚的。如有人认

---

① ［意］切萨雷·贝卡里亚：《论犯罪与刑罚》，黄风译，中国大百科全书出版社 1993 年版，第 11 页。
② 李希慧：《刑法解释论》，中国人民公安大学出版社 1995 年版，第 75—81 页。
③ 张明楷：《刑法的基础观念》，中国检察出版社 1995 年版，第 211 页；周光权：《刑法诸问题的新表述》，中国法制出版社 1999 年版，第 306 页；吴丙新：《刑法解释的基本思想及主体》，《现代法学》2001 年第 3 期；等等。
④ 陈兴良：《当代中国刑法新视界》，中国政法大学出版社 1999 年版，第 888 页。
⑤ 樊凤林等：《中国新刑法理论研究》，人民法院出版社 1997 年版，第 55 页。

为："刑法司法解释属于司法活动，因而刑法司法解释必须遵守刑法规定，只能对刑法规定的含义和内容作出直接的说明，只能反映或表达刑法的本来含义和立法本意，而不得对刑法加以修改或补充。否则，便因越权而归于无效。"① "那些明显与刑法典相违背的司法解释内容不仅不能认为是'法律明文规定'，甚至应视为无效"。② 上述观点均认为，越权司法解释不具有法律效力。我们认为，上述观点值得商榷。扩张司法解释即使有违反罪刑法定原则之嫌，但在正式废止或失效之前各级司法机关仍应遵照执行。其主要理由有两点：（1）地方各级司法机关不享有审查司法解释合法性的权力。根据我国政治体制和全国人大常委会《关于加强法律解释工作的决议》精神，审查司法解释是否合法的权力属于全国人大常委会。如果"两高"的扩张解释违背罪刑法定原则，出现越权解释，那只能由立法机关予以废除或者由最高司法机关自行纠正。地方各级司法机关适用司法解释时发现有越权现象的，只能向最高司法机关提出建议意见，而不得自行停止或拒绝适用该解释。（2）由于刑法规范文义自身的模糊性，要判断某一司法解释是在文义范围内还是超越文义并非易事。如 1998 年 8 月 28 日最高人民法院颁布的《关于审理骗购外汇、非法买卖外汇刑事案件具体应用法律若干问题的解释》规定，在外汇指定银行和中国外汇交易中心及其分中心以外，非法买卖外汇 20 万美元以上或者违法所得 5 万元人民币以上的，按照刑法第 225 条非法经营罪定罪处罚。对这一解释，有的认为，该解释不仅是一种越权解释，而且是有悖罪刑法定原则的类推解释。③ 而有的学者则认为，这仍然是一种严格解释，并不违反罪刑法定。又如，我国刑法第 264 条没有规定单位盗窃罪，那么对于单位实施的盗窃行为能否追究单位主管人员和直接责任人员的刑事责任，学者之间争论很大。一种观点认为，在刑法没有规定单位可以成为盗窃罪主体的情况下，对于单位中直接负责的主管人员和其他直接责任人员以盗窃罪追究刑事责任，确有违反罪刑法定原则之嫌。④ 另一种观点认为，

---

① 李晓明：《罪刑法定原则的确立与刑法观念的变革》，《刑事法学》2001 年第 10 期。

② 李国如等：《刑法实施应贯彻罪刑法定原则——论对法无明文规定的严重危害社会行为的处理》，《法学研究》1999 年第 6 期。

③ 曲新久：《刑法的精神与范畴》，中国政法大学出版社 2000 年版，第 419—420 页。

④ 陈兴良：《盗窃罪研究》，载陈兴良主编：《刑事法判解》（第 1 卷），法律出版社 1999 年版，第 36 页。

在刑法没有规定单位成为某种犯罪主体，而单位集体又实施这种犯罪行为的情况下，必须追究其中的自然人的共犯责任或单独犯罪责任。[①] 2002 年 8 月 9 日最高人民检察院颁布《关于单位有关人员组织实施盗窃行为如何适用法律问题的批复》规定：“单位有关人员为谋取单位利益组织实施盗窃行为，情节严重的，应当依照刑法第二百六十四条的规定以盗窃罪追究直接责任人员的刑事责任。”很显然，该解释采纳的是第二种观点。那么，对该解释是否违反罪刑法定原则，学者之间同样争议较大。承认司法人员有拒绝适用越权司法解释的权力，从表面上看是为了更好地贯彻罪刑法定原则，但在表象的背后则为某些司法人员拒绝适用正确的司法解释提供了可能，从而给司法适用带来混乱，并且从根本上动摇了罪刑法定原则的贯彻执行。

三、 应当建立刑事司法解释备案审查制度

诚如前述，司法解释必须得到遵守。即使是越权解释，在正式废止之前，司法机关也不应拒绝适用。但执行越权解释显然是违背法治原则的，那么又该如何解决这一矛盾呢？我们认为，除“两高”在制定司法解释之前应严格遵守司法解释原则，加强对司法解释内容科学性的研究、论证，避免出台越权扩张解释外，建立司法解释备案审查制度是可供选择的途径之一。即“两高”应将制发的司法解释及时报全国人大常委会备案审查（全国人大常委会法制工作委员会具体负责备案审查工作）。一旦发现越权解释，应及时通过立法解释予以纠正或通过最高司法机关自行纠正。尽管目前尚缺乏对司法解释的程序制约机制，但类似做法已可供我们参考。如对挪用公款罪中的“挪用公款归个人使用”，如何理解？先后有过若干司法解释。1998 年 4 月 6 日最高人民法院《关于审理挪用公款案件具体应用法律若干问题的解释》规定：“‘挪用公款归个人使用’包括挪用者本人使用或者给其他个人使用。……”2000 年 3 月 14 日最高人民检察院《关于挪用公款给私有公司、私有企业使用行为的法律适用问题的批复》重申了最高法院的规定，2001 年 10 月 17 日最高人民法院《关于如何认定挪用公款归个人使用有关问题的解释》规定：“国家工作人员利用职务上的便利，

① 张明楷：《法益初论》，中国政法大学出版社 2000 年版，第 377 页。

以个人名义将公款借给其他自然人或者不具有法人资格的私营独资企业、私营合伙企业等使用的，属于挪用公款归个人使用。""国家工作人员利用职务上的便利，为谋取个人利益，以个人名义将公款借给其他单位使用的，属于挪用公款归个人使用。"对上述司法解释，学术界一直认为，属越权解。① 但最高人民检察院认为，最高法院 2001 年 10 月的解释对挪用公款归个人使用作了过多限制，给反腐败带来一些消极影响，遂向全国人大常委会递交报告，要求作出立法解释。2002 年 4 月 28 日全国人大常委会作出解释，规定："有下列情形之一的，属于挪用公款'归个人使用'：（一）将公款供本人、亲友或者其他自然人使用的；（二）以个人名义将公款供其他单位使用的；（三）个人决定以单位名义将公款供其他单位使用，谋取个人利益的。"该立法解释实质上对刑法第 384 条第 1 款作出了符合立法精神的扩张解释。因为"立法机关经研究后认为，挪用公款侵犯的是单位对于公款的使用权，其实质是将单位公款非法置于个人的支配之下，也就是公款私用。这里所说的'私用'，不是看最终的使用者是个人还是单位，而是指个人非法支配、使用单位公款，侵犯了本单位对于公款的正常使用权。② 该立法解释不仅统一了司法解释之间的冲突，而且也从一个侧面回答了司法解释是否属越权解释。但目前对司法解释的解决机制仍存在弊端，其突出表现在：多数是当最高司法机关（主要是最高检察院）主动要求立法机关作出解释时，立法机关才作出解释规定，很少有立法机关主动撤销司法解释的情况。对于学术界普遍反映的一些刑事越权解释，立法机关尚未作出反应。建立刑事司法解释备案审查制度，在一定程度上可以改变目前的现状，有利于立法机关加强对司法机关的监督，防止越权司法解释的适用，从而切实维护罪刑法定原则的贯彻执行。

---

① 游伟等：《私有企业刑法地位之研究——兼评挪用公款罪的司法解释》，载陈兴良主编：《刑事法判解》（第 1 卷），法律出版社 1999 年版，第 172 页；周振想等：《关于挪用公款罪中"归个人使用"的几个问题》，《人民检察》2002 年第 2 期。

② 黄太云：《全国人大常委会关于"黑社会性质的组织"和挪用公款"归个人使用"的立法解释简介》，《人民检察》2002 年第 7 期。

论为亲友非法牟利罪的若干问题 [*]

自 1997 年修订刑法第 166 条增设为亲友非法牟利罪后，理论界一直缺乏对该罪名的深入研究。司法界普遍认为该罪的犯罪构成难以把握，实践中因本罪而被追究刑事责任的也寥寥无几。这种现状既有悖于立法宗旨，也不利于惩治和预防犯罪。本文根据刑法理论，结合司法实践，试就认定该罪中若干有争议的问题进行探讨。

一、 为亲友非法牟利罪侵犯的客体

如何界定本罪侵犯的客体，目前众说纷纭，归纳起来主要有以下几种观点：

（一） "简单客体说"

在"简单客体说"中又有"管理活动说"、"管理制度说"和"权益（利益）说"等不同的提法。"管理活动说"认为本罪侵犯的是国有公司、企业、事业单位的正常管理活动。[①] "管理制度说"认为本罪侵犯的是国有公司、企业、事业单位的正常管理制度，[②] "权益说"认为本罪侵犯的客体是国有公司、企业、事业单位的权益。[③] 笔者认为，将为亲友非法牟利罪界定为单一客体有失偏颇。本罪既是一种妨害公司、企业管理秩序的犯罪，又是一种行为人利用职务之便实施的职务犯罪，将本罪归为单一客体难以全面揭示其特征。

---

* 原载《人民检察》2003 年第 1 期。

① 陈兴良：《罪名指南》，中国政法大学出版社 2000 年版，第 538 页。

② 赵秉志主编：《新刑法教程》，中国人民大学出版社 2001 年版，第 378 页。

③ 刘家琛：《新刑法条文释义》，人民法院出版社 2002 年版，第 702 页。

（二）"复杂客体说"

该说承认本罪侵犯的客体是复杂客体，但如何理解该复杂客体则认识不一。有的认为是国有公司、企业、事业单位的管理活动和权益，[①] 有的认为是国有公司、企业、事业单位的正常管理活动和国有公司、企业、事业单位的利益和国家利益，[②] 有的认为本罪侵犯的是国有公司、企业、事业单位的正常管理制度和财产权益。[③]

确定某一具体犯罪侵犯的客体必须按照法律规定，结合犯罪客体的一般理论进行具体分析与认定。有鉴于此，笔者认为，本罪侵犯的客体是双重客体，即国有公司、企业、事业单位的经营管理秩序和国有公司、企业、事业单位工作人员职务行为的廉洁性。国有公司、企业、事业单位的正常管理秩序是由一系列管理制度所建立起来的秩序。它体现了国家在管理、引导、规制国有公司、企业、事业单位在各种活动中必须遵循的基本要求。但从为亲友非法牟利罪的客观特征看，该罪侵犯的是国有公司、企业、事业单位正常管理秩序中的经营管理秩序。国有公司、企业、事业单位的经营管理秩序与正常管理秩序是种属关系。同时，为亲友非法牟利罪是国有公司、企业、事业单位工作人员利用职务之便实施的犯罪。国有公司、企业、事业单位工作人员受国家委托经营管理国有资产，他们承担着使国有资产保值增值的职责。早在1981年7月国务院颁布的《关于制止商品流通中不正之风的通知》中规定："禁止企事业单位、经济单位的干部和工作人员，利用职权、物权和工作之便，里钩外联、私通买卖，从中牟利。"1993年公布的公司法第59条规定："董事、监事、经理应当遵守公司章程，忠实履行职务，维护公司利益，不得利用在公司的地位和职权为自己谋取私利。"1995年1月中纪委第五次会议《关于党政机关县（处）级以上领导干部廉洁自律的补充规定以及国有企业领导干部廉洁自律的四条规定》指出：国有企业领导干部"不准利用职权为家属及亲友经商办企业提供各种便利条件"。为亲友非法牟利的行为违反上述党和国家的要求，是一种职务上的腐败行为。总之，把本罪侵犯的客体理解为既侵犯国有公

---

① 李晓明：《经济刑法学》，群众出版社2000年版，第287页。

② 赵长青：《刑法学》，法律出版社2000年版，第538页。

③ 杨春洗、杨敦先：《中国刑法论》，北京大学出版社1994年版，第290页。

司、企业、事业单位的经营管理秩序又侵犯国有公司、企业、事业单位工作人员职务行为的廉洁性，不仅全面揭示了本罪客体的基本特征，而且符合我国刑法理论界定犯罪客体的基本要求，有助于把本罪与妨害对公司企业的管理秩序罪中的其他犯罪侵犯的直接客体严格区别开来。

二、 为亲友非法牟利罪的客观要件

（一） "亲友" 的范围应如何划定

在本罪中"亲友"一词是一个核心概念。如何理解"亲友"的范围，目前宽严不一。有的认为，"亲友的范围实际上非常广泛，除了直系血亲、旁系血亲、姻亲以外，还包括社会上与行为人比较熟悉的其他人"。[①] 有的认为，只要行为人"明知是本单位营利的业务，而利用职务之便，主动让他们去经营，只要与对方有一定的关系并已使对方获利，就应认定是'交由自己亲友进行经营'"。[②] 有的认为，行为人将本单位盈利营业交由任何人经营都违背了职责，都侵害国家利益，因此立法上应将"亲友"改为"他人"。[③] 而有的则认为，"究竟如何才能认定'友'，难于在理论上作一个统一的、准确的概括，应当具体情况具体对待"。[④]

笔者认为，"亲友"一词尽管比较概括，但不能说其含义和范围是无法界定的。从语词角度看，"亲友"是亲属和朋友的简称。亲属是指因婚姻、血缘和法律拟制而产生的人与人之间的关系。亲属的范围容易确认，难点在于朋友的范围。笔者认为，对"朋友"应作限制解释，理由是：（1）根据字面解释法，朋友有两种含义：一是彼此有交情的人；二是指恋爱对象。（2）从立法宗旨看，修订刑法之所以设立本罪，目的在于运用刑罚手段惩治为亲友谋取私利的行为。如果把与行为人有一定关系甚至只有一面之交的第三人都纳入"朋友"范围，势必不恰当地扩大刑事打击面，也不利于国有公司、企业工作人员开展正常的经营管理活动。（3）本罪是不以行为人从中谋取个人私利为必要构成要件的。但行为人之所以为亲友

[①] 孙力：《妨害对公司、企业的管理秩序罪》，中国人民公安大学出版社 1999 年版，第 248 页。
[②] 但伟：《妨害对公司、企业的管理秩序罪的定罪与量刑》，人民法院出版社 2001 年版，第 373 页。
[③] 林维：《妨害对公司、企业管理秩序罪的认定与处理》，中国检察出版社 1998 年版，第 239 页。
[④] 谢望远：《国家工作人员犯罪认定中疑点难点问题研究》，中国方正出版社 2000 年版，第 355 页。

非法牟利,其动机在于徇私情。如果行为人与第三人虽有一面之交,但双方毫无感情基础,平时也无正常礼尚往来,那么行为人就难以产生犯罪动机。(4)从广义上理解"亲友",难以划分刑法第166条与修正后的刑法第168条的关系。1999年12月立法机关颁布的《中华人民共和国刑法修正案(一)》已将刑法第168条规定的徇私舞弊造成破产、亏损罪,修改为国有公司、企业、事业单位工作人员玩忽职守、滥用职权罪。这样刑法第168条与第166条已形成法条竞合关系。如果对"朋友"作广义理解,实际上就把应纳入刑法第168条的犯罪行为放到刑法第166条之中,这不利体现法条竞合中特殊法条的立法意义。

笔者认为,本条中的"亲友"应当是与行为人具有密切关系,彼此有交情的人。在认定本罪时应注意查清行为人的犯罪动机。行为人出于亲情、友情,而为第三人非法牟利的可按本罪论处。如果不是出于亲情、友情,属于一般的滥用职权或玩忽职守,给国家利益造成重大损失的应按刑法第168条定罪处罚。

(二) 如何理解 "明显高于或低于市场的价格"

根据刑法第166条第2项的规定,行为人只有"以明显高于市场的价格向自己的亲友经营管理的单位采购商品或者以明显低于市场的价格向自己的亲友经营管理的单位销售商品的"才构成犯罪。那么何谓"明显高于或低于市场的价格"呢?第一种观点认为,"明显高于或低于市场的价格",是指高于或低于市场价格的三分之一以上。[1] 第二种观点认为,"明显高于市场的价格"就是明显高于这种商品在市场上的价格变动幅度的上限;"明显低于市场的价格"就是明显低于这种商品在市场上的价格变动幅度的下限。[2] 第三种观点认为,"'明显高于市场的价格'应当根据实际购进价格与该商品的市场合理的最高价格的差价,计算实际损失的数额;'明显低于市场的价格'应当根据实际销售价格与该商品的市场合理的最低价的差价,计算实际损失的数额"。[3] 笔者认为,以上三种观点都值得商榷。在市场经济条件下,商品价格受供求关系的影响而上下浮动,但在某

---

[1] 高铭暄:《新型经济犯罪研究》,中国方正出版社2000年版,第360页。

[2] 孙力:《妨害对公司、企业的管理秩序罪》,中国人民公安大学出版社1999年版,第248页。

[3] 罗庆东、史卫忠、郎俊义:《最高人民检察院、公安部〈关于经济犯罪案件追诉标准的规定〉的理解与适用》(上),载姜伟主编《刑事司法指南》2001年第3辑,法律出版社2001年版。

一时（或某一个时期）其价格总是相对确定。如某一产品在某一时期价格在 100 元至 200 元/公斤波动。当市场价格是 120 元/公斤时，行为人以 150 元/公斤的价格从其亲友经营管理的单位购进 4000 公斤，总价款 60 万元，给国家造成直接经济损失 12 万元。但该价格既没有高于市场价格的三分之一以上，也没有超过该产品价格变动幅度的上限，按照上述第一、第二种观点，该行为就不构成犯罪，这无疑是放纵犯罪。由此可见，按照市场价格的比例或价格变动幅度的上限、下限来界定是否"明显高于或低于市场的价格"，不利于打击犯罪，而且难以体现执法的公平性。因为根据这两种标准都会出现损失数额较小的构成犯罪，而损失数额大的、社会危害更为严重的行为反而不构成犯罪的不合理现象。第三种观点实践中不具有可操作性。什么是市场合理的最高价格？什么是市场合理的最低价格？难以把握。

笔者认为，是否"明显高于或低于市场的价格"应按照同类产品当时当地的市场平均价格来确定。比如，可以委托物价和产品主管部门对其销售的产品进行鉴定。按照市场平均价格认定，容易操作和认定，而且也比较公正、合理。

（三）"重大损失"是否限于经济损失

目前绝大多数论著都认为，本罪所指的"重大损失"是指经济损失。一些司法机关在规定本罪标准时把经济损失数额作为唯一的定罪依据。笔者认为，这种观点和做法有失片面。1997 年刑法第 166 条规定的"使国家利益遭受重大损失"既指重大经济损失，也包括重大非经济损失。2001 年 4 月 18 日最高人民检察院、公安部联合颁布实施的《关于经济犯罪案件追诉标准的规定》第十一条规定："国有公司、企业、事业单位的工作人员，利用职务便利，为亲友非法牟利，涉嫌下列情形之一的，应予追诉：1. 造成国家直接经济损失数额在十万元以上的；2. 致使有关单位停产、破产的；3. 造成恶劣影响的。"该规定没有把重大损失局限于经济损失是完全正确的。所谓"造成恶劣影响"是指由于行为人为亲友非法牟利的行为而造成大量职工下岗、影响工资发放以及导致职工闹事、集体上访等严重事端的情形。不仅如此，即使在经济损失中，也不能仅仅看直接经济损失，而忽视间接经济损失。1999 年 9 月最高人民检察院颁布实施的《人民检察院直接受理立案侦查案件立案标准的规定（试行）》中规定，滥用职权造成直接经济损失不满 20 万元或玩忽职守造成直接经济损失不满 30 万元，但间接经济损失超过 100 万元的，应定罪处罚。该司法解释值得参考。间接经济损失是指由直接经济损失引起和牵连的其他损失，包括失去的在正常情况下可能获得的利益和为恢复正常的经营管理活动或者挽回所造成的损失所支付的各种开支、费用等。如行为人向其亲友经营管理的单位采购不合格商品，有时直接经济损失并不巨大，但间接经济损失特别巨大的，也应考虑追究刑事责任。

三、 为亲友非法牟利罪的犯罪主体

（一） 国有公司、 企业、 事业单位工作人员的范围

正确认识国有公司、企业、事业单位的范围是正确认定国有公司、企业、事业单位工作人员的前提。如何认识国有公司、企业、事业单位的范围，学界一直存有争议。有的同志认为"国家绝对控股的股份有限公司、国有企业产权占绝对多数的企业，应视为国有公司、企业。至于事业单位的性质界定，也应看国家投资所占的比例"。[①] 还有的认为，对于国家持股比例在 51% 以下，但国家处于相对控股地位的股份公司、企业中虽然有非国有资产的成分，但是占主导地位的还是国有资产，企业的利益主要为国家利益，——故国家相对控股的公司也应视为国有公司。[②] 自 1997 年 10 月 1 日新刑法实施以来，司法实务中一直把国有控股公司、企业、事业单位当作国有单位对待。

笔者认为，上述观点和习惯做法有悖立法规定。实质上它们都对国有公司、企业、事业单位作了扩大解释，不符合刑法的严格解释原则。刑法中的"国有公司、企业、事业单位"必须是严格意义上的国有公司、企业、事业单位，即资产全部为国有的公司、企业、事业单位，包括传统意义上的国有公司、企业、事业单位以及按公司法设立的国有独资公司。2001 年 5 月 23 日最高人民法院颁布的《关于在国有资本控股、参股的股份有限公司中从事管理工作的人员利用职务便利非法占有本公司财物如何

---

① 龚培华：《关于当前认定贪污贿赂犯罪若干问题探讨》，《法学》1997 年第 12 期。

② 张利兆：《国家相对控股公司的认定》，《法制日报》2000 年 3 月 18 日，第 3 版。

定罪问题的批复》中，明确否定了把国有控股、参股公司视为国有公司的观点。可见只有纯粹的国有公司、企业、事业单位工作人员才是本罪的主体。

（二）行为人的"亲友"能否成为本罪的共犯

行为人的亲友能否构成本罪的共犯，有的同志持肯定结论，认为这种犯罪属于内外勾结的共同犯罪，对与案件有关的亲友情节较重的，应以共犯论处。[①] 笔者认为，这种观点不妥。本罪所涉及的"亲友"一般不构成犯罪。本罪存在犯罪的对合关系。犯罪的对合关系是指犯罪行为人及其指向对象互为行为相对人，彼此依存，缺一不可。犯罪的对合关系分为彼此俱罪的对合关系和非彼此俱罪的对合关系。前者行为相对人双方都构成犯罪的情形，后者只有一方构成犯罪，另一方则属于一般的违法行为。[②] 为亲友非法牟利罪即属后者。立法机关之所以设立本罪，旨在惩处国有公司、企业、事业单位工作人员的职务腐败行为。当然如果其"亲友"教唆行为人实施本罪，"亲友"可以成为本罪的教唆犯。其"亲友"虽然不能构成本罪，但其行为触犯其他罪名的仍应追究刑事责任，如借机销售伪劣产品构成犯罪的，应按销售伪劣商品罪等相关罪名定罪处罚。

四、为亲友非法牟利罪的主观要件

为亲友非法牟利罪必须是故意犯罪，大家均无异议，分歧集中在两个方面：其一，该罪是否可由间接故意构成。其二，该罪是否属目的犯。笔者认为，本罪既可以由直接故意构成，也可以由间接故意构成。间接故意是指行为人明知其行为可能引起某种危害社会的结果并且有意放任这种结果的发生，"放任并非听之任之、漠不关心，是指有意放纵危害结果发生"。[③] 本罪中行为人明知的内容包括：明知自己的行为是职务行为；明知交亲友经营的是盈利的业务；明知向亲友经营管理的单位采购的商品价格明显高于市场价格或销售的商品价格明显低于市场价格；明知向亲友经营

---

① 孙力：《妨害对公司、企业的管理秩序罪》，中国人民公安大学出版社 1999 年版，第 248 页。
② 陈兴良：《论犯罪的对合关系》，《法制与社会发展》2001 年第 4 期。
③ 陈兴良：《刑法适用总论》，法律出版社 1999 年版，第 160 页。

管理的单位采购的是不合格商品。明知包括"确知"，也包括"可能知道"。如行为人的亲友以低于市场价格向其单位销售不合格商品，行为人根据具体案情、经营的知识、经验判断，该商品可能是不合格商品，但出于亲友之情，有意放纵，从其亲友处把这种商品大量购进，购进后发现是伪劣产品，从而给国家造成重大损失。这种情形应属间接故意。"凡是分则条文中规定为故意犯罪的，除非有特殊限制把间接故意排除在外，一般都包括直接故意和间接故意。"① 将间接故意排除在本罪之外，缺乏依据。

笔者认为，本罪不是目的犯。理由是：其一，刑法第 166 条没有规定本罪须以牟利为目的，将本罪视为目的犯于法无据。其二，从司法实践看，行为人的行为并不必然使其亲友牟利。如行为人向自己的亲友经营管理的单位采购不合格商品的，其亲友可能是亏本经营。即便是行为人把当时盈利的业务交由其亲友经营并给国家造成重大损失，但其亲友经营后不仅没有盈利反而亏本。这并不影响犯罪的构成。其三，如果是目的犯，要认定构成犯罪就必须表明行为人具有此种犯罪目的，不具有这种目的，犯罪就不能成立。从立法技术上看，在叙明罪状中，只有确有必要才特别列出主观要件。因为一旦刑法条文写明的罪状，公诉机关就负有证明责任，而主观要件最易为被告人作为"合法辩护"的理由。主观要件越多，诉讼中检察官的证明责任越重。对于刑法分则没有明文规定以非法牟利为目的的情况下，能否在刑法适用上将这一目的确立为犯罪构成主观要件内容？笔者赞同如下观点："如果某种目的、内心倾向对决定法益的侵犯及其程度具有重要作用，即使在刑法没有明文规定的情况下，也可以将其解释为主观要件的内容；如果某种目的、内心倾向对决定法益的侵犯及其程度不具有重要作用，甚至没有任何作用，则不应当随意将其解释为主观要件的内容。"② 从立法规定看，只要行为人利用职务之便，实施法定三种情形之一并给国家利益造成重大损失的，就构成犯罪。行为人是否具有非法牟利的目的，对本罪的构成不具有影响作用，因而不宜将其解释为本罪主观要件的内容。不将本罪纳入目的犯范围，可以减轻检察官在诉讼中的证明压力，有利于指控和打击犯罪。其四，本罪可由间接故意构成。根据我国刑法理论，犯罪目的只存在于直接故意中，间接故意不具有犯罪目的。

---

① 何秉松：《刑法教科书》，中国法制出版社 1995 年版，第 262 页。

② 张明楷：《法益初论》，中国政法大学出版社 2000 年版，第 91 页。

五、 为亲友非法牟利罪的罪数问题

关于罪数问题，容易引起争议的是两个方面：

第一，行为人实施为亲友非法牟利行为，同时又触犯非法经营同类营业罪（刑法第 165 条）的，应如何处理？

非法经营同类营业罪是指国有公司、企业的董事、经理利用职务便利，自己经营或者为他人经营与其所任职公司、企业同类的营业，获取非法利益，数额巨大的行为。该罪客观方面的行为之一是为他人经营（包括了为亲友经营）与其所任职的公司、企业同类的营业。当行为人为亲友经营与行为人所任职的公司、企业是同类营业，并利用职务之便将本单位的盈利业务交由亲友的公司经营，或者从亲友的公司采购不合格商品时司法实践中就会面临罪名的选择。对此，有的同志认为应数罪并罚。[①] 有的同志认为按想象竞合犯以一重罪处罚。[②] 笔者认为，这两种犯罪对犯罪结果的要求不同。为亲友非法牟利罪以行为给国家造成重大损失为定罪条件，非法经营同类营业罪以行为人非法获利数额巨大为定罪条件。所以在认定犯罪时必须严格把握两者的犯罪构成，具体来说：（1）行为人为亲友非法牟利行为，虽同属非法经营同类营业行为，行为人获利不大，但已给国家造成重大损失的，只成立为亲友非法牟利罪；（2）行为人为亲友非法牟利行为，又同属非法经营同类营业行为，行为人获取非法利益数额巨大，但未给国家造成重大损失的，只成立非法经营同类营业罪；（3）行为人的同一行为，既获取非法利益数额巨大，又给国家造成重大损失的，既触犯了为亲友非法牟利罪，又触犯了非法经营同类营业罪，属想象竞合犯，按其中的重罪从重处罚；（4）行为人分别实施为亲友非法牟利行为和非法经营同类营业行为并分别触犯该两项罪名的应数罪并罚。

第二，行为人为亲友非法牟利后收受贿赂的应如何处理？

对于具有徇私动机的职务犯罪，往往与受贿行为交织一起。如何处理这类案件的罪数问题，理论和实践中争议较大。一种观点认为，这种情况属于牵连犯形态，对牵连犯应当从一重处；另一种观点认为，对渎职罪中

---

① 高铭暄：《新型经济犯罪研究》，中国方正出版社 2000 年版，第 360 页。
② 于志刚主编：《惩治职务犯罪疑难问题司法对策》，吉林人民出版社 2001 年版，第 704 页。

的牵连犯原则上实行数罪并罚。① 笔者同意第一种观点。我国刑法理论一直认为，对于牵连犯应当从一重处断。但是我国刑事立法和司法解释对于牵连犯的处罚，既有按从一重罪来处理的，也有数罪并罚的，致使实践中对牵连犯的处罚标准不一。刑法第 399 条第 3 款、第 4 款明确规定，司法工作人员犯徇私枉法罪、枉法裁判罪，同时又构成受贿罪的，依照处罚较重的规定定罪处罚。即从立法上肯定了渎职罪与受贿罪有牵连关系时应按一重罪处罚。这一立法精神对为亲友非法牟利后又收受亲友贿赂的案件的处理具有参考意义。

---

① 肖中华：《渎职罪认定中的几个共性问题探析》，《法学论坛》2001 年第 5 期。

关于错捕与刑事赔偿关系的理性思考[*]

从刑事赔偿实践看，刑事赔偿主要是检察赔偿和错捕赔偿。因此，如何认识错捕与刑事赔偿的关系，对于正确评价批捕案件质量，建立合理的错捕追究责任制，保障人权，最大限度地保护公民、法人和其他组织的合法权益，实现国家赔偿法的立法宗旨具有重要意义。如何正确界定错捕与刑事赔偿的关系，理论和实践中争议较大，本文试就此作进一步的探讨。

一、 刑事诉讼中错捕范围的界定

刑事诉讼中错捕范围的界定，首先是一个错捕标准的认定问题。关于错捕标准的认定，目前有以下几种具有代表性的观点：

第一种观点认为，凡是批捕后作无罪处理的（公安机关撤案、检察机关不起诉、法院判决无罪）都是错捕。这种观点是以诉讼结果作为评判错捕的标准（"诉讼结果说"）。

第二种观点认为，应以批捕或者决定逮捕当时的案件事实和证据是否符合逮捕条件为标准，当时符合逮捕条件的，即使后来不构成犯罪，也不属错捕（"当时说"）

第三种观点认为，应当以国家赔偿法作为认定错捕的标准，并且是唯一标准。诉讼结果没有犯罪事实，被捕人是无辜的，并且批捕时不符合逮捕条件，这样的逮捕就是错捕，国家就要赔偿（"刑事赔偿标准说"）。①

第四种观点认为，错捕标准有两条：一是 1996 年刑事诉讼法第 60 条规定的逮捕条件，这是法定标准；二是具体案件的事实与证据，这是事实

---

* 原载《人民检察》2003 年第 9 期。

① 林楠：《错捕的认定标准》，《国家检察官学院学报》1999 年第 2 期。

标准（双重标准说）。①

笔者认为，刑事诉讼中错捕的认定只能以"当时说"为标准。其他诸观点从某一方面讲有其合理之处，但作为认定刑事诉讼中错捕的标准均不合适。逮捕是刑事诉讼中的一种强制措施，而不是案件的最终处理。逮捕后案件事实还有待进一步查清，证据有待于进一步调取，被逮捕者最终是否构成犯罪还存在或然性，所以不能保证被逮捕者都构成犯罪。不同的诉讼阶段有不同的证明标准和要求，诉讼的推进本来就是一个层层过滤的过程。逮捕后侦查的结果无非是证明犯罪嫌疑人有罪或者无罪，这二种结果都符合诉讼规律。如果侦查机关移送的案件一律进入审判阶段被判有罪，那反而是不正常现象。因此，以诉讼结果来评价诉讼阶段中对案件所作的阶段性的评断是否正确是错误的。"刑事赔偿标准说"在适用逮捕条件的同时又增加国家赔偿这一条件，凡赔偿的才是错捕，不赔偿的即使违背刑事诉讼法第 60 条的规定，也不是错捕。这种观点不利于提高检察人员的业务素质和办案质量。"双重标准说"把错捕标准分为法定标准和事实标准。法定标准和事实标准是紧密联系不可分割的，两者不能截然分开，该说标准模糊，不具有可操作性。

笔者认为，刑事诉讼中错捕的认定标准只有一个，即刑事诉讼法第 60 条的规定，凡逮捕时符合刑事诉讼法第 60 条规定的，不管捕后是否认定有罪，是否赔偿，都不是错捕；凡逮捕时是不符合刑事诉讼法第 60 条规定的，不管捕后被认定有罪或不予赔偿，仍是错捕。

根据 1996 年刑事诉讼法第 60 条规定，逮捕必须具备以下三个条件：（1）有证据证明有犯罪事实；（2）可能判处徒刑以上刑罚；（3）采取取保候审、监视居住等方法尚不足以防止发生社会危险性而有逮捕必要。这三个条件是互相联系不可分割的整体，缺少其中任何一个条件都不应逮捕。有的同志认为，"错捕即为错案，是错案的一种表现形式，故错捕的成立，必须以诉讼结果不构成犯罪或没有犯罪事实为前提，而不应包括判处徒刑以下刑罚与徒刑缓刑，因为后者不在错案之列"。② 这种看法实际上是把逮捕的第一个条件作为认定错捕的标准。在逮捕的三个条件中尽管第一个条件最重要，但并不意味着第二、第三个条件可有可无，它们仍然是

---

① 刘国媛：《审查批捕错案标准之我见》，《法学评论》1998 年第 3 期。

② 朱孝清：《关于逮捕的几个问题》，《法学研究》1998 年第 2 期。

法定的逮捕条件之一。根据逮捕时的犯罪事实和证据，犯罪嫌疑人不可能判处徒刑以上刑罚或者采取取保候审、监视居住等方法足以防止发生社会危险性而将其逮捕的，也是错捕。一些地方在制定"错案追究制"中完全将后两个条件排除在错捕之外是违背刑事诉讼法规定的，这样做的后果必然是导致逮捕范围的扩大化。

二、 国家赔偿中错捕范围的界定

1994 年国家赔偿法第 15 条第 2 项规定："对没有犯罪事实的人错误逮捕的"，国家应予赔偿。刑事诉讼法修改后，如何理解这一规定存在很大分歧，争论的焦点集中在"存疑案件"的赔偿问题上。所谓"存疑案件"是指犯罪嫌疑人被逮捕后，因犯罪事实不清、证据不足而被撤案、不起诉或宣告无罪的案件。这类案件应否赔偿有以下几种不同观点：

第一种观点认为，这类案件应予赔偿（"肯定说"）。

第二种观点认为，这类案件不应当赔偿（"否定说"）。理由是：（1）"没有犯罪事实"是一种客观状态，法律意义上的无罪不等于没有犯罪事实，"不能认定犯罪事实"与"没有犯罪事实"是有区别的。（2）"存疑案件"不能完全排除所涉案件犯罪事实存在的可能性。事实不清、证据不足不是完全没有犯罪事实，也不是没有定罪证据，只是证据不够充分。（3）"存疑案件"不赔符合立法原意。（4）"存疑案件"给予赔偿社会效果不好。[①]在"否定说"中还有一种比较流行的看法，就是对"存疑案件""国家赔偿法既没有把它列为赔偿责任的理由，也没有把它排除在应负责任之外。也就是说法律没有明文规定，如果实务中把它作为赔偿责任的理由是于法无据的"。[②]

第三种观点认为，这类案件应否赔偿不能一概而论（"折中说"）。如有的认为，犯罪嫌疑人被逮捕是由于检察机关的有关办案人员主观有过错，且被不起诉人无违法行为的，检察机关应承担赔偿责任；逮捕时确有一定证据证明有犯罪嫌疑人，后经审查发现起诉、定罪证据不足的案件，

---

① 徐美君：《对存疑不起诉者不应予以刑事赔偿》，《上海市政法管理干部学院学报》2001 年第 1 期；崔敏：《因证据不足而不起诉的案件是否要赔偿》，《上海市政法管理干部学院学报》，2001 年第 2 期等。

② 徐益初：《司法公正与检察官》，《法学研究》2000 年第 6 期。

检察机关不承担赔偿责任。①

　　笔者支持赞同第一种观点，理由是：首先，"存疑案件"的诉讼结果就是对"没有犯罪事实"的法律确认。"存疑案件"的存在是客观的。在司法实践中，由于各种主客观条件的限制，司法人员虽然收集了一些证实犯罪嫌疑人犯罪事实存在的证据，但证据的质和量还不足以指控认定犯罪。因此，1996年刑事诉讼法第140条第4款规定："对于补充侦查的案件，人民检察院仍然认为证据不足，不符合起诉条件的，可以作出不起诉决定"；第162条第3项规定："证据不足，不能认定被告人有罪的，应当作出证据不足、指控的犯罪不能成立的无罪判决。"根据立法规定，犯罪嫌疑人、被告人被逮捕后，因证据不足，不能认定被告人有罪，而被司法机关撤销案件、存疑不诉或宣告无罪的，就是从法律上确认其不构成犯罪，也就是推定其没有犯罪事实。不论是实体上的无罪，还是推定的无罪，在法律层面上都是无罪之人，两者的法律后果是一致的。有的认为："案件事实不清、证据不足仅是一种暂挂、存疑的阶段性结论，而不等于实际无罪，不能作为被羁押的人无罪的最终结论。"② 这种观点是与修改后的刑事诉讼法立法精神相违背的。在刑事诉讼中对犯罪嫌疑人、被告人最终的法律评价只有有罪或无罪两种。认定有罪必须证据确实、充分，证据不足，不能认定被告人有罪的，只能认定为无罪，无罪就是对"没有犯罪事实"的法律确认。其次，疑案赔偿真正体现了"疑罪从无"的诉讼理念。对疑案的处理上，历来有"疑案从有"和"疑案从无"之争。疑案"从无""从有"之争集中体现了刑法人权保障机能与社会保护机能之间的价值选择。采取"疑案从有"，如果嫌疑人确实无罪，结果不仅罪及无辜，而且使真正的罪犯逃脱法网。"疑案从无"虽然也会放纵罪犯，但至少可以避免罪及无辜，而且即是暂时放纵罪犯，一旦获取新的证据，仍可将罪犯绳之以法。因此"疑案从无"不仅能满足刑法人权保障机能，而且并不意味着放弃社会保护机制和放纵犯罪。"否定说"和"折中说"虽然也承认"疑罪从无"，但又认为疑案可以不赔，这实质上仍是一种不彻底的"疑罪从无"。

---

① 周国钧：《关于证据不足不起诉的国家赔偿问题》，《上海市政法管理干部学院学报》2001年第1期。

② 刘弘耀：《刑事赔偿二题》，《人民检察》1999年第7期。

"否定说"认为，存疑案件不赔才符合立法原意。笔者对此持有异议。纵观国家赔偿法的立法过程，无任何立法资料可以证明"没有犯罪事实"仅仅是指没有任何证据证明有犯罪事实或只限于事实状态上的无罪（实体上的无罪），而不包括法律推定上的无罪（诉讼程序上的无罪）。尽管参与立法的同志曾认为："对有证据证明有重大犯罪嫌疑人进行逮捕，如果后来查明被逮捕人没有犯罪事实，不能认为是错捕，也不能要求国家赔偿。"[1] 但笔者认为，这仍是参与立法者的学理解释，而不是立法解释，以此作为论证不赔才符合立法原意是偏颇的。再说法律规定不明确也不能简单地作出有利于司法机关的解释。对法律条文的解释我们必须探求法律设计每一具体制度的基本精神（而非立法者的个人想法），追寻立法目的。"'立法目的说'是一种更科学的法律解释原则，它给予法律解释机关充分的自由裁量权，允许法律解释者在不同的历史条件下对同一法律条文的内涵作出不同的解释，从而达到遵循立法目的的终及目标。"[2] 国家赔偿法的立法目的是保护公民、法人的合法权益不被国家侵犯和损害。我国国家赔偿法是在当时的经济状况、法学理论水平和司法实践基础上制定的，很多具体规定存在严重缺陷和不足。在实行"依法治国"的今天，我们完全有理由作出"疑案应当赔偿"这种符合法律精神和时代要求的新的解释。

　　总之，笔者认为，国家赔偿法中的错捕是以"诉讼结果说"为标准的，即犯罪嫌疑人被逮捕后，凡是最终是按无罪处理的，除符合国家免责条件的以外都应当赔偿。

三、 刑事诉讼中的错捕与国家赔偿中的错捕的区别

　　长期以来，理论和实务界把刑事诉讼中的错捕与国家赔偿中的错捕混为一谈。比如在"折中说"中有这样一种观点：对存疑终结诉讼要求赔偿的案件是否应予赔偿，应当根据逮捕条件予以衡量。凡是符合逮捕条件，逮捕是正确的，即是最终的结果是无罪，国家也不承担赔偿责任；凡是不符合逮捕条件，逮捕是错误的，国家应予赔偿。（"逮捕说"）[3] 这种观点

---

[1]　胡康生：《中华人民共和国国家赔偿法释义》，法律出版社 1994 年版，第 44 页。

[2]　林峰：《论法律解释的立法原意说》，《判解研究》2001 年第 4 期。

[3]　张雪林、向泽选、张长江、廖名宗：《刑事赔偿的原理与执法实务》，北京大学出版社 2003 年版，第 62 页。

目前对赔偿实务影响很大。笔者认为,这种观点貌似合理,实质上也是错误的,因为它混淆了两种错捕的区别。

笔者认为,刑事诉讼中的错捕与国家赔偿中的错捕是应当加以严格区分的。两者的区别表现在:

首先,两者认定标准不同。刑事诉讼中的错捕是以刑事诉讼法第60条作为评判标准的,凡不符合刑事诉讼法第60条所规定的三个条件的,都是错捕,错捕与否只能以逮捕时的证据来认定。国家赔偿中的错捕只能以诉讼结果来认定,凡逮捕后最终是按无罪处理的,除符合国家免责条件的以外都应当赔偿。

其次,两者归责原则不同。刑事诉讼中的错捕是以违法和主观过错为归责原则的。错捕是错案的一种。构成错捕的前提是违背刑事诉讼法第60条规定,同时办案人员主观上有过错。1998年6月26日最高人民检察院颁布的《人民检察院错案责任追究条例(试行)》第2条第1款规定:"本条例所称错案是指检察官在行使职权、办理案件中故意或者重大过失造成认定事实或者适用法律确有错误的案件,或者在办理案件中违反法定程序而造成处理错误的案件。"第9条第4项又强调:案件认定发生变化,"检察官没有故意或者过失的",不追究检察官责任。可见刑事诉讼中认定错捕是以检察官违法行使职权和主观上有过错为原则的。而刑事赔偿的归责原则当前分歧很大。① 笔者认为,我国对刑事赔偿实行的是违法归责原则为主兼采严格责任的二元归责原则。② 错捕赔偿实行的是严格责任。严格责任是以结果作为归责标准的,是一种结果责任。结果错了就要赔偿,不管过程是否合法,检察官主观上有无过错。

再次,两者的界定目的不同。界定刑事诉讼中的错捕是为了正确评价检察机关批准或者决定逮捕的工作质量,为考核批捕工作提供依据,以确定错案范围和错案责任。而界定国家赔偿中的错捕是为了刑事赔偿提供依据,以充分保障公民的合法权益。

最后,两者性质不同。刑事诉讼中的错捕是一种对内责任,凡检察官违反刑事诉讼法的规定,造成错捕的,应当追究法律责任、纪律责任。而

---

① 张安平:《析刑事赔偿之疑探完善制度之路——记刑事赔偿问题专家论证会》,《人民检察》2001年第9期。

② 张兆松:《存疑案件赔偿问题之我见》,《人民检察》2001年第5期。

国家赔偿法中的错捕是一种对外责任，凡符合国家赔偿法中的错捕，检察机关均应对受错捕的公民承担赔偿责任。只有在赔偿之后，检察机关根据国家赔偿法第 14 条及《人民检察院错案责任追究条例（试行）》的有关规定让有故意或者重大过失的工作人员承担部分或者全部赔偿费用，并依法给予行政处分，构成犯罪的依法追究刑事责任。

　　总之，凡属于刑事诉讼中的错捕，并不一定属于国家赔偿中的错捕。比如：逮捕时不符合逮捕的第二、第三个条件，但被告人最终仍然被判有罪的或者逮捕时没有证据证明其有犯罪事实，但逮捕后查明其有犯罪事实的，这就不属于国家赔偿中的错捕，国家不需要承担赔偿责任。反之逮捕时符合刑诉法第 60 条规定，但逮捕后证据发生变化，最终作无罪处理的，不属于刑事诉讼中的错捕，不是错案，但仍属于国家赔偿中的错捕，国家应当承担赔偿责任。最高人民检察院 1997 年 12 月 12 日颁布的《人民检察院刑事赔偿工作暂行规定》对国家赔偿中的错捕标准采纳的是"诉讼结果说"。根据该规定第 6 条规定，凡具有人民检察院撤销拘留决定书、撤销逮捕决定书、撤销案件决定书、不起诉决定书、复查纠正决定书等法律文书，或者公安机关撤销案件予以释放证明书、人民法院宣告无罪已经发生法律效力的判决、裁定书等法律文书的应视为请求赔偿的被侵权事项已依法确认。有人认为，该规定把逮捕条件与起诉条件、判决有罪条件等同起来了。[1] 笔者认为，该规定并没有把逮捕条件与起诉条件、判决有罪条件等同起来，因为它针对的是国家赔偿中的错捕而不是刑事诉讼中的错捕，该规定有利于公民行使要求国家赔偿的权利。但遗憾的是在此基础上修改的《最高人民检察院刑事赔偿工作规定》（最高人民检察院 2000 年 11 月 6 日通过）第 8 条却规定："证据不足的撤销案件、不起诉案件或者判决无罪的案件，应当由人民检察院分别下列情形对检察机关作出的逮捕、拘留决定有无侵犯人身权情形依法进行确认：（一）对不能证明有犯罪事实或者不能证明有犯罪重大嫌疑的人错误拘留的，予以确认；（二）对不能证明有犯罪事实的人错误逮捕的，予以确认；（三）对有证据证明有部分犯罪事实的人拘留、逮捕，或者有证据证明有犯罪重大嫌疑的人拘留的，不予确认。"这一规定对原《人民检察院刑事赔偿工作暂行规定》第 6 条作了重大修改，由原来的"诉讼结果说"改为"逮捕说"，凡逮捕符合刑诉

---

① 姚莉、杨帆：《错捕赔偿与逮捕条件》，《检察日报》2000 年 3 月 23 日，第 3 版。

法规定的条件的，即不予确认（不予赔偿）。这实质上也是混淆了两种错捕的界限，徒增了受司法损害的公民索赔的难度。

四、 转变观念， 重塑正确的错捕观和刑事赔偿观， 实现打击犯罪与保护人权的统一

笔者认为，将刑事诉讼中的错捕与国家赔偿中的错捕简单地等同会产生不少弊端和负面影响，表现在：

第一，不利于打击和惩治犯罪，影响刑事法律社会保护功能的发挥，削弱检察机关维护社会秩序和社会治安的职能。犯罪嫌疑人被依捕后，又因事实不清、证据不足而被撤销案件，不能认定有罪或宣告无罪，这完全是符合诉讼规律的现象，但人们简单地将其视为错案，不少地方还以此作为错案追究的主要标准，以此追究办案人员的个人责任。在这种观念影响下，有些司法人员存在"宁纵勿枉"的态度。批捕人员为了避免个人风险，往往人为提高批捕的条件，即用提起公诉和有罪判决的标准来审查提请批捕时的证据（实践中称为批捕人员应强化"公诉意识"和"定罪意识"），对本来应该批捕的犯罪嫌疑人不予批捕。

第二，不利于维护公民的合法权益，影响人权保障功能的发挥。由于将国家赔偿等同于刑事诉讼中的错捕，为了减少错捕就得减少刑事赔偿。于是有些司法人员就提高国家赔偿的条件，名义上是为了"追寻立法原意"，实际上是为不赔寻找理由。至1999年全国检察机关受理刑事赔偿案件5159件，立案审查2983件，决定赔偿的才965件，支付赔偿金2669万元。最终决定赔偿的数字在受理的案件和立案审查的案件中所占比例之小出乎意料。近年这种现状有所改变，但仍不尽如人意。国家赔偿法自1995年1月1日施行至今已整整10年，全国各级检察机关10年来共立案办理赔偿案件7823件，决定赔偿3167件，支付赔偿金5819.53万元。如果将决定赔偿的案件数具体到各省（自治区、直辖市）检察机关每年上，则只有约10件；如果将这笔赔偿金具体到每一宗个案上，则只有1.84万元；若再具体到每位获得赔偿的公民身上，这个数字还将缩小。

不少人认为，国家赔偿法执行得不尽如人意，主要原因是因为立法不完善。笔者认为，这种说法有一定的道理。但不是向国家索赔难的根本症结所在，根本原因还在于有的司法人员执法观念不端正。因此严格执行国

家赔偿法，实现"向国家索赔不再难"，关键在于转变观念，重塑正确的刑事错案观和刑事赔偿观。当前检察机关和检察人员应当树立以下观念：

（1）树立打击犯罪与保障人权并重的观念。有的同志认为："对于证据不足的案件，法律已经体现疑罪从无的精神，作了无罪判决，保障了犯罪嫌疑人的合法权利，如果再由国家予以赔偿，将不利于打击严重刑事犯罪和维护社会安宁。"[1] 这一观点把刑事赔偿与打击犯罪绝对地对立起来，是完全错误的，存疑案件仅仅宣告无罪，还不足以保护被告人的合法权利。在刑事司法的价值和功能的认识上，我们必须坚持打击犯罪、保障人权并重的观念。但这并不意味着在不同的诉讼阶段两者不能有所侧重。笔者认为，在批捕阶段办案人员应把打击犯罪、社会保护放在第一位（同时兼顾人权保障）以充分发挥检察机关打击犯罪的职能，该捕的应坚决批捕；而在刑事赔偿阶段，要更多地向保护公民个人权益倾斜，把保障公民的刑事求偿权的实现放在第一位，该赔偿的坚决赔偿。

（2）树立赔偿不一定是错案的观念。刑事赔偿与刑诉中的错捕不存在必然联系。刑事赔偿义务的履行并不必然意味着刑诉中错捕的存在。只要逮捕是符合刑诉法规定的，即使捕后诉讼结果无罪，也不是刑诉中的错捕，不是错案，更不应受到责任追究，从而鼓励检察人员独立办案、依法办案、敢于办案。丹宁勋爵说得好："当法官依法行事时，每位法官均应受到保护。以免负赔偿损害的责任。所有法官都应能够完全独立完成自己的工作，而不需担惊受怕。决不能弄得法官一边用颤抖的手指翻动书，一边自问，'假如我这样做，我要负赔偿损害的责任吗？'只要法官在工作时真诚地相信他做的事是在他自己的法律权限之内，那么他就没有受诉的责任。"[2] 这虽然是针对法官而言的，但对检察官一样适用。

（3）全面理解逮捕条件，树立该捕不捕或不该捕而捕都是错案的观念。目前检察实践中存在着将"有证据证明有犯罪事实"作为逮捕的唯一条件的倾向。凡是捕后作有罪认定的一概不是错捕，这是不正确的。刑事诉讼法第60条规定的逮捕条件是三个，可能判处徒刑以上刑罚、有逮捕必要也是逮捕的重要条件。凡逮捕时不符合这两个条件，即便捕后最终作了

---

[1] 张雪林、向泽选、张长江、廖名宗：《刑事赔偿的原理与执法实务》，北京大学出版社 2003 年版，第 62 页。

[2] ［英］丹宁勋爵：《法律的正当程序》，李克强等译，群众出版社 1984 年版，第 55 页。

有罪认定仍是错捕。而符合逮捕条件，该捕不捕放纵犯罪的，也是滥用权力，主观有过错的，也是错案。

（4）树立正确的办案效果观。办理刑事案件理应追求政治效果、社会效果和法律效果的统一。一般来说三者之间是能够统一的，但就某些个案来说会有矛盾。当有矛盾时我们必须有所选择，选择的标准只能是法律效果优先。不少检察人员认为，刑事赔偿有损检察形象，损害检察威信，能不赔的尽量不赔。这种思维的结果往往变成：能赔的也力求不赔。笔者认为，如果这个案件应该赔而不赔。那么，不赔对检察机关的损害更大。依法赔偿可以最大限度地挽回影响，减少损失，从而树立起检察机关有错必纠、严格执法的崇高形象。同时检察人员必须清醒地认识到：刑事赔偿的最终决定权是由人民法院的赔偿委员会行使的。最高人民法院对存疑案件始终坚持"诉讼结果说"，如最高人民法院〔1998〕赔字第 10 号复函第三条规定："因事实不清、证据不足，检察机关决定不起诉或撤销案件的，根据刑事诉讼法的规定即不能认定犯罪嫌疑人的犯罪事实，检察机关批准逮捕应视为对没有犯罪事实的人错误逮捕，依照国家赔偿法第十五条规定，检察机关应当承担赔偿责任。" 2000 年 3 月 8 日最高人民法院在《关于对梁钦申请兰州市人民检察院赔偿一案请示的批复》又重申上述观点。这类案件检察机关决定不赔，一旦赔偿请求人向人民法院申请赔偿，最终检察机关还是要赔。这样势必严重损害检察机关的形象，不利于提高法律监督机关的声誉。

奸淫幼女罪认定明知应适用推定[*]

2003 年 1 月 17 日，最高人民法院在给辽宁省高级人民法院《关于行为人不明知是不满十四周岁的幼女，双方自愿发生性关系是否构成强奸罪问题的批复》中规定："行为人明知是不满十四周岁的幼女而与其发生性关系，不论幼女是否自愿，均应依照刑法第二百三十六条第二款的规定，以强奸罪定罪处罚；行为人确实不知对方是不满十四周岁的幼女，双方自愿发生性关系，未造成严重后果，情节显著轻微的，不认为是犯罪。"该司法解释颁布后，引起理论界和司法实务部门一些同志的非议。[①] 在此之前，最高人民检察院于 2001 年 6 月 11 日颁布的《关于构成嫖宿幼女罪主观上是否需要具备明知要件的解释》规定："行为人知道被害人是或者可能是不满十四周岁幼女而嫖宿的，适用刑法第三百六十条第二款的规定，以嫖宿幼女罪追究刑事责任。"这两个司法解释，虽然针对的是不同罪名，但解释的问题和内容具有共性。两者都强调对幼女实施性侵犯构成犯罪的，应以明知为条件（正因为两者具有共性，且 1997 年刑法实施之前嫖宿幼女行为是按奸淫幼女罪论处的，所以本文论及的奸淫幼女中的明知问题，亦同样适用嫖宿幼女罪）。

关于奸淫幼女罪（2002 年 3 月 15 日"两高"《关于执行〈中华人民共和国刑法〉确定罪名的补充规定》取消了奸淫幼女罪，但奸淫幼女犯罪行为的构成与普通强奸罪有重大区别，实践中乃须严格区分）是否以明知为条件，我国刑法学界长期有争论，并形成"否定说"、"肯定说"和"折中说"三种观点。[②] 最高人民法院的解释对于消除分歧，统一执法标准

　＊　原载《中国科学学报》2004 年第 7 期。

① 苏力：《司法解释、公共政策和最高法院——从最高法院有关"奸淫幼女"的司法解释切入》，《法学》2003 年第 8 期；邱兴隆：《一个半公正的司法解释——兼与苏力教授对话》，《法学研究》2004 年第 6 期；等等。

② 赵秉志主编：《刑法争议问题研究》（下），河南人民出版社 1996 年版，第 282—285 页。

具有积极意义，而且这一解释本身符合刑法理论，具有合理性。因为奸淫幼女犯罪中，故意犯罪所要求的"明知自己的行为会发生危害社会的结果"这一认识因素主要是表现在明知对方是幼女而故意奸淫这一点上。奸淫幼女犯罪的特殊性决定了奸淫幼女行为比一般的强奸行为具有更为严重的社会危害性，这也是我国刑法第二百三十六条第二款规定应从重处罚的理由所在。而对这种行为的危害结果的认识主要是通过对奸淫对象是幼女这一客观事实的认识得以体现。主客观相一致是我国刑事责任的重要原则。只要行为人和不满十四周岁的幼女发生性关系就按强奸罪从重处罚，而不问其是否明知对方是幼女，显然有"客观归罪"之嫌。因此，"两高"对明知的司法解释就基本精神而言是正确的，值得肯定。

但是我们也不能不看到，由于司法解释本身的粗疏，客观上会在司法实践中带来一些消极影响。刑法第二百三十六条第二款和第三百六十条第二款之所以对奸淫幼女、嫖宿幼女行为予以特别规定，就在于幼女在智力发育和生殖器官发育尚处于不成熟的状态，对于性交的性质、后果缺乏辨认能力，身体对性交也缺乏承受力。所以刑法对幼女的身心健康予以特殊保护。青春期的发育提前已是一个世界性问题。近年来我国也逐渐突出。杭州市曾对市区部分小学4—6年级10—12岁的1027名女生调查后发现：如今女孩子的成熟比她们的母亲整整提前了5年。10岁女孩进入青春发育期的占9.02%，11岁的占20.9%，12岁的占53.3%。[①] 但调查同时表明：这些女孩尽管生理发育趋成熟，但对性行为的性质、后果等都没有认识或尚有足够认识。最高人民法院的司法解释就有可能使一些犯罪分子以不明知为借口逃脱刑事处罚，从而使刑事立法对幼女予以特殊保护的立法精神不能得到实现。这主要表现在：

其一，明知属于犯罪主观方面的要件，虽然主观要件要通过客观行为来体现，但从刑事程序法角度看，行为人主观要件的认定，在相当程度上仍然要依靠被告人的供述。强奸案件的发生具有隐蔽性，其证据特点之一是言词证据多于实物证据，绝大部分案件要靠言词证据定案，而言词证据往往容易出现失真现象。最高人民法院对明知的解释，将进一步加剧办案人员对被告人口供的依赖，这在证据采信中是弊多利少。

其二，我国刑事法学界一贯主张控方承担证明责任，被告人不承担证

---

① 《报刊文摘》1998年7月16日，第3版。

明责任。这就意味着强奸案件中的明知应当由公诉机关承担证明责任。即公诉机关必须证明被告人与幼女发生性行为时，被告人是明知对方是幼女。那么这种证据如何获得呢？一般来说，只能依靠双方的言词证据。一旦双方的证据（一对一证据）有矛盾，被告人又否认明知的情况下，法庭将如何认定或采信其中一方的证据呢？公诉方又能通过什么举证方法来证明被告人是明知的呢？

其三，从多年的司法实践看，奸淫幼女罪认定的难点主要是未满18岁的未成年人与不满14周岁的幼女双方自愿发生两性关系，没有造成后果的，应否追究刑事责任？分歧的焦点除了明知问题外，还有一个情况问题。"两高一部"1984年4月26日《关于当前办理强奸案件中具体应用法律的若干问题的解答》曾规定："十四岁以上不满十六岁的男少年，同不满十四岁的幼女发生性的行为，情节显著轻微，危害不大的，依照刑法第十条的规定，不认为是奸淫幼女罪，责成家长和学校严加管教。"但根据最高人民法院对明知的解释，只要行为人明知是不满14周岁的幼女而与其发生性关系的就应以强奸罪定罪处罚。这样处理就会出现如下结果：少男少女之间的性行为，由于他们彼此熟悉，比较了解对方的年龄，从而易受强奸罪处罚；那些成年人与幼女之间的性行为，则由于他们"确实不知对方是不满14周岁的幼女，双方自愿发生性关系"（实践中鲜有先问幼女年龄而后奸淫的）而轻易逃脱强奸罪的处罚。这有悖刑法的公正性。

其四，最高人民检察院对明知解释为"行为人知道被害人是或者可能是……"，而最高人民法院则没有对明知作出更具体的解释。最高人民法院研究室负责人指出：批复中的明知包括"知道或者应当知道"。但由于解释对何谓"可能是……"或者"应当知道"尚有作出进一步的规定，实践中易于将明知局限于"知道"或"确知"，从而放纵犯罪。

有鉴于此，笔者认为，为了依法严惩奸淫幼女犯罪，更好地执行"两高"司法解释，对奸淫幼女案件明知的认定，应适用刑事推定制度。

刑事推定是指在刑事诉讼中，司法人员根据事实之间的常态联系，以某一已经查明的事实推断另一难以证明的事实的存在。从证明责任层面上讲，刑事推定的法律实质在于导致证明责任的转移。刑事推定的意义在于减少控方一些不必要的举证，加速诉讼的进程，同时可以消除对推定事实举证的困难，确保司法公正和效率。明知是行为人的主观罪过之一。在司法实践中，不少被告人为了逃避法律的制裁，以各种借口拒绝承认自己行为时的主观罪过，从而更增加了对主观罪过认定的难度。但是主观罪过作为犯罪构成要件之一，又是必须加以证明的要素。通过刑事推定使某些无法通过直接证据加以证明的主观要素得到确认，以便有力地惩治犯罪。"推定往往是能够证明被告人心理状态的唯一手段，因而在刑事司法中起着非常重要的作用。"① 近年，最高司法机关已通过若干司法解释对明知进行推定。如2000年11月17日最高人民法院通过的《关于审理破坏森林资源刑事案件具体应用法律若干问题的解释》第10条规定："刑法第三百四十五条规定的'非法收购明知是盗伐、滥伐的林木'中的'明知'，是指知道或者应当知道。具有下列情形之一的，可以视为应当知道，但是有证据证明确属被蒙骗的除外：（一）在非法的木材交易场所或者销售单位收购木材的；（二）收购以明显低于市场价格出售的木材的；（三）收购违反规定出售的木材的。"此外，1996年12月16日，最高人民法院通过的《关于审理诈骗案件具体应用法律的若干问题的解释》第3条以及1998年5月8日"两高"与公安部、国家工商管理局联合颁布的《关于依法查处盗窃、抢劫机动车案件的规定》第17条规定等都是关于适用推定的解释。② 这些关于适用推定的解释对奸淫幼女的认定具有重要的参考意义。

另外，从国外刑事立法上看，对明知适用推定不乏其例。如根据英国《1956年性犯罪法》第5条、第6条的规定，被告人以不明知对方是不满13岁的幼女和不满16岁的幼女作为辩护理由的，作为辩护理由的证明责任在于辩护人。③

有的同志认为，奸淫幼女明知司法解释的出台就是为了避免"客观归罪"。如果对明知被告推定，岂不又走上了"客观归罪"之路了吗？笔者

① ［英］鲁伯特·克罗斯、菲利普·A. 琼斯：《英国刑法导论》，赵秉志等译，中国人民大学出版社1991年版，第56页。

② 《关于审理诈骗案件具体应用法律的若干问题的解释》第3条中规定："行为人实施《决定》第八条规定的行为，具有下列情形之一的，应当认定其行为属于'以非法占有为目的，使用诈骗方法非法集资'：（1）携带集资款逃跑的；（2）挥霍集资款，致使集资款无法返还的；（3）使用集资款进行违法犯罪活动，致使集资款无法返还的；（4）具有其他欺诈行为，拒不返还集资款，或者致使集资款无法返还的。"《关于依法查处盗窃、抢劫机动车案件的规定》第17条规定："本规定所称的'明知'，是指知道或者应当知道。有下列情形之一的，可视为应当知道，但有证据证明确属被蒙骗的除外：（一）在非法的机动车交易场所和销售单位购买的；（二）机动车证件手续不全或者明显违反规定的；（三）机动车发动机号或者车架号有更改痕迹，没有合法证明的；（四）以明显低于市场价格购买机动车的。"

③ ［英］J. C. 史密斯、B. 霍根：《英国刑法》，马清升等译，法律出版社2000年版，第519页。

认为，这种担心是多余的。所谓"客观归罪"是指行为人一旦具备某种客观行为就认定为犯罪，并不考虑其主观罪过。在客观归罪的情况下，行为人的合理解释不能作为其无罪辩护的理由。刑事推定的结果一般具有合理性和确定性，但其可靠性只能达到高度盖然性的程度，不具有绝对性。因此，主观目的的推定允许被告人进行合理辩解和反驳，被告人反驳推定的证明标准，应当适当低于控方的证明标准，也就是说被告人的反驳证据从真实可靠上考虑已达优于控方指控的程度即可，而不要求其证明必须达到"排除合理怀疑"的程度。

　　总之，对奸淫幼女案件明知的认定，适用刑事推定可以有效地防止明知司法解释出台后可能产生的消极作用，从而最大限度地实现打击犯罪与保障人权的统一。①

---

① 对该司法解释最高人民法院于 2003 年 8 月又以内部文件《关于暂缓执行〈关于行为人不明知是不满十四周岁的幼女，双方自愿发生性关系是否构成强奸罪问题的批复〉的通知》，要求各级人民法院暂停该司法解释的适用。2013 年 2 月 26 日，最高人民法院《关于废止 1997 年 7 月 1 日至 2011 年 12 月 31 日期间发布的部分司法解释和司法解释性质文件（第十批）的决定》，认为该《批复》"与刑法的规定相冲突"而予以废除。2013 年 10 月 23 日，最高人民法院、最高人民检察院、公安部、司法部印发的《关于依法惩治性侵害未成年人犯罪的意见》第 19 条规定："知道或者应当知道对方是不满十四周岁的幼女，而实施奸淫等性侵害行为的，应当认定行为人'明知'对方是幼女。对于不满十二周岁的被害人实施奸淫等性侵害行为的，应当认定行为人'明知'对方是幼女。对于已满十二周岁不满十四周岁的被害人，从其身体发育状况、言谈举止、衣着特征、生活作息规律等观察可能是幼女，而实施奸淫等性侵害行为的，应当认定行为人'明知'对方是幼女。"该《意见》承认了推定的适用。

斡旋受贿罪基本问题研究 *

1997 年刑法典第 388 条规定:"国家工作人员利用本人职权或者地位形成的便利条件,通过其他国家工作人员职务上的行为,为请托人谋取不正当利益,索取请托人财物或者收受请托人财物的,以受贿论处。"如何正确理解和掌握这一法律规定,刑法学界和司法实务部门均存在较大的分歧,本文试就若干争议问题略陈己见。

一、 认定 "利用本人职权或者地位形成的便利条件" 的理论分歧

如何理解"利用本人职权或者地位形成的便利条件"?这是认定斡旋受贿罪的关键,也是当前争议最大的问题。对这一问题有以下几种观点:

第一种观点认为,行为人"利用本人职权或者地位形成的便利条件",表现为行为人利用自己的职权或者地位形成的对其他国家工作人员的制约关系,从而通过其他国家工作人员职务上的行为,为请托人谋取不正当利益。这种制约关系一般表现为上下级之间的领导与被领导关系即纵向的制约关系,或者表现为不同部门或者单位之间的国家工作人员在执行职务过程中所存在的横向的制约关系。[1] 有的学者认为:"所谓利用本人职权或者地位形成的便利条件,是指行为人利用因其职权或者地位对其他国家工作人员所形成的政治上或经济上的制约关系。"[2] 这一观点(以下简称"职务

---

* 本文原载张兆松:《刑事检察理论研究新视野》,中国检察出版社 2005 年版,第 288—318 页。

[1] 何秉松主编:《刑法教科书》,中国法制出版社 2003 年版,第 1134—1135 页。

[2] 高铭暄主编:《新编中国刑法学》,中国人民大学出版社 1998 年版,第 1134—1135 页。

制约说")被绝大多数刑法教科书和专著所肯定。[1] 同时该观点还被全国人大常委会法制工作委员会刑法室撰写的专著所赞同。[2] 这一观点现已成为通说,它直接影响着司法实践中对斡旋受贿罪的认定和处理。

第二种观点认为,判断斡旋受贿的成立应当立足于受贿罪的犯罪客体——职务行为的不可贿买性。行为人通过其他国家工作人员职务上的行为,为请托人谋取不正当利益,索取或者收受请托人财物的行为在受贿人与被斡旋人存在下面两种关系下,构成斡旋受贿:(1)执行职务活动的依赖性。(2)权力上的相互交换关系。"如果斡旋人与受贿人之间不具有职务上的相互依赖性或权力上的可相互交换性",不能成立斡旋受贿。[3](以下简称"职务依赖交换说")

第三种观点认为,斡旋受贿与普通受贿(一般受贿)的区别之一就在于:"前者在本人职务与他人职务之间不存在着制约关系,后者则存在着制约关系。"[4] 有的学者认为,"'斡旋'的本意即平等地进行居间调停。制约关系具有明显的强制性,其与'斡旋'是不相容的。在斡旋受贿中,行为人只是一般地利用其身份去说服其他国家工作人员。……具体来说,在利用本人职权或者地位形成的便利条件时,受托国家工作人员之所以顺从,一般是出于建立关系网,或将来互相利用的考虑,纯属自愿,行为人的职权并不能制约其他国家工作人员,不可能给其带来不利影响"。[5] "行为人必须利用本人职权或者地位形成的便利条件,并不要求行为人积极地利用其职权或地位,只要基于国家工作人员的立场实施斡旋行为即可。"[6] 有的认为,"利用本人职权或者地位形成的便利条件"不是利用"职权"或"地位"本身,而是利用由职权或者地位所形成的便利条件,其落脚点

---

① 苏惠渔主编:《刑法学》,中国政法大学出版社1997年版,第875页;刘湘廉主编:《刑法学》(西南政法大学教材委员会审定),法律出版社2003年版,第723—724页;周光权:《刑法各论讲义》;清华大学出版社2003年版,第533页;陈兴良主编:《罪名指南》,中国政法大学出版社2000年版,第1522页;游伟主编:《刑法理论与司法问题研究》,上海文艺出版社2001年版,第569—671页;孙谦主编:《国家工作人员职务犯罪研究》,法律出版社1998年版,第103—104页;孙国祥主编:《贪污贿赂犯罪疑难问题学理与判解》,中国检察出版社2004年版,第339—344页;等等。

② 胡康生、郎胜主编:《中华人民共和国刑法释义》(第2版),法律出版社2004年版,第103页。

③ 朱本欣:《斡旋受贿若干争议问题刍议》,《云南大学学报(法学版)》2003年第2期。

④ 陈兴良:《刑法疏议》,中国人民公安大学出版社1997年版,第635页。

⑤ 邹志宏:《斡旋受贿罪研究》,载于志刚主编:《刑法问题与争鸣》(第七辑),中国方正出版社2003年版,第113页。

⑥ 张明楷:《刑法学》(第二版),法律出版社2003年版,第928页。

是"便利条件",这种"便利条件"一般表现为身份或面子。① 上述观点均认为,斡旋受贿罪的成立不以存在制约关系为条件(以下简称"职务制约否定说")。

第四种观点认为:"利用本人职权或者地位形成的便利条件中的'便利条件',是指因本人的职权或者地位形成的能够制约、影响其他国家工作人员,包括纵向的上下级关系和横向的平级工作关系。"(以下简称"职务制约影响说")②

第五种观点认为,刑法第388条规定的"利用本人职权或者地位形成的便利条件"中,该国家工作人员与其所利用的其他国家工作人员职务之间不是一种制约关系,虽然两者之间也有一定的约束关系,但其程度要轻得多,用"影响"来表达其义更为恰当。这种"影响"关系主要表现为要求方与被要求方不处于同一职能部门,两者的职责范围不具有上下级关系,其他国家工作人员若不依该国家工作人员要求实行职务行为,对其以后的工作、协作等可能带来一些不利影响(以下简称"职务影响说")。③

二、 "利用本人职权或者地位形成的便利条件"解说

笔者认为,"职务制约说"是应予否定的。对此,笔者曾作过分析,理由是:第一,从法律条文分析不能推导出行为人只有与第三者存在职务上的隶属制约关系才能构成斡旋受贿的结论,"职务制约说"没有立法依据。第二,从现实情况看,行为人与第三人不具有职务上的制约关系,并不能否定行为人就不存在利用本人职权或地位形成的便利条件。如某市政协主席李某通过市劳动人事局局长方某将请托人杨某违章录用为公务员,李从中收受杨某贿赂2万元,李某与方某无职务上的隶属制约关系,但李某是利用政协主席的职务和地位的影响形成的便利条件,为请托人谋取不正当利益,对李某应以斡旋受贿罪定罪处罚。按照"职务制约论"则不能

---

① 朱孝清:《论贪污贿赂罪的几个问题》,《人民检察》1998年第3期。
② 张穹主编:《贪污贿赂渎职"侵权"犯罪案件立案标准精释》,中国检察出版社2000年版,第67页;叶良方:《受贿罪客观要件若干疑难问题探讨》,载中国人民大学刑事法律科学研究中心组织编写:《现代刑事法治问题探索》,法律出版社2004年版,第473—474页。
③ 谢锡美:《如何把握斡旋(间接)受贿犯罪的构成要件》,载赵秉志主编:《刑事法判解研究》2002年第1辑,人民法院出版社2002年版,第89—90页。

对李某定罪。国家工作人员所具有的职权，一般是由法律、法规或者由其所在单位确定的，因而职权的范围应该是比较明确的。但是，由于我国正处于新旧体制交替的社会转型时期，长期以来所形成的党政不分、以党代政以及政企职责不分、国家机构职责不明确的状况还没有从根本上解决。一些党政领导干部集党政权力于一身，他们实际掌握的权力比国家规定赋予他们的职权要大得多。但在实际工作中要界定他们与第三人是否具有职务制约关系则有一定的难度。如市委书记与市政府各部、委、办（局）属下的科（处）长，从法律上难以认定他们之间具有职务上的直接制约关系，但市委书记职权或地位的影响在全市范围内始终是客观存在的。第三，从危害结果看，只要行为人客观上是利用自己的职权或地位形成的便利条件，通过第三人的职务行为为请托人谋取不正当利益，从中收受请托人财物，其结果都损害了国家工作人员的廉洁性，就应以斡旋受贿罪惩处。①

不仅如此，"职务制约说"应予否定还基于以下理由：

首先，"职务制约说"难以界定斡旋受贿罪与刑法第 385 条的普通受贿罪的界限。我国刑法之所以将斡旋受贿罪单立条文，这说明它与普通受贿罪具有不同的特征。如果不承认这一点，那就否认了斡旋受贿特别规定的必要性。刑法第 385 条规定的"利用职务上的便利"，实质上是说请托的事项完全在国家工作人员职务（职权）范围之内，他（她）可以直接通过自身的职务行为或者通过直接命令其他国家工作人员实行职务行为来完成。而刑法第 388 条所规定的"利用本人职权或者地位形成的便利条件"是指请托的事项不在该国家工作人员职权范围之内，他（她）无法通过自己的职务行为来实现，也无法直接命令其他国家工作人员实施职务去实现。最高人民检察院 1999 年 9 月 16 日颁布的《关于人民检察院直接受理立案侦查案件立案标准的规定（试行）》规定，利用职务上的便利，是指利用本人职务范围内的权力，即自己职务上主管、负责或者承办某项公共事务的职权及其所形成的便利条件。这里的"便利条件"是指虽然不是直接利用本人的职权，但是利用了本人的职权或者地位所形成的便利条件。②这表明，一般受贿也是可以通过其他国家工作人员的职务行为来实现的。

---

① 张兆松：《论斡旋受贿罪若干有争议问题》，《中央政法管理干部学院学报》1999 年第 2 期。
② 张穹：《解读最高人民检察院司法解释》，人民法院出版社 2003 年版，第 199 页。

如果把刑法第 388 条所规定的"利用本人职权或者地位形成的便利条件"一定要理解为存在"制约关系"（尤其是纵向的制约关系），那么，就模糊了一般受贿罪与斡旋受贿罪的界限。罪与罪之间界限不清楚，就容易为犯罪分子规避法律，逃脱法律制裁提供方便之门。

其次，从刑法设立斡旋受贿罪的原意看。1997 年修订刑法设立斡旋受贿罪是源于最高人民法院、最高人民检察院 1989 年 11 月 6 日《关于执行〈关于惩治贪污罪贿赂罪的补充规定〉若干问题的解答》（以下简称"两高"《解答》）规定。"两高"《解答》第 3 条第 2 项规定："受贿罪中'利用职务上的便利'，是指利用职权或者与职务有关的便利条件。'职权'是指本人职务范围内的权力。'与职务有关'，是指虽然不是直接利用职权，但是利用了本人的职权或地位形成的便利条件。""国家工作人员不是直接利用本人职权，而是利用本人的职权或地位形成的便利条件，通过其他国家工作人员职务上的行为，为请托人谋取利益，而本人从中向请托人索取或者非法收受财物的，应以受贿论处。……"但 1997 年修订刑法在吸收该规定时，并没有照搬，而是作了一定的修改。即把"为请托人谋取利益"修改为"为他人谋取不正当利益"。根据 1997 年刑法第 388 条规定，斡旋受贿必须具备"为他人谋取不正当利益"时才构成受贿罪；而在普通受贿的情况下，只要"为他人谋取利益"，不管是合法利益还是非法利益，都构成受贿罪。在刑法修订前，行为人与第三人存在职务上的制约关系的案件，不论这种制约关系是纵向的，还是横向的，反正一概按普通受贿罪处理，所以司法实践中争议不大。但修订刑法虽然对斡旋受贿仍规定按普通受贿罪论处，但已对它作出了特别限制。在这种情况下，如果我们还要求只有行为人与第三人存在职务上的制约关系的，才构成斡旋受贿，那么将大大限制斡旋受贿罪的适用范围。这显然与立法专门规定斡旋受贿罪的本意相去甚远。

再次，"职务制约说"已被最高司法机关所否定。最高人民法院 2003 年 11 月 13 日颁布的《全国法院审理经济犯罪案件工作座谈会纪要》（以下简称《纪要》）第 3 条第 1 项规定："刑法第三百八十五条第一款规定的'利用职务上的便利'，既包括利用本人职务上主管、负责、承办某项公共事务的职权，也包括利用职务上有隶属、制约关系的其他国家工作人员职权。担任单位领导职务的国家工作人员通过不属于自己主管的下级部门的国家工作人员的职务为他人谋取利益的，应当认定为'利用职务上的便利’为他人谋取利益。"同时在第 3 项又强调规定："刑法第三百八十八条规定的‘利用本人职权或者地位形成的便利条件’，是指行为人与被其利用的国家工作人员之间在职务上虽然没有隶属、制约关系，但是行为人利用了本人职权或者地位产生的影响和一定的工作联系，如单位内不同部门的国家工作人员之间、上下级单位没有职务上隶属、制约关系的国家工作人员之间、有工作联系的不同单位的国家工作人员之间等。"[①] 该《纪要》是最高人民法院在"重点讨论了人民法院在审理贪污贿赂和渎职犯罪案件中遇到的有关适用法律的若干问题，并就其中一些带有普遍性的问题形成了共识。经整理并征求有关部门的意见"[②] 后形成的，刑事审判中是要"参照执行"的。可见，"职务制约说"已被最高司法机关所否定。

  总之，笔者认为，将行为人利用本人职权或地位形成的便利条件理解为行为人与第三人必须要有职务上的制约关系会大大限制斡旋受贿罪的适用范围，不符合立法精神，实践中必须应予否定。

  近年有的学者，虽然对"利用本人职权或地位形成的便利条件"理解为纵向的制约关系提出批评，但是仍然认为："行为人因自己的职权、地位对被利用的其他国家工作人员存在一定的制约关系。不过，这种制约关系与刑法第 385 条中直接受贿中的制约关系是有区别的，它只能表现为横向的制约关系，而不能表现为纵向的制约关系。……所谓横向的制约关系，是指在不同的部门、单位之间，这一国家工作人员与那一国家工作人员存在着职务上的制约关系，一方可以凭借自己的职权或地位，左右或者影响另一方，使其利用职权为他人办事。"[③] 这种观点相对比较合理，但因还是强调职务上的制约关系，对"利用本人职权或地位形成的便利条件"仍然限制过严。如甲县的县委书记通过乙县的县委书记，为请托人谋取不正当利益，从中收受他人财物。甲县的县委书记与乙县的县委书记之间一般来说并没有横向的制约关系，按照上述观点不能认定斡旋受贿，这显然是欠妥的。这种观点仍然不能科学界定"利用本人职权或地位形成的便利条件"的含义。

  "职务依赖交换说"只是抛开"制约关系"的提法，实质上仍未摆脱

---

① 《中华人民共和国最高人民法院公报》2003 年第 6 期，第 4 页。

② 《中华人民共和国最高人民法院公报》2003 年第 6 期，第 3 页。

③ 龚培华、肖中华：《刑法疑难争议问题与司法对策》，中国检察出版社 2002 年版，第 600—601 页。

"职务制约说"，甚至比"职务制约说"还对斡旋受贿作了更多的限制。该说认为，权力上的相互交换关系是斡旋受贿的两种表现形式之一，"秘书作为领导的下级国家工作人员，纵向隶属于该领导，因而其职务行为不具有对该领导具有交换价值的职权……因而不能认为该秘书构成斡旋受贿"。[①]

"职务制约否定说"认为，"利用本人职权或地位形成的便利条件"中行为人与第三人之间不应当有制约关系，这是正确的。但否定后该论者并没有提出应如何把握"利用本人职权或地位形成的便利条件"。如陈兴良教授认为：斡旋受贿并非行为人利用其职权或者地位形成的对其他国家工作人员的制约关系，如果存在这种制约关系，就不是斡旋受贿而是普通受贿，应直接适用刑法第385条，斡旋受贿仅限于行为人利用本人的身份便利。[②] 那么，"行为人利用本人的身份便利"是什么意思呢？张明楷教授认为，斡旋受贿"只要立于国家工作人员的立场实施斡旋行为即可"，[③] 那么，"立于国家工作人员的立场"是什么意思呢？这还需要进一步作出界定。在"职务制约否定说"中，有的还认为："为保证刑事立法的明确性、解决法条虚设的问题和有效打击这种危害严重的行为，立法应当走出原有司法解释的误区和影子，借鉴世界上其他国家的立法例，彻底取消第388条'利用本人职权或地位形成的便利条件'的规定。"[④] 笔者不同意这一观点。根据我国刑法第388条的规定，斡旋受贿只有以自己职权、地位为基础利用他人职务的行为才能成立犯罪。斡旋收受财物之所以被视为犯罪，并不在于行为人与第三人进行了斡旋，其关键在于行为人利用了本人职权或者地位形成的便利进行斡旋。这种便利虽然不是本人职务范围内的权力所固有的，而是由本人的职权派生出来的，与本人的职权仍有密切的联系。受贿罪侵害的直接客体是国家工作人员职务行为的廉洁性，如果斡旋受贿罪不以职务为基础，那其侵害的客体如何体现呢？从刑法条文看，第355条的普通受贿罪与第388条的斡旋受贿罪具有一定程度的共性，同时后者又以"受贿论处"。因此，两者侵犯的法益具有共同性，即均必须对

① 朱本欣：《斡旋受贿若干争议问题刍议》，《云南大学学报（法学版）》2003年第2期。

② 陈兴良：《刑法疏议》，中国人民公安大学出版社1997年版，第635页。

③ 张明楷：《刑法学》（第2版），法律出版社2003年版，第928页。

④ 邹志宏：《斡旋受贿罪研究》，载于志刚主编：《刑法问题与争鸣》（第七辑），中国方正出版社2003年版，第116页。

自身职务形成侵害，只是相对于普通受贿罪而言，斡旋受贿罪是间接的侵害。我国刑法第 388 条与日本刑法典的斡旋受贿罪有相似之处。有的学者认为："过去的日本斡旋受贿罪的立法以及立法程序上，常常是以公务员'利用他的地位'进行斡旋作为要件的。但是'利用他的地位'作为斡旋的要件，在现行的斡旋受贿罪中没有明确表示。……立法当局采取否定态度，它认为只有具有公务人员的身份，可以认为利用其职权或与其公职人员的立场无关而利用亲属、朋友及其私人关系进行斡旋时也构成本罪。"①笔者认为，这一理解未必恰当。现行日本刑法典的第 197 条之 4 规定："公务员接受请托，使其他公务员在其职务上实施不正当行为，或者不实施适当行为，作为其进行或者已经进行斡旋的报酬而收受、要求或者约定贿赂的，处 5 年以下惩役。"在日本如何理解该规定，理论上是有争议的。第一种观点认为，本罪的主体只要是公务员就足够了，是否利用了其地位不用考虑；第二种观点认为，公务员在利用其地位的场合，才成立本罪；第三种观点认为，只限于公务员在作为公务员的地位上实施行为的场合。日本最高法院 1968 年 10 月 15 日认为，成立斡旋受贿罪，作为其要件，虽然不要求公务员积极地利用其地位进行斡旋，但是至少要求是在公务员的立场上进行斡旋，纯粹是私人的行为不构成本罪。即最高法院采纳的是第三种观点。② 这一观点也被日本刑法学家大谷实、大冢仁等所赞同。这表明在日本也并非只要具有公务人员的身份就足以构成斡旋受贿罪。总之，笔者认为，如果把"利用本人职权或地位形成的便利条件"内容无限扩大，或者干脆取消"利用本人职权或地位形成的便利条件"，那么，斡旋受贿罪就变成了一般犯罪主体，这是违背立法精神的，也是不可取的。

至于"职务制约影响说"，虽然把职务影响纳入斡旋受贿罪的范围，但它仍承认"制约关系说"，并把制约与影响并列，都作为斡旋受贿罪的客观方面的表现，这仍摆脱不了"职务制约说"的弊端，也不可取。

笔者赞同"职务影响说"。笔者认为，"职务影响说"的基本观点是：凡是行为人利用职务上有隶属、制约关系的其他国家工作人员的职权，为请托人谋取利益的，一律按刑法第 385 条的普通受贿罪定罪处罚；凡是行为人利用本人的职权或地位形成的影响力，通过其他国家工作人员的职

① 陈兴良：《受贿罪研究》，载陈兴良主编：《刑事法判解》，法律出版社 2003 年版，第 16—17 页。
② ［日］大谷实：《刑法各论》，黎宏译，法律出版社 2003 年版，第 460 页。

权,为请托人谋取不正当利益的,一律按刑法第 388 条的斡旋受贿罪定罪处罚。但"职务影响说"仍有进一步论证的必要。

笔者认为,"职务影响说"之所以比较合理,是基于以下理由:

第一,从字面含义看,所谓"制约"是指限制、约束之意。在"职务制约"中行为人对第三人具有限制、约束的权力。在这种关系中,第三人失去基本的选择自由,如果第三人不依从行为人的旨意,为他人谋取不正当利益,那么今后将对其正常的工作和生活带来实质性的后果。"影响"是指对别人(第三人)的行动起作用。这种作用虽然也有一定的约束力,但其程度要弱得多。这种影响关系与普通受贿罪"利用职务上的便利"中的领导权、指挥权、命令权不同,它不具有强制性。当行为人利用这种影响力,要求第三人为请托人谋取不正当利益时,第三人仍然具有完全的选择自由。第三人接受影响后,通过职务行为为请托人谋取不正当利益的行为,可能作出,也可能不作出。如果不依行为人的要求实施职务行为,给第三人带来的不利后果的可能性也比利用领导权、指挥权、命令权时要小得多。即便对其今后的工作、生活等可能会带来一些不利的后果,但这种不利后果与不依行为人的要求实施的职务行为没有必然联系。实践中第三人之所以顺从行为人,一般是出于建立关系网、对行为人的尊重或者将来可以互相利用的考虑。"职务制约说"用于解释刑法第 385 条规定的"利用职务上的便利"是恰当的,但用于解释刑法第 388 条所规定的"利用本人职权或者地位形成的便利条件"则不合理。

第二,有助于区分普通受贿罪与斡旋受贿罪的界限,有利于打击斡旋受贿犯罪。如上所述"职务制约说"难以界定斡旋受贿罪与普通受贿罪的界限。根据"职务影响说",凡是行为人利用职务上有隶属、制约关系的其他国家工作人员的职权,为请托人谋取利益的,按普通受贿罪定罪处罚;凡是行为人利用本人的职权或地位形成的影响力,通过其他国家工作人员的职权,为请托人谋取不正当利益的,按斡旋受贿罪定罪处罚,两者的界限相对比较清楚。按照"职务制约说",只有存在纵向的制约关系或者横向的制约关系的,才能认定为斡旋受贿罪。"如果受贿人与被斡旋人之间的关系不具有职务上的相互依赖性或权力上的相互交换性,……就不能成立斡旋受贿。"[1] 这样势必让那些不存在制约关系,但仍然属于利用本

---

[1] 张莉:《刑法重大疑难问题研究》,中国人民公安大学出版社 2004 年版,第 218 页。

人的职权或地位形成的影响力，通过其他国家工作人员的职权，为请托人谋取不正当利益的行为得不到惩治，从而放纵犯罪。如市委书记的秘书通过市土管局的一个科长，为请托人谋取不正当利益，从中收受他人财物。某省高级人民法院刑庭的审判人员通过该省某市中级人民法院民庭的审判人员，为他人谋取不正当利益，从中收受他人财物。甲省某市政协主席通过乙省某市政协主席，为他人谋取不正当利益，从中收受他人财物。市委书记的秘书与市土管局的一个科长；高级人民法院刑庭的审判人员与中级人民法院民庭的审判人员；甲省某市政协主席与乙省某市政协主席，两者之间很难说有制约关系。但他们利用的正是领导的秘书、刑庭的审判人员、政协主席这种身份对他人的影响。根据"职务制约说"难以对其定罪，而根据"职务影响说"则完全可以对其定罪处罚。近年一些持"职务制约说"的学者也看到该论的不足，但他们仅仅在"制约关系"的表现形式上做文章。如有的认为，斡旋受贿罪"行为人与其被利用的国家工作人员之间存在职务上的制约关系，这种制约关系又分为纵向的制约关系、横向的制约关系及特别亲近的工作关系。……特别亲近的工作关系是指同一单位内部行为人与其他国家工作人员存在的关系。"[1] 有的认为，斡旋与被斡旋的关系主要表现为四种情形：监督关系、横向制约关系、行业管理与被管理关系、协作关系。[2] 有的认为，斡旋与被斡旋的关系一般表现为五种：监督关系、制约关系、行业管理与被管理关系、协作关系和上下级关系。[3] 这样不仅混淆与普通受贿罪的界限，而且把"制约关系"变成了一个内涵不确定的大箩筐，实不可取。

第三，"职务影响说"符合最高司法机关的解释精神。最高人民法院2003年11月13日《纪要》第3条第3项规定："刑法第三百八十八条规定的'利用本人职权或者地位形成的便利条件'，是指行为人与被其利用的国家工作人员之间在职务上虽然没有隶属、制约关系，但是行为人利用了本人职权或者地位产生的影响和一定的工作联系，如单位内不同部门的国家工作人员之间、上下级单位没有职务上隶属、制约关系的国家工作人员之间、有工作联系的不同单位的国家工作人员之间等。"虽然该《纪要》

---

① 马长生主编：《国际公约与刑法若干问题研究》，北京大学出版社2004年版，第386页。
② 张莉：《刑法重大疑难问题研究》，中国人民公安大学出版社2004年版，第217—218页。
③ 河北省人民检察院、唐山市人民检察院：《贿赂犯罪及其惩治的理论与实务》，中国检察出版社2004年版，第79—80页。

斡旋受贿罪基本问题研究

不是严格意义上的司法解释，但具有"准司法解释"的性质，各级人民法院都是要"参照执行"的。

第四，从国外的刑事立法看，"职务影响说"也具有合理性。我国刑法第 388 条与日本刑法的斡旋受贿罪有相似之处。在日本，对刑法第 197 条之 4 规定斡旋受贿罪的理解，通说也是"职务影响说"而不是"职务制约说"。"斡旋收贿罪中，公务员并不是就自己职务收贿，而是通过向其他公务员施加影响，使该公务员实行与自己职务有关的不正当行为，作为施加影响的代价收受贿赂。"①

总之，笔者认为，刑法典第 388 条规定的斡旋受贿罪是指国家工作人员利用基于本人职权或者地位，并由此而形成的影响，通过其他国家工作人员职务上的行为，为请托人谋取不正当利益，索取或者收受请托人财物的行为。

三、 "利用本人职权或者地位形成的便利条件" 的认定

(一) 斡旋受贿利用 "职权和地位" 的含义

从立法规定看，斡旋受贿罪包含利用本人职权形成的便利条件和利用本人地位形成的便利条件两种情况。笔者认为，职权和地位是两个既有联系又有区别的概念，但两者不是简单的并列关系，两者的核心是权力。职权是指行为人职务范围内的能对其他国家工作人员形成或施加影响的权力。地位是人在社会中的位置，是由于社会对人的评价而产生的价值。一个人地位的形成受多种因素制约。但刑法意义上的地位应当作限制解释。即这里的"地位"只能产生于职权。行为人必须具有职权，才能产生刑法意义上的地位。所以，在确认利用本人地位形成的便利条件时，必须严格区分是利用职务性的地位还是利用非职务性的地位。后者如一些著名的科学家、艺术家、作家、劳动模范等。他们的社会地位很高，有的也属刑法规定的国家工作人员，但他们的社会地位不是由其职权形成的，而是由于

---

① 村井敏邦：《日本公务员的贿赂行为及贿赂罪》，载于中国社会科学院法学研究所编：《中日公务员贿赂犯罪研究》，中国社会科学出版社 1995 年版，第 12 页。

他们的杰出成就、突出贡献和特殊才能得到社会的认可而树立起来的。这种社会地位不是刑法意义上的地位。他们利用这种社会地位，通过其他国家工作人员的职务行为，为他人谋取利益的，不属于斡旋受贿行为。刑法意义上的地位必须与行为人的职权有密切的联系。一般来说，职权与地位是成正比的，职权越大，地位越高。但也不能绝对等同，地位并不等于职权。地位还受本人职务、职业其他因素的影响。如领导的秘书，可能级别不高、法定职权也不大，但因其在领导身边工作，其地位就远高于其他一般国家工作人员（近年"秘书腐败现象"引人注目就说明这个问题）。

在认识利用本人职权或地位形成的便利条件时，多年来一直流行这样一种观点：斡旋受贿罪只能存在于职务高的国家工作人员利用职务低的国家工作人员职务上的行为，反之则不然。[①] 笔者认为，这种观点表面看，似乎言之有理，但仔细推敲仍有商榷之必要。国家工作人员职务的高低往往与其职权的大小和地位的高低成正比，但也并不尽然。有的人职务、地位并不高，但因其特定的职权，使其形成特殊的地位，从而能利用这种特殊地位，为他人谋取不正当利益。如前文所述的领导的秘书通过领导作出一定的职务行为，以满足请托人的利益要求，从中收受他人财物。有的行为人的职务虽比第三人低，但第三人之所以能满足行为人的要求，仍是基于行为人职务和地位的影响。如果行为人不具有这种职务上的权力、地位，就丧失影响其他国家工作人员的条件，失去向请托人索取或收受贿赂的资本。例如，某县委书记通过地、市委书记为他人谋取不正当利益，从中收受贿赂，我们能否认这个县委书记没有利用自己的职权或地位所形成的便利条件吗？

（二）利用本人职权或地位形成的 "影响力" 的认定

斡旋受贿罪是指国家工作人员利用基于本人职权或者地位，并由此而形成的影响力。这种"影响力"不是抽象的，而是第三人能感受到的，在其作出一定职务行为时应予着重予以考虑的因素。但说理是抽象的，实践是具体的。根据立法和司法解释精神，结合司法实践，笔者认为，利用本

---

① 韩德荣等：《试论"本人职权或地位形成的便利条件"》，《法学》1990 年第 9 期；谢锡美：《如何把握斡旋（间接）受贿犯罪的构成要件》，载赵秉志主编：《刑事法判解研究》2002 年第 1 期，人民法院出版社 2002 年版，第 90 页。

人职权或地位形成的"影响力"的表现形式常见的大体上有以下几种情况：

1. 同一单位内不同部门的国家工作人员之间。如同一法院不同庭、室的国家工作人员之间。

2. 上下级单位没有职务上隶属、制约关系的国家工作人员之间。如高级人民法院刑庭的审判人员与中级人民法院民庭的审判人员之间。

3. 有工作联系的不同单位的国家工作人员之间。如公、检、法机关的国家工作人员之间，党委、政府各部门的国家工作人员之间等。

但从实践看，利用本人职权或地位形成的"影响力"的表现形式不能局限于上述三种情况。如甲省某市政协主席通过乙省某市政协主席，为他人谋取不正当利益，从中收受他人财物的就不属上述所列举的情况，但我们不能否认该政协主席可以构成斡旋受贿罪。

在司法实务中，如何认定这种"影响力"是一个比较复杂的问题。笔者认为，实践中认定是否属于"利用本人职权或地位形成的便利条件"的影响力，可以从以下几个方面入手：（1）行为人是否具有一定的职务和职权；（2）行为人接受请托时是否表示要通过自己的职权或地位形成的"影响力"为请托人谋取不正当利益；（3）行为人在委托、要求第三人时，是否以自己所拥有的职权或地位来影响第三人；（4）第三人在承诺、接受、完成行为人的委托事项，为他人谋取不正当利益，是基于行为人的职权或地位影响，还是基于一种建立在感情基础上的私人关系；（5）行为人与第三人之间是否存在单纯的亲属、朋友关系等。

1989 年 11 月 6 日"两高"《解答》曾规定："对于单纯利用亲友关系，为请托人办事，从中收受财物的，不应以受贿论处。"这一规定对于认定斡旋受贿罪仍具有现实意义，应当参照执行。但执行这一规定时需明确以下两个问题：

第一，什么是"亲友关系"？

对"亲友关系"范围的认识，一直也有分歧。有的认为，亲友是指亲属和朋友。也有的认为，这里的"亲友"包括的范围较广，既包括亲属、亲戚、朋友，还包括一般的熟人。① 有的则认为："究竟如何才能认定

---

① 国宪：《重新理解受贿罪的"利用职务之便"》，《法学》1990 年第 8 期。

'友'，难于在理论上作一个统一的、准确的概括，应当具体情况具体对待。"① 笔者认为，"亲友"一词尽管比较概括，但不能说其含义和范围的无法界定的。从语词角度看，"亲友"是亲属和朋友的简称。从一般意义上理解，亲属是指因婚姻、血缘和法律拟制而产生的人与人之间的关系；朋友是彼此有交情的人。亲属的范围容易确认，难点在于朋友的范围。笔者认为，对"朋友"应作限制解释。把一般的熟人关系纳入"亲友关系"之列是不恰当的。从司法实践看，行为人之所以能利用第三人职务之便，一般情况下，事先都互相认识、熟悉或有一面之交。但行为人之所以能利用第三人职务之便，为请托人谋取不正当利益，关键在于其职权或地位的影响，而不在于互相认识、熟悉。当然对亲属关系也不能限定在近亲属（配偶、父母、子女和同胞兄弟姐妹）的范围。当然，从法律角度要将两者的范围划得一清二楚是困难的。但无论如何，行为人与第三人有"亲友关系"的，行为人之所以能通过第三人职务上的行为，为请托人谋取不正当利益，根本的是基于他们之间的婚姻血缘和感情基础，而不是职权或地位的影响。

第二，什么是"单纯利用亲友关系"？

所谓"单纯利用亲友关系"是指行为人仅仅利用与第三人是亲友关系的便利条件。从现实生活看，"单纯"利用亲友关系较多地存在于一方是非国家工作人员，另一方（第三人）是国家工作人员之间。当行为人是具有一定职权的国家工作人员，同时又与第三人客观上存在亲友关系的情况下，很难说行为人是"单纯利用亲友关系"。国家工作人员之间既存在职务影响关系，又存在亲友关系，从而形成混合关系时，其通过这种混合关系调动其他公职人员，为请托人谋取不正当利益，从中收受他人财物的，应按斡旋受贿论处。在司法实践中，要防止出现凡是行为人与第三人是亲友关系的，一概不能认定斡旋受贿罪的现象。如被告人陆某原为上海市公安局卢湾分局刑侦支队民警。1999 年 2 月 19 日，涉嫌金融票据诈骗的案犯孙某（后被判无期徒刑）被上海市公安局普陀分局经侦支队刑事拘留后，孙某的朋友黄某、卞某（均另行处理）找到陆某，要求陆某帮忙释放孙某和发还孙某被拘留时扣押的轿车。陆某即打电话向普陀分局经侦支队

① 谢望远主编：《国家工作人员犯罪认定中疑点难点问题研究》，中国方正出版社 2000 年版，第 355 页。

副队长姚某（陆某儿时的邻居和同学）请托，并邀请姚某至本市某饭店接受了卞某等人的吃请。孙某被普陀分局经侦支队批准取保候审时，姚某事先将消息告诉陆某，陆转告卞某后，孙某于同月25日被取保候审，孙某被扣押的轿车随后亦被发还。同年3月，被告人陆某又邀请姚某在本市某宾馆接受了孙某的宴请，席毕，陆某在本市某宾馆收受了孙某通过丁某转送的人民币5万元。案发后，上述款项已被陆某挥霍。2001年5月21日上海市高级人民法院作出终审裁定，认定陆某构成斡旋受贿罪，判处有期徒刑3年6个月。对此，不少同志提出异议，认为"被告人陆某利用的不是其职权或者地位所形成的便利条件，而是利用了其与姚某儿时系邻居、同学的关系，他通过这层关系请姚某为孙某谋取不正当利益，并不符合刑法第388条规定的斡旋受贿的客观构成要件，事实上也没有直接侵害到国家工作人员职务行为的廉洁性"。本案被告人陆某的行为不构成受贿罪。[①] 笔者认为，陆某与孙某既存在职务影响关系，又存在亲友关系，从而形成混合关系。他通过这种混合关系调动孙某，为请托人谋取不正当利益，从中收受他人财物的，应按斡旋受贿论处。

四、 斡旋受贿与 "利用工作之便" 的关系

"国家工作人员利用本人职权或者地位形成的便利条件"是否包含"利用工作之便"？我国刑法理论界与实务部门也存在一些争议。

第一种观点认为，利用国家工作人员的工作条件应当是"利用本人职权或者地位形成的便利条件"的题中之义。把利用工作之便作为受贿罪的要件，符合廉政建设的精神。

第二种观点认为，不能把"利用本人职权或者地位形成的便利条件"解释为包括"工作之便"。因为受贿罪是渎职行为，是一种滥用职权的渎职行为，即滥用人民所赋予的权力和地位来谋取私利。具体地说，利用职权可以理解为利用自己职务上的地位或者职务范围内的权力来谋取私利。而"利用工作上的便利"，同职权本身的行使并没有必然的直接联系。更

---

① 谢锡美：《如何把握斡旋（间接）受贿犯罪的构成要件》，载赵秉志主编：《刑事法判解研究》2002年第1期，人民法院出版社2002年版，第92页；孙国祥：《贪污贿赂犯罪疑难问题学理与判解》，中国检察出版社2003年版，第343页；等等。

为重要的是，利用职务上的便利的范围本身是确定的，而所谓"利用工作上的便利"，则没有一个确定的标志。若把"利用工作上的便利"包含其中，就存在着扩大打击面的危险，从而可能会混淆罪与非罪的界限。①

笔者同意第二种观点。"工作便利"是一个很不准确的概念。把工作便利作为受贿罪的构成要件，不仅没有立法依据，而且在实践中容易混淆罪与非罪的界限。最高人民法院、最高人民检察院1985年7月18日《关于当前办理经济犯罪案件中具体应用法律的若干问题的解答》中曾规定："国家工作人员利用职权或者工作便利，为他人谋取利益，以'酬谢费'等名义索取、收受财物的……均应认定为受贿罪。""利用工作上的便利"虽然与国家工作人员的职权或者地位密切相关，但前者的外延范围远远超出了后者。它既可以被理解为行为人利用从事某种工作的机会而获得某种信息，也可理解为行为人利用在工作中建立的人际关系、对工作的熟悉等条件，其内涵具有极大的不确定性。将语义含糊的"工作便利"作为法律用语，会不恰当地扩大刑法的打击面。1989年11月6日"两高"《解答》在对受贿罪再次作出解释时，明确指出："受贿罪中的'利用职务上的便利'是指利用职权或者与职务有关的便利条件"，取消了"工作便利"的提法。但遗憾的是，最高人民法院2003年11月13日颁布的《纪要》第3条第3项在解释"利用本人职权或者地位形成的便利条件"时又使用了"一定的工作联系"这一内涵模糊的概念。笔者认为，对于工作关系来说，有的因工作关系而彼此熟悉，形成友情，从而能利用这种关系为请托人谋取利益，它确与行为人职务上的权力和地位没有联系的，可以归入朋友关系，不能以犯罪论处；有的虽然有工作关系存在，但之所以能通过他人职务之便，为请托人谋取不正当利益，主要是基于本人的职权或地位的影响的，仍应以受贿论处。如果把利用与工作有联系而产生的一切方便条件，都看成是利用了职务上的便利，而不问这些条件的形成与行为人的职权是否有联系，就会从根本上背离斡旋受贿罪的本质，混淆罪与非罪的界限。为了严格法律概念的使用，笔者认为，应当摒弃"利用工作上的便利"以及类似的其他各种提法。

① 赵秉志主编：《中国刑法案例与学理研究（分则篇六）》，法律出版社2001年版，第41—43页。

五、 离、 退休国家工作人员能否成为斡旋受贿罪的主体

自刑法实施以来，关于离、退休国家工作人员能否成为斡旋受贿罪一直存在争议，刑法理论上有肯定说与否定说两种观点。

肯定说认为，离、退休国家工作人员可以成为斡旋受贿罪的主体。理由是：（1）国家工作人员离、退休以后，仍享受国家工作人员的待遇，与在职国家工作人员无本质区别。（2）国家工作人员离、退休以后，虽然不再担任原职务，但原职务的影响依然存在，实际上还有"余权"，甚至它比某些现任的职权还管用。（3）离、退休的国家工作人员利用原任职务的便利和影响，也就是间接地利用了现职工作人员职务上的便利，索取和收受他人财物，为他人谋取利益，这在客观上与在职国家工作人员犯受贿罪的社会危害性是一样的，其行为同样侵犯了国家公务人员职务活动的廉洁性，因而应当以受贿罪论处。[①]

否定说认为，离、退休国家工作人员不能成为斡旋受贿罪的主体。理由是：（1）国家工作人员离、退休以后，不再是国家工作人员，不符合受贿罪主体的特征。（2）法律只规定"利用职务上的便利"，而没有规定"利用过去职务的影响"，对前者不能随意扩大解释。（3）受贿罪的客体是国家机关的正常活动和信誉，离、退休的国家工作人员不再从事公务活动，不可能给上述客体造成损害。（4）如果扩大受贿罪的主体，不仅会牵扯到其他人（如干部家属）是否可以成为受贿罪主体的问题，而且行为要件也必定扩大，容易成为可随意解释的"大口袋"。[②]

肯定说得到了司法解释的认可。最高人民法院、最高人民检察院1989年11月6日《关于执行〈关于惩治贪污罪贿赂罪的补充规定〉若干问题的解答》规定："已离、退休国家工作人员，利用本人原有职权或地位形成的便利条件，通过在职的国家工作人员职务上的行为，为请托人谋取利益，而本人从中向请托人索取或者非法收受财物的，受贿论处。"从此肯

[①] 刘光显：《略论索贿受贿论处罪》，《民主与法制》1982年第9期；马长生主编：《渎职犯罪的定罪量刑》，湖南人民出版社1989年版，第36页；杨敦先、谢宝贵主编：《经济犯罪学》，中国检察出版社1991年版，第404页。

[②] 唐伯荣：《离退休干部不能单独成为受贿罪的主体》，《人民检察》1988年第3期。

定说在实践中得到适用。最高人民检察院 1993 年 11 月 10 日《关于办理离退休国家工作人员受贿罪案件问题的批复》又重申："全国人大常委会《关于惩治贪污罪贿赂罪的补充规定》公布施行后，'两高'《解答》发布前发生且尚未处理或正在处理的有关离退休国家工作人员收受贿赂案件，应适用《解答》，对《解答》发布前已经处理的案件，可不再变动。"

但上述司法解释普遍受到理论界的质疑。否定论的理由是：（1）如果能够作出上述解释，那么，离、退休的集体经济组织的工作人员，也可以成为受贿罪的主体，而"两高"的解释只限于离、退休的国家工作人员，岂不是明显违反了立法的本意？（2）如果说法律对受贿罪的主体的规定可以作上述当然之解释，那么，刑法上以国家工作人员为主体的犯罪，如报复陷害罪、侵犯宗教信仰自由罪、侵犯少数民族风俗习惯罪等犯罪的主体，都当然应包括已离、退休的国家工作人员。这样扩大犯罪主体的范围，从政策上看是不适当的，在法律上也是没有根据的。（3）说离、退休的国家工作人员与在职的国家工作人员本质上一样，这是不顾事实的错误说法。（4）离、退休的国家工作人员利用原有职务的影响，通过其他国家工作人员的职务行为，为请托人谋取利益，本人从中收受财物的现象，在客观上也能够给国家造成重大损害。根据现实情况，应当及时在法律上作出补充规定，但不宜以司法解释的方式扩大受贿罪的主体范围。[①]

1997 年新刑法典颁布实施后，离、退休国家工作人员能否成为斡旋受贿罪的主体仍然存在两种不同看法：一种观点认为，离、退休国家工作人员可以成为斡旋受贿罪的主体。理由是：（1）符合斡旋受贿的立法本意，新刑法将斡旋受贿罪规定为独立罪名，在犯罪主体上是对原司法解释的扩展。（2）有利于打击贪污贿赂犯罪。（3）符合离退休国家工作人员在社会中的地位。[②] 有的学者认为，已离、退休的国家工作人员，利用本人原有职权或地位形成的便利条件，通过在位的其他国家工作人员职务上的行为，为请托人谋取利益，而从中索取或者非法收受请托人财物的，应当以受贿论处。其构成要件为：（1）具备交易的基础条件。利用了本人原有职权或地位形成的便利条件。（2）具备实施交易所必备的便利条件。是通过

① 王作富主编：《经济活动中罪与非罪的界限》，中国政法大学出版社 1993 年版，第 368—369 页。
② 时营：《间接受贿罪浅议》，《法制日报》1997 年 12 月 27 日，第 7 版。

斡旋受贿罪基本问题研究

在职的国家工作人员具体完成的，这种便利条件与在职的国家工作人员的便利条件具有包容性和依存性。（3）具备交易的对价。为请托人谋取利益。（4）实现了交易目的。本人从中向请托人索取或者非法收受了财物。[1]另一种观点认为，离、退休国家工作人员不再是斡旋受贿罪的主体。

笔者认为，第二种观点是正确的。将离退休的国家工作人员视为刑法中的国家工作人员有悖立法规定。我国刑法中的国家工作人员只能是指在职的国家工作人员，而不包括曾任国家工作人员。不论是 1979 年刑法第 185 条，还是 1988 年《关于惩治贪污罪贿赂罪的补充规定》第 4 条规定的受贿罪中所指的国家工作人员利用职务上便利，都只能理解为在职的国家工作人员利用现在职务上的便利。修订刑法时，立法机关将"两高"《解答》中的"利用本人职权或地位形成的便利条件"予以立法化，而没有涉及离、退休的国家工作人员的受贿问题。如果立法机关认为离、退休国家工作人员利用原职务的影响也可以构成受贿，就应当在法律上作出特别规定。刑法解释的方式可以是多样的，既可以作扩张解释，也可以作限制解释。但扩张解释是有限制的，在实行罪刑法定原则条件下，对法律条文的解释必须以法律的规定为依据，不能背离刑法规范的文义。即必须在法律用语的可能含义内进行。已离、退休国家工作人员与在职国家工作人员在本质上不同，将其解释为包括在国家工作人员的范围内，显然超出了国家工作人员的可能含义。这实质上已经不是解释法律，而是在创制法律。国家工作人员离退休之后，没有职务在身，也不具有职权和职责。1997 年修订刑法之所以没有吸收"两高"《解答》规定，将离退休国家工作人员纳入受贿罪主体，主要依据有二：（1）既然已是离退休国家工作人员，那么就无职可渎，将他们列入受贿罪主体与设立该罪的宗旨相悖。（2）"两高"《解答》虽然规定离退休工作人员可以成为受贿罪主体，但司法实践中据此定罪处罚的案例屈指可数。显见该规定缺乏现实基础，有违"两高"解释的初衷。所以，笔者认为，新刑法典实施后，离、退休国家工作人员不再是斡旋受贿罪主体。

由于离、退休国家工作人员能否成为斡旋受贿罪的主体理论和实践中仍有争议，最高人民法院 2000 年 7 月 13 日公布的《关于国家工作人员利

---

[1] 魏昌东、周亦杨：《论交易性本质对受贿罪构成的影响》，《南京大学学报（哲学·人文科学·社会科学版）》2002 年第 6 期。

用职务上的便利为他人谋取利益离退休后收受财物行为如何处理问题的批复》（以下简称《批复》）规定："国家工作人员利用职务上的便利为请托人谋取利益，并与请托人事先约定，在其离退休后收受请托人财物，构成犯罪的，以受贿罪定罪处罚。"这表明，最高人民法院采纳了否定说。根据这一司法解释，在特定条件下，离、退休国家工作人员是可以成为受贿罪主体的。行为人在职时为他人谋取利益，离、退休后收受财物的行为，从表面上看，似乎不符合典型受贿罪（先收受财物，后为他人谋取利益）的构成特征。但从实质上看，由于行为人与请托人有事先约定，其离、退休后收受的财物，是以其离、退休前利用职务上的便利为他人谋取利益换取的。行为人主观上有利用职务上的便利，索取或者非法收受他人财物，为他人谋取利益的故意，客观上有收受请托人财物的行为，对其以受贿罪论处，符合刑法关于打击受贿犯罪的立法本意，有利于防止规避法律的受贿行为发生。这一司法解释是正确的。有的同志认为："受贿人在职时收受贿赂，离退休后为行贿人谋利益或在职时为行贿人谋利益，离退休后接受贿赂，都应以受贿论处。其原因在于，这种受贿行为在在职时就已经开始，因此它不属于离退休受贿的范围。"[①] 笔者认为，这一观点值得商榷。根据《批复》的规定，是否"与请托人事先约定"是能否认定受贿罪的关键。如果国家工作人员在职期间，只是利用职务的便利为请托人谋取了利益，并没有索取或者非法收受他人财物，也没有与请托人事先约定在其离、退休后收受财物，这就表明行为人主观上没有索取或者非法收受他人财物的故意，其行为就缺乏受贿罪的主观要件而不能认定为犯罪。虽然离、退休以后收受请托人财物，但此时其已不具有利用职务上的便利的条件，其行为因缺乏受贿罪的客观要件而不能认定为犯罪。

在司法实践中，离、退休的国家工作人员为请托人谋取利益，非法收受他人财物的行为，是十分复杂的，有的可能构成受贿罪，有的则不构成犯罪。对涉及离、退休的国家工作人员为请托人谋取利益索取、收受财物的案件，应分别不同情况处理：

其一，离、退休国家工作人员被重新聘用后，在依法从事公务活动中，利用职务上的便利，索取或者非法收受他人财物，为他人谋取利益，达到定罪数额标准的，应按受贿罪定罪处罚，构成斡旋受贿的，以受贿

① 孙国祥：《贪污贿赂犯罪疑难问题学理与判解》，中国检察出版社 2003 年版，第 353 页。

斡旋受贿罪基本问题研究

论处。

其二，离、退休国家工作人员如果利用过去老同志、老部下关系，与在职的国家工作人员相互勾结，共同索取或者非法收受他人财物的，应以受贿罪的共犯论处。

其三，离、退休国家工作人员，在职时利用职务上的便利为请托人谋取利益，并与请托人事先约定，在其离、退休后收受请托人财物，构成犯罪的，以受贿罪定罪处罚。

其四，离、退休国家工作人员以帮助联系业务为名，收取"信息费""业务费""顾问费"，通过在职国家工作人员的职务行为，为请托人谋取利益，从中索取或者收受财物的，不构成受贿罪。如被告人李某（男，61岁，退休前任某省劳动厅副厅长）于1999年办理退休手续。2000年2月份，李某受某电梯公司总经理王某的委托，找到劳动厅负责基建工程的江某，向其介绍王某电梯公司生产的电梯，并建议江某为劳动厅购买该公司的电梯。之后，江某在了解电梯的性能后，认为质量还可以，遂买了一部王某电梯公司的电梯，价款130万元。王某为答谢李某的帮忙，送给李某人民币5万元。法院认定李某构成受贿罪。有的同志认为，法院的判决是正确的。理由是：首先，符合我国受贿犯罪的实际情况。其次，在我国具体历史下，国家工作人员离退休后，其原有职权地位的影响作用并不因此而随即消失。再次，在职的国家工作人员的斡旋受贿行为，与离退休国家工作人员的斡旋受贿行为，只不过是职权地位影响的利用，在时间上有所不同而已，其共同点都是不直接利用本人职务，都是通过第三者的职务行为。既然在职的以犯罪论处，离退休也应以受贿论处。[①] 笔者认为，这种观点是错误的。李某的行为属于单纯利用原来的职务影响，为他人谋取利益，不符合受贿罪的主体要求，也不符合司法解释的规定，不能认定为犯罪。

其五，离、退休国家工作人员收受请托人财物并接受其委托，利用与在职的国家工作人员以前的工作关系、熟人关系，从中牵线搭桥，为行贿人和受贿人进行沟通、撮合，促使行贿与受贿得以实现的，构成介绍贿赂罪。

[①] 毕志强、肖介清、汪海鹏、张宝华：《受贿罪定罪量刑案例评析》，中国民主法制出版社2003年版，第162—166页。

其六，离、退休国家工作人员以为他人谋取利益为借口，实际上并不打算为他人谋取利益，索取或者收取财物的，可以构成诈骗罪。

前文着重论述了离、退休国家工作人员能否成为斡旋受贿罪的问题。那么对于其他离职人员（如辞职、自动离职、辞退或开除等）能否适用上述规定呢？近年高官辞职现象日益增多，在这类人员中不乏利用原来职务或者地位的影响，为他人谋取利益，从中收受财物，或者在职时为他人谋取利益，离职后收受他人财物的情况。这类案件，笔者认为，可以参照最高人民法院《关于国家工作人员利用职务上的便利为他人谋取利益离退休后收受财物行为如何处理问题的批复》规定执行。对此，最高人民法院在《纪要》中作了肯定。

六、 关于斡旋受贿罪的罪名问题

1997 年修订刑法典没有实现罪名的"明示化"，对罪名问题仍然采用"暗含推理式"的方式。因此，如何确定第 388 条的罪名也是一个比较重要的问题。这一问题包含以下内容：（1）该条是否存在独立罪名；（2）如果是独立罪名，应如何科学地加以表述。

（一） 对于第一个问题有以下两种分歧意见：

一种意见认为，该条不成立独立罪名，它只是一般受贿罪的补充，理由是：（1）从刑法规定上看，该条明确规定"以受贿论处"。在刑法条文中所谓以某某论处就是指以某某罪定罪处罚，这在刑法理论上已是定论，正如刑法第 382 条第 1 款规定："国家工作人员……的，是贪污罪"，第 2 款则规定："受……委托管理、经营国有财产的人员……的，以贪污论"一样。最高人民法院 1997 年 12 月 9 日《关于执行〈中华人民共和国刑法〉确定罪名的规定》和最高人民检察院 1997 年 12 月 25 日《关于适用刑法分则规定的犯罪的罪名的意见》中都将刑法第 388 条和第 385 条共同规定为受贿罪，这表明，刑法第 388 条的间接受贿是受贿罪的一种特殊形式。[①]（2）该条文其犯罪主体、性质、客体均能含于受贿罪中，不具有独立成为一个罪名的价值和条件。（3）该条文统一定受贿罪有利于打击受贿

---

① 房清侠等：《刑法理论问题专题研究》，中国人民公安大学出版社 2003 年版，第 374—375 页。

犯罪。^① 有的甚至认为，刑法第 388 条既然规定"以受贿论处"，那不仅不能单设罪名，而且无必要单设条文，只需在现行刑法第 385 条第 2 款经济受贿罪之后，再单设一款间接受贿犯罪即可。^②

另一种意见认为，该条文应具有独立的罪名。

笔者认为，第二种观点较为合理。虽然第 388 条规定"以受贿论处"，从法理上讲，以某一条文论处是指以某一条文定罪量刑，因而不是一个独立罪名。但从立法情况看，这一论理并不具有普遍意义。如刑法典第 236 条第 2 款规定："奸淫不满十四周岁的幼女的，以强奸罪论，从重处罚。"该款认定为奸淫幼女罪理论和实践中基本无异议。最高人民法院 2000 年 2 月 13 日《关于审理强奸案件有关问题的解释》规定："对于已满 14 周岁不满 16 周岁的人，与幼女发生性关系构成犯罪的，依照刑法第十七条、第二百三十六条第二款的规定，以强奸罪定罪处罚；对于与幼女发生性关系，情节轻微、尚未造成严重后果的，不认为是犯罪。对于行为人既实施了强奸妇女行为又实施了奸淫幼女行为的，依照刑法第二百三十六条的规定，以强奸罪从重处罚。"最高人民法院和最高人民检察院 2002 年 3 月 15 日《关于执行〈中华人民共和国刑法〉确定罪名的补充规定》中正式取消了奸淫幼女罪的罪名。笔者认为，"两高"之所以取消奸淫幼女罪，主要是为了解决刑法第 17 条的法律适用问题。因为刑法第 17 条规定，已满 14 周岁不满 16 周岁的人犯强奸罪的，应当负刑事责任，但未规定奸淫幼女罪。取消奸淫幼女罪是为了解决立法上的缺陷，而不是说奸淫幼女罪没有独立存在的价值。

根据刑法规定和司法实践，确定罪名时应注意罪名的合法性、科学性、概括性和明确性。界定某一分则条文是否是独立的罪名主要看它有无独立的罪状，该罪名能否有利于区分此罪与彼罪的界限。在罪状表述中，首要是看是否具有独立的行为特征。凡是具有独立的行为特征或者对象特征的，即使该法条采取援引法定刑，也应认定为一个独立罪名。有的认为，"我国刑法第 388 条规定的斡旋受贿行为在决定犯罪本质的基本要素上与刑法第 385 条规定的受贿罪完全一致，这也决定了我国刑法中斡旋受

---

① 王祺国：《认定间接受贿的两个问题》，《人民检察》1998 年第 2 期。

② 王作富主编：《刑法分则实务研究》，中国方正出版社 2001 年版，第 1984 页。

贿行为没有必要单独以一个新的罪名概括"。① 刑法第385条规定的普通受贿罪与刑法第388条规定的受贿罪,虽然在犯罪的主体、侵犯的客体及犯罪的主观方面相同,但行为特征明显不同。表现在:(1)前者是指利用职务上的便利,行贿人请托的事项属于行为人职务范围内的事,即受贿人有权命令、指示、决定第三人完成请托事项;而后者是利用本人职权或者地位所形成的便利条件,行贿人请托的事项不属于行为人职务范围内的事,即受贿人无权直接命令、指示、决定第三人完成请托事项,他是凭借本人职权或者地位的影响,通过第三人的职务行为完成请托事项。前者是直接利用自己的职务之便;后者是间接地利用职务便利。(2)前者是通过自己的行为直接为行贿人谋取利益;后者是通过第三人的职务行为间接来为行贿人谋取利益。(3)前者索取他人财物的,不论是否"为他人谋取利益",均可构成受贿罪,而非法收受他人财物,则必须同时具备"为他人谋取利益"的条件,才能构成受贿罪,至于为他人谋取的利益是否正当,为他人谋取的利益是否实现,不影响受贿罪的认定;而后者,无论是索取贿赂的形式还是收受贿赂的形式,均以为请托人谋取不正当利益为必要条件。可见,将刑法第388条规定为独立罪名,有利于揭示该犯罪的内容,有助于区分斡旋受贿罪与普通受贿罪的界限,充分体现国家对这种腐败行为所给予的政治上和法律上的否定评价,对于警示国家工作人员,发挥罪名的威慑力等都具有积极意义。

(二)对于第二个问题,也有不同意见:

一种意见认为,应定间接受贿罪。有的认为,刑法第388条规定的是"间接受贿"。② 另一种意见认为,应定斡旋受贿罪。从笔者所见的论著看,大多数同志将间接受贿和斡旋受贿混为一谈。有的认为,刑法第388条规定的行为是"间接受贿或者斡旋受贿",③ 或者认为,"斡旋受贿就是间接受贿"。④

笔者认为,间接受贿罪名中"间接"意指"通过第三者发生关系的",

---

① 朱本欣:《斡旋受贿若干争议问题刍议》,《云南大学学报(法学版)》2003年第2期。
② 王祺国:《认定间接受贿的两个问题》,《人民检察》1998年第2期。
③ 张穹主编:《贪污贿赂渎职"侵权"犯罪案件立案标准精释》,中国检察出版社2000年版,第67页。
④ 苏惠渔主编:《刑法学》,中国政法大学出版社1997年版,第875页。

如果单从该罪是利用第三人职务之便这一要件看，间接受贿罪的提法不无道理。但第388条所规定的利用第三人职务之便，必须是建立在"利用本人职权或者地位形成的便利条件"这一基础上。"斡旋"是居中调解之意。要居中调解就必须具备一定的身份和地位条件。对行为人利用他人的职务之便为请托人谋取不正当利益，从中收受财物，之所以要按犯罪论处，主要不在于有第三人的职务行为，而在于行为人在利用他人职务时是以本人的职权或地位的影响力作基础，他拥有某种足以对第三人产生影响的权力或地位。从收受贿赂对象看，行为人是直接的，不存在间接获取的问题。斡旋受贿犯罪能反映因斡旋而收受贿赂之意，充分体现犯罪行为的因果关系，揭示该犯罪的基本特征，符合罪名确定的原则。

有的同志认为，"修订刑法第388条强调'利用本人职权或者地位形成的便利条件'，显然规定的是间接受贿，而不是基于身份或面子的斡旋受贿"。[①] 笔者不敢苟同。如上所述，"利用本人职权或者地位形成的便利条件"不是指职务制约关系，而是职务影响关系。刑法第385条第1款规定的'利用职务上的便利'，既包括利用本人职务上主管、负责、承办某项公共事务的职权，也包括利用职务上有隶属、制约关系的其他国家工作人员职权。也就是说，我国刑法第385条第1款所规定普通受贿罪是可以分为直接受贿和间接受贿。在间接受贿中，行为人的职务对其他国家工作人员存在着制约关系，是其职权在推动、支配其他国家工作人员实施职务行为。因此，间接受贿属于普通受贿的表现形式之一，即包容于普通受贿中。在西方的刑法理论和立法中，"斡旋受贿"与"间接受贿"是两个不同的概念，它们之间有着原则的区别。[②] 所以各国刑法典都没有明文规定间接受贿，而是将其作为普通受贿处理。"斡旋受贿"与"间接受贿"在利用他人的职务行为这一点上是相同的。两者的区别表现在：（1）前者利用的是身份便利，即利用本人职权或者地位形成的便利条件，不具有强制性；后者是利用职务上的制约关系，实质上是利用职权，具有强制性。（2）前者行为人的职权只是间接地、消极地起作用；后者行为人的职权是直接地、积极地起作用。（3）前者第三人之所以实施职务行为，主要是基于自愿，一般是出于建立关系网、对行为人的尊重或者将来可以互相利用

---

① 陈兴良主编：《刑事法判解》（第5卷），法律出版社2002年版，第93页。

② 陈兴良主编：《刑事法判解》（第5卷），法律出版社2002年版，第93页。

的考虑；后者主要是基于被迫，否则可能会给其带来不利的后果。（4）前者以"为请托人谋取不正当利益"作为构成要件；后者则可以为请托人谋取正当利益，其中索取他人财物的，没有"为他人谋取利益"，也可构成受贿罪。

此外，日本刑法典第197条之4所规定的犯罪与我国刑法第388条所规定的内容有相似之处，它在明示罪名中使用的也是斡旋受贿罪，而非间接受贿罪，这可供借鉴。

总之，笔者认为，将刑法第388条概括为"斡旋受贿罪"是科学、合理的。同时，将"斡旋受贿"与"间接受贿"加以区分是非常必要的。

刑事疑案赔偿问题之检察解释质疑 *

国家赔偿中的"刑事疑案"是指犯罪嫌疑人被拘留、逮捕后，因犯罪事实不清、证据不足而被撤案、不起诉或宣告无罪的案件。对刑事疑案是否应当予以国家赔偿，理论界存在肯定说、否定说和折中说三种观点。折中说认为，对于刑事疑案，应视具体情况来决定赔与不赔。对于一些证据比较薄弱的案件，应予赔偿，而对于那些证据比较充足的案件，则应不予赔偿。也就是说，"对于拘留、逮捕时符合刑事诉讼法规定的条件，即使后来认为证据不足而作存疑无罪处理的，不属于错误拘留、错误逮捕，不予赔偿，反之，对不符合法定条件的人拘留、逮捕的，最终因证据不足而作无罪处理的，给予赔偿"。[①] 这种观点不仅得到一些学者的肯定，[②] 而且得到最高人民检察院司法解释的肯定。最高人民检察院 2000 年 11 月 6 日颁布的《人民检察院刑事赔偿工作规定》（以下简称高检《规定》）第 8 条规定："证据不足的撤销案件、不起诉案件或者判决无罪的案件，应当由人民检察院分别下列情形对检察机关作出的逮捕、拘留决定有无侵犯人身权情形依法进行确认：（一）对不能证明有犯罪事实或者不能证明有犯罪重大嫌疑的人错误拘留的，予以确认；（二）对不能证明有犯罪事实的人错误逮捕的，予以确认；（三）对有证据证明有部分犯罪事实的人拘留、逮捕的，或者有证据证明有犯罪重大嫌疑的人拘留的，不予确认。"根据上述检察解释的规定，对刑事疑案是否赔偿应依法先行确认，经确认程序予以确认的就给予赔偿，不予确认的则不予赔偿。凡拘留、逮捕时是符合刑事诉讼法规定条件的，即使最终因犯罪事实不清、证据不足而被撤案、不起诉或宣告无罪的案件也不予确认，即不予赔偿。高检《规定》第 35

---

　　* 原载《法治论丛》2004 年第 6 期。

　　① 张雪林、向泽选等：《刑事赔偿的原理与执法实务》，北京大学出版社 2003 年版，第 62 页。

　　② 徐建波：《法学家眼中的中国法治》，中国方正出版社 2003 年版，第 274—275 页。

条还规定："经人民检察院依法确认有违法侵权情形存在，人民法院赔偿委员会作出赔偿决定的，负有赔偿义务的人民检察院应当执行。"笔者认为，上述检察解释违背司法解释的合法性、合理性原则，有悖国家赔偿法的立法宗旨，损害人民法院赔偿委员会的权威性，徒增了受司法损害的公民索赔的难度，是一项违法的司法解释。其理由是：

一、 违背刑事诉讼法的基本精神， 是变相的 "疑罪从有"

刑事疑案是客观存在的。在司法实践中，由于各种主客观条件的限制，司法人员虽然收集了一些证实犯罪事实存在的证据，但证据的质和量还不足以指控、认定犯罪。根据最高人民检察院 1998 年 12 月 16 日修订的《人民检察院刑事诉讼规则》的解释，证据不足包括以下四种情形：一是据以定罪的证据存在疑问，无法查证属实的；二是犯罪构成要件事实缺乏必要的证据予以证明的；三是据以定罪的证据之间的矛盾不能合理排除的；四是根据证据得出的结论具有其他可能性的。对这类刑事疑案，根据 1979 年刑事诉讼法的规定，司法机关只能无限制地退查，造成案件久拖不决，不利于保护公民的合法权益。1996 年修正后的刑事诉讼法不仅在基本原则中规定"未经人民法院依法判决，对任何人都不得确定有罪"，而且对刑事疑案的处理方法作了重大修改，规定补充侦查以二次为限，取消人民法院的退回补充侦查权。同时在第 140 条第 4 款明确规定："对于补充侦查的案件，人民检察院仍然认为证据不足，不符合起诉条件的，可以作出不起诉的决定"；第 162 条第 3 项明确规定：人民法院对于"证据不足，不能认定被告人有罪的，应当作出证据不足、指控的犯罪不能成立的无罪判决。"根据修正后的刑事诉讼法的规定，对犯罪嫌疑人、被告人最终的法律评价只有两种：有罪或无罪。认定有罪必须证据确实、充分，证据不足只能从法律上确认其不构成犯罪，也就是推定其没有犯罪事实。存疑处理的结果就是对"没有犯罪事实"的法律确认。根据国家赔偿法第 15 条第 1 项、第 2 项的规定，对"没有犯罪事实"的人错误拘留、错误逮捕的，国家就应赔偿。在对疑案的处理上，历来有"疑案从有""疑案从无""疑案从轻"之争。但现代法治国家无不确立"疑案从无"，我国修正后的刑事诉讼法体现的也是"疑案从无"原则。而否定说和折中说则认为，刑事疑案不能完全排除所涉案件犯罪事实存在的可能，因此国家不应赔偿或可以不予赔偿。这实质上是变相的"疑罪从有""有罪推定"，有违刑事诉讼法"无罪推定"和"疑罪从无"的基本原则和精神。

二、 违背刑事赔偿的归责原则

国家赔偿法颁布后，如何认识国家赔偿责任归责原则存在较大分歧，主要观点有：违法归责原则、过错责任原则、无过错责任原则，[①] 有限违法责任原则为主、无过错责任原则为辅、兼顾公平的三元归责原则[②]等。否定说和折中说都认为刑事赔偿的归责原则是违法归责原则。既然是对有证据证明有部分犯罪事实的人拘留、逮捕的，或者对有证据证明有犯罪重大嫌疑的人拘留的，那么拘留、逮捕时是符合刑事诉讼法规定条件的，这就表明司法机关或司法人员没有违法行使职权，即使最终因犯罪事实不清、证据不足而被撤案、不起诉或宣告无罪，国家也不予赔偿。笔者认为，违法原则虽然是国家赔偿的主要原则，但它在行政赔偿和刑事赔偿中有不同的内涵。在行政赔偿中，违法原则是核心归责原则，只要实施了行政违法行为，并给公民、法人和其他组织造成实际损害的，国家都应赔偿。而在刑事赔偿中，违法原则不是唯一原则。在刑事赔偿中，对有罪的人实施某种侵权行为，如轻罪重判或将不符合逮捕条件的有罪之人予以逮捕的，国家不负赔偿责任。而国家赔偿法第 15 条第 1、2、3 项及第 16 条第 2 项规定的是"无罪赔偿"原则。只要受害人是无罪的，不论司法机关或司法人员是否违法，国家都应赔偿。这就表明，国家赔偿法规定的刑事赔偿责任，并不仅仅是从职权行为的违法性上判断，有的还要根据行为结果来确定。这就是严格责任（或称结果责任）。严格责任是以结果作为归责标准的，只要产生损害结果，无论该行为在客观上是否违法，主观上是否有过错，国家都应赔偿。我国国家赔偿法对刑事赔偿实行的是违法归责原则为主兼采严格责任的二元归责原则。[③] 检察解释将违法责任原则作为刑事赔偿的唯一归责原则是有失偏颇的。

---

① 房绍坤、丁乐超、苗生明：《国家赔偿法原理与实务》，北京大学出版社 1998 年版，第 64—66 页。

② 王庆：《浅议刑事赔偿归责原则》，《人民检察》2001 年第 1 期。

③ 张兆松：《存疑案件赔偿问题之我见》，《人民检察》2001 年第 5 期。

三、 违背司法解释的目的解释方法

司法解释作为具有法律效力的解释，其方法是多种多样的，不仅有文理解释，而且有论理解释。论理解释则有扩张解释、限制解释、当然解释、反对解释、体系解释、相对解释、历史解释、比较解释、社会学解释和目的解释等。最高司法机关在对法条进行解释时，可能同时使用多种方法，也可能在不同的场合使用不同的方法，而目的都是追求解释结论的合理性。因此，当各种解释方法得出不同的解释结论时，最终起决定作用的是目的解释。"目的解释，系指以法律规范目的，阐释法律疑义之方法而言。"① 在目的解释法中，解释者看到的不只是法律文本表现出的含义，而且要到法律文本的后面去探寻立法者制定该条文要达到的目的。那么国家赔偿法的立法目的是什么呢？有的同志认为，"国家立法时，在某些领域要侧重维护公民个体利益，在另一些领域要侧重维护国家公共利益……。在国家赔偿领域，公民人身自由已不再受到限制，同时国家财力又不富裕，有的地方甚至非常贫穷，因而在决定对已获自由的公民是否给予国家赔偿时，则应侧重维护国家利益，体现国家的'慎赔'意志"。② 根据该观点，我国赔偿法的立法目的是"慎赔"，即可赔可不赔的不赔，"对于疑案犯罪嫌疑人定罪，国家的态度是从不定罪出发；对于疑案赔偿申请，国家的态度是从不赔偿出发"。③ 也即刑事疑案不赔才符合立法原意。笔者对此持有异议。对法律条文的解释我们必须探求法律设计每一具体制度的基本精神，追寻立法目的。"'立法目的说'是一种更科学的法律解释原则，它给予法律解释机关充分的自由裁量权，允许法律解释者在不同的历史条件下对同一法律条文的内涵作出不同的解释，从而达到遵循立法目的的终及目标。"④ 国家赔偿法第 1 条开宗明义规定："为保障公民、法人和其他组织享有依法取得国家赔偿的权利，促进国家机关依法行使职权，根据宪

---

① 杨仁寿：《法学方法论》，中国政法大学出版社 1999 年版，第 127 页。
② 柴学友、施正生、许乐生：《对"两高"关于黄友谊赔偿案批复之评析》，《中国刑事法杂志》2003 年第 5 期。
③ 柴学友、施正生、许乐生：《对"两高"关于黄友谊赔偿案批复之评析》，《中国刑事法杂志》2003 年第 5 期。
④ 林峰：《论法律解释的立法原意说》，《判解研究》2001 年第 4 期。

法，制定本法。"这一立法规定表明：国家赔偿法的立法目的是保护公民、法人的合法权益不被国家侵犯和损害，强化人权保障。任何一个国家都不能保证绝对不发生国家机关及其工作人员侵犯国民权利的事件，但任何一个国家都必须保证其国民的权利在受到国家机关及其工作人员侵犯后能够得到及时有效的恢复，这是检验一个国家是否是民主或法治国家的试金石，更是检验一个国家的政权是否具有正当性的基本尺度。因此，在司法实践中，对国家赔偿法第 15 条规定的"没有犯罪事实"的理解和解释不能脱离该法的立法宗旨。纵观国家赔偿法的立法过程，无任何立法资料可以证明"没有犯罪事实"仅仅是指没有任何证据证明有犯罪事实或只限于事实状态上的无罪（实体上的无罪），而不包括法律推定上的无罪（诉讼程序上的无罪）。若将"没有犯罪事实"狭义地限定为事实上确实没有犯罪事实这种情况，使法律上被认定为无罪却被拘留、逮捕的人无法获得国家赔偿，这显然是背离国家赔偿法立法宗旨的。笔者认为，在刑事诉讼过程中，司法机关要充分发挥打击犯罪的职能，而在刑事赔偿阶段，则要更多地向保护公民个人权益倾斜，把公民的刑事求偿权的实现放在第一位，可赔可不赔的坚决赔。

对刑事疑案是否赔偿目前还有一种比较流行的看法，即刑事疑案"实践中虽然也有个别案件得以赔偿，但严格地从法律角度而言，总使人于法无据之感"，"国家赔偿法既没有把它列为赔偿责任的理由，也没有把它排除在应负责任之外。也就是说法律没有明文规定，如果实务中把它作为负赔偿责任的理由是于法无据的"。① 笔者认为，虽然国家赔偿法没有明确规定刑事疑案是否赔偿，但该法的立法目的是明确的。解释法律必须注重法律文本的真实含义，体现法律精神和原则，并使之符合时代发展的要求。我国国家赔偿法是在当时的经济状况、法学理论水平和司法实践基础上制定的，很多具体规定不明确甚至存在严重缺陷。在实行"依法治国"的今天，在刑事诉讼法已确立无罪推定原则的条件下，我们完全有理由作出"疑案应当赔偿"这种符合法律精神、立法目的和时代要求的解释。再说法律规定不明确也不能简单地作出限制解释或有利于司法机关的解释。

---

① 樊崇义、胡常龙：《走向理性化的国家赔偿制度——以刑事司法赔偿为视角》，《政法论坛》2002 年第 4 期；徐益初：《司法公正与检察官》，《法学研究》2000 年第 6 期。

四、 违背司法解释的协调性原则

司法解释的协调性原则要求司法解释不断强化其内在科学性，消除相互之间可能出现的重合、交错及矛盾现象，使司法解释真正形成和谐一致的规范体系，发挥整合效应。上述检察解释严重背离这一原则，表现在：（1）与原检察解释相矛盾。最高人民检察院 1997 年 11 月 18 日颁布的《人民检察院刑事赔偿工作暂行规定》（以下简称高检《暂行规定》）第 6 条规定："有下列法律文书或证明材料的，应视为请求赔偿的被侵权事项已依法确认：（一）人民检察院撤销拘留决定书、撤销逮捕决定书、撤销案件决定书、不起诉决定书、复查纠正决定书等法律文书，或者公安机关撤销案件予以释放的证明书、人民法院宣告无罪已经发生法律效力的判决、裁定书等法律文书；……"。该解释并没有对撤案、不起诉和无罪判决的种类及情形进行限制。也就是说凡不符合免责条件，只要诉讼结果最终是撤案、不起诉和无罪的都应当赔偿。一些检察机关以这一解释为依据对刑事疑案进行了赔偿。但时隔三年，在立法依据、立法背景没有发生任何变化的情况下，高检《规定》对上述解释作了重大修改，令人难以理解。（2）与审判解释相矛盾。最高人民法院 1996 年 5 月 6 日制定的《人民法院赔偿委员会审理赔偿案件程序的暂行规定》第 3 条第 1 项规定："经依法确认有赔偿法第十五条、第十六条规定情形的法律文书，包括：人民法院一审宣告无罪并已发生法律效力的刑事判决书、人民法院二审宣告无罪的刑事判决书、人民法院依照审判监督再审宣告无罪的刑事判决书、人民检察院不起诉决定书或者公安机关释放证明书"。即只要具备上述审判解释所列法律文书或证明材料就应视为请求赔偿的被侵权事项已被依法确认。最高人民法院（1998）赔字第 10 号文《关于霍娄中、霍一米申请宝鸡县人民检察院赔偿案的复函》第 3 条规定："因事实不清、证据不足，检察机关决定不起诉或撤销案件的，根据刑事诉讼法的规定即不能认定犯罪嫌疑人的犯罪事实，检察机关批准逮捕应视为对没有犯罪事实的人错误逮捕，依照国家赔偿法第十五条的规定，检察机关应当承担赔偿责任。"最高人民法院 2000 年 3 月 8 日在给甘肃省高级人民法院的批复中指出：人民检察院在刑事诉讼过程中，根据刑事诉讼法第 140 条第 4 款规定作出的不起诉决定，应视为对案件作出了无罪的决定。由此可见，对刑事疑案是否赔偿审判解释始终是明确的，即应当赔偿。（3）与"两高"联合解释相矛盾。2001年2月1日"两高"联合制定的《关于适用〈关于办理人民法院、人民检察院共同赔偿案件若干问题的解释〉有关问题的答复》第3条规定："一审人民法院判决有罪，二审人民法院发回重审后，一审人民法院改判无罪，或者发回重审的，一审人民法院在重新审理期间退回人民检察院补充侦查，或者人民检察院要求撤回起诉，人民法院裁定准许撤诉后，人民检察院作出不起诉决定或者撤销案件决定的，一审人民法院和提起公诉的人民检察院为共同赔偿义务机关。"该规定对检察院作出不起诉或者撤销案件决定的，没有像高检《规定》那样作出例外或特定的说明。这也表明对证据不足作存疑处理的，应当承担赔偿责任。

五、 违背程序正义理念， 动摇人民法院赔偿委员会在刑事赔偿问题上的终局地位

究竟采用何种程序以最终解决司法赔偿争议，是司法赔偿理论中一个有争议的问题。从国外关于司法赔偿程序的立法看，主要有两种模式：一种是由法院通过诉讼程序最终解决赔偿争议；一种是由专门机构通过非诉讼程序最终解决。我国国家赔偿法在制定的过程中对司法赔偿的最终解决程序存在较大争议，最后立法机关结合我国国情，并出于方便赔偿请求人主张请求权的考虑，选择了通过非诉讼性质的特别程序即赔偿委员会的决定程序，以最终解决司法赔偿争议。根据国家赔偿法的规定，人民法院赔偿委员会的赔偿决定一经作出，就发生法律效力，赔偿义务机关就应当执行。但高检《规定》第35条则规定："经人民检察院依法确认有违法侵权情形存在，人民法院赔偿委员会作出赔偿决定的，负有赔偿义务的人民检察院应当执行。"也就是说，不经人民检察院依法确认有违法侵权情形存在，人民法院赔偿委员会作出的赔偿决定，人民检察院不应当执行。高检《批复》更明确指出："对于赔偿义务机关不予确认的案件，不应当进入赔偿程序，作出的赔偿决定，不发生法律效力。"言外之意就是：人民检察院不予确认的赔偿案件，即使赔偿委员会作出赔偿决定，也不发生法律效力。这些解释显然与国家赔偿法第23条所规定的"赔偿委员会作出的赔偿决定，是发生法律效力的决定，必须执行"相冲突。同时国家赔偿法对赔偿决定的执行没有作出规定。一般认为，刑事赔偿实行的是"排斥强制

执行原则"。① 这就意味着：人民法院赔偿委员会的决定将无法得到强制执行。

笔者认为，违法的检察解释之所以会出现，其原因在于：（1）刑事赔偿的压力。刑事赔偿主要是检察赔偿。高检《暂行规定》颁布后，一些地方对一些疑案作了赔偿。但随着刑事疑案的增多以及人民法院加大对证据不足案件宣告无罪的力度，使得检察机关承担着更重的赔偿责任。（2）立法不明确。1996 年刑事诉讼法增设了证据不足不起诉、证据不足宣告无罪的规定，而这些案件有一部分是符合拘留、逮捕条件的。对这部分案件应否赔偿，国家赔偿法没有明确规定。正如参与制定高检《规定》的同志所说，国家赔偿法无法解决这一问题。② 立法规定不明确就为背离立法宗旨的司法解释的出台提供了"依据"。（3）混淆了两种错捕的界限。长期以来理论和实务界把刑事诉讼中的错捕与国家赔偿中的错捕混为一谈。笔者认为，刑事诉讼中的错捕与国家赔偿中的错捕是应当加以严格区分的。两者的区别表现在：首先，两者认定标准不同。刑事诉讼中的错捕是以刑事诉讼法第 60 条作为评判标准的，凡不符合刑事诉讼法第 60 条所规定的三个条件的，都是错捕，错捕与否只能以逮捕时的证据来认定。国家赔偿中的错捕只能以诉讼结果来认定，凡逮捕后最终是按无罪处理的，除符合国家免责条件的以外都应当赔偿。其次，两者归责原则不同。刑事诉讼中的错捕是以违法和主观过错为归责原则的。错捕是错案的一种。构成错捕的前提是违背刑事诉讼法第 60 条规定，同时办案人员主观上有过错。最高人民检察院 1998 年 7 月 17 日颁布的《人民检察院错案责任追究条例（试行）》第 2 条规定："本条例所称错案是指检察官在行使职权、办理案件中故意或者重大过失造成认定事实或者适用法律确有错误的案件，或者在办理案件中违反法定诉讼程序而造成处理错误的案件。"而对刑事赔偿实行的是违法归责原则为主兼采严格责任的二元归责原则。错拘、错捕赔偿实行的是严格责任。再次，两者的界定目的不同。界定刑事诉讼中的错捕是为了正确评价检察机关批准或者决定逮捕的工作质量，为考核批捕工作提供依据，以确定错案范围和错案责任；而界定国家赔偿中的错捕是为了刑事赔偿提供依据，以充分保障公民的合法权益。由于检察机关长期将两种

① 张雪林、向泽选等：《刑事赔偿的原理与执法实务》，北京大学出版社 2003 年版，第 226 页。
② 张穹主编：《解读最高人民检察院司法解释》，人民法院出版社 2003 年版，第 808 页。

刑事疑案赔偿问题之检察解释质疑

错捕混为一谈，势必就得出如下结论：逮捕是符合刑事诉讼法规定的条件的，那么即使捕后作存疑处理的，也不是刑事诉讼中的错捕，当然也不属国家赔偿中的错捕，因而国家不应该赔偿。

综上所述，笔者认为，上述检察解释属于违法司法解释，应当予以修改或者废除。国家赔偿法的修改已纳入十届全国人大常委会立法规划，建议国家赔偿法对此作出明文规定。在国家赔偿法作出修改之前，笔者认为，最高人民法院应提请全国人大常委会作出立法解释。全国人大常委会1981年6月10日制定的《关于加强法律解释工作的决议》第2条规定："最高人民法院和最高人民检察院的解释如有原则性分歧，报请全国人民代表大会常务委员会解释或决定。"2000年以来，最高人民检察院已对三个与最高人民法院有原则性分歧的刑法问题（这三个问题分别是：（1）村民委员会等村基层组织人员是否属于刑法第93条第2款规定的"其他依照法律从事公务的人员"；（2）如何理解"黑社会性质组织"；（3）如何认定"挪用公款归个人使用"）提请全国人大常委会作出立法解释。目前对刑事疑案是否赔偿，"两高"有原则性分歧，最高人民法院应主动报请全国人大常委会作出立法解释。

"刑法存疑时有利于被告原则" 质疑 *

随着罪刑法定和无罪推定原则在我国刑事法律中的确立，被告人的人权保障问题得到了普遍的关注和重视。这是我国刑事法治建设日臻完备，并具有现代刑事法治的基本特征。但近年在贯彻执行这一基本原则的过程中，却出现了一些偏差，其中扩大"存疑时有利于被告原则"的适用范围就是表现之一。在刑事诉讼中，为了贯彻无罪推定原则，我们实行"疑罪从无"，即被告人有罪无罪难以确定，按被告人无罪处理；被告人罪重罪轻难以确定，按被告人罪轻处理，以体现存疑时有利于被告，这是完全正确的。但有不少学者则将该原则扩大适用至刑法领域。如有的学者认为："作为一条刑事司法原则，存疑有利于被告原则，是指在适用法律和认定案件事实存在模糊之处时，应作出有利于被告人的结论。详言之，即在一个具体的刑事诉讼中，当出现对法律理解不一致，或者案件事实的证明过程出现不确定的因素时，应作出有利于被告人的解释或有利于被告人的事实认定。"① 有的认为，实体意义上的有利被告，就是讲的刑法本身存在疑问的时候，应该采取有利被告。有利被告作为规制刑事司法的一条原则具有国家责任根据、人权保障根据、立法精神根据、刑罚目的根据和刑事政策根据。②"存疑有利于被告"成为当今最为时髦的法律话语之一。正是在这种思想的影响下，不少学者认为，严格解释是刑法解释的基本原则，"当刑法规定出现歧义和模糊的时候，法官原则上应当按照有利于被告人的原则，作出狭义或者广义的理解"，即刑法解释只能作限制解释不能作

---

* 原载《人民检察》2005 年第 8 期。

① 时延安：《试论存疑有利于被告原则》，载中国人民大学刑事法律科学研究中心组织编写：《现代刑事法治问题探索（第 1 卷）》，法律出版社 2004 年版，第 286 页。

② 邱兴隆：《有利被告论探究——以实体刑法为视角》，《中国法学》2004 年第 6 期。

扩张解释（除非是有利于被告人的扩张解释）。① 刑法存疑时应作出有利于被告人的解释，不仅得到了许多学者的赞同，而且直接影响司法实践，不少案件在这一观点的指导下得到消解或者作无罪处理。

笔者认为，"存疑时有利于被告原则"不是一项普遍适用的刑事司法原则，将该原则不加区分地扩大适用到刑法领域是错误的。

一、它背离刑法的价值选择

现代法律价值的理想定位，应该是在工具价值和目的价值合一基础上的法律价值中立。法律价值中立是指法律不倾向于任何个人、集团、党派、阶级的价值好恶，而是忠实地表达社会所有主体的共同价值需求，是对矛盾着的主体需求以共存为原则所作的共同化的抽象。法律价值中立，亦即面对多元的冲突的价值主张和价值需求，法律公平地对待和处理这些价值主张和要求。② 现代法律的价值定位之所以必须是中立的，这是由现代法律的本质特征所决定。现代法律作为社会主体需求的规范，是现代社会一种最普通、最基本、最高社会规则；现代法律作为政治社会与市民社会为了平衡矛盾、减少摩擦而订立"契约"，作为用以协调社会关系、平衡社会利益、社会价值和社会行为冲突的社会规则，是立法者以正义为界而对主体需求及其行为所定的宽容规则，是社会据以限制国家权力和国家据以管理社会的基本规则，也是以主体自觉自愿的法律意识确保、并以国家强制力为后盾通过义务的履行以实现权利的社会规范。总之，现代法律是反映社会正义的价值中立的社会规则。③ "只有价值中立的法律，才能使人们对之予以信仰，才能形成真正强有力的权威——来自主体内心认同和行为自觉的权威。"④ 刑法是法益保护的最后盾牌，其价值定位应当是价值中立。刑法价值中立包括以下三方面的基本内容：一是公正和功利的有机和谐，而不是只强调其一而不顾其他；二是保护机能和保障机能的合理兼

---

① 曲新久：《刑法的精神与范畴》，中国政法大学出版社2000年版，第416页；薛生全：《价值指引下的刑法解释》，《法学杂志》2004年第6期。

② 谢晖：《法学范畴的矛盾辨思》，山东人民出版社1999年版，第113页。

③ 谢晖：《价值重建与规范选择——中国法制现代化沉思》，山东人民出版社1998年版，第34—39页。

④ 谢晖：《法学范畴的矛盾辨思》，山东人民出版社1999年版，第116页。

顾，而不是顾此失彼或者重此轻彼；三是工具主义和目的主义的理性统一，而不是只注重世俗实用的工具主义。[1] 有的学者认为："在中国刑法领域，不仅应当将个人自由作为与社会秩序并列的一个基本法律价值，而且应当采取个人自由优先于社会秩序的价值选择"，"现代刑法的首要任务是维护个人自由，如果不把个人自由放在首位，那么刑法的现代文明特点将大打折扣"。[2] 笔者认为，这些观点难以成立。刑法作为社会关系的手段之一，首先应当考虑的是社会保护、社会防卫，即通过一定的禁止规范确保国家自身的存续及社会基本秩序的维护，否则刑法就失去其存在的合法性的基础。正因为如此，在当代刑法中，各国都把侵害国家利益、公共利益的犯罪置于各种犯罪之首，我国也不例外。我国将危害国家安全、公共安全和国家经济秩序方面的犯罪置于刑法分则的前列，并规定了大量的维护各种公共秩序的犯罪。刑法作为现代法律体系中的基本法律，其价值定位必然遵循并充分反映和体现现代法律价值定位的一般规律，即价值中立。刑法价值中立体现在刑法机能的认识上，就是要中立地兼顾好刑法的社会保护机能和人权保障机能的关系。社会保护机能和人权保障机能是一种相互制约、相互协调的对立统一关系。人是个体性与社会性的统一。秩序是自由的前提和基础，秩序本身包含着自由，真正、正当的自由也意味着秩序，因为社会自由必须以不妨害他人应有的利益为界限。刑法的目的是维持社会秩序，保障权利也是为了维护社会秩序，他们二者是一致的。正像日本刑法学家大谷实所说"处于二律背反关系的并不是维持社会秩序和保障人权，而是保护法益和保障人权，其二者处于重视保障人权的话，就会招致犯罪的增加，不能对法益进行保护。重视保障人权而轻视保护法益，或者相反地轻视保障人权而强化法益保护，都会使国民对秩序失去信赖，招致难以维持社会秩序的结果。只有在协调二者发挥作用的时候，刑法才能充分发挥其维持社会秩序的机能。因此调和保护法益和保障人权之间的关系，维护社会秩序，就成了刑法学上的最重要的课题"。[3] 法律的任务就是在尊重个人自由和维护社会秩序之间保持协调平衡。刑法既要通过其人权保障机能，成为公民自由保障书，又要通过其社会保护机能成为社会的

---

[1] 魏东：《论罪刑法定原则的刑事司法意义——从一起强迫介绍妇女"做小姐"并收取中介服务费的案例谈起》，《国家检察官学院学报》2003 年第 2 期。

[2] 曲新久：《刑法的精神与范畴》，中国政法大学出版社 2000 年版，第 379 页、第 58 页。

[3] ［日］大谷实：《刑法总论》，黎宏译，法律出版社 2003 年版，第 5 页。

捍卫者。在当代社会，人权保障和社会保护都应当互相协调，从而在更大程度上实现刑法的社会机能。

二、 它不符合当代罪刑法定的精神蕴含

从罪刑法定的历史沿革看，罪刑法定原则自其诞生至今，经历了由绝对的罪刑法定向相对的罪刑法定的历史嬗变。人类对法律解释经历了由严格运用解释权向自由运用解释权转变的历史。绝对的罪刑法定由刑事古典学派（旧派报应刑论）所提倡，它有两个基本的要求：一是刑法的法定化、成文化；二是条文规定的明确化，其派生的基本内容是：（1）绝对禁止类推适用；（2）排斥习惯法的适用；（3）绝对禁止不定期刑，实行绝对确定的法定刑；（4）禁止适用事后法。"当一部法典业已厘定，就应逐字遵守，法官唯一的使命就是判定人民的行为是否符合成文法律。"[①] 在绝对罪刑法定时期，推崇严格规则主义，法官的角色是法律的机械执行者。"刑事法官根本没有解释刑事法律的权利，因为它们不是立法者。"[②] "严格遵守刑法文字所遇到的麻烦，不能与解释法律所造成的混乱相提并论。这种暂时的麻烦促使立法者对引起疑惑的词句作必要的修改，力求准确，并且阻止人们进行致命的自由解释，而这正是擅断和徇私的源泉。"[③] 历史经验和司法实践告诉我们，禁止法官解释法律以保证司法权不侵入立法权，这只是启蒙思想家们一厢情愿的虚幻的空想。19 世纪后半期，随着主要资本主义国家由自由资本主义向垄断资本主义过渡，阶级矛盾日益尖锐，犯罪现象大幅增加，使资产阶级感到旧派报应刑论和绝对罪刑法定原则已不适应时代要求。在这种形势下刑事实证学派（新派教育刑论）应运而生。新派教育刑论用不定期刑、扩大解释、类推解释、缓刑、假释、保安处分等方法逐渐修正和改变了罪刑法定原则。在新派教育刑论和旧派报应刑论的论战过程中，由于政府的干预和一部分主张报应刑论的学者（如德国的

---

① ［意］切萨雷·贝卡利亚：《论犯罪与刑罚》，黄风译，中国大百科全书出版社 1993 年版，第 13 页。

② ［意］切萨雷·贝卡利亚：《论犯罪与刑罚》，黄风译，中国大百科全书出版社 1993 年版，第 11 页。

③ ［意］切萨雷·贝卡利亚：《论犯罪与刑罚》，黄风译，中国大百科全书出版社 1993 年版，第 12—13 页。

宾丁）在观点上转向教育刑论，最终两大派别走向了调和折中，从而使绝对罪刑法定主义被相对罪刑法定主义所取代。罪刑法定由绝对到相对的演进，从本质上反映出人们对社会秩序和个人自由、社会保护和人权保障关系认识上的变化和深化。刑事古典学派面对中世纪立法暴虐、司法专横、刑罚无节制扩张的事实，秉承古典自然法理念，以个人价值为本位，将社会秩序与个人自由、社会保护与人权保障对立，在价值取向上强调刑法的人权保障机能，因而刑法的制度设计完全从保障个人自由出发。刑事实证学派以及现代的综合学派，接受了社会法学的思想，重视从社会环境认识研究犯罪原因，努力寻求个人自由和社会利益的均衡，人权保障与社会保护的协调，在对犯罪人的处遇上坚持社会责任说，追求刑法对社会保护机能，因而刑法的制度设计以社会保护为中心。当前许多国家虽然在立法上规定了罪刑法定，但实际上已不同程度地从绝对罪刑法定主义走向相对罪刑法定主义。从绝对罪刑法定主义走向相对罪刑法定主义的变化，主要是指从完全取消司法裁量到限制司法裁量；从完全否定类推到允许有限制的类推适用；从完全禁止事后法到从旧兼从轻。同时又增加了刑法的灵活性与适应性，以求得个人自由与社会秩序之间更好的平衡，实现刑法的社会保护与人权保障双重机能。在相对罪刑法定主义下法官自由裁量权的行使表现之一就是对法律进行解释。罪刑法定不是禁止司法解释，而是为司法解释提供了合理的空间。刑法解释只能作限制解释吗？1994 年生效的《法国刑法典》第 111—4 条规定："刑法应严格解释之"。但在法国是否意味着法官遇到疑问时，都必须作出有利被告人的解释呢？法国刑法学家指出："在法律有'疑问'的情况下，……法院并不能因此而免于适用法律，法院也无义务一定要采取'最利于犯罪人的限制性解释'。如同在法律的规定不甚明确的情况下一样，法官应当首先借助于一般的解释方法，从中找到法律的真正意义，……法官也可以依据立法者追求的目的来确定某一法律条文的意义（称之为'目的论方法'）。"① "刑法'严格解释规则'并不强制刑事法官仅限于对立法者有规定的各种可能的情形适用刑法。只要所发生的情形属于法定形式范围之内，法官均可将立法者有规定的情形扩张至法律并无规定的情形。……法官始终可以依据立法者的思想与意图，

---

① ［法］卡斯东·斯特法尼等：《法国刑法总论精义》，罗结珍译，中国政法大学出版社 1998 年版，第 140 页。

以订正某一法律条文在事实上或语句上的错误。"① 意大利刑法学帕多瓦尼指出："如何划分理所应当的'扩张解释'和必须排除的不利于被告的'类推'之间的界限，永远都是争论的焦点。司法实践的回答是倾向于将那些看来更像类推解释的做法视为合理的扩张解释。……在需要维护某种法益时，只要侵犯这种法益的行为与法律规定的行为实质上相似，都可能发生这种情况；但由于禁止类推，人们就尽力地把一切类推适用往扩张解释里塞。"② 意大利经过 60 年代末 70 年代初的大辩论，认为"不论对刑法的解释或是刑法制度的建立"，都"应以保护价值来超越形式主义的束缚"，不论对"法律所作的扩张解释或限制解释，都必须符合法律的目的，而不是相反"的目的论的解释论，"实质上已为人们所全盘接受"。③ 而在日本，刑法学者和法官一直主张应当在法律用语可能具有的含义内进行解释。但是，法官在处理一些具体案件时，为了保证案件处理的妥当性，也不得不超出法律用语的可能广义。④ 这些论述非常值得我们深思。

三、 它背离我国基本的刑事政策要求

刑事政策是指国家基于预防犯罪、控制犯罪以保障自由、维持秩序、实现正义的目的而制定并实施的准则、策略、方针、计划以及具体措施的总称。自 20 世纪 80 年代以来，依法从重从快严厉打击刑事犯罪活动（简称"严打"）一直是党和国家打击犯罪的一项重要策略，事实上已经成为我国近 20 余年来的一项基本刑事政策。近年不少学者对"严打"进行了比较系统的反思，提出"严打"中存在的问题及改进的建议，这是完全必要的。但也有的学者对"严打"给予过多的苛责，完全否定"严打"的合理性和必要性，有的认为，"'严打'自始是以法治精神的流失为代价的""所弥漫的是一种'宽猛相济'式的人治原则，而不是'一断于法'的法

---

① ［法］卡斯东·斯特法尼等：《法国刑法总论精义》，罗结珍译，中国政法大学出版社 1998 年版，第 143 页。

② ［意］杜里奥·帕多瓦尼：《意大利刑法学原理》，法律出版社 1998 年版，第 30—31 页。

③ 陈忠林：《意大利刑法纲要》，中国人民大学出版社 1999 年版，第 XI 页。

④ ［日］西原春夫：《罪刑法定主义与扩张解释、类推适用》，载西原春夫主编：《日本刑事法的形成与特色——日本法学家论日本刑事法》，李海东等译，中国法律出版社 1997 年版，第 129—138 页。

治原则"。① 此说笔者不能苟同。"严打"的发动是有扎实的现实基础的，是党和国家针对社会转型犯罪剧增的现实，根据社会治安的具体情况和实际斗争的需要而制定的。事实证明，"严打"有力地打击了严重刑事犯罪，维护了社会稳定，为我国的改革开放和市场经济建设事业起到了保驾护航的作用。有的同志认为经过20多年的渐进式改革，社会治安最严重的阵痛期已经度过。② 这种判断不符合实际。从人类社会的发展规律看，任何一个社会，在新旧体制转轨、工业化、城市化加快的背景下，都伴随着社会规范的松动，伦理道德的混乱和各种诱发、刺激犯罪因素的增多，使社会治安面临空前的压力。当前我国正处在社会转型、体制转轨的历史新阶段。随着改革发展的进一步深化，社会结构急剧变动，利益格局不断调整，各种长期积压的深层次矛盾和问题逐渐显现，社会矛盾处在一个相对活跃和高发期，已成为新时期影响社会政治稳定的主要因素。从现实情况看，社会矛盾的发展越来越复杂，矛盾主体日益多元化，涉及各行各业，方方面面，并且经济、政治、思想、文化等各领域矛盾相互交错。中共中央党校"2004—2005年中国社会形势与预测"课题组，对部分地（厅）级及以上党政领导干部学员进行的问卷调查显示，在中高级干部心目中，2004年最为严重的三个问题依次是："收入差距""社会治安""腐败"。结合前几年的调查，认为，"收入差距""社会治安"是较严重的人数所占比例，出现了较大幅度的上升。另该课题组对涉及"在今后一段时期，改革的顺利推进将取决于哪些重要因素"，问卷提供了10个封闭式选项和1个开放式选项（"其他"），根据限选三项，并依重要性排序的调查结果统计，在第一选择中，"保持社会稳定"高居榜首，58.9%的领导干部认为，这是今后一段时期顺利推进改革的第一位决定性因素。综合前几年的调查数据，1999—2002年，选择"保持社会稳定"为顺利推进改革的第一位决定性因素所占比例依次是46.7%、50.8%、54.9%、57.9%，呈现逐年上升趋势。1983年，我国刑事案件立案数是61万起，1993年是161.7万起，2003年是439.6万，2004年达471.8万起，综合各种预测结果推断，2020

---

① 陇夫：《向"运动式执法"说不》，载宫本欣主编：《法学家茶座（第2辑）》，山东人民出版社2003年版，第65页。
② 刘仁文：《刑事政策初步》，中国人民公安大学出版社2004年版，第373页。

年我国小康社会的刑事犯罪案件总量将达 1200 万起。[①] 社会稳定，既是重大的社会问题，也是重大的政治问题；不仅关系人民群众安居乐业，而且关系国家的长治久安。党的十六大报告强调"坚持稳定压倒一切的方针，正确处理改革发展稳定的关系"。为了确保社会稳定，必须依法从重从快严厉打击刑事犯罪活动。刑事政策是刑事立法和刑事司法的灵魂，偏离我国基本刑事政策的刑事司法是不可取的。"从重从快"强调的是严厉打击，但绝不是重刑主义。"严打"更准确地说是"依法从重从快"。贯彻从重从快原则，依法是前提。中央在部署严打整治斗争的时候，就明确指出："要在法律规定的量刑幅度内从重，在法定期限内从快进行打击。"[②] 要坚持和贯彻严打方针，就不能在刑事司法中实行所谓"刑法存疑时应作出有利于被告人的解释"。否则，"严打"只能是一句空话。

四、 它不符合我国的刑法的规定， 有悖刑事立法精神

刑法的安全价值与公平价值、人权保障与社会保护，究竟如何选择是我们必须正视的问题。在计划经济时代，工具性成为刑法的根本特征，刑法的功能被形象地称为"刀把子"。[③] 因此刑事类推、重法溯及既往等与罪刑法定原则相冲突的刑法制度就有存在的合理的基础。随着市场经济体制的建立和发展，刑法功能得以重新定位，刑法的安全价值和人权保障功能得以承认和重视。但这是否意味着刑法的保障功能和安全价值已优位于社会保护功能和公平价值了呢？如有的学者认为："罪刑法定主义是以限制刑罚权，防止司法擅断，保障个人自由为其价值内涵的，舍此价值内涵就根本谈不上罪刑法定主义。"[④] 笔者认为，这一观点值得商榷。根据我国刑法第 1 条、第 2 条的规定，我国刑法的目的和主要任务是"惩罚犯罪，保护人民"。既然是主要任务，就应当作为贯彻基本原则的前提条件，即罪刑法定原则对刑事司法的规范是为了更好地实现这一任务。"在我国，原

---

① 秦立强、苏哲：《社会稳定的安全阀：中国犯罪预警与社会治安评价》，中国人民公安大学出版社 2004 年版，第 75—78 页。

② 张穹主编：《"严打"政策的理论与实务》，中国检察出版社 2002 年版，第 78 页。

③ 陈晓枫：《中国法律文化研究》，河南人民出版社 1993 年版，第 313 页。

④ 陈兴良：《刑法的价值构造》，中国人民大学出版社 1998 年版，第 548 页。

则的刚性应当服务于刑法的任务，脱离刑法的目的单纯追求与所谓'明文'规定相符合、逐字逐句地套用法律条文的做法，并非我国刑法原则刚性的应有之意……。从这个意义上，罪刑法定原则的刚性不仅在于不得违反'明文规定'适用法律，还在于不得有悖于刑法任务来适用法律。"① 刑法的任务，一方面指导着罪刑法定原则的运用方法和目的，另一方面又界定了法律适用刚性化的范围，成为罪刑法定原则的重要内容。我国对罪刑法定原则的表述是颇具"中国特色"，即"法律明文规定为犯罪行为的，依照法律定罪处罚；法律没有明文规定为犯罪行为的，不得定罪处罚"。这颇具特色的规定表明：中国刑法对于罪刑法定的表述含有积极和消极两方面的意义。其中积极意义体现在"法律明文规定为犯罪行为的，依照法律定罪处罚"的规定中，它强调的是刑法惩罚犯罪的积极扩张功能，强调必须严格按照刑法的规定惩罚犯罪，完成刑法保护社会的任务。其中消极意义体现在"法律没有明文规定为犯罪行为的，不得定罪处罚"的规定中，它表达了刑法限制国家刑罚权的价值和功能，体现了罪刑法定原则对国家刑罚权的消极限制功能。对于我国所要求的刑法功能而言，尽管需要强化刑法保障功能的力度，但是却不能改变刑法保护功能的优先的地位，在社会转轨时期，社会保护功能优先仍然是我们的理性选择。为了实现刑法的社会保护功能，在法律规定不明确或者只作出概括性规定的时候，应当允许司法机关根据具体案件事实对刑法条文作出宽泛的解释，只要这种解释与刑法的基本任务不相违背，都应当被认为是符合罪刑法定原则的。刑法存在的意义就在于打击犯罪，最大限度地保护人民的利益。为了最大限度地保护人民的利益，必要的刑罚还是要使用的。只是在这时候，考虑的不是慎用刑罚，而是适用刑罚的妥当性。即充分考虑是否值得对该行为予以刑罚处罚，而不是尽量不使用刑罚的问题。

五、 实践中执行 "刑法存疑有利于被告原则" 弊多利少

第一，从解释理论看，如果对刑法规范只能作有利于被告人的限制解

---

① 王钧：《论罪刑法定原则的刚性——刑法适用的弹性限度辨析》，《南京大学法律评论》2003年第1期。

释，而不能作不利于被告人的扩张解释，那么在实践中将会得出十分荒谬的结论：（1）如果承认对不利于被告人的刑法规范只能作有利于被告人的限制解释，那么在适用刑法规范时，法官不能作自己的判断，而只能按照律师的辩护意见判决。（2）如果承认这个观点，就没有刑法解释存在的空间，刑法解释根本就没有存在的必要。因为任何需要解释的条文，都是法律规定得不清楚。如果只能作有利于被告人的限制解释，那么这些条文所规定的行为，都应该理解为法律没有明文规定为犯罪的行为。（3）从逻辑的角度讲，如果承认对刑法只能作有利于被告人的限制解释的观点，实际上就可能导致任何条文都不能适用的结果。① 第二，执行"刑法存疑有利于被告原则"加剧司法腐败。目前各级司法机关普遍实行错案追究制，但在不少地方，将无罪判有罪的属于错案，而有罪判无罪的，则不属于错案（除非徇私枉法）。如果司法实务中承认"刑法存疑有利于被告原则"，那么，不捕、不诉、不判的比率必然上升，而且也不会有错案。因为从起诉、审判角度看，作为专业的刑事司法人员总能找到有利于被告的理由，何况还博得"严格执法"的美名。而一旦批捕、起诉或作有罪认定后，最终被判无罪，则属错捕、错诉、错判，不仅面临"把关不严"的非议，而且还要承担错案责任甚至刑事追偿责任。权衡利弊，人们首先是选择不捕、不诉、不判。在目前司法人员素质不尽如人意的情况下，容易为少数办案人员徇私枉法提供"借口"。在刑事司法实践中，一个优秀的刑事司法工作者在执行刑法时，绝不是简单地从法律的字面含义去机械地理解和执行，而应当从整个法律体系中去领会立法意图，把握条款精神。我国的《唐律》早就将"举轻以明重"作为法律适用的原则。这也应该成为当代刑事司法工作者理解罪刑法定的重要执法理念和思维方式，从而真正做到既能够坚持罪刑法定、维护法制，又能充分保护社会利益，满足广大民众的正义要求。

综上所述，笔者认为，罪刑法定原则中的"明文规定"不是明确规定。在司法实践中，对于许许多多有疑难争议的刑法规范的理解，当存在两种以上的解释时，不能简单地选择有利于被告人的解释，而是应当根据刑事立法精神，寻求一个最恰当、合理的解释。

---

① 陈忠林：《刑法的解释及其界限》，载赵秉志、张军主编：《刑法解释问题研究》，中国人民公安大学出版社 2003 年版，第 50—51 页。

刑法视野中的国有公司、企业 *

  1997 年修订刑法中，"国有公司、企业"是一个重要的法律概念。刑法总则第 91 条、第 93 条，刑法分则第 165 条、166 条、167 条、168 条、169 条、183 条、184 条、185 条、190 条、271 条、272 条、382 条、383 条、387 条、391 条、396 条规定的犯罪中均直接涉及"国有公司、企业"这一概念。正确理解和把握"国有公司、企业"的概念和范围对于区分罪与非罪、此罪与彼罪的界限具有重大的理论和现实意义。但刑法典没有明确规定什么是"国有公司、企业"，从而导致理论和实务部门对"国有公司、企业"的内涵和范围产生了很大的争议。

  界定"国有公司、企业"的范围关键在于如何确定国有。在计划经济时代，国有单位范围比较容易确定。国有公司是指公司财产属于国家所有的公司。国有企业是指企业财产属于国家所有，依法独立核算、自主经营、自负盈亏，从事生产经营活动的非公司企业。但在市场经济条件下，随着国有企业公司制改造的进行及投资主体的多样化，给国有单位的界定带来困难，国有企业的概念变得日益含糊不清，并成为近年来困扰司法实践的主要难题之一。

一、 国有公司、 企业范围的理论聚焦

  当前如何界定"国有公司、企业"的范围，有以下几种观点：

  第一种观点，即"单一说"认为，国有必须是全部国有，而不能是主要国有或部分国有。"国有公司、企业"是指全部由国家投资设立或者兴办，人员由国家的人事和劳动管理部门聘用并由国家提供全部经营或者活

---

 * 本文经缩减后以《质疑两个有严重缺陷的刑法司法解释——关于加强对非国有资产刑法保护的另一种思考》为题发表于《刑法评论》2006 年第 3 卷。

动费用的公司、企业。这种观点得到绝大多数学者的赞同。①

第二种观点，即"控股说"认为，国有资本在公司中处于控股地位时，该公司就是国有公司。该说根据对国有资本的控股地位的要求不同，又可以分为两种不同的观点。

其一是"绝对控股说"，认为对由国家绝对控股的公司、企业应当认定为"国有公司、企业"。"所谓国家绝对控股的公司、企业，是指国家股占51%以上的公司、企业。尽管在这种股份制公司、企业中，存在非国有经济成分，但由于其绝对股份为国家控制，即决定了其国有性质。"②

其二是"相对控股说"，认为"国有公司、企业"是指公司、企业的股份结构中，国有经济成分占控股地位的公司、企业。控股地位包括绝对控股和相对控股两种情况。即国有资产持股比例在51%以上或者国有资产持股比例在51%以上但国家处于相对控股地位的股份或者有限责任公司，都应属于国有公司。因为，这些公司中虽然有非国有资产的成分，但占主导地位的还是国有资产，企业的利益主要为国家利益。③

第三种观点，即"参股说"认为，凡是具有国有资产成分的公司、企业，均应认为是"国有公司、企业"。这种观点在学理界难以得到支持，但在实务界还是有人认同此说。

二、"单一说""控股说"及其理由

1997年10月1日修订刑法实施后，第二种观点即"控股说"曾一度在司法实践中得到执行。"控股说"的主要理由是：

其一，从有利于保护国有资产的角度考虑，应以是否控股或占主导地位作为划分是否是"国有公司、企业"的标准。实践表明，很多国企在改建、设立为股份有限公司或者有限责任公司后，因国有股权定位不明或受到侵害，致使国有资产大量流失的现象十分严重，随着越来越多的国企踏

---

① 朱建华：《刑法中的国有公司、企业辨析》，《现代法学》2004年第4期；傅强、张国斌：《论对国有企业的刑事司法认定》，载陈兴良、胡云腾主编：《中国刑法学年会文集（20004年度）》第2卷（上册），中国人民公安大学出版社2004年版，第244—249页；魏昌东、徐欢：《国有公司刑事司法认定的标准》，《人民检察》2005年第2期。

② 郭立新、杨迎泽主编：《刑法分则适用疑难问题解》，中国检察出版社2000年版，第77页。

③ 孙国祥：《论国家工作人员的几个问题》，《南京大学法律评论》1998年第1期；王敏：《国有企业中职务犯罪的法律适用若干问题》，《人民法院报》2002年8月26日，第3版。

入公司的行列，这个问题日益突出，如得不到妥善的解决，将给经济体制改革带来严重后果。①

其二，以控股或具有控制权作为划分是否是"国有公司、企业"的标准符合国际惯例。

其三，对国有控股公司、企业按国有企业进行管理有一定的法律、法规依据。

其四，对国有控股公司、企业视为"国有公司、企业"有一定的政策依据。②

但"控股说"在理论界不断受到批评，并最终被最高人民法院所否定。最高人民法院 2001 年 5 月 22 日《关于在国有资本控股、参股的股份有限公司中从事管理工作的人员利用职务便利非法占有本公司财物如何定罪问题的批复》规定："在国有资本控股、参股的股份有限公司中从事管理工作的人员，除受国家机关、国有公司、企业、事业单位委派从事公务的以外，不属于国家工作人员。对其利用职务上的便利，将本单位财物非法占为己有，数额较大的，应当依照刑法第二百七十一条第一款的规定，以职务侵占罪定罪处罚。"最高人民法院 2003 年 11 月 13 日颁布的《全国法院审理经济犯罪案件工作座谈会纪要》又进一步明确规定："国家机关、国有公司、企业、事业单位委派在国有控股或者参股的股份有限公司从事组织、领导、监督、管理等工作的人员，应当以国家工作人员论。国有公司、企业改制为股份有限公司后，原国有公司、企业的工作人员和股份有限公司新任命的人员中，除代表国有投资主体行使监督、管理职权的人员外，不依国家工作人员论。"即上述第一种观点得到了司法解释的肯定。从此"单一说"得到普遍的认可，一些原先持"控股说"的学者也转向"单一说"。③ 目前不论是理论界，还是司法实务界，"单一说"已经成为通说。"单一说"直接影响着司法实践中对贪污、受贿罪、挪用公款罪以及非法经营同类营业罪、为亲友非法牟利罪、签订、履行合同失职被骗罪、国有公司、企业、事业单位工作人员失职、滥用职权罪、徇私舞弊低价折股、出售国有资产罪等的认定和处理。

---

① 杨新莉：《贪污受贿罪主体"国家工作人员"范围探析》，《法律适用》1999 年第 10 期。
② 杜强：《论国家工作人员的本质与范围》，载于志刚主编：《刑法问题与争鸣》（第八辑），中国方正出版社 2003 年版，第 85—86 页。
③ 孙国祥：《贪污贿赂犯罪疑难问题学理与判解》，中国检察出版社 2003 年版，第 59—60 页。

纵观"单一说",其主要理由是:

其一,从宏观的政治、经济改革的社会背景考察:倡导国家经济职能的弱化、政治职能的强化,实行党政分开、政企分开,是建立社会主义市场经济、社会主义民主政治的必要前提。目前实行的政企分开,并没有根本改变国有企业管理人员代表国家从事经济活动的职能,将一些非国有资产划入国有资产范围加以特殊保护的做法,严重地违背了参与具体经济活动的主体一律平等的原则。

其二,从有效发挥现代公司职能的角度考察:发展社会主义市场经济,首先要有独立和健全的市场主体。通过多元化的市场主体的自主经营、公平竞争,才能形成健全的市场机制。完善市场机制的首要任务是建立现代企业制度。公司则是现代企业制度的典型形式。建立科学的现代公司制度,摆脱以"国有"的名义对公司管理实行的行政干预,最终有利于公司充分发挥其经济职能。公司是资本聚集的最有效形式,将并非国家全资的公司认定为国有公司,不利于发挥现代公司聚集社会资本的重要职能。[①]

其三,从公司法理论看,无论采取什么方式设立公司,无论发起人或者其他认股人的性质是国有、集体、私营、个人,或者甚至是外国公司、企业、其他组织、个人,公司一经设立,就具有完全的、独立的性质。公司财产在性质上属于法人财产。公司成立后,当国家、集体、个人作为出资者将自己的财产交给公司并换回公司的股份后,只按其持有股份的多少享有资产受益、重大决策和选择管理者等股东权利;同时,公司在将股份交付股东后,就享有了对该项财产的占有、使用、收益、处分的权益,即法人财产权。因此,无论由谁作为出资者,即使是国家,甚至国家出资很多,国有资产占所有出资的比例很高,在其出资后,都将丧失对其出资的控制权。公司的法人财产不同于任何出资者的财产,公司法人财产的性质不由任何出资的性质所决定,属于独立的公司法人财产。[②]

其四,从法律规定看,1993年12月第八届全国人民代表大会常务委员会第五次会议通过的《中华人民共和国公司法》规定的公司类型只有有

---

① 贾宇、舒洪水:《论刑法中"国有公司"及"受委派从事公务的人员"之认定》,《法学评论》2002年第3期。

② 祝二军:《〈关于在国有资本控股、参股的股份有限公司中从事管理工作的人员利用职务便利非法占有本公司财物如何定罪问题的批复〉的理解与适用》,《刑事审判参考》2001年第8期。

限责任公司和股份有限公司两种。公司法第 2 章"有限责任公司的设立和组织机构"中专节规定了"国有独资公司",从而将国有资产参股的有限责任公司与国有独资公司作了严格区分。1994 年 8 月第八届全国人民代表大会常务委员会第九次会议通过的《中华人民共和国审计法》第 3 章关于审计机关职责的规定中就明确地将国有企业和国有资产占控股地位或者主导地位的企业区分开来。国务院 2003 年 5 月出台并实施的《企业国有资产监督管理暂行条例》是将国有独资公司和国有控股公司以及国有参股公司相并列的,并没有将国有控股公司和国有参股公司界定为国有公司。

其五,从司法解释的规定看,最高人民法院和最高人民检察院 1989 年 11 月 6 日发布的《关于执行〈关于惩治贪污罪贿赂罪的补充规定〉若干问题的解答》"关于贪污罪的几个问题"的规定中,就把以全民所有制和集体所有制企业为基础的股份制企业中经手、管理财物的人员;中方是全民所有制或集体所有制企业性质的中外合资经营企业、中外合作经营企业中经手、管理财物的人员,纳入"其他经手、管理公共财物的人员",而不是作为国有企业中从事公务的人员即国家工作人员看待。最高人民法院 2001 年 5 月 22 日《关于在国有资本控股、参股的股份有限公司中从事管理工作的人员利用职务便利非法占有本公司财物如何定罪问题的批复》更是强调:在公司、企业资本构成中只要有非国有性质的资本,一概不能认定为国有性质,其中的工作人员除受委派的以外,全都不能认定为国家工作人员。

其六,从司法实践看,"控股说"弊多利少。(1)"控股说"在刑法的处理上会产生自相矛盾的结果。(2)"控股说"会导致公司、企业及其工作人员的性质变动不居。(3)"控股说"事实上造成主体的泛化,一定程度上使国有单位和委派型准国家工作人员所在的非国有单位之间的界限极其模糊,导致在实践中难以准确认定。(4)对于控股地位的判断没有一个明确的标准,不同的人在个案中就会有不同的结论。①

其七,从刑法解释的原则看,凡是对行为人不利的解释,只能在法条的范围内作限制解释,不能超出法条的基本含义作扩大解释。如果作扩大解释,势必违反刑法规定的罪刑法定原则和从旧兼从轻原则,也违背我国

① 朱建华:《刑法中的国有公司、企业辨析》,《现代法学》2004 年第 4 期;周振想、林维:《贪污罪主体研究》,《刑事司法指南》2000 年第 1 辑。

刑法视野中的国有公司、企业

刑法所体现的人权保障的价值取向。本着"存疑时有利于被告原则",只有在国有独资公司、企业中从事公务的人员,才是国家工作人员。①

其八,体现了刑法实施中的谦抑性。刑法中对侵害国有财产和侵害私人财产的行为设定了不同的罪名和刑事责任,对侵害国有财产的贪污罪、挪用公款罪等罪设定的刑事责任比同类型的侵害私人财产的职务侵占罪等罪的刑事责任要严厉。将国有公司界定为资本全部是国有资本的公司,从而使在国有资本处于控股地位的股份有限公司和有限责任公司中从事公务的人员,除受国家机关、国有公司、企业委派从事公务的人员以外,不承担涉及国有公司的贪污罪、挪用公款罪等罪的刑事责任,减少了刑事责任涉及国有公司的贪污罪、挪用公款罪等罪的适用,有利于体现刑法的谦抑性。②

从以上分析可以看到,"单一说"是有一定的法理依据和法律根据的,"单一说"确实具有相当的合理性。下面,笔者试就"控股说"的合理性进行剖析,以求教于刑法学界的同人们。

三、"控股说"及其理由

(一)"控股说"符合党和国家经济体制改革的基本方向,具有充分的政策依据

回顾国有企业改革历程,国有企业改革始终贯穿于经济体制改革之中。1992年党的十四大明确提出了"我国经济体制改革的目标是建立社会主义市场经济体制"。1993年党的十四届三中全会进一步明确指出:"建立现代企业制度是发展社会化大生产和市场经济的必然要求,是我国国有企业改革的方向。"1997年党的十五大、1999年党的十五届四中全会,对国有企业改革都作出了重大部署,强调要"着眼于搞好整个国有经济,抓好大的,放活小的","要从战略上调整国有经济布局","坚持有进有退,有所为有所不为",明确提出"公司制是现代企业制度的一种有效组织形式"。

国有企业改革的主要内容是推进国有企业的股份制改造。我们党对股

---

① 江启疆、申勋潮:《论刑法中的国家工作人员》,《人民检察》1999年第1期。
② 贾宇、舒洪水:《论刑法中"国有公司"及"受委派从事公务的人员"之认定》,《法学评论》2002年第3期。

份制的认识是不断深化的。党的十四大提出股份制有利于促进政企分开、转换企业经营机制和积聚社会资金，要积极试点。十四届三中全会提出随着产权的流动和重组，财产混合所有的经济单位越来越多，将会形成新的财产所有结构。党的十五大提出股份制是现代企业的资本组织形式。党的十五届四中全会提出国有大中型优势企业要通过规范上市，中外合资和企业互相参股等形式改组成股份制企业。党的十六届三中全会《关于完善社会主义市场经济体制若干问题的决定》进一步指出："要适应经济市场化不断发展的趋势，进一步增强公有制经济的活力，大力发展国有资本、集体资本和非公有资本等参股的混合所有制经济，实现投资主体多元化，使股份制成为公有制的主要实现形式。"每一次表述的不同都反映了我们党对股份制认识的不断深化，每一次认识的深化都推动了国有企业公司制、股份制改制的步伐。

股份制是一种企业资产的组织形式，讲的是企业资本组织结构；而传统意义上的国有企业、集体企业、私有企业的分类是根据企业的财产所有属性来划分的，两者当然不能简单混同。那么该如何界定股份制企业的所有制性质呢？对此，理论界曾有过争论。党的十五大报告已明确指出："不能笼统地说股份制是公有还是私有，关键看控股权掌握在谁手中。国家和集体控股，具有明显的公有性。国家和集体控股，具有明显的公有性，有利于扩大公有资本的支配范围，增强公有制的主体作用。"报告明确指明了股份制成为公有制实现形式的关键性条件，也为我们正确界定股份制企业的所有制性质提供了政策依据。也就是说，控股权掌握在国家和集体所有制的公有资本手中，股份制就成为公有制的一种实现形式；反之，控股权掌握在私有资本手中，股份制就成为私有制的实现形式。所以，把国有控股企业视为"国有企业"符合十五大、十六大的精神。

党的十五大报告已指出："建立现代企业制度是国有企业改革的方向。要按照'产权清晰、权责明确、政企分开、管理科学'的要求，对国有大中型企业实行规范的公司制改革，使企业成为适应市场的法人实体和竞争主体。进一步明确国家和企业的权利和责任。国家按投入企业的资本额享有所有者权益，对企业的债务承担有限责任；企业依法自主经营，自负盈亏。政府不能直接干预企业经营活动，企业也不能不受所有者约束，损害所有者权益。"市场经济条件下的国有企业不同于计划经济条件下的国有企业。不可否认，目前改制后的一些国有控股企业，仍然存在党政不分、政企不分等问题。但这些问题的存在完全是由于国有企业改革不到位、不彻底造成的，而不是由于把国有控股企业视为"国有企业"造成的。解决这些问题的途径是要大力推行现代企业制度，按公司法规范改制，建立和完善董事会，实行两权分离，并逐步创造条件，实现股权多元化，为健全公司治理结构打好基础，而不是简单地把国有控股企业排除在"国有企业"之外。

（二）"控股说"符合宪法规定，有利于在刑法规范中体现宪法精神

宪法第5条第1款规定："中华人民共和国实行依法治国，建设社会主义法治国家。"依法治国的核心是依宪治国，依宪治国就要树立宪法的权威。宪法只有得到真正有效的实施，才能实现真正意义上的依宪执政。在我国随着社会的进步和法治化进程的加快，宪法作为国家的根本大法，具有最高的法律效力，越来越受到人们的重视。特别是宪法的司法化问题受到普遍关注。但是在刑事司法领域，如何贯彻和体现宪法精神，始终没有得到应有的重视或无意识地忽略。我国刑法学术研究中宪法规范意识的缺席，无疑与宪法之诉实践的缺乏有关，反过来，我国宪法之诉迟迟没有确立，无疑又与刑法学理论缺少宪法规范意识或未作深入的研究相关。

笔者认为，这种局面应当改变。刑法第1条开宗明义规定："为了惩罚犯罪，保护人民，根据宪法，结合我国同犯罪作斗争的具体经验及实际情况，制定本法。"这表明，刑事立法权行使的根据来源于宪法，刑法是宪法的具体化。

宪法第6条规定："中华人民共和国的社会主义经济制度的基础是生产资料的社会主义公有制，即全民所有制和劳动群众集体所有制。社会主义公有制消灭人剥削人的制度，实行各尽所能、按劳分配的原则。""国家在社会主义初级阶段，坚持公有制为主体、多种所有制经济共同发展的基本经济制度，坚持按劳分配为主体、多种分配方式并存的分配制度。"宪法第7条规定："国有经济，即社会主义全民所有制经济，是国民经济中的主导力量。国家保障国有经济的巩固和发展。"1997年修订刑法是在宪法的指导下制定的，很多条款直接体现了宪法精神。尤其是刑法分则第165条、166条、167条、168条、169条以及382条、383条、384条、387

条、391 条、396 条的规定，充分体现了刑法对"国有公司、企业"的特殊法律保护。如果我们对这些条文中的"国有公司、企业"，只作狭义上理解，那么刑法对"国有公司、企业"特殊法律保护的精神，在刑事司法中就不能得到充分实现，国有经济的宪法保护就要大打折扣。而"控股说"不仅符合党的政策，而且与时俱进，能最大限度地用足、用活刑法规定，体现和实现宪法精神。

（三）"控股说" 符合国有企业的实际情况和国有企业的发展方向

我国国有企业在 1993 年党的十四届三中全会通过《中共中央关于建立社会主义市场经济体制若干问题的决定》明确以建立现代企业制度为改革方向后，一直积极推进股份制和公司制改革。据国家统计局对全国 4371家重点企业，包括 514 家国家重点企业、181 家中央管理的国有重要骨干企业、93 家国务院确定的建立现代企业制度试点企业、121 家国务院确定的国家试点企业集团母公司以及 3000 多家省级重点与试点企业的跟踪统计调查，截止到 2001 年底，这些重点企业中已有 3322 家实行了公司制改造，改造面为 76%。改制企业中非国有独资公司占改制企业的 74%。到 2001年底，除个体户外，90% 以上的新建企业为股份制企业，70% 以上的老企业改为股份制企业。到 2001 年，在我国 1159 家上市公司中，无国家持股的公司 294 家，占 25.37%；国家一般参股的公司 121 家，占 10.44%；国家相对控股的公司 377 家，占 32.53%；国家绝对控股的公司 367 家，占31.67%。[①] 截至 2003 年底，全国 4223 家国有大中型骨干企业已有 3430 家企业完成了公司制改革，改制面达 81.2%，509 家国家重点企业改制面为79.4%。国有中小企业改革进一步深化，山西、辽宁、湖北、湖南、广东、重庆、四川、云南、陕西、宁夏等省区市国有中小企业改制面已达80% 以上。这表明，经过几年的改制，我国大部分国有企业已改为股份制企业，股份制、混合所有制已成为公有制的主要实现形式。

在股份制企业中，国有资本控股采取了两种形式：一种是绝对控股，即国有股占绝对多数，比如 51% 以上；另一种是相对控股，国有股所占比重虽然低于 50%，但却取得了对该公司的有效控制权。在股权高度分散的

---

① 周天勇、张弥：《国有企业改革攻坚》，中国水利水电出版社 2005 年版，第 125 页。

情况下，有时国有股占 20%—30% 甚至更低一些，就可以取得控制权。无论是绝对控股还是相对控股，国家实际上都掌握着公司的主要人事、收益分配和重大决策的控制权，用部分国有资本控制着企业全部资本的运用（据统计，到 2002 年底，3468 家由重点企业改制形成的股份制企业，国家投入资本 7710 亿元，但全部注册资本却达 13304 亿元，国家资本支配范围扩大了将近一倍[①]）。时任国资委主任李荣融 2004 年 2 月 25 日提出，2004 年要力争在国有企业股份制改革方面迈出较大步伐，除军工生产等少数企业外，其他国有大型企业包括特大型国有企业，要以调整和优化产权结构为重点，通过规范上市、中外合资、相互参股、兼并收购等多种途径进行股份制改革。2005 年 1 月 13 日他又强调，国资委 2005 年重点工作之一就是：加快建立健全现代企业制度，加快国有企业股份制改革的步伐，支持具备条件的企业整体上市，积极引进境内外战略投资者，大力发展国有资本、集体资本、非公有制资本参股的混合所有制经济。

根据党的十六届三中全会《中共中央关于完善社会主义市场经济体制若干问题的决定》，股份制要成为公有制特别是国有制的主要实现形式，其政策含义是：一是要更加积极地推进国有企业的股份制、公司制改革，积极吸引非国有资本参与国有企业的改革和改组。二是今后要尽量少搞国有独资企业。三是重要的企业需要国有控股的，也要尽可能相对控股。[②]随着国有企业股份制改革的推进，传统形式的国有制不再成为国有经济的主要实现形式。国有经济将从"一个个独立的国有企业"的存在形式转变为主要以"国有股权"的存在形式，亦即由过去的"国有经济 = 国有独资企业 + 国家控股企业"转变为"国有经济 = 国有股权企业 + 少量国家独资企业"的存在形式。同时，国有股权企业又可以定义为"国有股权企业 = 国家绝对控股企业 + 国家相对控股企业 + 国家不控股企业"。国家独资经营的企业越来越少，大量的是国有资本、集体资本和非公有资本参股的混合所有制企业。面对国有企业的改革现实，难道我们还要固守传统的国有企业的概念吗？

---

① 魏礼群：《积极推行公有制的多种有效实现形式》，《求是》2003 年第 21 期。
② 张卓元：《国企改革理论的新突破：明确股份制是公有制的主要实现形式》，《人民日报》2003 年 11 月 17 日。

（四） 以控股或具有控制权作为划分是否是 "国有公司、企业" 的标准符合国际惯例

从传统意义上说，国有企业在我国是有其特定含义的。它是指由中央或地方的一个财政主体或一个国有企业事业单位所设立，利用全民所有的财产从事经营，隶属于政府主管部门，适用企业法的企业。[1] 这一概念在计划经济时代是完全适用的。但随着经济体制改革的进行，我国提出以生产资料公有制为主体、多种经济成分共同发展的新的所有制格局。国有企业的构成，也经历了由国家全额出资到国家资本绝对控股，再到国家资本相对控股的转变。原国有企业越来越多地实行股份制，反映国有经济的载体也从"国营企业"到"国有企业"，再到"国资企业"的历史性变迁。在这种情况下，如何界定国有企业？

按照国际惯例在某一企业的资本中，国有资产投资或控股份额超过50%的，该企业就是国有企业。西方国家一般采用的是国有控股说，有的采用的是绝对控股说，如韩国1984年颁行的《国有企业管理法》第2条明文规定，国有企业包括政府投资和"政府投资达到或超过50%的企业"。我国台湾地区的"国营事业管理法"第3条也有同样的规定，依其规定，除了政府独自经营者，以及政府与人民依特别法合资经营者，以及政府与人民合资经营、政府资本超过50%者，也都是"国营事业"。[2] 在发达国家或地区，除了遵循把国家所持股份和表决权超过50%的企业划为国有企业的原则外，也把国家参股未达50%，但国家实际上可以加以控制的企业归入国有企业。如德国财政统计上将公共机构（联邦、州、镇等各级政府）拥有资本或多数投票权的企业划为公共企业，把政府参股达25%以上，其他股东均为小股东的大企业，视为国有企业。在新加坡国家控股公司控制的国有企业中，国家资金参与的份额有的仅占10%；日本国有企业中的特殊公司，如日本电信电话株式会社（即日本的电信电话股份公司）、日本的航空公司等，即使政府投资未达半数，也都由国家予以控制；[3] 美国于1935年颁布的《公用事业控股公司法》规定，任何公司已发行的有

① 史际春：《国有企业法论》，中国法制出版社1997年版，第11页。
② 史际春等：《当代国际惯例：国有资产管理》，海南出版社1999年版，第602页。
③ 吴天宝等著：《国有企业改革比较法律研究》，人民法院出版社2002年版，第23页。

表决权的股票中如有 10% 以上为另一公司掌握时，该公司即为另一公司的子公司，另一公司则为该公司的母公司或控股公司；① 欧共体委员会《关于企业透明度条例》对此作了更加明确的表述，其第 2 条规定，凡"政府当局可以凭借它对企业的所有权、控股权或管理条例，对其施加直接或间接地支配性影响"的企业，都是公共企业。根据这一条，即使国家不拥有一个企业的多数股本或投票权，而如果国家派往企业的代表在企业的领导、管理和监督部门的成员中居于多数，也推定国家对该企业可以施加支配性影响，从而认定为国有企业。②

党的十六大报告指出："必须毫不动摇地巩固和发展公有制经济。发展壮大国有经济，国有经济控制国民经济命脉，对于发挥社会主义制度的优越性，增强我国的经济实力、国防实力和民族凝聚力，具有关键作用"，"国有企业是我国国民经济的支柱"。我们是社会主义国家，实行的是公有制为主体、多种所有制经济共同发展的基本经济制度。坚持公有制主体地位，发挥国有经济在国民经济中的主导作用，是社会主义市场经济的特征之一。当前，我国国有企业是国家命脉产业和战略产业的基干力量，是促进产业结构升级、保障经济安全和稳定运行的骨干力量。搞好国有企业改革、发展壮大国有经济，是我们肩负的一项光荣而艰巨的历史任务。党的十五大报告中指出，公有制的主体地位主要体现在：国有资产在社会总资产中占优势；国有经济控制国民经济命脉，对经济发展起主导作用。可见，国有企业不是越少越好，而是越多越好；国有资产在社会总资产中所占比例不是越低越好，而是越高越好。当然，国有资产占优势，要有量的优势，更要注重质的提高。国有经济起主导作用，主要体现在控制力上。根据这一精神，国有经济要进行战略性的调整：从所有制结构上，要降低国有经济的比重，收缩国有经济的战线，提高国有经济的质量；从国有经济的形式上看，应当从单一的国有资产形式，向投资主体多元化的股份制形式发展；国有经济的管理方式，也要从国家直接管理国有企业转变到经营国有资本。但这与"单一说"所持的"随着社会主义市场经济体制的不断完善，需要界定为国有公司的数量应当不断减少"是两回事。

我国宪法第 12 条规定："社会主义的公共财产神圣不可侵犯"。第 13

---

① 张忠军：《国有公司的法理学思考》，《法律科学西北政法学院学报》1995 年第 5 期。

② 吴天宝等：《国有企业改革比较法律研究》，人民法院出版社 2002 年版，第 24 页。

条又规定："公民的合法的私有财产不受侵犯"。我们强调加强对国有资产的法律保护，丝毫不意味着要轻视或放松对非国有资产的法律保护。西方国家由于对公共财产或私人财产的刑法保护都比较有力，采用不采用国有控股说，倒不影响国有资产的保护。但在我国，由于对公共财产或私人财产的刑法保护都还不够有力，尚待完善。不采用国有控股说，必将影响对国有资产的保护。同时，在现有的立法条件下，采用"控股说"不仅有利于保护公共财产，而且也有利于保护非公共财产。在国有控股公司、企业中有一部分是非国有资产。按照"单一说"，这类企业中发生的玩忽职守、滥用职权或徇私舞弊造成巨额财产流失的案件均不能处理。其结果实际上也是不利于保护非国有资产的，而"控股说"恰恰可以弥补这一缺陷。

（五）"控股说"有利于加强对国有资产的刑法保护，防止国有资产的流失

国有资产的流失，是国内外普遍关注的热点问题。在改革开放以前，我国国有资产流失的问题虽已存在，但暴露得并不充分。改革开放以后，由于新旧体制并存，多种经济成分并存，产权关系不清与产权管理缺位并存，使国有资产流失问题日益严重。我国国国有资产管理局根据现有的统计资料、抽样调查和典型案例进行初步分析，并推算、汇总，得出的基本判断是：从 1982 年到 1992 年，由于各种原因造成的国有资产流失、损失大约高达 5000 多亿元。这个数字大约相当于 1992 年全国国有资产总量 26000 多亿元的 1/5，比 1992 年财政总收入 4185 亿元还多 800 多亿元。即便按这个据说是"比较保守"的数据计算，我国目前平均每年流失、损失的国有资产也达 500 多亿元。这即意味着我国每天流失国有资产达 1.3 亿元以上。[①] 1993 年以后，国有资产流失问题更严重了。目前，国有资产流失的数额到底有多大？大体有三种不同的估计：一是低位估计，认为近年来，国有资产平均每天流失 1 个多亿，也就是说，一年流失 400 亿到 500 亿元；二是中位估计，认为国有资产每年平均流失 5%，即每年流失至少 1000 多亿元；三是高位估计，国有资产每年流失不低于 1500 亿元，这也

---

① 何清涟：《现代化的陷阱》，www.mypcera.com/book/new/jinguang/xdhd/007.htm。

是国有资产管理当局的估计。① 国有资产流失的恶果是非常严重和可怕的。首先，国有资产大量流失，加大了社会贫富差距和社会不公平，从而引发其他社会问题；其次，国有资产大量流失，造成事实上的私有化；再次，国有资产流失，还会加剧腐败。2004 年 8 月底以来郎咸平引发的关于国企改革中国有资产流失问题的大讨论，引发了热烈的反响。近几年来，公安、检察机关虽然加大了对国有企业人员犯罪的打击力度，查处了一些大案要案。但对国有企业人员职务犯罪打击不力的问题始终没有解决。最高人民检察院的最新调查显示，2003 年至 2004 年，全国检察机关共查办国有企业人员贪污贿赂犯罪 25322 人，但国有企业人员玩忽职守、滥用职权或徇私舞弊造成巨额国资流失的案件却寥寥无几。之所以会出现这种局面，"单一说"的被普遍执行是重要原因之一。因为传统意义上的国有企业已经很少了（尤其县、区一级），而对改制后国有控股企业中的玩忽职守、滥用职权或徇私舞弊案件又不能办，司法人员当然就无案可办。

"单一说"认为，对"国有公司、企业"作限制解释，有利于体现刑法的谦抑性。刑法的谦抑性是指立法者应当力求以最小的支出——少用甚至不用刑罚，获取最大的社会效益——有效地预防和控制犯罪。刑法的谦抑性已经成为现代刑法追求的价值目标之一。② 笔者认为，刑法的补充性特点决定其必须慎用、节俭。刑法的补充性，是指当一般部门法不能充分保护某种法益时，才动用刑法保护；只有当一般部门法不足以抑止某种危害行为时，才由刑法禁止。刑法的严厉性，使得刑法成为其他法律的保障法、后盾法。但少用甚至不用刑罚是以有效地预防和控制犯罪为前提的。当某些危害社会的行为，不动用刑法难以有效地预防和控制犯罪时，必须毫不犹豫地举起刑法的武器。如果对国有企业改制后的国有控股企业中的玩忽职守、滥用职权或徇私舞弊的案件，仅仅按照公司法等行政法律、法规予以处罚，处罚的力度显然是不够的。其结果不仅造成巨额国资流失，而且影响广大民众对国有企业改制的心理预期，妨害国有企业改革的顺利进行。

综上所述，笔者认为，"控股说"是符合现行法律规定的。尽管从立

---

① 王朝才：《如何堵住国有资产流失》，http://www.people.com.cn/GB/paper1631/10010/918388.html。

② 陈兴良：《刑法哲学》，中国政法大学出版社 1992 年版，第 6 页。

法现状看，尚无明确的规定，但立法精神是清楚的。如1994年8月31日第八届全国人民代表大会常务委员会第九次会议通过的《中华人民共和国审计法》第20条规定："审计机关对国有企业的资产、负债、损益，进行审计监督。"第21条规定："审计机关对与国计民生有重大关系的国有企业、接受财政补贴较多或者亏损数额较大的国有企业，以及国务院和本级地方人民政府指定的其他国有企业，应当有计划地定期进行审计。"第22条又规定："对国有资产占控股地位或者主导地位的企业的审计监督，由国务院规定。"1997年10月21日国务院颁布的《中华人民共和国审计法实施条例》第20条规定："审计机关对国有资产占控股地位或者主导地位的下列企业，依法进行审计监督：（一）国有资本占企业资本总额的百分之五十以上的企业；（二）国有资本占企业资本总额的比例不足百分之五十，但是国有资产投资者实质上拥有控制权的企业。"又如国务院2003年5月27日颁布的《企业国有资产监督管理暂行条例》第2条规定："国有及国有控股企业、国有参股企业中的国有资产的监督管理，适用本条例。"上述规定表明：（1）国有控股企业与严格意义的国有企业是有区别的。（2）国有控股企业视同国有企业。这些规定与1997年刑法第93条的规定具有同质性。刑法第93条第1款规定："本法所称国家工作人员，是指国家机关中从事公务的人员。"第2款规定："国有公司、企业、事业单位、人民团体中从事公务的人员和国家机关、国有公司、企业、事业单位委派到非国有公司、企业、事业单位、社会团体从事公务的人员，以及其他依照法律从事公务的人员，以国家工作人员论。"

至于说是执行"绝对控股说"，还是"相对控股说"，笔者倾向于宜采纳"绝对控股说"。国家股占51%以上的公司、企业应当视为"国有公司、企业"。就目前情况看，"绝对控股说"具有更多的法理合理性，也容易被人们所接受。但究竟是执行"绝对控股说"，还是"相对控股说"，不是一个简单的技术问题，而是一个价值选择问题。鉴于最高人民法院已对此作出司法解释，笔者建议，由全国人大常委会对"国有公司、企业"的含义作出扩张性的立法解释。

论撤回公诉中的若干争议问题 *

刑事公诉变更制度是现代公诉制度的重要内容之一。刑事公诉变更权包括撤回公诉、追加公诉和变更公诉三项权能。撤回公诉（以下简称"撤诉"）是指在刑事诉讼中检察机关撤回已经向人民法院提起的公诉案件的诉讼活动。① 撤回公诉一直是我国刑事司法实践中存在的处理公诉案件的方式之一。但对撤回公诉的一些理论和实践问题分歧较大，且长期以来缺乏深入的理论研究和探讨，导致实践中各行其是，直接影响刑事司法的权威性、公正性。本文试就当前争议较大的三个问题谈谈自己的看法，以期对统一认识有所裨益。

一、 撤诉的法律效力

撤诉的法律效力，即如何界定撤诉的性质，目前有以下两种观点：

第一种观点认为，撤诉从法律性质上应该是诉讼终止的一种法律形式，是对案件作出程序终止的重要形态。撤诉即产生终止诉讼程序的效力。公诉一旦撤回，诉讼程序即归于结束，检察机关不再对被告人进行刑事追诉。这种观点得到大多数学者的肯定。有的还认为，既然撤回起诉是终止诉讼，当然也就不需要再作不起诉决定。② 有的认为，撤回公诉与不起诉的法律效力应该基本相同，两者都具有终止诉讼的效力。公诉一旦撤回，诉讼程序即告终结，检察机关不再对被告人进行刑事追诉，被告人处

＊ 原载《中国刑事法杂志》2006 年第 4 期。

① 对撤诉可以分为全案撤诉（撤回全部指控）和部分撤诉（将被告人的罪行部分撤回）；一审程序的撤诉和二审程序的撤诉。部分撤诉实质属于变更起诉的范围，二审程序的撤诉属于撤回抗诉。为研究的方便本文仅涉及全案撤诉和一审程序的撤诉。

② 贺润明：《公诉案件撤回起诉的合理性与立法完善》，《人民检察》2004 年第 9 期。

于无罪的地位，刑事诉讼法有关不起诉的规定同样适用于撤回公诉。①

第二种观点认为，撤回起诉的法律后果是中止了正在进行的审判程序，但并非终止。②

笔者认为，检察机关撤回起诉既不属诉讼终止，也不是诉讼中止，而是效力未定的诉讼行为。

诉讼终止是指在刑事诉讼过程中，因出现某种法定情形，致使诉讼不必要或者不应当继续进行，从而结束诉讼的制度。诉讼终止的基本特点是一旦作出诉讼终止的决定，所有诉讼活动都要立即停止进行。根据我国刑事诉讼法第 15 条规定，诉讼终止的方式有撤销案件、不起诉、终止审理和宣告无罪。在诉讼过程中，只有具有不追究刑事责任的法定情形之一，才能终止诉讼。撤诉不属于法定终止诉讼的情形之一，撤诉后，也并非一概不再追究被告人的刑事责任。从实践看，撤诉后，检察机关并非终止所有诉讼活动。刑事案件的中止审理是审判机关在开庭审理之前或者审理过程中，因发生某种特殊情况，导致案件在较长时间内无法正常审理，决定停止诉讼活动，待该项原因消失后恢复审理，中止前所进行的诉讼活动仍然有效。最高人民检察院 1998 年 6 月 29 日颁布的《关于执行〈中华人民共和国刑事诉讼法〉若干问题的解释》（以下简称《解释》）第 181 条规定，自诉人或者被告人患精神病或者其他严重疾病，以及案件起诉到人民法院后被告人脱逃，致使案件在较长时间内无法继续审理的，以及其他不能抗拒的原因，使案件无法继续审理的，可以裁定中止审理。因此，刑事诉讼程序的中止是基于法定事由的发生，导致案件的审理暂时无法进行，而撤回起诉是因不能或者不需追究被告人的刑事责任导致刑事审判没有必要进行，而非中止进行。诉讼中止不是案件的结束，诉讼中止的原因消除后，诉讼仍继续进行。实践中确有一些办案单位将本该作中止诉讼处理的案件（如被告人潜逃）作了撤诉处理，这是错误的。我们不能将这种错误的做法，当作正常的诉讼程序，进而作为撤诉的法定性理由。

笔者认为，界定撤诉的法律效力，应当将撤诉与撤诉后的处理加以区别。撤诉仅仅是检察机关取消已经向人民法院提起的公诉案件的诉讼行为。撤诉后的处理是指撤诉后，检察机关根据不同的案件以及撤诉的事

---

① 林劲松：《论撤回公诉》，《国家检察官学院学报》2003 年第 1 期。
② 黎仲诚：《撤回起诉权之研究》，《广西社会科学》2002 年第 1 期。

由，从实体上和程序上对案件作出最终的处理结果。撤诉的法律效力是从撤诉后的处理结果来体现的。撤诉后的处理结果大体上有以下几种：1. 撤案。如自侦案件符合刑事诉讼法第 15 条规定的情形，检察机关可以作撤案处理。2. 补充侦查。如事实不清、证据不足的案件，检察机关可以进行补充侦查。3. 不起诉。对公安机关移送起诉的案件，撤诉后检察机关一般应作不起诉处理。对作不起诉处理的，还应当区分是绝对不起诉、相对不起诉还是存疑不起诉。4. 其他处理。如因管辖权问题撤诉后，应移送有管辖权的司法机关处理。① 不同的处理结果，其法律效力是不同的，不能简单地将撤回起诉视同不起诉。将撤回起诉界定为诉讼终止或诉讼中止，既没有法律和司法解释依据，也不符合立法精神，而且容易为一些办案单位将撤回起诉的案件作为"悬案"长期挂起来提供依据，这种认识从实践看，弊多利少。

总之，笔者认为，检察机关的撤诉是效力未定的诉讼行为。既然撤诉是效力未定的诉讼行为，所以撤诉后检察机关必须在规定的时间内及时对案件作出最终的处理结果，以切实保障被告人的合法权益。

二、 撤诉的法定事由

撤诉必须具备一定的理由和条件，撤诉的法定理由体现了对检察机关撤诉权的限制。对撤诉的理由，目前有以下几种观点：

第一种是司法解释的观点。最高人民检察院 1999 年 1 月 18 日颁布实施的《人民检察院刑事诉讼规则》（以下简称《规则》）第 351 条对检察机关撤诉的理由作了如下规定："在人民法院宣告判决前，人民检察院……发现不存在犯罪事实、犯罪事实并非被告人所为或者不应当追究被告人刑事责任的，可以要求撤回起诉。"即将撤诉的理由限定为三种情形：1. 不存在犯罪事实；2. 犯罪事实并非被告人所为；3. 不应当追究被告人

---

① 据浙江金华市检察院统计，2001—2002 年间，全市提起公诉后撤回起诉的案件共有 77 件 129 人。撤回起诉后全部由公安机关撤回案子。其中 37 件撤回后由公安机关作了撤案处理。见郑布英、卢岩修：《完善我国刑事公诉撤诉制度的一些思考》，《浙江社会科学》2004 年第 6 期。上海市检察机关撤诉后的一般做法也是：对于自侦案件交自侦部门撤案，对于公安机关移送起诉的案件则是退回公安机关补充侦查。参见顾文、普照：《刑事公诉案件撤回起诉中的若干问题探讨》，《上海政法学院学报（法治论丛）》2005 年第 1 期。笔者认为，这种处理方法值得商榷。检察机关撤诉后，又将所有案件退回公安机关处理，不仅延长诉讼期限，增加诉讼成本，而且不利于保护被告人的合法权益。

刑事责任的。这三种情形都应当属于撤案或绝对不起诉的范围，它不包括事实不清、证据不足的案件以及犯罪情节轻微，依照刑法规定不需要判处刑罚或者免除刑罚，可以作相对不起诉处理的案件。《解释》第177条规定："在宣告判决前，人民检察院要求撤回起诉的，人民法院应当审查人民检察院撤回起诉的理由，并作出是否准许的裁定。"但对允许撤诉的理由未作任何规定。

第二种是学理界的观点。学界中对撤诉的理由，又有以下不同看法。1. 撤诉的理由就是不起诉的理由。凡是可以作绝对不起诉、相对不起诉和存疑不起诉的均可以作撤诉处理。[①] 2. 检察机关撤回起诉的理由是具有绝对不起诉或者证据不足不起诉情形，如果属于相对不起诉，则不适用撤回起诉。[②] 3. 对符合绝对不起诉的情形，应当准许检察官撤回起诉，对属于相对不起诉和证据不足不起诉情形的，则都不能采用撤回起诉。[③]

第三种是实务界的观点。从实践看，当前撤诉的理由常见的有：1. 因证据不足而撤回起诉；2. 因改变定性（包括不构成犯罪）而撤回起诉；3. 因案件的事实、证据发生变化而撤回起诉；4. 起诉后发现存在漏犯或同案犯归案，可能涉及更重的罪行，为查清事实、并案起诉而撤诉；5. 因被告人潜逃或下落不明而撤回起诉；6. 因审查起诉环节时间过长，超时限导致撤诉；7. 因管辖错误而撤回起诉；8. 因重新鉴定而撤回起诉等。[④]

由此可见，对撤诉理由的认识，目前相当混乱。最高人民检察院在规定撤诉理由的同时，却又在其颁布的法律文书样本——《撤回起诉决定书》（填充式）中，将撤诉的理由固定为"本案事实、证据有变化"，而不是《规则》所列举的三种情形。"本案事实、证据有变化"似乎成了撤诉的第四种理由。此外，根据《规则》第348条、349条规定，在法庭审理过程中，公诉人遇有下列情形之一的，应在要求法庭延期审理获准后，在补充侦查的期限内提请法院恢复法庭审理，或者撤回起诉：（1）发现事实不清、证据不足，或者遗漏罪行、遗漏同案犯罪嫌疑人，需要补充侦查或者补充提供证据的；（2）发现遗漏罪行或者遗漏同案犯罪嫌疑人，虽不

① 林劲松：《论撤回公诉》，《国家检察官学院学报》2003年第1期。
② 龙宗智：《刑事庭审制度研究》，中国政法大学出版社2001年版，第339页。
③ 常艳：《试析公诉案件的撤回起诉》，《人民检察》1999年第4期。
④ 张学辉、郭小静：《关于公诉案件撤诉的几个问题》，《安徽农业大学学报（社会科学版）》2005年第2期。

需要补充侦查和补充提供证据，但需要提出追加或者变更起诉的；（3）需要通知开庭前未向人民法院提供名单的证人、鉴定人或者经人民法院通知而未到庭的证人出庭陈述的。这又表明，事实不清、证据不足的案件，经延期审理后也是可以撤诉的。实证研究表明，当前撤诉案件绝大部分是证据不足。① 这说明《规则》第351条规定缺乏合理性、针对性和现实性。从学界的各种观点看，有的是囿于现行司法解释的规定，有的是基于法院作为最终裁决者应对撤诉加以制约的考虑，这都有一定的道理。但我们确定撤诉的法定理由主要应考虑撤诉的立法价值取向。撤诉制度符合起诉便宜主义，体现控审分离原则，有助于提高诉讼效益，有利于保护被告人的合法权益。对符合绝对不起诉条件的，被告人原本不应追究刑事责任，起诉本身就是错误，理当可以撤诉。符合相对不起诉条件的，撤诉后作相对不起诉处理，与让法院作定罪免刑相比，能使被告人免受刑事追究，更有利于保护被告人的合法权益。对事实不清、证据不足的案件，撤诉后，检察机关对可以补充侦查的，通过补充侦查查清犯罪事实，夯实犯罪证据；对不能或不宜补充侦查的，及时作存疑不起诉，尽快结束诉讼程序，这有助于实现惩罚犯罪与保障人权的统一。至于法院作为最终裁决者应对撤诉加以制约，这无疑是正确的，但不应作为影响撤诉理由的重要因素，而应在完善撤诉权的监督制约机制中加以考虑。所以，对相对不起诉和事实不清、证据不足的案件，检察机关也仍然可以撤诉。从实务界的观点看，除第1、2、3、7点理由外，其他都不能成为撤诉的理由。起诉后发现存在漏犯或同案犯归案，可能涉及更重的罪行，属于变更公诉或追加公诉。因被告人潜逃或下落不明而影响诉讼正常进行的，应当中止诉讼，而不是撤诉。因审查起诉环节时间过长，超时限导致撤诉，属于规避法律的程序违法行为。对程序违法行为，不仅应当杜绝，而且应当进行程序性制裁。因重新鉴定而导致办案期限不足问题，刑事诉讼法第122条及"六部委"《关于刑事诉讼法实施中若干问题的规定》第33条已作了明确规定，不应当作撤诉处理。

笔者认为，撤诉理由的界定，直接影响撤诉范围的大小。所以在撤诉

---

① 广州市各检察院2000年至2002年11月，全市撤诉案件共302件，无罪案件24件。在接受调查的125个案件中（其中撤诉案件117件，无罪案件8件）属于证据不足的案件有72件，占57.6%。见广州市人民检察院课题组：《关于撤诉案件和无罪判决案件的调查报告》，《中国刑事法杂志》2003年第5期。

理由的划定上，主要应从起诉便宜主义原则出发，确保公诉权的充分行使，体现撤诉的立法价值取向，同时又要注意建立相关机制，确保被告人的合法权益不受侵犯、确保程序公正，防止撤诉权的滥用。

基于此，对撤诉的理由应尽可能地扩大，同时反映客观实际，避免立法、司法解释与实践脱节。笔者认为，凡具有以下情形之一的，检察机关都可以撤诉：1. 具有刑事诉讼法第 15 条规定的情形之一的：（1）情节显著轻微、危害不大，不认为是犯罪的；（2）犯罪已过追诉时效期限的；（3）经特赦令免除刑罚的；（4）依照刑法告诉才处理的犯罪，没有告诉或者撤回告诉的；（5）犯罪嫌疑人、被告人死亡的；（6）其他法律规定免予追究刑事责任的。2. 不存在犯罪事实或犯罪事实并非被告人所为的。这两种情形不能被刑事诉讼法第 15 条所包含，也是高检司法解释所肯定的。3. 因犯罪事实不清、证据不足，难以认定被告人有罪的。4. 因管辖不当的。5. 被告人的行为已构成犯罪，但是依法不需要判处刑罚或者可以免除刑罚。

撤诉理由的扩大，难免会为一些办案单位滥用撤诉权提供方便。为了保证撤诉权的合理行使，防止撤诉成为办案单位"挂案"甚至变相超期羁押的"合法"手段，必须对撤诉加以监督制约。监督制约的途径除被告人、辩护人、被害人的制约，人民法院的司法审查以及检察机关的内部制约外，撤诉后的处理还必须受撤诉理由的限制。即撤诉的理由应当成为后继处理的主要依据。凡是根据刑事诉讼法第 15 条规定或被告人不存在犯罪事实或犯罪事实并非被告人所为的情形而撤诉的，撤诉后应作撤案或绝对不起诉处理；凡因犯罪事实不清、证据不足而撤诉的，撤诉后应作补充侦查或存疑不起诉处理。对作补充侦查处理的，应受补充侦查期限的制约（1 个月）。凡是撤诉后，案件事实已无法查清，或者已经退回公安机关补充侦查 2 次，或者在法庭审判过程中，检察人员发现提起公诉的案件需要补充侦查，已建议法院延期审理后作撤诉处理的，都只能作存疑不起诉。因管辖不当而撤诉的，应在 7 日内移送权有管辖权的司法机关处理。

三、 撤诉的时间限定

撤诉只能在一定的、合理的期限内行使。检察机关在什么时间、在哪个阶段享有撤诉权，目前也是分歧较大。

第一种观点认为，检察机关在法院判决宣告之前均可撤诉。理由是：(1)《规则》和《解释》都明确规定，在人民法院宣告判决前，可以要求撤回起诉；(2) 因法院判决尚未就实体问题作出裁判，撤回起诉不会侵害法院的审判权；(3) 实践中如果被告人在休庭之后判决宣告之前死亡，检察机关的撤诉就成为唯一能合乎程序又合乎实体的结案方法。①

第二种观点认为，检察机关只能在法院开庭审理前提出，开庭审理之后无权撤诉。理由是：(1) 根据刑事诉讼法的规定，开庭审理后，法院对其审理的案件应当作出有罪或无罪判决；(2) 开庭审理后，法院已经对案件进行了实体审理，撤回公诉权的行使会导致公诉权对审判权的干涉。②

第三种观点认为，撤诉的时间应限定在法庭辩论结束之前。因为经过法庭调查和法庭辩论，检察机关可以对应否撤诉作出判断，如果应该撤诉可提出撤诉申请，经审查同意使诉讼程序停止，不再进行被告人最后陈述和评议，这样可以节约司法资源和保护被告人权益。③

第四种观点认为，撤回公诉的时间应限定在"被告人最后陈述以前"。因为，在被告人最后陈述以前，法庭调查活动尚未结束，法官的心证还没有最后完全形成，不具备作出判决的条件。如果被告人已作最后陈述，法庭调查活动终结，案件进入合议庭讨论阶段，这时法官就应该能够并且有责任根据审理情况对被告人的罪刑问题作出判决，而不应以检察官撤诉的方式终止诉讼。否则，不仅造成司法资源的浪费，而且也不利于保护被告人的权益。④

在上述诸分歧意见中，第一种观点因具有司法解释依据，是目前适用最多的一种做法。这种做法还得到一些正在拟订新刑事诉讼法建议稿的学者的肯定。⑤ 但笔者认为，在法院判决宣告之前一概允许检察机关撤诉，弊多利少。在现行的立法条件下，应当对"判决宣告之前"作出限制解释。即撤诉的时间应限定在合议庭或审判委员会作出判决（决定）之前。

---

① 常艳：《试析公诉案件的撤回起诉》，《人民检察》1999 年第 4 期。

② 陈瑞华：《问题与主义之间——刑事诉讼基本问题研究》，中国人民大学出版社 2003 年版，第 357—358 页。

③ 张学辉、郭小静：《关于公诉案件撤诉的几个问题》，《安徽农业大学学报（社会科学版）》2005 年第 2 期。

④ 陈卫东：《刑事审前程序研究》，中国人民大学出版社 2004 年版，第 221 页。

⑤ 徐静村主持：《中国刑事诉讼法（第二修正案）学者拟制稿及立法理由》，法律出版社 2005 年版，第 208—209 页。

这样限制的理由是：

首先，有利于加强审判权对公诉权的制约。在刑事诉讼中，检法两家分工负责、互相配合、互相制约。但长期以来，检法两家配合有余，制约不足，过高的撤诉率和过低的无罪率形成鲜明的对比。如果规定检察机关在法院判决宣告之前均可撤诉，那意味着在合议庭或审判委员会作出无罪判决之后，检察院仍可撤诉。"作出判决"与"宣告判决"是两个不同的概念和时间段。在我国的审判实践中，绝大部分案件不是当庭宣判而是定期宣判的。合议庭评议后作出判决或审判委员会作出决定到法庭宣告判决要经过一定的期间。尤其是对事实不清、证据不足或涉及罪与非罪的案件，法院极少能当庭审判。这就给公诉机关行使撤诉权创造了时机和条件。在这期间如果允许检察院撤诉，必将使此前进行的程序归于无效，导致诉讼资源浪费，而且损害法院判决的确定力、权威性，破坏法的安定性。反之，一旦法院已作出判决，不管判决是否宣布，均不许撤诉，从而体现审判权对公诉权的有效制约，防止撤诉权的滥用，避免撤诉成为某些办案单位"下台阶"的路径。

其次，有助于兼顾诉讼诸价值目标的实现。现代诉讼的价值包括实体公正、程序公正和诉讼效益。司法机关应当坚持三种价值的统一。当三者有矛盾和冲突时，应坚持价值衡平原则，兼顾三者的关系。撤诉权作为公诉权的内容之一理当服从于上述价值目标。我国刑事诉讼法规定，审判程序分为庭前审查程序和开庭审理程序。开庭审理程序大致又可分为开庭、法庭调查、法庭辩论、被告人最后陈述、评议和宣判五个阶段。在被告人最后陈述后，审判长宣布休庭，庭审活动宣告结束。经过一系列的庭审活动，被告人的犯罪事实是否清楚，证据是否确实、充分，控辩审三方均已做到心中有数。进入评议时，合议庭应当根据已经查明的事实、证据和有关法律规定，并在充分考虑控辩双方意见的基础上进行评议，从而确定被告人是否有罪，应否追究刑事责任，有无从重、从轻、减轻或者免除处罚的情节。此时作为公诉方也应当对庭审活动进行总结，对案件的结局加以预测、判断。一旦出现撤诉事由的，应当及时向合议庭提出撤诉申请。只要合议庭或审判委员会尚未对案件作出决定，没有对被告人的实体问题作出裁判，检察机关撤诉就谈不上公诉权干涉审判权。如果将撤诉时间限制在开庭审理前，虽说有助于提高诉讼效益，减少司法资源的浪费，但由于案件尚未进入庭审，从实践看，是否存在撤诉条件往往难以判定，如此限定将使撤诉制度的价值大打折扣。至于将撤诉时间限制在法庭辩论结束之前，还是被告人最后陈述以前，并没有实质性意义。而一旦合议庭或审判委员会作出判决之后，还允许检察院撤诉，则必然侵犯审判权，有悖程序公正。再说，从诉讼经济角度看，既然法院已作出判决，只须定期宣判一下，案件即告审结，何须再让检察院撤诉后处理呢？可见，根据现行审判程序，将撤诉时间限定在合议庭或审判委员会作出判决之前，能较好地实现实体公正、程序公正和诉讼效益的统一，也符合司法实践的客观需要。

再次，有利于保护被告人的合法权益。撤诉的意义之一在于更好地保护被告人的合法权益。如果撤诉恶化被告人的诉讼地位，损害被告人的利益，这种撤诉应予否定。在合议庭或审判委员会作出无罪判决之后，仍允许检察院撤诉，不仅使被告人无法获得一个权威的法律裁决，使其及时摆脱刑事追究，早日从诉讼中解脱出来，而且有可能导致被告人得不到刑事赔偿。因为撤诉后，检察院要么撤销案件，要么不起诉。如果检察院是以证据不足为由作出撤案或不起诉，那么根据最高人民检察院2000年11月6日颁布的《人民检察院刑事赔偿工作规定》第8条规定："证据不足的撤销案件、不起诉案件或者判决无罪的案件，应当由人民检察院分别下列情形对检察机关作出的逮捕、拘留决定有无侵犯人身权情形依法进行确认：（一）对不能证明有犯罪事实或者不能证明有犯罪重大嫌疑的人错误拘留的，予以确认；（二）对不能证明有犯罪事实的人错误逮捕的，予以确认；（三）对有证据证明有部分犯罪事实的人拘留、逮捕的，或者有证据证明有犯罪重大嫌疑的人拘留的，不予确认。"也就是说，对因犯罪事实不清、证据不足而被撤案、不起诉的案件，应否赔偿，人民检察院应当区分不同情况依法确认。[1] 凡拘留、逮捕时符合刑事诉讼法规定条件的，即使最终因犯罪事实不清、证据不足而被撤案、不起诉的也不予确认，即不予赔偿。而根据最高人民法院1996年5月6日制定的《赔偿委员会审理赔偿案件程序的暂行规定》第3条第1项规定："经依法确认有赔偿法第十五条、第十六条规定情形的法律文书，包括：人民法院一审宣告无罪并已发生法律效力的刑事判决书、人民法院二审宣告无罪的刑事判决书、人民法院依照审判监督程序再审宣告无罪的刑事判

---

[1] 张穹主编：《解读最高人民检察院司法解释》，人民法院出版社2003年版，第808页。

决书、人民检察院不起诉决定书或者公安机关释放证明书。"即只要具备上述审判解释所列法律文件或证明材料就应视为请求赔偿的被侵权事项已被依法确认，应予赔偿。所以撤诉后，检察机关对被告人作存疑不诉的，尽管最终也是对被告人作无罪处理，但在赔偿问题上两家处理并不一样。在法院可以依法得到赔偿的，在检察院可能得不到赔偿，给被告人徒增索赔的难度。由此可见，在法院作出无罪判决之后，不准撤诉更有利于保护被告人的合法权益。

事实上，最高人民法院审判委员会第 867 次会议讨论通过，1996 年 12 月 20 日下发试行的《关于执行〈中华人民共和国刑事诉讼法〉若干问题的解释（试行）》第 169 条曾规定："在开庭审理过程中，人民检察院要求撤回起诉的，人民法院可以准许。"但在试行后修订颁布的《解释》中，将"在开庭审理过程中"改为"在宣告判决前"。最高人民检察院 1997 年 1 月 15 日颁布的《人民检察院实施〈中华人民共和国刑事诉讼法〉规则（试行）》第 305 条也曾规定："在人民法院作出判决前，人民检察院……发现不存在犯罪事实、犯罪事实并非被告人所为或者不应当追究被告人刑事责任的，可以要求撤回起诉。"但在试行后修订的《规则》中，将"作出判决前"改为"判决宣告之前"。这表明，"两高"在这一问题上的看法曾不尽一致，但在试行后最后通过的司法解释，都一致改为"在宣告判决前"。上述改动，大大方便了检察机关撤诉权的行使。

目前司法实践中，有的案件经二审法院发回重审后，在重审宣告判决（一般是无罪判决）前，检察机关撤回起诉。根据现行司法解释的规定，这种做法并无不当。但笔者认为，这种做法不妥。案件已由人民法院作出一审判决，被告人上诉或检察院抗诉后，二审法院裁定发回重审，一审判决未发生法律效力，但人民法院对案件已经作出了实质性裁判，因而应当继续审理，并作出最终裁判。如果允许撤诉，不仅浪费司法资源，损害审判的权威性，而且不利于维护被告人的合法权益。为了维护法律的严肃性和被告人的合法权益，笔者认为，撤诉的时间宜限定在一审判决之前。

再论受委托从事公务人员的刑法地位 *

在认定职务犯罪中，如何界定和正确认识受委托从事公务人员（以下简称受托人员）的法律地位具有十分重要的意义。但刑事立法、刑事立法解释及刑事司法解释对此规定不一，理论界对此也没有予以足够的关注。实践中司法机关对受托人员的认定处理宽严不同，直接影响执法的统一性。本文试对受托人员的法律地位问题略陈管见，以期引起学界和立法机关的重视。

一、 1997 年刑法修订之后， 受委托从事公务人员的法律地位

刑法修订之前，除 1979 年刑法在贪污罪中对受托人员的法律地位作出明确规定外，受托人员的法律地位主要是通过司法解释予以明确的。如何界定国家工作人员的范围及完善渎职犯罪立法是刑法修订的主要内容之一。1997 年修订后的刑法第 93 条把国家工作人员分为国家机关工作人员和准国家工作人员。国家机关工作人员是指国家机关中从事公务的人员。准国家工作人员包括三种人员：国有公司、企业、事业单位、人民团体中从事公务的人员；国家机关、国有公司、企业、事业单位委派到非国有公司、企业、事业单位、社会团体从事公务的人员；其他依照法律从事公务的人员。从这一规定看，国家工作人员不能当然地包括受托人员。在刑法分则所有渎职罪条文中，除刑法第 382 条第 2 款规定"受国家机关、国有公司、企业、事业单位、人民团体委托管理、经营国有财产的人员"可以成为贪污罪主体外，其他条款均未规定受托人员可以成为渎职罪主体。

修订刑法实施后，受托人员能否成为渎职罪主体成为摆在司法人员面

* 原载《宁波大学学报（人文科学版）》2006 年第 6 期。

前亟待解决的问题。从贪污贿赂罪的立法发展看，贪污罪与挪用公款罪的犯罪主体一直是相同的。但修订刑法在规定受委托管理、经营国有财产的人员可以成为贪污罪主体的同时，却并未在第 384 条规定受委托管理、经营国有财产的人员可以成为挪用公款罪的主体。2000 年 2 月 16 日最高人民法院《关于对受委托管理、经营国有财产人员挪用国有资金行为如何定罪问题的批复》规定："对于受国家机关、国有公司、企业、事业单位、人民团体委托，管理、经营国有财产的非国家工作人员，利用职务上的便利，挪用国有资金归个人使用构成犯罪的，应当依照刑法第二百七十二条第一款的规定定罪处罚。"即受委托从事公务的人员不构成挪用公款罪的主体。但 2000 年 9 月 14 日最高人民法院《关于未被公安机关正式录用的人员、狱医能否构成失职致使在押人员脱逃罪主体问题的批复》规定："对于未被公安机关正式录用，受委托履行监管职责的人员，由于严重不负责任，致使在押人员脱逃，造成严重后果的，应当依照刑法第四百条第二款的规定定罪处罚。"该批复肯定了刑法第 400 条规定的司法工作人员包括受托人员。

最高人民检察院对受托人员的法律地位也是予以肯定的。2000 年 4 月 24 日最高人民检察院《关于以暴力威胁方法阻碍事业编制人员依法执行行政执法职务是否可对侵害人以妨害公务罪论处的批复》规定："以暴力、威胁方法阻碍国家机关中受委托从事行政执法活动的事业编制人员执行行政执法职务的，可以对侵害人以妨害公务罪追究刑事责任。"2000 年 10 月 9 日最高人民检察院《关于合同制民警能否成为玩忽职守罪主体问题的批复》又规定："根据刑法第九十三条第二款的规定，合同制民警在依法执行公务期间，属其他依照法律从事公务的人员，应以国家机关工作人员论。对合同制民警在依法执行公务活动中的玩忽职守行为，符合刑法第三百九十七条规定的玩忽职守罪构成要件的，依法以玩忽职守罪追究刑事责任。"2001 年 1 月 2 日最高人民检察院《关于工人等非监管机关在编监管人员私放在押人员行为和失职致使在押人员脱逃行为适用法律问题的解释》规定："工人等非监管机关在编监管人员在被监管机关聘用受委托履行监管职责的过程中私放在押人员的，应当依照刑法第四百条第一款的规定，以私放在押人员罪追究刑事责任；由于严重不负责任，致使在押人员脱逃，造成严重后果的，应当依照刑法第四百条第二款的规定，以失职致使在押人员脱逃罪追究刑事责任。"这几个司法解释均肯定了受托人员属于国家机关工作人员范围。

尽管最高司法机关对某类人员或某个别案件的渎职罪主体问题作出了一些司法解释，但不能从根本上解决司法实践中关于渎职罪主体的法律适用问题。最高人民法院、最高人民检察院要求全国人大常委会对此作出立法解释。2002 年 12 月 28 日全国人大常委会通过的《关于〈中华人民共和国刑法〉第九章渎职罪主体适用问题的解释》（以下简称《渎职罪主体解释》）规定："在依照法律、法规规定行使国家行政管理职权的组织中从事公务的人员，或者在受国家机关委托代表国家机关行使职权的组织中从事公务的人员，或者虽未列入国家机关人员编制但在国家机关中从事公务的人员，在代表国家机关行使职权时，有渎职行为，构成犯罪的，依照刑法关于渎职罪的规定追究刑事责任。"这一立法解释肯定了"受国家机关委托代表国家机关行使职权的组织中从事公务的人员"可以构成刑法第 9 章渎职罪主体。

从以上简评，我们可以看到，现行刑法除贪污罪外，对受托人员的法律地位没有作出规定。受托人员的法律地位仍是由立法解释和司法解释予以明确的。但立法解释、司法解释也还存在诸多不明确、不合理的地方。表现在：

其一，立法解释不明确。刑法立法解释是全国人大常委会对刑法条文本身需要进一步明确而进行的解释。这就要求刑法立法解释必须明确、具体。虽然《渎职罪主体解释》明确了三类人员可以构成刑法第 9 章渎职罪主体，但这三类人员是否属于"国家机关工作人员"，《渎职罪主体解释》没有明确予以回答，而是泛泛规定"依照刑法的规定"。

其二，司法解释不合理。首先，最高人民检察院《关于合同制民警能否成为玩忽职守罪主体问题的批复》规定："根据刑法第九十三条第二款的规定，合同制民警在依法执行公务期间，属其他依照法律从事公务的人员，应以国家机关工作人员论。"合同制民警属于受国家机关聘用从事公务的人员，聘用是典型的委托行为。该批复并没有把这类人员归入刑法第93 条第 1 款所规定的"国家机关工作人员"范围，而是把它纳入刑法第93 条第 2 款规定的"其他依照法律从事公务的人员"，并称之为"以国家机关工作人员论"。只要我们认真审视刑法第 93 条第 2 款的规定就不难发现，刑法第 93 条第 2 款规定的三类人员只是"以国家工作人员论"而不是"以国家机关工作人员论"。"以国家机关工作人员论"的人员当然可以构成刑法第9章渎职罪主体，而"以国家工作人员论"的人员则不能构成刑法第9章渎职罪主体。该批复明显偷换概念，是一个自相矛盾的解释。其次，《最高人民法院关于对受委托管理、经营国有财产人员挪用国有资金行为如何定罪问题的批复》规定："对于受国家机关、国有公司、企业、事业单位、人民团体委托，管理、经营国有财产的非国家工作人员，利用职务上的便利，挪用国有资金归个人使用构成犯罪的，应当依照刑法第二百七十二条第一款的规定定罪处罚。"根据这一规定，受委托管理、经营国有财产的非国家工作人员，挪用国有资金归个人使用，不构成挪用公款罪，但构成刑法第二百七十二条第一款规定的挪用资金罪。最高人民法院之所以如此解释，是因为在挪用公款罪中没有规定"受国家机关、国有公司、企业、事业单位、人民团体委托，管理、经营国有财产的人员"可以构成挪用公款罪主体。从这一角度看，最高人民法院的解释是正确的。但问题是：刑法第二百七十二条也没有规定受托人员可以构成挪用资金罪的主体。既然都是法无明文规定，为什么在挪用公款罪不允许，而在挪用资金罪中就允许呢？另外，既然受托人员不能构成挪用公款罪，那么未被公安机关正式录用，受委托履行监管职责的人员，由于严重不负责任，致使在押人员脱逃，造成严重后果的，又为什么可以构成失职致使在押人员脱逃罪呢？显然司法解释本身不能自圆其说，也缺乏立法依据。

二、 关于受托人员法律地位问题的再认识

关于受托人员的法律地位问题，从理论层面有必要进一步澄清和探讨以下几个问题：

（一） 受托人员是否属于国家机关工作人员

随着最高司法机关一些司法解释的出台，特别是全国人大常委会《渎职罪主体解释》的颁布，不少同志认为，受托人员实质上已经纳入国家机关工作人员范围。[①] 笔者认为，这种理解是错误的。《渎职罪主体解释》虽然规定三类人员可以构成刑法第9章渎职罪主体，但这三类人员是否属于

---

① 周其华：《刑法的修正与适用》，中国方正出版社2004年版，第345页；熊选国、苗有水：《如何把握"国家机关工作人员"的范围》，《人民法院报》2004年11月8日。

"国家机关工作人员"，立法解释没有作出明确规定。曾参与该立法解释制定的同志指出："根据此解释，除国家机关工作人员以外，在行使国家权力时，玩忽职守、滥用职权、徇私舞弊构成犯罪的，应当依照刑法关于渎职罪的规定追究刑事责任"，"本立法解释所要解释的不是这三类人的'血统''身份'问题，而是要解决当这些人在行使国家机关职权过程中，有渎职行为构成犯罪时，如何适用刑法追究刑事责任的问题。"① 这说明《渎职罪主体解释》的主旨并非解释"国家机关工作人员"的范围，更不能据此推导出立法机关已认可受托人员是国家机关工作人员。

笔者认为，"两高"通过司法解释把一些受国家机关委托从事公务的人员直接纳入渎职罪主体不具有合法性。不容否认，这些司法解释具有实质合理性，有利于惩治渎职犯罪。但修订刑法并没有把受托人员纳入国家机关工作人员范围。这属于立法中的疏漏。对于立法上的漏洞只能通过修改刑法的方法予以解决。司法解释必须恪守解释权限。在罪刑法定主义原则下，严格解释是刑法解释的基本原则。最高司法机关必须在立法原意的范围内对刑法具体应用中的问题予以明确化、具体化。同一法律用语在不同的司法解释中必须保持相同的解释含义，绝不允许出现超越刑法规定内容的司法解释。在存在立法缺漏的情况下，为了充分实现刑法的社会保护功能，试图超越解释权限对刑法条文进行创造性弥补，只能造成立法权与司法权的混同，妨碍刑法人权保障功能的发挥，最终将破坏刑事法治的建构。通过扩张司法解释的方法，把受托人员纳入国家机关工作人员范围是不合适的。因此，不宜通过司法解释直接将受托人员纳入国家机关工作人员范围。再说立法机关实际上已注意到司法解释把一些受国家机关委托从事公务的人员直接纳入渎职罪主体的合法性问题，否则全国人大常委会也就没有必要制定《渎职罪主体解释》了。

（二）受托人员是否属于国家工作人员

当前，理论和实务界有不少同志认为，受托人员属于刑法第 93 条第 2

---

① 黄太云：《全国人大常委会〈关于刑法第九章渎职罪主体适用问题的解释〉的理解与适用》，《刑事审判参考》2003 年第 1 辑。

款规定的"其他依照法律从事公务的人员"。① 笔者认为，这种观点同样不能成立。受托人员与依照法律从事公务的人员是有重大区别的，表现在：（1）从事公务的依据不同。前者来源于国有单位的委托，委托形式既可以是书面的，也可以是口头的，未经委托或解除委托即失去行使职权的合法基础；后者则直接来源于法律的规定，即必须是依照法律规定选举、任命和授权产生。（2）行使的职权不同。受托人是在受托的范围行使职权；而依照法律从事公务的人员，只要经人民选举或者依法任命和授权，即拥有法律赋予的职权。如人民代表依据《全国人民代表大会和地方各级人民代表大会代表法》行使权力，人民陪审员根据刑事诉讼法人民法院组织法行使权力。（3）从立法技术看，如果"其他依照法律从事公务的人员"包括受托人员，那么刑法第382条第2款就根本没有特别规定的必要。立法机关并不认为国家工作人员包括受托人员。（4）从司法解释看，最高人民法院《关于对受委托管理、经营国有财产人员挪用国有资金行为如何定罪问题的批复》中之所以规定，受委托从事公务的人员挪用国有资金的不构成挪用公款罪，也是基于受委托从事公务的人员不能包含在"其他依照法律从事公务的人员"中。2003年11月13日最高人民法院印发的《全国法院审理经济犯罪案件工作座谈会纪要》第1条第3项规定："刑法第九十三条第二款规定的'其他依照法律从事公务的人员'应当具有两个特征：一是在特定条件下行使国家管理职能；二是依照法律规定从事公务。具体包括：（1）依法履行职责的各级人民代表大会代表；（2）依法履行审判职责的人民陪审员；（3）协助乡镇人民政府、街道办事处从事行政管理工作的村民委员会、居民委员会等农村和城市基层组织人员；（4）其他由法律授权从事公务的人员。"它没有把受托人员纳入"依照法律从事公务的人员。"这一规定是符合立法精神的。

2000年4月29日全国人大常委会通过的《关于〈中华人民共和国刑法〉第九十三条第二款的解释》（以下简称《解释》）规定：村委会等村基层组织人员协助人民政府从事七项行政管理工作时，属于刑法第九十三条第二款规定的"其他依照法律从事公务的人员"。有的同志认为，该

---

① 侯国云、白岫云：《新刑法疑难问题解析与适用：兼论新刑法中的矛盾与缺陷》，中国检察出版社1998年版，第194页；赵秉志主编：《中国刑法案例与学理研究》，法律出版社2001年版，第14页；游伟主编：《刑法理论与司法问题研究》，上海文艺出版社2001年版，第550页；高铭暄：《刑法专论》，高等教育出版社2002年版，第779页；等等。

《解释》属立法扩张解释，立法机关已认可受委托从事公务的人员属国家工作人员。① 笔者认为，这一结论不能成立。扩张解释是指将刑法条文作大于其字面含义的解释。《解释》的规定没有扩大条文的字面含义。《中华人民共和国村民委员会组织法》第 5 条规定："村民委员会协助乡、民族乡、镇的人民政府开展工作。"根据这一规定，村委会成员协助人民政府开展工作是其法定职责，其协助人民政府所开展的工作具有政府行政管理的性质。《解释》所规定的七项工作都属于村委会协助乡、镇人民政府所开展的具有行政管理性质的工作，具有行使行政权的特征。这种行政权的行使是基于行政授权，而不是行政委托。行政授权和行政委托是两种完全不同的行政行为。村委会成员在从事《解释》所规定的七项工作时，是属于依照《中华人民共和国村民委员会组织法》从事公务的人员，是基于行政授权。《解释》只不过进一步明确他们是否属于刑法第 93 条第 2 款规定的"其他依照法律从事公务的人员"。因此该解释符合立法原意，也符合2000 年公布的《中华人民共和国立法法》第 42 条第 2 款第 1 项所规定的"法律的规定需要进一步明确具体含义的"，由全国人大常委会进行解释的精神。该解释不是扩张解释，而是严格解释。笔者还注意到：1999 年 12月 17 日在第九届全国人大常委会第十三次会议上，全国人大常委会法制工作委员会向全国人大常委会作的《关于刑法第九十三条第二款的解释（草案)》的报告中，是建议全国人大常委会对刑法第 93 条第 2 款作如下解释："农村村民委员会等基层组织依法或受政府委托从事村公共事务的管理工作属于依法从事公务，应以国家工作人员论。如果在从事公务时利用职务之便，非法占有公共财物，挪用公款或者收受贿赂，应当依照刑法关于国家工作人员贪污罪、挪用公款罪、受贿罪追究刑事责任，而不应适用刑法关于侵占罪、挪用资金罪、业务受贿罪的规定。"② 但全国人大常委会通过的《关于刑法第九十三条第二款的解释》，不仅把"从事村公共事务的管理工作"一词删去，而且也把"受政府委托"一词删去，只规定"村委会等村基层组织人员协助人民政府从事下列行政管理工作，属于刑法第93 条第 2 款规定的'其他依照法律从事公务的人员'"。这一修改恰恰表

---

① 赵秉志、时延安：《略论关于刑法第九十三条第二款的立法解释》，《法制日报》2000 年 5 月28 日，第 3 版。

② 《全国人民代表大会常务委员会公报》2000 年第 3 期。

明，立法机关未把"受政府委托"从事公务的人员纳入刑法第 93 条第 2 款规定的"其他依照法律从事公务的人员"范围。

（三） 如何正确认识刑法第 382 条第 2 款规定

刑法第 382 条第 2 款规定："受国家机关、国有公司、企业、事业单位、人民团体委托管理、经营国有财产的人员，利用职务上的便利，侵吞、窃取、骗取或者以其他手段非法占有国有财物的，以贪污论。"除本条款外，在贪污贿赂罪和渎职罪的其他条文中均无类似规定。那么，这一规定是属于注意规定还是法定拟制？

注意规定是指刑法已作基本规定的前提下，提示司法人员注意，以免司法人员忽略的规定。注意规定只具有提示性意义，它不改变刑法的相关规定或刑法的基本原理。如刑法第 163 条的前两款规定了公司、企业人员受贿罪，第 3 款则规定："国有公司、企业中从事公务的人员和国有公司、企业委派到非国有公司、企业从事公务的人员有前两款行为的，依照本法第三百八十五条、第三百八十六条的规定定罪处罚。"根据这一规定，只有当上述人员的行为完全符合刑法第 385 条所规定的受贿罪的构成要件时，才能以受贿罪论处；如果上述人员的行为不符合刑法第 385 条的规定，那么就不能认定为受贿罪。法定拟制的特点在于：即使某种行为原本不符合刑法的相关规定，但在刑法明文规定的特殊条件下，也必须按相关规定论处。如刑法第 267 条第 2 款规定："携带凶器抢夺的，依照本法第二百六十三条的规定定罪处罚。"携带凶器抢夺行为并不符合刑法第 263 条规定的抢劫罪的构成要件，但立法者将该行为赋予与抢劫罪相同的法律效果。区分注意规定与法定拟制的意义在于：注意规定对于类似条款具有兼容性，可以将注意规定的内容适用在其他条文上；而法定拟制对于类似条款的适用则具有排他性，它只适用于刑法所限定的情形。将某种刑法规定视为注意规定还是法定拟制，会导致适用条件的不同，形成不同的法律结论。

有的学者认为，刑法第 382 条第 2 款规定属于注意规定，"受国家机关、国有公司、企业、事业单位、人民团体委托管理、经营国有财产的人员"，利用职务上的便利，挪用国有资金、索取他人财物或者非法收受他人财物，为他人谋取利益的，应认定为挪用公款罪、受贿罪。[1] 笔者不同

---

① 张明楷：《刑法分则的解释原理》，中国人民大学出版社 2004 年版，第 273—276 页。

意这一观点。虽然注意规定与法定拟制的界限大多是比较清楚的。但在个别条文中要严格区分两者的界限并不容易。刑法第 382 条第 2 款规定就属此类。笔者认为，既然注意规定和法定拟制都属立法的特别规定，那么正确区分两者界限必须从立法原意入手。注意规定是对刑法已有规定的重申，它与某罪名的基本规定相比，并没有内容上的增减，即使条文中不设置注意规定，也存在相应的定罪处罚依据；而法定拟制则对某罪名的基本规定在内容上作了增减，没有这一规定，则缺乏相应的定罪处罚依据。修订刑法第 382 条之所以增设第 2 款完全是因为"有的代表提出，贪污罪的主体中未能包括国家机关、国有公司、企业、事业单位委托管理、经营国有财产的人员，不利于对国有财产的保护。因此，建议在贪污罪中增加一款规定"。① 可见，根据第 382 条的立法原意，如果不增加这一款，那么对"受国家机关、国有公司、企业、事业单位委托管理、经营国有财产的人员"以贪污罪定罪处罚就缺乏立法依据。所以，笔者认为，刑法第 382 条第 2 款规定属于法定拟制，其他类似条款应排斥适用该规定。

三、 完善受委托从事公务人员法律地位的立法思考

现行的刑事立法和立法解释没有把受托人员纳入国家机关工作人员或者国家工作人员范围；现行的司法解释虽然把受托人员纳入国家机关工作人员或以国家机关工作人员论，但这种解释是越权的司法解释，且司法解释本身也存在矛盾。这种现状不利于司法实践，有碍执法的统一性。因此，修改完善相关规定以明确受托人员的法律地位十分重要。

（一） 完善受委托从事公务人员法律地位的必要性

一种观点认为，既然修订刑法除贪污罪外没有规定受托人员可以成为渎职犯罪的主体，那么也就不需要将其纳入国家（机关）工作人员的范围。有的甚至认为，应取消刑法第 382 条第 2 款规定及全国人大常委会《关于刑法第九十三条第二款的解释》的规定，因为"这些人员无论是受

---

① 薛驹：《第八届全国人民代表大会法律委员会关于〈中华人民共和国刑法修订草案〉审议结果的报告》。

委托还是协助，都处于一种被动状态，不能将其当然认定为国家工作人员"。① 笔者认为，将受托人员纳入国家工作人员范围，对之严重渎职行为予以刑罚处罚是非常必要的。理由是：（1）国家工作人员本质特征在于"从事公务"。"从事公务"是指在国有单位中行使组织、领导、监督、管理职能的活动。受托人员与刑法第93条规定的国家工作人员一样都具有"从事公务"的基本特征，两者的区别仅仅在于权力来源不同。（2）任何公务行为的正确实施都是正确履行职权和职责的体现，它直接保证着国家管理职能的实现。本着"权利与义务相统一，行使职权与承担责任相平衡"的原则，国家对任何从事公务活动的人都要求其恪尽职守。行为人不正确行使职权，玩忽职守或滥用职权，都是有悖职责的，都妨碍国家管理活动的正常进行，侵害了国家法益，情节恶劣，后果严重，给国家造成重大损失的，其行为就具有严重的社会危害性，符合犯罪的本质特征。（3）国家机关的职权一般都由国家机关及其工作人员自身行使，但由于社会管理的日益复杂化、专业化，世界各国都普遍存在国家机关委托符合一定条件的组织甚至个人行使职权的现象。在我国最常见的是行政委托。行政委托是指出于管理上的需要，某一行政主体（委托人）委托另一行政主体或其他组织及个人（被委托人）以委托人的名义代行职权或其他事务，其行为效果归属于委托人的法律制度。在行政委托中，被委托组织主要是事业单位。即使是在国家机关中也还有一部分从事公务的人员属事业编制或属"以工代干"人员，这些人员没有被正式录用为国家机关工作人员。据调查，全国监管场所目前仍有占监管工作人员总数4%的"以工代干"人员从事监管工作。这些人员由于各种原因，没有解决司法警察身份，但在监管场所中受委托承担着监管罪犯的职责。至于在国有公司、企业、事业单位中，受委托从事管理活动的人员就更多了。把这些人员完全排除在渎职罪主体之外显然有碍我国刑罚价值（刑罚的报应价值和刑罚的功利价值）的实现。（4）从行为人的主观意图分析，受托人员利用被委托的职权，以牺牲国家利益和社会利益为代价，谋取个人不当利益或滥用职权、玩忽职守，给国家造成重大损失，行为人在主观上具有可非难性。由于委托行为的固有特征，其行政责任往往是不充分的，而民事责任往往又难以执行。所以，对

---

① 张培鸿：《论国家工作人员的界定》，载陈兴良主编：《刑事法判解》第5集，法律出版社2002年版，第135页。

受托人员的严重不法行为，非以最严厉的刑罚手段不能有效遏制。

（二）如何完善受委托从事公务人员法律地位

笔者认为，有必要将受托人员之严重不法行为予以犯罪化，那么是通过刑事司法解释还是刑事立法解释、刑事立法来解决受托人员的法律地位问题呢？

1981 年 6 月 10 日第五届全国人大常委会第十九次会议颁布的《关于加强法律解释工作的决议》规定："凡属于法院审判工作中具体应用法律、法令的问题，由最高人民法院进行解释。凡属于检察院检察工作中具体应用法律、法令的问题，由最高人民检察院进行解释。"根据这一规定，司法解释属于司法活动，因而必须遵守刑法的规定，只能对刑法规定的含义和内容作出阐释或说明，只能反映或表达刑法的本来含义和立法本意，而不得对刑法加以修改或补充。因此，不能通过司法解释解决受托人员的刑法地位。

有的学者认为：为了体现罪刑法定原则限制刑罚权的滥用、保障人权的价值蕴涵，我国必须构建"以立法解释为主导，以法官的适用解释为主体，以最高司法解释为补充的刑法解释体制"。[①] "立法解释不仅具有最高的权威性，而且可以弥补立法漏洞，改变立法滞后性的局面，在法律没有明文规定的情况下，只有通过立法机关行使解释权，才能使罪刑法定原则落到实处。"[②] 笔者不同意这一主张。

全国人大常委会的刑法解释权和刑法立法权，是两种不同性质的权力。立法解释虽然是立法工作的延续，效力也与法律相同，但立法解释的目的是为了进一步明确刑法规定的界限或解决"两高"在刑法司法解释上存在的原则性分歧。它不能超越刑法规定的基本范围或者违背刑法规定的基本含义。全国人大常委会不能以刑法解释的方式进行刑法规范的"废、改、立"等立法活动。而全国人大常委会的刑事立法权则包括制定权、修改权和废止权。虽然这种立法权也受到限制，即只能对刑法进行部分补充和修改，且不得同刑法的基本原则相抵触。但它不必像立法解释那样必须受已有刑法规定的约束。它可以修改或者补充已有的刑法，对刑法没有规

---

① 李国如：《罪刑法定原则视野中的刑法解释》，中国方正出版社 2001 年版，第 134 页。

② 周迅：《论罪刑法定原则实施之保障》，《人民法院报》2000 年 10 月 14 日，第 3 版。

定的内容作出新的规定。我国刑法立法解释权曾长期搁置，导致司法解释过度膨胀。修订刑法颁布后，刑法立法解释得到重视，但必须注意不能矫枉过正。从已颁布的6个刑法立法解释看，大多数是合理的。但笔者认为，也有的立法解释没有必要制定，如《关于〈中华人民共和国刑法〉第三百一十三条的解释》。有的则超越了解释的权限，属于越权解释，如《渎职罪主体解释》。从《渎职罪主体解释》的内容看，它是根据职责来确定渎职罪主体的。这样就产生如下问题：（1）如果说它不是对"国家机关工作人员"范围的解释（根据上文的分析，这样理解符合解释本意），那么就不适当地扩大了渎职罪主体范围，有违罪刑法定原则。（2）如果说它是对"国家机关工作人员"范围的解释，那么就不适当地扩大了"国家机关工作人员"范围。因为根据刑法第93条第1款的规定，国家机关工作人员"是指国家机关中从事公务的人员"。而依照法律、法规规定行使国家行政管理职权的组织中从事公务的人员，或者在受国家机关委托代表国家机关行使职权的组织中从事公务的人员，虽然从事国家公务，但不具备在"国家机关中"工作的特征，因此是不能纳入"国家机关工作人员"范围的，否则就超出了刑法用语的可能文义的范围，有违罪刑法定原则。由此可见，《渎职罪主体解释》已经对刑法进行了实质性的修改，属于越权解释。

综上所述，笔者认为，将受托人员纳入国家工作人员范围是非常必要的。但将受托人纳入国家工作人员范围是增加新的犯罪主体，属于对原刑法的补充修改，必须采用刑事立法方式。笔者建议，通过刑法修正案的方式将刑法第93条修改为：

"本法所称国家机关工作人员是指下列人员：

（一）在国家机关中从事公务的人员；

（二）依照法律规定从事公务的人员；

（三）受国家机关委托从事公务的人员。

本法所称国家工作人员是指下列人员：

（一）国家机关工作人员

（二）国有公司、企业、事业单位、人民团体中从事公务的人员；

（三）国家机关、国有公司、企业、事业单位委派到非国有公司、企业、事业单位、社会团体从事公务的人员；

（四）受国有公司、企业、事业单位、人民团体委托从事公务的人员。"

同时删去刑法第382条第2款规定。

工程重大安全事故罪的立法重构*

1997 年修订刑法增设了工程重大安全事故罪。刑法实施以来，全国各级司法机关依法惩治了一批涉嫌工程重大安全事故罪的犯罪分子。该罪名在遏制工程重大责任事故发生方面发挥了积极作用，维护了建筑工程质量标准的规定和公共安全。但是随着我国经济和社会的发展，建筑工程领域生产范围的扩大和生产规模的不断增长，工程重大安全事故出现了一些新的问题。

面对司法实践，刑法第 137 条的立法缺陷也日益突出。本文试在剖析现行工程重大安全事故罪缺陷的基础上，提出完善工程重大安全事故罪的立法建议，供立法机关修订刑法时参考。

一、 工程重大安全事故罪的立法缺陷

1997 年修订刑法第 137 条规定："建设单位、设计单位、施工单位、工程监理单位违反国家规定，降低工程质量标准，造成重大安全事故的，对直接责任人员，处五年以下有期徒刑或者拘役，并处罚金；后果特别严重的，处五年以上十年以下有期徒刑，并处罚金。"

（一） 工程重大安全事故罪的犯罪主体

工程重大安全事故罪的犯罪主体是特殊主体即建设单位、设计单位、施工单位、工程监理单位。根据这一规定，工程重大安全事故罪的犯罪主体具有以下三个特征：（1）这是一种单位犯罪。（2）单位犯罪的主体只限于建设单位、设计单位、施工单位、工程监理单位。（3）该单位犯罪只追究直接责任人员的刑事责任。上述犯罪主体的特征决定了该罪的主体存在以下问题：

1. 单位犯罪主体存在缺漏。建设单位、设计单位、施工单位、工程监理

* 原载郎胜、刘宪权、李希慧主编：《刑法实践热点问题探索》（中国刑法学年会文集 2008 年度·下卷），中国人民公安大学出版社 2008 年版，第 845—853 页。

单位不能包括所有工程建设中的单位范围。如工程建设是一个多方参与的系统行为，一般要经过以下环节：（1）勘察。一般由有资质的勘察机构受业主合同委托进行。（2）设计。设计部门根据地质条件进行设计。（3）施工，根据设计的图纸施工。（4）工程监理。必须是有资质的监理单位承担。（5）施工材料。所有建设材料必须经过有资质的检测单位出具合格的检测报告，才能用于施工。（6）政府监管。（7）验收。这些层面均涉及相关单位、部门。而根据刑法第137条的规定，勘察单位、施工材料检测单位、验收单位以及政府监管部门都不是工程重大安全事故罪的单位犯罪主体。如勘察单位由于违反国家规定，不认真进行勘察，使设计单位依据错误的或者不准确的勘察结果，根据国家规定的质量标准进行设计，客观上造成设计上降低了工程质量标准，进而发生了重大工程安全事故，根据现行刑法规定，是不是就无法追究勘察单位以及勘察人员的刑事责任呢？国家工程质量管理条例规定，工程竣工验收必须具备主要建筑材料、配件的试验检测报告，这些报告必须由具有建设管理部门认定资质的第三方试验检测单位做过检测后提供。没有这些检测合格的报告，工程就不能验收通过。而实际情况是，一些建设工程质量检测部门，不是在做曝光劣质建筑的工作，却成为劣质建筑的帮凶，出具虚假检测报告，使"豆腐渣工程"蒙混过关。[①] 如此行为，即使造成严重后果，根据现行刑法规定，也难以追究其刑事责任。

2. 犯罪主体限于单位不符合客观实际。由于本罪的主体仅限于建设单位、设计单位、施工单位、工程监理单位。这就造成司法适用中存在以下问题：（1）本罪中的单位是否限于具有法定资格或者依法成立的单位？实践中大量存在着建设单位未取得施工许可证便擅自决定工程开工，以及设计单位、施工单位、监理单位不具备相应资质条件或根本不是依法设立的单位，而违法从事工程的设计、施工、监理活动，因而造成了重大工程安全事故或者明知自己不具有对某项工程进行设计、施工、监理的能力的单位，从事该项工程的设计、施工、监理，由于降低工程质量标准而造成重大工程安全事故的，尽管实践中对此有按重大工程安全事故罪处理的，但

---

① 如2002年以来，江苏南通、淮安等地相继发现严重的建筑工程违规检测事件，虽然违规单位最终受到了当地政府的严肃查处，但是由此暴露出来的问题触目惊心。业内人士认为，对这种违规检测、造假泛滥现象的治理已迫在眉睫。

在刑法理论和司法处理中不无争议。（2）对个人从事工程的设计、施工、监理活动的无法追究刑事责任。由于本罪的主体仅限于单位，将不属于任何建设单位、设计单位、施工单位、工程监理单位的个人作为本罪主体的，违背罪刑法定原则。如引起全国震惊的重庆市綦江县虹桥垮塌案中，彩虹桥的设计就是由设计师赵国勋，私自组织重庆交通学院教师吴某、周某等人设计的。严格来说，这是一种个人设计行为。但因赵国勋随后冒用了其所在单位重庆市勘察设计院的图签出图，最终被以重大工程安全事故交付审判。正如我国著名的工程安全管理专家、重庆交通学院管理学院沈其明教授所指出的，在设计行业，自己揽活然后借用单位名义的现象十分普遍。这种公事私办的现象在承包方和发包方看来常常是双赢的：在承包方一边，把本该大家分的钱放到自己一个人的腰包里，得利自不必说；而在发包方一边，个人常常会报出比单位更低的价位，这实际上也为他们节省了费用。但是这种双赢的行为很多时候是要以工程本身的安全性作为代价的。[1] 有的学者认为，对于不属于任何建设单位、设计单位、施工单位、工程监理单位的个人，在从事工程建设、设计、施工、监理活动中降低工程质量标准，造成危害公共安全的重大工程安全事故的，可以按"过失以危险方法危害公共安全罪追究刑事责任"。[2] 实践中则往往按重大责任事故罪处理。[3] 笔者认为，这种行为从性质和社会危害性上都与建设单位、设计单位、施工单位、工程监理单位降低工程质量标准而造成的重大工程安全事故相同，却要将其作为非重大工程安全事故罪处理，进行不同的刑法评价，显然是不妥的，也违背设立重大工程安全事故罪的立法主旨。

3. 工程质量监督站能否成为本罪主体不明确。根据刑法第 137 条规定，工程监理单位可以成为本罪主体。通说认为，工程监理单位"是指对建筑工程进行监督管理，担任工程质量监督工作的单位"。[4] 但对"工程监理单位"范围大家认识并不一致。这主要涉及"工程质量监督站"的法律地位。关于这个问题，学界一直有争论。有的认为它的性质属于国家机

---

[1] 余刘文、上官明志：《79 岁主设计师临审病危綦江彩虹桥还剩三个问号》，《南方周末》1999 年 1 月 15 日。

[2] 刘志伟、王俊平：《安全责任事故犯罪司法认定中的几个问题》，参见姜伟主编：《刑事司法指南》，法律出版社 2003 年版，第 26 页。

[3] 参见胥明虎：《劣质设计层层转包致 3 死 7 伤，徐州 3 名工头被判刑》，《江苏工人报》2007 年 1 月 10 日第 2 版。

[4] 周道鸾、张军主编：《刑法罪名精释》，人民法院出版社 2007 年版，第 132 页。

关，有的则认为它属于事业单位。綦江县虹桥垮塌案中被告人赵祥忠（系重庆市市政工程质量监督站站长）的定性曾引起学界的关注（检察机关指控其犯有玩忽职守罪，辩护律师则认为工程质量监督站与工程监理单位的有原则区别的，工程质量监督站是法定的事业单位，根据罪刑法定原则，赵应属无罪，审判机关最终认定其犯工程重大安全事故罪，判处有期徒刑5年，并处罚金人民币2万元）。2002年12月28日第九届全国人民代表大会常务委员会第三十一次会议通过的《关于〈中华人民共和国刑法〉第九章渎职罪主体适用问题的解释》规定："在依照法律、法规规定行使国家行政管理职权的组织中从事公务的人员，或者在受国家机关委托代表国家机关行使职权的组织中从事公务的人员，或者虽未列入国家机关人员编制但在国家机关中从事公务的人员，在代表国家机关行使职权时，有渎职行为，构成犯罪的，依照刑法关于渎职罪的规定追究刑事责任。"根据这一规定，工程质量监督站工作人员玩忽职守，不认真履行职责，对工程质量不严格把关，导致发生工程重大安全事故的，可以构成渎职犯罪。但从刑法适用角度看，这类主体究竟应定玩忽职守罪还是工程重大安全事故罪，仍值得商榷。一种观点认为，"工程监理单位"是指受建设单位聘请，担任工程质量监督工作的单位。[①] 根据这一观点，工程质量监督站工作人员不能成为工程重大安全事故罪的主体。另一种观点则认为，工程质量监督站工作人员应定工程重大安全事故罪，理由是：（1）工程质量监督站与工程监理公司都承担着工程质量监督的职责，都属于刑法第137条规定的工程监理单位的范畴，无论是其中的哪一个单位，在履行工程质量监督职责过程中，违反国家规定，降低工程质量标准，都可能造成重大工程安全事故，其行为性质都完全一样，都完全符合工程重大安全事故罪的构成特征。（2）刑法第137条仅规定本罪的主体是单位，而没有进一步限定是公司、企业，那么，即便工程质量监督站属于机关，由于其客观上从事的是工程质量的监督管理活动，也并不妨碍其可以成为其本罪的主体。[②] 从立法原意看，似乎第一种观点更能成立。但从法条竞合关系的适用以及打击犯罪的客观需要看，第二种观点更具合理性。

① 胡康生、郎胜主编：《中华人民共和国刑法释义》（第3版），法律出版社2006年版，第147页。
② 刘志伟、王俊平：《安全责任事故犯罪司法认定中的几个问题》，参见姜伟主编：《刑事司法指南》，法律出版社2003年版，第27—28页。

（二） 工程重大安全事故罪的主观方面

关于工程重大安全事故罪的主观方面，目前大体上有以下几种观点：

第一种观点认为，工程重大安全事故罪主观方面表现为过失。即行为人应当预见违反国家规定，降低工程质量标准的行为可能发生重大安全事故，由于疏忽大意而没有预见，或者已经预见但轻信能够避免，以致发生重大安全事故的心理态度。这是通说。[1] 通说还认为，出于故意实施本罪规定的犯罪行为的，应以"以其他危险方法危害公共安全罪论处"。[2]

第二种观点认为，本罪在主观方面主要表现为过失，在少数情况下也可以由间接故意构成。[3]

第三种观点认为，本罪的行为人对造成人员伤亡的严重后果属于过失，但对财产损失的严重后果，行为人可能是故意的。从司法实践来看，造成财产损失的工程安全事故案，大多都表现为工程质量的本身，即所谓的"豆腐渣"工程。由于这些工程是由行为人降低工程质量标准的行为直接造成的，其实就是工程上的"造假卖假"，行为人对伪劣工程所持的故意心态显而易见。[4]

第四种观点认为，这一罪名在主观方面表现为复合罪过。"所谓复合罪过形式，是指同一罪名的犯罪心态既有故意（限于间接故意）也有过失的罪过形式。[5]

笔者认为，通说将工程重大安全事故罪界定为过失犯罪值得反思。理由是：

1. 不符合工程重大安全事故罪的客观事实。"刑法的解释就是在心中

① 高铭暄、马克昌主编：《刑法学》（第 3 版），北京大学出版社、高等教育出版社 2007 年版，第 410 页；张明楷：《刑法学》（第 2 版），法律出版社 2003 年，第 574 页；周道鸾、张军主编：《刑法罪名精释》，人民法院出版社 2007 年版，第 133 页；周光权：《刑法分则讲义》，清华大学出版社 2003 年版，第 201 页；等等。
② 罗欣：《工程重大安全事故罪若干问题探讨》，载中国人民大学刑事法律科学研究中心组织编写：《现代刑事法治问题探索》，法律出版社 2004 年版，第 663 页。
③ 赵秉志主编：《新刑法教程》，中国人民大学出版社 1997 年版，第 464 页；高铭暄主编：《新编中国刑法学》（普通高等教育"九五"国家级重点教材），中国人民大学出版社 1998 年版，第 546 页。
④ 叶高峰主编：《危害公共安全罪的定罪与量刑》，人民法院出版社 2000 年版，第 445—446 页。
⑤ 储槐植、杨书文：《复合罪过形式探析——刑法理论对现行刑法内含的新法律现象之解读》，《法学研究》1999 年第 1 期。

充满正义的前提下，目光不断往返于刑法规范与生活事实的过程。"① 刑法学发展的真正源泉是刑事司法实践和社会现实。刑法设立工程重大安全事故罪后，司法机关办理了不少此类案件。这类案件事实表明：（1）行为人违反国家规定，降低工程质量标准，一般是故意的，即明知故犯。（2）行为人对降低工程质量标准可能造成严重后果，有的是过失的，即由于疏忽大意而没有预见，或者已经预见但轻信能够避免，结果导致重大安全事故发生。有的则是间接故意，即明知自己的行为会发生危害社会的结果，并且放任这种重大安全事故的发生。如工程建设中的某些单位和个人为了谋取暴利，无视国家工程质量管理规定，严重违规施工，以次充好，在施工过程中大量使用假冒伪劣材料，降低工程质量标准。虽然其本身也不希望发生质量事故，但对防范事故的发生并未作出任何努力，也不存在任何使其相信事故不可能发生的客观条件，对危害结果是否发生纯粹是抱着一种侥幸的心理。在高额的利润和工程质量之间，行为人选择了前者而对危害结果的出现显示了极大的包容性，这实际上是一种放任的态度，是间接故意，而非轻信的过失。对于重大责任事故罪，"结合实践中发生的案例，犯罪嫌疑人的主观心态游离在过于自信过失和间接故意之间的情形比较多。……在现实案例中，的确认会有行为人的主观心态更符合间接故意心态的特征"。② 这种判断是符合司法实际的。

2. 不符合我国刑法的规定。犯罪的主观要件即主观上的罪过，它是指犯罪主体对他所实施的危害社会的行为所持的心理状态。这种心理状态存在于实施危害行为的过程中。目前我国法学界对罪过心理的鉴定标准，即这种心理状态是针对危害结果还是危害行为看法不尽一致，出现"结果标准说"（罪过的核心在于对危害结果的心理态度）、"行为标准说"（罪过的核心在于对危害社会行为的心理态度）和"双重标准说"（罪过的核心不仅在于对危害行为的态度，而且在于对危害结果的态度）。③ 其中结果标准说是通说，为大多数同志所赞同。笔者认为，结果标准说是正确的。首先，它符合刑法的规定。刑法第 14 条第 1 款规定："明知自己的行为会发生危害社会的结果，并且希望或者放任这种结果发生，因而构成犯罪的，

① 张明楷：《刑法分则的解释原理》，中国人民大学出版社 2004 年版，"序说"。
② 李兰英：《间接故意研究》，武汉大学出版社 2006 年版，第 279—281 页。
③ 高铭暄主编：《刑法学原理》（第 2 卷），中国人民大学出版社 1993 年版，第 2—3 页。

是故意犯罪。"第15条第1款规定:"应当预见自己的行为可能发生危害社会的结果,因为疏忽大意而没有预见,或者已经预见而轻信能够避免,以致发生这种结果的,是过失犯罪。"我国刑法关于犯罪故意和犯罪过失的规定,明确指明行为人对其行为的危害社会结果的心理态度是罪过的内容。刑法第14条、第15条所说的"明知""预见"是指对"危害社会的结果"的认识;"希望""放任""轻信能够避免"是指对"危害社会的结果"的态度。罪过的核心应是危害社会的结果,而不是危害社会的行为。尽管危害社会的结果是由危害行为造成的,但只有危害社会的结果才能最终决定行为的危害社会的性质。结果标准说符合我国刑法的立法精神,司法实务中确认罪过心理的鉴定标准必须以刑法的规定为依据,而不能另立其他标准。根据工程重大安全事故罪的客观事实,行为人对危害后果的认识是存在放任态度的,即存在着间接故意。将这种间接故意,一概归之为过失犯罪是不符合我国刑法规定。

3. 导致刑法条文之间不协调。西方法谚云:"使法律之间相协调是最好的解释方法"。要保持刑法的协调,就必须进行体系解释。体系解释,一般是根据刑法条文在整个刑法中的地位,联系相关法条的含义,阐明其规范意旨的解释方法。体系解释的目的在于避免断章取义,以便刑法整体协调。工程重大安全事故罪的本质特征与生产、销售不符合卫生标准的食品罪和生产、销售不符合标准的医用器材罪具有可比性。行为人违反国家规定,降低工程质量标准,偷工减料,致使所建路桥、堤防、商住楼等公共工程项目质量低劣,不能确保使用安全或发挥预期功能的,与生产、销售不符合卫生标准的食品罪和生产、销售不符合标准的医用器材罪,都是为了追求高额利润,对公共安全(人身、财产)的危害后果采取放任的态度。但生产、销售不符合卫生标准的食品罪和生产、销售不符合标准的医用器材罪,学术界无不认为这两个罪是故意犯罪。这表明:(1)对个罪主观要件标准的把握不尽统一。对工程重大安全事故罪采用的是"结果标准说",而对生产、销售不符合卫生标准的食品罪和生产、销售不符合标准的医用器材罪采用的是"行为标准说"。(2)对各责任事故罪的构成要件,没有加以深入的研究。简单地从语义上把"事故"解释为"意外的变故或灾祸",从而将所有的责任事故罪都认为是过失犯罪。而忽视工程重大安全事故罪与交通肇事罪、重大责任事故罪等责任事故在犯罪构成的要求上是明显不同的。

笔者认为，"过失说"难以涵盖所有的工程重大安全事故犯罪。从工程重大安全事故罪的实际情况看，我们无法否认这种犯罪存在间接故意。"复合罪过说"则比较好地解决了这类案件的罪过问题。"复合罪过说"冲击了传统刑法学的罪过形式理论，突破了"同一条罪名只能有一种罪过形式"的思维定式，受到了不少人的质疑和否定。但我认为，"复合罪过说"是在现有法律框架内对罪过问题的合理解说，它没有背离现行的法律规定，同时也符合司法实际。理论是实践的总结，理论上对法律正当性的论证，永远不能取代实践中对法律可行性的检验。正像储槐植教授所说的："该概念来自鲜活的司法实践，是刑法理论对于立法实践之呼唤的积极回应。它的提出再一次证明：对科学来讲，当旧有的理论不能解释新出现的现象时，并非科学的危机，而是科学获得新进展的起点。"①

总之，将所有工程重大安全事故犯罪界定为过失犯罪是有严重缺陷的。只有把该罪的主观方面归纳为既包括间接故意，也包括过失，才能全面科学地认识该罪的主观要件。

（三）工程重大安全事故罪侵犯的客体

1. 对工程重大安全事故罪侵犯的客体的认识不统一。目前对本罪客体的认定，大家认识并不一致，主要观点有：第一种观点认为，本罪的客体是"公共安全"。即不特定多数人的生命、健康和重大公私财产的安全。②第二种观点认为，本罪侵犯的客体是公共安全及国家的建筑管理制度。③第三种观点认为，"本罪侵犯的直接客体是国家建筑工程制度，其同类客体是公共安全，即不特定多数人的生命、健康或者公私财产的安全"④。第四种观点认为，本罪侵犯的客体是"公共安全和国家的基本建设管理制度"。⑤第五种观点认为，本罪侵犯的客体是建筑工程的质量标准的规定以及公众的生命、健康和重大公私财产的安全，即公共安全。⑥第六种观点

① 杨书文：《复合罪过形式论纲》，中国法制出版社 2004 年版，"序言"。
② 王作富主编：《刑法分则实务研究》（上），中国方正出版社 2001 年版，第 221 页。
③ 苏惠渔主编：《刑法学》（第 3 版），中国政法大学出版社 2007 年版，第 310 页。
④ 王顺义主编：《刑事案例诉辩审评——重大责任事故罪》，中国检察出版社 2006 年版，第 178 页。
⑤ 高铭暄主编：《刑法学》（新编本），北京大学出版社 1998 年版，第 337 页。
⑥ 高铭暄、马克昌主编：《刑法学》（第 3 版），北京大学出版社、高等教育出版社 2007 年版，第 410 页。

认为本罪侵犯的客体是国家对建筑工程的管理制度。① 第七种观点认为，本罪侵犯的客体是"国家对建设工程质量的监督管理制度"。因为该罪的客观方面主要表现为偷工减料等降低工程质量标准的行为，不管手段如何，其结果必然导致了工程质量的降低，最终发生事故是由于低劣的工程质量而引起的，本质上是一种质量事故，因此质量事故比安全事故更能准确地反映其本质特征。②

笔者认为，本罪侵犯的客体是公共安全和建设工程的质量管理秩序。首先，把本罪客体认为是单一客体是不妥的。因为本罪同时侵犯了两种社会关系，其客体应是复杂客体。其次，将客体表述为"建筑工程"并不妥当。理由是：（1）2000 年国务院《建设工程质量管理条例》（以下简称《条例》）其标题是冠以"建设工程"质量管理条例而非"建筑工程"质量管理条例；（2）根据《条例》第 2 条第二款即"本条例所称建设工程，是指土木工程、建筑工程、线路管道和设备安装工程及装修工程"之规定，"建设工程"这一概念的外延大于"建筑工程"概念的外延；（3）《条例》第八章中的"罚则"第 74 条，即"建设单位、设计单位、施工单位、工程监理单位违反国家规定，降低工程质量标准，造成重大安全事故，构成犯罪的，对直接责任人员依法追究刑事责任"，其基本精神与刑法第 137 条关于工程重大安全事故罪的规定完全一致，由此可以推定，工程重大安全事故罪的适用范围与《条例》的适用范围完全相同，即"建设工程"领域。再次，将本罪侵犯的客体归之为"国家的基本建设管理制度"或"国家对建筑工程的管理制度"提法不妥。不仅因为这两者的外延极其宽泛，而本罪客观行为所直接侵犯的并不是其全部内容而只是对其中的一部分造成侵害，所以这种提法不能最准确地反映本罪所直接侵犯的社会关系的内容，从而不能最直接、最鲜明地反映本罪的个性特征。此外，制度是要求大家共同遵守的办事规程或行动准则。如果将犯罪客体理解为我国刑法所保护的而为犯罪行为所侵犯的社会关系，那么，对制度的侵害就应该表现为改变制度本身；而工程重大安全事故罪，并不是对工程质量管理制度加以改变，而仅仅是违反，从而侵犯国家正常的工程质量管理秩序。所以，

---

① 周道鸾、张军主编：《刑法罪名精释》，人民法院出版社 2007 年版，第 132 页。
② 吴占英：《论工程重大安全事故罪》，《孝感学院学报（哲学社会科学版）》2001 年第 2 期，第 64 页。

制度不应是客体，只有制度的被遵守所形成的秩序才是犯罪的客体。故此，笔者认为将本罪的客体表述为"公共安全和国家对建设工程质量的监督管理秩序"有助于全面认识本罪的实质和社会危害性及其在刑法典中的地位。

2. 本罪的犯罪对象认识不统一。在理论和实践上，对劣质工程能否按刑法第 140 条生产、销售伪劣产品罪定罪处罚一直存在不同观点。一种观点认为，建设工程可以成为本罪犯罪对象。理由是：（1）从法定犯的角度来分析，作为法定犯的生产、销售伪劣产品罪其罪状要素，包括对象"产品"之界定，必须从国家有关法律法规中寻找根据，而在渊源上，产品质量法作为规制产品质量监督制度的法律，无疑是确定刑法上生产、销售伪劣产品罪构成的一个重要依据，但是，在解释和适用刑法时，并非机械地援用有关法律规定，只要在刑法条文可能包含的意义内运用解释刑法，这种解释和适用就是合理的。① 商品是指用于交换的劳动产品，凝聚了人类劳动的成果。如果建设工程是用于交换的，就符合商品的属性，就应当认定为可以成为本罪的犯罪对象。所以将建筑工程理解在刑法第 140 条规定的生产、销售伪劣产品罪的"产品"之中，乃是合法合理的。（2）虽然建设工程不适用产品质量法，并不是说也不适用其他专门的产品质量法，更并不意味着刑法也要将其排除在第 140 条生产、销售伪劣产品罪的犯罪对象之外。产品质量法的适用范围并不是本条犯罪的犯罪对象的唯一依据。生产、销售伪劣产品罪的犯罪对象的伪劣产品只能是刑法第 140 条所明确规定的情况掺杂、掺假的产品、以假充真的产品、以次充好的产品、以不合格冒充合格的产品。因此，不符合国家建设质量标准的建设工程，交换时冒充符合国家建设质量标准的建设工程，符合刑法规定的第四种情况，以不合格冒充合格的产品，也应属于伪劣商品，属于本罪的犯罪对象之一。② 另一种观点认为，建设工程不能成为本罪犯罪对象。③ 还有的同志建议，对于降低工程质量标准没有发生重大安全事故的行为，应以生产、销

① 龚培华、肖中华：《刑法疑难争议问题与司法对策》，中国检察出版社 2002 年版，第 281 页。
② 郭立新、杨迎泽主编：《刑法分则适用疑难问题解》，中国检察出版社 2000 年版，第 45 页。
③ 高铭暄、马克昌主编：《刑法学》（第 3 版），北京大学出版社、高等教育出版社 2007 年版，第 417 页；张明楷：《刑法学》（第 2 版），法律出版社 2003 年版，第 579 页。

工程重大安全事故罪的立法重构

售伪劣产品罪来定罪处理。① 第二种观点是通说，已被学理界所普遍认可。笔者赞同此说。2000 年 7 月九届全国人大常务委员会第十六次会议分组审议《中华人民共和国产品质量法修正案（草案）》时，关于商品房究竟应否列入产品质量法，存在一些争议。有的委员已提出建设工程的质量不仅仅是建设材料、建筑构配件和设备的问题。商品房的质量，群众反映也比较强烈，商品房的价格比一般商品要高得多，多数老百姓买一套商品房要花去几十年的积蓄，商品房质量出问题对老百姓造成的损害，比一般商品大得多，而且现在一旦商品房出了问题，有关部门互相推诿，群众求告无门。因此，必须将它纳入产品质量法的范围。有的委员认为，建筑工程质量，包括商品房质量，确实是当前急需解决的重大问题，但如若纳入产品质量法，则产品质监部门的工作难度会大大增加，单独立法可能好一些。有的委员则建议专门制定建筑工程质量法。因为各类建设工程，如铁路、公路、民航机构、房屋建设、农田水利等工程建设不属于一般的工业产品质量监督对象，而属于工程建设质量监督对象。可以另行制定一部各类建设工程质量监督法。最终，全国人大法律委员会建议："建设工程不适用本法规定。但是，建设工程使用的建筑材料、建筑构配件和设备，属于前款规定的产品范围的，适用本法规定。"② 该建议得以通过。可见，不将建设工程质量归入产品质量法的调整范围是符合立法原意的。刑法实施 10 多年来，笔者未曾看到对建造劣质工程的行为人按生产、销售伪劣产品罪定罪处罚，可见实务界也是接受通说的。

（四） 工程重大安全事故罪的客观方面

工程重大安全事故罪在客观方面表现为"违反国家规定，降低工程质量标准，造成重大安全事故的"。根据这一规定，本罪属于结果犯，即违反国家规定，降低工程质量标准，必须造成重大安全事故的才能追究刑事责任。本罪客观方面的缺陷主要表现在：

1. 将本罪限定为结果犯不利于打击犯罪。"豆腐渣"工程的制造者们理当受到刑罚的处罚，但从现行刑法的规定看，确实又无法定罪。制造

① 段慧芳：《生产、销售伪劣产品罪的立法完善》，《湖北警官学院学报》2005 年第 3 期，第 26 页。

② 乔晓阳：《全国人民代表大会法律委员会关于〈中华人民共和国产品质量法修正案（草案）〉审议结果的报告》，《全国人民代表大会常务委员会公报》2000 年第 4 期。

"豆腐渣"工程，将给国家、集体造成数百万、数千万、甚至上亿元计的损失，却不构成犯罪，这不能不说是立法的缺憾。如杭州钱塘江下沙标准海塘是杭州市的重点防洪工程，1998年因"豆腐渣"工程案发以后曾引起社会广泛的关注，相关责任人员因重大安全事故罪被逮捕。钱塘江"豆腐渣"工程，堪称人为偷工减料、弄虚作假造成的重大质量案件。行为人违反国家规定和有关操作规程，用泥沙代替混凝土投入基础沉井，降低了工程质量，给钱塘江海塘安全带来了严重隐患。由于该案没有发生法律所规定的重大事故，因此不构成犯罪。最后，除5名收受贿赂的工程"蛀虫"被判刑外，其他肇事者均无罪释放。从刑法一般预防的角度看，将工程重大安全事故罪限定为结果犯不利于有效震慑潜在的各种违法承接工程的行为。

2. 对"重大安全事故"的内容理解不一。刑法并未界定安全事故或重大安全事故，其他相关法律法规也没有关于安全事故或重大安全事故的量化规定，导致对"重大安全事故"理解上不无争议。

（1）"重大安全事故"是否限于建筑工程施工过程中。第一种观点认为，本条规定的"工程重大安全事故罪"，是指建筑工程交付使用之后，由于工程质量不合格，导致建筑工程坍塌、断裂，造成人员伤亡或者交通工具倾覆等事故。倒塌、桥梁断裂、铁路塌陷、人员伤亡或者导致火车出轨，汽车翻车等事故发生的情形。[①] 第二种观点认为，工程重大安全事故可以参照建设部《工程建设重大事故报告和调查程序规定》（以下简称《规定》）的第2条，即：本规定所称重大事故，系指在工程建设过程中由于责任过失造成工程倒塌或报废、机械设备毁坏和安全设施失当造成人身伤亡或者重大经济损失的事故。[②] 第三种观点认为，刑法中的工程重大安全事故是指在工程施工中或工程施工结束之后，因为建设单位、设计单位、施工单位、工程监理单位降低工程质量标准，从而造成重大人员伤亡、重大财产损失或者其他严重后果的事故。[③] 笔者认为，第三种观点是可取的。其一，《规定》所指的重大事故仅是发生于工程建设过程中，不

---

① 周道鸾、张军主编：《刑法罪名精释》，人民法院出版社2007年版，第132页；毕志强：《工程重大安全事故罪之探析》，《国家检察官学院学报》2001年第4期，第47页。

② 王作富主编：《刑法分则实务研究》（上），中国方正出版社2001年版，第221页。

③ 沈新康、曹坚：《论工程重大安全事故罪的若干疑难问题》，《华东政法学院学报》2004年第1期，第102页。

包括工程建设之后发生的重大事故。而从司法实践的情况看，大多数工程重大安全事故是发生在工程完工之后的。因此，《规定》不能完全涵盖刑法所指的重大安全事故的所有情形。其二，构成工程安全重大事故罪，要求相关犯罪主体必须违反国家规定，降低工程质量标准，从而造成重大安全事故。根据刑法第 96 条的规定，本法所称违反国家规定，是指违反全国人民代表大会及其常务委员会制定的法律和决定，国务院制定的行政法规、规定的行政措施、发布的决定和命令。而《规定》属于建设部制定的部门规章，以部门规章界定本罪的客观要件不妥。

（2）工程质量本身不合格能否认定为"造成重大安全事故"。一种观点认为，"造成重大安全事故"，不限于造成对人的生命、身体的安全事故，而应包括造成工程本身的安全事故，如导致工程本身不合格，无法投入使用等。[①] 另一种观点认为，这里的"重大安全事故"，是指该建筑工程，由于达不到质量标准或者存在严重问题，导致楼房倒塌、桥梁断裂、铁路塌陷，造成人员伤亡或者火车、汽车等交通工具倾覆等事故。[②] 工程本身不合格，无法投入使用，但没有造成人员伤亡或者其他重大经济损失的，不构成本罪。第二种观点得到了实务界的肯定。笔者认为，第一种观点尽管有利于打击犯罪，但根据现有的立法规定，我们很难得出这一结论。

（五） 工程重大安全事故罪法定刑的缺陷

根据刑法第 137 条规定，犯本罪的"对直接责任人员，处五年以下有期徒刑或者拘役，并处罚金；后果特别严重的，处五年以上十年以下有期徒刑，并处罚金"。该罪的法定刑的缺陷表现在：

1. 受刑主体有缺漏。这表现在两个方面：（1）单位不是受刑主体。在工程建设过程中，建设单位、设计单位、施工单位、工程监理单位等为牟取暴利，违反国家规定，置人民的生命财产安全于不顾，偷工减料，降低工程质量标准，有的导致楼房倒塌、桥梁断裂、铁路塌陷、人员伤亡等重大安全事故，使人民的生命安全、公私财产遭受重大损失，严重危害公共安全。在对本罪进行处罚时仅仅追究直接责任人员的刑事责任，尚不足以

---

① 张明楷：《刑法学》（第 2 版），法律出版社 2003 年版，第 574 页。

② 胡康生、郎胜主编：《中华人民共和国刑法释义》（第 3 版），法律出版社 2006 年版，第 147 页。

有效地扼制和预防该类犯罪的发生。而非法利益，往往也不会仅仅被造成工程重大安全事故的直接责任人员占有，受益更多的是犯罪单位。因此，单位实施了严重危害公共安全的工程重大安全事故犯罪，又获取了非法经济利益，却不对单位判处刑罚，仅仅对直接责任人员判处刑罚，有失刑法的严肃性。有的学者认为，工程重大安全事故罪中，单位的普通职工的渎职行为都可能构成此罪，它不一定是为了单位的利益，某些实际犯罪与其说是单位的行为，毋宁说是直接责任人员出于自己私人打算的行为，处罚单位就可以伤及无辜，就建设单位来说，它本身还可能是本罪的被害人。所以将本罪改为双罚制是错误的。[①] 笔者认为，上述观点混淆了单位犯罪与个人犯罪的界限，论点所说的情况实际上是个人犯罪而不是单位犯罪。由于工程重大安全罪的主体是单位，如果有关责任人员出于自己的意志，私自降低工程质量标准进行设计、施工、监理，造成重大事故的，是没有相应的法条可以适用的。单位是一个具有整体性和组织性的主体，因而应当对其意志支配下的犯罪活动承担刑事责任。"单罚制在承认单位犯罪主体的前提下要求单位的自然人承担刑事责任，显然不是罪责自负、刑止于一身，这种犯罪主体和刑罚承担者的分离势必导致罚不当罪，失去刑罚手段应有的威慑力，难以发挥刑法遏制单位犯罪之功用。单罚制还存在这样一个危险：单位可以通过牺牲个别成员的办法来达到其犯罪图利的目的。"[②] 笔者深以为是。取消单罚制，通过立法确认工程重大安全事故罪这种单位犯罪的刑事责任的承担方式——双罚制是合理的，也是必要的。（2）单位犯罪主体中"直接负责的主管人员"不是受刑主体。由于本罪的受刑主体是"直接责任人员"，从而把"直接负责的主管人员"排除在外。有的学者认为，在我国刑法分则中，采两罚制的均采"直接负责的主管人员和其他直接责任人员"，采单罚制的均列为"直接责任人员"。这里的"直接负责的主管人员和其他直接责任人员"，与"其他直接责任人员"没有实质性的差异。[③] 也就是说单罚制中"直接责任人员"包括了"直接负责的主管人员和其他直接责任人员"。也有的学者认为，在工程重大安全罪中应当"对直接责任人员作扩大解释，即包括直接负责的主管人员和其他直接责

① 蔡鹤：《论我国单位中的单罚制》，载李洁、张军、贾宇主编：《和谐社会的刑法现实问题》（上卷：单位犯罪基本理论研究），中国人民公安大学出版社 2007 年版，第 348 页。
② 周光权：《刑法诸问题的新表述》，中国法制出版社 1999 年版，第 169—170 页。
③ 蒋熙辉：《单位犯罪刑事责任探究与认定》，人民法院出版社 2005 年版，第 248 页。

工程重大安全事故罪的立法重构

任人员"。① 笔者认为，上述观点都是值得商榷的。从我国刑法第 31 条对单位犯罪的用语来看，责任人员包括了"直接负责的主管人员和其他直接责任人员"。最高人民法院 2001 年 1 月 21 日颁布的《全国法院审理金融犯罪案件工作座谈会纪要》规定："直接负责的主管人员，是在单位实施的犯罪中起决定、批准、授意、纵容、指挥等作用的人员，一般是单位的主管负责人，包括法定代表人。其他直接责任人员，是在单位犯罪中具体实施犯罪并起较大作用的人员，既可以是单位的经营管理人员，也可以是单位的职工，包括聘任、雇佣的人员。应当注意的是，在单位犯罪中，对于受单位领导指派或奉命而参与实施了一定犯罪行为的人员，一般不宜作为直接责任人员追究刑事责任。对单位犯罪中的直接负责的主管人员和其他直接责任人员，应根据其在单位犯罪中的地位、作用和犯罪情节，分别处以相应的刑罚。"可见，单位犯罪中的直接负责的主管人员和其他直接责任人员是有重要区别的，将单位犯罪中的直接负责的主管人员进行扩张解释，将其纳入"直接责任人员"的范围，不符合罪刑法定原则。

2. 刑罚偏轻。工程重大安全事故罪与生产、销售不符合卫生标准的食品罪和生产、销售不符合标准的医用器材罪具有可比性。（1）它们侵犯的客体相同，即都是国家的质量管理制度以及公共安全（不特定的多数人的生命、健康安全和财产安全）。工程重大安全事故罪侵犯的是国家对建筑工程的质量管理制度，生产、销售不符合卫生标准的食品罪侵犯的是国家对食品质量管理制度，生产、销售不符合标准的医用器材罪侵犯的是国家对医疗器械、医用卫生材料质量管理制度。（2）主观方面相同。这三个罪的行为人，在认识因素上，都明知违反国家质量管理规定，但为了赚取非法利润，不惜偷工减料，生产、建造、销售不合格产品；在意志因素上，对造成的严重后果都是基于间接故意或过失。而从实际危害后果看，工程重大安全事故罪造成的严重后果往往大于生产、销售不符合卫生标准的食品罪和生产、销售不符合标准的医用器材罪。如 1999 年 1 月 4 日，重庆市綦江县人行彩虹桥因严重质量问题而整体垮塌，造成 40 人遇难，其中包括 18 名年轻武警战士、22 名群众，14 人受伤，直接经济损失 631 万元。但生产、销售不符合卫生标准的食品罪和生产、销售不符合标准的医用器材

---

① 罗欣：《工程重大安全事故罪若干问题探讨》，载中国人民大学刑事法律科学研究中心组织编写：《现代刑事法治问题探索》，法律出版社 2004 年版，第 663 页。

罪最高刑都是无期徒刑，而工程重大安全事故罪最高刑是 10 年有期徒刑，显见工程重大安全事故罪罚不当罪。

3. 资格刑缺失。根据国家的有关法律、法规的规定，从事工程勘察、设计、施工、监理、检验的只能是具有国家规定的从事工程勘察、设计、施工、监理、检验资质条件的勘察单位、设计单位、施工单位、监理单位、检验单位等。这些具有相应资质的单位，违反国家规定，降低工程质量标准，造成重大安全事故的，理应给予降低资质或取消相关资质的处罚。由于刑法缺少资格刑的规定，一些单位即便发生了工程重大安全事故，除直接责任人员被判处刑罚外，单位仍然从事建设工程工作，给我国的建设工程领域留下严重的隐患。

二、 工程重大安全事故罪的立法完善

近几年来，我国工程质量事故显著增加，据有关部门调查，全国每年因建筑工程倒塌事故造成的损失在 1000 亿元左右，这还不包括那些在事故中被夺去的无辜生命。工程质量问题已成为一个屡治不愈的"顽症"，严重地威胁到了人民群众生命财产的安全和社会的稳定。全国"豆腐渣工程"不断出现：云南省投资 3.8 亿元修建的云南省昆禄公路，正式通车才 18 天，就出现路基沉陷、路面开裂；海南东线高速公路十字路出口至东山湖野生动植物园的旅游专线通车 11 天，路面就出现破损；投资 760 多万元的江苏省徐州市济众桥改建工程，原定于 2004 年 6 月 28 日举行剪彩仪式，却在 6 月 27 日坍塌。此外，还有不少"豆腐渣工程"竟然连面世的机会都没有，就胎死腹中：1998 年 2 月 20 日上午，正在施工中的湖北巴东县焦家湾大桥突然坍塌，11 人当场死亡；2006 年 3 月，主体工程刚完工的广东信宜市石岗嘴大桥突然坍塌，连装修都来不及。2003 年震惊全国的湖南衡阳"11·3"特大火灾坍塌事故，造成人员重大伤亡（在扑灭衡阳"11·3"大火时，因衡州大厦突然坍塌，20 名消防队员壮烈牺牲，11 名消防队员光荣负伤，成为新中国成立以来消防官兵扑救火灾伤亡最惨重的一次）和巨大财产损失的后果，其主要原因是建设、施工、设计单位的直接责任人员，违反国家有关规定，降低工程质量标准，加快了衡州大厦在大火作用下的坍塌。①

---

① 本案最终有 5 人因犯工程重大安全事故罪被判处刑罚。

2007 年 8 月 13 日，湖南凤凰县沱江大桥，造成 64 人死亡，22 人受伤，直接经济损失 3974.7 万元。2008 年 5 月 12 日的汶川大地震中，地震造成多所学校倒塌，学生遇难，学校房屋的工程质量成为人们关注的焦点。聚源中学有两幢教学楼瞬间垮塌，278 名师生遇难，11 人下落不明。废墟现场，一些残砖上的水泥可随意敲掉，"混凝土里全是铁丝，根本不是什么钢筋！"都江堰新建小学半幢教学楼在大地震中垮塌，死难师生 239 人。但在垮塌教学楼后面，同一年建的城关幼儿园却安然无恙，墙上甚至很少有裂缝。在新建小学废墟现场，有部分折断的水泥预制板里，居然无一根钢筋和铁丝。① 另据统计，2007 年全国消费者协会组织处理的商品房投诉总数为 15023 件，质量问题仍然是房产投诉的焦点，全国消费者组织共受理质量投诉 7916 件，占 2007 年房产投诉总量的 52.7%。②

为了有力地打击建设工程领域的犯罪活动，保障建筑工程质量，保护人民生命财产的安全，笔者建议，将现行的刑法第 137 条修改为：

"违反国家建设工程质量规定，降低工程质量标准，足以危害公共安全的，处 3 年以下有期徒刑或者拘役，并处罚金；造成重大安全事故的，处 3 年以上 10 年以下有期徒刑，并处罚金；造成特大安全事故的，处 10 年以上有期徒刑或者无期徒刑，并处罚金或者没收财产。

过失犯前款罪的，处 3 年以上 7 年以下有期徒刑；情节较轻的，处 3 年以下有期徒刑或者拘役。

单位犯前款罪的，除剥夺或降低单位的资质等级外，对单位判处罚金，并对其直接负责的主管人员和直接责任人员依照前两款的规定处罚。"

这一立法设计，与原刑法第 137 条相比，具有以下特点：

其一，将工程重大安全事故罪的犯罪主体由特殊主体修改为一般主体，单位犯罪受刑主体由直接责任人员扩大到单位及单位中的主管人员和直接责任人员。工程重大安全事故罪的犯罪主体由建设单位、设计单位、施工单位、工程监理单位扩大到一般主体，凡与工程建设有关的单位（包括勘察单位、建设单位、设计单位、施工单位、检验单位、工程质量监管单位、验收单位等）和个人均可成为本罪的主体。从司法实践看，在现今

---

① 傅剑锋、姚忆江：《建设部专家认定聚源中学是问题建筑——聚源中学倒塌悲剧调查》，《南方周末》2008 年 5 月 29 日。

② 谭笑：《2007 年商品房质量问题仍是投诉焦点》，《中国消费者报》2008 年 4 月 4 日，第 12 版。

市场经济生产组织形式多样化的条件下，各种经济组织和经营成分的实体，已经成为国内各类生产、经营、建筑专业的主要生产力量，如各地常见的建筑施工队、包工队等。这类组织中的工作人员在建筑施工中，违反国家规定，降低工程质量标准而造成重大工程安全事故的，均可以构成本罪。

其二，将工程重大安全事故罪由结果犯修改为危险犯。根据刑法第140条规定，生产、销售伪劣产品，金额满5万元的即可认定构成生产、销售伪劣产品罪，并不以造成某种严重后果为条件。而建造劣质工程不管情节如何严重，只要没有造成重大安全事故都不构成犯罪，这是与犯罪的本质特征相冲突的。行为之所以构成犯罪，从根本上讲，是因为该行为具有严重的社会危害性。生产、销售伪劣产品的行为因为其破坏了商品生产销售的正常竞争秩序，同时又侵害了消费者的合法权益，因此被规定为犯罪行为。不符合国家建设质量标准的建设工程因为如果用于交换，同样会破坏商品生产销售的正常竞争秩序，而且建设工程包括了许多关系到国计民生的重大工程，比如公路工程、水利工程、线路管道工程等，劣质的建设工程不仅会侵害消费者的经济利益，更会威胁消费者生命、健康安全，具有严重的社会危害性。而降低工程质量标准没有发生重大安全事故的，在刑法中找不到可以适用的规定。如果对这种行为不加以惩罚，就会使得建设工程的生产者、销售者有恃无恐，肆意降低工程质量标准，抱着侥幸心理，只要不出事，就不会触犯法律。这显然是不利于打击这类犯罪的。如上所述，工程重大安全事故罪与生产、销售伪劣产品罪有很大差异，将这类犯罪按生产、销售伪劣产品罪定罪处罚是不合适的。《刑法修正案（四）》已将刑法第145条规定的生产、销售不符合标准的医用器材罪，由结果犯修改为危险犯。有鉴于此，笔者认为，将现行的工程重大安全事故罪由结果犯修改为危险犯是非常必要的。

其三，明确规定工程重大安全事故罪，既包括故意犯罪，也包括过失犯罪。1. 将工程重大安全事故罪区分为故意犯罪和过失犯罪。行为人违反国家建设工程质量规定，降低工程质量标准，足以危害公共安全的，属于故意犯罪；行为人因过失而违反国家规定，降低工程质量标准，足以危害公共安全的，属于过失犯罪。2. 规定过失危险犯。危险犯是指以行为人出于故意或过失而实施的危害行为造成的法定的危险状态作为构成要件要素的犯罪。① 所谓过失危险犯，是指以行为人过失实施的严重危险行为造成的危险结果作为犯罪构成必要条件的犯罪。作为过失犯与危险犯的有机结合，过失危险犯具有以下特征：（1）是过失危险犯在主观方面表现为过失，即行为人应当预见自己的行为可能发生严重危险结果因为疏忽而没有预见或已经预见而轻信能够避免，以致这种严重危险结果发生的心理态度。（2）过失危险犯侵害的客体是公共安全。（3）过失危险犯在客观方面表现为因行为人的过失行为导致了法律规定的严重危险结果的发生。从过失危险犯立法出现至今，它就在各方的争议中不断得到立法的肯定，这表明过失危险犯存在着坚实的理论与现实基础。法国、日本和俄罗斯等许多国家都在立法上规定了交通、建筑、环境等领域的过失危险犯罪。② 近年来，我国的许多学者主张增设过失的危险犯的规定。③ 笔者认为，这种建议是合理的。我国刑法中对责任事故规定危险犯，具有重要的立法示范作用。

其四，完善工程重大安全事故罪的法定刑。为了充分发挥刑罚的功能，对工程重大安全事故罪的法定刑的修改表现在：1. 加重法定刑。即由原来的法定最高刑有期徒刑 10 年提高到无期徒刑。2. 进一步细化法定刑。即"违反国家建设工程质量规定，降低工程质量标准，足以危害公共安全的，处 3 年以下有期徒刑或者拘役，并处罚金；造成重大安全事故的，处3 年以上 10 年以下有期徒刑，并处罚金；造成特大安全事故的，处 10 年以上有期徒刑或者无期徒刑，并处罚金或者没收财产"。同时将故意犯罪与过失犯罪的法定刑加以区分。3. 对单位犯罪实行双罚制。即不仅要追究单位本身的刑事责任，而且要追究直接负责的主管人员和直接责任人员刑事责任。刑法规定单位犯罪，其主要目的是处罚单位本身。既然是单位犯罪，单位本身应具有可谴责性，以表明立法机关对单位犯罪的否定态度。

---

① 王志祥：《危险犯研究》，中国人民公安大学出版社 2004 年版，第 21 页。
② 涉及建筑的过失危险犯有：《巴西刑法典》第 256 条规定，"过失引起倒塌或崩溃，使他人的生命、健康或财产遭受危险的，处 6 个月至 1 年监禁。"《意大利刑法典》第 450 条规定；"因自己过失之作为或不作为引发铁路车祸、火灾、毁船、沉船或其他浮动建筑物沉没之危险或使其危险存续者，处 2 年以下有期徒刑。"《瑞士刑法典》第 229 条规定："忽略公认之一般建筑工程规则，过失危及他人身体与生命者，处轻惩役或罚金。"
③ 刘仁文：《过失危险犯研究》，中国政法大学出版社 1998 年版，第 91—99 页；刘志伟、聂立泽：《业务过失犯罪比较研究》，法律出版社 2004 年版，第 176—179 页；储槐植、蒋建峰：《过失危险犯之存在性与可存在性思考》，《政法论坛》2004 年第 1 期；吴富丽：《过失危险犯的立法基础探析》，《中国刑事杂志》2005 年第 6 期；等等。

同时如果单位犯罪只处罚"直接责任人员",而对"直接负责的主管人员"不予处罚,也不能反映单位犯罪的特点。只有将直接负责的主管人员和直接责任人员一并纳入单位犯罪的受刑主体,才能更好地体现单位犯罪的特点。4. 增设资格刑。我国目前对施工、设计和监理等单位参与工程建设的权利能力实行的是资质认可制度,各单位只能根据所拥有的不同等级的资质参与相应规模的工程建设,严禁越级。因此,禁止或限制其参与公共工程建设的最好办法就是剥夺资质或降低其资质等级。

论影响力交易罪的三个争议问题[*]

2009 年 2 月 28 日第十一届全国人大常委会第七次会议通过的《中华人民共和国刑法修正案（七）》（以下简称《修正案（七）》）第 13 条规定："在刑法第三百八十八条后增加一条作为第三百八十八条之一：'国家工作人员的近亲属或者其他与该国家工作人员关系密切的人，通过该国家工作人员职务上的行为，或者利用该国家工作人员职权或者地位形成的便利条件，通过其他国家工作人员职务上的行为，为请托人谋取不正当利益，索取请托人财物或者收受请托人财物，数额较大或者有其他较重情节的，处三年以下有期徒刑或者拘役，并处罚金；数额巨大或者有其他严重情节的，处三年以上七年以下有期徒刑，并处罚金；数额特别巨大或者有其他特别严重情节的，处七年以上有期徒刑，并处罚金或者没收财产。离职的国家工作人员或者其近亲属以及其他与其关系密切的人，利用该离职的国家工作人员原职权或者地位形成的便利条件实施前款行为的，依照前款的规定定罪处罚。'"

上述立法规定，符合我国当前反腐斗争发展的客观需要，对于严密我国贪污贿赂犯罪的刑事法网，加大对腐败犯罪的刑法惩治力度，具有重要意义。同时，也使我国作为《联合国反腐败公约》（以下简称《公约》）的缔约国，在积极履行条约义务方面迈出了一大步。但如何理解和执行该规定，理论和实务界都有很大的争议，本文试就争议较大的三个问题，略陈己见。

---

* 原载赵秉志、陈忠林、齐文远主编：《新中国刑法 60 年巡礼：聚焦〈刑法修正案（七）〉》（中国刑法学年会文集 2009 年度·下卷），中国人民公安大学出版社 2009 年版，第 1572—1580 页。

一、 关于罪名问题

对于该规定，应当适用什么罪名，当前有以下不同观点：第一种观点认为，本条应定"特定关系人受贿罪"。该观点认为，之所以应定为"特定关系人受贿罪"，是因为《修正案（七）》对何谓"关系密切的人"的含义没有作出明确界定，而最高人民法院、最高人民检察院 2007 年 7 月 8 日制定的《关于办理受贿刑事案件适用法律若干问题的意见》（以下简称《意见》）则对"特定关系人"的范围有明确规定，因而符合立法精神，并可以避免扩大受贿罪主体的适用范围。[①] 第二种观点认为，刑法修正案（七）将该条置于刑法第 388 条之后，客观上说明了斡旋受贿与该条的密切联系。在这一条文的罪名确定上，将本条作为独立的犯罪，罪名可以选用"非国家工作人员斡旋受贿罪"。[②] 第三种观点认为，该罪名应是斡旋受贿罪。[③] 第四种观点认为，该条所涉及的罪名宜确定为"利用影响力受贿罪"。因为行为人利用影响力，为他人谋取不正当利益，获取或者索取财物，在实质上也属于一种特殊的受贿犯罪，因而在罪名中出现"受贿"二字能够鲜明地体现出本条犯罪的本质特征。[④]

笔者认为，罪名的确定和使用，必须遵循法定性原则、概括性原则和科学性原则。鉴此，本条宜确定为"影响力交易罪"。理由如下。

（一） 上述观点都存在一定缺陷

1. 《意见》第 11 条规定："本意见所称'特定关系人'，是指与国家工作人员有近亲属、情妇（夫）以及其他共同利益关系的人。"而《修正案（七）》第 13 条所规定的主体是"国家工作人员的近亲属或者其他与该国家工作人员关系密切的人"和"离职的国家工作人员或者其近亲属以及其他与其关系密切的人"。这两种主体的范围显然大于《意见》所规定的

---

① 周道鸾：《刑法修正案（七）新增、修改和保留的罪名探析》，《检察日报》2009 年 4 月 3 日，第 3 版。

② 于志刚：《刑法修正案（七）出台后受贿犯罪罪名体系的调整》，《检察日报》2009 年 4 月 3 日，第 3 版。

③ 车明珠：《刑法修正案（七）实施后"斡旋受贿"如何认定》，《检察日报》2009 年 3 月 30 日，第 3 版。

④ 赵秉志主编：《刑法修正案最新理解适用》，中国法制出版社 2009 年版，第 204 页。

"特定关系人"的范围。如果将《修正案（七）》第 13 条规定为"特定关系人受贿罪"是考虑到《意见》的规定，那么，第 2 款应定何罪名呢？按照第 2 款所规定的"依照前款的规定定罪处罚"，那也只能定"特定关系人受贿罪"，而对"离职的国家工作人员或者其近亲属以及其他与其关系密切的人"是《意见》中根本没有涉及的犯罪主体。所以本条定"特定关系人受贿罪"缺乏合法性。

2. "两高"曾将刑法第 162 条确定为非国家工作人员受贿罪，但刑法分则第 8 章"贪污贿赂罪"中，"两高"均没有将个人犯罪主体作为罪名的一部分，而且《修正案（七）》第 13 条所规定的主体是特殊主体，将其笼统地归纳为"非国家工作人员"也不严谨。尽管理论和实务界不少同志认为，刑法第 388 条宜独立确定为斡旋受贿罪，但"两高"还是将其纳入普通受贿罪中，如果将《修正案（七）》第 13 条规定为"非国家工作人员斡旋受贿罪"，就会与刑法第 388 条不相协调。第三种观点认为本条罪名应是斡旋受贿罪，也存在类似的问题。

（二）本条确定为"影响力交易罪"更具科学性

虽然将本条确定为"利用影响力受贿罪"并无不妥。但将其确定为"影响力交易罪"更具合理性。同时，笔者认为，应将刑法第 388 条从普通受贿罪罪名中分离出来，将其和《修正案（七）》第 13 条统一确定为"影响力交易罪"。笔者之所以作这样的选择，是基于以下理由：

1. "影响力交易罪"与《公约》的用语保持一致。《公约》第 18 条对于影响力交易罪的规定，包括以下两种行为：（1）直接或间接向公职人员或者其他任何人员许诺给予、提议给予或者实际给予任何不正当好处，以使其滥用本人的实际影响力或者被认为具有的影响力，为该行为的造意人或其他任何人从缔约国的行政部门或者公共机关获得不正当好处；（2）公职人员或者其他任何人员为其本人或者他人直接或间接索取或者收受任何不正当好处，以作为该公职人员或者该其他人员滥用本人的实际影响力或者被认为具有的影响力，从缔约国的行政部门或者公共机关获得任何不正当好处的条件。不少同志认为，我国刑法的规定与《公约》规定还有很大的差距。但笔者认为，我国刑法除以非公职人员为对象实施的影响力交易行为没有入罪（即《公约》中的第一种行为）外，其他规定已与《公约》基本相符。虽然从法律用语看，《公约》规定的影响力交易罪是一般主体，而我国刑法规定为特殊主体（有的学者据此认为，"将影响力受贿罪规定为特殊主体，并对特殊主体进行更为烦琐的限定完全没有必要，本罪的主体规定为一般主体即可"①）；影响力交易罪的客观要件是"滥用本人的实际影响力或者被认为具有的影响力"，而我国刑法则规定"利用该国家工作人员（或该离职的国家工作人员）职权或者地位形成的便利条件"（前者的外延大于后者）。但结合司法实践，我们就可以看到，如果行为人与被利用的国家工作人员、离职的国家工作人员没有任何关系，那么这种影响力交易行为一般是难以发生的。所以，笔者认为，刑法第388条之一将主体规定为该国家工作人员的近亲属及关系密切的人，客观方面规定为"利用国家工作人员的职权或者地位形成的便利条件"，比规定为一般主体及"滥用本人的实际影响力或者被认为具有的影响力"，更容易得到公众的认同，实践中也不会放纵犯罪。此外，随着反腐败斗争的深入，如果立法机关认为确有必要将非公职人员为对象实施的影响力交易行为入罪，那么，完全可以在不改变"影响力交易罪"罪名的情况下，增加一款。

2. 使用"影响力交易罪"这一罪名，可以对各种利用影响力交易的行为进行概括，更能形象、直观、准确地反映其行为特征，并与普通受贿罪加以严格区分。我国刑法第388条规定已部分体现了《公约》第18条的内容。虽然该条规定的受贿行为与普通受贿行为有很大差别，但由于其主体是国家工作人员，"两高"仍然将其纳入普通受贿罪。《修正案（七）》通过后，刑法第388条及刑法第388条之一，就较好地体现了《公约》第18条第2项的内容，将这两条统一确定为"影响力交易罪"可以使我国刑法受贿犯罪罪名系列更为完整，逻辑更加严密。同时，也可以进一步突出"影响力交易罪"与受贿罪的区别。两者的区别表现在：（1）主体要求不同。受贿罪的主体是国家工作人员，而"影响力交易罪"的主体是国家工作人员（第388条）、国家工作人员的近亲属或者其他与该国家工作人员关系密切的人（第388条之一第1款）、离职的国家工作人员或者其近亲属以及其他与其关系密切的人（第388条之一第2款）。尽管"影响力交易罪"的主体可以是国家工作人员，但这里的国家工作人员，并非是直接执行公务的公职人员。所以，"影响力交易罪"的所有主体具有非职务行

① 赵秉志主编：《刑法修正案最新理解适用》，中国法制出版社2009年版，第208页。

为的特征。（2）行为要求不同。受贿罪是直接利用自己的职务上的便利，而"影响力交易罪"的行为人的利用行为具有双重性，即先利用了国家工作人员或者自己（主要指离职的国家工作人员）对其他国家工作人员的影响力，进而又利用了其他国家工作人员的职务行为。受贿罪中的受贿行为是一种职务行为，而"影响力交易罪"中受贿行为不是职务行为或者至多是一种间接职务行为。

3. 从立法规定看。《修正案（七）》改变了原来刑法第 388 条"以受贿论处"的提法，明确规定了独立的法定刑，这表明立法机关是将这些行为从受贿罪中分离出来独立成罪的。从立法过程看，立法机关也倾向于定"影响力交易罪"。①

二、"关系密切的人"的范围界定

（一）"关系密切的人"不同于"特定关系人"

对于"关系密切的人"的范围如何界定，在《修正案（七）》颁布之前的讨论中，有的学者就认为，"对于关系密切的人这一概念，可以参照特定关系人的定义予以限制解释，即关系密切的人是指与该国家工作人员有近亲属、情妇（夫）以及其他共同利益关系的人。"② 《修正案（七）》颁布之后，有的学者仍然认为应当根据《意见》中"特定关系人"的范围来界定，即包括与国家工作人员有近亲属、情妇（夫）以及其他共同利益关系的人。③ 笔者认为，这一观点违背立法精神。曾一直参与《修正案（七）》立法的时任全国人大常委会法工委刑法室副主任黄太云同志就指出：《修正案（七）》草案审议修改过程中，有的部门曾建议将条文中的国家工作人员（以及离职的国家工作人员）的"近亲属"及"其他关系密切的人"改为"特定关系人"，理由是：《意见》中已经使用了"特定关系人"一词，这个概念已被广泛接受和使用；另外，条文规定的"其他与其关系密切的人"的概念过于宽泛，范围也难以确定。法律委员会经研究

① 黄太云：《〈刑法修正案（七）解读〉》，《人民检察》2009 年第 6 期。
② 参见《检察日报》2008 年 11 月 10 日，第 5 版。
③ 周道鸾：《刑法修正案（七）新增、修改和保留的罪名探析》，《检察日报》2009 年 4 月 3 日，第 3 版。

认为，如果将影响力交易犯罪主体仅限于"特定关系人"的范围，内涵及外延显然窄了，不利于惩治人民群众深恶痛绝的腐败犯罪。因此，这个意见没有采纳。① 可见将"关系密切的人"等同于"特定关系人"是错误的。"特定关系人"是"两高"通过司法解释的形式将其纳入受贿罪的共犯，而"关系密切人"是立法机关以刑法修正案的形式独立构成影响力交易罪的主体。"特定关系人"旨在强调"特定关系人"要与国家工作人员存在共同利益关系，而"关系密切的人"强调的则是其与国家工作人员的密切关系。《意见》中的"特定关系人"与《修正案（七）》中的"关系密切的人"是一种包容关系，后者包含了前者。

（二）"关系密切的人"的范围

当前对"关系密切的人"的范围存在很大争议。有的认为，"关系密切的人"至少可以包括以下几类：基于血缘产生的关系，即除了"近亲属"之外的其他亲属；基于学习、工作产生的关系，如同学、师生、校友、同事关系；基于地缘产生的关系，如同乡；基于感情产生的关系，如朋友、恋人、情人关系；基于利益产生的关系，如客户、共同投资人、合同、债权债务关系；在任何情况下相识并产生互相信任、互相借助的其他关系。② 也有的认为，"关系密切的人"的范围应结合影响力的表现形式来加以综合考虑认定，具体包括：基于事务关系所产生的影响力，主要表现为同学关系、师生关系、同事关系；基于地缘关系所产生的影响力，主要表现为同乡关系；基于特定关系所产生的影响力，主要表现为恋人关系、情人关系、朋友关系；基于业务关系所产生的影响力，主要表现为合作投资、借贷关系等利益共同体。因此，凡是凭借与现职或者离职的国家工作人员的上述四种关系进行影响力交易的行为人，都应当属于"关系密切的人"的范畴。③

我国社会的特点决定了各种人际关系极为复杂，立法确实难以用列举的方式穷尽所有的社会关系。2009 年 2 月 25 日全国人民代表大会法律委员会《关于〈中华人民共和国刑法修正案（七）〉（草案）审议结果的报

① 黄太云：《〈刑法修正案（七）解读〉》，《人民检察》2009 年第 6 期。
② 刘敬新：《离职人员及其关系密切人斡旋受贿解析》，《中国纪检监察报》2009 年 4 月 17 日，第 4 版。
③ 胡隽：《〈刑法修正案（七）〉对照公约的三大进步》，《检察日报》2009 年 3 月 23 日，第 3 版。

告》中指出："有的常委委员建议对草案二次审议稿中'情节较轻的''关系密切的人'的含义作出界定，法律委员会经研究认为，实践中情况比较复杂，可由最高人民法院根据实际情况研究论证，通过制定司法解释解决为宜。"这种解决法律问题的方法是可行的。

笔者认为，"关系"是否"密切"，主要应看双方平时的关系如何。认定双方平时关系如何，可以从以下几个方面入手：1. 看行贿人。行贿者认为影响力交易罪的主体与国家工作人员的关系密切，如是该国家工作人员的"情人"、"亲戚"或者是关系密切的同学、战友、老乡、师生等。2. 看国家工作人员。国家工作人员对与关系密切的人之间的关系是否认可。比如相互往来的时间、交往的次数等。3. 看关系密切人。行为人对于其与国家工作人员的关系应有足够的认识。他明知是利用与国家工作人员的密切关系，为请托人谋取不正当利益，索取请托人财物或者收受请托人财物。如果他明知与国家工作人员没有交往，而冒充国家工作人员的近亲属或者其他关系密切的人而收受他人财物或者索取他人财物的，应当按照诈骗罪定罪处罚。

三、 如何理解 "职权或者地位形成的便利条件"

根据《修正案（七）》第 13 条规定，构成影响力交易罪，行为人在客观方面必须是"通过该国家工作人员职务上的行为，或者利用该国家工作人员职权或者地位形成的便利条件"以及"利用该离职的国家工作人员原职权或者地位形成的便利条件"。这样在刑法第 388 条和第 388 条之一就有三处地方规定了"职权或者地位形成的便利条件"。那么如何把握"职权或者地位形成的便利条件"则成为司法实务中的难点。

关于如何理解刑法第 388 条中的"利用本人职权或者地位形成的便利条件"，理论实务界长期占主导地位的是"职务制约说"。该观点认为，"利用本人职权或者地位形成的便利条件"是指国家工作人员利用自己的职权或者地位形成的对其他国家工作人员的制约关系，从而通过其他国家工作人员职务上的行为，为请托人谋取不正当利益。这种制约关系一般表现为上下级之间的领导与被领导关系即纵向的制约关系，或者表现为不同部门或者单位之间的国家工作人员在执行职务过程中所存在的横向的制约关系。这一观点被绝大多数刑法教科书和专著所肯定。①

笔者认为，"职务制约说"是应予否定的。理由是：第一，从现实情况看，行为人与第三人不具有职务上的制约关系，并不能否定行为人就不存在利用"职权或者地位形成的便利条件"。在实际工作中要界定他们与第三人是否具有职务制约关系则有难度。第二，从危害结果看，只要行为人客观上是利用本人的职权或者地位形成的便利条件，通过第三人的职务行为为请托人谋取不正当利益，从中收受请托人财物，其结果都损害了国家工作人员廉洁性的要求，都应受到惩处。第三，最高人民法院 2003 年 11 月 13 日颁布的《全国法院审理经济犯罪案件工作座谈会纪要》（以下简称《纪要》）第 3 条第 3 项规定："刑法第三百八十八条规定的'利用本人职权或者地位形成的便利条件'，是指行为人与被其利用的国家工作人员之间在职务上虽然没有隶属、制约关系，但是行为人利用了本人职权或者地位产生的影响和一定的工作联系，如单位内不同部门的国家工作人员之间、上下级单位没有职务上隶属、制约关系的国家工作人员之间、有工作联系的不同单位的国家工作人员之间等。"可见，《纪要》是否定"职务制约说"的。所以，将行为人利用职权或地位形成的便利条件理解为行为人与第三人必须要有职务上的制约关系会大大限制影响力交易罪的适用范围，不符合立法精神。

笔者认为，对"职权或者地位形成的便利条件"的认定，应确立"职务影响力说"。"职务影响力说"是指行为人利用本人、他人职务的影响力或原职务形成的影响力，通过其他国家工作人员的职务行为，为请托人谋取不当利益的，按影响力交易罪定罪处罚。2009 年 2 月 25 日全国人民代表大会法律委员会《关于〈中华人民共和国刑法修正案（七）〉（草案）审议结果的报告》指出："草案二次审议第十三条在刑法第三百八十八条国家工作人员斡旋贿赂犯罪的规定中增加了两款规定，对国家工作人员的近亲属或者其他关系密切的人，利用国家工作人员职务上的影响力索贿受贿的行为追究刑事责任；对离职的国家工作人员或者其近亲属以及其他关系密切的人的这类行为也作了相应规定。"可见立法机关在规定"职权或

---

① 高铭暄主编：《新编中国刑法学》，中国人民大学出版社 1998 年版，第 1134—1135 页；陈兴良主编：《罪名指南》，中国政法大学出版社 2000 年版，第 1522 页；周光权：《刑法各论讲义》；清华大学出版社 2003 年版，第 533 页。

者地位形成的便利条件"时，旨在强调其职务的影响力。所谓影响力是指"一个人在与他人交往中，影响或改变他人心理和行为的能力。"① "影响力构成因素大致可以划分为权力因素和非权力因素两大因素群……根据这两大因素群在影响力系统中的作用不同，可以把影响力划分为权力性影响和非权力性影响"。② 所谓权力性影响力，是指基于行为人的职务或者职权产生的影响力。权力性影响力根据行为人与其他公职人员之间在职务上是否具有制约关系为标准，又可以分为职务制约性影响力和非职务制约性影响力。所谓非权力性影响力，是指基于行为人职务以外的其他因素产生的影响力。刑法第 388 条规定了"职权或者地位形成的便利条件"。在这里"职权"和"地位"是两个既有联系又有区别的概念。职权是指行为人职务范围内的能对其他国家工作人员形成或施加的影响的权力。地位是人在社会中的位置，是由于社会对人的评价而产生的价值。一个人地位的形成受多种因素制约。但刑法意义上的地位应当作限制解释。即这里的"地位"只能产生于职权。行为人必须具有职权，才能产生刑法意义上的地位。所以，在确认利用本人地位形成的便利条件时，必须严格区分是利用职务性的地位还是利用非职务性的地位。后者如一些著名的科学家、艺术家、作家、劳动模范等。他们的社会地位很高，有的也属刑法规定的国家工作人员，但他们的社会地位不是由其职务形成的，而是由于他们的杰出成就、突出贡献和特殊才能得到社会的认可而树立起来的。这种社会地位不是刑法意义上的地位。他们利用这种社会地位，通过其他国家工作人员的职务行为，为他人谋取利益的，不属于影响力交易行为。刑法意义上的地位必须与行为人的职务有密切的联系。所以，非权力性影响力不是刑法第 388 条所说的"职权或者地位形成的便利条件"。一般来说，职务与地位是成正比的，职务越高，地位也越高。但也不能绝对等同，地位的高低除职务外，还受其他因素的影响。如一些领导的秘书，可能职务不高，但因其在领导身边工作，其地位就远高于其他一般国家工作人员，近年"秘书腐败现象"引人注目就说明这个问题。

在认定"职权或者地位形成的便利条件"时，我们还应当注意：

1. 刑法第 388 条和第 388 条之一所规定的主体不同，所以，在界定

---

① 李德民：《非正式组织和非权力性影响力》，《中国行政管理》1997 年第 9 期，第 24—25 页。
② 冯超：《领导者非权力性影响力研究》，《吉林大学社会科学学报》1998 年第 4 期，第 74—79 页。

"职权或者地位形成的便利条件"，即认定对第三人是否有影响力时，要有所区别。第一款的主体是国家工作人员，认定其对第三人有影响力不在于对第三人存在制约关系。如果有制约关系则构成刑法第 385 条之受贿罪。而第二款、第三款的主体是国家工作人员的近亲属或者其他与该国家工作人员关系密切的人以及离职的国家工作人员或者其近亲属以及其他与其关系密切的人。那么在这两种类型的影响力交易犯罪中，对第三人影响力的存在则可以包括该国家工作人员或该离职的国家工作人员与其有制约关系或者原来存在过制约关系。

2. 对第三人是否有影响力，应有相应事实证明。这类事实包括：（1）该国家工作人员或离职的国家工作人员是否或曾经具有一定的职权或地位；（2）行为人接受请托时是否向请托人表示，要通过利用本人、他人职权或地位形成的影响力或原职权或地位形成的影响力，为请托人谋取不正当利益；（3）第三人在承诺、接受、完成委托事项，为他人谋取不正当利益时，是基于该国家工作人员的影响力以及离职的国家工作人员的影响力，还是基于一种单纯的亲友之间的关系。实践中，利用亲友关系与利用本人职权或地位形成的便利条件往往交织在一起。1989 年 11 月 6 日《最高人民法院、最高人民检察院关于执行〈关于惩治贪污贿赂罪的补充规定〉若干问题的解答》曾规定："对于单纯利用亲友关系，为请托人办事，从中收受财物的，不应以受贿论处。""单纯利用亲友关系"就是要完全排除行为人之影响力。如果行为人与第三人虽然有亲友关系，但同时又有相应的职权或地位形成的影响力的，应当以影响力交易罪论处。因为这种情形，第三人之所以为请托人谋取不正当利益，主要还是职权或地位形成的影响力发挥作用，而不是单纯利用亲友关系。

论检察机关职务犯罪侦查权制约机制的重构*

党的十七大报告指出："深化司法体制改革，优化司法职权配置，规范司法行为，建设公正高效权威的社会主义司法制度，保证审判机关、检察机关依法独立公正地行使审判权、检察权。"在司法职权的优化配置过程中，如何按照中央的要求，积极构建职能明确、分工合理、制约有效的司法权运行机制是当前司法改革中要重点研究解决的问题之一。我国检察权的宪法定位为法律监督机关，检察权的权力体系主要包括职务犯罪侦查权、公诉权和诉讼监督权三大部分。随着司法改革的逐步深入，检察机关面临着不少人提出的"谁来监督监督者"的诘问，尤其是职务犯罪侦查中存在的权力滥用、侵犯人权以及办案质量不高等问题，给人以检察机关的职务犯罪侦查权没有"监督制约"的印象。因此如何构建科学合理的职务犯罪侦查监督约束机制，更好地防止权力滥用，具有重要的理论价值和现实意义。

一、 现行检察职务犯罪侦查权的监督制约机制

根据我国法律规定，职务犯罪由人民检察院直接立案侦查。多年来，检察机关的职务犯罪侦查对于打击犯罪，促进廉政建设，保护国家和人民的利益，保障公民的人身权利和民主权利，维护社会稳定起到了重要作用。20 世纪 90 年代以来，随着对检察机关职务犯罪侦查权的质疑和加强对检察机关职务犯罪侦查权的制约的呼声越来越高，最高人民检察院开始着手职务犯罪侦查权制约机制的建立。加强职务犯罪侦查权制约机制的构建始终是检察改革的重要内容之一。

2005 年 9 月最高人民检察院印发的《最高人民检察院关于进一步深化

---

* 原载《法治研究》2008 年第 12 期。

检察改革的三年实施意见》中更是明确提出，今后三年检察改革的主要任务之一是"完善检察机关接受监督和内部制约的制度，保障检察权的正确行使。"现行检察职务犯罪侦查权的监督制约机制主要表现在：

其一，内部监督制约机制：

1. 侦、捕、诉分工制约机制。人民检察院对贪污贿赂、渎职侵权等犯罪案件的受理、立案侦查、审查逮捕、审查起诉等工作由不同内设机构承担，实行分工负责、互相配合、互相制约。审查逮捕部门承担对人民检察院直接受理侦查的职务犯罪案件的犯罪嫌疑人是否决定逮捕的审查工作，公诉部门承担对人民检察院直接受理侦查的职务犯罪案件的犯罪嫌疑人是否提起公诉。同时实行不同的分管检察长负责制，检察长统一领导检察院的工作，分管侦查工作的检察长不得同时分管侦查监督和公诉工作。

2. 控告申诉部门的制约。案件线索由举报中心接受和处理，并移送侦查部门。举报中心统一受理、管理人民检察院直接受理侦查的职务犯罪案件线索，对举报线索决定不予初查或者初查后决定不予立案的，侦查部门应当回复举报中心。立案由侦查部门经过初查后决定，不论是否决定立案都应将案件处理情况和初查案卷移送举报中心。

3. 监所检察部门的制约。侦查部门应当将决定、变更、撤销逮捕措施的情况书面通知本院监所检察部门。监所检察部门负责对是否超期羁押的审查，对侦查部门在办案中违反法定羁押期限的情况，有权提出纠正意见。

4. 上级检察机关的制约监督。省级以下检察院对直接受理侦查案件决定立案或者逮捕的，应当按照有关规定报上一级检察院备案审查。省级以下检察院对职务犯罪案件拟作撤销案件、不起诉决定的，应当报请上一级人民检察院批准。此外，内部制约监督机制还包括本院财务部门的制约及纪检、监察部门的制约监督等。

其二，外部监督制约机制：

1. 审判机关的监督制约。审判机关的制约是指人民法院通过审理案件对职务犯罪侦查过程中形成的证据进行实体和程序审查，对以刑讯逼供等非法手段获取的证据予以排除，或者对其他非法证据要求补强，或者宣告无罪，以督促侦查人员严格执法，文明办案。

2. 犯罪嫌疑人及其辩护律师的监督制约。刑事诉讼法规定，犯罪嫌疑人在侦查阶段享有聘请、会见律师，申请取保候审、要求解除强制措施等权利。对侦查人员侵害犯罪嫌疑人权利的行为，犯罪嫌疑人可以申诉或控告。犯罪嫌疑人在被侦查机关第一次讯问后或者采取强制措施之日起，可以聘请律师为其提供法律咨询、代理申诉、控告。犯罪嫌疑人被逮捕的，聘请的律师可以为其申请取保候审。受委托的律师有权向侦查机关了解犯罪嫌疑人涉嫌的罪名，可以会见在押的犯罪嫌疑人，向犯罪嫌疑人了解有关案件情况。

3. 人民监督员的监督制约。为了维护司法公正，最高人民检察院从2003 年 9 月开始，对检察机关查办职务犯罪案件实行人民监督员制度。人民监督员由机关、团体、企业事业单位和基层组织经民主推荐、征得本人同意、考察后确认。人民监督员对检察机关查办职务犯罪案件实施监督，监督的重点是"三类案件"和"五种情形"。① 这一制度是检察机关在探索接受人民群众参与检察工作、监督检察工作、维护司法公正、提高办案质量的一个重要举措。

由于职务犯罪侦查工作实行了较为严格的监督制约机制，尤其是检察机关内部对职务犯罪侦查形成了一套比较完整的制约规范，近年来，职务犯罪侦查人员违法违纪现象得到了一定程度的遏制，职务犯罪侦查水平和办案质量都有明显提高。2004 年，全国检察机关职务犯罪侦查队伍中的违法违纪案件比上年下降 20%，2005 年同比下降 26%，2006 年又下降1.2%。② 近 5 年来，全国检察机关共立案侦查贪污贿赂、渎职侵权犯罪案件 179696 件 209487 人。除正在侦查、审查起诉和审判尚未终结的以外，在上述涉案人员中，已被判决有罪的达到 116627 人，比前 5 年上升了30.7%，2007 年有罪判决数与立案数的比率比 2003 年提高了 29.9 个百分点。2003 年以来，检察机关立案侦查职务犯罪案件的撤案率、不起诉率持续下降，2007 年的撤案率、不起诉率分别比 2003 年下降了 3.4 和 8.4 个百分点。③

---

① 根据《最高人民检察院关于实行人民监督员制度的规定（试行）》第 13 条规定，"三类案件"是指：（一）犯罪嫌疑人不服逮捕决定的；（二）拟撤销案件的；（三）拟不起诉的。根据《最高人民检察院关于人民监督员监督"五种情形"的实施规则（试行）》第 2 条规定，"五种情形"是指：（一）应当立案而不立案或者不应当立案而立案的；（二）超期羁押的；（三）违法搜查、扣押、冻结的；（四）应当给予刑事赔偿而不依法予以确认或者不执行刑事赔偿决定的；（五）检察人员在办案中有徇私舞弊、贪赃枉法、刑讯逼供、暴力取证等违法违纪情况的。

② 廉颖婷：《人民监督员深度参与监督司法权力》，《法制日报》2007 年 10 月 28 日，第 1 版。

③ 杜萌：《五年数据透出法律监督力度——解读最高人民检察院工作报告》，《法制日报》2008年 3 月 11 日，第 5 版。

二、 现行检察职务犯罪侦查权监督制约机制的缺陷

现行职务犯罪侦查监督机制总体来说对职务犯罪侦查起到了一定的监督作用。但我们必须清楚地看到,现行职务犯罪侦查监督制约机制还存在不少问题,主要表现在:

1. 监督法律规范的欠缺性。修改后的刑事诉讼法,虽在刑事诉讼法原则中规定了"人民检察院依法对刑事诉讼实行法律监督",并专节规定检察院直接受理的案件的侦查制度,但在仅有的 5 个法条中根本没有提及自侦案件的监督问题,相关法律也没有明确规定对自侦部门的侦查活动进行侦查监督。现行职务犯罪侦查权的监督制约机制主要是依靠检察机关自身制定的司法解释及司法性文件予以创制的,这就存在着制约监督规范制定过程不科学、内容不合理以及规范内容效力低等问题。这也是多年来导致民众对检察务犯罪侦查权制约监督机制质疑之声不断的主要原因。

2. 监督范围的狭窄性。在侦查阶段,自侦部门除逮捕犯罪嫌疑人必须提请侦监部门批准外,其他涉及公民人身权利、财产权利的强制性措施,如拘留、搜查、扣押、冻结、查询等,都未纳入侦查监督范围。许多内容还是侦查部门自己决定自己执行,没有实行决策者与执行者相分离的原则。针对立案监督,刑事诉讼法仅把公安机关列为立案监督的对象,而把检察院自侦案件的立案排除在外。

3. 监督效果的有限性。高检院制定的刑事诉讼规则中规定,检察机关内部发现自侦部门侦查活动中有违法行为时,可以提出纠正意见,而对于"纠正意见"提出的方式和效力均无规定,也未明确自侦部门拒不纠正错误时的法律后果。另外,自侦案件的立案、提请逮捕均由同一检察长和检察委员会审查批准。这些因素的存在,造成此种内部监督的效果非常有限。

4. 上级监督的形式性。尽管最高人民检察院制定的司法解释对备案审查作了比较具体的规定,但事实上,上级检察院的备案审查作用不大。不少领导对备查工作的重要性认识不足,对备案审查制度的法律地位认识不明确,备查职能作用发挥不足,使备查工作基本上流于形式。

5. 外部监督的软弱性。外部监督的软弱性主要表现在:(1)刑事辩护权难以形成对职务犯罪侦查权的有效制约。虽然法律上明确规定了犯罪嫌

疑人、辩护律师的各种权利，但是在实践中，犯罪嫌疑人和辩护律师的权利没有得到有效保障，突出表现在会见难、调查取证难、阅卷难、自身执业保障难和申请取保候审难等方面。（2）人民监督员的监督作用没有得到充分发挥。从实效看，人民监督员的监督工作在不少地方并没有取得实质性进展。

三、 检察职务犯罪侦查权的监督制约机制的重构

现代法治国家的特征之一，就是立法者每授予一项权力，必须同时设置相应的权力制约机制，以保障权力与权力或权力与权利之间的制约与平衡，防止权力的滥用。党的十七大报告明确指出要"确保权力正确行使，必须让权力在阳光下运行"，并强调"用制度管权、管事、管人，建立健全决策权、执行权、监督权既相互制约又相互协调的权力结构和运行机制"。改革和完善我国职务犯罪侦查监督机制的目标应当是建立具有中国特色的职务犯罪侦查监督机制，即立足于我国基本国情，创建既具有中国特色，又符合世界司法发展规律的，科学、公正、高效的现代职务犯罪侦查监督机制。

检察机关职务犯罪侦查权制约监督机制包括内部制约监督机制和外部制约监督机制。内部制约监督机制包括同级检察院的内部制约监督机制和上下检察院之间的纵向制约监督机制。外部监督制约机制主要包括外部权力监督和权利监督两个方面。外部权力制约监督在法律层面上包括国家权力机关（人大）对职务犯罪侦查权的监督以及人民法院对职务犯罪侦查权的制约；① 在权利监督制约层面，则主要包括犯罪嫌疑人、辩护人的防御性权利和救济性权利对职务犯罪侦查权的制约以及人民监督员的社会权利监督。

（一） 职务犯罪侦查权外部监督制约机制

1. 审判机关的权力制约机制

对国家权力的制约和监督，其前提是合理分权。没有合理分权，就无所谓对权力的制约和监督。审判机关的制约机制主要是要建立司法审查机

---

① 国家权力机关的监督具有特殊性，限于篇幅笔者将另外撰文论述。

制。笔者认为，在所有刑事侦查措施中，逮捕是最严厉的一种强制措施。所以，对侦查权的监督制约，首先必须解决对逮捕的监督制约。逮捕制度的核心问题是逮捕的批准、决定权。关于该问题，学者提出了以下几种方案：① 第一种方案是，由法院来批准或决定逮捕，即对逮捕及羁押实行司法审查，由处于"中立和超然"的第三方，采用严格审查的方式决定是否逮捕犯罪嫌疑人。第二种方案是，保留检察机关对公安机关管辖案件的批捕权，但检察机关自侦案件的批捕权由上一级人民检察院来行使。第三种方案是，保留检察机关对公安机关管辖案件的批捕权，但检察机关自侦案件的批捕权由法院来行使。

笔者赞同第三种方案，检察机关自行侦查的职务犯罪案件逮捕批准权应由法院行使。理由是：（1）自侦案件逮捕批准权由法院行使符合宪法精神。有的学者认为，从逮捕构造的合理性看"由中立的司法机关即人民法院行使审查批准逮捕的权力，应是我国刑事司法改革的方向。但是，从我国现在的情况看，由于宪法关于逮捕权有明确规定，取消人民检察院批准、决定逮捕的权力是违反宪法规定的"。② 笔者认为，这一观点值得商榷。宪法第 37 条规定："任何公民，非经人民检察院批准或者决定或者人民法院决定，并由公安机关执行，不受逮捕。"1996 年刑事诉讼法第 59 条规定："逮捕犯罪嫌疑人、被告人，必须经过人民检察院批准或者人民法院决定，由公安机关执行。"从上述规定看，人民检察院具有逮捕的批准权和决定权，而人民法院也享有逮捕决定权。因此，保留检察机关对公安机关管辖案件的批捕权，将检察机关自侦案件的逮捕决定权交由法院行使，并不违背宪法精神。在不违背宪法原则的前提下，我们完全可以对某些问题在现行宪法规定的基础上作一些拓展性的改革。（2）由法院行使自侦案件的批捕权有利于实现权力制约。职务犯罪案件由检察机关自己决定逮捕和起诉，缺少了一个中立的专门机关负责审查批捕不符合"分工负责、互相配合、互相制约"的基本原则。而将自侦案件的批捕权由法院行使，就使法院与检察机关之间形成相互制约的法律关系，有利于体现"任何人不能做自己案件的法官"的权力制约原理。（3）由法院行使自侦案件的批捕权更有利于实现程序正义和诉讼目的。法官在刑事诉讼中对控辩双

① 姚志清：《我国职务犯罪侦查监督机制评析及模式选择》，《政治与法律》2006 年第 4 期。
② 宋英辉、罗海敏：《刑诉法再修改的构想》，《人民检察》2004 年第 11 期。

方保持中立态度，这种态度更有利于公正地把握批捕权的运作，既可以有效地防止将无辜的公民纳入刑事诉讼中来，又可以最大限度地防止侦查机关滥用国家权力的现象发生。在实际操作中，法院由于没有利害关系而更倾向于严格把握逮捕条件，从而更有利于实现控制犯罪与保护人权的双重诉讼使命。

2. 犯罪嫌疑人、辩护律师的权利监督制约机制

为了防止职务犯罪侦查人员滥用权力，保护犯罪嫌疑人的人权，应当赋予侦查阶段的犯罪嫌疑人及其辩护人更多的诉讼权利和权利救济途径。

（1）以律师法的实施为契机，切实保障侦查阶段辩护权的实现

2007 年 10 月 28 日中华人民共和国第十届全国人大常委会第三十次会议修订的《中华人民共和国律师法》将于 2008 年 6 月 1 日起施行。律师法的修订，为解决律师执业中长期存在的会见难、阅卷难、取证难等问题，规定了一些新的措施：第一，律师在侦查阶段取得了会见犯罪嫌疑人的主动权。第二，律师在侦查阶段取得了与犯罪嫌疑人自由交流的权利。第三，律师在侦查阶段取得了调查取证权。第四，辩护律师在审查起诉阶段具有查阅、复制案卷材料权。律师法的修改，为律师在刑事诉讼领域依法执业更好地发挥职能作用提供了必要的法律保证，同时也对职务犯罪侦查工作提出了新的挑战。检察机关职务犯罪侦查部门应当以积极的态度，从国家民主法治建设的高度来认识律师法修改的积极意义。从律师法的实施角度来看，关于会见权、阅卷权、调查取证权等规定都与现行刑事诉讼法有冲突。如果法律效力高于律师法的刑事诉讼法仍保持原状，那么新律师法的这些规定都将无法充分实现。所以，一方面，要抓紧修订刑事诉讼法，以保证刑事诉讼法与新修订的律师法在相关规定上的一致性。另一方面，即使刑事诉讼法修改了，律师的会见权、阅卷权、调查取证权的贯彻落实也还需要进一步制定有关实施细则，以强化权利的可操作性。比如在落实会见权方面，需要进一步明确以下内容：一是什么时间会见（律师在检察机关讯问或者对犯罪嫌疑人采取强制措施后多长时间可会见）；二是会见手续办理，如到看守所会见，除了出示"三证"，是否还需要出示办案单位的证明文件等；三是律师会见多长时间及会见次数；四是侦查讯问与律师会见时间冲突的解决等。

（2）建立讯问律师在场制度

我国刑事诉讼法虽然规定了犯罪嫌疑人在侦查阶段可以聘请律师，但

是没有规定讯问犯罪嫌疑人时律师必须在场，新的律师法也对此没有作出规定。为了防止刑讯逼供现象和冤假错案的发生，有必要建立侦查审讯时律师在场制度。律师在场制度是指在侦查机关在讯问犯罪嫌疑人时，赋予律师在场权，以增加侦查活动的透明度，保证侦查程序的正当性。在场律师享有以下各项权力：第一，了解案情权。即在场律师享有旁听讯问，查阅文书，从而全面了解案件情况的权利；第二，审讯监督权。即监督侦查人员审讯行为是否合法的权利，以及保障犯罪嫌疑人自愿供述的权利；第三，提出意见权。即律师发现侦查人员在讯问过程中有违法违规行为，影响犯罪嫌疑人自愿供述的，可以当场向讯问人员提出；对其他不当行为，不需要当场提出的，可以在讯问结束后向侦查部门负责人或分管检察长提出；第四，阅读签名权。律师有权阅读讯问笔录，如果认为审讯程序合法，犯罪嫌疑人供述真实自愿，对审讯程序没有异议，有权在笔录上签名。实践中犯罪嫌疑人经过律师在场讯问后，很少出现在审查起诉、审判阶段翻供的现象，提高了诉讼效率，达到了良好的社会效果。如宁波市北仑区人民检察院从2005开始在反贪部门尝试推行讯问律师在场制度，经过实践，已取得良好效果。

（3）建立犯罪嫌疑人、辩护律师的权利救济机制

在基本的权利救济机制都没有建立的情况下，继续扩大犯罪嫌疑人、律师辩护权利的外延和范围，最多只是在法律上列举更多"权利条款"的效果，而不会给犯罪嫌疑人、律师带来辩护环境和辩护效果的实质性改善。律师法的修订，关于律师权利的保护方面体现的仍然是在进一步地增设权利，而不是建立权利救济机制。有鉴于此，在刑事诉讼法修改时，应当从法律后果以及权利救济途径等方面加以完善，以保障犯罪嫌疑人、辩护律师权利的行使。法律后果包括程序性后果和实体性后果两方面内容。前者是指对案件程序的影响，比如是否导致程序无效等；后者是指对案件实体的影响，如证据能否作为定案的根据等。刑事诉讼法应设专条规定，对所有强制性侦查措施，犯罪嫌疑人及其辩护律师都有权向法院申诉，要求法院对这些强制性侦查措施的合法性进行司法审查，并对那些已被确定为违反法律规定的强制性侦查措施采取程序性制裁措施。

3. 人民监督员的权利监督制约

人民监督员制度的建立是由最高人民检察院出台内部规定建立起来

的，目前还没有明确的法律依据。但是，人民监督员制度不是检察院的"内部"制度，应当由全国人大统一进行立法，使其规范化、制度化。通过修改《中华人民共和国人民检察院组织法》和《中华人民共和国刑事诉讼法》，增加人民监督员制度的内容。只有在相关法律中规定人民监督员的产生方式、监督范围和职责，人民监督员制度才能成为法定的检察体制的一部分；只有在《中华人民共和国刑事诉讼法》中规定人民监督员的工作方式和相关程序，人民监督员工作才能形成新的诉讼机制，进而为保障司法公正发挥更好的作用。

（1）完善人民监督员的选任。拓宽人民监督员的选任范围、明确规定人民监督员业务素质的标准、改革人民监督员的选任程序。人民监督员选任时要兼顾专业性和代表性，既必须具有一定的法律知识能够胜任监督工作，又必须有较丰富的社会经验和较高的社会威望。在人民监督员的选任方式上，目前，有的由候选人所在单位确认后检察机关认可；有的由检察机关考察确认；有的由检察机关与推荐单位协商确定；有的由当地党委组织部门考察推荐，由人大常委会批准或者备案；有的是检察院与推荐单位商定后报人大常委会批准或者备案。根据现行规定，人民监督员最终由检察长颁发人民监督员证书。这在一定程度上说明，检察机关可以选择人民监督员。让被监督者拥有选择监督者的权力难免会影响到监督者的监督力度。人民监督员制度是我国司法改革的一项重要内容，应由国家立法机关来统筹安排。具体而言，人民监督员的选任程序可从确定人民监督员的审查部门、建立人民监督员身份公示制度、实行选举任命和建立人民监督员罢免制度等方面予以完善。根据我国实际情况，人民监督员的产生可以采取个人申报和人大选举相结合的形式。任何符合人民监督员条件的公民都可以申报人民监督员，由人大法工委进行资格审查，并征求检察机关的意见，然后由各级人大选举产生一定数量的人民监督员，由人大颁发证书。由此提高人民监督员的监督地位，切实地履行职责。

（2）提高人民监督员表决意见的效力。人民监督员表决意见最终决定权仍然在检察机关，监督实效难以保证，并会引起打击人民监督员监督积极性的消极后果。笔者认为，应该尽可能地减少对人民监督员表决意见的再议环节，通过检察机关的内部程序将表决意见转化为具有法律效力的决定，或在检察委员会的决议与表决意见不一致时，由检察长递交当地人大常委会讨论决定，以赋予人民监督员表决意见的强制性效力。

（3）完善人民监督员的监督方式。目前人民监督员的监督方式采取的是事中监督与事后监督的结合。如对逮捕属于事后监督，对撤销案件、不起诉案件的监督属于事中监督。同步监督会带来两个问题：一是人民监督员进入检察机关作出司法决定的过程，必然会侵犯检察权的独立行使；二是对拟撤销案件的监督，其审查的期限最长可以是一个月，如果确属应该撤销案件，犯罪嫌疑人的权利会受到侵害，特别是被羁押的犯罪嫌疑人，受到了不应有的羁押。笔者认为，人民监督员的监督方式宜采取统一事后监督的方式。这样既可以避免人民监督员与检察机关独立行使检察权的法律规定相冲突，也可以及时保护犯罪嫌疑人的合法权益，事后的监督渠道同样能够达到制约、监督检察机关司法决定的效果。

（4）扩展人民监督员的监督范围。目前，人民监督员监督对象只限于检察机关查办的职务犯罪案件中的立案、撤案、逮捕和不起诉决定等，监督的案件范围较小。人民监督员监督的案件范围过小，就难以实现对职务犯罪侦查权行使的有效监督和制约，也难以体现检察机关接受社会监督的决心和诚意；如果监督过宽，则不符合效率原则和程序经济原则。在我国目前法治资源相对不足的情况下，笔者认为，至少应将所有侦查强制措施纳入人民监督员的监督范围。

（5）完善人民监督员的监督保障措施。当人民监督员办事机构受理监督事项后，检察机关的职能部门必须担负起如实报告的义务，并提供相关的法律文书、卷宗材料、咨询等，否则要承担相应的责任。同时，进一步规范和细化监督的程序，使人民监督员的监督更具操作性、规范性。

（二）职务犯罪侦查权内部监督制约机制

1. 强化内部纵向制约监督机制

（1）完善查办职务犯罪工作备案审查制度。2005年11月最高人民检察院颁布了《人民检察院直接受理侦查案件立案、逮捕实行备案审查的规定（试行）》（以下简称《备案规定》）。该《备案规定》只是原则性地规定了人民检察院直接受理侦查案件立案实行备案审查的有关内容。从备案审查实践看，有很多具体环节难以操作，如上级人民检察院在审查备案材料过程中，通过什么渠道向下级人民检察院了解案件事实、证据和适用法律等问题？对于除"应立未立""立案错误"这两种情况之外的其他问题，如涉及定性、管辖、适用法律等问题应如何处理等均无规定。完善备案审查制度，应从以下几个方面入手：一是扩大备案的范围，所有的案件，不管反贪污贿赂案件还是渎职侵权案件，也不论是否为大案要案，都应向上级检察机关备案；二是扩大备案的内容，除了现行的立案侦查、侦查终结、处理结果备案外，线索受理和初查以及所有侦查强制措施的适用都要报上级院备案。三是明确备案的期限，对于不立案、立案、采取强制措施、结案每个环节的决定一旦作出，应当在法定期限内报告上一级检察院。四是明确上级检察院备案审查的责任。上级检察院应当在法定期限内审查，并作出是否同意下级检察机关的决定，逾期不予审查或因审查工作不到位造成后果的，应根据相关规定给予纪律处分。

（2）坚持和完善撤销案件、不起诉的报批制度。2005 年 9 月最高人民检察院颁布了《关于省级以下人民检察院对直接受理侦查案件作撤销案件、不起诉决定报上一级人民检察院批准的规定（试行）》。根据这一规定，省级以下检察院对职务犯罪案件拟作撤销案件、不起诉决定的，应当报请上一级人民检察院批准。实践证明，这一制度有助于加强上级人民检察院对下级人民检察院办理自侦案件工作的领导和监督。对当前报批中存在的一些问题（如上级检察院对报批案件应作出什么形式的批复？批准或者不批准的具体标准如何把握？在报批过程中下级检察院应享有哪些义务和权利？等等）可以通过进一步完善内部规定予以解决。

（3）建立复议制度。《备案规定》中规定，对于发现的应立未立、立案错误这两种情况应按照"书面通知下级人民检察院纠正，或者由上一级人民检察院直接作出相关决定，通知下级人民检察院执行""下级人民检察院应当执行上一级人民检察院的决定，并在收到上一级人民检察院的书面通知或者决定之日起五日以内，将执行情况向上一级人民检察院报告。下级人民检察院对上一级人民检察院的决定有异议的，可以在执行的同时向上一级人民检察院报告"进行处理但上述条文并未具体规定如果基层院与上级院认识存在分歧，下级院对上级院的相关决定存在异议的情况应该怎样处理。《关于省级以下人民检察院对直接受理侦查案件作撤销案件、不起诉决定报上一级人民检察院批准的规定（试行）》也存在类似的问题。为了更好地提升自侦案件的质量，也为了使下级院更有效地执行上级检察院的决定，建议增加规定："如果下级院不服上级院的相关决定，可以在 7 日内提请复议，上级检察院经复议认为确有错误的，应当及时纠正。"

2. 完善同级内部制约监督机制

（1）完善检委会制度。检察委员会是检察机关内部的最高议事机构和最高决策机构。目前，检委会成员除了正、副检察长，党组成员以及部分业务部门负责人组成外，许多长期不办案、不熟悉检察业务的综合部门领导也成为检委会委员，参与重大案件的讨论和决策，直接导致检委会议事质量不高，成为体现资历和待遇的行政化部门。2003年以来，最高人民检察院一直在积极探索检察委员会改革。为了提高检委会议事能力，曾经提出了三条路径：第一条是建立检委会办公室。这一思路已经在全国推广实施，取得了积极的效果，但也受制于人才、编制等因素，难以解决根本问题；第二条是建立"检察官咨询委员会"，服务对象主要是主诉检察官。但由于主诉检察官制度没有发展到预期的阶段，这一改革设想就失去了前提和基础；第三条是设立专业委员会，如刑事专业委员会和民事行政专业委员会，但是它与检察机关目前的工作格局不对称，也与有关检委会的现行法律存在一定的冲突。① 笔者认为，就改革方向来说，检委会应当是一个能够充分承担检察业务研讨和决策职能，具有专业性、权威性、规范性的内部机构。但在现行检委会结构难以进行根本性改变的情况下，实行"小检委会制度"（检委会专家咨询小组）具有现实意义。即在检委会的领导下，从业务部门中通过严格考核选拔出若干名业务骨干组成的一个兼职性专业咨询机构，由检委会专职委员主持或者担任组长，受检委会领导，向其负责。该专业咨询机构的主要任务是对拟提交检察委员会研究的重大案件提出事实认定和法律适用上的参考性意见，对拟决定讨论的涉及检察业务建设方面的重大议题进行论证，提出建设性意见，为检委会的正确决策提供服务。

（2）完善检务督察制度。2005年9月最高人民检察院制定的《最高人民检察院关于进一步深化检察改革的三年实施意见》，明确提出了建立检务督察工作制度的要求。2007年10月出台的《最高人民检察院检务督察工作暂行规定》，对检务督察的原则、职责、权限、督察的主要内容、方式等作出了明确规定。检务督察制度，是检察机关强化内部监督制约机制，完善对检察权行使的监督制约的一项重要举措，其核心在于规范检察机关的执法行为。在检务督察中，采取明察、暗访等多种形式进行监督检

① 王新友、高传伟、蒋安杰：《小检委会能解决大问题》，《法制日报》2008年1月20日，第16版。

查、能够及早发现、纠正和解决依靠其他办法、其他模式难以发现和解决的问题，起到防微杜渐、防患于未然的作用，是检察机关内部监督体系不可或缺的重要一环。这一制度具有动态性和警示性，强化了检察机关内部监督的刚性和力度。在推行检务督察中，要建立高效率的执法投诉、复议机制，检察机关接到当事人和其他公民、组织针对检察人员在执法办案过程中的违法行为提出的投诉后，必须在规定期限内迅速处理，并向投诉人书面告知处理结果。投诉人不服投诉处理的，可以向作出处理投诉决定的上一级检察机关申请复议。

论检察机关逮捕权制约机制的重构*

刑事诉讼中的逮捕是经人民检察院批准或决定，或人民法院决定，由公安机关执行的，对有证据证明有犯罪事实，可能判处徒刑以上刑罚的犯罪嫌疑人、被告人，采取取保候审、监视居住等方法，尚不足以防止社会危险性，而有逮捕必要的，暂时剥夺其人身自由最严厉的刑事强制措施。检察机关逮捕权包括检察院对公安机关（包括国家安全机关、军队保卫部门、监狱和缉私侦查部门等具有侦查权的机关）立案侦查案件提请逮捕的批准权以及对自侦案件的逮捕决定权。

逮捕是刑事诉讼中最为严厉的强制措施，它涉及国家公权力和公民私权利的冲突和平衡。它犹如一把"双刃剑"，准确适用可以有力地打击犯罪，对防止犯罪嫌疑人社会危险性，确保诉讼顺利进行起着重要的保障作用；不当适用则直接涉及剥夺公民的人身自由，可能侵犯人权。本文试在审视现行检察机关逮捕决定权的现状和缺陷基础上，提出重构检察机关逮捕权监督制约机制设想。

一、 现行检察机关逮捕权的监督制约机制

根据刑事诉讼法和相关司法解释的规定，现行检察机关逮捕权的监督制约机制主要表现在以下几个方面。

（一） 规定了逮捕条件

1996 年修正后的刑事诉讼法第 60 条第 1 款规定："对有证据证明有犯罪事实，可能判处徒刑以上刑罚的犯罪嫌疑人、被告人，采取取保候审、监视居住等方法，尚不足以防止发生社会危险性，而有逮捕必要的，应即

依法逮捕。"1998 年 1 月六部委联合颁布的《关于刑事诉讼法实施中若干问题的规定》第 26 条规定，"有证据证明有犯罪事实"，是指同时具备下列情形：（一）有证据证明发生了犯罪事实；（二）有证据证明犯罪事实是犯罪嫌疑人实施的；（三）证明犯罪嫌疑人实施犯罪行为的证据已有查证属实的。犯罪事实可以是犯罪嫌疑人实施的数个犯罪行为中的一个。

（二）公安机关的监督制约

公安机关对检察机关逮捕决定权的监督制约表现在：

1. 提请复议、复核权。1996 年刑事诉讼法第 70 条规定："公安机关对人民检察院不批准逮捕的决定，认为有错误的时候，可以要求复议，但是必须将被拘留的人立即释放。如果意见不被接受，可以向上一级人民检察院提请复核。上级人民检察院应当立即复核，作出是否变更的决定，通知下级人民检察院和公安机关执行。"

2. 公安机关享有逮捕撤销、变更权。1996 年刑事诉讼法第 72 条规定："人民法院、人民检察院对于各自决定逮捕的人，公安机关对于经人民检察院批准逮捕的人，都必须在逮捕后的 24 小时以内进行讯问。在发现不应当逮捕的时候，必须立即释放，发给释放证明。"第 73 条规定："人民法院、人民检察院和公安机关如果发现对犯罪嫌疑人、被告人采取强制措施不当的，应当及时撤销或者变更。公安机关释放被逮捕的人或者变更逮捕措施的，应当通知原批准的人民检察院。"

（三）犯罪嫌疑人及其律师的监督制约

1996 年刑事诉讼法第 75 条规定："犯罪嫌疑人、被告人及其法定代理人、近亲属或者犯罪嫌疑人、被告人委托的律师及其他辩护人对于人民法院、人民检察院或者公安机关采取强制措施超过法定期限的，有权要求解除强制措施。人民法院、人民检察院或者公安机关对于被采取强制措施超过法定期限的犯罪嫌疑人、被告人应当予以释放、解除取保候审、监视居住或者依法变更强制措施。"1999 年 1 月 18 日最高人民检察院颁布的《人民检察院刑事诉讼规则》（以下简称《规则》）第 96 条第 1 款、第 2 款规定："犯罪嫌疑人及其法定代理人、近亲属或者犯罪嫌疑人委托的律师及其他辩护人认为人民检察院批准或者决定逮捕的犯罪嫌疑人羁押超过法定期限，向人民检察院提出释放犯罪嫌疑人或者变更逮捕措施要求的，由人民检察院审查逮捕部门审查，审查逮捕部门应当向侦查机关或者本院侦查部门了解有关情况，并在七日以内审查完毕。审查逮捕部门经审查认为超过法定期限的，应当提出释放犯罪嫌疑人或者变更逮捕措施的意见，经检察长批准后，通知公安机关执行；经审查认为未超过法定期限的，书面答复申诉人。"

（四） 人民监督员的监督

2003 年 9 月 2 日最高人民检察院制定的《最高人民检察院关于实行人民监督员制度的规定（试行）》（以下简称《规定》）第 13 条规定："人民监督员对人民检察院查办职务犯罪案件的下列情形实施监督：（一）犯罪嫌疑人不服逮捕决定的；……"第 18 条规定："案件承办人在对被逮捕的犯罪嫌疑人第一次讯问时，应当将《逮捕羁押期限及权利义务告知书》交犯罪嫌疑人，同时告知其如不服逮捕决定可以要求重新审查。犯罪嫌疑人不服逮捕决定的，应当自告知之日起五日内向承办案件部门提出，并附申辩理由。承办案件部门应当立即将犯罪嫌疑人的意见转交侦查监督部门。侦查监督部门应当另行指定承办人员审查并在三日内提出审查意见。维持原逮捕决定的，侦查监督部门应当及时将书面意见和相关材料移送人民监督员办公室，并做好接受监督的准备。"

（五） 上级人民检察院的监督制约

根据《规则》的规定，人民检察院办理下列审查逮捕案件，应当报上一级人民检察院备案：（1）批准逮捕的危害国家安全的案件、涉外案件；（2）检察机关直接立案侦查的案件。上级人民检察院对报送的备案材料应当进行审查，发现错误的，应当在 10 日以内将审查意见通知报送备案的下级人民检察院或者直接予以纠正。

二、 现行检察机关逮捕决定权监督制约机制的缺陷

（一） 批捕程序行政化

现行的审查批捕工作完全是一种检察机关单方的职权行为，是一种行政化的审批程序。这种行政化的审批程序的缺陷表现在：

1. 审查方式的书面化。《规则》第 92 条规定："审查逮捕部门办理审查逮捕的案件，应当指定办案人员进行审查。办案人员应当审阅案卷材料，制作阅卷笔录，提出批准或者决定逮捕、不批准或者不予逮捕的意见……"检察机关批准或决定逮捕案件，一般只是进行书面审查。

2. 犯罪嫌疑人不能充分介入审查批捕程序。在审查逮捕阶段，犯罪嫌疑人作为诉讼主体不仅不能主动地介入审查批捕程序，而且即使是被动地接受检察机关的讯问都成为问题。《规则》第 97 条规定："审查逮捕部门办理审查逮捕案件，不另行侦查。在审查批捕中如果认为报请批准逮捕的证据存有疑问的，可以复核有关证据，讯问犯罪嫌疑人、询问证人。但讯问未被采取强制措施的犯罪嫌疑人的，讯问前应当征求公安机关或者本院侦查部门的意见。"上述规定尽管肯定在审查批捕环节检察机关有权讯问犯罪嫌疑人，但这种讯问程序仍有不少缺陷。（1）在审查批捕中，只有在办案人员认为报请批准逮捕的证据存有疑问时，才可以讯问犯罪嫌疑人。（2）对讯问犯罪嫌疑人的要求除部分案件规定是"应当"外，其他的案件只是"可以"。（3）讯问未被采取强制措施的犯罪嫌疑人，讯问前应当征求侦查机关的意见。如果侦查机关不同意讯问，检察机关则不能讯问。

3. 辩护律师不能介入审查批捕程序。在审查批捕阶段，律师基本上不能介入审查批捕程序。律师既无阅卷权，也无调查取证权，难以从侦查机关、检察机关或通过自身的调查了解掌握有关案件及嫌疑人应否逮捕的信息。

4. 被害人不能介入审查批捕程序。在审查批捕阶段，被害人不享有任何诉讼权利，甚至连申诉权也没有规定。

5. 审查决定的审批化。《规则》第 92 条规定，审查批捕案件由办案人提出批准或者决定逮捕、不批准或者不予逮捕的意见，经部门负责人审核后，报请检察长批准或者决定；重大案件应当经检察委员会讨论决定。由办案人承办、部门负责人审核、检察长决定的审查逮捕办案程序完全是一种内部行政式的审批程序，而不是诉讼程序。其后果是定审分离，审者不定，定者不审，责任难以分清。

（二）批捕权力扩张化

审查逮捕权应当只有在侦查机关移送案件至检察机关时才启动。审查逮捕权之所以不能自主行使，是为了确保司法审查的中立与公正，避免因主动介入而可能带来的先入为主与偏袒嫌疑。但《规则》第 103 条规定：

"人民检察院办理审查逮捕案件，发现应当逮捕而公安机关未提请批准逮捕的犯罪嫌疑人的，应当建议公安机关提请批准逮捕。如果公安机关不提请批准逮捕的理由不能成立的，人民检察院也可以直接作出逮捕决定，送达公安机关执行。"

（三） 逮捕条件适用的不合理化

根据我国刑事诉讼法规定，适用逮捕必须符合三个条件，而且这三个条件必须同时具备，缺一不可。虽然刑事诉讼法规定将刑罚条件和社会危险性条件作为逮捕的重要条件，但事实上这两个条件基本上没有发挥作用，在具体办理批捕案件中"构罪即捕"的观点占主导地位。在我国的刑法规定中，每一种犯罪行为都有可能判处有期徒刑以上刑罚，而逮捕的刑罚要件只是一种"可能性"判断，而非"确定性"判断。刑事诉讼法只是笼统地规定了社会危险性条件，而对那些属于"采取取保候审、监视居住等方法不足以防止发生社会危险性"的情形没有列举规定，通常都将"有证据证明"理解成有证据证明"有犯罪事实"，而非有证据证明"可能有社会危险性"。从司法实践层面来说，很多检察官在审查逮捕案件时，只是将注意力集中于犯罪嫌疑人的行为是否构成了犯罪的问题上，而忽视甚至无视审查逮捕的"刑罚条件"和"社会危险性条件"，普遍存在着一种"有罪逮捕即不错"的错误认识，三个逮捕条件变异成了一个条件。如浙江省舟山市曾对 2006 年逮捕质量有缺陷案件专项检查，发现当年非外来人员捕后被判非有期徒刑实刑的案件中，盗窃案件占 46%，具有认罪、悔罪表现等酌情从轻情节的占 68.6%，具有自首、立功等法定从轻、减刑或免除处罚情节的占 17.9%，两项合计占 86.5%。[①] 这些案件实际上都是没有逮捕必要的。

（四） 犯罪嫌疑人、 被害人及律师权利监督的虚无化

这方面的表现有：

1. 权利监督前提的缺失。即犯罪嫌疑人及其委托的律师对检察机关逮捕权的行使缺乏必要的知情权。在审查批捕阶段，律师无权审阅侦查机关

---

① 陆瑾：《宽严相济刑事政策下适用"无逮捕必要"不捕的现实障碍与对策》，《浙江检察》2008 年第 2 期。

的案卷材料，也无权进行调查取证。犯罪嫌疑人被逮捕时，唯一知晓的是其逮捕的罪名，其他信息一概不知。近年不少检察机关推行不捕说理制度，但至今没有建立起向犯罪嫌疑人说明批准逮捕理由制度。

2. 权利监督的滞后性。根据现行规定，只有犯罪嫌疑人被逮捕后，其聘请的律师可以为其申请取保候审。而在犯罪嫌疑人被逮捕之前，其聘请的律师只能为其提供法律咨询、代理申诉、控告。其实在审查逮捕阶段，律师的主要作用在于积极地为犯罪嫌疑人提供没有逮捕必要的事实和证据，为犯罪嫌疑人申请取保候审。一旦犯罪嫌疑人被逮捕后，律师申请取保候审几无意义。如北京海淀区人民检察院审查起诉部门，从 2003 年至 2006 年，总共受理的自侦案件为 141 件 167 人，其中聘请律师的案件为 79 件 90 人，其中辩护律师只对 4 件 4 人提出取保候审申请，而被批准的只有 1 件 1 人。①

3. 权利监督内容的单一性。根据规定，犯罪嫌疑人及其法定代理人、近亲属或者犯罪嫌疑人委托的律师及其他辩护人，只有在"认为人民检察院批准或者决定逮捕的犯罪嫌疑人羁押超过法定期限"，才有权向人民检察院提出释放犯罪嫌疑人或者变更逮捕措施要求。至于逮捕是否合法、继续羁押有无必要等均不在监督范围之内。

4. 被害人权利保护空白。在审查批捕阶段，被害人不享有任何诉讼权利，即使是最基本的信息即人民检察院作出的不批准逮捕决定也无须告知被害人。被害人知情权的缺失，导致其无法通过法定途径了解案件的进展情况以及犯罪嫌疑人是否被采取逮捕等强制措施，进而也无法行使正常的申诉权利。

（五）人民监督员的监督效果不明显

人民监督员对犯罪嫌疑人不服逮捕决定而要求监督的案件效果不明显。主要表现在：

1. 监督范围过小。目前纳入人民监督员监督的案件仅限于检察机关查办的职务犯罪案件嫌疑人不服逮捕决定的案件。

---

① 庄伟：《审查起诉阶段的律师作用——以海淀区人民检察院 2003 年至 2006 年办理的自侦案件中律师执业为视角》，载石少侠、徐鹤喃主编：《律师辩护制度研究——以审前程序中的律师作用为视角》，中国检察出版社 2007 年版，第 112—113 页。

2.《规定》只是规定犯罪嫌疑人"如不服逮捕决定可以要求重新审查",并没有明确要求告知"如不服逮捕决定可以要求人民监督员监督",也没有要求告知犯罪嫌疑人关于人民监督员制度的具体规定。这样,有权提出不服逮捕意见、要求重新审查的主体只限于犯罪嫌疑人本人。如果侦查部门不告知权利或者不转交这种意见,监督程序将无法启动,而且也难以防止侦查人员消极对待人民监督员制度。

3. 监督效力的刚性不够。《规定》强调,检察长不同意人民监督员表决意见的,应当提请检察委员会讨论;检察委员会不同意人民监督员表决意见的,应当依法作出决定。这样批捕决定权仍然在检察委员会,人民监督员的监督程序缺乏独立存在的价值。所以,截至 2007 年底,人民监督员仅监督检察机关查办的职务犯罪案件嫌疑人不服逮捕决定案件 1493 件;提出不同意检察机关拟维持原逮捕决定意见 55 件,检察机关采纳的仅27 件。①

(六) 备案审查流于形式

这突出表现在两个方面:

1. 备案审查范围过于狭窄。根据《规则》第 95 条的规定,只有批准逮捕的危害国家安全的案件、涉外案件以及检察机关直接立案侦查的案件,应当报上一级人民检察院备案。

2. 备案材料过于简单。最高人民检察院侦监厅在 2002 年审查逮捕工作方式改革中将《阅卷笔录》、《逮捕案件审查报告》和《逮捕案件审批表》三合为一,整合为《审查逮捕案件意见书》。这一改革方式进一步简化了内部工作程序,备案材料也就剩下了《审查逮捕案件意见书》。由于《审查逮捕案件意见书》往往比较简单,上一级检察机关难以从中审查出问题。

由于上述诸问题的存在,导致逮捕适用中出现一系列偏离逮捕制度设计初衷、以牺牲被逮捕人基本权利为代价的不良后果。主要表现在:逮捕羁押的普遍化,逮捕措施被过度使用。1993—1997 年 5 年间,全国检察机关共批准逮捕各类刑事犯罪嫌疑人 2893771 人,提起公诉 2807861 人,逮

---

① 最高人民检察院人民监督工作办公室人民监督员工作处:《以党的十七大精神为指导,推进人民监督员制度改革不断取得新的更大成效》,载《方圆法治·人民监督员专刊》2008 年第 1 期。

捕率为100.03%。① 1998—2002 年 5 年间，全国检察机关共批准逮捕各类刑事犯罪嫌疑人3601357 人，提起公诉3666142 人，逮捕率为98.23%。② 2003 年至2007 年，共批准逮捕各类刑事犯罪嫌疑人4232616 人，提起公诉4692655 人，逮捕率为90.19%。③ 近5 年逮捕率虽然有所下降，但逮捕率过高的现状没有根本改变。

三、 检察机关逮捕权监督制约机制的重构

从正当程序和保障人权的理念出发，我国逮捕制度改革的目标是实现逮捕程序的诉讼化和正当化。

（一） 严格划分逮捕提请权、 决定权的界限

修改《规则》第103 条规定，取消审查批捕检察官直接追捕犯罪嫌疑人的权力。检察机关在开展立案监督工作中有权自行决定抓捕犯罪嫌疑人的规定和做法混淆了检察官和警察的角色，不符合权力监督原理，应予修改。审查批捕人员要遵循告诉受理原则，对逮捕的司法审查程序仍由侦查机关提请而启动。侦查机关认为需要逮捕被控制的犯罪嫌疑人的，应提出申请连同侦查收集的证据材料，移送检察机关审查。对于公安机关应当提请逮捕的犯罪嫌疑人，而没有提请逮捕的，或逮捕后没有及时执行的，可以通过"说明不报捕（执行）理由通知书"等形式，进行程序上的监督，而不能自行决定逮捕后直接通知公安机关执行。

（二） 明确逮捕条件

刑事诉讼法应对"社会危险性"表现作出列举式规定，以便使逮捕的"社会危险性"条件更为明确。笔者建议，"有社会危险性"是指有证据证明犯罪嫌疑人具有下列情形之一的：（1）可能继续实施犯罪行为，危害社会的；（2）可能毁灭、伪造、转移、隐匿证据，干扰证人作证或者串供的；（3）可能自杀或者逃跑的；（4）可能实施打击报复行为的；（5）可

① 张思卿：《最高人民检察院工作报告》，《中华人民共和国最高人民检察院公报》1998 年第2 期。
② 韩杼滨：《最高人民检察院工作报告》，《中华人民共和国最高人民检察院公报》2003 年第2 期。
③ 贾春旺：《最高人民检察院工作报告》，《中华人民共和国最高人民检察院公报》2008 年第2 期。

能有碍本案或者其他案件侦查的；（6）犯罪嫌疑人居无定所、流窜作案、异地作案，不具备取保候审、监视居住条件的；（7）对犯罪嫌疑人不羁押可能发生社会危险性的其他情形。

有证据证明犯罪嫌疑人具有以下情形之一的，可以认为没有逮捕必要：（1）属于预备犯、中止犯，或者防卫过当、避险过当的；（2）主观恶性较小的初犯、偶犯，共同犯罪中的从犯、胁从犯，犯罪后自首、有立功表现或者积极退赃、赔偿损失、确有悔罪表现的；（3）过失犯罪的嫌疑人，犯罪后有悔罪表现，有效控制损失或者积极赔偿损失的；（4）因邻里、亲友纠纷引发的伤害等案件，犯罪嫌疑人在犯罪后向被害人赔礼道歉、赔偿损失，取得被害人谅解的；（5）犯罪嫌疑人系已满14周岁未满18周岁的未成年人或者在校学生，本人有悔罪表现，其家庭、学校或者所在社区以及居民委员会、村民委员会具备监护、帮教条件的；（6）犯罪嫌疑人系老年人或者残疾人，身体状况不适宜羁押的；（7）应当逮捕，但患有严重疾病，或者是正在怀孕、哺乳自己婴儿的妇女的；（8）可能判处3年以下有期徒刑、不予羁押确实不致再危害社会或者妨碍刑事诉讼正常进行的；（9）其他无逮捕必要的情形。笔者认为，上述规定基本上概括了当前司法实务中有逮捕必要和无逮捕必要的各种情形，修改刑事诉讼法应将上述情形予以立法化。

（三）推进审查批捕程序的诉讼化改造

在审查批捕程序中，应当建立起控（侦查部门，包括公安机关的侦查部门和检察机关的自侦部门）、辩（犯罪嫌疑人及其律师）、审（检察机关的侦查监督部门）三方组合的诉讼格局，以确保行使审查逮捕权的检察官保持中立，依法独立、公正行使这项司法审查权。改革逮捕制度，必须建立抗辩式的审查批捕模式，要能够让逮捕决定者更好地判断是否具有逮捕的必要性。要让逮捕的决定者获取更多的、更全面的信息，有来自犯罪嫌疑人、被害人及其律师的信息来判断是否有必要羁押，可否采取取保候审、监视居住等非羁押性措施，做到兼听则明、居中裁决，从而在羁押与采取非羁押性的替代措施之间作出正确的决定。

根据批捕程序应当具有诉讼形态的程序要求，笔者建议批捕听证程序。批捕听证程序应当体现诉讼中的三方主体参与，即控辩双方加上居中裁决的中立机构。控方是提请批捕的侦查人员，辩方是犯罪嫌疑人及其辩护人，中立的裁决者是检察机关的侦查监督部门人员。被害人及其委托的代理人可以参与批捕听证程序。批捕听证程序具体设计如下：（1）公开听证程序，由检察机关的侦查监督部门主持进行，听证各方当事人到场参加。（2）由决定采取逮捕的控方陈述其作出决定的理由，并由控方承担举证责任，提交证据证明采取逮捕的必要性和合理性。逮捕的必要性的证明应达到清楚和有说服力的证明程度。逮捕的必要性只能是具有现实可能性逃避审判、妨害证据等妨害诉讼顺利进行以及进一步犯罪等情形。（3）犯罪嫌疑人及其律师有权当面陈述申请不予羁押的理由。由犯罪嫌疑人及其辩护人就控方提出的理由及证据同控方展开辩论，双方可以就是否适用逮捕及相关证据发表意见。同时，被害人也可以就是否逮捕发表自己的观点。（4）由中立的裁决方在听取各方意见的基础上，结合有关证据进行评议，并根据评议的结果作出是否逮捕的决定。

（四）加强权利保护，强化权利监督

1. 建立逮捕理由书面说明制度。联合国《公民权利和政治权利国际公约》规定"对被逮捕和羁押的人必须告知逮捕、羁押的理由以及不利于他的任何控告。"犯罪嫌疑人了解自己被逮捕的理由，是其行使其他权利的前提。犯罪嫌疑人应当享有被告知逮捕、羁押理由的权利。公安、检察机关依法实施逮捕后，应当在短时间内告知被逮捕人逮捕的理由以及法律与事实根据。

2. 赋予被捕人申请复议、复核的权利。联合国《公民权利和政治权利国际公约》第9条第4项规定"被羁押者，无论是因受到刑事指控被拘禁，或者是受到行政性拘留，皆有权启动法律程序，即向司法机关对羁押的合法性提出异议，如果该羁押被认为非法，则被羁押者应被释放"。我国应明确规定犯罪嫌疑人、被告人及其辩护人对检察机关采取的逮捕决定不服时，有权向作出决定的机关申请复议一次，检察机关应当及时（可考虑在其接到复议申请的5日以内）作出复议决定并书面答复申请人；如对复议决定仍不服，有权向作出决定机关的上一级检察机关提请复核，上一级检察机关应当立即复核，并及时作出是否变更的决定，复核决定为终局决定。

3. 赋予犯罪嫌疑人变更逮捕措施申请权。被采取了逮捕措施的犯罪嫌疑人认为公安机关、人民检察院采取的逮捕措施不当时，有申请变更的权

利。被申请的机关应当组织听证会，由申请人及其聘请的律师、案件承办人参加，公安机关的法制部门或者人民检察院的批捕部门在充分听取申请方与案件承办方的意见后，作出是否变更逮捕措施的决定。

4. 赋予律师在审查批捕阶段享有阅卷权和调查取证权。新律师法对于审查批捕阶段，律师是否享有阅卷权和调查取证没有作出任何规定，实际上是否定了律师享有阅卷权和调查取证权。为了更好地发挥律师作用，建议在审查批捕阶段赋予辩护律师享有查阅讯问犯罪嫌疑人的笔录、诉讼文书和鉴定意见的权利。同时，在审查批捕阶段，辩护律师除享有申请收集、调取、保全证据的权利外，还可以对犯罪嫌疑人不构成犯罪的事实或没有逮捕必要的事实进行调查取证。

5. 增设被害人对不逮捕决定的知情权和申诉权。被害人是刑事诉讼的重要当事人，理应享有正当的诉讼权利。为了保护被害人的合法知情权，检察机关应当将不批准逮捕决定通知被害人，向被害人说明不捕理由。同时，应赋予被害人对不批准逮捕决定的申诉权。

（五）加强人民监督员的监督

1. 扩大人民监督员监督案件的范围。笔者建议，应将未成年人犯罪案件嫌疑人不服逮捕决定的，纳入人民监督员监督的范围。

2. 赋予犯罪嫌疑人、辩护人及其近亲属有启动人民监督员的监督程序的权力。即不服逮捕决定的犯罪嫌疑人、辩护人及其近亲属都有权向人民监督员提出监督申请。同时在《逮捕羁押期限及权利义务告知书》中明确规定，告知内容包括"如不服逮捕决定可以要求人民监督员监督"。

3. 提高人民监督员监督效力的刚性。人民监督员对不服逮捕决定进行审查后，经表决多数人不同意侦查监督部门的意见的，应当提交上一级人民检察院复核，上一级检察院应当复核。上级检察院的决定，下级检察院应当执行。这样，既简化了程序，也实现了监督的外部性，使人民监督员的监督意见真正具有了程序意义上的刚性，具有了程序上的独立价值。

（六）完善备案审查制度，强化上级检察机关的监督

1. 扩大备案审查范围。现行备案审查范围仅限于批准逮捕的危害国家安全的案件、涉外案件以及检察机关直接立案侦查的案件，明显过窄。笔者建议，应当将所有审查逮捕案件纳入备案审查范围。这虽然增加了工作

量，但有利于加强上级检察机关对下级检察机关审查批捕工作的监督。

2. 充实备案材料。充实备案材料旨在提高《审查逮捕案件意见书》的制作水平。《审查逮捕案件意见书》中，在"经审查认定的案件事实及证据"部分，应对证据的可采性、证明力进行充分的论证分析。同时，应对刑罚条件和社会危险性条件进行详细的论证。

3. 明确备案审查责任。检察机关应将备案审查纳入检察官责任考核范围。对接到备案审查材料后，不审查或不及时审查，造成不良后果的，应根据《检察人员执法过错责任追究条例》追究相应的责任。

附条件逮捕制度质疑 *

　　所谓"附条件逮捕"，是指在审查批捕阶段，对于证据有所欠缺但已基本构成犯罪、认为经过进一步侦查能够取到定罪所必需的证据、确有逮捕必要的重大案件的犯罪嫌疑人批准逮捕，如侦查后仍未能取到定罪所必需的充足证据，则及时撤销批准逮捕决定的一项强制措施适用制度。①

　　1998 年前后个别检察机关就该制度进行了探索。2003 年底北京市检察院开展了一次案件质量的专项复查，捕后无罪处理案件的快速上升引起了检察院领导的注意。2004 年上半年北京市检察系统展开了批捕起诉案件质量大复查，重点审查捕后无罪处理的案件。他们经过调研提出用"附条件逮捕"作为处理特殊案件的补充性措施，即对有些特殊案件如特别严重的暴力、侵犯人身权利、危害公共安全等犯罪，数额特别巨大的经济犯罪和职务犯罪，以及一些情节特别严重或影响特别恶劣的其他重大犯罪的犯罪嫌疑人，关键证据已经固定并具有排他性，但其他证据尚有缺陷的，可以设定特殊程序先予逮捕，同时实施有效地引导侦查取证和跟踪监督。一旦发现侦查机关或部门未按时按要求完成补充侦查取证工作，案件仍未达到逮捕标准时，应及时建议撤销逮捕决定。2005 年 1 月北京市检察院向最高人民检察院呈送了《关于当前审查逮捕案件质量存在的主要问题及对策的报告》，正式把"附条件逮捕"作为适用逮捕措施的一项执法标准单列了出来。② 2005 年 5 月在全国检察机关第二次侦查监督工作会议上，最高人民检察院认为，对逮捕的"有证据证明有犯罪事实"这一条件，要以"证据所证明的事实构成犯罪"为原则，以"证据所证明的事实基本构成犯

---

*　原载《现代法学》2009 年第 5 期。

① 在探索中，有的称为"风险逮捕"，有的称为"有条件逮捕"，还有的称为"相对批捕"、"特别逮捕"或"附条件逮捕定期审查制度"等。

② 陈虹伟、王峰：《寻求惩罚犯罪与保障人权的平衡点——附条件逮捕制度低调运行 3 年后加速推进》，《法制日报》2008 年 8 月 31 日第 1 版。

附条件逮捕制度质疑

581

罪"为例外，"基本构成犯罪"确需逮捕的，要具备并附加必要的条件。会后，最高人民检察院明确提出并要求在全国实行"附条件逮捕"这一工作制度。

2006 年 8 月 17 日最高人民检察院第十届检察委员会第五十九次会议通过的《人民检察院审查逮捕质量标准（试行）》（以下简称《质量标准》）第 4 条规定："'有证据证明有犯罪事实'，一般是指证据所证明的事实已构成犯罪。对于证据有所欠缺但已基本构成犯罪、认为经过进一步侦查能够取到定罪所必需的证据、确有逮捕必要的重大案件的犯罪嫌疑人，经过检察委员会讨论决定可以批准逮捕并应当采取以下措施：（一）向侦查机关发出补充侦查提纲，列明需要查明的事实和需要补充收集、核实的证据，并及时了解补充取证情况；（二）批准逮捕后三日内报上一级人民检察院备案；（三）侦查机关在侦查羁押期限届满时，仍未能取到定罪所必需的充足证据的，应当及时撤销批准逮捕决定。"这标志着附条件逮捕制度正式确立。2008 年 8 月 29 至 30 日，由北京市人民检察院、中国社会科学院法学所和北京市人民检察院第二分院主办的"逮捕制度的深化与发展专题研讨会"在京召开，研讨会的主题就是附条件逮捕制度，绝大部分学者对此持肯定态度，认为"检察机关创新附条件逮捕制度旨在实现惩治犯罪与保障人权统一"。[①] 该制度确定以来，在审查逮捕工作中被广泛运用。

笔者认为，附条件逮捕制度作为一项重大的审查逮捕举措出台，缺失其合法性、合理性和正当性。理由如下：

一、 该制度没有法律授权

有的同志认为，附条件逮捕制度的法律依据是：（1）符合 1996 年刑事诉讼法修改逮捕条件的立法精神。（2）符合逮捕阶段证明标准的法定要求。[②] 有的学者认为："附条件逮捕制度的正当性和合法性没有问题，与刑事诉讼法的规定并不矛盾。因为法定逮捕条件、特别是第一个条件'有证据证明有犯罪事实'，规定得比较模糊，所以'六部委'才出台了解释，

---

① 张立：《检察机关创新附条件逮捕制度旨在实现惩治犯罪与保障人权统一》，《检察日报》2008 年 8 月 30 日，第 3 版。

② 苗生明、王伟：《附条件逮捕定期审查制度若干问题研究》，《人民检察》2008 年第 20 期。

但是相关解释并没有解决问题。刑事诉讼法按照比例原则要求惩罚犯罪与保障人权相平衡，因此逮捕条件应该进行必要调整。"① 笔者认为，附条件逮捕制度已突破了法律界限。1996 年刑事诉讼法第 60 条第 1 款规定："对有证据证明有犯罪事实，可能判处徒刑以上刑罚的犯罪嫌疑人、被告人，采取取保候审、监视居住等方法，尚不足以防止发生社会危险性，而有逮捕必要的，应即依法逮捕。" 如何理解"有证据证明有犯罪事实"，理论和实务界曾有多种解释：（1）"个数说"，认为"有证据"就是有一个或两个有罪证据即可。（2）"相当说"，认为只要有相当的确实证据证明犯罪即可。（3）"充分说"，认为"有证据"是指有确实、充分的证据，即有证据证明犯罪行为确实是犯罪嫌疑人所为，且有足够的证据证明这一犯罪事实。（4）基本充分说，认为"有证据"是指有基本确实、充分的证据。（5）"充足说"，认为"有证据"应当有充足的证据，"证据充足"不等于"证据充分"，"证据充足"相对于某一具体犯罪事实而言，只要足以证明有犯罪事实即可；而"证据充分"相对于所有犯罪事实而言，其数量必须覆盖所有案件事实的情节。② 1998 年 1 月 19 日"六部委"联合颁布的《关于刑事诉讼法实施中若干问题的规定》（以下简称"六部委"的《规定》）第 26 条规定："'有证据证明有犯罪事实'，是指同时具备下列情形：（一）有证据证明发生了犯罪事实；（二）有证据证明犯罪事实是犯罪嫌疑人实施的；（三）证明犯罪嫌疑人实施犯罪行为的证据已有查证属实的。犯罪事实可以是犯罪嫌疑人实施的数个犯罪行为中的一个。"2001 年 8 月最高人民检察院、公安部颁布的《关于适用刑事强制措施有关问题的规定》再次重申"六部委"的规定。"六部委"的《规定》颁布后，对"有证据证明有犯罪事实"的认识逐步得到统一，即"证据所证明的事实已构成犯罪"。这种证据标准，既不是立案时仅能证明有犯罪"嫌疑"、拘留时能证明有"重大嫌疑"的证据，也不是侦查终结、起诉、审判所构成的"确实、充分"的证据，而是"基本确实、充分"的证据。这种证据是在起点犯罪上已接近"确实、充分"，但又存在一定距离的证据，依此证据逮捕犯罪嫌疑人，基本上不会捕错。③ 但《质量标准》却规定，对于证据

---

① 李继华：《附条件逮捕：控制犯罪与保障人权的权衡选择——逮捕制度的深化与发展专题研讨会综述》，《人民检察》2008 年第 20 期。

② 甄贞主编：《刑事诉讼法学研究综述》，法律出版社 2002 年版，第 136—137 页。

③ 朱孝清：《关于逮捕的几个问题》，《法学研究》1998 年第 2 期。

有所欠缺但已基本构成犯罪、认为经过进一步侦查能够取到定罪所必需的证据、确有逮捕必要的重大案件的犯罪嫌疑人，经过检察委员会讨论决定可以批准逮捕。这一规定表明，对于证据有所欠缺，不符合逮捕条件的重大案件的犯罪嫌疑人可以批准逮捕。尽管这种逮捕要符合一定条件，且捕后有三项补救措施，但其核心是将原本不符合逮捕条件的犯罪嫌疑人批准逮捕。对犯罪嫌疑人实施逮捕是国家追诉机关以其国家公共权力的强制性手段剥夺公民的人身自由权，这种权力的行使本身就具有极大的危险性。因此，必须严格依照法律授权加以实施。任何权力机关不得以自我授权或越权的方式对犯罪嫌疑人进行逮捕。所以，附条件逮捕制度是违背 1996 年刑事诉讼法第 60 条规定的，是在法律规定之外另设批捕标准，实质上降低了我国刑事诉讼法所规定的逮捕条件，缺失其合法性。

二、 该制度背离刑事诉讼的价值目标

刑事诉讼的价值目标是惩罚犯罪与保障人权的统一。在司法实践中惩罚犯罪与保障人权往往会发生矛盾冲突。有的学者认为，就审查逮捕来说，应当确定以"惩罚犯罪"为第一选择。理由是：第一，逮捕环节处于侦查的初期，受客观条件的限制，一些案件并不能完全达到法定批捕条件的要求，但又确有继续侦查的必要，一旦对犯罪嫌疑人不予批捕，就将给侦查工作带来严重的阻碍，甚至无法侦破案件。第二，检察机关作为代表国家对犯罪实施追诉的职能部门，其追诉犯罪本身是对社会整体自由和秩序的保障，其保障人权的目的追求从总体角度来看是通过打击犯罪来实现的。因此，在批捕阶段应采用"惩罚犯罪"优先的价值观。[①] 附条件逮捕制度正是这种价值观的集中体现。笔者认为，"惩罚犯罪"和"保障人权"都是刑事诉讼的价值体现，两者应当并重，不能偏废。在总体目标上要力求犯罪控制与人权保障的平衡。过去我们比较突出强调打击犯罪，甚至把逮捕作为惩治犯罪的工具，很大程度上忽视了对犯罪嫌疑人合法权益的保护。司法机关及其工作人员在实践中常把逮捕视为配合侦查和惩罚犯罪的有力手段、把捕人数量作为衡量"严打"力度的标志。因此，普遍存在着"有罪即捕"的错误认识。2004 年 3 月 14 日通过的宪法修正案增加规定了

---

① 孙秀宁：《逮捕案件质量标准研究》，《人民检察》2003 年第 12 期。

"国家尊重和保障人权"。在人权保障入宪的条件下，更应充分、全面地保障各方面诉讼参与人特别是犯罪嫌疑人的合法权益，已成为现代法治对刑事司法工作的基本要求。要通过适用逮捕惩治犯罪，同时要通过限制逮捕的适用来保护公民的合法权益，要牢固树立"宁纵勿枉"，侧重保障人权的现代司法理念。而附条件逮捕制度是以降低逮捕条件为核心，以有利于打击犯罪作为出发点的，其结果必然是把不符合逮捕条件的犯罪嫌疑人予以逮捕，偏离了保障人权的价值目标。

三、 该制度的设立前提不成立

不少同志认为，附条件逮捕制度遵循了刑事诉讼法中"有证据证明有犯罪事实"的逮捕原则，"批捕尺度"不但不逾矩，更是对刑事诉讼法规定的批捕条件的回归。因为现行的司法实践中，对批捕条件的把握远远比刑事诉讼法中要求严格，这种附条件的适当放宽，其实是对刑事诉讼法要求的回归。[1] 也就是说，附条件逮捕制度出台的预设前提是：原来逮捕条件掌握过于严格了，不符合刑事诉讼法的要求。正因为司法实践中对逮捕条件的掌握过于严格了，为了有力地打击犯罪，所以要放宽逮捕条件。笔者认为，这一判断是不符合逮捕客观实际的。司法实践中尽管个别地方个别案件上存在该捕不捕的问题，但就全国来说，当前的主要矛盾还是不该捕而捕及逮捕率过高的问题，基本不存在逮捕条件掌握过严的现象。在我国，逮捕数量很大，逮捕适用率非常高。1993—1997 年 5 年间，全国检察机关共批准逮捕各类刑事犯罪嫌疑人 2893771 人，提起公诉 2807861 人，逮捕率为 100.03%。[2] 1998—2002 年 5 年间，全国检察机关共批准逮捕各类刑事犯罪嫌疑人 3601357 人，提起公诉 3666142 人，逮捕率为 98.23%。[3] 2003 年至 2007 年，全国检察机关共批准逮捕各类刑事犯罪嫌疑人 4232616 人，提起公诉 4692655 人，逮捕率为 90.19%。[4] 近 5 年中逮捕率虽然有所下降，但逮捕率过高的现状并没有根本改变。地方的实证研究也证明这一点。如浙江省桐乡市检察机关 2003 年至 2005 年间受理提请批准逮捕的人

---

[1] 刘金林：《附条件逮捕：人权保障背景下的探索》，《检察日报》2008 年 9 月 5 日，第 3 版。
[2] 张思卿：《最高人民检察院工作报告》，《中华人民共和国最高人民检察院公报》1998 年第 2 期。
[3] 韩杼滨：《最高人民检察院工作报告》，《中华人民共和国最高人民检察院公报》2003 年第 2 期。
[4] 贾春旺：《最高人民检察院工作报告》，《中华人民共和国最高人民检察院公报》2008 年第 2 期。

数分别是 672 人、946 人、1217 人，批准逮捕的人数分别是 658 人、925人、1171 人，批捕率分别是 97.92%、97.78%、96.22%，三年平均批准率达 97.14%。[①] 这样高的逮捕率，怎么能得出逮捕条件掌握过严的结论？由此可见，那种认为现在对逮捕条件掌握过严的说法是没有实践根据的。再说，如果认为附条件逮捕制度是对刑事诉讼法规定的批捕条件的回归，那么，我们应该做的是尽快将那些与刑事诉讼法的规定相矛盾的司法解释（包括"六部委"的《规定》）予以废除或修改，从而使司法解释、司法实践回归到刑事诉讼法所规定的逮捕条件中来，而不是另行创设一套与普通逮捕条件不同的附条件逮捕制度。

四、 该制度内容模糊， 难以避免逮捕适用扩大化和超期羁押现象

根据《质量标准》第 4 条规定，附条件逮捕案件必须满足三个条件：（1）案件事实证据已基本构成犯罪；（2）根据现有事实、证据分析，认为经过进一步侦查能够取到定罪所必需的证据；（3）必须是有逮捕必要的重大有影响案件。同时采取三项措施：（1）向侦查机关发出补充侦查提纲，列明需要查明的事实和需要补充收集、核实的证据，并及时了解补充取证情况；（2）批准逮捕后 3 日内报上一级人民检察院备案；（3）侦查机关在侦查羁押期限届满时，仍未能取到定罪所必需的充足证据的，应当及时撤销批准逮捕决定。在上述内容中存在不少模糊之处，其中主要问题有四个：第一，在证明标准和证明范围方面。"附条件逮捕"的适用条件不像普通逮捕条件规定得那么明确具体，"附条件逮捕"中所规定的"证据有所欠缺但已基本构成犯罪"规定很笼统。《质量标准》规定中没有明确、具体的解释，司法实践中很容易出现理解性偏差。第二，如何判断"经过进一步侦查能够取到定罪所必需的证据"？根据《质量标准》的规定，我国逮捕条件中的"有证据证明有犯罪事实"，包括"证据所证明的事实已构成犯罪"（普通逮捕）和"证据所证明的事实已基本构成犯罪"（附条件逮捕）两个层面。附条件逮捕的证据要求之所以不同于普通逮捕对证据的要求，就在于：附条件逮捕中"证明犯罪嫌疑人实施犯罪行为的证据已

---

① 曹国华、康建弘：《逮捕适用的问题与对策》，《浙江检察》2007 年第 6 期。

查证属实"做了最低限度的要求，即允许证据有所欠缺，但是要求有进一步取得定罪所欠缺证据的可能为前提条件。这里能否取得定罪所必需的证据，在作出批准逮捕决定时是处于一种不确定的状态，是一种主观判断。这种主观判断的依据何在？由于《质量标准》中无法作出进一步的规定，实践中就难以避免作出随意性解释。第三，"重大案件"的范围如何限定？《质量标准》没有规定重大案件的范围。有的认为，重大案件的刑期标准应限定为"3 年以上有期徒刑、无期徒刑或者死刑"，[1] 有的认为，重大案件的刑期标准应为"可能判处 10 年以上有期徒刑"；[2] 而有的则认为，对"重大案件"的范围不宜做过分严格的限制，罪名上可以扩展到一般刑事犯罪，在影响范围上应当以本地区、本辖区影响重大为标准。[3] 重大案件范围的不确定，容易导致实践中各行其是。第四，如何掌握撤销批准逮捕决定的时间？根据《质量标准》规定，一旦附条件逮捕的案件在侦查羁押期限届满时，未能取到定罪所必需的充足证据的，应当及时撤销批准逮捕决定。但问题是：从逮捕后的侦查羁押期限来看，一般羁押期限可达 2 个月，按照刑事诉讼法第 124、126、127 条的规定，延长羁押期限可达 7 个月。另外，根据刑事诉讼法第 128 条的规定，在侦查期间，发现犯罪嫌疑人另有重要罪行的，自发现之日起重新计算侦查羁押期限。由于这类案件都是"重大案件"，一般都符合延长羁押期限的条件，所谓"侦查羁押期限届满时"是一个不确定的期限概念。既然如此，"及时"撤销批准逮捕就难以做到，其结果必然是造成大量的隐形超期羁押现象的存在。

五、 该制度为 "以捕代侦" 提供了方便之门

逮捕作为一种程序性的强制措施，其功能只能是保障刑事诉讼的顺利进行以及预防可能发生的犯罪。逮捕只是刑事诉讼的一个非必经的环节，逮捕虽然直接剥夺了人身自由，但其本身并不是一种实体处分，适用逮捕措施必须有一定质和量的证据证明犯罪嫌疑人符合逮捕条件。实践中的"以捕代侦"，是不考虑法律规定的逮捕条件，适用逮捕的是为了侦查的需

---

[1]　苗生明、王伟：《附条件逮捕定期审查制度若干问题研究》，《人民检察》2008 年第 20 期。

[2]　杨金才：《审慎对待"风险逮捕"》，《检察日报》2008 年 6 月 8 日，第 3 版。

[3]　李继华：《附条件逮捕：控制犯罪与保障人权的权衡选择——逮捕制度的深化与发展专题研讨会综述》，《人民检察》2008 年第 20 期。

要，为了侦查机关办案的需要，是期望以逮捕的震慑力来突破口供以获取证据。"以捕代侦"是一种严重的违法行为。而附条件逮捕的本质是"以捕代侦"，使逮捕完全置于侦查破案的需要。

六、 该制度背离我国逮捕的基本原则

20 世纪 50 年代初期，毛泽东在《镇压反革命必须实行党的群众路线》一文中指出："凡介在可捕可不捕之间的人一定不要捕，如果捕了就是犯错误。"从此，实行少捕人，对于介乎可捕可不捕之间的坚持不捕，成为党的一贯主张。60 年代初党中央提出"三少"政策，其中之一就是少捕。[①]"可捕可不捕的不捕"，作为检察机关审查批捕的指导思想，体现了逮捕的谦抑原则。逮捕的谦抑原则，即在批准或决定逮捕的过程中，尽可能地少捕或不捕，以减少逮捕给人权带来的危险性，取得最佳的法律效益和社会效益。[②] 我国逮捕制度谦抑原则的本质内容是尽可能地少捕，以降低对犯罪嫌疑人、被告人自由的限制程度来最大限度地保障犯罪嫌疑人、被告人的人权。2003 年 11 月 24 日最高人民检察院在《最高人民检察院关于在检察工作中防止和纠正超期羁押的若干规定》中明确指出："各级人民检察院应当严格按照《中华人民共和国刑事诉讼法》的有关规定适用逮捕等剥夺人身自由的强制措施，依法全面、正确掌握逮捕条件，慎用逮捕措施，对确有逮捕必要的，才能适用逮捕措施。"2006 年 12 月 28 日最高人民检察院《关于在检察工作中贯彻宽严相济刑事司法政策的若干意见》第 7 条又强调："逮捕是最严厉的刑事强制措施，能用其他强制措施的尽量使用其他强制措施。审查批捕要严格依据法律规定，在把握事实证据条件、可能判处刑罚条件的同时，注重对'有逮捕必要'条件的正确理解和把握。……对于罪行严重、主观恶性较大、人身危险性大或者有串供、毁证、妨碍作证等妨害诉讼顺利进行可能，符合逮捕条件的，应当批准逮捕。对于不采取强制措施或者采取其他强制措施不至于妨害诉讼顺利进行的，应当不予批捕。对于可捕可不捕的坚决不捕。"多年来，各级检察机关在各种报告和宣传中都将"坚持少捕，可捕可不捕的不捕；坚持少押，

---

① 王桂五：《王桂五论检察》，中国检察出版社 2013 年版，第 456 页。

② 孙谦：《检察：理念、制度与改革》，法律出版社 2004 年版，第 324 页。

可押可不押的不押"作为逮捕工作的基本原则。附条件逮捕制度则违背了这一原则，不恰当地扩大了逮捕的适用范围。

七、 该制度与我国刑事赔偿范围相矛盾

对于检察机关批准逮捕后，因证据不符合起诉条件的不起诉和因事实不清、证据不足判无罪，批准逮捕的机关是否需要赔偿的问题，理论与实践中长期存在不同观点。一种观点认为，这种情况应予赔偿。该观点得到了最高人民法院的认可。最高人民法院赔偿委员会 2000 年 3 月 8 日颁布的《关于检察机关作出不起诉决定视为无罪应当承担国家赔偿责任的批复》中规定："人民检察院在刑事诉讼过程中，根据《刑事诉讼法》第一百四十条第四款规定作出的不起诉决定，应视为对案件作出了无罪的决定。检察机关在批捕时即便有部分可以证明有罪的证据，但如果在起诉时仅凭这些证据仍不能证明犯罪嫌疑人有罪，并作出不起诉决定的，在法律上不能认定有罪，应按无罪处理。"另一种观点认为，这种情况不属于国家赔偿法第 15 条规定的范畴，不应赔偿。这一观点得到了最高人民检察院的支持。2000 年 12 月 28 日最高人民检察院颁布的《人民检察院国家赔偿工作规定》第 8 条规定："证据不足的撤销案件、不起诉案件或者判决无罪的案件，应当由人民检察院分别下列情形对检察机关作出的逮捕、拘留决定有无侵犯人身权情形依法确认：（一）对不能证明有犯罪事实或者不能证明有犯罪重大嫌疑的人错误拘留的，予以确认；（二）对不能证明有犯罪事实的人错误逮捕的，予以确认；（三）对有证据证明有部分犯罪事实的人拘留、逮捕，或者有证据证明有犯罪重大嫌疑的人拘留的，不予确认。"该司法解释规定，如果逮捕时符合法律规定的，即便捕后撤案、不起诉或判决无罪的，也不予赔偿。对于附条件逮捕案件来说，这类案件本不符合逮捕条件，所以在侦查羁押期限届满时，侦查机关仍未能取到定罪所必需的充足证据，从而撤销批准逮捕决定的，应当属于错捕，检察机关应当赔偿。但是，这种逮捕也是由最高人民检察院的司法解释加以肯定的，是有法定根据的，根据《人民检察院国家赔偿工作规定》则不属于错捕，检察机关不应当赔偿，这势必给被害人取得国家赔偿带来极大的困难，从而损害被害人的合法权益。

附条件逮捕制度质疑

八、 该制度缺乏权利监督制约

强化犯罪嫌疑人及其律师的权利保障，以权利的深度、广度来抗衡权力的力度、强度，是刑事法治建设的重要内容，也是制约权力最深厚的群众基础。刑事诉讼中犯罪嫌疑人处于明显的弱势地位，其合法权利更应当予以有效保护。我国刑事诉讼法规定的审查逮捕程序，没有赋予犯罪嫌疑人应有的诉讼权利，缺乏辩护权对批捕权的制衡。《质量标准》除第11条第3款规定"讯问犯罪嫌疑人时，应当依法告知其享有的诉讼权利，认真听取其供诉、辩解"外，没有赋予犯罪嫌疑人更多的诉讼权利，其合法权利受到侵犯时，也没有规定救济途径。附条件逮捕制度旨在强化了司法机关的"权力至上"理念。《质量标准》虽然规定，附条件逮捕要经过检察委员会讨论决定；批准逮捕后3日内要报上一级人民检察院备案。但这些监督制约仅仅限于检察机关内部的监督制约，其作用是十分有限的。

总之，附条件逮捕制度实质上修改了刑事诉讼法规定，扩张了检察机关的逮捕权，不利于保障犯罪嫌疑人的合法权益。目前《质量标准》处在试行阶段，为了维护国家法制统一，笔者建议，全国人民代表大会法律委员会或有关专门委员会应当根据2006年8月27日通过的监督法对《质量标准》第4条进行审查，经审查认为该司法解释同法律规定相抵触的，最高人民检察院应当予以修改或者废止。

审查批捕方式的反思与重构*

　　刑事诉讼中的逮捕是经人民检察院批准或决定，或人民法院决定，由公安机关执行的，对有证据证明有犯罪事实，可能判处徒刑以上刑罚的犯罪嫌疑人、被告人，采取取保候审、监视居住等方法，尚不足以防止社会危险性，而有逮捕必要的，暂时剥夺其人身自由的强制措施。逮捕是刑事诉讼中最为严厉的强制措施，它涉及国家公权力和公民私权利的冲突和平衡。它犹如一把"双刃剑"，准确适用逮捕可以有力地打击犯罪，对防止犯罪嫌疑人社会危险性，确保诉讼顺利进行起着重要的保障作用；不当适用则直接侵犯犯罪嫌疑人、被告人的人身权利。

　　20 世纪 90 年代以来，最高人民检察院对审查批捕制度进行了一系列的改革。如：1998 年 10 月 21 日最高人民检察院颁布《关于完善人民检察院侦查工作内部制约机制的若干规定》。该规定强调，人民检察院办理案件，实行侦查工作与审查决定逮捕工作相分离，人民检察院侦查部门在侦查中需要逮捕犯罪嫌疑人的，一律由审查逮捕部门审查。2002 年最高人民检察院侦监厅对审查逮捕工作方式进行改革，将《逮捕案件审查报告》和《逮捕案件审批表》整合为《审查逮捕案件意见书》，进一步简化了内部工作程序。2006 年 9 月 28 日最高人民检察院又颁布了《人民检察院审查逮捕质量标准（试行）》等。但总体而言，审查批捕制度改革迟缓，成效不大。2008 年 11 月 28 日中共中央政治局会议原则通过了《中央政法委员会关于深化司法体制和工作机制改革若干问题的意见》。

　　该意见强调，在继续抓好 2004 年中央确定的司法体制和工作机制改革事项的基础上，从人民群众司法需求出发，以维护人民利益为根本，以促进社会和谐为主线，以加强权力监督制约为重点，紧紧抓住影响司法公正、制约司法能力的关键环节，进一步解决体制性、机制性、保障性障碍，优化司

---

　　* 本文原载《河南政法管理干部学院学报》2010 年第 1 期。

法职权配置，规范司法行为，建设公正高效权威的中国特色社会主义司法制度，为保障社会主义市场经济体制顺利运行，为中国特色社会主义事业提供坚强可靠的司法保障和稳定和谐的社会环境。伴随着司法改革进入新的阶段，审查批捕制度改革应当引起高层和最高人民检察院的足够关注。

一、 现行审查批捕方式的缺陷

现行的审查批捕程序完全是一种检察机关单方的职权行为，是一种行政化的审批程序。这种行政化的审批程序的缺陷主要表现在：

（一） 审查方式的书面化

1999 年 1 月 18 日最高人民检察院颁布的《人民检察院刑事诉讼规则》（以下简称《规则》）第 92 条规定："审查逮捕部门办理审查逮捕的案件，应当指定办案人员进行审查。办案人员应当审阅案卷材料，制作阅卷笔录，提出批准或者决定逮捕、不批准或者不予逮捕的意见……"检察机关批准或决定逮捕的案件，一般只是进行书面审查。陈瑞华教授认为，中国刑事审判中实际存在着一种案卷笔录中心主义的裁判模式。刑事法官普遍通过阅读检察机关移送的案卷笔录来展开庭前准备活动，对于证人证言、被害人陈述、被告人供述等言词证据，普遍通过宣读案卷笔录的方式进行法庭调查，法院在判决中甚至普遍援引侦查人员所制作的案卷笔录，并将其作为判决的基础。[①] 而这一特点在审查批捕阶段表现得更为突出和严重。审查批捕人员唯一需要做的是审阅侦查机关的案卷材料。

（二） 犯罪嫌疑人不能充分介入审查批捕程序

在审查逮捕阶段，犯罪嫌疑人作为诉讼主体不仅不能主动地介入审查批捕程序，而且即使是被动地接受检察机关的讯问都成为问题，犯罪嫌疑人诉讼主体地位难以保证。实务界对检察机关审查逮捕阶段能否讯问犯罪嫌疑人一直存有争议。[②] 有的认为，1998 年 1 月最高人民法院、最高人民检察院、公安部、国家安全部、司法部、全国人大常委会法制工作委员会

---

① 陈瑞华：《刑事诉讼的中国模式》，法律出版社 2008 年版，第 109—110 页。

② 张建忠、方洁：《检察机关在审查批捕环节有权讯问犯罪嫌疑人》，《人民检察》2007 年第 15 期。

颁布的《关于刑事诉讼法实施中若干问题的规定》第 27 条规定："人民检察院审查公安机关提请批准逮捕的案件，应当作出批准或者不批准逮捕的决定，对报请批准逮捕的案件不另行侦查。"而讯问犯罪嫌疑人属于侦查行为，因此，检察机关在审查逮捕期间不应当讯问犯罪嫌疑人。《规则》第 97 条规定："审查逮捕部门办理审查逮捕案件，不另行侦查。在审查批捕中如果认为报请批准逮捕的证据存有疑问的，可以复核有关证据，讯问犯罪嫌疑人、询问证人。但讯问未被采取强制措施的犯罪嫌疑人的，讯问前应当征求公安机关或者本院侦查部门的意见。"这一司法解释，尽管肯定在审查批捕环节检察机关有权讯问犯罪嫌疑人，但这种讯问程序仍有不少缺陷，表现在：第一，在审查批捕中，只有在办案人员认为报请批准逮捕的证据存有疑问时，才可以讯问犯罪嫌疑人。而且审查逮捕中的讯问限于核实案件的事实与证据，没有规定检察机关必须去了解掌握与"逮捕必要性"的相关信息。这显然不利于检察机关全面评估犯罪嫌疑人的人身危险性。第二，对讯问犯罪嫌疑人的要求只是"可以"，而不是"应当"。既然是"可以"，那么不讯问犯罪嫌疑人，也不算违法。第三，讯问未被采取强制措施的犯罪嫌疑人，讯问前应当征求侦查机关的意见。也就是说，如果侦查机关不同意讯问，审查逮捕部门则不能讯问。由于存在以上缺陷，当前审查逮捕工作中不少地方对绝大多数案件不提讯犯罪嫌疑人，即便是提审犯罪嫌疑人，其目的也是为了复核有关证据，而不是为了听取犯罪嫌疑人对逮捕的意见。

（三） 辩护律师不能介入审查批捕程序

1996 年修正后的刑事诉讼法第 96 条规定，犯罪嫌疑人在被侦查机关第一次讯问后或者采取强制措施之日起，可以聘请律师为其提供法律咨询、代理申诉、控告。犯罪嫌疑人被逮捕的，聘请的律师可以为其申请取保候审。涉及国家秘密的案件，犯罪嫌疑人聘请律师，应当经侦查机关批准。受委托的律师有权向侦查机关了解犯罪嫌疑人涉嫌的罪名，可以会见在押的犯罪嫌疑人，向犯罪嫌疑人了解有关案件情况。律师会见在押的犯罪嫌疑人，侦查机关根据案件情况和需要可以派员在场。涉及国家秘密的案件，律师会见在押的犯罪嫌疑人，应当经侦查机关批准。除此以外，刑事诉讼法没有任何条文规定律师可以介入审查批捕程序。即便是律师会见权在执行中也是困难重重。在审查批捕阶段，律师既无阅卷权，也无调查取证权，难以从侦查机关、检察机关或通过自身的调查了解掌握有关案件及嫌疑人应否逮捕的信息。

（四） 被害人不能介入审查批捕程序

我国 1996 年的刑事诉讼法第 82 条虽然赋予被害人以当事人的法律地位，但在进行具体权利分配时，并未赋予被害人享有与其当事人身份相应的权利保障。在审查批捕阶段，被害人不仅不能介入相关程序，甚至连基本的知情权也没有规定。如现行法律没有规定，人民检察院作出的不批准逮捕决定应当告知被害人。侦查阶段被害人知情权的缺失，导致其无法通过法定途径了解案件的进展情况以及犯罪嫌疑人是否被采取逮捕等强制措施。对于检察机关以"不构成犯罪"作出的不批准逮捕决定，虽然《人民检察院复查刑事申诉案件规定》赋予了被害人进行申诉的权利，但并未规定受理申诉的法定期限、申诉的处理程序、处理结果的法律效力等问题。因而，被害人对不批准逮捕决定的申诉权实际上难以有效行使。

（五） 审查批捕检察官地位不中立， 追诉色彩浓厚

《规则》第 103 条规定："人民检察院办理审查逮捕案件，发现应当逮捕而公安机关未提请批准逮捕的犯罪嫌疑人的，应当建议公安机关提请批准逮捕。如果公安机关不提请批准逮捕的理由不能成立的，人民检察院也可以直接作出逮捕决定，送达公安机关执行。"根据这一规定，各级检察机关在审查批捕中都可以直接自行决定逮捕犯罪嫌疑人，而且各级检察机关都把它作为侦查监督部门考核加分的主要内容。2003 年至 2007 年全国检察机关对应当逮捕而未提请逮捕，直接决定追加逮捕达 63500 人。[①] 这种规定和做法混淆了检察官和警察的角色，使检察机关集申请权、决定权于一身，丧失了应有的中立性，也不符合权力监督原理。为了防止不批捕权的使用，《规则》第 92 条甚至还强调，审查逮捕部门办理审查逮捕案件，不能直接提出采取取保候审、监视居住措施的意见。在审查批捕中，检察机关根据刑事诉讼法的规定，对符合取保候审或监视居住的条件，作出不批准逮捕，并提出取保候审或监视居住措施的意见，完全符合法律规定精神，

---

① 贾春旺：《最高人民检察院工作报告》，《中华人民共和国最高人民检察院公报》2008 年第 2 期。

何以要禁止呢？该解释的出发点实质上是为了限制不批捕的适用。

（六）审查决定的审批化

1996年刑事诉讼法第67条规定："人民检察院审查批准逮捕犯罪嫌疑人由检察长决定。重大案件应当提交检察委员会讨论决定。"《规则》第92条规定，审查批捕案件由办案人提出批准或者决定逮捕、不批准或者不予逮捕的意见，经部门负责人审核后，报请检察长批准或者决定；重大案件应当经检察委员会讨论决定。这种由办案人承办、部门负责人审核、检察长决定的审查逮捕办案程序，完全是一种内部行政式的审批程序，而不是诉讼程序。其后果是定审分离，审者不定，定者不审，办案责任难以分清。

由此可见，现行的审查批捕程序还不具有"诉讼"的形态，而完全是一种超职权主义的、行政化的单方面追诉活动。检察机关批准或决定逮捕一般只是进行书面审查，并不是必须听取嫌疑人及其辩护律师的意见，更不用听取被害人的意见。梅利曼教授指出，"诉讼权利的不平等以及书面程序的秘密性，往往容易形成专制暴虐制度的危险"。[1] 这种书面化、审批化、信息来源单一化的行政式的审批程序，其后果必然是程序神秘化、控辩失衡化、责任分散化。

有的学者认为，应将逮捕权交由审判机关行使。笔者不同意这种观点。目前，逮捕批准权不宜由法院行使，理由是：首先，由法院行使批捕权与我国的司法体制不适应。由法官行使批捕权是与以审判为中心的诉讼结构相适应的，而我国实行的是侦、诉、审并重的诉讼形式，公检法三机关是分工负责、相互配合、相互制约的关系。其次，由法院行使批捕权不符合宪法规定。我国宪法第37条规定："任何公民，非经人民检察院批准或者决定或者人民法院决定，并由公安机关执行，不受逮捕。"1996年刑事诉讼法第59条规定："逮捕犯罪嫌疑人、被告人，必须经过人民检察院批准或者人民法院决定，由公安机关执行。"从上述规定看，人民检察院具有逮捕的批准权和决定权，而人民法院只享有逮捕决定权。因此，将逮捕决定权改由法院行使，违背宪法规定。我们认为，具有现实合理性的方式才是制度改造的适当方式，因此，法治推进和司法改革只能采取一种渐

---

① ［美］约翰·亨利·梅利曼著：《大陆法系》，顾培东、禄正平译，知识出版社1984年版，第152页。

进的、逐步改良的方式，反映在改革思想上，即为"相对合理主义"。所谓"相对合理主义"，是指在一个不尽如人意的法治环境中，在多方面条件的制约下，我们无论是制度改革还是程序操作，都只能追求一种相对合理，不能企求尽善尽美。① 司法改革必须遵守合法性原则。合法性是法治的基本要求，改革的各项措施要以宪法和法律为依据。刑事诉讼法修改在设计逮捕措施时必须注意维护宪法的权威，不能突破宪法的规定。时任中央政法委副秘书长王其江同志强调指出：深化司法体制和工作机制改革遵循的基本原则之一就是"始终坚持依法推进改革。改革的各项措施要以宪法和法律为依据"。② 认真总结过去十年司法改革的经验教训，可以清楚地看到，任何制度的改革是难以一步到位的。在批捕权改革的问题上，只能循序渐进，分步推进。在我国现行条件下，把批捕权归属于法院，既不合法，也不符合渐进性改革的思路。

《公民权利和政治权利国际公约》第 9 条第 3 款规定："任何因刑事指控被逮捕或拘禁的人，应被迅速带见法官或其他经法律授权行使司法权力的官员。"公约在提及"司法权力"时采用了"Judicial power"的用语。从逻辑上看，"其他经法律授权行使司法权力的官员"显然是排除法官的，这就意味着在法官之外还有其他人可以行使司法权。联合国《保护所有遭受任何形式拘留或监禁的人的原则》第 11 条规定："任何人如未及时得到司法当局或其他当局审问的有效机会，不应予以拘留。被拘留人应有权为自己辩护或依法由律师协助辩护。"第 9 条规定："逮捕、拘留某人或调查该案的当局只应行使法律授予他们的权力，此项权力的行使应受司法当局或其他当局的复核。"《欧洲人权公约》第 5 条第 3 款规定："依照本条第 1 款第 3 项的规定而被逮捕或拘留的任何人，应立即送交法官或其他经法律授权行使司法权的官员，并应有权在合理的时间内受审或在审判前释放。"《美洲人权公约》第 7 条第 5 款规定："应将被拘留的任何人迅速提交法官或其他经法律认可的行使司法权的官员，该人有权在一段合理时间内受到审判或予以释放而不妨碍诉讼的继续。对该人可予以保释以保证该人出庭受审。"从上述一系列国际人权公约规定看，"其他经法律授权行使司法权力的官员"都有权行使逮捕权。因为这些官员是独立于实施逮捕和拘禁的

---

① 龙宗智：《"相对合理主义"及其局限性》，《现代法学》第 2002 年第 4 期。
② 王其江：《新一轮司法体制改革指向》，《瞭望》2009 年第 1 期。

机构，他们可以用不偏不倚的态度审查决定的合法性，以及以客观的态度审查是否有充足的理由继续进行拘禁。从我国的国情出发，我国的司法机关应当包括法院和检察院。我国的法院和检察院都行使司法权，都是国家的司法机关。在目前的体制下，逮捕权仍由检察机关行使，具有合法性、合理性和正当性。

但我们必须清醒地看到，如果检察机关对批捕权的行使墨守现状，采用一种完全行政化的审批程序，既不符合权力制约原则，也不符合司法改革的精神。我们建议，检察机关应当加快推进审查批捕程序的诉讼化改造。这既是实现批捕程序科学化的需要，也是回应质疑，确保拥有批捕权正当性的应对之策。

二、 构建审查批捕程序诉讼化的基本途径

基于检察机关对逮捕的审查应属于司法审查的本质特点，通过诉讼程序是实现司法审查的基本途径。诉讼的构成必须具备控方（原告）、承控方（被告）、听讼方（审理）等三个基本条件，检察机关只有在听取诉讼双方的意见后，才能对逮捕的合法性作出判断和决定。司法程序具有被动性、公开和透明性、多方参与性和亲历性等基本特征。而在我国现行审查批捕程序中，只有控方（侦查机关）和承控方（犯罪嫌疑人），审查批捕部门作为严格意义上的听讼方还没有形成。这种缺乏制约的权力必然导致滥用。因此，审查批捕程序的改革必须从权力制约入手，通过司法权的介入以形成对控诉权的限制。

在我国，"检察人员在公安机关侦查的案件中掌握着批捕权和对侦查活动的监督权，因而从构造论的角度来看，可以视为裁方，控方为公安机关。在检察机关自侦程序中，法纪、经济检察部门为控方——负责侦查；刑事检察部门为裁方——决定是否批捕和监督自侦活动。……明确检察机关在侦查、起诉中的裁判职能，从而使侦查和起诉程序'构造化'，以诉讼的平衡获得诉讼的合理，则应当是我国刑诉构造的追求。"[①] 在审查批捕程序中，当务之急就是要建立健全逮捕权的制约机制，形成控（侦查部门，包括公安机关的侦查部门和检察机关的自侦部门）、辩（犯罪嫌疑人

---

① 李心鉴：《刑事诉讼构造论》，中国政法大学出版社 1992 年版，第 12—13 页。

及其律师)、审(检察机关的侦查监督部门)三方组合的诉讼格局,以确保行使审查逮捕权的检察官保持中立,依法独立、公正行使这项司法审查权。改革逮捕制度,必须建立抗辩式的审查批捕模式,要让逮捕的决定者获取更多的、更全面的信息,以便更好地判断是否具有逮捕的必要性,是否有必要羁押,可否采取取保候审、监视居住等非羁押性措施,做到兼听则明、居中裁决。

(一) 取消审查批捕检察官直接逮捕犯罪嫌疑人的权力

《规则》第 103 条赋予了审查批捕检察官直接逮捕犯罪嫌疑人的权力。这一规定混淆了检察官和警察的角色,不符合权力监督原理,应予修改。审查批捕人员要遵循告诉受理原则,对逮捕的司法审查程序仍由侦查机关提请而启动。侦查机关认为需要逮捕被控人的,应提出申请连同侦查收集的证据材料,移送检察机关审查。对于公安机关应当提请逮捕的犯罪嫌疑人,而没有提请逮捕的,或逮捕后没有及时执行的,应当通过"说明不报捕(执行)理由通知书"等形式,进行程序上的监督,而不能自行决定逮捕后直接通知公安机关执行。

(二) 明确审查批捕阶段必须讯问犯罪嫌疑人

联合国《保护所有遭受任何形式拘留或监禁的人的原则》第 11 条第 1 项规定:"任何人如未及时得到司法当局或其他当局审问的有效机会,不应予以拘留。被拘留人应有权为自己辩护或依法由律师协助辩护。"赋予犯罪嫌疑人申辩权有利于改变审查结构上的单向性,有利于形成犯罪嫌疑人与检察机关之间的诉讼制衡关系,从而增强对犯罪嫌疑人的人权保护。讯问犯罪嫌疑人的目的,一是为了核实证据;二是为了听取犯罪嫌疑人的申辩意见,并进而审查犯罪嫌疑人是否具有社会危险性,采取取保候审、监视居住是否可以防止发生社会危险性;三是为了审查侦查机关在侦查过程中是否存在刑讯逼供、诱供等违法行为。为此,在相关的司法解释中应当明确规定人民检察院在审查逮捕时必须讯问犯罪嫌疑人。同时,在《规则》中应增加规定,公安机关在提请批捕或检察机关自侦部门在移送逮捕意见时,应当告知犯罪嫌疑人有权向审查逮捕部门提出不予逮捕的意见;犯罪嫌疑人有权在审查决定、批准逮捕中口头陈述不受逮捕的理由,检察机关应当记录或者保存在卷。

（三） 赋予犯罪嫌疑人的律师在审查批捕阶段的介入权

2008 年 6 月 1 日新的律师法开始实施，这部曾被视为有力解决律师"会见难""阅卷难""调查取证难"痼疾，充分体现人权保护等先进司法理念的新法，由于与刑事诉讼法的规定不一致，导致司法机关和律师在实际工作中认识不一，难以执行。律师们所期盼的会见、阅卷、调查取证三大权力，仍然行使艰难。笔者认为，保障律师审查批捕阶段的介入权必须着力解决以下问题：

1. 切实落实律师的会见交流权。2007 年律师法第 33 条规定："犯罪嫌疑人被侦查机关第一次讯问或者采取强制措施之日起，受委托的律师凭律师执业证书、律师事务所证明和委托书或者法律援助公函，有权会见犯罪嫌疑人、被告人并了解有关案件情况。律师会见犯罪嫌疑人、被告人，不被监听。"根据这一规定，受聘律师会见在押犯罪嫌疑人，只要凭"三证"（律师执业证书、律师事务所证明和委托书或者法律援助公函）即可，无须经过侦查机关批准；而且律师会见犯罪嫌疑人时，侦查机关不得以任何方式（包括派人在场、使用监听设备等）进行监听。显然，这一规定是对刑事诉讼法"批准"及"在场"制度的突破，它意味着律师在侦查阶段会见在押犯罪嫌疑人不再受侦查机关的任何限制，也不受时间、次数的限制。这对于保障律师在侦查阶段及时与在押犯罪嫌疑人进行会见交流，保护犯罪嫌疑人的合法权益，无疑具有深远的意义。立法机关或最高司法机关应当尽快出台立法解释或司法解释，保证这一规定得到切实执行。

2. 赋予律师侦查阶段的调查取证权。2007 年律师法第 35 条规定："受委托的律师根据案情的需要，可以申请人民检察院、人民法院收集、调取证据或者申请人民法院通知证人出庭作证。律师自行调查取证的，凭律师执业证书和律师事务所证明，可以向有关单位或者个人调查与承办法律事务有关的情况。"这一规定取消了刑事诉讼法第 37 条关于辩护律师调查取证要经过检察院、法院"许可"以及被害人、证人"同意"的规定。据此，不少同志认为，律师在侦查阶段取得了调查取证权。[①] 笔者认为，从本条前后两款的关系来看，并没有明确授权律师在侦查阶段调查取证，

---

① 林宁：《律师法修订实施带来刑事诉讼格局新变化》，《法制日报》2008 年 1 月 20 日第 2 版；韩旭：《新〈律师法〉实施后的律师刑事取证问题》，《法学》2008 年第 8 期。

甚至没有授权律师申请侦查机关调查取证，就此而言，它与刑事诉讼法第37条并没有本质区别。为了保障辩护律师申请收集、调取证据的权利：（1）进一步扩大律师取证的权利，允许律师在侦查阶段享有申请提取物证的权利；申请侦查机关组织鉴定、补充鉴定或者重新鉴定的权利；申请侦查机关保全有利于犯罪嫌疑人的证据的权利。（2）明确权利行使程序，律师依法申请侦查机关进行鉴定、补充鉴定或者重新鉴定、保全证据，侦查机关应当在3日以内作出同意申请的决定，并在收集取证时通知申请人到场；侦查机关不同意申请的，应当书面说明理由；申请人不服驳回申请的决定时，可以申请上一级侦查机关进行复议。

3. 赋予律师阅卷权。新律师法在刑事诉讼法第36条规定的基础上，增加律师自人民检察院对案件审查起诉之日起，有权查阅、摘抄和复制"案卷材料"，这是法律赋予律师案件知情权的一个重要突破。这一规定基本上使公诉人和辩护人在审查起诉阶段有了同等的阅卷权。但新律师法仍没有规定在审查批捕阶段享有阅卷权。为了较好地发挥律师在审查批捕阶段的应有作用，建议赋予律师享有一定的阅卷权，即受委托的律师享有查阅讯问犯罪嫌疑人的笔录、诉讼文书和鉴定意见的权利。

（四） 赋予被害人参与审查逮捕程序的权利

检察机关的不批准逮捕决定与被害人的权益保护息息相关。在被害人的权益受到侵害的情况下，一旦检察机关认定没有证据证明有犯罪事实或根据现有证据不能认定构成犯罪，不仅不能追究犯罪嫌疑人的刑事责任，而且被害人也难以获得民事赔偿。而在无逮捕必要的案件中，尽管已经有证据证明有犯罪事实，被害人权益已经受到侵害，但作出无逮捕必要的决定还会对被害人权益产生影响。因此，在作出不批准逮捕决定时，应当给予被害人以充分的发表意见的程序参与权。笔者建议规定如下：（1）被害人在审查批捕阶段有聘请律师的权利。刑事案件中的被害人及其法定代理人或者近亲属，自案件立案侦查之日起，可以聘请律师为其提供法律咨询、代理申诉、控告，即将现行的被害人有权委托诉讼代理人的时间由审查阶段提前到侦查阶段。（2）赋予被害人在审查批捕阶段有陈述和发表意见的权利。

（五） 建立审查批捕公开听证程序

当前对批捕阶段设置听证程序存在不同看法。一种观点认为，建立批捕听证程序，可以减少批捕部门与侦查部门之间不必要的矛盾与冲突，督促侦查部门更加严格地依法办案；并且可以有效地防止错捕，降低批捕率、羁押率。这不仅是保障人权的需要，而且也是使侦查活动具备诉讼形态的需要。① 另一种观点认为，批捕听证实质上是将批捕程序改造成为一种司法化的审判程序，设置一个正式的准审判程序并不能解决批捕的根本性问题，而且批捕听证缺乏现实合理性。② 笔者认为，增设批捕听证程序能给予各方充分表达意志的机会，形成各方对逮捕过程的更为有效的参与和监督，实现对检察机关逮捕决定权的监督和公民权利的保护，有利于维护检察机关公正、民主的形象，防止权力滥用。

批捕听证程序具体设计如下：（1）逮捕听证程序的主体。根据逮捕性强制措施改造成具有诉讼形态的程序的思路，逮捕听证程序应当体现诉讼中的三方构造，即控辩双方加上居中裁判的中立机构。控方是提请采取逮捕强制措施的侦查人员或检察人员；辩方是犯罪嫌疑人及其辩护人；中立的裁判方由检察机关的侦查监督部门人员担任。在必要时双方还可以传唤证人、鉴定人到场。对于有被害人的，允许被害人及其委托的诉讼代理人参加。（2）逮捕听证程序的阶段设计。公开听证程序举行时，由检察机关的侦查监督部门主持召开，听证双方当事人到场参加。首先，由决定采取强制措施的控方陈述其作出决定的理由；其次，由控方承担举证责任，提交证据证明采取逮捕措施的必要性与合理性；然后，由犯罪嫌疑人及其辩护人就控方提出的证据同控方展开质证，双方可以就逮捕措施的适用及相关证据发表意见，并可以相互辩论；再次，由中立的裁判方在听取双方意见的基础上，结合有关证据进行评议；最后，根据评议的结果作出适用逮捕程序是否合法与必要的决定。对于控方证据足以证明有必要采取逮捕措施的予以支持，对于不足以证明其必要性的作出不予逮捕的决定。

（六） 建立逮捕理由书面说明制度

联合国《公民权利和政治权利国际公约》规定："对被逮捕和羁押的人必须告知逮捕、羁押的理由以及不利于他的任何控告。"法国于 2000 年

---

① 叶青、周登谅：《关于羁押性强制措施适用的公开听证程序研究》，《法制与社会发展》2002 年第 4 期。

② 郭松：《质疑"听证式审查逮捕论"——兼论审查逮捕方式的改革》，《中国刑事法杂志》2008 年第 5 期。

6 月 15 日对刑事诉讼法进行重大修改，要求自由与羁押法官在作出羁押决定时必须附具理由。犯罪嫌疑人应当享有被告知逮捕、羁押理由的权利。我国 1996 年刑事诉讼法第 68 条规定："人民检察院对于公安机关提请批准逮捕的案件进行审查后，应当根据情况分别作出批准逮捕或者不批准逮捕的决定。对于批准逮捕的决定，公安机关应当立即执行，并且将执行情况及时通知人民检察院。对于不批准逮捕的，人民检察院应当说明理由，需要补充侦查的，应当同时通知公安机关。"上述规定强调对于不批准逮捕的，检察机关要说明理由。近年各级检察机关推行"法律监督说理"改革探索。其中"不捕说理"是其中的重要内容。如浙江省余姚市人民检察院从 2004 年就开展了以"不捕说理"为重要内容的侦查监督工作机制改革。从 2005 年 1 月至 2006 年 6 月，该院审查作出不予逮捕决定共 111 件 143 人，其中无罪不批准逮捕的 30 人，因事实不清、证据不足不批准逮捕的 74 人，构成犯罪无逮捕必要的 39 人。对于该院作出的不予逮捕决定，公安机关提请复议、复核仅 1 件（该件经宁波市人民检察院复核维持了原不予逮捕决定）。这说明不捕说理制度有效保证了案件质量。应当说，不捕说理的改革措施是值得肯定的。但既然不捕要向公安机关说明理由，那么相应地建立逮捕理由书面说明制度也势在必行。

（七） 赋予被捕人申请复议、 复核的权利

联合国《公民权利和政治权利国际公约》第 9 条第 4 项规定"被羁押者，无论是因受到刑事指控被拘禁，或者是受到行政性拘留，皆有权启动法律程序，即向司法机关对羁押的合法性提出异议，如果该羁押被认为非法，则被羁押者应被释放"。《保护所有遭受任何形式拘留或监禁的人的原则》第 32 条规定"被羁押者随时都可以提起对拘禁的异议的权利，还应允许律师或家庭成员代表被拘禁者启动这一程序，司法机关不仅应审查羁押程序的合法性，尤应审查拘禁的原因及必要性，这一程序应尽可能简单并迅速地进行，应只需极少的花费或者根本不需任何费用来启动这一程序"。对羁押提出异议有利于防止不必要的羁押。我国刑事诉讼法第 70 条规定公安机关认为人民检察院不批准逮捕的决定有错误的，可以要求复议。如果意见不被接受，可以向上一级人民检察院提请复核。该条确认了不批准逮捕决定存在错误的可能，那么，批准逮捕决定同样存在错误的可能，且刑事诉讼中犯罪嫌疑人处于明显的弱势地位，其合法权利更应当予

以有效保护。因此，要求复议、复核的权利不应成为公安机关的特权，应当赋予犯罪嫌疑人同样的权利，以使其合法权利受到侵犯时，能够得到救济。所以，应明确规定犯罪嫌疑人、被告人及其辩护人对检察机关采取的逮捕决定不服时，有权向作出决定的机关申请复议一次，检察机关应当及时（可考虑在其接到复议申请的 5 日以内）作出复议决定并书面答复申请人；如对复议决定仍不服，有权向作出决定机关的上一级检察机关提请复核，上一级检察机关应当立即复核，并及时作出是否变更的决定，复核决定为终局决定。

（八） 增设被害人对不逮捕决定的知情权和申诉权

为了保护被害人的合法知情权，检察机关应当将不批准逮捕决定通知被害人，同时，应明确赋予被害人对不批准逮捕决定的申诉权。其主要根据是：（1）检察机关作出的不批准逮捕决定与被害人的实体利益息息相关。（2）赋予被害人对不批准逮捕决定的申诉权是为被害人与犯罪嫌疑人提供平等的救济途径的需要，有利于维护和尊重被害人的诉讼权利，更好地保障被害人的权益。（3）增设被害人对不逮捕决定的知情权和申诉权，有利于防范司法腐败现象发生。如果规定检察机关应当将不批准逮捕决定通知被害人，那么作为关心案件处理结果的被害人，一旦认为案件的处理不符合法律规定，就会行使自己的申诉权来启动监督程序，以维护自己的合法权益。这样，就可以使检察机关的执法活动置于被害人的监督之下，有效地防止"权钱交易""徇私枉法"现象发生，从而提高检察机关的权威。

（九） 推进审查批捕主办检察官责任制

当前审查批捕环节存在着浓厚的行政审批色彩，具体承办案件的检察官仅仅是案件处理的经手人或执行人，办案环节多、办案工序烦琐，造成审、定分离。既然审查批捕是一项重要的司法审查权，就应当遵循司法和诉讼规律，由办案检察官独立行使批准逮捕权。审查批捕工作是一项亲历性很强的司法工作，办案人员必须仔细审阅全部案卷，还要提审犯罪嫌疑人，当面听取犯罪嫌疑人的供述和辩解以及被害人的陈述意见，有的要直接询问主要证人，排除证据间矛盾。这些工作虽然烦琐，但办案人员只有在对每本案卷的字里行间的审阅中，在对犯罪嫌疑人与被害人、证人的直接接触的察言观色中，才能真正形成内心确信，从而决定证据的采信。主办检察官责任制的核心在于保证主办检察官的独立性，淡化行政管理色彩，减少案件审批环节，适当放权给主办检察官。推进审查批捕主办检察官责任制后，一般案件均由检察官个人独立负责地行使审查批准逮捕权。检察长或部门负责人对《审查逮捕案件意见书》只进行形式审查，不对主办检察官的决定进行干预；主办检察官认为案情重大、复杂需要向检察长或者提交检察委员会讨论的，报部门负责人审核后向检察长汇报或经由检察长提交检察委员会讨论。同时，赋予检察长、检察委员会对行使审查逮捕决定权的检察官的监督权。事后发现主办检察官在审查批捕办案活动中，故意违反法律和有关规定，或者工作严重不负责任，导致案件实体错误、程序违法以及其他严重后果或者恶劣影响的，应当依照《检察人员执法过错责任追究条例》的规定追究责任。

三、 推进审查批捕程序诉讼化的价值和现实意义

1. 有利于保证审查批捕案件的正确处理，促进社会和谐。维护社会正义，实现司法公正，是刑事司法活动的基本目标。审查批捕程序的诉讼化，能够督促办案人员正确行使职权，严格依法办案，保障司法公正。近年来，司法实践中出现检察机关作出不捕或逮捕决定后，被害人或犯罪嫌疑人的亲属到检察机关聚众上访的情形，影响社会稳定。如犯罪嫌疑人未逮捕的，被害人很可能由于不了解法律，误以为取保候审等于无罪释放，从而导致被害人对检察机关产生不满或产生抵触情绪。为此，检察机关要花相当的人力、精力去做释法息诉工作。如果在审查批捕过程中，检察机关摒弃单方面、秘密性的审查方式，增强批捕工作的透明度，保障当事人及其家属、律师的知情权、参与权，积极地解决其合法诉求，不仅可以体现我国逮捕制度的优越性，而且让当事人切实感受法律的公正和严肃，化解不和谐因素，促进社会和谐之目的。

2. 有利于维护诉讼参与人的合法权益，保障人权。在整个刑事诉讼过程中，审前程序特别是审查批捕程序是对犯罪嫌疑人的人权威胁最大的诉讼阶段。美国著名律师艾伦·德肖维茨指出，越是最危险的时候，越能显示出一个社会的人权保障水平。随着社会的发展和人类文明的进步，保护人权的观念越来越受到各国人民的重视，许多国家将其确立为刑事司法的

基本价值目标之一。在刑事诉讼中，由于犯罪嫌疑人所处的特殊地位，其合法权益和正当的诉讼权利容易受到侵害；被害人作为重要的诉讼当事人，其诉讼权利也容易被漠视。刑事司法要走向人权，就要从以权力为本位的刑事司法走向以权利为本位的刑事司法。通过审查批捕程序的诉讼化，赋予犯罪嫌疑人、被害人以更多的诉讼权利和救济性权利，实现批捕程序的法治化，有效地防止逮捕措施的不当适用。

3. 有利于构建合理的审前程序，推进诉讼结构的科学化。刑事诉讼结构是指控诉、辩护和审判三方在刑事诉讼过程中的组合方式和相互关系。它反映的是刑事诉讼中控、辩、审三方的不同地位以及国家权力与个人权利之间的关系。诉讼结构是诉讼程序的具体化，诉讼程序的科学性决定于诉讼结构中诉讼主体的组合方式的合理性。现代刑事诉讼以控审分离、控辩平等对抗为其基本构造。这种构造不仅仅体现在审判阶段，在审查逮捕中也应当充分得到体现。逮捕是剥夺犯罪嫌疑人人身自由的最严厉的一种强制措施，从本质上看，它是具有裁断性质的事项，应当由司法人员在认真审查侦查机关的逮捕请求后作出。根据我国的立法和司法实践，检察机关在审前程序特别是在审查批捕环节履行着司法审查职能，但由于现行的行政化审批程序模式在一定程度上削弱了检察机关的裁判功能。审查批捕程序的诉讼化，可以在审查批捕阶段形成侦查机关、犯罪嫌疑人为两翼，检察机关居中裁判的"等腰三角结构"。这种诉讼结构可以克服目前的"强职权主义"色彩，保证审查批捕检察官地位的中立性和独立性。

4. 有利于推动司法程序的民主化，防止暗箱操作。在审查批捕实践中，难以避免一些检察人员受利益趋动或人情关系，而作出捕或不捕决定。这种司法腐败行为，败坏了检察机关在权威性和公信力。由于受此影响，即便检察机关作出的捕或不捕决定是符合法律规定的，也会导致犯罪嫌疑人或被害人的不满。赋予犯罪嫌疑人或被害人参与审查逮捕程序的权利，给予其表达意见的机会，有利于防止暗箱操作，减少司法腐败，提高检察机关的信誉和批捕决定的权威性。

讯问犯罪嫌疑人同步录音录像制度的
困境及对策 *

为进一步规范执法行为，依法惩治犯罪，保障人权，提高执法水平和办案质量，2005 年 11 月 1 日，最高人民检察院第十届检察委员会第四十三次会议通过了《人民检察院讯问职务犯罪嫌疑人实行全程同步录音录像的规定（试行）》（以下简称《规定》）。2006 年 3 月 11 日，在第十届全国人民代表大会第四次会议上时任最高人民检察院检察长贾春旺在《最高人民检察院工作报告》中向全国人民作出承诺："为加强对检察机关自身执法办案的监督，规范侦查讯问活动，保障严格执法、文明办案，最高人民检察院决定，逐步推行在讯问职务犯罪嫌疑人时全程同步录音录像。"为了加强制度建设，高检院于 2006 年 12 月 4 日又印发了《人民检察院讯问职务犯罪嫌疑人实行全程同步录音录像技术工作流程（试行）》和《人民检察院讯问职务犯罪嫌疑人实行全程同步录音录像系统建设规范（试行)》，以保障此项工作规范运行。2007 年 11 月 11 日，时任最高人民检察院副检察长王振川在全国检察机关讯问全程同步录音录像工作经验交流会上指出："讯问犯罪嫌疑人全程同步录音录像客观地记录和再现了讯问的全过程，加强了对讯问活动的监督，从根本上防止和杜绝了对犯罪嫌疑人刑讯逼供，而且有效地规范了讯问人员的执法行为，切实保障了犯罪嫌疑人的人权。"①

一、 全程同步录音录像面临的困境

检察机关推行的讯问职务犯罪嫌疑人全程同步录音录像，为保障犯罪

---

* 原载《四川警察学院学报》2010 年第 3 期。

　① 王新友：《凡是讯问全程录像，均未发现违法办案》，《检察日报》2007 年 11 月 14 日，第 1 版。

嫌疑人人权，提高自身的执法水平和办案能力发挥了积极作用，在侦查实践中已显示了其独特的价值。但我们必须清醒地看到全程同步录音录像制度的实施面临新的问题，突出表现在：

其一，同步录音录像不随案移送，难以在法庭上公开举证、质证。2007年末，浙江省某市人民检察院又一次卷入舆论旋涡，尴尬的场面再次出现。事情的起因是：2007年12月17日，浙江某控股集团前总裁周某"受贿案"二审开庭。周某表示自己受到了刑讯逼供，并有同步录音录像可为证据。但当庭主诉检察官解释认为："这是机密材料，我们有权拒绝提供。"① 此前的浙江某房地产公司总经理徐某受贿案和浙江某市公路管理段段长黄某受贿案开庭时都遇到类似的问题。周某、徐某两人在庭上坚称，自己在提讯时遭到种种刑讯，他们的供述是"在威胁恐吓下写就的"，一切有审讯录像为证。但公诉方、该市检察院对逼供行为坚决予以否认，被告人的辩护律师要求当庭播放同步审讯录像时，公诉方以涉及国家机密为由给予拒绝。②

其二，"选择性"同步录音录像现象严重。所谓"选择性"同步录音录像，是指侦查讯问人员有选择地使用"同步录音录像"，而非真正"全程""同步""不间断"的录音录像。由于检察机关在审讯中处于优势地位，不少案件存在"先审后录"的情况，即检察人员将案件突破以后再象征性地"全程同步录音录像"。这种情况下的录音录像不仅不能杜绝刑讯逼供，反而加剧冤案的形成。"同步录音录像只能说明在录音录像的讯问当时，不存在违法问题，但是对供述前有没有发生违法情况、犯罪嫌疑人有没有受到精神强制乃至刑讯逼供、讯问是不是犯罪嫌疑人在意志自由情况下的自行表达等问题，讯问的音像资料却无法予以证明。……对于在讯问前，就及早使用不当手段'说服'或'制服'了犯罪嫌疑人，制造了合法假象的'聪明'的侦查人员，录音录像无能为力。"③

上述问题的存在，导致全程同步录音录像陷入困境，即：全程同步录

---

① 陈行之：《浙江诸暨检察院被指越权办案，涉案录像拒公开》，《南方周末》2008年1月24日，第3版。
② 董伟：《浙江官员受逼供当庭翻 供检方拒绝公开审讯录像》，《中国青年报》2007年11月6日，第4版。
③ 方工：《讯问犯罪嫌疑人除同步录音录像还缺少一方》，《法制日报·周末》2009年5月7日，第9版。

音录像本来是一项证明侦查人员取证方式合法，杜绝违法获取口供的重要监督措施，现在却仅仅成了有效固定讯问证据，遏制犯罪嫌疑人翻供的手段，而难以成为有效证明讯问活动及所获取证据的合法性，从而防止办案人员刑讯逼供的手段。如果全程同步录音录像没有违法性或违法性不明显，一旦犯罪嫌疑人翻供，检察机关则会要求当庭播放录音录像，从而成为遏制犯罪嫌疑人翻供的撒手锏。而一旦同步录音录像证明办案人员存在刑讯逼供现象，检察机关则以各种理由拒绝当庭播放。被告人在庭审时翻供并指控检察机关刑讯逼供，而同步录音录像正是制约翻供、证明检察机关无刑讯逼供、检验所取得口供真实合法的最好机会，这也正是设立同步录音录像制度的目的所在。而这一目的在实践中却难以实现，全程同步录音录像无法成为犯罪嫌疑人免受刑讯逼供的"护身符"。

二、 同步录音录像制度陷入困境的原因

目前，全程同步录音录像之所以陷入困境，笔者认为，主要是该制度本身存在以下缺陷：

（一） 同步录音录像的性质不明

关于同步录音录像的性质，当前存在以下分歧：第一种观点认为，讯问犯罪嫌疑人、被告人时制作的录音录像，是以其内容来证明案件真实情况的，属于言词证据。[①] 第二种观点认为，从实体意义上看，讯问全程同步录音录像是一种固定保全证据的手段，从程序意义上看则属于视听资料证据。[②] 1996 年 12 月 31 日，《最高人民检察院关于印发检察机关贯彻刑诉法若干问题的意见的通知》中曾规定："视听资料是指以图像和声音形式证明案件真实情况的证据。包括与案件事实、犯罪嫌疑人以及犯罪嫌疑人实施反侦查行为有关的录音、录像、照片、胶片、声卡、视盘、电子计算机内存信息资料等。"因此，将同步录音录像形成的证据归于视听资料具有一定的依据。这种观点得到理论和实务界多数同志的肯定。第三种观点

---

① 陈奇敏：《讯问同步录音录像制度新探》，《贵州警官职业学院学报（公安法治研究）》2006 年第 6 期。

② 肖志勇、瞿伟：《讯问全程同步录音录像若干问题探讨》，《中国刑事法杂志》第 2007 年第 3 期。

认为，人民检察院讯问职务犯罪嫌疑人实行全程同步录音录像所形成的视听资料，在证据性质上应当根据其反映的具体内容来确定：有关职务犯罪嫌疑人承认或者否认自己的犯罪事实的内容，属于犯罪嫌疑人的供述和辩解；如果犯罪嫌疑人有检举、揭发他人犯罪事实的，则属于证人证言；如果侦查人员有刑讯逼供、暴力取证或者威胁、引诱、欺骗等其他非法方法取证的，不但该犯罪嫌疑人的供述和辩解、该证人证言不能作为指控犯罪的根据，而且这一同步录音录像又成为侦查人员是否构成刑讯逼供、暴力取证或非法取证的物证。①

正由于同步录音录像的证据性质不明，其证据作用并没有得到最高人民检察院的充分肯定。根据《规定》第13条、第14条的规定，自侦案件移送审查逮捕、移送审查起诉时，应当将全程同步录音、录像资料复制件连同案件材料一并移送审查。但《规定》并没有规定，案件起诉后检察机关要向人民法院移送同步录音录像，司法实践中检察机关移送的仍然是犯罪嫌疑人的书面供述。

（二） 同步录音录像的证明效力不明确

同步录音录像的证明效力不明确表现在：同步录音录像的证明力和证据能力不明确。证据的证明力是指证据对案件事实的证明是否有作用以及作用力大小的程度。证据的证明力取决于证据本身与案件事实有无联系，以及联系的紧密、强弱程度。证据能力是指某证据依法成为法律上的证据的资格和条件。在我国，诉讼中提交的证据是否具有证据能力取决于其是否符合法律的规定。由于现行的刑事诉讼法没有对同步录音录像问题作出规定，这种证据是否具有证据能力？证明力有多大？大家认识并不一致。有的学者认为："根据原始证据优先的原则，在诉讼中，应当尽量出示讯问、询问笔录的原件，除特殊情况外不应以录音、录像代替讯问、询问笔录的出示。"② 讯问全程同步录音录像与传统的记录固定方式存在着很大的差异。书面笔录不可能将犯罪嫌疑人所有陈述的内容都记录下来，如果书面笔录与讯问全程同步录音录像中犯罪嫌疑人的口供存在差异或发生冲

① 杨新京：《职务犯罪讯问录音录像中的若干问题探析》，《国家检察官学院学报》2009年第2期。
② 陈光中主编：《中华人民共和国刑事证据法专家拟制稿（条文、释义与论证）》，中国法制出版社2004年版，第309页。

突，如何取舍？目前都没有相关的规定，检察机关内部以及检、法两家的认识也不一样。如2007年上半年某市检察机关侦查终结并移送起诉了被告人李某涉嫌受贿一案。李某系某区拆迁办副主任，利用其职务便利，为被拆迁单位多报拆迁面积，从而收受多家单位贿赂款逾70万元。该案提起公诉后，李某当庭部分翻供，对其收受某个体老板黄某贿赂20万元的事实予以了否认，辩称系"为了争取好的态度"而在检察机关讯问时作了违心的供述。在法庭辩论中，公诉人出示并播放了侦查部门移送的李某在侦查阶段相关供述的全程同步录音录像资料。但是，主审此案的法官最终仍以无其他书证等证据佐证为由，没有采信检察机关提交的全程同步录音录像资料及其相对应的侦查笔录，致使该笔犯罪事实因被告人翻供后只剩行贿人证言这一孤证而最终未获判决认定。①

（三） 同步录音录像的制作、 保管、 使用存在漏洞

侦查行为是刑事证据产生的直接形式，为保证刑事证据本身的客观性、合法性，法律专门就收集证据的侦查行为作出了特别的规定。由于刑事诉讼法尚未对同步录音录像问题作出规定，最高人民检察院的《规定》有不少缺漏，导致在司法实践中同步录音录像存在各种不规范的地方，主要有：

第一，录音录像的讯问地点有待进一步明确。《规定》对录音录像的讯问地点作了限定：讯问在押犯罪嫌疑人，除法定情形外，应当在看守所进行；讯问未羁押的犯罪嫌疑人，除客观原因外，应当在检察院讯问室进行。但何为"法定情形"？什么是"客观原因"？还须进一步明确。否则，难以防止少数侦查人员以看守所或检察院讯问室不具备录音录像的条件为由，将犯罪嫌疑人提押到看守所或检察院讯问室以外的地点进行讯问的现象。

第二，"全程同步"含义有待进一步落实。《规定》第2条规定："人民检察院讯问职务犯罪嫌疑人实行全程同步录音、录像，是指人民检察院办理直接受理侦查的职务犯罪案件，每次讯问犯罪嫌疑人时，应当对讯问全过程实施不间断的录音、录像。"按照上述规定，"全程同步"的对象是

---

① 崔洁、肖水金、张目：《同步录音录像也会"笔录不实"？》，《检察日报》2007年10月24日，第3版。

职务犯罪嫌疑人，"全程同步"范围、时间被限定于单次讯问的全过程，空间上限定在讯问室之内。根据这一规定，侦查人员完全可以在立案之前或对犯罪嫌疑人采取强制措施前，先以被调查人员或证人身份通知他到检察机关，对其威胁、引诱、欺骗甚至"刑讯"，逼其承认犯罪事实后，再将其作为犯罪嫌疑人立案侦查，重新讯问一遍，并全程同步录音录像。这就不能保证录音录像的"全程性"和"同步性"。

第三，录音录像保管中存在难题。目前，检察机关的全程同步录音录像几乎都是以 DVD 光盘作为案件讯问视听资料的记录载体的。《规定》第17 条要求，录音录像的保存期应与案件卷宗保存期限一致。根据检察机关档案部门规定，检察机关的案件卷宗保存期分为长期保存和永久保存，长期保存一般是要求 60 年。但是，对于 DVD 刻录光盘保存期短的问题已在 DVD 光盘业界成为共识，DVD 光盘数据的自然时效根本不能适应《规定》的要求。

第四，录音录像使用方面存在难题。按照规定，录制完成之后要同时形成录制资料的正本和副本，正本经三方封签后由技术部门统一保存，副本则随案移送。犯罪嫌疑人如在供述中有检举、揭发他人犯罪行为时，因为牵扯到侦查秘密，此时副本是否随案移送要由检察长批准，确需移送的，可以通过技术处理消除检举、揭发时的录音，只保留图像，以此确保侦查秘密不被泄露。法庭审理过程中，如果嫌疑人及其律师等对录制资料副本提出异议，应当在嫌疑人在场的情况下对正本当庭拆封并播放。但是，由于正本中涉及检举、举报的内容未经过类似副本的技术处理，因此便牵扯到播放时会泄密等问题，这在现行规定中找不到解决方法。又如录音录像信息材料具有较大的被伪造的危险，而且被篡改、伪造后，凭人的感官往往难以发现，而录音录像的移动存储载体作为证据，要在侦查、批捕、起诉、审判等环节进行移交，涉及人员多，需要严格保密及采取防范措施，防止存储载体被篡改或失密。但同步录音录像制度是个新生事物，录音录像的移动存储载体在保存、传递过程中如何保密、不被损伤还没有具体的可操作性规定。①

---

① 王永初、贾建设：《同步录音录像存在的问题与对策》，《检察日报》2008 年 10 月 12 日，第 3 版。

（四） 同步录音录像中权利保护不力

目前检察机关实行的全程同步录音录像完全是一种权力型的侦查行为。侦查讯问中犯罪嫌疑人对录音录像没有选择使用权，知情权受到很大限制，签字确认权存在技术障碍，辩护律师无权查看同步录音录像。《规定》第 15 条关于"被告人或者辩护人对讯问活动提出异议的，或者被告人翻供的，或者被告人辩解因受刑讯逼供、威胁、引诱、欺骗等而供述的，公诉人应当提请审判长当庭播放讯问全程同步录音、录像资料，对有关异议或者事实进行质证"的规定，因无保障性措施，导致该规定形同虚设。

三、 全程同步录音录像制度之完善

在防范侦查人员非法获取口供方面，讯问全程同步录音录像有着传统笔录无可比拟的视听功效。表现在：一是具有同步性。全程同步录音、录像能将讯问的整个过程客观、真实、全面地记录下来，弥补了由于记录人员记录速度和水平限制导致的记录不全或记录词不达意的弊病，不仅增加了记录的准确性，而且还能提高讯问的效率。二是具有完整性。全程同步录音、录像不仅能将录音、录像时的叙述内容记录下来，而且，还能记录下讯问人和被讯问人的语言、语调或神态等叙述时的客观状况，更加形象直观。三是具有再现性。讯问结束后，通过播放录音、录像资料，随时再现整个讯问过程的完整面貌，而书面记录只是静止地再现讯问的部分内容。① 这些特征充分体现了同步录音录像的优越性。1996 年刑事诉讼法第 43 条规定："严禁刑讯逼供和以威胁、引诱、欺骗以及其他非法的方法收集证据。"最高人民检察院 1999 年 1 月 18 日施行的《人民检察院刑事诉讼规则》第 265 条规定："严禁以非法的方法收集证据。以刑讯逼供或者威胁、引诱、欺骗等非法方法收集的犯罪嫌疑人供述、被害人陈述、证人证言，不能作为指控犯罪的根据。"非法证据排除规则在我国刑事诉讼中能否切实有效地得到贯彻与落实，检察机关是关键。

2009 年 3 月 10 日在第十一届全国人民代表大会第二次会议上，时任

---

① 阿儒汗：《论讯问全程同步录音录像制度的建构》，《人民检察》2006 年第 6 期。

最高人民检察院检察长曹建明在《最高人民检察院工作报告》进一步强调，要"完善讯问职务犯罪嫌疑人全程同步录音录像制度。"近日，朱孝清副检察长在"完善证据制度，预防刑事错案"研讨会上强调指出："检察机关应增强证据意识，加强刑事证据制度的研究，促进证据制度的完善，防止和减少冤假错案发生。检察机关作为法律监督机关，不仅自身要做到依法、客观、公正地搜集、审查、认定证据，还要对相关机关搜集、审查、认定证据等活动进行有效监督，一旦发现刑讯逼供、暴力取证等违法行为要迅速立案侦查。"[①] 实行讯问职务犯罪嫌疑人全程同步录音录像，是最高人民检察院规范职务犯罪侦查工作、提高办案水平的重大决策。面对实践中同步录音录像的存在的问题和困境，检察机关只能知难而进，加快执法观念、办案方式的转变和职务犯罪侦查水平的提高，加大物质投入，引进专业技术人才，加强对录制人员的技术培训，从制度设计上努力实现同步录音录像的规范化，让同步录音录像真正成为防范刑讯逼供，保证职务犯罪侦查讯问程序正当化的有效措施。

（一）明确同步录音录像的性质

1. 在一般情况下，同步录音录像属于犯罪嫌疑人的供述和辩解

1999年1月18日施行的《人民检察院刑事诉讼规则》第144条规定："讯问犯罪嫌疑人，可以同时采用录音、录像的记录方式。"这一司法解释明确表明，录音录像是记录讯问犯罪嫌疑人的方式。当同步录音录像用于固定讯问口供时，其证据形式属于"犯罪嫌疑人、被告人供述和辩解"。全程同步讯问录音录像实际上是"犯罪嫌疑人、被告人供述和辩解"的录音录像，其本质内容仍然是犯罪嫌疑人、被告人的供述和辩解。这种讯问录音录像资料所起的作用，与讯问犯罪嫌疑人笔录的作用是一致的，录音录像和笔录一样仅仅是一种载体。所以，在一般意义上，同步录音录像是与讯问笔录、书面供词并列的又一种犯罪嫌疑人供述和辩解的表现形式。作为一种固定讯问结果的方法，讯问犯罪嫌疑人同步制作的录音录像，无非是通过这种载体将犯罪嫌疑人的口供加以固定。讯问全程同步录音录像是一种区别于笔录固定言词证据的方法，其证据类型不会因固定方式不

① 潘从武：《如何有效预防和减少刑事错案？专家学者聚会银川研讨——完善刑事证据制度是当务之急》，《法制日报》2009年8月8日，第1版。

同、载体不同而发生根本性的变化。

从一般意义上说，同步录音录像不是视听资料。视听资料是指通过录音、录像、电子计算机及其他电磁方式记录储存的信息来证明有关事实的资料。作为法定证据之一，视听资料记录的是待证事实。作为案件发生过程中形成的视听资料，可以准确地再现案件发生时的情境，如录音可以逼真地反映案件发生时的声音，能准确无误地反复重述原来的声音，录像能反复再现案件发生时当事人的形象和活动情况等。同步录音录像证据与视听资料证据所记载的内容与待证事实的关系是不同的：一是记录的时间不同。视听资料证据记载的是待证事实发生时的情况，人们可以通过音像证据直接了解有关情况，如根据实施犯罪当时在现场进行的录音、录像，人们可以直接了解犯罪的过程、与犯罪有关的人和物的情况。同步录音录像资料记载的是待证事实发生后有关物品、场所的状况及言词情况，人们只能根据这些状况表述推断或间接地了解事件发生时的情况。二是手段不同。视听资料可以是为证明某一事实的目的而有意识记录的，也可能是在记录其他内容时无意地录下有证明意义的内容。而同步录音录像资料是在侦查过程中，侦查人员完全有意识地采用技术手段制作的音像资料。三是作用不同。视听资料记载的是案件发生时的真实情况，一般不具有可变性。同步录音录像是对侦查办案过程的一种记载手段，其本质是追求侦查程序的合法性，其记载和反映的实体内容具有可变性。

2. 在特殊情况下，同步录音录像是一种视听资料

所谓特殊情况下，是指当全程同步录音录像用于证明侦查程序的合法性时，其证据形式应为视听资料。讯问全程同步录音录像具有证明侦查讯问程序正当的作用，能够证明侦查人员的讯问手段是否规范合法。由于讯问全程同步录音录像再现了全程讯问过程，不仅记录下了犯罪嫌疑人供述的内容，而且还记录下了讯问人与被讯问人的语言语调或神态等供述时的客观情况，为法庭提供了侦查讯问时的完整全貌，如口供是否真实，是否是在自愿的情况下供述，是否存在刑讯逼供、指供、诱供等，从而给法官内心确定口供的真实性提供有力的证据。

（二）明确同步录音录像的证明效力

全程同步录音录像对于规范检察机关的侦查行为、证据固定具有不可替代的作用，其所形成的音像资料，因其固有的客观记录性、真实再现性

而具备着其他证据所不可替代的证明力。当它作为证据使用时，应当比侦查人员所归纳整理的侦查笔录具有更高的证明力。英国诺丁汉郡警察局原副局长 TomWilliamson 认为："书面笔录传递的信息显然不如录音带或者录像带，因此对于警方来讲，最好的办法是通过播放录音或录像带来出示相应的证据，也就是说播放录音带的证明效力显然比笔录这种传来证据更能发挥证明作用。"① 尽管目前我国刑事诉讼法对同步录音录像问题没有规定，但最高人民检察院已有明确规定，所以，我们不能否定这类证据的合法性和证明力。

从司法实践看，由于口头语言与笔录书面语言存在着差异，讯问笔录难以做到与同步录音录像完全相符。在对讯问活动只进行书面记录时，由于只对讯问的内容进行记录，对于侦查人员采取刑讯逼供或者威胁、引诱、欺骗等非法讯问手段的情况，不可能做出记录，从而给侦查人员采取刑讯逼供等非法的手段打开方便之门。对讯问的过程实施同步录音录像后，客观记录和再现了讯问的全部过程，真实地反映了讯问中双方活动的完整过程，不仅能够重现犯罪嫌疑人在讯问当时的精神状态和身体状况，而且还能对侦查人员的讯问语言、方式进行固定并能在事后的诉讼中重现，从讯问气氛、双方神态、言语声调等每一个细节，都可以综合判断讯问过程中每一时刻的特定情境。笔者认为，如果侦查人员的讯问笔录与讯问同步录音录像不符的，应否定的是讯问笔录的证明力而不是同步录音录像的证明力。我国台湾地区"刑事诉讼法"第 100 条之一第 2 项明确规定："若笔录与录音内容不符，其不符部分，不得为证据"。

检察机关作为国家的法律监督机关，不能仅仅根据本部门的利益得失来决定是否出示、播放同步录音录像资料。国家花费巨资，投入大量人力、物力而建立起来的全程同步录音录像系统最终是为刑事审判、为案件事实的认定服务的。既然全程同步录音录像属于犯罪嫌疑人的供述和辩解或视听资料，它是一种比讯问笔录更真实、证明力更强的证据形式，那么，检察机关就应当将全程同步录音录像随案移送，并直接在法庭上出示、播放、质证。

① ［英］Tom Williamson：《讯问录音制度：监督、培训讯问人员的科技手段》，《法制日报》2008年1月20日，第16版。

（三） 推进同步录音录像的规范化

1. 限制讯问地点。修改《规定》中的弹性规定，明确讯问在押犯罪嫌疑人，应当在看守所进行；讯问未羁押的犯罪嫌疑人的，应当在检察院讯问室进行。

2. 重新界定"全程同步"的含义。检察机关在侦查职务犯罪过程中，从被讯问人进入检察机关起至离开检察机关，对被讯问人实施的每次讯问都应实行全程同步录音录像。录音录像资料要与讯问笔录时间、内容相呼应，从而在时间、空间上实现真正全程"无缝式"客观记录。为确保证据来源合法性并有效固定证据，还可以将讯问犯罪嫌疑人实行全程同步录音录像的做法"向前"延伸，要求侦查人员在接触被调查对象时就实行同步录音录像，将初查中的调查询问也置于监控之中，防止办案人员在立案之前对被调查对象变相体罚以及出现不文明办案、粗暴执法等情况，以有效规范办案人员的执法行为。

3. 录制人员要与讯问人员相分离。《规定》第 3 条规定："讯问全程同步录音、录像，实行讯问人员与录制人员相分离的原则。讯问由检察人员负责，不得少于二人；录音、录像一般由检察技术人员负责。经检察长批准，也可以指定其他检察人员负责录制。对录制人员适用刑事诉讼法有关回避的规定。"该规定实行的仍是一种内部监督。目前，不少检察机关在看守所建立起能进行同步录音录像的审讯室，但这种审讯室的管理权仍属检察机关，录音录像也由检察机关自己负责。笔者认为，这种做法不妥。为了确保录音录像工作的中立性、可靠性，犯罪嫌疑人在押的，录音录像应当由看守所负责。

4. 同步录音录像资料的保存。为保证同步录音录像形成的录音录像带母带不必要的磨损，应当同时制作两份：一份作为母带，由录音录像技术人员封存后转交档案管理人员管理，另一份作为证据（以复制件形式保存的录像可以考虑制作为 VCD 光盘形式以便于使用、保存），日常使用。对母带进行专门管理，是由于母带的保管不仅仅是一个保管问题，而且是一个如何通过严格程序对刑事证据的原始性加以保护的问题，所以，母带不宜由侦查人员自行保管，而应当在制作复制件后，将母带由录音录像技术人员转交侦查机关中的档案管理人员长期保管。在这种保管形式下，当审查起诉和审判阶段对录音录像资料复制件的真实性产生争议时，侦查机关所出示的母带由于其保管程序的完善，可以使母带的证明力不受其他因素的影响。

（四） 加强同步录音录像中的权利保护

1. 明确赋予侦查讯问中犯罪嫌疑人对录音录像的选择使用权。实务界的同志认为："讯问全程同步录音录像是侦查行为的组成部分，具有职权性和一定的强制性，为了维护社会公共利益和社会秩序，犯罪嫌疑人对是否实行全程同步录音录像只能有知情权，而不具有选择权。不能因为犯罪嫌疑人不同意而不实施全程录音、录像。"[①] 笔者认为，为了加强对犯罪嫌疑人合法权益的保护，应当赋予侦查讯问中犯罪嫌疑人对录音录像的选择使用权。1985 年加拿大安大略省哈尔顿地区柏林顿警察署规定："嫌疑人一进入警察署，就被告知会见的过程将被同步录像。如果嫌疑人拒绝录像，录像将被停止，但嫌疑人的拒绝则被录像记录。如果嫌疑人同意录像，录像则马上开始并且整个讯问过程都被录像记录。"当然，为了保证权利义务的一致性，如果犯罪嫌疑人拒绝录音录像，在此后的法庭审理中就丧失了以侦查手段不合法的理由来对抗指控的权利。

2. 切实保障犯罪嫌疑人对录音录像的签字确认权。1996 年刑事诉讼法第 95 条规定，讯问笔录应当交犯罪嫌疑人核对、签名。对犯罪嫌疑人在签字确认前要求审阅核对同步录音录像的，检察机关应当同意。对于审阅核对中存在的问题，如全程同步录音录像最长可达 10 多个小时，如果其要求审阅核对的，其审阅核对的时间可以不包括在法定的讯问时间内。当然，司法实践中，一些地区的检察技术人员针对这一问题想出了一些较好的办法，在实行全程同步录音录像过程中，再提供一个显示屏供犯罪嫌疑人观看。这样，犯罪嫌疑人在接受讯问的同时，可以看到讯问的同步画面和场景，使接受讯问和审阅核实同时进行。使用这一方法，在讯问结束后，犯罪嫌疑人在签字确认前不再要求对同步录音录像审阅核实。[②]

3. 增设辩护律师有权观看和复制同步录音录像的规定。加拿大在实施录像制度时就规定："在警署内有专门的警官负责羁押的安全和录像的继续以及设备的保管，以帮助录像的顺利进行。在法庭和检察官办公室配有

---

① 阿儒汗：《论讯问全程同步录音录像制度的建构》，《人民检察》2006 年第 6 期。

② 杨新京：《职务犯罪讯问录音录像中的若干问题》，《国家检察官学院学报》2009 年第 2 期。

专门的设备重播录像，以减少录像带的重录。辩护律师被鼓励在法庭或在警署观看录像，如果要求复制，则在支付空白录像带费用后可获得复制的录像带。"我国2007年10月28日颁布的律师法第34条规定："受委托的律师自案件审查起诉之日起，有权查阅、摘抄和复制与案件有关的诉讼文书及案卷材料。受委托的律师自案件被人民法院受理之日起，有权查阅、摘抄和复制与案件有关的所有材料。"根据这一规定，辩护律师应当拥有观看和复制同步录音录像的权利。

（五） 推进同步录音录像制度的立法化

对于讯问犯罪嫌疑人的同步录音录像，目前的规定都是零散和不完整的。1998年5月14日公安部制定颁布的《公安机关办理刑事案件程序规定》第184条规定："讯问犯罪嫌疑人，在文字记录的同时，可以根据需要录音、录像。"2007年3月9日，最高人民法院、最高人民检察院、公安部和司法部在联合颁布的《关于进一步严格依法办案确保办理死刑案件质量的意见》第11条明确规定："提讯在押的犯罪嫌疑人，应当在羁押犯罪嫌疑人的看守所内进行，严禁刑讯逼供或者以其他非法方法获取供述。讯问犯罪嫌疑人，在文字记录的同时，可以根据需要录音录像"。目前规定较完备的还是《规定》。但《规定》也仅仅是检察机关内部的工作制度，在具体执行过程中缺乏必要的刚性。这也是全程同步录音录像面临困境和存在诸多问题的主要原因之一。从世界范围来看，英国《1984年警察与刑事证据法》第60条规定：内务大臣应当制定"关于警察局中的警官对涉嫌犯罪的人的会谈内容进行录音问题的行为守则；并且发布命令要求警察局中的警官对涉嫌实施犯罪的人或有关命令里载明的涉嫌知悉犯罪的人的会谈内容或对进行录音的行为符合当时有效的行为守则的规定"，从而拉开了英国对侦查讯问实施同步录音的序幕。近年，英国警察机关根据《录音实施法修正案》的规定，在进行讯问时，除了必须同时制作两盘录音带外，有条件的还要同时制作两盘录像带。据了解，从1999年开始，所有的警察机关在进行讯问时，必须同时录音、录像。2002年7月1日生效的《俄罗斯联邦刑事诉讼法》第189条第4款也规定，在询问过程中，由侦查员主动提出或根据被询问人的请求可以进行拍照、录音和（或）摄像、电影拍照，照片、录音和（或）录像、电影胶片等材料应归入案卷并在侦查结束后封存。美国、加拿大、澳大利亚等均以法律的形式对侦查讯问录音录像制度予以规定。

　　为了提升讯问犯罪嫌疑人全程同步录音录像制度的法律地位，有必要在刑事诉讼法中对有关讯问犯罪嫌疑人部分进行修订，明确侦查机关可以进行同步录音录像，并在相关条文中对同步录音录像的性质、证明效力及同步录音录像的制作、保管、使用等程序问题作为详尽的规定，从而将全程同步录音录像成为侦查讯问程序正当性的保障制度。同时，在立法机关对同步录音录像作出规定之前，最高人民检察院应当会同有关部门对同步录音录像的相关问题作出较为全面的规定，特别是检、法两家应尽快协商一致，作出统一规定。

强化人大对司法权监督的思考 *

社会公平正义是人类社会共同的向往和追求，是社会主义法治的价值追求。司法是保护公民权利、实现社会正义的最后屏障。司法机关及其法官、检察官掌握着国家审判权、检察权，要防止其滥用权力，就必须对司法权进行有效的监督制约。

人大作为国家权力机关，对由其产生的国家司法机关（人民法院和人民检察院）的监督是其宪法地位的一项重要权力。人大及其常委会依法行使司法监督权是保障司法机关公正司法的客观需要。人大监督司法权的实质，是按照宪法和法律赋予的职权，对国家司法权进行制约，以保证司法机关按照人民的意志和需要运转。2008 年 11 月，中央政法委提出的《关于深化司法体制和工作机制改革若干问题的意见》，经中央政治局会议同意下贯彻执行。按照党中央的要求，新一轮的司法改革要以加强权力监督制约为重点。② 强化国家权力机关对审判权、检察权的监督，是加强对司法权监督制约的重要途径。

一、 人大监督是最高法律效力的监督

国家权力机关的监督是各级人民代表大会及其常务委员会为全面保证国家法律的有效实施，通过法定程序，对由它产生的国家机关实施法律的监督。在我国政治、经济和社会生活中有各种形式的监督，但人大监督不同于党的纪检监督、政府的行政监督、司法机关的法律监督和政协的民主监督，它是国家最高层次、具有最高法律效力的监督。人大监督的特点表现在：

---

* 原载《法治研究》2010 年第 11 期。

② 王其江：《新一轮司法体制改革指向》，《瞭望》2009 年第 1 期。

（一） 权力来源的权威性

人大及其常委会的监督，既体现了广大人民通过人大及其常委会行使国家权力，管理国家事务；同时，又体现了国家权力意志，具有法律赋予的权威性。人民代表大会是我国的权力机关，在"议行合一"的政治体制下，行政权、司法权都来自人民代表大会。人大作为最高国家权力机关，其监督权直接来源于宪法。人大法律监督所依据的是具有最高法律效力的国家根本大法，而在行政监督和司法监督中，行政机关和司法机关所依据的可以是宪法，但更多的是依据法律、法规行使监督权。在法律效力上，后者位居宪法之下，其权威性是无法与人大监督相比的。人大监督代表的是国家意志、人民意志，体现的是我国国体和政体的本质与内容。

（二） 监督对象的广泛性

人大的法律监督，从对象上，包括立法、司法、行政机关；从客体上，包括了三个机关的人事、财政、立法、执法活动。在我国，没有任何其他机关能够像人大一样同时拥有监督全部国家机关重要活动的权力。人大作为国家权力机关，不仅制定法律，而且还要产生执法的国家机关；不仅监督法律的实施，而且监督执法机关的工作；不仅决定国家或地方社会生活中的各种重大问题，而且通过监督来保证其决定的贯彻落实。正是在这种广泛的全面的最具有普遍性的监控之下，人民代表大会将国家和社会生活的重要方面、重要领域全部纳入其监督的范围之中，其能力所及范围是其他监督形式难以达到的。

（三） 监督层次的至上性

在我国的政治、经济、文化和社会生活中，有各种形式的监督。但只有人大及其常委会的监督，是代表国家和人民的具有最高法律效力的监督。我国国家权力是统一的，不可分割的。从表面上看，我国国家权力分为立法权、行政权、审判权、检察权和军事权，但是这些权力只是分工而并非分立，它们都属于国家权力机关即人民代表大会。国家机关的监督包括国家权力机关的监督、行政机关的监督和司法机关的监督（检察机关的监督和审判机关的监督）。人大监督同其他国家监督形式之间不是平行关系，而是授权与被授权机关的关系。国家机关体系内一切其他层次的监督都必须向它负责，并接受它的监督和制约。人大通过法律来规定行政监督、司法监督的范围、形式等内容，并对行政监督和司法监督系统执行宪法、法律授权的情况进行监督。行政监督和司法监督是对被监督者的监督和处理，被监督者如果不服可以提出申诉，直至终审裁决。而权力机关对被监督者及其事项所作出的决定、决议，被监督者必须执行。因而，人大监督是最高层次的国家监督形式。

（四） 监督方式的间接性

人大的监督权侧重于对监督对象起威慑、督促、指导作用，主要是通过间接手段来达到监督目的，一般不直接去纠正、处理违法行为。人大监督的间接性主要表现在以下监督形式上：评介性，人大在听取"一府两院"的工作报告，或对它们进行质询时，通常只发表一些评介性意见，从而为"一府两院"修正错误提供"参数"；通告性，通告有关机关其行为违反了法律，并予以警告；批评性，对有关机关的违法行为提出批评性意见，要求自行纠正其违法行为；督促性，要求有关机关改变或撤销违反法律的法规、决定、命令或判决。① 人大对司法机关监督时，这种间接性更加突出。人大对那些即使明显违法的判决裁定，也不能直接宣布其无效，而只能督促司法机关依法办案，纠正错误，或者对他们提起质询。提出质询，也是为了进一步加强监督，促使司法机关纠正错误。人大最严厉的监督方式是罢免或撤职，而罢免或撤职都仅仅是促使司法机关依法办案的手段。

二、 以个案为切入点是人大监督司法权的重要途径

关于人大的个案监督问题，我国理论和实践中长期存在争论。② 全国人大及其常委会对个案监督的认识也有个变化的过程。1989 年，七届全国人大常委会工作报告指出："人大在监督法院、检察院的工作时，不直接处理具体案件。对法院、检察院的工作有意见，可以提出质询和询问。纠

---

① 蔡定剑：《中国人大制度》，社会科学文献出版社 1992 年版，第 305 页。
② 卞建林、姜涛：《个案监督研究——兼论人大审判监督的合理取向》，《政法论坛》第 2002 年第 3 期；韩大元主编：《中国检察制度宪法基础研究》，中国检察出版社 2007 年版，第 79 页。

正错案应当由法院、检察院严格按照法律程序去办。人大如果对法院、检察院处理的特别重大的案件有意见，可以听取法院、检察院的汇报，也可以依法组织调查，如确属错案，可以责成法院、检察院依法纠正或处理。"从以上表述可以看到，权力机关原则上是不赞成个案监督的。

步入 20 世纪 90 年代后，全国人大常委会有关领导的讲话中，逐渐对个案监督加以肯定。而之所以会有这样的变化，重要原因之一是：从八届全国人大开始，每年全国人大开会时，代表们对"两高"工作报告的赞成票逐年降低，到九届人大一次会议的时候，最高人民法院工作报告获 2/3 赞成票，而最高人民检察院工作报告刚过 1/2 赞成票。[①] 1999 年，为了加强及规范个案监督，全国人大内务司法委员会向全国人大常委会提交了《关于对审判、检察工作中重大违法案件实施监督的决定》的议案。但"两高"对"个案监督"表达了强烈的不同意见。2004 年 8 月，十届全国人大常委会审议的监督法（草案）第 58 条第 2 款曾规定："人民代表大会专门委员会可以决定将有关案件向有关审判、检察机关初步询问核实。专门委员会认为必要时，可以提请人民代表大会常务委员会委员长会议或者主任会议决定，将有关案件交审判、检察机关处理，并要求报告办理结果；专门委员会研究后对办理结果不满意的，可以向委员长会议或者主任会议报告情况，并提出处理建议。"该草案对个案监督作出了肯定性的规定。但在审议中对此争议仍然很大。所以，监督法草案三次审议稿中删去了关于个案监督的规定，2006 年 8 月通过的监督法文本中，也再没有出现个案监督的内容。

笔者认为，监督法没有规定个案监督并不意味着国家权力机关完全否定个案监督，根据监督法的规定也难以得出个案监督是违法的结论，立法机关否定的是背离人大监督特点的个案监督方式。国家权力机关对司法权的监督完全可以从个案入手，一概否定人大监督可以涉及具体案件，既不符合人大监督的原理，也不符合监督实际。如果说人大及其常委会只能立足于更高层次的全局性的监督或只能进行抽象的、宏观的、形式上的监督，而不能涉及具体案件，一旦涉及具体案件就是干涉司法权，这恰恰是对人大监督的误解。宪法保障司法机关独立行使职权，但并不排除国家权力机关（甚至包括一般的社会主体）对其进行必要的"干预"，关键是要

---

① 李鹏：《立法与监督：李鹏人大日记》（下卷），新华出版社 2006 年版，第 487 页。

强化人大对司法权监督的思考

看国家权力机关"干预"的程序和内容是否合法。何况我国现行法律还专门规定了人大常委会的一些具体的个案监督权。如对人大代表采取强制措施的许可权、特定情形下的延长羁押期限权等。司法机关基本活动方式是办理案件，因此，人大及其常委会只有加强案件监督，才能从根本上加强对司法机关的监督。

各级人大常委会要肩负起神圣的监督职责，就要严格按照监督法规定的监督方式对司法机关办理的案件进行监督。根据监督法的规定，人大对司法机关的监督方式包括向人大作工作报告、向人大常委会作专项工作报告、执法检查、对司法机关规范性文件的备案审查、询问和质询、特定问题调查、撤职等。在这些监督方式中，除向人大作工作报告一般不会涉及具体案件外，其他监督方式都有可能涉及具体案件。尤其是执法检查、询问和质询、特定问题调查、撤职等监督方式，一般都会涉及具体案件。如人大常委会撤销人民法院副院长、审判委员会委员、审判员职务，就会涉及该审判人员徇私枉法、滥用职权等问题，而这类问题大多与办理具体案件有关。要办好撤职案，就必须查清涉案事实，发现冤假错案的，除撤销相关审判人员职务外，理当督促审判机关依法纠正冤假错案。即便对司法解释的备案审查，也有可能基于个案而提起。一旦全国人民代表大会法律委员会和有关专门委员会，经审查认为司法解释同法律规定相抵触，要求司法机关予以修改或者废止，司法机关据此修改或废止相关司法解释的，基于原错误司法解释对个案作出的处理理当予以纠正。

当然，人大的监督是间接的，不能直接对司法机关的决定发号施令，即便发现某个案件确属错案，人大也不宜采取作决定的方式要求司法机关纠正，更不能代替其直接予以纠正，人大只能通过监督程序，启动司法机关的自我纠错机制。这样做既维护了司法机关依法独立行使司法权，又能达到人大监督的目的。总之，国家权力机关只有把各种法定的监督手段与具体个案相结合，才能充分发挥监督优势，增强监督"刚性"，确保司法监督工作取得实效。

三、 完善人大对司法权监督的思考

为了不断提升人大对司法权的实际监督水平，笔者认为，应从以下几个方面完善人大监督：

（一） 建立专门的人大监督机构和人大监督员制度

关于是否要建立专门的人大监督机构，80 年代以来就存在争议。有的同志认为，在国家权力机关，"试图通过设立一个专门的监督机构来承担法律监督和工作监督的所有职能的方案有其难以克服的缺陷"。[①] 笔者认为，为了加强人大监督，有必要在人大常委会下设立专门的监督机构，配备专门的监督人员。

人大的职权包括立法权、决定权、任免权、监督权。从国家政治的角度讲，这四权可概括成两方面的权力：一是代表人民行使议决权，包括立法权、决定权、任免权，这体现了国家权力的性质和来源；二是监督权，这体现了人民对国家权力的规范和制约。人大及其常委会监督权的实现，离不开立法权、决定权和任免权的行使；而其他三权的实现则常常以行使监督权作为前提和条件。2008 年 3 月 8 日，在十一届全国人大一次会议上，时任全国人大常委会委员长吴邦国向大会作工作报告时宣布：中国特色社会主义法律体系已经基本形成。随着我国法律体系的基本形成，国家权力机关的工作重点将由立法为主转向以监督为主。人大监督是一项法律性、政策性很强的工作，尤其是对司法权的监督。人大监督改革的基本思路是使监督专门化、专业化。[②] 设立专门的监督机构和监督人员，并通过立法给予它适当的地位、权力、职责范围，这样既能统一规范人大监督的目的，同时又可以避免名义上是人大常委会集体监督，而实际上又不能监督到位的矛盾现状。把人大监督通过监督机构的法定化、制度化，把监督的启动权赋予真正懂法律、精监督的专业人员来进行，并授予一定的司法性调查权和处理权，是解决我国长期以来人大监督不力的重要途径之一。

（二） 不断完善监督立法， 进一步推进人大监督权的法制化

人大监督权的有效行使，都离不开法律规范的进一步完善。我国宪法特别是监督法对人大常委会的监督作了专门规定，但从总体上看，这些监督权的具体落实还缺乏明确的、可操作的规定。因此，如何规范人大监督

[①] 林伯海：《人民代表大会监督制度的分析与构建》，中国社会科学出版社 2004 年版，第 335—336 页。

[②] 蔡定剑主编：《监督与司法公正：研究与案例报告》，法律出版社 2005 年版，第 70 页。

行为需要严密的制度设计。

1. 修改宪法，解决法律冲突。我国1982年宪法第73条规定："全国人民代表大会代表在全国人民代表大会开会期间，全国人民代表大会常务委员会组成人员在常务委员会开会期间，有权依照法律规定的程序提出对国务院或者国务院各部、各委员会的质询案。受质询的机关必须负责答复。"这表明，1982年宪法明确质询对象，仅限于国务院及各部委。1987年，全国人大常委会议事规则将"两高"纳入常委会质询的范围内，1992年，《中华人民共和国全国人民代表大会和地方各级人民代表大会代表法》颁布，全国人大代表质询的对象从"国务院及其各部门"延伸到了"两高"。《中华人民共和国地方各级人民代表大会和地方各级人民委员会组织法》第28条、《中华人民共和国各级人民代表大会常务委员会监督法》第35条都规定县级以上人大代表、常委员组成人员可以提出对"两院"的质询案。因此，有必要修改宪法中有关质询对象范围的规定，将质询范围扩大到最高人民法院和最高人民检察院，使宪法和有关法律对质询制度的规定协调一致。

2. 明确质询权行使的范围。从我国《中华人民共和国各级人民代表大会常务委员会监督法》第35条规定看，除了对提出质询案的主体、提起质询案的人数以及必须以书面形式提出质询案外，其他方面并无特别的限制。但由于《中华人民共和国各级人民代表大会常务委员会监督法》对质询权行使的范围没有具体规定，导致在实践中被人为地提高质询案的条件。这种做法是违背监督法立法精神的。审判、检察工作中的重大失误和司法工作人员失职、渎职、徇私枉法问题，常务委员会在执法检查或者调研中发现的突出问题和人民群众反映强烈的其他司法不公等问题，都可以成为人大常委会质询的范围。

3. 明确特定问题范围，扩大提议组织特定问题调查委员会的主体。鉴于对特定问题的范围过于原则的缺陷，建议通过概括加列举的方式，对特定问题的范围作出较为具体的规定。同时，扩大提议组织特定问题调查委员会的主体，如将《中华人民共和国各级人民代表大会常务委员会监督法》第40条规定的"五分之一以上常务委员会组成人员书面联名，可以向本级人民代表大会常务委员会提议组织关于特定问题的调查委员会"，修改为"十分之一以上常务委员会组成人员书面联名，可以向本级人民代表大会常务委员会提议组织关于特定问题的调查委员会"。同时增加规定：

人大代表或者国家机关、社会团体、企业事业组织以及公民，认为应当组成特定问题调查委员会的，可以向县级以上人大常委会书面提出建议，由常委会工作机构进行研究，必要时，送有关专门委员会进行审查、提出意见。

4. 增设被监督者的法律责任。有监督、有责任，就要有责任追究。监督法没有规定被监督者的法律责任是该法的主要缺陷之一。笔者认为，地方权力机关在制定监督法实施细则时，应当注意增加被监督者的法律责任的内容。[①]

（三） 进一步细化人大监督程序

没有程序，就没有真正的法治可言；没有具体程序的保障，任何监督制度都不可能落实。有学者曾对《英、法、美、德、意、日六国议会议事规则》一书中所载的议事规则粗略作了统计：《英国平民院议事规则》21章146条约4.5万字；《英国贵族院议事规则》18章84条约1.2万字；《法国国民议院议事规则》41章164条约4万字；《法国参议院议事规则》19章110条约3万字；《美国众议院议事规则》28章119条约8万字；《美国参议院议事规则》43条约3.5万字；《德国联邦议院议事规则》12章128条约2.5万字；《德国联邦参议院议事规则》4章49条约8千字；《意大利代表议院议事规则》36章154条约3.2万字；《日本众议院议事规则》21章258条约2万字。[②] 这些规则，都涉及议事主体、议事原则、议事方式、方法、步骤、时限以及议事过程、议事结果，此外还包括纪律、惩戒等内容。而我国现行的监督程序条款过于简单、粗疏。全国人民代表大会议事规则只有54条6千多字。经2009年4月24日第十一届全国人大常委会第八次会议修改的全国人大常委会议事规则，则只有36条3千多字。又如在我国监督法中，委员长会议和主任会议的地位至关重要，提出质询案、组织特定问题调查委员会、提出撤职案等，都需要委员长会议或主任会议提出，或需要其审议等。这就要求委员长会议或主任会议有明确的议事规则和程序。只有规定严密的程序，才能使各级人大常委会充分行使监督权。

---

① 2010年3月颁布的《四川省〈中华人民共和国各级人民代表大会常务委员会监督法〉实施办法》专门设立了"责任追究"专章，弥补了监督法在这方面的缺陷，这一补充立法值得肯定。

② 王成栋：《人大议事规则更需规则》，http://www.chinapublaw.com/display.php? newsId = 76。

附录一 张兆松科研成果（论文类）索引

1. 《盗伐、滥伐林木罪刑法条款亟待修改》，《浙江法学》1989 年第 3 期。

2. 《完善审查批捕制度的立法思考》，《法学与实践》1990 年第 6 期。

3. 《关于完善审查批捕制度的立法意见》，《法学》1991 年第 3 期。

4. 《反贪污贿赂是检察机关的重要任务》，载上海《法学》编辑部等编：《当代中国廉政法制》，复旦大学出版社 1990 年版。

5. 《检察机关提前介入有关问题探讨》，《浙江检察》1991 年第 2 期。

6. 《拐卖人口罪的刑法条款亟待修改》，《法学天地》1991 年第 3 期。

7. 《试论"扫黄"涉及的刑事案件的定罪与处罚——兼析〈决定〉公布后如何适用"两高"〈规定〉》《法律科学（西北政法大学学报）》1991 年第 4 期。

8. 《试析少年奸淫幼女罪的论定》，《政法丛刊》1991 年第 4 期。

9. 《挪用公款不退还，以贪污论处质疑》，《检察研究》1992 年第 1 期。

10. 《职务犯罪中的共犯问题之我见——兼与周红梅同志商榷》，《法律科学（西北政法大学学报）》1992 年第 2 期

11. 《完善共同贪污贿赂犯罪处罚原则的立法思考》，《检察研究》1992 年第 6 期。

12. 《浅析〈补充规定〉的法律适用问题》，《浙江检察》1992 年第 6 期。

13. 《流窜犯的认定与处理》，《政法学报》1992 年第 4 期。

14. 《析一般盗窃共犯刑事责任的承担》，《政法丛刊》1992 年第 2 期。

15. 《关于戴罪立功问题的若干思考》，《国家检察官学院学报》1993 年第 1 期。

16. 《受贿罪中利用第三人职务之便问题探讨》，《法律科学（西北政法大学学报）》1993 年第 2 期。

17.《法人犯罪刑事诉讼若干问题探究》，《检察理论研究》1993 年第 3 期。

18.《适用刑事司法解释若干问题探析》，《法商研究》1993 年第 4 期。

19.《认定挪用公款罪中若干有争议问题再探讨》，《法学天地》1994 年第 1 期。

20.《刑事立案制度若干问题研究》，《检察理论研究》1994 年第 3 期。

21.《单位受贿犯罪研究》，《法律科学（西北政法大学学报）》1994 年第 5 期。

22.《论市场经济条件下贪污罪的立法选择》，《国家检察官学院学报》1994 年第 3 期。

23.《侵占罪初探》，《浙江检察》1994 年第 3 期。

24.《伪造、倒卖、盗窃发票犯罪的刑法适用》，《法学天地》1995 年第 2 期。

25.《抗税罪若干疑难问题探究》，《法学》1995 年第 3 期。

26.《商业贿赂罪初探》，《中外法学》1995 年第 2 期（中国人民大学复印资料《法学》1995 年第 7 期转载）。

27.《论法人犯罪主体的若干问题》，《法学与实践》1995 年第 6 期。

28.《假冒注册商标犯罪若干问题再探讨》，《法学天地》1995 年第 4 期。

29.《挪用公司资金罪初探》，《浙江检察》1995 年第 4 期。

30.《侵占罪若干问题研究》，《法学天地》1996 年第 1 期。

31.《司法解释的冲突及解决途径》，《人民检察》1996 年第 8 期。

32.《市场经济条件下完善贪污罪立法规定的若干思考》，《法商研究》1996 年第 2 期。

33.《贪污罪新探》，《人民检察》1996 年第 10 期。

34.《析设立侵占罪后贪污罪构成的新变化》，《法学天地》1996 年第 5 期。

35.《跨世纪贪污贿赂罪预防与控制的战略思考》，《政法学刊》1996 年第 4 期。

36.《论相对不起诉的适用》，《检察理论研究》1996 年第 6 期。

37.《贪污罪主体的重构》,《国家检察官学院学报》1997 年第 1 期。

38.《非法发放贷款犯罪基本问题研究》,《法学天地》1997 年第 2 期。

39.《检察解释与审判解释的冲突的解决》,《法学》1997 年第 5 期(中国人民大学复印资料《诉讼法学·司法制度》1997 年第 9 期全文转载)

40.《贪污贿赂犯罪预防与控制的战略思考》,《浙江社会科学》1997 年第 4 期。

41.《贪污贿赂犯罪立法的重大进展》,《法律与社会》1997 年第 4 期。

42.《论律师提前介入刑事侦查的若干问题》,《中央政法管理干部学院学报》1997 年第 6 期。

43.《论集体私分国有资产罪》,《中国刑事法杂志》1997 年第 6 期。

44.《滥用职权罪主观要件研讨》,《政法论丛》1998 年第 5 期。

45.《论国家工作人员范围》,《人民检察》1998 年第 8 期。

46.《论斡旋受贿罪若干争议问题》,《人民检察》1998 年第 12 期(中国人民大学复印资料《刑事法学》1999 年第 11 期全文转载)。

47.《论用账外客户资金非法拆借发放贷款罪》,《人民检察》1999 年第 4 期。

48.《论交通肇事逃逸致人死亡的定罪问题》,《人民检察》1999 年第 5 期(中国人民大学复印资料《刑事法学》1999 年第 7 期全文转载)

49.《论骗购外汇、逃汇和非法买卖外汇犯罪的刑法适用》,《浙江检察》1999 年第 3 期。

50.《论特别防卫权的若干问题》,《人民检察》1999 年第 10 期。

51.《论国有单位工作人员玩忽职守、滥用职权罪》,《浙江检察》2000 年第 3 期。

52.《论挪用资金罪中的"他人"之含义——兼谈挪用公款罪的立法完善》,《检察实践》2000 年第 4 期。

53.《论司法实务中适用罪刑法定原则的若干问题》,《浙江工商大学学报》2000 年第 2 期。

54.《挪用公款罪若干疑难问题探讨》,《浙江检察》2000 年第 6 期。

55.《论受委托从事公务人员的刑法地位》,《人民检察》2001 年第 7 期。

56.《存疑案件赔偿问题之我见》,《人民检察》2001 年第 5 期。

57.《司法解释仍具有法律效力》,《浙江法制报》2001 年 4 月 10 日。

58.《金融诈骗罪主观故意新论》,《人民检察》2002 年第 4 期。

59.《论罪刑法定原则下扩张司法解释的合理性》,《华东政法学报学院》2002 年第 6 期。

60.《论为亲友非法牟利罪的若干问题》,《人民检察》2003 年第 1 期。

61.《关于错捕与刑事赔偿关系的理性思考》,《人民检察》2003 年第 9 期。

62.《从市场经济角度审视刑法的修订与完善》,载张智辉主编:《中国检察》第 2 卷,中国检察出版社 2003 年版。

63.《强化检察机关法律监督的制度设计》,载张智辉主编:《中国检察》第 6 卷,北京大学出版社 2004 版(获最高人民检察院 2003 年"强化法律监督、维护公平正义"征文二等奖)。

64.《奸淫幼女案件应适用刑事推定》,《中国科学学报》2004 年第 9 期。

65.《刑事疑案赔偿问题之检察解释质疑》,《法治论丛(上海大学法学院上海市政法管理干部学院学报)》2004 年第 6 期。

66.《刑事检察解释存在的问题及对策》,《宁波大学学报(人文社科版)》2005 年第 1 期。

67.《不公正的司法解释》,《中国律师》2005 年第 7 期。

68.《"刑法存疑有利于被告人原则"质疑》,《人民检察》2005 年第 8 期。

69.《重构刑罚执行监督机制的思考》,载陈光中主编:《诉讼法理论与实践》,中国方正出版社 2005 年版。

70.《论撤回公诉中的若干争议问题》,《中国刑事法杂志》2006 年第 4 期。

71.《论受委托从事公务人员的刑法地位》,《宁波大学学报(人文科学版)》2006 年第 4 期。

72.《质疑两个有严重缺陷的刑法司法解释》,载赵秉志主编:《刑法评论》2006 年第 3 卷,法律出版社 2006 年版。

73.《滥用职权罪立案标准第 7 项不应再适用》,《民主与法制时报》2006 年 10 月 23 日。

74.《重构刑罚执行监督机制设想》,《检察日报》2006 年 11 月 3 日。

75.《渎职罪立案标准溯及力问题探析》,《人民检察》2007 年第 1 期。

76. 《论"其他依照法律从事公务的人员"的刑法地位》，《福建政法管理干部学院学报》2007 年第 1 期。

77. 《完善我国刑事公诉撤回制度的思考》，《人民检察》2007 年第 2 期

78. 《受国家机关委派从事公务的人员应以国家机关工作人员论》，《人民检察》2007 年第 13 期。

79. 《重构我国刑事公诉撤回制度的思考》，《宁波大学学报（人文科学版）》2007 年第 6 期。

80. 《论骗取金融机构信罪的若干问题》，载李洁、张军、贾宇主编：《和谐社会的刑法现实问题》（中国刑法学年会 2007 度文集），中国人民公安大学出版社 2007 年版。

81. 《刑法解释司法草案公开：民主恰恰体现在过程》，《检察日报》2008 年 1 月 4 日。

82. 《论我国监狱法律援助制度的价值》，《法制与经济》2008 年第 11 期。

83. 《刑罚执行监督的立法完善》，载戴玉忠、万春主编：《刑事诉讼法再修改与检察监督制度的立法完善》，中国检察出版社 2008 年版。

84. 《辩护律师在刑罚执行中的地位、职责与作用》，载严军兴、侯坤主编：《我国刑事辩护制度的问题与完善》，中国方正出版社 2008 年版。

85. 《刑事法律援助中的辩护律师》，载严军兴、侯坤主编：《我国辩护律师制度的问题与完善》，中国方正出版社 2008 年版。

86. 《工程重大安全事故罪的立法重构》，载郎胜、刘宪权、李希慧主编：《刑法实践热点问题探索》（中国刑法学年会文集 2008 年度·下卷），中国人民公安大学出版社 2008 年版。

87. 《论检察机关职务犯罪侦查权制约机制的重构》，《法治研究》2008 年第 12 期。

88. 《完善刑事公诉撤诉权监督制约机制的构建》，《时代法学》2009 年第 2 期。

89. 《质疑附条件逮捕》，《宁波大学学报（人文科学版）》2009 年第 3 期。

90. 《论影响力交易罪的三个争议问题》，载赵秉志、陈忠林、齐文远主编：《新中国刑法 60 年巡礼：聚焦〈刑法修正案（七）〉》（中国刑法学年会文集 2009 年度·下卷），中国人民公安大学出版社 2009 年版。

91.《论检察机关逮捕权制约机制的重构》,《上海政法学院学报：法治论丛》2009 年第 5 期。

92.《附条件逮捕制度批判》,《现代法学》2009 年第 5 期。

93.《审查批捕方式的反思与重构》,《河南省政法管理干部学院学报》2010 年第 1 期。

94.《讯问犯罪嫌疑人同步录音录像制度的困境及对策》,《四川警察学院学报》2010 年第 3 期。

95.《检察机关侦查管辖的缺陷与立法完善》,《中国司法》2010 年第 10 期。

96.《论我国刑法中交叉刑的废除》,载陈泽宪、贾宇、曲新久主编：《刑法理论与实务热点聚焦》(2010 年度中国刑法学年会文集)，中国人民公安大学出版社 2010 年版，此文 2011 年 10 月获中国法学会"马克昌杯"全国优秀刑法论文（2006—2011）二等奖。

97.《废除贪污受贿罪交叉刑之思考》,《中国刑事法杂志》2010 年第 10 期（中国人民大学复印资料《刑事法学》2011 年第 1 期全文转载）

98.《强化人大对司法权监督的思考》,《法治研究》2010 年第 11 期。

99.《完善审判检察监督路径之思考》,《中国司法》2011 年第 6 期。

100.《"村官"受贿犯罪认定的困境及立法对策》,《国家检察官学院学报》2011 年第 4 期（《高等学校文科学术文摘》2011 年第 5 期"学术卡片"摘编）。

101.《论职务犯罪初查权监督制约机制的完善》,《宁波大学学报（人文科学版）》2011 年第 5 期。

102.《刑事公诉方式选择之我见》,载彭东主编：《公诉理论与实践》,法律出版社 2011 年版。

103.《减轻处罚制度探究—以〈刑法修正案（八）〉为视角》,载朱孝清、莫洪宪、黄京平主编：《社会管理创新与刑法变革》（2011 年度中国刑法学年会文集），中国人民公安大学出版社 2011 年版。

104.《论检察机关刑事审判监督角色的转换》,《学习与探索》2011 年第 6 期。

105.《对人大代表采取强制措施之许可权若干问题辨析》,《浙江检察》2011 年第 10 期。

106.《论检察权监督制约机制构建之路径选择》,载孙谦主编：《检察论丛》第 16 卷，法律出版社 2011 年版。

107.《论中国检察权制约机制的重构》，《法治研究》2012 年第 1 期。

108.《职务犯罪刑事政策司法化的障碍及其克服》，载严励主编：《刑事政策论坛》（第二期），中国法制出版社 2012 年版。

109.《论职务犯罪刑事政策司法化的实现》，《内蒙古社会科学》2012 年第 3 期。

110.《社会管理创新视野下非羁押措施适用的实证分析》，《人民检察》2012 年第 12 期。

111.《论羁押必要性审查制度的十大问题》，《中国刑事法杂志》2012 年第 9 期。

112.《非公有制经济刑事保护的缺陷及其完善》，《预防职务犯罪研究》2012 年第 2 期。

113.《职务犯罪轻刑化立法对策论》，《上海学政法院学报：法治论丛》2013 年第 2 期。

114.《论宽严相济刑事政策的程序保障——以 2012 年〈刑事诉讼法〉修改为视角》，《山东警察学院学报》2013 年第 3 期。

115.《指定居所监视居住检察监督的程序构建》，《人民检察》2013 年第 11 期。

116.《近年腐败犯罪司法解释述评》，载陈泽宪、李少平、黄京平主编：《当代中国的社会转型与刑法调整——全国刑法学术年会文集（2013）》（下卷），中国人民公安大学出版社 2013 年版。

117.《检察机关撤回起诉制度研究》，载王守安主编：《检察理论课题成果荟萃》（第二辑），中国法制出版社 2013 年版。

118.《晚近腐败犯罪立法、司法解释之回顾与展望》，《贵州警官职业学院学报》2014 年第 1 期。

119.《论指定监视居住居所适用中的若干争议问题》，《法治研究》2014 年第 1 期。

120.《也论贪贿犯罪数额标准的修改——兼与郭延军同志商榷》，《探索与争鸣》2014 年第 3 期。

121.《再论贪污受贿罪定罪处罚数额标准的立法完善》，载赵秉志、张军、郎胜主编：《现代刑法学的使命——全国刑法学术年会文集（2014 年度）》（下卷），中国人民公安大学出版社 2014 年版。

122. 《再论减轻处罚的幅度——以职务犯罪为视角的分析》，《浙江检察》2014 年第 9 期

123. 《再论检察机关领导体制的改革》，《人民检察》2014 年第 13 期。

124. 《论当代中国检察改革的"去苏化"》，《领导者》2015 年第 1 期。

125. 《"交叉式"法定刑不利于司法公正》，《中国社会科学报》2015 年 3 月 9 日第 B02 版。

126. 《〈刑法修正案（九）（草案）〉对贪贿犯罪的修改述评》，《山东警察学院学报》2015 年第 2 期。

127. 《主任检察官制度若干基本问题研究》，《法治研究》2015 年第 5 期。

128. 《贪污贿赂犯罪的罪名：从分立走向统一》，载李少平、朱孝清、卢建平主编：《法治中国与刑法发展》（全国刑法学术年会文集（2015 年度）），中国人民公安大学出版社 2015 年版。

129. 《"边腐边升"现象的犯罪学思考》，载张凌、陈辐宽、严励主编：《犯罪防控与法治中国建设——中国犯罪学学会年会论文集（2015 年)》，中国检察出版社 2015 年版。

130. 《贪贿犯罪定罪处罚标准：困境及其破解》，载北大法律信息网组编：《北大法律信息网文粹（2014—2015)，北京大学出版社 2015 版。

131. 《论〈刑法修正案（九）〉对贪污贿赂犯罪的十大重大修改和完善》，《法治研究》2016 年第 2 期。

132. 《"前腐后继"现象的犯罪学思考》，《山东警察学院学报》2016 年第 2 期。

133. 《检察权运行机制的障碍及完善路径》，《宁波大学学报（人文科学版)》2016 年第 3 期。

134. 《职务犯罪案件异地管辖之完善》，《浙江工业大学学报（社会科学版)》2016 年第 3 期。

135. 《贪污贿赂犯罪定罪量刑标准的完善》，载刘仁文主编：《反腐败的刑事法治保障》，社会科学文献出版社 2016 年版。

136. 《腐败犯罪刑罚执行政策的异化及其破解》，载严励主编《刑事政策论坛》（第五辑），中国法制出版社 2016 年版。

137. 《〈"边腐边升"现象的犯罪学思考》，《山东警察学院学报》2017 年第 1 期。

138.《非公有制财产刑事法律保护的缺陷及其完善——以职务犯罪为视角》,《浙江工业大学学报（社会科学版）》2017 年第 2 期。

139.《论当代中国"法治反腐"的路经选择》,载钱小平主编:《法治反腐的路经、模式与机制研究》,东南大学出版社 2017 年版。

140.《贪污贿赂犯罪二元定罪量刑标准的情节适用问题——基于贪污贿赂犯罪司法解释的分析》,《天津法学》2017 年第 2 期。

141.《贪贿犯罪定罪量刑数额标准质疑》,《理论月刊》2017 年第 7 期。

142.《刑罚交付执行面临的监督困境及破解》,《人民检察》2017 年第 16 期。

143.《二十年来我国腐败犯罪刑法立法的基本走向及展望》,载郎胜、朱孝清、梁根林主编:《时代变迁与刑法现代化（上卷）》（全国刑法学术年会文集（2017 年度)),中国人民公安大学出版社 2017 年版。

144.《实然与应然——我国腐败犯罪预防策略省思》,载赵秉志主编:《刑法论丛》2017 年第 3 卷,法律出版社 2018 年版。

145.《贪贿犯罪终身监禁若干争议问题研究——与张明楷教授商榷》,《山东警察学院学报》2018 年第 1 期。

146.《论构建国家监察权检察监督制约机制的法理基础》,载钱小平主编:《创新与发展:监察委员会制度改革研究》,东南大学出版社 2018 年版。

147.《贪贿犯罪量刑公正难题之破解——基于 100 例贪污受贿案件刑事判决文本的实证分析》,《浙江工业大学学报（社会科学版）》2018 年第 3 期。

148.《完善非公企业产权刑事保护的思考——以职务侵占罪为视角的分析》,载赵秉志、陈泽宪、陈忠林主编:《改革开放新时代刑事法治热点聚焦——中国刑法学研究会全国刑法学术年会文集（2018 年度)》,中国人民公安大学出版社 2018 年版。

149.《贪贿高官量刑规范化研究——基于 2013—2017 年省部级以上高官刑事判决的分析》,《法治研究》2019 年第 2 期。

150.《论我国贪贿犯罪预防政策的调整:从刑罚的严厉性走向刑罚的确定性》,载严励、岳平主编:《犯罪学论坛》（第五卷），中国法制出版社 2018 年版。

151.《广大民众参与腐败犯罪防控之思考》，载严励主编：《刑事政策论坛（第六辑）》，中国法制出版社 2018 年版。

152.《检察侦查管辖权七十年：回顾与反思》，《河南警察学院学报》2019 年第 5 期。

153.《职务侵占罪"利用职务上的便利"要件再研究——以杨某被控盗窃宣告无罪案为例》，《山东警察学院学报》2019 年第 4 期。

154.《党的十八大以来我国惩治腐败犯罪检视：成就、问题及前瞻》，《廉政学研究》2019 年第 2 辑。

155.《律师会见权 40 年：变迁、问题和展望》，《山东警察学院学报》2020 年第 1 期。

156.《新中国贪污贿赂犯罪立法 70 年：历程、反思与前瞻》，《法治研究》2020 年第 2 期

157.《当前我国惩治腐败犯罪面临的挑战和应对》，《河南警察学院学报》2020 年第 5 期。

158.《职务犯罪立法的再检讨与完善——〈刑法修正案（十一）（草案）〉对职务犯罪的修改评析》，《法治研究》2020 年第 5 期。

159.《认罪认罚从宽视野下贪污贿赂犯罪量刑"两极化"现象之反思》，《山东警察学院学报》2021 年第 2 期。

160.《论挪用资金罪的修改完善和司法适用——以〈刑法修正案（十一）〉为视角》，《河南警察学院学报》2021 年第 4 期。

161.《行贿罪量刑规范化研究——以 191 份判决书为样本的分析》，载北大法律信息网组织编写：《北大法宝文粹》，北京大学出版社 2021 版。

162.《非公企业产权刑法保护之完善——论〈刑法修正案（十一）〉对挪用资金罪的修改》，载赵秉志、贾宇、黄京平主编：《刑法修正案（十一）的理论与实务问题研究——中国刑法学研究会全国刑法学术年会文集（2021 年度）》，中国人民公安大学出版社 2021 年版。

163.《认罪认罚量刑建议调整程序司法解释的冲突及破解》，《山东警察学院学报》2021 年第 4 期。

164.《论非国家工作人员贪污贿赂定罪数额标准的重大修改——新〈立案追诉标准（二）〉评析》，《山东警察学院学报》2022 年第 3 期。

165.《贪污贿赂犯罪认罪认罚：困境及其破解》，《河南警察学院学报》2022 年第 5 期。

166. 《职务犯罪调查同步录音录像的功能异化及其矫正》，载钱小平主编：《监检衔接机制的系统完善》，东南大学出版社 2022 年版，第 179—190 页。

167. 《风险社会下网络金融犯罪治理的若干思考——基于 P2P 平台爆雷案件的分析》，载严励主编：《刑事政策论坛》第七辑，中国法制出版社 2022 年版，第 92—105 页。

168. 《减刑、假释案件实质化审理视阈下刑罚执行监督面临的挑战及其应对》，《浙江工业大学学报（社会科学版)》2023 年第 2 期。

169. 《建党百年来反腐败犯罪立法：历程、经验及完善对策》，《廉政文化研究》2023 年第 3 期。

附录二 教授的三重人生：检察官、教授、刑辩律师[①]

——记婺城籍法学专家张兆松教授

陈丽媛　邵发明

一、 艰难的高中求学经历

张兆松教授 1962 出生在婺城区塔石乡下淤村一个家境贫寒的农家。塔石与丽水的遂昌、衢州的龙游毗邻，四周高山峻岭，是著名的金华"西藏"。

"文革"期间，他在自己所在村读完小学，1975 年进入塔石初中。在小学阶段，由于先后授业的廖德尧老师和方天白老师，对学生比较严格。尽管当时受到各种运动的影响，也听过"白卷英雄"张铁生和"反潮流战士"黄帅的故事，但还是学到了一些基本知识，还养成了喜欢看书的习惯。进入初一，舒开忠老师成为班主任同时教语文，期间他的语文成绩又有了提高。由于成绩好，加之在家里是老大，平时农活就干得不错。整个小学、初中阶段深得老师的喜爱，一直是班里的班长。由于成绩好，加之家里成分又好（佃中农），毕业后上高中本来应该没有问题。但是 1977 年即将毕业之际，家里遭遇不幸——父亲卧床生病了，下面还有弟弟、妹妹在读小学，家里的重担落在母亲一人身上。毕业后回家务农是当时唯一的选择。

他清晰地记得：那是一个下着蒙蒙细雨的上午，他和其他社员正在山上挖地，快到中午时，教初中的袁银富老师和最要好的唐云同学赶到山脚下，叫他赶紧到公社去参加考试。原来那时"四人帮"已倒台，升高中要

---

① 本文原载《金华日报》2019 年 9 月 7 日，第 A04 版。

统一考试了，上午开考后，他们发现平时成绩优秀的张兆松没有来考试，就专门跑了5里山路来叫他。母亲看到老师、同学专门来叫，就让他去参加下午的考试。当时唐云爸爸唐土根老师是金华汤溪区"九峰农中"的语文老师，考虑到农中学费便宜，又半学半农，可以减轻家里负担，他就决定到九峰农中读高中。入学时，由于父亲生病干不了农活，奶奶反对他再上高中，她说："村子里初中毕业都没几个，你父亲都这样了，你还要去上高中？"但在母亲的支持下，"在一个阴沉沉的雨天，母亲背着一大捆上百斤的毛竹到塔石（净工分），我挑着担子（日常用品）跟在母亲后面，到塔石与唐云同学会合，一起搭乘到城里的拖拉机（当时到汤溪就叫到城里）来到九峰农中报到。"兆松教授如此回忆道。

当时的九峰农中，学校坐落在九峰山背，且带有半学半农性质，但当时有不少优秀老师，如郑平老师、李仲先老师、唐土根老师、范树声老师等。郑平教语文兼班主任，期间他的语文成绩又有了很大进步。由于成绩好，农活又会干，很快就当了班长。这一年国家恢复高考。为了准备高考，1978年中，汤溪区组织了一次全区统一考试，1978年下半年，他考入汤溪中学。一个学期后，他进入文科班与往届的同学一起复习迎考。

在九峰农中、汤溪中学的求学岁月是最艰难的。那几年，父亲卧床生病，在那个年代，生产队全靠净工分生存，母亲尽管干得一手好农活，比一般的男劳力还出色，但只能得五分工分（男的十分），年底时不仅没有一分钱的分红，还会倒欠生产队工分。一家生活的重担落在母亲身上，她起早摸黑地干活；弟弟初中没有毕业就缀学务农，妹妹小学一毕业，就成为母亲的帮手。他们为的是儿子、哥哥能安心读书。他家离汤溪镇有50多华里，来回100多里，四年间没有乘过公交车，全部走路来回。在九峰农中时，学校两周合并放假二天半，有时走了50多里回到家，还要拿起柴刀到六七里外的山上砍柴，将砍下的木柴背到塔石出售，赚取0.6—0.8元的收入，到家已完全天黑了。由于偏科严重，毕业那年没有考上大学，复习一年还是没有考上。那时的压力不仅仅是生活上的，村里人的嘲讽和怀疑的目光，给他和全家带来巨大的精神压力。"老子生病，儿子还要读书？""我们这种小地方，怎么可能出状元？"（当时村子里把"考大学"叫"考状元"）。母亲叫算命先生给他算算命，算命先生说："最多只能考上中专"。面对种种压力，母亲和他没有犹豫和退缩。那年的正月初二，当人们还沉浸在拜年的节日气氛中，他则挑着够吃半个月的大米、梅干菜等，冒着风雪走到汤溪，开始了紧张的复习迎考。此时，他明白数学太差不行，那一年复习他把主要精力都放在数学上，1981 年高考，他的数学成绩正好合格，并如愿考上了上海的华东政法学院，成为婺城区汤溪籍第一个就读法律专业的大学生，从此开启了他从事法律事业的航程。

随着他考上大学，卧床长达近 5 年的父亲的病也莫名其妙地好起来了，加之改革开放，农村实行家庭联产承包责任制，家里的经济条件很快得到了改善。

二、从检 16 年，成为衢州市"十佳检察官"和浙江省"杰出法学青年"

1985 年 7 月，张兆松以优异的成绩从华东政法学院法律系刑法专业毕业。那年正遇上金华地区撤地建市，他就被分配到衢州市人民检察院，成为该院第一个具有法律本科学历的检察官。由于具有扎实的理论功底，加之婺城人特有的勤勉、肯干，短短几年，他就成为单位的业务骨干和办案能手。他最大的特点是善于总结实践经验，在从事刑事司法的同时，及时把实践上升为理论。毕业后第 3 年，他就开始在相关的法学杂志上发表理论文章，1990 年后即在《法学》《法律科学》等知名的法学刊物上发表学术论文。与此同时，他还在业余时间为当时的电大检察班讲授法学课程。由于理论和实践的紧密结合，他很快成为衢州检察系统的业务专家，各地一旦发生疑难复杂案件都会主动向他咨询请教。如 1990 年代初，市院直接查办市里交办的某制药厂厂长张某贪腐案件，张某被立案后近 2 个月侦查毫无进展，案件陷入困境。院领导请他介入后，他审查全部案卷材料，认为应以挪用公款罪作为侦查突破口，并提出侦查方案，案件很快获得突破，最终张某以挪用公款罪判处重刑。1996 年衢州市检察机关评选首届"十佳检察官"，在 21 名优秀检察官候选人中，他以得票数位列第二名当选为首届"十佳检察官"。1997 年衢州市检察院进行人事改革实行中层领导竞聘上岗，他得到全院干警的信任和支持，由一名普通检察官直接聘任为审查批捕处处长，是全院中层正职中年龄最小的。一年后又被市人大任命为检察委员会委员。1999 年又被评为衢州市劳动模范。在批捕处长岗位上，他认真梳理分析每一项证据、每一个情节，务求把每个案件都办成经得起历史检验的铁案。1998 年公安机关办理了当地首例律师伪证案，犯罪嫌疑人张某移送到市院审查批捕，经他审查后认为，张某虽有违规行为，但不构成犯罪。因案情重大敏感，检委会讨论时绝大多数委员不同意无罪意见，根据少数服从多数的原则，张某被逮捕。一年后二审法院作出终审判决：张某宣告无罪。从检16年，经他亲身办理或指导的案件上千件，无一冤错，切实维护了社会公平正义和法治尊严。2001年，因在法学研究及法学教育和法律实务中取得优异成绩，他被浙江省法学会授予"浙江优秀中青年法学专家"称号。

三、 从教7年， 成为高校的刑法学教授

2001年，正当他仕途一片看好之时，张兆松毅然决定调离工作多年的检察机关到宁波大学从事法学研究和教学工作。那时主动调离检察机关到高校从教的现象极少，在全省检察系统他是第一个。由于学历低，又没有教龄，学校人事部门对他说，"你讲师都不能评，只能从助教开始"。一个市级检察院的处长、一级检察官开始了从助教开始的教学生涯。走向教学科研岗位后，他如鱼得水，教学科研潜能进一步发挥。由于具有扎实的理论功底和实践工作经验，授课内容丰富生动，深受学生欢迎。2006年法学院学生会举行首届网络评选"学生最喜欢的老师"活动，他以最高票当选为"学生最喜欢的老师"。同年又被评为宁波市、浙江省"三育人先进个人"。以后每年都被评为最受学生欢迎的老师，直至2012年调入浙江工业大学法学院。

在认真教学的同时，关注学术前沿，服务司法实践，成为他的科研目标。2005年他的首部专著《刑事检察理论研究新视野》出版，当年即获得省哲学社会科学优秀成果奖，并成为浙江省检察院刑检干警培训用书。至今他已发表学术论文150多篇，出版专著、教材9部，承担各类课题20多项（其中两次主持国家社科基金项目），成为宁波大学法学院和浙江工业大学法学院老师中发表论文最多、出版专著最多、承担国家社科基金项目最多的"三多"老师。出色的教学科研成果，使他在2003年破格晋升副教授，并于2008年成为浙江省仅有的几名刑法学教授之一。2007年中国检察学会成立，他成为浙江省学术界唯一的专家代表入选学会理事。调入浙江工业大学法学院后，他成为工大唯一的硕士点诉讼法学的学科带头人，2018年工大获批法学一级硕士点后，他又成为法学学科带头人。

在多年的刑事法理论研究中，张兆松一直坚持理论与实践相结合，充分运用批判的武器，叩问刑事法治建设中的短板和不合理的地方，为国家立法和司法实践贡献专家方案。如我国刑法典对贪污贿赂犯罪规定了交叉刑（即各档次刑罚之间有交叉），学界一直认为这一立法方式科学合理，应予推广适用。而他通过严密论证证明这种立法方式完全是立法失误造成的，并撰写《废除贪污受贿罪交叉刑之思考》一文在权威杂志上发表，指出这种立法规定违背罪责刑相一致的刑法原则，导致罪责刑失衡；违背刑法平等原则，损害刑法的权威性和公正性；破坏刑罚结构的梯度性，影响刑罚的威慑力；易于扩张法官的自由裁量权。因此，应当及时废除这种立法模式。2015 年我国立法机关再次修改贪贿犯罪，废除了这种不科学的立法模式。2006 年最高检通过司法解释出台附条件逮捕制度。制度一出台，他就尖锐地指出：附条件逮捕制度作为一项重大的审查逮捕改革举措出台，不具有合法性、合理性和正当性，并先后发表多篇论文不断呼吁废除这一制度。在全国人大督促下，2017 年最高检正式发文废除了实施十年多的附条件逮捕制度。

四、 做好刑辩律师， 实现人权保障， 是他不懈的追求

离开检察机关后，刑事辩护成为张兆松教授关注司法实务，维护公平正义的重要窗口。蒙冤是人生灾难中最大的不幸和痛苦，罪与非罪、轻罪与重罪事关一个公民的清白和公平正义的实现，承载着当事人及其家人的无限期盼。所以，敬畏法律、俯首良知，成为他的座右铭。对刑事辩护，他对自己的要求是：每一个案件都要做得让委托人满意。近年来，他利用自己丰富的司法实践经验和理论功底，成功办理了数十起刑事辩护案件，使委托人免受牢狱之灾，或者得到从轻、减轻处罚，充分维护了犯罪嫌疑人、被告人的合法权益，受到当事人的赞誉。几年前，他任教的一个学生匆匆来找他，要求老师为他被指控玩忽职守罪的父亲提供辩护。原来这位学生的父亲任职乡镇林管站站长多年，一直勤奋任职，年年是先进。这次因当地发生了严重的盗伐林木事件，他作为审批监管部门的领导因监管不到位而涉罪，当地还把该案作为全市检察机关观摩的公诉案件。接受委托后，除阅卷、会见被告人外，他爬山越岭，亲自查看现场，询问知情村

民。在调查中发现被告人之所以没有监督到位，最主要原因是在这期间该镇因引进重点工业项目导致拆迁任务必须限期完成，动员大会上镇书记明确要求所有乡镇干部把拆迁当作头等大事限期完成，其他工作停一停。开庭观摩时，他出示了这一有力证据，最后检察机关只好撤诉，还了被告人应有的清白。又如他高中同学的亲戚曹某因故意伤害罪被当地检察机关起诉至中级法院，同学告诉他案件第二天就要开庭，无论如何老同学要过来帮帮忙。他当即放下其他工作从外地赶到法院所在地，在曹某委托的律师认为本案事实清楚，证据确实充分，没有什么可以辩护的情况下，他当即审阅案卷材料，当晚就写出了可以进行有效辩护的意见，并要求被告人委托的律师依此思路展开辩护：公诉机关定性不当，本案不是故意伤害罪而是过失致人死亡罪；被害人有重大过错；被告人构成自首；事后积极施救，认罪悔罪。大概某些案外因素的影响，这些辩护意见没有被一审法院采纳，对被告人仍以故意伤害罪判处无期徒刑。判后因司法实务中确实存在着改判难的问题，被告人家属征求他的意见是否上诉？他坚决支持被告人上诉，并帮其撰写了四点上诉意见。被告人上诉后，省高级人民法院作出终审改判，以过失致人死亡罪判决被告人有期徒刑5年，所有上诉意见均被采纳。

张兆松教授已在刑事领域勤奋耕耘35年，再过两年就要从教学科研岗位上退休。他表示，今后在研究之余，应该把更多的精力投入刑事辩护，特别是法律援助辩护。冤假错案严重影响司法权威和公信力，司法为民不是一句抽象的空话，它只有通过具体的个案公正才能实现。法施于人，虽小必慎。作为刑辩律师一定要仗义执言、勇于担当，"为权利而斗争"，尽其所能帮助有冤屈的普通百姓早日还其清白，让正义不再迟到。

（本文作者：陈丽媛，《金华日报》记者；

邵发明，金华九峰职业学校副校长）

后　记

　　对我而言，这五卷文集，既是对过去四十年来思考刑事司法的一个总结，也是对过去探索的一种告别。

　　文集的第一、第二卷，即《刑事检察理论与实务研究》（上、下），主要是 2012 年至 2022 年 10 年间发表的 39 篇论文。文集的第三、第四卷，即《刑事司法思辨录》（上、下）是 1990 年至 2010 年 20 年间发表的 80 篇论文。第三卷主要是 1990 年至 2000 年 10 年间发表的论文，其中收录了我读大学期间撰写的 2 篇论文（一篇是本科毕业论文）。1985 年参加工作后，经过几年的检察工作，积累一定的司法经验之后，从 1988 年开始，我尝试对刑事司法进行研究。1990 年代，我每年撰写 15 篇左右的文章，至 2001 年调离检察机关时，我大约写了 150 多篇文章，其中发表了 60 多篇，文集收录的 54 篇论文就是在这期间的成果。第四卷主要是 2001 年至 2010 年我在宁波大学法学院期间的研究成果。文集的第五卷是我承担的国家社科基金项目《贪污贿赂犯罪量刑规范化研究》（16BFX078）的最终研究成果。

　　在此，我特别感谢在这四十多年里给予我鼓励、启发、帮助、支持的所有师友。同时，我也要特别感谢我的家人，为我的成长及学术研究做出的牺牲和支持。特别是我母亲，她一字不识，却勤劳坚忍、申明大义。我是家中长子，我读中学时，弟妹年幼，父亲又长年患病在床，一家重担全落在母亲身上。在十分艰难的条件下，她忍辱负重坚持让我读完高中，并使我成为村里第一个大学生。今天，我之所以能过上安逸、充实的日子，全得益于母亲的辛勤付出。从母亲身上，我学到人生面对苦难时，所应该有的坚韧、勤勉和乐观精神。

　　当然，最应该感谢的是这个时代！我国的改革开放政策，使我这个家境贫寒的农民儿子，在高中毕业后能参加高考，并有机会成为一名检察官、律师和大学教授。这在四十年前是无法想象的。在这个伟大的时代，国家富强，广大民众迈入小康社会，自己也能过上安定、舒适和喜欢的读书、写作生活。

还要感谢陈丽媛、邵发明两位老乡。前几年因缘与《金华日报》记者陈丽媛相识，在交流中她对我的经历颇感兴趣。事后她写了《法学专家张兆松：我以恒心致初心》一文（发表在《金华日报》2019年9月7日第A04版）。我的高中母校、现金华九峰职业学校（我读书时叫"九峰农中"）副校长邵发明老师看了此文后，希望能在母校再刊用。经他增补一些内容后，在前文基础上又形成《张兆松教授的三重人生：检察官、教授、刑辩律师——记婺城籍法学专家张兆松教授》一文，在母校的公众号推出。这篇文章大体上反映了我四十多年来的求学、工作、研究经历，有一定的个人史料价值，故附录于文末。

感谢浙江工业大学法学院毛筱媛书记、吕鑫院长为作品的出版所给予的鼓励和支持。

感谢我指导的研究生余水星、赵越、葛梦军、吴宇澄、蒋敏等同学在文字校对等方面所做的工作。

最后，要感谢的是中国民主法制出版社的责任编辑逯卫光先生。2020年我决定选编出版一套最能反映我的学术成果的文集。与他联系后，他不厌其烦，从选题、书名及出版费用等方面，为我出谋划策，并保证了文集的出版质量和如期出版。

本作品的出版获浙江工业大学研究生教材建设项目资助（项目编号分别是20200106和20210113、20210112）和浙江省刑法学重点学科、浙江工业大学法学院出版基金在经费上的支持。

张兆松

2023年8月5日于杭州良渚蓝郡华庭